21세기에 새로 조명하는 고대사(1)

정 진 만 편저

圖書出版 修書院

이 도서의 국립중앙도서관 출판시 도서목록(CIP)은 서지정보유통지원시스템 홈페이지(http://seoji.nl.go.kr)와 국가자료공동목록시스템(http://www.nl.go.kr/kolisnet)에서 이용하실 수 있습니다(CIP제어번호 : CIP2017019136).

이 책을 편찬해야 하는 이유

어느 한 국가의 흥망성쇠를 흥미롭게 다루는 소설이나 만화가 아닌 인류문화의 역사, 특히 고대사 부분을 새롭게 조명한다는 것은 비전문인으로서는 감히 생각조차 하지 못할 사안이며 무모한 도전임에 틀림없다. 그러나 자연현상을 뒤돌아보면, 달이 차면 기울고, 밤이 깊으면 새벽이 오는 이치처럼, 역사에 있어서도 상식과는 전혀 다른 생각을 펼쳐 역사의 진실을 새롭게 찾아낼 수 있다고 생각한다.

필자는 누가 뭐래도 용렬한 한사寒士이다. 삶의 주류에서 빗겨난 타자로서 살아오면서 우리 고대사를 통하여 세계사의 큰 물줄기를 새롭게 조명해야 하겠다는 생각은 언감생심으로 한 번도 생각해 본 적이 없었다. 이것은 필자가 학자도 아니고, 단순히 하나의 문학인으로서 한 장르에 만족하고 있을 뿐이다.

그런데 우리나라에는 수많은 역사학자와 고고학자, 언어학자들이 있어 많은 책을 펴내지만 도리어 필자는 그들의 학문에 의심을 품게 되었다. 필자가 바라 본 이 나라의 전문 학자들은 그동안 잠자고 있었으며 역사의 진실을 파헤치려는 시도가 없었다고 생각하였다. 그들은 현실에 안주하고 기득권 유지라는 차원에서 그들의 시각은 한 발짝도 나아가지 않았으며, 누군가 건네준 기존의 고대사를 답습하는데 급급하였다고 보았다. 이런 이유로 반도사관이니 강단사학이라는 이름이 생겨난 것이라고 생각하고 있다.

올해로 해방이 된 지 꼭 72년이다. 이 광복 72년의 세월동안 식민지배의 그늘과 폐해에서 우린 벗어났으며 벗어나려고 노력해 온 것도 사실이다.

그러나 지금까지 우리역사는 속칭 강단사학자에 의해 한반도 사관의 굴레에서 벗어날 수 없었고, 기득권 세력은 현실 안주를 위해 못 본척 내지는 강 건너 불구경 하듯 내팽개쳐진 것도 사실이다. 지금까지 일본은 식민 지배를 정당화하고 있으며 중국은 왜곡된 4대공정의 역사관으로 주변국의 지적과 우려를 자아내고 있어 올바른 역사를 한 번도 보지를 못하였다고 진단한다.

역사는 승리자의 글이었기에 역사서술에 첨삭가감이 있었고, 왜곡은 부지기수였다고 생각한다. 패한 자와 죽은 자는 말이 없고, 변명할 기회가 주어지지 않아 결국은 이긴 자와 살아있는 자의 글이 바로 역사(History)라는 것이 아니겠는가 싶다.

필자가 역사와 민족에 관심을 가진 것은 대략 20년 전의 일이다. 우연히 민족운동단체에 가입하여 부산에서 서울까지 오가면서 가끔 재야사학자들을 만나게 되었고, 우리의 고대사에 관한 이야기를 듣기도 하고, 그들에게서 선물로 받은 책으로 밤을 새우며 읽기도 하였다.

그렇게 세월이 흘러가면서 새롭게 알게 된 사실은 상고사(고대사)의 연구와 삼국시대의 새로운 조명으로 우리 고대 역사는 한반도가 아닌 대륙인 중국에서 일어났으며 삼국시대도 마찬가지라는 수많은 학설과 연구 속에 비약적인 발전을 해온 것도 사실이다. 그 고대사로 대변되는 고조선의 역사와 삼국시대의 새로운 연구는 주로 재야사학에서 많이 이루어졌는데, 그것은 중국의 '동북공정'에 대처하기 위한 애국심의 발로였다고 보며, 올바른 역사를 찾는 운동의 연장선상에서 이루어진 것으로 보았다.

중국은 55개 소수민족들로 이루어진 국가이다. 특히 중국은 고대로부터 통일과 분열의 역사이며, 이런 역사적 사실을 되풀이하지 않기 위하여 자국 안에서 소수민족의 역사를 자기네 역사로 둔갑 내지는 회칠을 하고 있다. 소비에트 연방의 해체를 직접 눈으로 본 중국은 다급하여져 소수민족의 역사를 자기네 역사에 편입해야만 소수민족이 동화되는 것이어서 훗날 러시아 연방의 해체에서 보듯 해체를 막을 수 없다는 절박감의 인식과 대국大國이란 체면치레가 역사왜곡으로 진행되어 온 것으로 본다.

그래서 우리의 고구려와 발해 역사까지도 자기네 역사라고 주장하며 역사왜곡을 자행하는 것이 현실이 되었는데, 중국의 국수적이고 왜곡된 역사인식 앞에 일본은 아예 '독도'가 자기네 땅이라고 세계 여론에 호소를 하고 있는 실정이다.

이렇게 중국과 일본의 망발과 망동에 그 일차적인 책임은 무엇보다 우리에게 있다. 우리의 역사를 올바로 지키지 못했기 때문이며 나아가 올바른 역사를 찾지 아니한 무사안일과 삐뚤어진 역사인식에서 문제가 있었던 것으로서 우리 스스로가 외환外患을 불러들인 것이라 생각한다.

이러한 지경에 이르게 된 것은 멀리 보면 친일잔재를 청산하지 않아 역사 정통성의 부재에서 온 것이고, 역사 정통성의 부재는 무사안일과 적당주의, 보신주의로 흘렀으며 지연과 학연, 혈연의 가속화를 가져온 것이라고 필자는 보고 있다. 이렇게 지연, 학연, 혈연의 공고화는 파당주의와 무사안일의 기치 하에 '한국만의 일그러진 보수층'이니 '종북좌파의 발호'라는 등식을 낳은 것도 숨길 수 없는 사실이 되었다.

이렇게 한 번 일그러진 역사관은 좀처럼 바로 세우지 못하고 '모로 가도 서울만 가면 제일이다'라는 삐뚤어진 교육이 되었고, 작금의 불편한 현실이 되고 말았다.

지금까지 식민사관이 중심이 된 우리의 역사관은 바로 잡기 힘들었고, 기득권과 강단사학자들은 앵무새처럼 식민 사관을 교육시킨 선배나 스승의 학설을 답습하고 교육시키는 등 교육현장에서 고조선과 환웅시대는 대략 전설의 시대이며 '호랑이와 곰이 동굴에서 기도하였다. 웅녀는 곰에서 마늘을 먹고 사람으로 변한 것으로 고작, 신화에 초점을 맞춘 것이 현실이었고, 왜곡된 중국의 25사와 왜곡된 삼국사기와 삼국유사를 들이대며, 이것이 우리의 역사이라고 강요한 것도 사실이었다.

이것이야 말로 얼마나 황당하고 무계한 정신이며 그릇된 역사교육이 아니었던가? 이런 잘못 되고 고쳐야 할 역사와 잘못된 역사 인식 앞에 필자는 비분강개하였고, 역사의 진실은 밝혀지고 언젠가는 누군가 나서서 획기적인 연구를 통하여 밝혀주기를 기원하였다. 그동안 우리 역사 찾기에 많은 이름없는 재야 사학자들이 연구하고 민족의 번영과 통일 등의 과제로 헌신하신 여러 선각자들이 계시지만 그 중에 단군 상을 사비를 들여 국내의 각급 학교에 무료로 배급, 건립하며 국학원을 설립하여 올바른 우리 역사 찾기에 심혈을 기울이며 역사공원을 설립한 이승헌 총재와 최근에 고 임승국 교수의 우리 역사 찾기의 연구 덕분에 많은 사람들이 우리의 올바른 역사 찾기에 동참하고 국민들의 의식이 깨기 시작했다. 이런 현상은 인터넷 온라인에서 다양한 역사 찾기의 카페가 활성화되었으며 많은 유저들이 접속하며 올바른 역사 찾기 운동에 참여하고 있는 것도 사실이다.

이렇게 나름대로 역사를 배우고 올바른 역사 찾는 작업에 관여하고 있는데, 어느 날 평소 알고 있는 증산도의 지인으로부터 책 《한단고기》를 선물로 받았다. 《한단고기》는 '삼성기전, 단군세기, 북부여기, 태백일사'로 이루어진 우리의 고대 역사이다.

필자는 너무 기쁜 마음에 신주 모시듯 농에다 이 책을 보관하고 하나씩 하나씩 읽어 나갔으며, 이 증산도의 《한단고기》엔 '비서秘書'라 할 수 있는 자료와 많은 시간에 걸쳐 편집한 방대한 사진과 자료는 필자에게 새로운 지식과 많은 도움이 되었다. 이 증산도의 《한단고기》가 없었다면 필자는 이 책을 집필하지 못하였을 것이다.

이 《한단고기》는 그동안 필자의 잘못된 편견과 지식을 바로잡아 주었으며, 강단사학자들이 주장한 자료를 알 수 있게 되어 비교와 비판을 할 수 있다고 생각한다.

그런데 어느 날 필자는 갑작스런 결심을 하게 되었다. 증산도에서 펴낸 《한단고기》는 알기 쉽게 펴낸 고대의 역사서 번역본이기는 하지만, 역사 지식을 쌓아가는 가운데 왜곡되고 잘못 번역된 것을 다소 찾아내게 되었다. 누군가 총대를 메고 우리의 고대사를 올바로 조명해야 한다는 절박한 생각이 있었는데 필자가 나서서 우리 민족의 잃어버린 고대사를 찾아야 한다는 사명감으로 집필을 시작하게 된 것은 순전히 '하늘의 명령'이라고 생각한다. 말하자면 환인 하늘, 환웅의 하늘, 단군의 하늘인 삼성과 삼신의 하늘을 찾아 나서게 된 것이었다.

이제 필자가 이 책에서 주장하는 것은 우리는 단일민족이 아니며 하나의 독립된 왕조도 아니었다. 다문화, 다언어, 다민족 체제에서 이루어진 세계의 고대 역사이며 오색 종족의 역사라는 것이다. 어느 누가 우리를 단일민족으로 교육시켰던가? 그것은 식민사학이었으며 현재의 주류로서 한국을 이끄는 강단사학자들의 주장이라고 생각한다.

우리는 환인 12분국 시대부터 '고리(環)'라는 개념의 연방체제였다. 환웅시대도 마찬가지였으며 고조선은 특히 9환족이라는 명칭을 얻게 된다. 9는 숫자 가운데 가장 큰 수로서 아주 많음을 상징한다. 이집트의 기록에 의하면, 고조선(하티안)은 16국의 소공국·국가로 이루어진 신정 체제라고 하였다. 필자는 이 책 《한단고기》에서 전하는 9환족을 역사적 사실로 인식하고, 서양학자들이 연구하고 이집트 기록에 나와 있는 9문족과 동일시하여 연구하여 이를 증명코자 하였다.

이것은 다시 말해서 《한단고기》에 나와 있는 9환 종족이 정확하게 역사적인 사실이라는 점이다.

그래서 필자는 고조선의 시원을 정확하게 증명하기 위하여 그 윗대인 환인, 환웅의 역사와 그 흔적을 찾았으며 그 정체성을 찾아내었다. 그 환인, 환웅의 흔적은 '빈카문화'로 알려진 세르비아권이었으며 빈카문화권이 7개국, 약 5,550개소의 지명에서 곰의 지명과 고리, 바르(광명), 고시(환웅의 중심 종족)와 마리(머리)의 이름으로서 이를 확신한다. 이 '빈카문화'를 발굴하고 연구한 학자들은 이 유적과 유물에서 '정제'를 찾아내었는데 '곰 여신'과 '곰 여신 했다'라는 문구를 해독하게 되었다.

고고학 사이트에서 약 기원전 7,300년으로 추정되는 고대의 신비한 종교에 휩싸이게 되었으며 '빈카문자'도 발굴하게 된다. 이 '빈카문자'에서 우리의 가림토 문자가 약 20자 발견되었다. 또한 파키스탄의 '메르가르' 문명도 기원전 7,000년경으로 추산하며 오늘의 인도는 한인 12분국의 터전 위에 한웅의 문화이며 인도 16국의 모태가 된 것이다. 환웅의 터전 위에 단군조선이 건국한 것은 부인할 수 없는 사실로서 보통 사람들도 아버지가 물려 준 유산으로 사업을 하고 살아간다. 이와 같은 이치로서 고조선의 시원을 찾기 위하여 그 무엇보다 환웅의 자산과 자본을 찾아야만 했다.

필자는 이미 고고학자들이 발굴하고 연구한 '빈카문화권'의 세르비아, 크로아티아,

보스니아, 몬테네그로, 헝가리, 불가리아, 슬로베니아에 이르는 7개국의 지명을 이 잡듯이 뒤져서 환인, 환웅의 통치 흔적을 발견하였다. 이미 고고학적으로 증명된 환웅의 자본의 터전에서 인도유럽어를 차용, 접근하여 다시 한 번 언어학적으로 '빈카문화'를 증명함과 아울러 '빈카문화권'이 환인시대에 갈리어져 나간 문명이고, 환웅의 터전임을 주장하며 고조선의 시원은 중앙아시아라고 발표하게 이른 것이다.

우리가 《한단고기》나 《비서秘書》에서 이야기하는 고리와 바르(광명), 고시와 마리(머리), 곰의 명칭에서 필자는 '빈카문화권'의 국가에서 인도유럽어의 프로토 조어현상을 차용하여 이들 단어의 체계적인 변화를 상술하였고, 현재까지 남아있는 강과 산, 도시와 마을의 지명에 적용하여 해독하고, 해석한 것을 대한민국에서 처음으로 제기하는 바이며 세계적으로 언어학적으로 접근한 고대사는 없었던 것으로 파악되었다.

이 환인의 12분국의 흔적 가운데 서쪽으로 간 6국의 비정에서 기존의 고고학을 인용하고, 인도유럽어로 그 증명을 하고자 하였는데, 환웅과 고조선 시대에 사용되었던 14개의 단어(고리, 바르, 고시, 머리, 곰, 달, 태양 등)의 흐름과 변천은 재야사학을 포함한 기존 사학자들의 주장과는 달리 환인, 환웅, 고조선은 대한민국만의 족보 형태가 아니며 세계 속의 고대사로부터 시작되었다고 생각하고, 그것을 입증하는 방법은 기존 역사 고고학을 바탕에 깔고, 인도유럽어란 언어학적 수단을 통하여 지명을 해독하고 해석하였으며, 세계의 고고학자들이 내세웠던 기존 학설과 가설을 인용하여 필자가 주장하고자 하는 가설과 주장에 접목시키고자 하였다.

때로는 다리, 달리, 탈리로 이어지는 달(月)에 대한 분석에서 아리아인을 비롯한 고대인들은 태양과 달을 숭배하였으며, 밝은 별 또한 밝음(밝, 박)의 울타리인 "광명"의 범주에 있다고 생각하며, 인류문화사 측면에서 명멸해 간 제 종족을 통하여 입증코자 하였다. 특히 "광명"으로 통칭되는 '바르'는 세르비아권인 '빈카문화'뿐만 아니라 백색도시였으며, 광명의 국가인 '그리스'와 지금까지 상고사 연구에서 한 번도 언급하지 않았던 아프리카 지역에서도 환웅문화를 찾았는데 기존 역사 고고학에다, 아프리카의 중추적인 4대 언어를 통하여 아프리카의 환웅문명을 언어학적으로 입증하고자 시도하였다.

또한 중앙아시아의 곰 언어와 파푸아 뉴기니어, 아프로아시아 언어, 인도와 오스트로아시아어족을 통하여 환웅과 고조선이 신화가 아닌 역사적인 실제라는 것을 언어학을 통하여 증명하고자 하였다. 고조선의 시원을 입증하기 위하여 기존의 고고학에서 증명된 문화를 소개하고 9환에 이르는 '삼한관경'의 지역을 추정하였으며, 《한단고기》에서 아직 번역이나 비정이 안 된 부분을 해독하고, 새롭게 추정하였으며, 특히 '엄독홀'과 '남국', '낙랑국'을 통하여 중앙아시아의 옥서스권이 고조선의 시원임을 역시 주장하는 바이다.

이러한 개념의 연장선상에서 중앙아시아 권역의 키르기즈스탄, 우즈베키스탄, 아프가니스탄, 타지키스탄, 투르크메니스탄, 카자흐스탄, 이란 등 7개국의 지명을 해독하고 분석하여 이 나라들이 9환의 고리 국가이며 달의 국가(제후)란 것을 입증하였다.

그리고 환웅시대가 있었다는 것을 백두, 태백신앙을 예로 들어 환웅시대의 성소인 '테페, 테베'를 통하여 낱낱이 증명하였다. 나아가 고조선의 정체성은 환웅의 유산인 머리 족에서 고리와 달(月)이며, 달은 다리, 달리, 타리, 탈리, 탈리아, 투탈리아로 변화하고, 승계되어 나갔음을 밝혔으며, 천문학을 인용하여 삼신과 칠성사상의 원류를 밝히고자 하였다.

종족학에서 말하는 '타타르'족의 비조鼻祖는 '빈카문화권'인 세르비아권역이었고, 결국 그 변천과정의 시원은 고조선이었다. 세계의 고고학자들이 주장한 '타타르족'의 분류와 필자가 세계적으로 처음 언어학적으로 풀어보는 '타타르족'에 대한 비교 연구도 함께 실었다. 특히 고조선은 기원전 6세기에 멸망하였는데, 그 근거로 아시리아 연대기와 터키의 자료를 인용하였고, 기원전 6세기부터 시작된 켈트족의 이동에서 9환족의 이동과 고대의 영국, 프랑스, 이베리아의 건국과정에 9환족이 주축이 되었다. 9환족의 부족 해석과 더불어 게르만족으로 이어지는 북부 유럽의 정체성을 증명하고자 하였으며, 같은 시기에 인도 16국의 형성에도 9환족의 이동과 변천과정을 설명하였다.

강단사학자와 일부 재야사학자들이 주장하는 극동아시아의 발해만 근처나 쑹화강 중심의 고조선은 멸망한 이후의 대부여, 북부여이고, 중국이 조작한 기자조선과 위만조선으로 이해를 해야 하는 것으로서 본디의 시원은 정녕 아니다.

실로, 하·상·주의 역사는 허구이며 가공된 역사란 것을 밝혀나가고, 아울러 맞물려서 작성된 《한단고기》의 위작 부분도 지적하지 않을 수 없다.

이제 세계의 고대사는 우리 손으로 써야 하며 우리가 앞장서서 세계 속의 고대사의 주인은 우리였음을 세계만방에 알려야 한다. 일탈되고 엉클어진 세계의 고대사는 당연히 버려야 한다. 환인, 환웅의 역사와 단군조선의 초기 역사가 서양의 고대사라고 생각한다. 우린 동쪽의 오랑캐가 아니며 동이족東夷族 또한 아니다. 다만, 춘추시대의 악필과 서세동점기의 검은 손에 의해 우린 약 2,500년 동안 '동이족'으로만 매도되고 그렇게 불렸을 뿐이었다. 동이족이란 족쇄로 우린 고조선의 시원과 환인, 환웅의 역사를 잃어버린 것이다. 한때는 '활을 잘 쏘는 동쪽의 사람'으로 인식하고 우쭐한 기분이 있었던 것도 알고 보면 몰이해에서 비롯된 서글픈 우리들의 자화상이었다.

지금도 고조선의 시원을 동북아시아 만주 벌판이나 쑹화강 근처, 혹은 발해만 근처로 비정하는 강단사학자들의 학설은 아직까지 식민 사관에 사로 잡혀 있거나, 사대사상과 모화사상, 남의 나라 문화는 높이 받들고 우리 문화는 천대시하거나 비하하는 그런 정신이 밑바닥에 깔려 있기 때문이라고 생각한다.

필자는 생각해 보았다. 대한민국에서 유수한 사학자와 언어학자, 인류학자들이 있는데 하필이면 비전문가요 한사에 불과한 필자의 손을 빌려 잃어버린 역사를 되찾게 되었는가에 대해선 오직 하늘의 뜻일 뿐이다. 그러나 앞으로 누구라도 고대사를 집필하게 되면 아프리카와 지중해, 빈카권역을 무시하거나 제외한다면 그 책은 올바른 고대사가 아니라고 딱 잘라서 말하고 싶다.

짐짓 생각해 보면 앞으로 국난이 닥치게 된다면 제2, 제3의 이순신이 나와야 하고, 제2, 제3의 안중근과 유관순 열사가 나와야 한다. 그래야 만이 우리나라가 사는 길이며 유구한 역사가 끊어지지 않고 흐르게 되는 것이다.

이제 우리는 이미 유네스코에서 '세계 문화를 이끈 민족이 한국인'이란 지정에 대하여 상세하고도 소상하게 고대사를 밝혀나가야 하고, 왜! 한국인이 인류문화의 효시였던가를 우리가 나서서 설명해 주어야만 한다.

더 이상 늦출 수 없다. 우리 세대에 잃어 버렸던 웅대한 선조의 역사를 찾아 국혼 부활의 시대적 사명을 완수해야만 한다. 우리 후손들에겐 무한한 자긍심을 심어 주고, 지구인들에겐 올바른 고대사를 바로 가르치기 위하여 이 책의 잘못된 부분을 조목조목 밝힌다면 그 역시 고대사의 발전에 크게 기여하리라 생각한다. 그러나 단언컨대 한반도를 중심으로 해선 상고사가 절대로 용납되지 않는다는 사실이다. 그렇다면 광복된 지 72년 동안 한 번도 시도하지 않은 외국의 지명 해독과 어원의 해석에 대하여 반박의 논리를 제시해야 한다. 더욱이 필자는 식민사학에 오염된 국내도서보다는 독일, 러시아, 미국, 터키, 이란, 스페인, 포르투갈 등 외국의 인터넷 서브와 링크를 통하여 집필하였고, 국내의 학자들이 생소하다고 생각되는 부분도 다소 있을 것이라 생각한다.

특히 그동안 기원전 3,000년 이상된 유물과 유적지가 없어 때로는 이방인이나 경계인境界人으로 취급받았던 북미의 인디언 문화, 멕시코 문화, 중앙 아메리카, 남미의 연구에서 최근 발굴된 수많은 유적지와 고고학상 뒷받침되는 유적 사이트에서 그 정체성을 밝혀나갔으며 북미, 남미언어의 어원 연구와 지명, 원주민의 어원 연구를 통하여 환인, 환웅시대에 동쪽으로 분기해 나간 종족임을 중앙아시아권과 빈카문화권에서 칭았던 용어와 똑 같은 정체성을 찾아내어 증명하였다.

앞으로 남은 과제는 이 책에서 제시한 내용에 대하여 감히 학문적으로 확인해 볼 가치가 있을 것이라 생각한다. 만약 뜻있는 학자들이 중심이 되어 세계사학계에 세계의 고대사가 바로 환인과 한웅으로부터 시작되고 성장·발전하였다는 것을 밝혀줄 것을 희망한다. 필자는 열린 생각으로 역사를 다시 보았다. 우리 고대사를 새로운 시각으로 조명함으로써 기존 세계의 고대사를 비판하며, 전혀 새로운 차원을 주장하는 바, 환웅과 단군 조선의 정체성과 흔적, 큰 갈래를 찾은 것은 연구의 보람이며 자랑이라 생각함에 독자들의 많은 관심과 지적이 있기를 바란다. 다만 이 책은 기존의 재야사학자나 강단사학자는 물론이고 앞으로 고대사를 연구하는 후학들이 한 번씩은 읽어보아야 할 필독서라고 생각하며 고대사 연구에 진일보되는 좋은 자극제의 역할을 한다면 더한 기쁨이 없을 것이다.

이 책은 총 4권으로 구성되며 제1권은 인류문명의 시원과 고조선 건국이며 제2권은 켈트와 인도16국으로 진출한 고조선의 종족, 제3권은 언어학적(인도 유럽어)으로 풀어 본 고대 문명, 제4권은 새로 쓰는 남미, 북미의 역사로 구성되었다.

끝으로 이 책을 펴냄에 학술적으로 많은 조언을 주신 최두환 박사님과 항상 용기와 격려를 아끼지 않은 신상복 교수, 황순석 교수, 남제 김민기 선생, 이진우 박사 김진경 박사님께 지면을 빌려 감사를 드리고, 특히 바쁘신 와중에도 출판사 선정으로 노력해 주신 김정태 소설가님께 다시 한 번 고마운 뜻을 전하며 편집과 교열을 맡아 성심을 다한 큰 아들 승화에게 고마움을 전하고, 여러 가지로 부족한 이 글을 성심을 다해 책으로 엮어 출판해 주신 수서원修書院 출판사 손광춘 사장님과 임직원에게도 감사의 말씀을 드린다.

하늘에 우러러 삼가 삼신 하느님께 이 책을 바칩니다.

2017년 정유년 5월

고대사를 해독하는 키워드(Key word)의 이해

필자는 영어의 어원 분석으로 많은 단어의 어원을 찾아보았는데 사실 영어에서 찾아낸 고대사의 키워드(Key word)는 대략 14개로 이루어졌으며, 우리 한글은 우랄알타이어족으로 분류되었으나 유라시아 언어, 최근에 와서는 영어, 라틴어, 그리스어와 같은 인도유럽어로 분류하여 연구되고 있다. 고대의 영어는 언어의 가계도에서 서 게르만어의 한 갈래인 고대 프리지아어에서 온 것으로 연구되었으며, 고대 그리스어와 라틴어의 어휘에서 가져와서 현대 영어로 발전한 것으로 이 14가지 용어가 없으면 영어의 형성이 안된다는 것이며 언어학적으로 고대사를 옳게 조명할 수 없다고 결론 지었다. 독자들은 먼저 고대사의 키워드를 이해 해야만이 이 책을 이해 할 수 있다고 생각되어 제일 앞에 실었는데 그 14개의 키워드를 살펴보면

1) 위대한, 거룩한, 훌륭한

S, Sa, Si, Se, So, Za, Zi, Zu, Ze, Zo, Z으로 단어의 어간이나 어미에 붙어 수식한다.

2) 신(神)의 변형

An, En, Un, In, On으로 Ani, Anu, Ana 등으로 어미가 바뀌며 기록된다.

3) 우리에 대하여

Uri, Ur, Uru, Ari, Ara, Aru, Aro, Er, Eru, Ero, Eri, Eli, Ela, Ir, Iri, Iro, Iru, Or, Ori, Oru, Joli, Jori, Jor, Joru 엄격히 따지면 우리는 '태양'을 말하며, 너와 나를 포함한 영어로 'we'가 된다. 그런데 영어의 '위(we)'는 북아프리카의 언어체계로 Wa, We, Wi, Wo, Wu 등으로 표기되며 '아버지'를 말한다. 결국 아버지는 '우리'와 동격이 되었는데, 아버지는 태양족이었던 것이다.

4) 태양의 이름 변형으로 3개의 별칭이 있는데

H, Ha, Hi, Hu, He, Ho, Hera, Heri, Her, Hero, Heru, Hara, Hari, Haru, Haro, Har,

Hir, Hiri, Hire, Hiro, Hiru, Hor, Hori, Hora, Hore, Horu, 헬라, 헬리, 헬레, 힐리, 힐레, 힐라, 할레, 할리, 할루, 할로, 할라(그리스어 표현) 등으로 무수한 변형이 이루어지며, 수리(Suri), Sur, Suro, Suru, Sure, Suru, Sara, Sari, Sar, Saru, Saro, Sera, Seri, Seru, Sero, Ser, Sir, Siri, Sira, Sire, Siru, Siro, Sor, Sora, Sore, Soru, Soro, 살레, 살리, 살루, 살라, 셀리, 셀라, 셀루, 셀로, 실리, 실라, 실루, 슬로등으로 많은 변형이 이루어 지며 자음인 'S'가 자음 'Z'으로 변형되어 Zar, Zari, Zaru, Zer, Zor, Zur, Zir, Ziri 등으로 변형되며, 또한 이집트에서 기원된 '라(La)'의 변형으로 로마(Roma-태양의 어머니), 루마니아(Rumania-태양의 어머니족), 리비아(Libya-태양의 아버지) 등이며 우리말의 모음조화 현상(인도유럽어의 프로토 조어)으로 다양한 변형이 있다.

5) 머리(D, T)의 이름 변형

Da, Du, Di, De, Do와 Ta, Tu, Ti, Te, To, Tha, Thu, Tho, The, Thi 등의 변형되며 사람의 머리를 나타내는 표기이다. 그런데 영어의 Tha, Thu, Tho, The, Thi 등은 해석해 보면 "흰 빛나는 머리'로 태양을 상징하는 자음 H이 붙어 있다. 태양은 흰 빛으로 생각하였기에 백두(白頭)는 흰 빛나는 머리, 흰 머리로 통용되고 이해되었다. 역시 태백(太白)은 매우 흰 것을 나타내는 것으로 같은 성질로 독자들은 그리스, 고대 터키, 유라시아, 이집트, 북미등에 산재된 성소인 태백(태배, 태페, 태펙)을 만날 것이다. 즉 태백은 광명(光明)의 성소이었다. 머리 사람들은 단(Dan), 둔(Dun), 딘(Din)으로 표기되었고, 인도-유럽어로 탄(Tan), 툰(Tun), 틴(Tin)이 되었다.

6) 아버지 이름의 변형

B, V, Ba, Va, Bi, Vi, Bu, Vu, Be, Ve, Bo, Vo와 인도 유럽어의 표기로 Pa, Fa, Pi, Fi, Pu, Fu, Pe, Fe, Po, Fo, Abi, Avi, Abe, Ave, Ab, Ab, Ebi. Eb, Ev, Ibi, Ivi, Ib, Iv, Ub, Ubai, Bai, Bei, Bay, Bui, Pai, Pei, Pui 등으로 많은 변형이 있다. 아버지의 표기는 자신의 아버지가 아닌 절대자, 권능자를 말하였으며, 우수한 문명을 전달 해 준 사람을 극존칭으로 '아버지'라 불렀다.

7) 어머니 이름의 변형

Ma, Mi, Mu, Me, Mo, M, Am, Em, Im, Um, Om Emi, Ami, Amu, Amo 등의 변형이

있으며, 모계사회를 말해주는 고대사의 단어이다.

8) 달(月) 이름의 변형

다리(Dari), Dar, Daro, Daru, Dare, Dir, Diri, Dire, Diru, Diro, Dira, Dur, Duri, Duro, Duru, Dure, Der, Deri, Deru, Dero, Dere, Dera, Dor, Doru, Doro, Dora, Dore, Dori, Dr, Dri, Dre, Dru, Dro, Dra 등이 있으며 인도유럽어의 프로토 조어로 표기되면 타리(Tari), 타라(Tara), 타르, 타루, 타로 등으로 수많은 변형이 있고, 탈리, 탈라, 탈레, 탈로, 틸리, 틸라, 틸루, 톨라, 톨루 등으로 또 다른 변형이 있다.

고조선의 정체성은 달이었다. 지금까지 고조선의 큰 정체성이 하늘에 떠 있는'달'이란 것을 아무도 발표한 적이 없다. 고조선을 신화로 규정한 터전에 고조선의 정체성 찾기는 호사였는지도 모른다. 한인으로부터 전승된 '머리'는 달과 어울려 타타리(Tatari), 타타르(Tatar)가 된 것이다. 인도유럽어의 특성과 변형만 숙지하면 금방 알게 될 것을 서양의 사학자들이 아직도 '타타르'의 어원을 모른다고 하니 이해가 되지 않는다. 오늘날 달은 문(Moon), 태양은 선(Sun)으로 해석하려고 하니 도저히 해석이 안 되었던 것으로 결론 지었다. 머리인 다, 타는 독립명사이므로 문장의 앞(어간)에 붙던, 뒤에 붙던(어미)간에 그 어원에는 아무런 변화가 없다, 타타리, 타타르를 '타리테'라고 부르는 현상이며, 키타리테(쿠샨제국 〈월지국〉의 계승), 에프탈리테(키타리테의 계승 왕조)가 바로 필자의 이러한 언어학적 주장을 증명한 것이다.

9) 고리(Gori-고을 골, 環)

고리는 한 무리의 씨족, 종족들이 살던 땅을 우리말로 고을, 골이 된 것이며, 한단고기에서 기록된 9환의 이름이기도 하다. 크고 작은 무리의 연방체가 9환인 것이며, 지금까지의 역사적인 수많은 기록에서 한인, 한웅, 고조선에 이르기 까지 '고리'는 다문화, 다언어로 뭉친 집단이었고, 오색종족이었다. 이 고리의 표시는 글자의 앞이나 중간, 혹은 어미에 붙어 다니며 '고리연방'을 나타낸 것으로 조사, 연구되었다.

이 고리도 수많은 변형이 있는데 고리에서 고르(Gor), 고레(Gore), 고루(Goru), 고라(Gora)로 표기되고 인도유럽어로 코리(Kor), 코르(Kor), 코레, 케레등으로 표기, 발성된다. 이 고리도 모음조화(인도유럽어의 프로토 조어)현상에 따라 수많은 변형으로 나누어진다. 우리가 즐겨 마시는 콜라(Kola)도 '고리(Gori)'의 변형에서 온 것이다. 중앙아시아권에서 '케레이'라고 부르는데 우리말로 '겨레'가 된 것이다..

10) 이제 시작하는, 처음, 돋아 오르는

아시(Asi), 아쉬(Ashi), 아사(Asa), 아스(As), 아수(Asu), 아소(Aso), 에스(Es), 에시(Esi), 에소(Eso), 이스(Is), 이시(Isi), 이쉬(Ishi), 이소(Iso), 이수(Isu), 오스(Os), 오시(Osi), 오세(Ose), 우스(Us), 우시(Usi), 우쉬(Ushi) 등으로 변형되어 기록에 나타난다. 고조선의 '아사달(이제 시작하는 달, 돋아오르는 달)'이 대표적이며 이스트리아, 오스트리아, 오스트레일리아가 그 예이다. 대저 그 종족들이 살던 곳에서 새로 진출한 곳에는 반드시 이스, 오스, 우스 등을 붙이는데 켈트족에 진출한 고조선의 9환족이 사용한 것으로, 부록 편에서 조사된 각국의 성씨 연구에서 Os, Us, Is가 성씨의 뒤에 붙어 다닌다.

11) 어머니 사람들(Man), 아버지 사람들(Ban, Van, Pan, Fan)

앞에서 설명한 바와 같이 모계사회의 주축은 어머니이었기에 어머니가 앞에 오는 종족이 있으며(아마존의 스키타이족), 아버지는 영도자, 칸을 의미하며 나아가 훌륭한 조상을 아버지라고 불렀던 것으로 조사되었다. 아버지 사람들은 반(Ban, Ban), 분(Bun), 빈(Bin), 벤(Ben), 본(Bon)으로 변형되고 인도유럽어에 의해 판(Pan, Fan), 폰, 푼, 핀, 펜으로 변형되며 발성, 표기된다. 또한 북아프리카의 아버지의 호칭인 Wa, Wi, Wu의 호칭에 자음 'n'이 붙어 반(Wan)으로도 표기되며 특히 파키스탄, 인도의 지명과 종족이름에 많이 표기되고 있다.

12) 가이아(Gaia), 카이아(Kaia)는 "깨우친 사람을 말하였다."

이 깨우친 사람의 변형도 모음조화의 변형으로 카이(Kai), 케이(Kei), 쿠이(Kui), 코이(Koi)등으로 변형되며 기록에 나타난다. 물론 원형은 가이(Gai), 구이(Gui) 등이다. 남미에선 Que, Qui, Qua 등으로 표기된다.

13) 광명의 이름 '바르(bar. var)'

태양에서 내리는 흰 빛(햇빛)을 광명으로 표현하였는데 영어 어휘에서 이 광명의 변형이 없으면 영어사전의 구성이 안되는 것으로 '광명(光明)'은 고대인의 삶이었고 정신세계이었다. 이 광명인 '바르(Bar, Var)'의 변형도 아주 다양한 변형이 있다.

바르(Bar, Var), 바리(Bari, Vari), 바레(Bare, Vare), 바루(Baru, Varu), 바로(Baro, Varo), 비르(Bir, Vir), 비리(Biri, Viri), 비레(Bire, Vire), 비라(Bira, Vira), 비루(Biru, Viru), 부르(Bur, Vur), 부리(Buri,

Vuri), 부레(Bure, Vure), 부라(Bura, Vura), 베르(Ber, Ver), 베리(Beri, Veri),베라(Bera, Vera), 베로(Bero, Vero), 베루(beru), 보르(Bor, Vor), 보레(Bore, Vore), 보리(Bori, Vori), 보루(Boru, Voru) 등이며 자음 'ㄹ'이 붙어서 발레, 발리, 발루, 발로 등으로 나타나며, 인도유럽어의 변형으로 파르, 파리, 파레, 포리, 포르, 페리, 페르 등으로 다양한 변형이 나타나며 다시 팔레, 팔리, 폴리, 필리, 필레 등으로 변화하여 기록되고 있다. 오늘날의 영어의 많은 어휘들이 태양을 비롯한 광명에서 비롯된 것이라고 아는 사람은 지극히 드물다고 할 것이다. 왜냐하면 필자가 세계에서 처음이며 국내에서 처음 발표되는 광명(光明)의 변화를 말하는 이유이기 때문이다. '광명(Bar)'의 글자는 국가 이름, 도시, 촌락에 이르기까지 전 세계에 백사장의 모래알처럼 지천으로 널린 이름이었다.

14) 곰(GOM, KOM, Guma, Kuma, Gama, Kama 등)

곰의 이름은 인류문명과 더불어 시작되었다. 고대 천문학에서 큰 곰자리는 중앙아시아의 고조선 자리이었으며, 작은 곰 자리는 그리스 이었다. 큰 곰자리는 일명 북두칠성 자리이었다. 그러므로 곰 자리는 '플레이아데스 성단'의 북두칠성과 동일시 된 것으로 고조선은 배달시대부터 내려오는 '칠회제신력(七回祭神曆)으로 60갑자의 책력을 만들었다(5세 단군-기원전 2096년). 이 책력은 별자리등 천문을 알 수 없으면 만들지 못하는 것이었다.

일찍이 기원전 7,000~7,300년전의 '빈카문명(아버지 사람들 고리)'의 유적에서 곰 인형, 곰신, 곰 여신했다라는 정제가 발견되었다. 곰 문명은 바로 인류문명을 가리키는 것이며, 아프리카를 비롯하여 고대 그리스, 홍산(요하)문명의 곰 옥기, 북미, 남미, 중앙아시아에 이르기 까지 곰의 유물이 출토되었고, 많은 지명에 이름이 녹아 있으며, 곰 이름의 왕조, 곰 언어등으로 곰은 고대문명(태양의 광명)의 또다른 별칭 이었다.

고조선이 개국한 지역은 카라쿰(Karakum-곰의 고리) 사막과 키질쿰(Kizilkum-고리 태양의 곰)사막인 속칭 산해경(山海經)에서 논하는 대황(大荒-크게 거친 땅-사막)으로 칸이 이곳에 있었다는 것이며, 아무다리아(Amudaria-어머니의 달)상류에서 달지국(月支國-달의 나라)을 거점으로 건국하게 된 것이다. 여기에서 곰은 다양한 표기가 되는데 콤, 쿰, 킴, 코무, 쿠무, 키무, 카무, 카미, 카마, 카메, 케미, 케마 등으로 변하며 원형은 가마, 구마, 가무, 가미등이다. 이러한 곰의 어원의 변화는 그리스와 편잡의 사투리(방언)에서도 잘 나타나 있다. 특히 곰 문화이며 백색문명으로 일컫어지는 고대 그리스문명과 아프리카 나일강의 곰 문화(쿠마-Kuma)와 더불어 아프리카의 많은 지명에서, 북미, 남미에서 무수한 곰의 지명이 나타난 것으로 연구되었다. 고조선의 왕검(王儉)에서 '검'은 곰 의 표기로 곰족의 칸이 되는 것이며 단군(Dangun)은 "머리 사람들의 칸"을 지칭한 것이었다. 결국 필자가 연구한 이 14가지의 어휘들이 고대사의 맥이었으며 핵심이었다. 고대사는 14가지의 키워드(Key word)에서 형성되었고, 고대사의 비밀이 이 글속에 숨어 있었던 것이다.

이상 14가지의 키워드(Key word)로 필자는 고대의 인류문화사를 이해 할 수 있었던 것이며 오구즈비문, 라틴비문을 나름대로 해독할 수 있었다. 고대엔 사용할 수 있는 어휘가 그리 많지 않았던 이유이며, 주로 부족, 씨족의 개념과, 태양, 달, 광명(빛), 어머니, 아버지, 신(神) 등으로 주로 종족의 이름엔 그 종족의 정체성을 드러낸 것이 표기되었음을 캘트족의 연구에서 알 수 있었다.

이러한 정체성의 연구는 한인, 한웅의 태양족=광명의 사람들=곰의 사람들=아버지, 어머니 사람들=머리 사람들(상투튼 사람들)=깨우친 사람들=칸의 고리 사람들, 달 사람들(Darian, Tarian)로 그 등식이 성립되는 것이며 고조선은 한웅으로부터 상속받은 태양과 머리의 얼인 달(Dal)을 그 표상으로 삼아 고조선의 9환족은 '달의 고리 사람들'이 되었고 삼한관경제로 통치 해 나갔으며, 북아프리카의 리비아를 포함하여 그리스의 크레타, 중앙아시아, 파키스탄 편잡의 사람등 소위 '오색종족'이었으며 신정(神政)으로 통치하여 나갔던 것이다.

필자가 바라 본 하나(1)는 Hana로 '태양족'이며, 둘(2)은 Dul로 '달'이며 셋(3)은 Sed, Set 로 '위대한 머리'가 되었다. 태양족과 달이 바로 머리 사람들이었으며 1과 2를 합친 정체성이 3이란 정체성으로 귀결되었던 것이다. 1은 1자신과 2, 3을 포함하는 것이었다 하는 것을 우리는 이 책을 통하여 배워 나갈 것이다. 그러므로 우리(Uri)란 바로 '태양과 달, 위대한 머리' 를 지칭한 함축된 단어 이었다. 그러기에 곰족과 호족(호랑이)으로 대변되는 고대 역사는 신화가 아니며 사실(史實)이었다.

목 차

제2장 삼성과 칠성사상의 고찰 / 126

제3장 환웅, 단군시대의 신정사회와 제천행사 집전 기록과 백두신앙인 태백(태베) 신전에 관하여 / 161

제4장 환웅과 단군시대의 곰 문화는 만들어낸 신화인가? 아주 놀라운 역사의 진실인가? / 203

제5장 고조선은 중앙아시아에서 시작되었다. / 242

제6장 조선 초기의 삼한관경제의 분류, 9환족의 비정 / 276

제8장 그리스에 꽃을 피운 환웅의 백색 문화인 '바르'(광명-Bar, Var)와 '고리'를 찾아서 / 397

제9장 켈트족의 이동에 나타난 광명인 "바르"(Bar, Var)와 투탈리아, 고조선 9환족의 이동 연구 / 425

제1장
환인桓仁시대의 기원과 12분국의 새로운 추정

1. 환인시대의 기원에 관한 고찰

지구촌의 국가마다 전설, 신화가 있으며 자랑하는 문명이 있다. 우리는 세계 문명의 효시가 된 환인(桓仁)시대인 한인시대가 있었다. 이 한인시대를 포함하여 고조선에 이르기 까지 약 63,000년으로 규정하기도 한다. 하나, 한인시대를 7대로 보고 환단고기(桓檀古記)의 기록으로 역사적인 기록으로는 고조선을 포함한 약 9,000년 시대로 보고 있으며 이러한 관점은 세계의 사학계에 소위 기원전 7,000년 설이 핵심 요소로 부각되고 있다. 이러한 환인시대를 나름대로 조명하고 분석해 본다는 것은 사실 무모한 도전이며 큰 무리라는 것을 알면서도 필자가 상고사를 활성화시키고 올바른 상고사 정립을 위하여 이번에 도전하게 되었다. 환단고기 책을 펴낸 증산도와 일부 사학자들은 환인이 7대로 기원전 7,197년을 그 시점으로 보고 있다. 그러므로 우리의 역사는 9천년 남짓 되는 것으로 소위 1만년 역사라고 부르고 있다.

그러나 지금까지 한반도에서 발굴된 구석기 유적과 세계의 구석구석에서 발굴된 유적을 들여다보면 과연 우리의 1만년 역사가 '인류문화의 시원'이라고 지구인들에게 자신있게 말을 할 형편이 못된다고 생각한다.

이미 한반도에서 1만 5천년이 넘는 볍씨가 발견되었고, 만주지방에서 발굴된 탄소미는 개량볍씨로서 무려 1만 8천년을 상회한다고 하여 유네스코에서 발표한 적이 있었다. 그런가 하면 북미의 인디언 중 '나바흐' 인디언의 시조는 시베리아의 '축지족(머리족)'이며 건너온 시기는 약 4만년이라고 인류학자가 주장하기도 하였다. 동부시베리아 문화인 Mal'ta-뷰렛문화는 안가라강 서쪽의 영역에서 바이칼호수, 이르쿠츠크주, Usolsky지구인 고고학 사이트에서 기원전 24,000년~15,000년경으로 추정되는 약 30개의 다양한 여성 조각상인 금성인형 등의 유물이 발견되었다.

이 중에 후기 구석기시대로 보이는 유물조각엔 메머드상아의 조각에 메머드코끼리를 그린 그림이 발견되었다. 또한 2014년에 출판된 "Mal'ta 사람들"에서 동부시베리아 문화의 사람들이 아메리카 인디언의 유전가계에 상당한 기여를 하였다고 발표되었다. 아메리카 인디언 가계의 38% 사이에서 유전자 흐름을 발견할 수 있었으며 동부 유라시아와는 관련되지 않았음을 시사한다고 하였다. 이것은 환인의 12분국 시기에 동부 시베리아권으로 간 사람은 동부 유라시아인과 별도로 문명을 건설하였고, 베링해를 넘어 아메리카로 진출하였으며, 극동으로 간 종족에서 2017년 2월에 밝혀진 '게놈지도 분석'에서 한민족의 종족으로 연구되었다. 서쪽으로 간 환인의 분국 사람들은 유라시아를 포함한 유럽의 문화를 만들게 되었다고 보는 것이다.

지금까지 동부시베리아 문명에 대한 상세한 연구가 부족하고, 유물 등이 부족한 것은 단절된 북미와 남미의 인디언문화에서 기인된다고 보고 있다. 최근에 발굴된 홍산문화와 하가점 문화는 동쪽으로 간 환인분국인 6국의 문명으로 통고사국(선비국, 시위국)과 구막한국(고막해)의 문명으로 필자는 보고 있는데 그 이유는 홍산문화의 상위 문화인 '사해문화'가 기원전 약 8,000년 경으로 조사, 연구되었던 이유이다. 그러나 동쪽으로 간 6국의 문명에 대한 유적, 유물인 홍산, 하가점 유물 등이 중국 당국에 의해 완전 개방되지 않아 아직 학계에서 그렇다 할 조명을 하지 못하고 있다. 대저 많은 사람들이 모여 농경생활을 한다는 것 자체가 문화이며 문명이다. 또한 세르비아에선 많은 유적과 유물이 출토되었는데 그 중에 우리 눈길을 끄는 것은 '빈카문화'이다. 이 문화는 기원전 7,300년 전의 문화로 1만년 우리의 역사와 닮은 고대문화이다. 우리의 환인, 환웅의 문화인 것이며 곰의 문화인 것이다. 이 문화는 나중에 별도로 상세히 설명할 것인데 세계의 학자들은 기원전 7,000년 설을 중시하며 이 기간에 초기 문명이 이루어진 것으로 내다 보고 있다. 그러므로 필자는 기원전 7,000년 설에 맞추어 한인 12분국을 추정하고 연구하였다.

먼저 환국의 12국 분국에 앞서 몇 가지 해독과 해석에 있어 제각기 해석을 하는 바 필자가 연구한 해석을 옮기고자 한다.

증산도의 한단고기 545쪽의 '환인천제'의 환국 개창의 해설에서

"吾桓建國이 最古라. 唯一神이 在斯白力之天하사 爲獨化之神하시니 光明照宇宙하시며 權化生萬物하시며 長生久視하사 (…중략…)

우리 환족이 세운 나라가 가장 오래 되었다. 천지에 일신이 있어 시베리아의 하늘에 계시며 홀로 천지조화를 짓는 신이 되셨다. 그 광명은 우주를 비추고 대권능의 조화로서 만물을 낳으셨으며, 오래토록 사시며 (…중략…)

그 보충해설에서 이유립과 〈한국 상고사〉 26쪽 박병식의 주장을 예로 들어 사백력지천(斯白力之天)을 이유립은 '시베리아의 하늘'이라고 하였으며 박병식은 '사(斯)'는 '아주, 매우, 최고의'란 접두어이고, 백白은 '하'로 태양, 밝다, 신성하다의 뜻이며 력(力)은 형용사 어미로 얗게, 얀에 해당한다.

> 사백력지천(斯白力之天)은 '사하라지천'으로 '아주 하얀 하늘, 아주 밝은 하늘'이란 의미라고 하였다.

증산도에선 이유립의 의견대로 '시베리아의 하늘'에 따른다고 하였다. 필자의 의견으로는 박병식의 '아주 밝은 하늘'의 해독이 올바른 해석이란 것이다. 광명이 '밝은 하늘'인 것이다. 표현상 광명은 하얀(흰빛)것으로 이해가 되었다. 광명은 '수메르어'로 '바르(Bar, Var)'라고 하였는데 환인천제의 환국개창에서부터 고조선에 이르기 까지 '광명(바르)'은 통치이념이었고, 철학이며 사상이었다. '최고의'로 표현되는 사(斯-Sa)는 필자가 '위대한'으로 해석하였다. 사, 수(Su), 세(Se), 시(Si), 스(S)로 되고, 태양을 의미하는 '수리'가 변하여 스라, 시라, 세르, 시르, 소르 등으로 나타나며 슬로, 슬라, 슬레, 슬리, 살리, 살레, 살르 등으로 다양하게 변화되어 현 지명에 나타나고 있다. 이것은 세르비아, 슬로바키아, 슬로베니아, 슬라브족 등 국가와 종족 이름에서 태양의 용어 변화를 보여주고 있다.

또한 태양의 흰빛을 나타내는 고대어는 영어의 'H'로 '히, 하, 헤, 후, 흐' 등으로 이루어져 많은 종족과 지명에서 히브리인, 헤로도토스, 헤라여신, 헤라클레스, 히타이트, 하티족 등으로 차용되고 있다. 태양은 '해, 라' 또는 '수리'(단오날)로 표현되었는데 세르비아(Servia), 시리아(Syria) 등으로 나타나고, 또한 태양의 별칭인 '라(La)'는 변형으로 로, 루, 레, 리, 루로 이어지는 모음의 변화로 나타난다 하겠다. 예를 들면 '로마(Roma-태양의 어머니), 리투아니아(Lithuania-태양의 머리 신), 리비아(Libya-태양의 아버지), 루마니아(Romania-태양의 어머니), 이베리아(Liberia-태양의 광명)으로 표현되었다. 또한 '수리Sury'도 스리, 세리, 세르 등으로 나타난다(세르비아, 수리남). 여러 국가의 지명에서 태양을 뜻하는 것이 많이 나오지만 특히 파키스탄의 '펀잡'지역은 모든 명사에 태양을 뜻하는 h(해, 흰빛)가 붙어 있는 것이 특징이다. 필자는 20개국 지명의 글자마다 붙어 있는 '태양'의 표시를 생략하고 '흰 빛나는'으로 통일하여 해석하고자 한다. 꼭 '광명(바르)'이란 단어가 나오면 강조하여 설명하고자 한다. 고대인의 '광명(光明)'은 태양으로 인해 만물을 성장하게 하고 숙성시키는 힘이며 희고, 밝은 것으로 하늘의 태양을 최우선으로 생각하였다. 태양은 바로 하늘이며 태양을 숭배한 종족은 바로 '천손족(天孫族)'이었던 것이다.

필자가 '빈카문화권'인 세르비아 등 7개국의 지명연구의 해독과 고조선의 시원이며 9환종족인 중앙아시아권의 이란, 타지키스탄을 비롯한 7개국과 이라크, 시리아, 요르단, 레바논 등의 지명 연구에서 그 핵심은 '광명(바르)이며 고리'라는 것이었고, 고조선의 9환은 '다리(달, 月)'를 중시하였다. 환인천제의 환국개창의 뒷 문장인 "그 광명은 우주를 비추고 대권능의 조화로서 만물을 낳으셨으며, 오래토록 사시며(…중략…)"는 앞 문장의 광명(아주 밝은 하늘-태양)을 설명한 것으로 이해가 되어야 한다. 그러므로 '이유립'과 '증산도'에서 주장하는 '시베리아의 하늘'은 비슷한 음을 차용해서 '시베리아'로 해석하는 것은 한 부분에 국한되는 것으로 아주 잘못 해독한 경우로 본다. 가장 핵심인 '광명'이 태양과 달과 별인 밝음과 빛을 이야기하는 것이고 대권능의 조화로서 만물을 낳고 자양하게 만드는 것이 '광명(태양의 밝은 흰빛)'이란 용어로 집약되었을 뿐이다. 사실 '시베리아'는 "위대한(Si) 베리(Beri-광명)"이었다.

또한 "어느 날 동남동녀 800명을 '흑수와 백산'의 땅에 내려 보내시니"에서 〈증산도의 한단고기〉에선 흑수를 만주 흑룡강성 북변의 흑룡강 흑수발가의 발흥지라고 주석을 달았으며, 백두산은 우리의 백두산으로 주석을 달았는데 '흑수와 백산'의 해독과 한반도의 백두산은 물론 고조선의 강역 또한 아주 잘못된 것을 지적하고자 한다.

흑은 오행상 북쪽을 의미하며 파미르에서 분기하여 동쪽으로 6국, 서쪽으로 6국이 되어 12분국이 형성되어 지는데 가장 중심지인 파미르에서 그 위치를 본다면 아주 동쪽에 치우친 헤이룽 강은 '흑수'가 될 수 없으며 '북해'가 바로 흑해(Black sea)이며 흑수라고 추정하며(우리 고대 선조는 서북에서 시작되었다) '백산'은 '밝은 산'의 의미인 '박산'과 그 의미가 같다. 박(밝-Bak, Bhak)으로 나타나며 그 변형은 백(Bek, Bhek)으로 되는데 사투리인 '볼따'의 '볼'이 밝음이 되는 것이다. 결국 '박과 백은 흰 것을 의미하는 밝음'의 상징이 되었고 그것은 태양의 흰빛이며 밝은 것이다. 중앙 아시아권에서 사용 중인 백(Bhek)과 칸(Khan)에 붙어 있는 h가 흰빛이며 태양인 것이다.

필자가 앞으로 전개할 21개국의 지명 해석에서 '흰 빛나는'은 '태양'으로 이해를 하기 바라며, 또한 슬리, 슬로, 스리, 세르, 수르 등에 붙어 있는 h는 '태양의 위대한'이나 '태양'을 빼고, 그냥 '흰 빛'으로 통일하여 해석을 전개하고자 한다.

태백산과 백두산은 그 의미가 같은 것이며 산봉우리에 흰 눈이 덮혀 있는 산이 백두산이 아닌 것이며, 태백산이 아니란 것을 본문에서 설명해 나갈 것이다. "단군께서 붕어하시어 '박산'에 장례를 지냈다."에서 '박산'은 밝은 산이며, 광명의 산으로 해석되어야 한다. 뒷장에서 나오는 현존 고고학사이트에서 가장 오래된 '빈카문화'와 고대 '그리스의 백색문화'가 바로 '광명'을 말하는 것이고, 파키스탄의 '메르가르 문화' 아프리카에 문화를 개창한 곰 문화가 '광명의 문화'인 것이며 고대인들은 '광명' 그 자체가 천손신앙이었다는 것을 이 책에서 밝혀 나간다.

그리고 "이 환국을 다스린 분을 '천제환인씨'라 부르고, 또한 안파견(安巴堅)이라고도 불렀다."에서 증산도의 한단고기 547쪽의 주석에서 박병식의 한국상고사 26쪽의 해설을 빌려 '안파견'은 '아파구'로 읽어야 한다. '아'는 위, 훌륭한 의미의 접두어이고, '빠, 바는 태양을 의미하는 '하'의 반탁음, 탁음형태이며 '구'는 자(者), 물(物)을 나타낸다. 또 천제환인(天帝桓因)에서 인(因)은 원인(原因), 태초의 시작을 나타내는 것으로 환인과 안파견은 함께 '가장 존경하는 태양인자, 가장 존경하는 태양과 같은 자'라는 의미라고 하였다.

이에 대하여 필자는 다른 해석을 하고자 한다. 안파견(安巴堅)의 '안'은 안(An)으로 절대신, 삼신을 의미하며 그 안(An)의 변형은 인(In), 엔(En), 잉, 엥, 앙으로 표기되는데 파(巴)는 아버지인 '바(Ba, Va)'에서 온 것으로 인도유럽어의 발성에 의해 '파(Pa, Fa)'로 되었으며 그 변형은 피(Pi), 페(Pe), 푸(Pu), 포(Po)로 많은 변형이 이루어짐을 20개국의 지명에서 확인 하였다. 그러므로 '아버지'가 되는 것이고, 견(堅)은 우두머리 중 우두머리인 '칸(크다, 왕)'에서 온 '간Gan'이 되는 것인데 인도유럽어의 발성으로는 칸(Kan, Khan), 쿤(Kun, Khun) 킨(Kin)으로 발성된다.

'간'의 변형으로는 겐(Gen), 군(Gun), 곤(Gon), 긴(Gin)으로도 변형되어 나타난다. 절대자인 "신의 아버지 칸"이란 해석이 된다. 이런 이름은 이 세상에 크고, 작은 많은 신들이 존재하지만, 그 중에서 가장 크고, 으뜸인 환인천제를 '안파견'으로 지칭한 것으로 필자는 보고 있다. 이러한 해석을 하게 된 이면에는 수메르와 고대 이집트에서 나타나는 많은 신을 통해 우리는 알 수 있는 것이며, 가장 높은 신(신의 아버지이면서 칸)으로 절대자이며 주권자를 지칭하는 것으로 본다.

이런 의미로 볼 때 단군의 '왕검'이란 곰족의 왕을 나타내는 '건(Gun-칸)'으로 보아야 한다는 것이다 '검'은 곰으로 해석하는데 곰은 검, 감, 굼으로 표기되며 구마, 고마, 기마, 게마, 거머, 기미 등으로 표기되었으며 인도유럽어의 발성으로는 쿠마, 카마, 케마, 키마 등으로 나타나는 것이다. 표기상 '검'은 곰이 되지만 '왕검'의 해석에서 군장, 지도자 중의 지도자(king of king-칸)로 해석해야 하는 것은 9환의 곰 종족이란 크고, 작은 제후의 왕의 상위에 있다는 것을 생각해야 할 것이다.

이미 알만한 학자들은 다 알다시피 실제로 수메르의 문화는 대략 기원전 5,000년이라고 서양 학자들이 주장하고 있으나 정작 수메르 문화는 비공인된 것이지만 기원전 45,300년경으로 오랜 역사의 전통을 가지고 있다.

수메르는 동물들이 무려 3,600 종류가 되는 것으로 보고 신들의 숫자도 3,600으로 만들었다. 이 3,600은 1기스로 수메르의 역사는 12기스가 넘는다는 사실이 수메르의 정제(精製)에 나와 있다고 한다.

이런 관점에서 볼 때 수메르와 우르국이 환인의 12연방에서 나간 것이라고 하면 1만년도 안 되는 역사로서 도저히 납득시킬 수 없는 것이다. 그러므로 환인의 역사가 63,182년이 되어야 환인의 12연방으로 갈리어 나갔다는 것에 설득할 수 있다. 재야사학자인 송부웅씨는 '배달민족 대륙역사'에서 "삼성밀기(三聖密記)"를 인용하여 환인은 7세대를 전하였는데 역년은 7세대가 공(共)히 3,301년 즉, 23,107년(3,301×7세대), 또는 63,182년으로 보아야 하며 1세대는 하나의 왕조로 해석해야 한다고 주장하였으며, 일반적으로 공(共)히를 빼고 그냥 3,301년으로 환산하여 약 9천년 역사로 이야기를 하는데 잘못 번역한 것이라고 하였다.

혹자는 많은 강단사학자들이 단군시대도 신화로 규정하고 부정하는데 하물며 기원을 더 늘여서 무슨 이익이 있으며 어떻게 연구하겠는가? 에 대한 반론이 있을 것이다. 하나, 역사는 숨긴다고 해서 언제까지나 숨길 수 없는 것이 역사이다. 중국이 이천 수백 년 동안 자행해 왔던 우리 한민족에 대한 역사 훼손과 왜곡이 이제야 밝혀지는 것이다.

이미 유럽의 많은 곳에서 유적이 발굴되고 유물이 출토되었는데 서양 학자들은 아전인수식으로 자기네 문화라고 떠들고 자랑한다. 자기네 땅에서 발견된 문화이니 자기네 역사라고 할 법하다. 그러나 세심하게 살펴보면 서양에서 발굴된 유적이나 유물의 근원이 대다수 환인 12연방의 국가에서 비롯되었으며 하나님(삼신)을 경배하고 다산의 여신 숭배는 모계사회의 일환으로 웅녀신앙이었다. 양심 있는 서양학자들은 대충 알고 있을 것이다. 이 서양의 중추적인 문화에 대해선 따로 세밀하게 조명하고 고찰해 나갈 것이다.

환인시대는 큰 빙하기가 끝난 이후에 생성된 문화로 6만년 문화가 되어야 세계 곳곳의 동굴문화와 구석기문화의 원류가 되는 것인데 아나톨리아(현 터키)의 '카스타 모누(고시 머리의 어머니)'의 선사유적지는 기원전 5만년이라고 밝히고 있다.

12분국의 비정(比定-추정)에 대해 다음 장에서 설명하겠지만 일찍이 아나톨리아에도 환인의 분국이 있었다. 아나톨리아에선 이미 기원전 6, 7천년 전에 농경생활을 했다는 유물이 출토되었다.

세계의 선사시대와 구석기시대를 조목조목하게 밝힌다는 것은 필자가 고고학자가 아니어서 무리이며 다만 대체적인 관점에서 볼 때 인류문명은 구석기시대부터 수렵과 농경생활을 하였는데 그 연대는 1만년을 훨씬 상회하는 것으로 나타난 것이 고고학계의 중론이므로 일부 재야사학에서 주장하고 있는 한단고기의 1만년 가설은 기록에 의존한 수치이며, 차라리 부도지에서 이야기하는 기원전 23,000년의 역사는 현실성이 있다고 할 것이다. 그것은 고대에 마지막 빙하기가 15,000년에 끝났기 때문이다. 그러나 파미르에서 분기된 인류의 문화역사가 6만년 이상 된다는 것을 필자는 주장하는 바이다.

지금까지 우리는 이미 걸레가 되어 버린 중국의 25사를 두고 어느 지명과 어느 성을 찾는가 하면 패수와 열수를 찾았으며 갈석산, 태백산을 찾아서 많은 시간을 허비해 왔다. 그래서 얻은 결과는 우리 역사는 한반도에서 고조선이 생성된 것이 아니었고, 삼국 또한 중국에서 시작되었다는 식으로 그래도 재야사학에 있어 부단히 많은 발전을 가져왔다. 양심있고 뜻있는 학자와 연구가에 의해 한반도사관을 넘어 상고사 연구를 해온 것은 얼마나 다행인지 모른다.

필자가 연구해 보니 중국은 역사 왜곡을 기원전 5세기경 춘추시대부터 자행해 왔던 것으로 하나라와 상나라, 주나라는 중국의 역사가 아닌데도 그들의 역사로 삼고자 하여 가공한 제후국과 인물, 많은 지명 이동과 더불어 여러 곳의 태백산과 3군데의 갈석산, 영지, 탕지 등 한단고기에 적혀 있는 지명을 교묘하게 중국의 산동, 산서지방에 집어 넣었고, 고죽국을 자기네 제후국으로 둔갑시켰는가 하면 탁록을 역시 허베이 성으로, 치우의 묘를 산동성으로, 동이구족(9환)을 산동, 산서 화북지방에 모두 집어 넣는등 용서받지 못할 역사의 만행을 저질러 왔던 것이다.

더욱이 중국은 춘추악필에 의해 우리를 동이족(東夷, 동쪽의 오랑캐)으로 몰고 기자조선과 위만조선화시켜 변두리 소국으로 전락시켰던 것이다. 필자가 잃어버린 역사 회복의 사명을 부여받아 우리 상고사는 서북에서 일어났고 발전했으며 고조선은 중앙아시아에서 시작되었다는 것을 밝혀나가며 일본과 중국의 역사왜곡으로 인한 한단고기의 잘못된 번역과 위작 부분을 따로 상세히 설명하며 하나라, 상나라, 주나라가 중국의 역사가 아니며 환웅, 고조선시대의 증명을 인류문화사, 고고학, 종족학, 언어학 등을 통하여 폭 넓게 통찰하고 비교 분석하고자 한다.

우리 상고사는 역사상 많은 부침이 있었던 관계로 사학적인 한 가지 측면에서는 도저히 명쾌하게 밝힐 수 없다. 그것은 옳은 역사서가 없는 이유이다. 언제까지나 중국의 25사에 얽매여 땅 따먹기를 하여 상고사를 찾을 것인가?

역사의 맥인 환인과 환웅의 역사를 찾으면 자연히 고조선 초기의 강역이 나올 것이라 생각하고 연구를 거듭하였다. 그동안 우리 상고사는 서쪽의 연구는 무시하고 동이족이란 숙명의 족쇄를 안고 엉클어진 실타래처럼 어디가 처음이며 시작인지 갈피를 찾을 수 없었다. 필자는 그 실마리를 찾을 수 있게 되었고, 잃어버린 역사를 찾았는데 우리 역사가 바로 인류 역사의 시작이었고, 서양문화, 서양역사의 뿌리가 되었으며 고대문화의 전파자였다. 앞으로 학계는 새롭게 세계의 고대사를 써 내려가야 할 것이다.

최근에 강단사학자의 주장처럼 춘천에서 청동기시대의 유적이 발견되었는데 혹자는 고조선 시대의 유적이라고 단정하기도 한다. 그러나 『한단고기』에 고조선이 9환(삼환관경제)를 이루어 통치하였다. 또한 다언어, 다종족으로 이루어진 체제라고 하였는데 이에 대한 설명이 전혀 없다는 것은 고조선이 단일민족으로 이루어진 국가를 말하는 것으로 일고의 가치가 없는 식민사학의 연장선상이라고 규정한다. 춘천 청동기 시대의 유적은 필자가 보기엔 환인 12분국 시에 파미르에서 동쪽으로 간 국가의 하위문명이며, 비파형동검으로 볼 때 요녕성문명의 하위문명으로도 볼 수 있는 사안이며 결코 고조선은 한반도에서 건국하지 않았다는 사실이다.

우리는 역사를 밝히는 작업이 단순한 사학에 그쳐 삼국사기나 중국 25사의 구절만 연구하는 학문이 아니라 인류문화사, 고고학, 복식학, 비교언어학, 천문학, 기상학, 종족학 등에 걸쳐 다양한 학문을 통하여 환인시대부터 잃어버린 환웅시대와 고조선 초기의 강역을 바로 찾아나가야 한다. 필자는 우리 민족이 인류문화의 시원임을 밝혀나가는데 그 초점을 두고 연구를 하였다.

처음 접하는 독자의 이해를 돕기 위하여 위해 '환인'의 역사를 간략하게 옮기고자 한다.

* 삼성기전(三聖紀全) 하

초대 안파견(安巴堅)환인, 2세 혁서(赫胥)환인, 3세 고시리(古是利)환인, 4세 주우양(朱于襄)환인, 5세 석제임(釋提壬)환인, 6세 구을리환인(邱乙利), 7세 지위리(智爲利)환인에 이르렀는데 환인을 단인(檀仁)이라고도 한다. 〈고기(古紀)〉에는 다음과 같이 기록되어 있다.

"파내류산(波奈留山-파미르) 아래에 환인 씨의 나라가 있으니 천해의 북쪽 땅을 또한 파내류국이라 한다. 그 땅의 넓이는 남북으로 5만리요, 동서로 2만여리이니 통틀어 환국이라 했다. 이 환국은 다시 여러 나라로 구성되었는데, 그 이름은 비리국(卑離國), 양운국(養雲國), 구막한국(寇莫汗國), 구다천국勾茶川國, 일군국(一群國), 우루국(虞婁國-비나국(卑那國)), 객현한국(客賢汗國), 구모액국(勾牟額國), 매구여국(賣勾餘國-稷臼多國), 사납아국(斯納阿國), 선비국(鮮卑國), 수밀이국으로 합하여 12국이다. 천해는 지금의 북해(北海)이다. 환국은 7세를 전하니, 그 역년은 3,301년인데, 혹자는 63,182년이라고도 하니 어느 것이 옳은지 알 수 없다."

2. 12분국(分國)의 새로운 비정

* 삼성기전(三聖紀全) 하

12환국의 비정이 위에 설명한 것처럼 되어 있으나 정작, 증산도의 환단고기 번역본의 지도(환국-세계 4대문명과 인류의 창세문명)에서는 환국은 비리국, 구막한국, 개마국, 일군국, 양운국, 독로국(구다천국), 매구여국(직구다국), 사납아, 월지국, 비나국, 우르국, 수밀이국 12분국으로 바꾸어 지칭하고 있다. 바꾸어 지정한 나라는 구모액국, 객현한국, 구다천국, 선비국이 없어지고 대신 월지국, 비나국, 개마국이 새로 지도에 편입된 것이다. 필자는 우선 삼성기전(三聖紀全) 하에 명시된 비리국, 일군국, 독로국, 비나국(우루국)을 먼저 비정하고, 추가로 지도에 나타난 '월지국(매구여국)'을 보충하여 비정하고자 한다.

그러나 방대한 자료와 많은 시간을 들여 펴낸 '증산도의 한단고기'를 보면 12분국의 위치가 한 곳으로 몰려 있는데 그것은 그동안 환인시대에 대한 연구가 거의 없었던 것에 기인한다고 보아야 할 것이다.

필자는 증산도의 한단고기를 참조해 오면서 새롭게 비정하고자 한다. 사실 알기 쉽도록 번역된 이 책이 없었다면 환인, 환웅, 단군의 역사를 재조명할 엄두를 못내었을 것이다. 다시 한 번 증산도 관계자에게 감사의 마음을 전한다.

증산도가 펴낸 한단고기 번역본엔 환인 12분국이 동쪽으로 몰려 있으며 서쪽에는 고작 수밀이국과 우르 국뿐이다. 오행사상으로 보아도 이건 잘못된 것이었다. 지중해와 히타이트를 비롯한 발칸반도를 포함하는 유럽지역엔 분국이 하나도 없는 것이다. 필자는 여기에서 큰 의문을 가졌으며 우리 민족은 과연 인류 문명의 시원인가? 한단고기가 위서인지 위작인지를 알아보아야 하겠다는 마음으로 역사 연구에 착수를 하게 된 것이며 동쪽으로 간 6국의 일부 역사는 '홍산문화와 하구점문화' 등 요즘 발굴되는 문화의 유적, 유물이 대변해 주고 있으며 대략 기원전 3,500~5,000년으로 추정하고 있다는 것이며 신락(新樂)문화문명, 사해문명은 상위문명으로 기원전 7,000~8,000년경으로 보고 있다. 유라시아의 동부지역인 시베리아 권에서 북미와 남미로 건너간 문명은 최근에 발굴된 유물, 유적지를 통하여 기원전 7,000년설에 부합되는 활발한 연구가 이루어 지고 있다. 추정에 앞서 고고학에서 언급된 기원전 7,000년설에 부합되는 지역을 우선으로 하되 먼저 서쪽으로 간 6국을 통하여 왜곡된 고대사를 조명하고 정리한 다음에 북미, 중앙아메리카, 남미의 역사를 조명해 나가고자 한다.

추정에 들어가기에 앞서 환인시대의 성격부터 잘 알고 있어야 할 것이다.

환인시대는 인류 최초로 5색인종과 다양한 문화를 공유하는 다민족, 다언어, 다문화사상으로 결집된 인류공동체 국가 체계였다. 그 중에 핵심적인 것은 신교사상인데 이 신교사상은 바로 광명사상이며 홍익인간弘益人間하는 사상이었다.

1) 일군국(一群國-일리리아-Illyria-우리의 태양)의 추정

일군국은 그리스 반도 북부에 있는 고대 일리리아로 일명 '일리쿰'이다. '군'은 인도유럽어로 표기되면 '쿤'으로 소리가 나므로 훗날 마케도니아와 접경을 이루는 일리리아인들이 일군국(일리쿰)을 건설하게 되는 것으로 연구하였다.

'일리리아'의 '일리'는 우리말 사투리인 일리, 일로, 일루와 상통하다. "어이! 일리와!, 와 야! 일루 와" 등의 이야기는 더러 사용하는 방언이다. '이리, 이쪽'으로 오라는 방언으로 이리, 이쪽은 결국 '우리'란 카테고리에 속하게 되는 것으로 우리편인데 '일리리아의 '일리'는 같은 것이라 본다. 그리고 리아Ria의 '리Ri'는 태양의 별칭인 '라La'에서 온 것으로 보고 "우리의 태양"이란 해석이 된다. 또한 일군의 '군'은 인도유럽어의 표기로는 '쿤'이 되므로 '일군'이 일쿤, 일쿰이 됨에 일리쿰이 '일리리아로 비정하였다. 김정민 박사는 유투브 역사강좌에서 13세기에 징키스칸의 후손이 '일한국'을 건설하였다하여 비정하였는데 환인 12분국의 시대는 대략 기원전 7,000년경의 시대(1만년 說 기준)이므로 맞지 않는 주장이며, 고대 빈카문명을 일군 일리리아(우리의 태양족)사람들이라고 주장한다. 이러한 주장의 배경엔 이미 서양학자들이 연구한 고대 그리스를 만든 사람들이 북쪽에서 왔으며 일리리아인과 트라키아인이며 마케도니아를 아우러는 지역이라고 하였다. 그들을 '도리아(Doria-태양의 머리)'인으로 불렀으며 그리스의 북쪽이면 '빈카문화권'이 되므로 고고학, 역사학적으로 맞는 말이며 필자의 '일군국' 비정과 맞아 떨어진다 할 것이다.

태양의 별칭인 '라(La)'의 변형은 이집트에서 시작되어 다양하게 나타나는데, 로마(Roma-태양의 어머니), 리투아니아(Lithuania), 리투아니아어(Lietuva-태양의 머리아버지 족), 리베리아(Liberia-태양의 광명), 리비아(Libya-태양의 아버지), 루마니아(Romania-태양의 어머니 사람들), 리마(Lima-페루의 수도-태양의 어머니) 등이다. 모두 '라'의 변형으로 되어 있다.

또한 태양의 별칭인 '수리'는 수리남(Suriname-태양사람들의 어머니), 세르비아(Srbija-스르비아-태양의 아버지), 슬로베니아(Slovenija-태양의 아버지 사람들), 슬로바키아(Slovakia-태양의 아버지 고리), 슬라브족(Slavs-태양의 위대한 아버지) 등이다. 태양을 뜻하는 '수리'가 다양하게 변화하여 나타난 것이다.

이 슬라브족은 동슬라브로는 러시아, 우크라이나, 벨라루스를 포함하며 서슬라브족은 폴란드, 체코, 슬로바키아 등이며 남슬라브족은 '빈카문화권'의 국가를 모두 포함한다 할 것으로 모두 "태양의 위대한 아버지" 종족이었던 것이다. 필자는 '빈카문화권'인 7개국의 지명연구에서 태양을 상징하는 라, 루, 리 등이 지명에서 더러 발견되었으며, 중앙아시아권인 카자흐, 우즈백, 아프간의 지명에선 태양을 상징하는 흰 빛과 밝음인 '해'의 표현을 'H'로 명사의 글자 앞이나 뒤에 반드시 붙어 다닌 것을 발견 하였다. 특히 편잡의 경우엔 예를 들면 칸(Khan), 다리(Dhari-달), 마(Mah-어머니), 바(Bha-아버지), 칼(Khal-고리), 바르(Bhar-광명), 카이(Khai-깨우친 사람) 등인데 우리말의 북한 사투리에도 자음인 'ㅎ'이 따라 다닌 것을 보았다. 마지막 장에 '우리말 사투리와 환웅, 고조선의 정체성 비교 분석'에서 논할 것이다.

특히 마케도니아(Macedonia-어머니 고리 머리 사람들)는 라틴어로 "고지 사람들"이라고 하였다. '고지(高支)'가 되는데 해석상 '고리'로도 본다. 고(高)의 의미는 높은 곳, '뽐내다'의 뜻을 내포하고 있으며 높은 곳은 머리(首, 頭)와도 같은 맥락을 가진다. 즉, '고리' 또는 '머리쪽'이 된 것이라고 본다. 알다시피 '고리와 머리족'은 환웅과 고조선시대에 불린 이름이었다. 일리리아인들은 크로아티아 북부와 마케도니아 서부에 이르기까지 트라키아의 경계와 맞물려 살았으며, 일부 학자들은 유럽의 철기시대인 '할슈타트(기원전 8세기, 흰 빛나는 위대한 머리)' 문화의 사람들로 기원전 약 10세기경의 사람들이라고 밝히고 있지만 정착된 정설이 아니며 가설에 지나지 않는다. '일리리아인'들은 '트라키아인과 함께 '빈카문화'를 만든 사람으로 서양학계에서 연구되었다. 그들은 태양족이었고, 머리족이었으며, 환인시대에 이미 곰을 숭배한 '웅녀'의 자손으로 환웅족의 문명이었다.

2) 독로국(瀆盧國-구다천국-트라키아-Thracia-머리 태양의 고리족)의 추정

독로국은 라틴어로 '트라키아, 트라키' 또는 고대 그리스어로 '트라케'라고 불렸는데 '독'은 인도유럽어로 '톡'으로 톡로가 되는 것인데 이 톡에서 ㄱ이 탈락되면 '토로'가 되며 이 토로는 인도유럽어가 지역에 따라 모음이 바뀌는 프로토 조어 현상으로 토르, 토라, 투라, 티리, 테레, 트라 등으로 소리가 표현되므로 트라케가 바로 독로국이다. '토로'는 타리, 타리아, 타탈리아라고 부르는 옥서스권역인 토하리스탄지역이며 그 원형은 '다리-달[月]'이라고 밝혀졌다. 주로 키아, 지아, 시아, 아, 야, 케아 등은 종족이나 국가의 이름 뒤에 붙으나 일종의 어조사로 해석을 하지 않는다. 이 해석은 달(다리)의 변형인 '트라'에서 힌트를 얻어 해석한 것이다. 다만, 달에 앞서 먼저 태양을 숭배한 종족으로 태양을 앞세웠던 것으로 트라케는 "흰 빛나는 머리의 태양의 무리(고리)"가 된다.

또한 같은 태양족이기에 트라키아(Thracia)의 '트(Th)'는 타, 투, 테, 토, 투로 연결된 모음의 변화에서 모두 '머리'가 되는 것이고, '라(Ra)'는 태양의 별칭인 것이다. 또한 키아cia는 종족이나 지명의 이름 뒤에 붙이는 수식어로 일명 '꼬리표'로 필자는 연구하였다. 키아, 지아, 시아, 치아로 나타난다. 특히 키아(Cia)에서 지명을 살펴 본 바 C, Ch, Ce, Co, Cu, Ca, Ci, K, Ke, Ka, Ku, Ko, Ki 등으로 지명의 앞이나 뒤에 붙어서 '고리'를 설명하는 것을 무수히 많이 보아 온 것이다. 설령 지명의 이름에 '고리'가 없어도 이름엔 수식어가 많이 붙어 다니며 특히 고조선지역인 중앙 아시아권과 지중해지역의 국가 지명에서도 많이 나타나는 현상이다. 이런 형태는 다른 '비고리국가'에게 동맹과 결속이 되었다는 것을 나타내는 '꼬리표'로 본 것이다. 그러므로 '트라키아'는 "고리의 무리를 이룬 태양의 머리"가 되는 것이다.

이런 '꼬리표' 인식의 표찰을 대상으로 총 20개국의 지명 해독과 어원 해석을 하였던 바, 고조선의 강역은 필자가 처음 비정하였던 '삼한관경제'의 영역에서 벗어나지 않았으며, 중앙아시아의 아프칸 북부와 타지키스탄 남부의 '고르노바다흐샨주'에서 건국한 것을 기존 고고학을 바탕으로, 언어학적으로 증명할 수 있었다. 필자가 연구한 속칭 '꼬리표'엔 유독 한 가지가 있었다. 그 하나는 '고리'이며, 환웅과 고조선의 정체성인 머리, 광명, 달(다리), 고시, 곰 등을 크게 참조하였다.

환웅제국이 밝은 빛과 태양을 상징하는 것이라면, 고조선 시대는 '달'을 숭배하였으며 그 달 문화는 나중에 9환의 일부가 켈트족으로 형성되어 유럽에 퍼지게 된다. 나중에 설명하게 될 쿠샨제국의 월지국과 키다리테, 에프탈리테는 모두 고조선의 정체성인 '달'에서 온 것이었다. 이 '달'은 나중에 비정한 '월지국'의 정체성이었다. 이 '달'은 '다리Dari'로 불리며 다양한 용어의 변화를 가져오게 된다.

인접한 마케도니아(Macedonia)를 해석해 보면 마Ma는 어머니를 지칭하며, 케(Ce)는 케(Ke)와 같다. 도니아(Donia)는 머리족으로 보고 있다. 마케도니아는 "어머니 고리의 머리족"이 된다. 모계가 앞장선 이유로 스키타이족(카자흐, 우크라이나 등)이 주류를 이룬 국가가 마케도니아가 된 것으로 본다. 트라키아와 인접한 국가인 '마케도니아'의 국가 이름 해석에서 그 정체성이 드러난 것으로, 트라키아와 함께 '고리의 머리족, 태양의 고리 족이 어울려 살았음을 살았다고 볼 수 있으며 '독로국'의 비정은 환인 12분국의 '머리 사람들'이며 '태양의 고리 사람들'이란 타탕성을 가진다 할 것이다.

트라키아의 경계는 시대마다 변했다고 하는데 고대의 트라키아 영역은 발칸반도의 남동쪽을 부르는 지명으로 흑해, 에게해, 마르마라해의 3면이 바다로 둘러 싸여져 있는 지역으로 오늘날의 불가리아와 그리스 북동부, 세르비아 동부, 마케도니아 공화국과 그 주변을 포함한 대광역이었다고 전해진다. 고대 그리스 학자들에 의하면 고대의 트라키아는 북아프리카의 리비아, 그리스반도 외에 대광역의 트라키아가 존재하였다고 하였다. 특히 카자흐스탄의 알마티 대학의 박사인 김정민 교수는 구다천국(독로국)이 '킵착'지역이라고 하였다. 하나, 킵착지역은 훗날 환웅의 일파인 '반고'가 남하하여 세운 환웅의 문화로 오늘날의 캅카스, 조지아권에 해당되며 중국에서 논하는 '서융족'이 된 것으로, 환인시대엔 독로국(구다천국)은 킵착의 북쪽인 그리스 북부지역으로 비정하며 킵착, 카스피지역은 '쿠르간 문화(Kurgan-고리의 칸)'로 불과 기원전 3,000~4,000년에 국한되므로 12분국의 시원이 될 수 없는 것이다.

그러므로 파미르고원을 넘어 이곳으로 온 종족이 '토로(태양의 머리)', '트라'가 된 것이며 머리족이었고, 태양족인 '트라키아인 것이다. 트라키아는 '마리 차'라고 불렀다. 마리는 '머리이다.' 백두족을 암시한다. 터키에선 '루멜리(Lumeli-태양의 우두머리)라고 부르기도 하였다고 전해진다. 이런 인도유럽어의 변형을 볼 때 환웅시대에 황제 헌원과 싸웠다는 '탁록'은 원형인 '타로'가 된 것으로 보아야 하고 '타로'는 타리아, 투타리아, 타탈리아로 대변되는 옥서스권역을 말한다 할 것인데 탁록의 넓은 벌판은 곡창지대인 투르크메니스탄으로 보인다. 한단고기에서 말하는 '용(뇌용-평야)도성의 영역'으로 추정한다. 춘추시대부터 역사왜곡을 시작한 중국은 그들의 허구의 역사 퍼즐에 동원하기 위하여 '탁록(타로)'을 중국의 산동으로 왜곡하였던 것으로 본다.

3) 비리국(卑離國-Brigia, Phrygia-광명의 고리)의 추정(推定)

역시 '비리국'도 인도유럽어로 풀어 보면 비리의 ㅂ자음이 된소리인 ㅍ으로 발음되어 모음이 지역에 따라 여러 가지로 바꾸어지므로 그 표현은 '피리, 파리, 푸리, 페리, 프리 등으로 표현되어 발음이 이루어짐에 '프리국'으로 이 프리국은 나중에 아나톨리아(현 터키)의 '프리지아'란 이름으로 알려지게 된다. 광명은 '바르(Bar, Var)라고 하며 '비리, 프리'는 '바르'의 변칭이다. 사실 이 프리지아가 근처 국가 중에 고대에서 가장 오래 되었다고 그리스의 역사가들은 지적하고 있다. 그리고 이 프리지아는 히타이트(하나라)가 망하고 난 뒤에 기원전 약 8~9세기경에 새롭게 역사 속에 등장하며 아나톨리아반도를 대표하게 된다. 이 프리지아는 히타이트의 멸망 전에 '마한'의 축을 형성한 것으로 '루카(Luka, Lukka, Luca)'족이 대표적인 사람들로 인식하고 있다.

김정민 박사는 유투브 역사학 강좌(천부경과 동아시아 단군의 발자취)에서 '비리국'이 오늘날의 '브리야트'족이라고 하였다. 고대의 부여가 되는 셈이다. 그러나 환인 12나라의 개국에 있어, 비리국의 '브리지아인'은 고대 그리스에 등장하는 최고로 오래된 사람들로 같은 태양족이었으며 아나톨리아반도를 구심점으로 하는 하티안(Hattian-태양의 머리 사람들)들이었다. 이 하티안은 고대 터키인으로 불리우는 '헷 종족'과 다르다고 서구의 학자들은 연구하였다.

연구해 본 바 오래 전에 이 '비리족'은 일부가 서북쪽으로 진출하여 세르비아의 빈카문화의 한 축을 담당하였고, 고대 그리스 문화를 일구었으며 지중해권을 중심으로 메소포타미아 문명의 한 축인 환웅 집단의 일부가 '아라비아'(우리 아버지-중동족,블레셋, 팔레스타인)가 된 것으로 여겨진다. 그 중에 히브리인은 '하비루(Habiru-태양의 광명)' 라고 하며, 빈카문화의 남하시에 파생된 첫 번째 분파인데, 환웅시대에 카스피해 근처로 남하한 반고(班固)의 일파인 서융족(西戎族-견이)의 일파가 히브리인이며 '아브라함'은 카스피해 연안(흑해)에서 터키의 아라랏산과 하란을 거쳐 가나안으로 간 것으로 기록되고 있다. 히브리인(유태인)은 환웅의 광명문화와 삼신과 칠성 사상, 12뿐국을 카피하여 자기네 신의 3신, 일곱 천사, 12제자로 카피한 것이었다.

우리말의 '우리'의 어원은 원래 '아라, 아리'에서 온 것이며 '태양'이었다. 아라비아는 우리비아(우리 아버지)이다. 아라비아(Arabia-우리 아버지)는 일찍이 환웅시대에 '광명정신'으로 깨우친 종족들이었으며 일명 '팔레스타인(Palestine-광명의 위대한 머리 사람들, 블레셋)'이 되었다. 우리란 즉 고리를 말함이고, 세르비아의 세르, 스르는 태양의 별칭인 '수리'

에서 파생된 것으로 필자는 때로는 태양 그 자체를 흰빛나는, 광명으로 해석하였다.

이것은 수르(Sur), 시르(Sir), 사르(Sar), 슬로(Slo), 슬레(Sle) 등으로 다양하게 변하여 온 것을 우리는 알게 될 것이다. 뒷장의 세르비아 지명의 연구에서 밝혀질 것인데 "빈카문명"의 중심지답게 태양의 별칭인 '수리'가 변하여 지명과 종족 이름의 앞에 붙어 있으며 어머니를 뜻하는 마(Ma), 모(Mo), 무(Mu)와 아버지를 뜻하는 바(Ba), 부(Bu), 보(Bo), 비(Bi) 등이 아주 많이 나오게 된다. 이것은 고리의 시작이며 광명문화의 시작을 알리는 것이고 아버지와 어머니 이름이 자주 지명에 거론되는 것은 그 출발점이 중앙아시아에서 보면 서북권인 세르비아 권역을 말해 주는 단초가 되는 것이라고 필자는 내다보고 있다.

환웅과 고조선의 시대를 알 수 있는 단어는 필자가 발굴한 키워드는 16가지이다. 곰과 고리, 바르(광명), 고시(환웅시대의 고시 종족), 마리(머리)와 '타리(다리-달)' 등이다. 필자가 연구해 본 바 환웅시대와 고조선 시대에는 이 16가지 단어가 고대사를 이해시켜 주었으며 정체성과 통치이념을 알게 해 주었던 것이다.

물론 지금의 세르비아, 크로아티아, 루마니아, 헝가리 등 세르비아권 고대 문화는 일리리아인(일리쿰)과 트라키아인들이 이루었지만 그 중에 일부 프리지아인들도 있었던 것으로 추정하고 있다. 세르비아 고대유적에서 출토된 도자기와 아나톨리아(터키)에서 출토된 도자기의 색깔이나 다양성이 거의 같다고 고고학계에서 발표하고 있다. 이것은 같은 동질의 부족과 동질의 문화선상에 있다는 것을 이야기하는 것이다. 남은 부족들은 터키자료에 의하면 아나톨리아 반도에서 대략 기원전 23세기(고조선의 개창시기)에 '하티안(Hattian-태양의 머리 사람들, 흰 머리 사람들)' 종족인 '팔라와 루카'(루비안) 등이 중심이 되어 국가를 경영하였고, 그 중 헷사람(Hittite-히타이트-태양의 머리 사람들)이 기원전 19세기에 '히타이트'란 국가를 '하튜샤'(위대한 태양의 머리, 위대한 흰 머리-마한산-백두산)를 수도로 하여 건국하게 되는데 필자는 '히타이트'를 중국에서 이야기하는 '하나라'라고 추정, 연구하였다.

히타이트는(하나라) 기원전 1,178년 고조선과 상나라(아시리아)에 의해 멸망하고, 그 빈자리에 하나씩, 둘씩 국가를 건설하여 프리지아, 카파토키아, 폰토스, 리카오니아등으로 세분되어 타발(머리의 광명)이란 느슨한 도시 국가 연맹체를 건설하게 된다.

이 프리지아(비리국)인들은 기원전 6세기를 정점으로 하여 '고르디온'의 함락으로 많은 비리국 사람들이 켈트족이나 인도로 이주하게 된다. 그 프리지아의 일부는 고조선 변한영역 동쪽, 동남으로 이주하여 심제 이진우 박사가 이미 연구한 '발조선(發朝鮮)'

이며 북부여, 대부여 등으로 확산된 것으로 김정민 박사가 논한 '브리야트(광명의 머리)' 종족으로 보고 있다. 인도에서 앗수르사람으로 표기하며 Birjia언어로 나타낸다고 하였다. 인도-아리안 언어인 Birjia언어는 앗수르와 아갈리아를 포함한다고 한다. 앗수르는 아라비아 반도인 메소포타미아에 있었던 고대민족이며 아시리아이고, 갈리아는 터키에 존재하였던 부족명으로 '고리'의 변형이다. 필자는 인도로 이주해 간 프리지아인들의 분포를 상세히 알지 못한다. 다만, 오랜 세월에 걸쳐 인도대륙으로 프리지아(비리인)의 이주는 확실하게 드러난 셈이다. 필자가 켈트의 이동을 연구한 바 대부분의 아나톨리아에서 건너 간 프리지아인과 리카오니아, 루카족 등은 켈트에 합류하여 리카오니아, 루카족 등은 아일랜드, 이탈리아를 건국하였으며, 일리리아 부족과 트라키아 부족 중 남아있는 프리지아족 등과 합세하여 독일 북부와 네덜란드, 덴마크에 이주하여 '프리슬란트'지역을 경영하여 '프러시아'가 되었으며 오늘날의 '프로이센 지역'이 되었다. 특히 프리지아족의 한 갈래인 '루카족과 카우족'은 기원전 6세기에 인도 16국에 흘러 들어가 인도 비하르 지방에 진출하였다가 인도네시아에 기착하였으며 멕시코로 들어가 멕시코에 '달의 피라미드'를 건설한 종족으로 톨루카(Toluka)라고 하였다. 스페인을 비롯한 유럽학자들은 인도계로 보고 있는데 사실, 인도 비하르주에 톨루카(Toluka-달의 고리)란 지방도시가 있어 그 사람들이 멕시코로 진출한 것으로 필자에 의해 상세하게 처음으로 증명되었다.

비리국은 12환국 중 환웅시대부터 가장 선택받은 부족인성 싶다. 왜냐면 비리의 원형은 '바르(광명, 태양의 흰빛, Bar)'이다. 바르에서 브리, 비리, 비르, 보레, 바레, 부르, 부루, 보르, 바리, 베리, 발레, 벨리, 발리, 브라, 보르, 베르, 베루 등으로 나타낸다. 이것은 인도유럽어의 프로토 조어현상(모음이 지역에 따라 바뀌면서 자음이 마찰음, 파열음으로 소리나는 형태 등)으로 표현되며 'ㅂ'의 자음이 'ㅍ'의 마찰음으로 변화되어 발성이 된다. 비리국은 바르국으로 '바르'는 광명이니 환웅시대의 광명정신과 사상을 그대로 이어받은 직계 부족인 것으로 내다보고 있다.

인도유럽어는 아리안의 이동에 따라 주어진 언어 체계인데 대체로 기원전 4,000년경으로 추정한다. 인도의 고전 베다시대(기원전 17~4세기)와 빈카문명의 남하, 메소포타미아 지방의 구시제국(고시)의 진출이 거의 맞물려 있는 것이다. 그 시대부터 인도유럽어 자음엔 반드시 마찰음인 ㅍ과 ㅌ, ㅋ이 우리 말의 ㅂ과 ㄷ, ㄱ에 붙게 되며 모음의 교체(모음조화)가 형성된 것이다. 인도유럽어는 후에 프로토 아나톨리아, 프로토 셀틱, 프로토 게르만, 프로토 슬라브, 프로토 그리스어, 프로토 기울임 등으로 세분되어 발전되어 나갔다.

예를 들면 페루는 원형은 베루이며 광명을 나타내는 '바르'의 변형이다.

코리의 원형은 '고리' 즉 환(環)이다. 팔레스타인의 이름은 언어학으로 살펴보는 코리족(고리)과 환웅종족인 코시족, 마리족이 된 것이다. 비리국은 환인, 환웅시대의 직계부족이기에 동남 방향으로는 터어키, 아라비아족이 된 것이고 서북쪽으로 간 일파는 세르비아권, 그리스북부로 진출한 것(빈카문명)이며 일부는 지중해에서 동아프리카, 북아프리카로 이주하여 아프리카 전역을 남하한 것으로 추정한다. 결국 아프리카엔 앞선 베르베르어와 쿠시어 외에 스와힐리어(위대한 아버지 태양)와 반투어(아버지 머리-반달족)의 언어를 형성하게 되는 것으로 비리국 사람들과 비나국(페니키아) 사람들의 북아프리카, 동·남아프리카 진출이 오늘의 아프리카 중추 언어를 만든 것으로 연구하였다.

이런 고대국가의 형성과정은 마지막 장의 인간유전자인 하플로 그룹의 설명에도 인용되어 있으며 증명되기도 한다. 먼저 아프리카에 들어간 광명족의 문명이 기원전 40세기에 지중해와 중동인 메소포타미아 문명으로 형성되어 나타나는 '기시문명(고시)'이며 환웅문명이라는 것을 주장하며 먼저 형성된 북아프리카의 문명과 동아프리카의 문명, 그리스 북부의 문명이 쓰나미처럼 지중해와 메소포타미아로 흘러들어 온 것으로 보고 있다. 때를 같이하여 '빈카문화권'에서도 이 시기를 전후로 하여 아나톨리아 반도에 상륙하고 유라시아지역에 퍼지게 된 것으로 이미 알려진 유명한 마리아 Gimbutas에 의한 '쿠르 간 가설'(르간 가설)을 인용하고자 한다.

1956년 마리아 Gimbutas(고리의 어머니, 아버지의 위대한 머리)는 고고학과 언어학을 결합하여 인도유럽조어를 말하는 사람들의 기원에 관하여 '쿠르간 가설'(르간 가설)을 제창하였다. 그는 러시아 남부의 쿠르간(Kurgan-고리의 칸)이라는 수반분묘를 가진 문화를 '쿠르간 문화'라고 부르며 이런 형태의 묘제가 유럽, 중앙아시아 전역에 퍼졌다는 사실을 밝혀내었다. 또한 흑해 북부에서 카스피해에 이르는 스텝지역에서 발전한 '쿠르간 문명'의 사람들이 쓰던 언어가 인도유럽조어(PIE, Proto-Indo-European-모음조화 등의 특징)라고 주장하였다.

쿠르간(kurgan-고리의 칸)문화는 기원전 약 4,000년경을 그 정점으로 삼아 드네프르강, 볼가강, 우랄강에서 루마니아 이남까지 이르는 스텝지역 전체로 확대되었다고 한다. 이런 고고학, 역사학적인 고찰로 한단고기에서 기록된 '반고의 일파'가 남하한 것이 역사적 사실로 판명되었고 그 남하의 규모가 상당하였음을 알 수 있다 할 것이다. 그러므로 청구(靑邱-푸른 언덕)는 산동지방이 아닌 목초가 많은 스텝지방이 마땅한 것이다.

필자는 아프리카에 환인시대의 12국 분기 시에 비리국의 일파와 지중해의 비나국이 이주하여 아프리카 전 지역에 태양문화(광명), 곰문화를 만든 것으로 바라보았다.

비리국의 비정을 확실히 하기 위해서 좀 더 지면을 활용해야 할 것으로 아나톨리아(터키)의 동남부에 루카, 또는 루비안(Luwian)이라고 불리워지는 도시국가가 있었다. '루비'는 원형인 비리가 거꾸로 사용되어 있다는 점이다. 거꾸로 하면 '비루'가 되는 것이고 비루는 즉, 비리국인 것이다. 아나톨리아에서 유적과 유물을 연구한 학자들이 정제를 해독하는데 거꾸로 해석을 하여 '루비안'으로 굳혀진 것이 아닌가 생각을 하였으나 고대엔 종족의 이름 보다 태양을 먼저 우선시하였기에 태양의 별칭인 '라'의 변형인 '루'를 인용한 것으로 필자는 결론지었다. 그러므로 '루비안(Luwian)'은 '태양의 아버지족'이 되는 것이다. '비리국(Biri-광명)'의 '리'도 태양의 별칭인 '라'에서 변형된 것이며, '비(Bi-아버지)'는 아버지가 된다. '태양의 아버지족'이 '비리국'이다. 아버지인 Wi는 Wa, Wu로 이어지며 원래의 아버지인 Ba, Bu, Bi를 대신 한 것으로, 북아프리카에서 건너 온 언어형태의 표기였다는 것이 연구 결과 밝혀진 것이다. 이런 루비안(Luwian)의 표현은 지중해 문화인 페니키아 문명의 산물로 서양학자들은 주장한다.

거꾸로 표현된 사례를 다시 하나 보면 투르크인, 투르쿠인을 거꾸로 사용하게 되면 쿠르트, 크르트가 되는 것으로 투르크인이 쿠르드인이 되는 것이다. 다시 한 번 환단고기의 단군세기를 인용해 보면 "비서갑에 사는 하백의 따님을 맞이하여 황후로 삼고 누에치기를 맡게 하시니" 웅족의 여인이다. 여기서 '비서갑'은 '갑서비'를 거꾸로 해석한 것인지 의도적으로 거꾸로 인용했는지는 알 수 없다. 갑서비는 인도유럽어로 캅서피가 되는 것으로 ㅂ이 탈락되면 영락없는 '카스피해'를 뜻하는 말이 되는 것이다. 아나톨리아(터키)의 루비안족(루카)은 이집트 정제와 람세스 3세의 '빈소사원'의 기록에서 해독된 바와 같이 9성지파의 하나라고 하였다.

고대 사회에서 9성지파(9환족, 9문)는 고조선시대 외는 없다. 또한 '루비안 비문'에서 일부 해독된 바와 같이 투탈리아(토하리스탄-박트리아의 토카리스탄)가 아버지(통치자) 나라이며 "투탈리아의 위대한 영웅, 투탈리아의 위대한 대왕"이라고 하였다. 여기서 시리아어로 투탈리아(머리의 달)는 박트리아권의 '토하리스탄'이라고 하였는데 이 토하리스탄(태양의 위대한 머리 사람들)은 많은 세월이 흘러 ㅎ자음이 ㄱ, ㅋ으로 바뀌어져 '토카리스탄'이 되었는데 토카리어(Tokhari-머리의 흰 빛나는 고리), 토카리 사람으로 언어학에서 밝혀진 것이다.

그런 이유로 토하리스탄이 토가리스탄, 토카리스탄이 되며 토카리어가 되는 것이다. 이 토카리어는 잘 알다시피 대월지국(쿠샨왕조=아프가니스탄이 주축)이 사용한 언어로 타림분지 밑엔 지금의 신장성에 소월지국인 구자·선선(누란) 등의 소국가가 있었다는 것은 한서와 후한서 서역전에 상세히 나와 있으며 토카리어는 서기 6세기경에 사멸된 사어로 되어 있다.

대월지국은 남국(藍國), 쿠샨제국으로, 아프가니스탄의 카불을 수도로 하여 출발하였고, 나중에 박트리아와 파르티아를 복속하고 북인도까지 그 영역을 확대하게 된다. 고대의 박트리아 권역은 토하리스탄(토카리스탄)으로 불렀기에 고조선의 초기 강역이 확실해 지는 이유 중 하나이다. 세밀히 들어가 보면 고대 그리스 역사서에서 대가야를 '토가라(Thogara)'라고 불렀다고 한다. 이 토가라는 즉, 토가리스탄, 토카리스탄이 되는 것이다. 가라(Gara)는 가리(Gari)와 그 어원이 같다. 가라에서 가리, 가르, 가레, 가루로 나타내었다. 결국 토가라(Thogara)는 "머리의 고리"가 되는 것으로 머리족이 주축이 되는 고리사회를 말한다 할 것이며 '대가야'의 명칭이 되는 것이라 주장한다.

이 머리족의 시원은 환인족이었고 환웅족이었다. 그래서 인류고대사의 첫걸음은 '머리족'으로부터 시작되었다고 볼 수 있으며 고조선이 그 정체성을 이어 받았다. 토카리인이 토카리어를 사용했고, 그 주축은 월지국이었다. 그러면 월지국(Dayuezhi, Yuzhi)은 일명 '쿠샨왕조'이며 인도사카로 불려진 제국이었으며 단군시대의 영역에서 대가야를 건설했다는 역사적인 진실에 도달하게 되는 것이며, 필자가 3년 전에 한민족사 중앙연구회에서 개최한 학술발표회에서 발표한 "금관가야(가락국)는 한반도가 아니라 타림분지인 소월지국의 구자(龜滋)국에서 왔다"고 한 주장과 맞아 떨어지는 것이다. 기억이 잘 나지 않지만 일찍이 러시아 고고학자들은 '타림가야'라고 불렀으며 대가야권을 타림분지로 비정한 것을 알고 있다. 사실 타림분지 영역은 대가야 영역으로 기원전 3세기경 월지국(쿠샨왕조)의 영역이었으며 소월지국은 구자, 언기, 선선(누란), 차사국으로 비단길의 통로가 된 것이었다. 고고학적으로 이미 고대 터키엔 기원전 7, 8천년경에 농사를 지었다는 연구 결과가 발표되기도 하였으며 학계에서 정설로 굳어지고 있는 실정이다.

4) 비나국(卑那國-페니키아-Phoenicia-태양의 아버지 신의 고리)의 추정

이 비나국은 레바논, 카르타고를 중심으로 하는 지중해문화와 동아프리카, 북아프리카를 잇는 문화를 일구게 된다. 한단고기엔 우르국(또는 필나국(畢那國))이라고 하였는데 '필라'에서 자음 'ㄹ'이 탈락되면 '피라', '피나'로 이어지므로 원형인 발음으로 '비나'

가 되는 것이며, 비나국 역시 인도유럽어로 풀어보면 '비나'는 피나, 페나, 파나, 푸나 등으로 읽어지며 그 중 페나의 글자 중 '나'의 뒷글자가 '니'로 변형되어 불러지는데 일명 '페니키아'이다.

〈마리아 Gimbutas에 의한 '쿠르간 가설'(르간 가설)〉

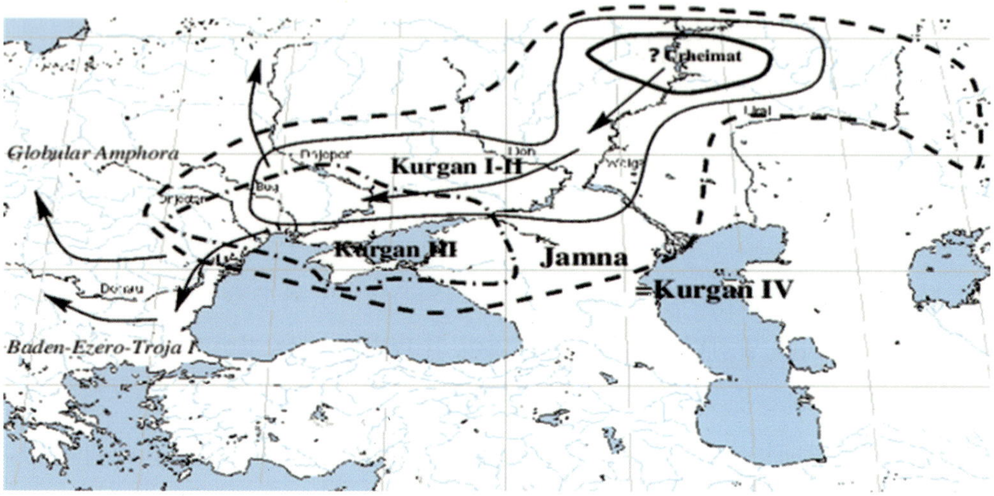

＊Kurgan(쿠르간—고리의 칸) 출처 : 미국 위키

페니키아는 후에 '가림토문자'를 본 따서 '페니키아어'를 만들었고 그리스문자를 만드는데도 일조하게 되며 이집트와 그리스에 해상무역으로 인한 문화를 주고받게 된다. 지금까지 지중해 문화는 대략 기원전 10세기경으로 치부를 하였지만 최근 고고학 사이트가 발굴되어 밝혀진 바로는 지중해와 메소포타미아 문명을 개창한 '기시문명(고시)'은 기원전 40세기에 형성되었으며, 이라크 남부 중심으로 기존의 우르국이 형성된 메소포타미아에 '우루크', 우바이드(아버지 머리) 문화를 새로 열었고, 시리아, 요르단, 레바논을 중심으로 한 지중해 문화와 북아프리카를 잇는 문화이며 일찍이 이탈리아 항구도시에 식민지를 건설하였다는 고고학적 증명과 역사적 사실이 이집트 기록에 나타나 있다고 한다. 필자가 연구해 본바 원래는 "비니(Bini)국"이었을 것으로 보여지며 준말로 '빈(Bin—아버지 사람들)국'이 된다. 비나는 Bina(아버지 사람들)가 되니 한문으로 '니'를 따서 차용하기 어려우므로 '니'에 근접한 '나'를 대신 사용한 것으로 보았다.

'비니국'은 인도유럽어로 표현하면 피니, 피네, 피느에 도달하고 페니, 페느, 페네로 이어지는 바 우리말의 아버지가 에비, 아베로 되고 에미, 오메가 되며 가위가 가시, 가세로 변하는 케이스이다. 우리말의 모음 '이와 에'가 동시에 사용되므로 피니가 페니로 사용되며 피니키아가 페니키아가 되는 것이다. 즉, 히브리인을 헤브리인, 헤부루인으로 사용하는 것과 같다.

페니키아는 비리족과 같은 부류의 광명족으로 '페니(Phoeni)'는 흰빛나는 아버지족으로 '페니(Peni)', 포니(Poni)와 그 어원이 같다고 볼 수 있다. 게르마니의 '마니(Mani)'는 '어머니족'에서 온 것이니 영어의 h는 '해'와 흰빛을 뜻하는 것으로, 실로 페니키아는 '태양의 아버지족'과 같은 것으로 이해할 수 있는 것이다.

광명족의 일파이므로 페니키아인들은 '기시문명(Gish-고시)'의 주창 하에 지중해와 메소포타미아를 통하여 기원전 40세기 전부터 이집트와 무역을 하였으며 중간 기착지인 북아프리카의 모로코, 알제리, 튀니지 등에 환웅의 문명을 형성하였으며 곰 언어와 환웅, 고조선 시대에 사용되었던 바르, 고리, 고시, 머리, 곰, 달의 지명과 언어를 남겨 놓았던 것은 '기시문명(고시)'이었고 필자가 지명 해석으로 재증명하는 것이다.

이집트의 북동쪽으로부터 이집트의 나일강 델타지역의 동부를 침략하여 고대 이집트의 제2중간기를 개창한 아시아계통의 종족으로 이집트 제15왕조를 건설한 "히스 코스(His koss)", 일명 힉소스-흰빛의(위대한 태양의 고시) 종족이 있다. 종족의 이름에서 "흰빛의(태양의) 고시"가 되는 것에서 일찍이 고대 이티오피아의 종족이 환웅족이었고, 그 중 힉소스족이 "흰〈태양〉 고시족"이 되는 것이다. 그러므로 서양 사학에서 주장하는 나일강 유역의 '쿠시문명(Kush-고시)'과 '쿠마문명(Kuma-곰 문명)', 지중해와 메소포타미아를 잇는 '기시문명(Gish-고시)'은 같은 환웅의 종족이 건설한 문명으로 같은 문화, 문명의 벨트이다. 그런데도 서양 학자들은 문명의 발상지가 서로 달라, 다른 문명으로 분류해 놓고 있다. 허나, 필자는 이 두 문명이 종족은 다르지만 같은 문명의 연결 선상에서 이루어진 '환웅의 문명'이라고 자신있게 밝힌다.

밝혀진 '쿠시문명'의 파라오 목록엔 5명의 왕이 통치했는데 대략 기원전 1,620년 전부터 시작하여 기원전 1,534년으로 약 100년을 통치하게 된다. 그 왕 중 초대왕의 이름은 사키르-하르이다. 사는 크다, 위대하다의 뜻이며 키르는 코리의 변형이며 하르는 흰 리족(태양)을 말한다. 붙여서 설명하면 '위대한 코리의 광명족'을 말하는 것이 되며 마지막 왕의 이름은 '카무디(또는 아페피 2세)인데 카무는 가무가 되며 가무는 곰이다. 카무디의 디(Di)는 '머리'의 표현이며 '곰의 머리'가 되는 것이다. 생각해 보면 환웅의 곰 부족이 이집트 15왕조를 약 100년간 통치하게 된 것이었다.

또한 페니키아는 훗날 로마와 해상의 패자로서 자웅을 겨루며 그 유명한 '카르타고 전투'를 하게 된다. '카르타고(Carthago), 페니키아어(Kart-hadasht) 〈고리의 머리-태양의 머리는 위대한 흰빛나는 머리〉'는 오늘날 '튀니지'로서 '카르Kar'는 '고리'에서 변형된 이름이며 타, 투, 테 등은 '머리'를 나타낸다, 그러므로 '카르타고'는 "고리의 머리족"이 되는 것이다. 또한 비나국의 일부는 지중해에서 아프리카 나일강 유역에 진출하여 구스제국(쿠쉬)을 건설하게 된다. 성경에 등장하는 '구스(Gus-고시)'로 고대 이티오피아 문명을 개창하였으며 구스제국은 나중에 이집트 25왕조를 건설하게 되는데 고고학자들이 밝혀낸 '커마문화(곰, 환웅)'의 주인공이었다.

5) 매구여국(賣句餘國-한단고기 기록, 월지국(月支國))의 추정(推定)

'월지국'은 먼저 '삼성기전(三聖紀全) 하'에서 인용된 적이 없는 국가이나, 증산도의 번역본 지도에 나타난 것을 인용하는 바, 고조선이 월지국(달지국)이며, 쿠샨왕조도 '대월지국, 소월지국으로 '달'을 정체성으로 하였다. 마침 파키스탄의 '메르가르' 문명이 '월지국'의 본류이며, 기원전 7,000~7,300년으로 추정되는 것으로 훗날 환웅으로부터 상속받은 고조선은 '달지국(月支國)'에 도읍을 하였다란 '한단고기' 내용에서 '달지국'은 바로 환인 12국 분기시에 분기해 나간 '메구여국'의 하위문명인 '하라파 문화'와 연계된 박트리아 마르기아나 문명이었다. 다만, 그 정체성을 이어받았다는 것으로 보고 있어 학자들이 '삼성기전'에 없는 '월지국'을 내세웠다고 보고 있다. 이 월지국(달지국)은 중앙아시아의 아프가니스탄 북부와 타지기스탄 남부의 '고르노 바다흐샨'주의 옥서스 상류에서 건국하였다.

다만, 월지국에 대한 기원전 7,000년의 증명이 되지 않으므로 월지국을 환인12분국의 하나로 규정하는 것은 옳지 못하며 '메구여(메르가르)'국이 되는 것으로 본다.

일명 진국(辰國)으로 마한, 변한, 진한을 두어 통치하였다. 쿠샨왕조의 '대월지국'과 그 이름이 같고, 중국의 신장 위구르 자치구에 존재한 쿠차지역이 '소월지국'으로 고조선의 정체성을 이어받은 왕조로 해석해야 한다. 진국(辰國)의 진(辰)은 '음양오행'에 있어서 중앙의 진토(辰土)로 중앙의 가장자리를 말한다. 즉, 중앙의 가장자리에 건국한 국가가 '진국'이며, 중국(中國)의 개념이며, 중토(中土)의 지역이었다.

연경제전집(硏經齋全集) 속집(續集) 책(冊) 16, 동국지리변(東國地理辯) 월성변(月城辯)의 기록을 보면,

> 月城. 今慶州也. 一稱鷄林. 陳壽史云. 韓有三種. <u>一曰馬韓. 二曰辰韓. 三曰弁韓. 辰韓者. 古之辰國也. 辰王治月支國. 月支國者.</u> 考之圖經. 卽慶州也. 豈月城之故號歟. 然月支

者. 漢西方胡種也.

> 월성은 지금의 경주이다. 일칭 계림이다. 진수의 삼국지에서 말하기를 한(韓)은 3종류가 있는데 일왈 마한이요, 이왈 진한이요, 삼왈 변한이다. 진한(辰韓)이라는 것은 옛날의 진국(辰國)이다. 진왕이 월지국을 다스렸다. 월지국을 도경을 통해 상고하여 보면 즉 지금의 경주이다. (월지국이) 월성(月城)의 고호(옛 이름)가 되었다. 월지(月支)라는 것은 한나라 때 서방의 오랑캐이다.

조선후기 정조, 순조, 헌종 때의 학자인 성해응(成海應)은 조선의 역사에서 등장하는 월지국(月支國)은 옛날 한(漢)나라 때 서방(西方)의 오랑캐이며 신라의 경주, 월성과 관련된 명칭이라고 기록하고 있다. 기존의 학설과 정면으로 배치되는 기록이다.

월지국이 '환인시대'부터 12국 분국에 포함되었다는 일부 학자의 가설을 참조하여 필자가 연구한 바 '삼성기전'에 나오는 "매구여(賣句餘)국"이 파키스탄의 '메르가르 문화(Mehrgarh-어머니의 흰빛 고리)'가 그 중심축이었다. '매구여'의 구여는 고구려의 '구려'로 나타나는 자음 ㅇ과 ㄹ이 서로 호환되며 '구려'는 '구리'로도 나타남에 즉, '고리(Gori)'의 변형으로 구리, 구르, 구레, 구로, 가리, 가르, 가레, 가루가 되는 경우이다. 그러므로 '매구여'는 매구려, 매구리, 매고리가 되며 '메'는 '메르가르'의 '메르'에서 자음인 ㄹ이 탈락, 생략된 것으로 '메구리'는 '메가르'와 그 어원이 똑 같아지며 '매구여'의 '매'는 어머니인 메(Me)를 지칭한 것으로 영어의 철자에 나타난 어머니의 호칭인 Me와 같음에 "어머니의 흰빛(태양) 고리국"으로 '매구여국(어머니의 고리국)'을 비정한 것이다. 이 메구여국의 문명은 기원전 7,000~3,200년으로 최초의 정착은 기원전 7,000~5,600년으로 추정하고 있으며 그 하위문화인 '하라파문화'(기원전 2,600년-흰빛나는 태양의 아버지)와 케슈미르의 '모헨조다로 문화'(기원전 약 2,600~3200년)와 연결되는 하위문화인 옥서스권의 박트리아 마르기아나 문화, 화래즘 문화가 증명해 주고 있다고 본다. 특히 '메르가르' 문화는 서쪽으로 간 '빈카문화'의 시기인 기원전 7,300년과 그 시기를 같이 한다는 점에서 12분국의 당위성을 설명해 준다 할 것이다.

물론 파키스탄에 '월지국(매구여국)'이 자리를 잡았지만, 12국 분기 시에 파키스탄의 발루치스탄주의 '카치 평원'에 자리 잡았던 메구여국의 본류가 그 하위문화인 모헨조다로와 하라파 문화를 통하여 발전·승계되었고, 박트리아 마르기아나 문화와 옥서스권의 화래즘 문화는 환웅의 유산으로 중앙아시아의 옥서스권으로 집약되어 상속, 승계된 고조선으로 자리 매김되었다고 보는 것이다. 이런 가설을 제시하게 된 것은 이미 연구한 학자들이 '메르가르'의 문명권에서 메소포타미아, 수메르, 옥서스권과 교역을 하였으며 활발한 교류를 하였다란 연구결과를 토대로 한 것으로 박트리아 문화와 화래즘의 하위문화가 생겨난 이유가 된 것으로 보고 있다. 이런 파키스탄의 환웅문명

〈메르가르 문화-발루치스탄(Mehrgarh-어머니의 흰빛(태양) 고리)〉

은 이웃인 티베트, 네팔, 부탄 등지에도 뿌리를 내려 '환웅의 광명문화'를 전파시켰다고 보는 것이다.

특히 펀잡과 '신드'를 중심으로 한 '하라파 문화'는 소위 풍이(풍족-風族)이 건설한 '낙랑문화'로 필자가 비정한 곳이었으며 '바힐리카(아버지 광명의 고리) 왕조'였다

월성(月城)은 고조선의 정체성인 '달'을 의미하며 '계림(鷄林)'은 Kelim(어머니의 고리)가 되며, 월지국(月支國)은 고조선 달지국(達支國)의 또 다른 이름이며 대월지국은 쿠샨제국으로 그 수도는 아프가니스탄의 카불(남씨성, 월성)이었던 것이다. 그러기에 신라(실라-Sila-태양)는 태양족으로 고조선인 아프칸으로부터 온 것이 되는 것이다. 또한 타림분지에 흩어져 있었던 구자, 선선 등은 소월지국으로 그들은 가야연맹체라고 볼 수 있는 것이다.

여기에서 필자의 가설을 증명하게 되며 옥서스문화(화래즘)의 확실성과 '메르가르 문화'의 하위문화인 '하라파 문화'와 '모헨조다로 문화'의 옥서스권의 연결고리가 없어서 매우 안타까웠는데 집필이 다 되어 가는 도중에 알게 되어 끼워 넣게 되었다.

'하라파 문화'와 연결고리인 고고학 사이트가 1975~1976년 프랑스의 고고학자(B. 리옹, AP Frankfor, 미네소타 Pottiye)팀에 의해 발굴되었다. 이름하여 아프칸의 'Shortugai(태양의 머리는 깨우친 사람) 고고학사이트'이다. Shor(소르)는 태양의 별칭인 '수리'와 그 어원

〈모헨조다로, 하라파 문화(기원전 2,600년)〉

이 같으며 수르, 수로, 소르, 소레, 소로, 세르, 시르, 슬로, 살리 등 다양하게 변하며 나타난다. 이 사이트는 기원전 2,000년을 거슬러 올라가는 것으로 '아무다리아(옥서스)강 근처의 라피스(청금석) 북부광산에서 발견되었다. 약 2헥타르의 각각 두 개의 언덕에 걸쳐 있으며 여섯 결제층이 구별되었으며 성채와 건물, 출토된 가축의 클레이 모델, 그린 도자기, 하라파(Harapa) 디자인, 항아리, 비커, 청동개체, 다양한 구슬, 팔찌, 돌 도구 등이 발굴되었다.

진흙으로 표준화된 벽돌 오두막은 전형적인 세라믹이며, 인근에서 채굴되는 주석과 함께 라파스(청금석), 라줄리는 고대에서 인기있는 상품으로 알려졌으며 벽돌은 전형적인 Harappan(하라파인)으로 측정하였음에 하라파 시기에 무역을 관장하는 '교역소'라고 학자들은 발표하였다.

이번 발굴로 필자가 이미 가설을 세운 박트리아 마르기아나문명과 '화래즘'의 문화가 파키스탄의 '매르가르 문명'의 하위문화인 '하라파 문화와 모헨조다로 문화'가 옥서스권에 이식하여 생긴 문화가 된 것이었고 환웅의 자본을 상속 받은 고조선(하티안-Hattian-흰빛나는 머리 사람들)이 큰 강을 끼고 있는 '옥서스권'에서 달지국으로 새로운 고조선 문화를 열어간 것으로 추정하였다(산해경의 '숙신').

그러므로 환인의 12분국 문화로 파키스탄을 중심으로 한 '매구여국'의 문화였으며

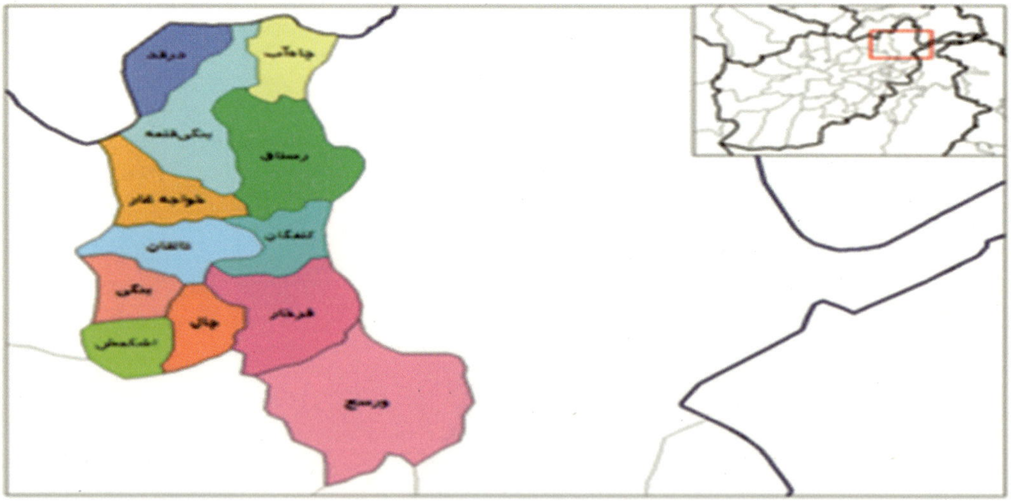

〈아프칸의 Takhar(머리의 흰빛나는 고리) 지방의 "Shortugai 유적"〉

* Takhar(머리의 흰빛나는 고리)지방에 'Taloqan(달의 칸)이란 고대 도시가 있다고 하며 마르코 폴로(1,275)가 방문한 지역이기도 하다. 이 지역은 타지기스탄 남부와 겹치며 고르노바다흐샨주에 속해 있다. '달의 칸'은 바로 고조선의 단군을 의미한다. "Shortugai"는 "태양의 깨우친 머리"가 된다.

가칭 '월지국의 문화였고, 고조선이 그 정체성을 이어 받아 '달지국(월지국)'으로 옥서스(Oxus-이제 시작하는 황소)강 유역에서 건국하게 되는 것이다.

6) 수미리국(수메르-Sumer)

수메르 문명은 오래 전부터 많은 학자들에 의해 연구가 된 것으로 수메르는 "위대한 어머니의 태양", 혹은 "위대한 우두머리"로 해석이 된다. 고대엔 태양숭배가 앞선 것이므로 전자의 해석을 따른다. 이미 수메르 문명은 많은 학자들의 연구가 있었으며, 고대 메소포타미아 문명의 축이기도 하였다. 서북쪽으로 진출한 일군국(일리리아), 독로국(트라키아)이 중심이 되어 '빈카문명(Vinca)'을 이룬 것과 같이 메소포타미아 지방엔 우르국과 수밀이국이 진출하여 문명을 건설한 것으로 메소포타미아의 남쪽엔 '우르국'이, 북쪽으로 수메르 문명이 형성된 것이다.

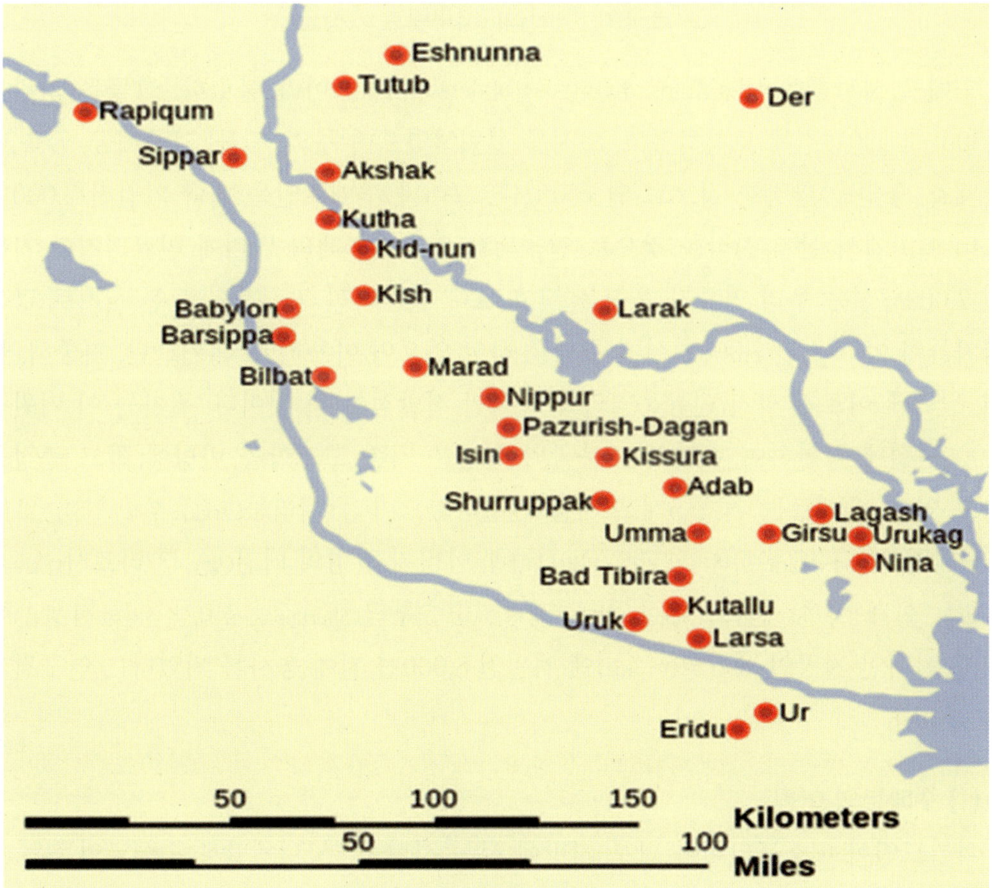

〈고대 수메르의 문명〉

출처 : 스페인 위키

〈우르국(Ur-우리)의 지구랏트 가상도〉

수메르 사람들을 Ubaidians(우바이드-아버지 머리 사람들)이라 불렀다. 그들은 기원전 5,500~4,000년경에 도착하였고, 도시를 설립하였으며 무역, 직물, 가죽세공, 금속,벽돌제조, 농업을 확장한 것으로 연구되었다. 그러나 수메르인은 대략 기원전 7,000년부터 이곳에서 살기 시작한 것으로 연구되고 있다. 이 책의 말미에 언급되지만 기원전 7,000년설은 우리 인류가 움집을 짓고 보다 전문적인 농경생활을 한 시기로 많은 학자들이 이 기원전 7,000년설에 동의를 하고 있으며 아프리카, 파키스탄, 지중해, 북미, 남미에 이르기 까지 인류문명의 공통적인 시발점이 된 것이다. 필자는 이 기원전 7,000년설에 착안하여 한인의 12분국의 설명은 기존 고고학을 바탕에 깔고 추정을 하고 있다. 수메르는 최초 5개 도시를 건설하였으며 ① 에리두(Eridu-우리 머리), ② 바드-티비라(Bad-tibira-아버지의 머리-머리의 광명, 아버지 광명의 터전(밭), ③ 라르사(Larsa-위대한 우리 태양), ④ 시파르(Sippar-위대한 광명), ⑤ 슈루팍(Shuruppak-위대한 태양의 흰 밝음)이었다. 가나안 지방인 예리코(여리고)엔 기원전 8,000년 전에 농사를 지었다는 연구결과가 있었다.

(1) 수메르의 어원

아카드인이 메소포타미아 남부 지방에 사는 사람을 부르는 말로 수메르인들은 자신들을 '검은 머리 사람들'이라 불렀으며 그들의 땅은 키엔키르(Ki-En-Gir)라고 하였다. 키엔키르는 '고리의 신'이 된다. 성경의 시날(Shinar-우리 태양의 신), 이집트의 신그르

〈우르(UR) Ⅲ 왕조(녹색)〉

(Singr-위대한 사람들의 고리), 히타이트의 산하르(Sanhar-위대한 사람들의 태양)는 모두 '수메르'의 서방 방언으로 볼 수 있다고 일각에선 주장하고 있다. 이러한 서양 학자들의 주장은 고대의 태양족들이 고리를 지어 신을 믿은 것이며 이러한 동질성의 정체성은 다른 지역에 방언으로 표출된 것이라 생각한다.

(2) 도시국가 이름으로 살펴 본 수메르 한웅문명의 정체성

(1) 에리두(Eridu-우리 머리)에서 '머리'의 정체성이 있다.

(2) 바드-티비라(Bad-tibira, 아버지의 머리-머리의 광명)에서 '광명'이 있다.

(3) 시파르(Sippar-위대한 광명)도 '광명'이다.

(4) 키스, 키쉬(Kish-고시의 변형)로 한웅종족이 표기되었다.

(5) 라가시(Lagash-태양의 고시) 역시 한웅의 종족 이름이다.

(6) 니푸르(Nippur-아버지의 광명)는 '광명'

(7) 아다브(Adab-머리의 아버지)의 '머리'의 정체성

(8) 자발라(Zabala-위대한 광명)도 '광명'이다.

(9) 쿠아라(Kuara-우리의 고리) 고리의 꼬리표(Ku).

(10) 빌바트(Bilbat-광명의 아버지 머리) 광명의 정체성

(11) 보르시파(Borsippa-광명의 위대한 아버지) 역시 '광명'의 정체성이다.

(12) 데르(Der, al badra-달, 얼있는 아버지의 달) 달의 정체성

(13) 키수라(Kisarra-태양의 고리, Abu-hatab-아버지는 태양의 머리 아버지) 고리와 아버지, 태양은 한웅의 정체성이다.

(14) 쿠타(Kutha-태양의 머리 고리) 머리, 고리는 한웅의 정체성.

(15) 쿠아라(Kuara-우리의 고리) '고리'는 한웅의 정체성이다.

(16) 나가르(Nagar-고리) '고리'는 한웅의 정체성이다.

이상으로 16개 도시국가의 이름에서 한웅문명의 정체성을 찾을 수 있었다. 고리, 머리, 광명, 아버지, 태양으로 이어지는 그 정체성은 이 책의 곳곳에서 발견될 것이다. 이미 지중해권, 메소포타미아의 문명은 기쉬문명(Gish-고시문명)으로 기원전 4,000년경으로 미국의 이그나 겔브(Ignace gelb-1907~1985)는 아시리아 연구의 독보적인 학자로 레반트(지중해권)와 메소포타미아로의 확산(마이그레이션)이라 발표한 바 있는데 기쉬문명(Gish)의 Gish는 '고시'로 한웅의 문명인 것을 다시 확인 시켜주는 것이다. 한인의 12분국에 수메르와 우르국이 메소포타미아에 비정된 것은 이러한 언어학적인 고찰을

〈맥주의 할당을 기록한 초기 기입의 수메르 정제(기원전 3,100~3,000)〉
출처 : 미국 위키

통하여 그 정체성이 새롭게 발현되었기에 이젠 학술회의를 통하여 전 세계에 우리의 한인 12분국의 하나라고 자신있게 발표해야 할 것이다.

(3) 수메르의 역사

수메르의 기록된 역사는 기원전 27세기, 또는 그 이전에 도달하지만 기원전 23세기에 아카드 제국으로 끝이 나며 크게 나누어 ① 우바이드(Ubaid-아버지 머리) 기간 : 기원전 6,500~4,100(도자기 신석기 시대에 있는 chalcolithic), ② 우루크(Uruk, warka-우리 고리, 광명의 고리) 기간 : 기원전 4,100~늦은 기원전 2,900, 초기 청동기 시대, ③ 왕조시대 : 기원전 2,900~2,334, ④ 아카드 제국의 기간 : 기원전 2,334~2,218(사르곤), ⑤ 구티안(Gutian-고리 머리 사람들) 기간 : 기원전 2,218~2,047, ⑥ 우르Ⅲ 기간 : 기원전 2,047~1,940 사이로 집약된다.

〈사마라(Samara-기원전 5,500)의 그릇(卍자 설계의 중심이 재구성)〉
출처 : 페르가몬 박물관

7) 우르국Ur(우리)의 추정(推定)

우르국은 이라크 남부의 지대에 건설한 왕조이다. 도시의 입구는 해안선으로 페르시아만을 끼고 유프라테스강 남쪽에 건국하였다. 기원전 약 26세기 역사의 기록에서 기록된 왕은 메시, 메탄, 파다(Pada-아버지 머리)이며 기원전 3,000년경(초기 청동기 시대)에 메소포타미아 평야에 큰 도시의 중심이었으며 기원전 25~24세기에 만들어진 왕능과 고급 귀금속은 우르국의 경제적 중요성을 알게 해준다고 한다. 우르의 통제하에 아카드(Akkad) 제국에 의하여 사르곤은 기원전 24~22세기 기간이었다. 우르III 기간 : 기원전 2,047~1,940 사이로 집약되며 우르의 멸망시점인 것이다. 우르와 수메르는 같은 메소포타미아 문명이며 한웅의 같은 종족이기에 서로 공격없이 오랫동안 평화롭게 공존하였으며 고대 메소포타미아 문명을 건설하게 된 것이다. 이 우르국 외에 성경에서 이야기하는 '갈대 우르 지방'이 있다.

이 지방은 한편 페니키아인의 지중해 문명으로 보아지며 여리코(예리고)를 포함하는 고대 생활 지역인 것으로 일부 학자에 의해 파악되었다. 이렇게 보면 '비나국'은 갈대 우르지방과 같이 문명을 형성하게 되는 것으로 보고 있다. 결국 세르비아권에 2국, 지중해 문명권에 1국, 메소포타미아권에 2국, 파키스탄 지역에 1국, 바이칼을 중심으로 하는 통고사국(시위국)의 문명은 내몽골의 '홍산문명'이 된 것이다.

8) 선비국(鮮卑國), 또는 통고사국(通古斯國), 시위국(豕韋國)의 추정(推定)

선비는 지금까지 동호(東胡)의 언어적 조상이며 동부 후(候)를 나타내는 것으로 인식하였고, 중국과 러시아의 인류학자는 북동부 아시아권이라고 하였다.

선비족은 기원전 1세기부터 6세기경에 남만주, 몽골지방에서 투르크족, 몽골족의 혼혈 유목민족으로 흉노족이 힘을 잃은 후 내몽골지방에서 발생하였으며 위진 남북조시대엔 남하하여 중국에 북위 등의 나라를 세웠다고 중국에서 연구되었다.

선비종족 중 탁발씨(拓拔, Tabgach 386~535), 토욕혼(吐浴渾-307~672) 등 왕조로 당나라, 티벳제국 사이에서 성장한 것으로 연구되었다. 특히 탁발씨는 강한 투르크어를 구사한 것으로 '투르크족'이었다고 연구되고 있다.

그러나 한단고기에서 기록된 선비국인 통고사(通古斯-Tongosa)는 인류문화사적으로, 종족학적으로 '퉁구스족(Tungus-머리 사람들의 고시)'으로 인식해야 할 것이며 가장 먼저 이 종족의 정체성은 동부 시베리아, 몽골, 투르크 민족으로 정의된다. 퉁구스족은 아

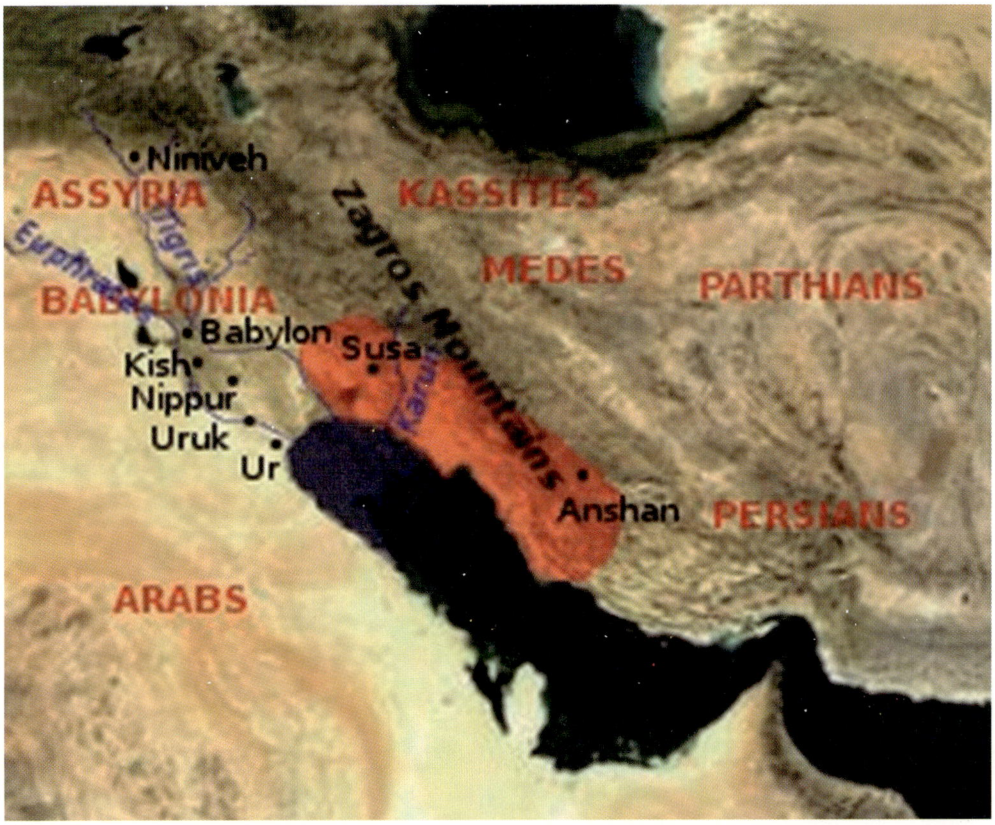

〈고대 엘람(Elam-얼있는 어머니, 고대 이란 제국) 제국(붉은 타원형)〉
출처 : 미국 위키

주 다양한데 그 어원인 Donki는 남자를 의미하며, '돼지'를 의미한다고 하였다. 이 '돼지'란 의미는 한단고기에 기록된 시위국의 시(豕) '돼지 시'이기 때문이다. 또한 Donki는 '남자'가 아니며 "머리족의 고리"가 된다. 전해 내려오는 퉁구스의 의미에 '돼지'란 말은 시위국임을 알리는 것이며 언어학적으로 퉁구스(Tungus-머리 사람들의 고시)는 한인의 12분국의 일국이며 한웅의 고시종족으로부터 시작된 문명벨트로 확인 되는 것이며 상위문화는 新樂文化(신러)로 기원전 7,000년설에 부합되며 현재 발굴된 하위문명인 내몽골의 '홍산문명'과 아래에 나열된 유적은 바로 선비족의 문명으로 필자는 확신하고 있다.

〈중국에서 발굴된 신석기, 청동기문명〉

* 기원전 8,000~7,000년 신석기시대(新石器時代), 신락(新樂) 문화(文化) 유적(모계씨족의 정주 취락, 신러) 랴오닝성 선양시 북부지역

*기원전 7,000~ 6,500년 신석기시대, 소하서(小河西) 문화(文化) 유적, 내몽골 츠펑시 아오한 기 지역

*기원전 6,200~5,200년 신석기시대, 흥륭와(興隆洼) 문화文化 유적(싱룽와), 내몽골 츠펑 시 아오한 기 지역

*기원전 6,000~5,200년 신석기시대, 사해(查海) 문화(文化) 유적, 내몽골 접경 사해 유역

*기원전 5,200~5,000년 신석기시대, 부하(富河) 문화(文化) 유적, 내몽골 츠펑 시 아오한 기 부하 유역

*기원전 5,000~4,400년 신석기시대, 자오바오거우(趙宝溝文化) 문화(文化) 유적, 내몽골 난하 계곡과 허베이 성 북부

*기원전 4,500~3,000년 신석기시대, 홍산(紅山, 홍산) 문화(文化) 유적, 내몽골 요동 하북 지방

*기원전 3,000~2,000년 동석병용시대(銅石併用時代), 소하연(小河沿) 문화(文化) 유적, 내몽골 츠펑 시 아오한 기 소하연 유역

*기원전 2000~1,500년 초기 청동기시대, 하가점(夏家店) 하층(下層) 문화(文化) 유적, 내몽골 츠펑시 아오한 기 맹극하(孟克河) 유역

대다수(95%)가 내몽골의 유적으로 그 종족들은 바이칼과 그 주변에서 이주해 간 퉁구스족이며 주 종족은 '선비족'인 것이다. 우리의 조선시대에 불려졌던 사대부의 표상인 '선비'는 바로 훌륭한 문명을 꽃 피웠던 '선비국'의 이름을 그대로 옮겨 쓴 것이라고 본다.

퉁구스족을 분류해 보면 다음과 같다.

① 에벤키족(Ewenki-큰 아버지족의 고리)

바이칼 호수와 아무르강의 에벤키 언어는 예니세이 계곡의 순록 유목민이었다고 연구되고 있다. 에벤크족은 고고학적으로 몽골 국경 근처 남부 시베리아의 바이칼지역에 있었던 것이며 터키와 몽골의 언어관련 부족과 고대 시베리아의 북부 원주민 간에 혼합된 결과로 역시 이 종족의 언어가 우선했다고 한다. 에벤키족은 훗날 러시아에서 야쿠트족과 러시아 타타르인 오로촌(Orochon-우리의 칸)으로 지정되었으며 지금 러시아 전역에 살고 있는 에벤키족은 에벤키 자치구 외에 사하공화국, 에벤키 북부 그룹은 만주의 퉁구스 언어인 Negidal(고리의 달) 언어를 가지고 있다.

또한 내몽골 근처의 도시 하이라 얼 예벤키족 자치구, 헤이룽장 성에도 살고 있으며 우크라이나에도 일부 에벤키족이 살고 있는 것으로 2001년 조사에서 발견되었다.

② 고르게(Gorge-고리), Lamuts(태양의 위대한 머리의 어머니) 사람들

시베리아 극동에 일부 살고, 마가단 주와 캄차카 지방, 북부 사하공화국의 동쪽 '레나강' 주변에 사는 종족으로 그들은 퉁구스족이며 문화는 에벤키족의 것으로 동일한 종족으로 간주되었다. 고르게의 조상은 바이칼 동부 시베리아의 해안지역에서 이주한 것으로 추정하고 있으며 17세기엔 Eveni(큰 아버지 사람들)로 알려진 세 부족은 Memei(많은 어머니), 오오츠크 순록 퉁구스(Lamuts-태양의 위대한 어머니 머리), Armen(우리 어머니 사람들) 언어로 알려져 있다.

③ Negidals(고리의 위대한 달족) 사람들

러시아의 Amgun(어머니 칸)강, 아무르강을 끼고 살았던 종족이며 주로 해안사람을 의미하며 나나이, 울치, Nivkhs(니브흐)족으로 분류되며 주로 에벤키 언어를 사용하였다.

④ 울치(Ulch-우리의 고리) 사람들

러시아 극동 울치 스키군의 하바롭스크 지방에 살고 있다. 인류학적으로 그들은 사할린 아무르(Amur-어머니의 태양) 그룹으로 본다고 한다. 2017년 2월에 극동의 '악마의 동굴'에서 기원전 7,000~9,000년경의 고대인 발굴로 한국인의 게놈지도가 밝혀지기도 하였다.

⑤ Udege(머리의 고리) 사람들

러시아 프리모르스키 크라이 지역, 하바롭스크 지방에 살고 있다. 그들은 러시아어와 우크라이나어를 사용하고 있다.

⑥ 니브흐(Nivkhs-위대한 흰빛나는 고리의 아버지) 종족

〈중국 명칭-난나이Nannai〉

사할린 섬, 아무르강 어귀 하바롭스크 지방을 중심으로 살며 인류학자들은 이들이 북서 인도, 북미 조상이 지역에서 마이그레이션(이주)한 것으로 연구가 되고 있다.

북부 사할린의 고고학 방사성 탄소 연대는 기원전 약 4,950~4,570년으로 언급되었다.

⑦ Sibe(Xibo-위대한 아버지) 사람들

고대의 Shiwei사람(시위)으로 지금의 길림, 치치하얼에 정착하였으며 일부 학자는

시베종족이 직접적인 선비의 조상이라고 주장한다. 이들은 투르크, 프로토 몽골어를 사용하며 후룬 베이얼시는 서쪽으로, 넨강 북쪽으로, 리아강 남쪽으로 퍼져 살았다.

⑧ 난나이(Nannai) 종족

Hezhen(태양의 위대한 신), Samagir(위대한 어머니 고리), Kilən(고리의 신), Goldi(고리의 머리) 등으로 불려지며, 우수리의 중동 아무르강 분지는 난나이족의 조상 터전이 되었다(북만주 지역). 중국 이름의 근원은 혁철(Hezhe)이라고 불렀다.

⑨ 오로촌(Orochon, Orochen, 몽골어 : Orćun 〈우리 칸〉, 읍루-오로, 우리)

그들은 내몽골과 함께 헤이룽장강(아무르 지방)에 거주하며 오로촌 자치구는 내몽고에 있다. 에벤키 언어와 오로촌 언어는 다른 언어의 70%를 이해할 수 있다고 한다. 이 종족은 중국 북동부에서 가장 오래된 민족 중의 하나이며 오로촌 종족의 조상은 흑룡강, Xing'an산맥으로 알려져 있다.

⑩ 윌타족(Uilta -우리의 머리)

오호츠크 해 지역과 사할린 남부에 걸쳐 살고 있으며 일본의 홋가이도에 '아바시리(basiri-아버지의 태양)'족이 있다고 하나 알려지지 않고 있다.

⑪ 만주족(Tasseled-태양의 머리, Abkai-깨우친 아버지, 만(滿)족)

만주족은 퉁구스 민족 중 4번째로 큰 소수 민족이다. 허베이, 흑룡강, 요녕성, 길림, 내몽골과 중국 내륙에 널리 분포되어 살고 있다. 초기 중국의 문서에 기원전 6세기에 나타나며, 산해경에 게시가 되고 있으며 전국시대(기원전 476~221)의 문헌에 나타나는 종족이다. 만주족은 청나라를 건국하기도 하였다.

이상 살펴본 퉁구스 종족으로 최근 내몽골에서 발굴된 고대 문명의 유적은 기원전 약 7,000년 부터이며 그 하위문명이 있으므로 확실해진 것이다.

다음장에 설명된 서기 330~555년 사이의 몽골지도에서 나타난 몽골의 우측인 탁발씨(Tuoba)의 상단에 기록된 Kumoxi는 어원상 '구모액국'(발해만 북쪽)을 지정하는 것으로 보여지나 '고막해(庫莫奚)'가 중국의 발음으로 '쿠모시'가 된 것으로 '해'는 '한'과 같은 어원인 것이며 '고막해'는 고막한을 표기하며 구막한국'을 지칭함에 구막과 고막은 같은 어원인 이유이다.

정길선의 '동호(東胡)와 퉁구스의 연관성'이란 논문에서(참한 역사신문 2016. 9. 10 기고) "고조선의 혼란기, 말기 즈음에 고조선과 동맹관계, 혹은 종속해 있던 유목민족들이 일제히 독립한 것으로 보고 있으며 서융(西戎)과 동호가 분리되었고, 서융은 오늘날의 감숙성(甘肅省)과 섬서성(陝西省) 지역으로 남하하여 춘추시대의 진나라와 합류하였다. 동호는 현재 내몽골 홍산지역과 서랍목륜하(西拉木倫河)지역으로 이주하였고, 여기에서 동북방의 숙신도 분열한 것으로 보았다. 동호는 고조선의 분열로 인하여 독자적인 세력을 확보하였고, 그 세력을 신장시켜 숙신(肅愼)을 복속시켰다. 숙신, 동호, 예맥은 같은 조선계이며 종족이라는 설에 대해선 확실하지 않다고 보는 견해가 많다. 북한 학계에서는 동호와 예맥(濊貊)이 같은 국가설과 동일민족으로 보았다. 예와 맥은 동이(東夷)와도 일치하며 동호를 포함한 동족가설을 주장하였다.

"대다수의 한국고대사 학계는 동호라는 명칭이 일반적으로 기원전 5~3세기에 요령성 서쪽지역의 각 소수 민족에 대한 범칭으로 사용되었다고 분석한다. 이러한 강단사 학계의 주장은 동호와 한 민족을 일컫는 동이(東夷)를 구별하기 어렵다는 것이며 국내 학계의 이러한 안일한 분석은 동호연구에 대한 잘못된 인식을 말해 주는 것이다. 동호, 산융(山戎), 숙신, 예맥의 연구는 굉장히 중요하다. 그런데도 고조선 이후의 독립한 오랑캐, 즉 아웃사이드(Out sider)라는 인식으로 본류와는 전혀 상관없는 역사라고 인식하는 경우가 많다. 이러한 오류와 외적인 요소에 대한 무관심한 연구 태도는 우리가 단일민족이라는 특성이 강하게 세뇌(洗腦)되어 있기 때문이다. 우리는 여러 민족이 융화되어 나타난 민족이며 다양한 혈통을 가지고 있음을 배제(排除)해서는 안 된다. 그렇지 않은 인식은 우리 스스로를 폐쇄적인 민족으로 치부할 것이며 아웃사이드로 평가받는 우리 외곽의 민족들을 함께 연구하는 것이 무엇보다 필요하다.

* 정길선-일본 도쿄대학 역사문화학(터키, 이슬람문화사 전공), 불가리아 소피아 대학, 유라시아 고고인류학 연구소

이러한 정길선의 주장은 우리가 단일민족이 아니고 고조선으로부터 9환의 동맹에서 예족과 맥족이 분열된 것이다. 흔히 말하는 투르크(Turk, Turkic-달의 고리), 타타르(Tatar-머리의 달), 오구즈(Oguz-큰 고시) 종족의 이름으로 나타난 것이며 프로토(Proto) 투르크, 프로토 타타르 등으로 세분되고, 중국에서 인용된 서융, 산융(킵착의 예맥족)이 된 것이며 타타르는 다시 시베리아 타타르, 몽골타타르, 볼가 타타르, 크림타타르, 킵착타타르 등으로 세분화되어 펴져 나간 것이다. 고조선 말기에 중국사가는 중앙아시아 아프칸 북부의 대황(大荒, 큰 사막-킬리쿰, 카라쿰 사막)의 영역에 있었던 숙신을 지명 이동시켜 송화강 북쪽의 숙신으로 보낸 것이고, 하·상주의 역사 가공을 위하여 아프가니스탄의 남국(藍

國, 대월지의 수도)을 산동지역에 위치한 것으로 조작하였다고 필자는 연구하였다.

이제는 학자들이 중국의 사서에만 매달려 연구할 것이 아니라 정길선 교수가 논한 '아웃사이드'를 잘 살펴보면 우리의 정체성이 바로 보이는 이유인 것이다. 필자가 연구하다 찾은 것으로 2000년도에 하버드 대학의 아시아센터에서 발행한 "한국 국가 형성이론에서 인존신화 : 한국어 기원의 구축(543p)에서 예맥족은 한국 현대의 조상이며 한국어 그룹"이라고 발표하였다. 그 그룹으로는 예맥(Yamak, Kimek, Djamuk), 킵차크인, 타타르(Tatar-머리의 달), Bayandar(아버지 달의 신), Lanikaz(태양족의 고시), Ajlad(우리 머리) 종족을 지적하였다.

이 얼마나 놀라운 주장인가? 필자가 연구한 바 동호는 일찍이 바이칼에서 기원된 예벤키 종족에서 내몽골로 이주하였으며 그들은 종족학에서 말하는 퉁구스인인 것이고, 여러 시대를 거쳐 프로토 투르크화되었다는 것이다. 다만 중국이 동이, 동호, 동예로 우리를 동쪽으로 몰아서 지칭하는 이유는 무엇인가? 그것은 서쪽의 문명과는 무관하다는 것을 강조하는 사가의 술책에서 비롯된 교활한 역사의 횟칠인 것이다. 이러한데도 현 사학계는 중국이 이야기하는 대로 받아 기록하여 엉터리 고조선 이론이 형성된 것이며, 융족도 모자라 서융, 북융, 산융 등으로 종족을 갈가리 찢어서 찾지 못하게 얼기설기 널어 놓은 것이 오늘날의 중국식 역사 이론인 것이다.

우리 민족은 한웅 이래로 중앙아시아에서 고조선을 건국하였으며 그 핵심이었다. 한단고기에서 기록된 9환은 바로 동맹이며 방계 혈족을 의미하는 것인데 문화가 다르고, 피부가 다르고, 언어(8종의 언어)가 달랐다는 것이 고대 터키의 '루비안 정제'에서 말해 주고 있다. 그러므로 우린 약 1만년 전부터 복잡한 혼혈된 민족이지 단일 혈통이

〈고막해(庫莫奚), Kumoxi의 영역〉

아닌 것이다(필자의 '하플로 그룹'을 참조).

흑해연안의 킵착(카스피해를 거점으로 하는 스탭 북방민족)과 시베리아, 몽골, 동유럽에 흩어져 있는 '타타르(Tatar-머리의 달)족'이 어찌 현대의 한국 조상이 된다 말인가? 하고 반문할지 모르지만 사실은 정확한 고대의 역사이며 진실인 것이다.

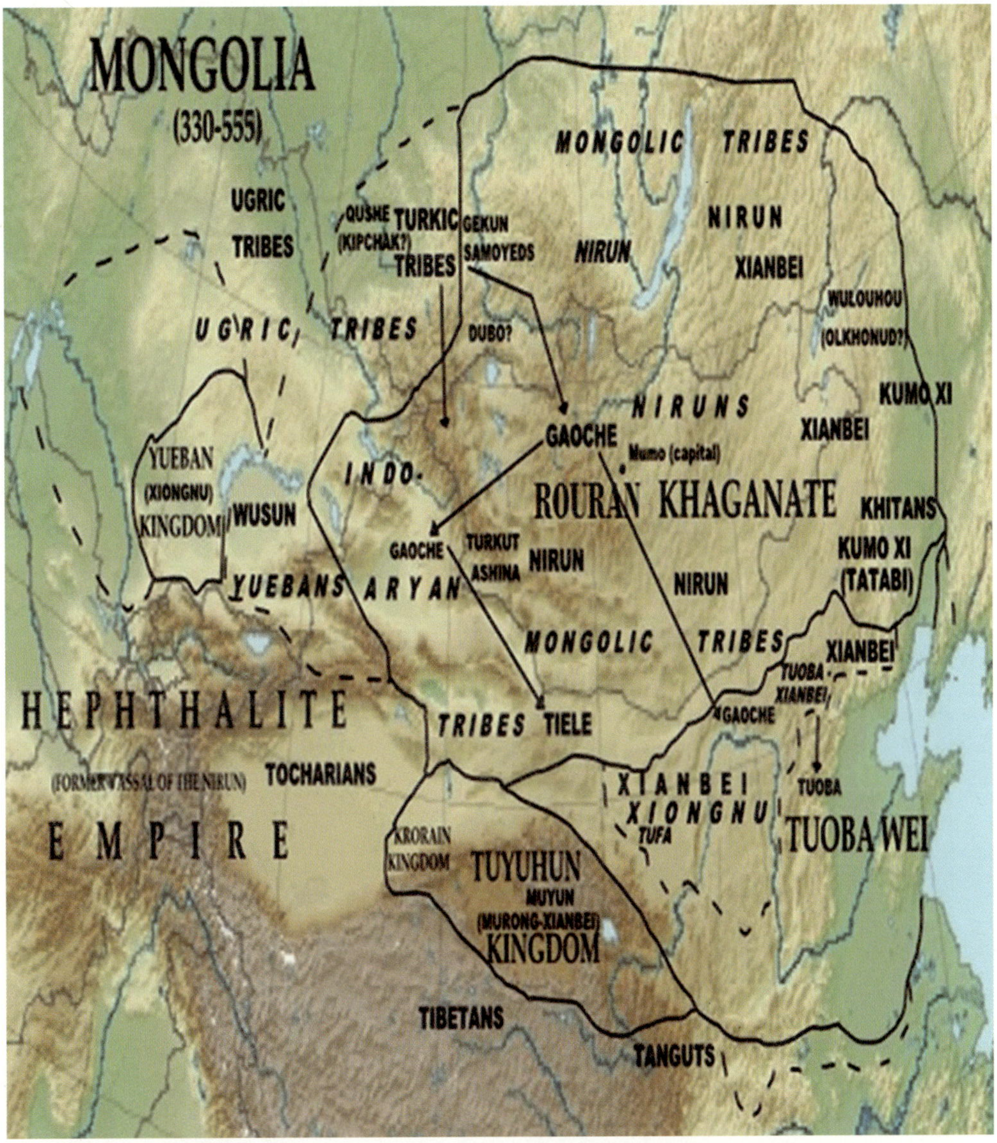

〈중국 랴오닝성(요녕성), 구막한국 고막해(庫莫奚), Kumoxi의 지도〉

* 우편의 Kumoxi(고막해(庫莫奚)의 중국식 발음, 구막한국이다). 출처 : 미국 위키

* Kumoxi(고막해-구막한국의 문명으로 보아지며 기원전 7,000년의 문명이다.)

* Tatabi-"머리는 아버지 머리"가 된다. 아버지 머리는 '흰빛나는 머리'이다.

고대의 고조선은 중앙아시아에서 건국하였기에 하버드대학의 아시아 연구센터에서 주장하는 카스피해 근처의 북방유목(반고의 서융족)이 같은 혈족이 된 것이며 우리말로 한 겨레(한 고리(Gori))가 된 것이다(킵착, 타타르족).

상세하게 고대사를 들여다 보자면 중국이 논하는 동호는 초기의 퉁구스족과 몽골의 혼합체로 소위 '홍산문명'의 주인인 것이고, 후에 프로토(Proto) 투르크화되었다는 것임에 홍산문명을 비롯한 상위의 문명은 퉁구스족에 의한 문명으로 "선비국(시위국, 통고사국)"의 문명인 것이다. 이 선비(Shunbi)를 선비족으로 하여 남만주 일대의 종족으로 매도하여 역사를 가공하였던 것으로 보고 있다. 선비족은 퉁구그족의 모태(母胎)로

〈기원전 2세기경의 파르티아(Parthia—광명의 큰 흰빛나는 머리)〉

이 시기에는 페르샤제국으로 흑해, 카스피해 주변(마한권역)과 중앙아시아권이 분열된 것을 알 수 있다. 즉 고조선의 9환 연방이 해체된 것이다. 출처 : 미국 위키

〈요녕성의 상세 지도〉

〈타림분지 지역의 Turkic Khaganate(소 스키타이)〉

* 호탄왕조(Khotan, Hotan-태양의 머리 사람들), 투르판(Turfan-달의 아버지 사람들, Karaxahr-우리 흰 빛나는 고리, Kashgar-고시는 위대한 흰빛나는 고리 Qarqan-고리의 칸), 미란(Miran-어머니의 태양족) Keriya-고리, Yarkand-우리 칸의 머리. 고조선의 정체성인 달과 머리, 고리가 두루 표기되었기에 대스키타이는 물론 타림분지를 거점으로 하는 소스키타이이다. Turkic (Khaganate-달의 고리 흰빛나는 고리 칸의 머리)가 고조선의 종족으로 된 것이 확실하며 그들은 'Hvatanai(흰빛나는 아버지 머리족)' 언어와 호탄에서 차용된 '토카리어(Thokari-흰빛나는 머리의 고리)를 사용하였다(Prakrit 용어-광명 고리의 머리).
*호탄은 Gāndhārī(달의 칸) 언어를 사용하였다(중앙아시아 비문에서 많이 발견된다).

바이칼(Baikal-아버지 고리)에서 기원된 종족으로 동호는 초기 고조선(동맹)의 제후국 이었으며 몽골계, 프로토 투르크계로 파악되며 한단고기에 칸을 임명한 것이 몽골로 나타나는 것이다.

〈호탄(Khotan, Hotan)에서 발견된 서기 3~4세기의 부다(Buddar)〉
출처 : 미국 위키

이마에 칠성의 원과 머리에 큰 상투를 튼 모습이 매우 이채롭다. 석가(釋迦)는 한문으로 음차하였을 뿐 서카(Seaka), 사카(Saka)로 스키타이족이었다. 그러므로 고조선의 9환에 든 종족이었으며, 석가족은 어원상 6세기경에 인도16국으로 진출한 스키타이족으로 중국이 말하는 '동이족(東夷)'이 확실해 진 것이며 고타마붓타(Goutama buddar-고리 머리의 어머니, 달의 아버지)는 기원전 563년에 출생했고, 기원전 534년, 29세의 나이에 출가를 하였음에 불기(佛紀)가 2016년 기준으로 2,550년이 되는데, 현행 2,560년으로 기준을 삼아 기원전 6세기에 형성된 것이다. Lhasa(위대한 흰빛나는 태양), Qamdo(곰의 머리), Miran(어머니의 태양족), Kaliash. mt(처음의 고리 산), Jyekundo(아버지 칸의 머리), Dartsedo(달의 머리는 위대한 머리)가 된다. 주 : 티벳은 고대에 '장단국'이란 왕조가 있었다고 전해지며 한단고기의 "고조선은 '장단경'으로 왕도를 옮기다"의 '장단경'은 '장단국'의 이름으로 본다(카자흐스탄 알마티 대학의 김정민 교수).

〈퉁구스족의 서쪽 경계의 퉁구스카 강〉

*중앙에 앙가라(Angara-고리의 신) 이름은 터키의 앙카라(Ankala), 아프리카의 앙골라(Angola) 와 똑 같은 어원이다 바이칼 상부에 있는 것이 돋보인다.

울란바토르Ulaanbaatar(우리의 아버지 달의 신), Ulan-ude-우리의 머리 신, Irkutsk-우리의 위대한 머리의 고리, Bratsk-광명의 위대한 고리의 머리, Abakan-아버지의 칸, Selenge-태양 신의 고리, Baikal-아버지의 고리가 된다.

9) 구막한국(Kumoxi, Tatabi-머리는 아버지 머리))의 추정

영어의 쿠모(Kumo)는 인도유럽어로 표기한 경우이고, 원형은 구모(Gumo)가 되며 곰을 말한다. 곰의 명칭은 구모, 구미(Kumi), 가미(Kami), 기미(Kim), 고미(Komi), 가마(Kama-Gama), 구마(Guma, Kuma), 고마(Goma, Koma) 등으로 불려진다.

이 랴오닝성은 고고학적으로 기원전 7,000년 경에 신석기 문명이 들어섰다고 정의되어 있는 지역으로 필자가 몽골의 지도를 통하여 추정하기에 이른 것이다. 심양의 '신러유적'에서 출토된 유물을 통하여 랴오닝성의 원시사회를 잘 알 수 있는 티벳(Tibet-

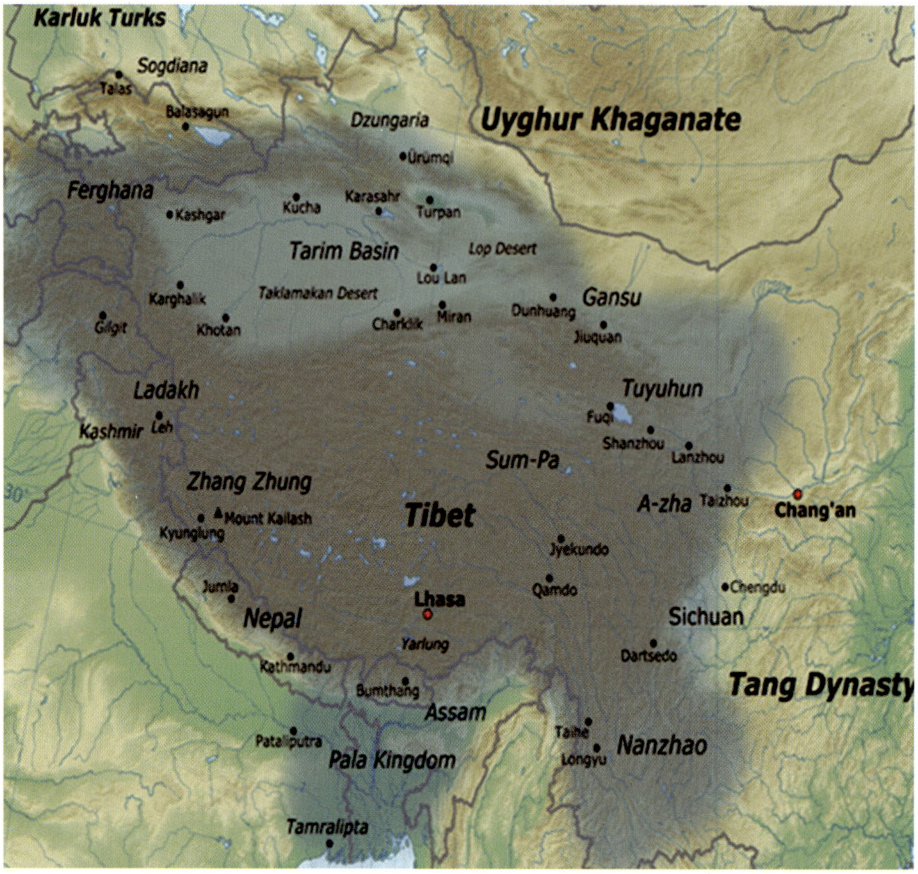

머리는 아버지 머리) 제국과 인근 지역인 것이며 연결된 홍산문명과 동질성의 문명으로 소위 '곰 문명'이 된 것이다. 이 구막한국은 요녕성 조양시 일대가 홍산문명과 겹친다는 것으로 동질성의 문명인 것이 싱룽와문화(흥륭와 문화[興隆窪]-기원전 6,200~5,400)가 내몽골 자치구 부근에서 요녕성 부근에 까지 연결된 것이 그 증명이 되며 확인된다 할 것이다. 사서에 기록된 '고막해(庫莫奚-Gomakhe-밝은, 태양의 곰 고리 사람들)는 중국어로 쿠모시(Kumoxi)가 되며 구막한국의 종족이며 결국 바이칼에서 형성된 고대의 종족들은 내몽골과 랴오닝성(요녕성)의 문명을 만들게 된 것으로 추정(흥륭화문명의 벨트)하고 있다. 중국이 말하는 '요하문명'은 통고사국과 구막한국의 공통의 문명이 된 것이라 확신한다.

이러한 한인 12분국 중 2개국의 공통문명은 앞서 개진한 '빈카문명'에서 '일군국(일리쿰)'과 독로국(트라케)의 문명인 것으로 서양학자들은 연구하였다. 또한 수메르와 우르국이 메소포타미아 문명을 건설하였듯이 통고사국과 구막한국이 '요하문명'을 만들게 된 것이라고 본다.

＊주 : Tatabi는 티벳Tibet과 어원이 똑같다.

10) 구다천국句茶川國

구다천국(句茶川國)은 구차한국(句茶汗國)으로 읽어도 그 어원이 같다고 보는데 예로부터 고대의 국가는 큰 강을 끼고 건국한 것이 공통으로 나타나고 있다. 그래서인지 내천川이란 글자가 포함되어 있어 이채롭다. 한인12분국을 추정하면서 대다수는 고고역사학을 바탕에 깔아서 추정하였지만 이 구다천국을 추정하게 된 데는 고고역사학적인 증명이 없고, 다만, 비교언어학적인 측면에서 유추하여 추정하고자 한다. '구다천국'의 '구다'는 구자(龜滋-투르판 분지의 도시, 쿠처, 쿠차), 고차(庫車)와 그 발음이 유사하며, 특히 '구다'는 구타, 고타, 구탄, 고탄으로 변형, 표기됨에 자음인 'ㅎ'으로 발음되면 후탄, 호탄(Khotan, Hotan-고대 호탄제국)으로 나타남에 티벳과 이웃한 지역에 '구다천국'의 비슷한 어원이 여럿 발견된 셈으로 보고 있다.

필자가 '구다천국'을 추정한 중심지역은 암도(Amdo, 병음 : Ānduǒ, 중국어 : 安多)로 본다. '구다'는 자음 'ㄱ'이 자음 'ㅇ, ㅎ'으로 변형호환 됨에 우다, 안다, 암도, 암다로 변형이 가능하며 이곳은 티벳의 세 전통지역인 U-Tsang, Kham지역의 하나이다. 이곳은 Machu강(황하), Drichu(장강)까지 넓은 지역을 포함되며 현 중국 지역에 걸쳐 있는 북동부 티벳어 지역이다. 7~9세기에 확장된 티벳제국은 타림분지 북쪽, 중국의 동쪽, 인도접경, 네팔 남쪽의 카슈미르등을 인수한 영토이었다.

티벳은 1954년 이후로 중국이 장악하여 중국령으로 되어 있어 티벳이 독립하게 되어 앞으로 고고역사학적 연구가 활성화 되게 되면 고대문명이 나올 것으로 기대된다.

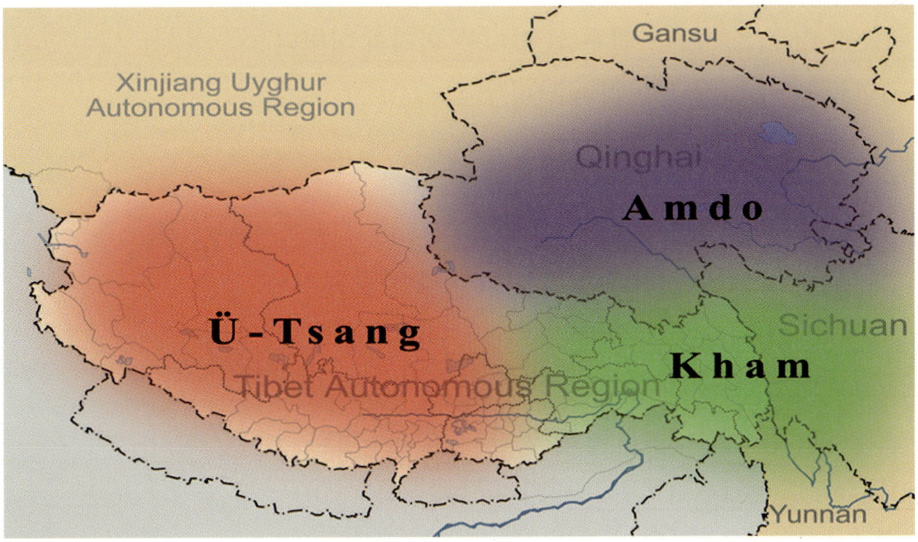

〈북동부 티벳의 '암도Amdo〉

투르판(간슈 접경)지역에 구자, 고차의 고대 도시와 호탄의 고대 왕국이 있음에 구다천국을 추정하게 되었으며, 호탄이란 고대국가도 건설된 것으로 추정하였다. '구다천국'의 문명이 있었기에 훗날 고조선이 이곳의 '장단경(장단국)에 도읍을 옮긴 것으로 추정한다. 고대 1만년 전에 사람이 살았다는 기록이 있다.

네팔의 지구 지명을 통한 '구다천국' 추정의 정체성 증명

Province No. 1

1 – Bhojpur District – 흰빛나는 아버지의 광명
2 – Dhankuta District – 머리는 흰 빛나는 머리족의 고리
3 – Ilam District – 우리 어머니
4 – Jhapa District – 흰 빛나는 아버지
5 – Khotang District – 흰 빛나는 고리의 머리 사람들
6 – Morang District – 우두머리 사람들 고리
7 – Okhaldhunga District – 고리는 흰빛나는 고리의 흰 머리 사람들
8 – Panchthar District – 아버지족의 고리 빛나는 달
9 – Sankhuwasabha District – 위대한 사람들의 흰 고리는 태양의 거룩한 아버지
10 – Solukhumbu District – 태양의 흰 빛나는 어머니 아버지
11 – Sunsari District – 태양의 위대한 사람들
12 – Taplejung District – 머리의 광명족
13 – Terhathum District – 달은 흰 빛나는 머리의 어머니
14 – Udayapur District – 머리의 광명

Province No. 2

1 – Bara District – 광명
2 – Dhanusha District – 위대한 흰 빛의 머리 사람들
3 – Mahottari District – 달과 태양의 어머니
4 – Parsa District – 거룩한 광명
5 – Rautahat District – 머리는 흰 빛나는 태양의 머리
6 – Saptari District – 거룩한 아버지의 달
7 – Sarlahi District – 태양의 고리

8－Siraha District－태양의 고리

Province No. 3

1－Bhaktapur District－밝은(흰 빛나는) 머리의 광명
2－Chitwan District－고리 머리의 아버지족
3－Dhading District－머리족은 태양의 머리
4－Dolakha District－달의 위대한 고리(집단, 연방)
5－Kathmandu District－어머니족의 머리는 흰 빛나는 고리의 머리
6－Kavrepalanchok District－고리는 광명족의 광명
7－Lalitpur District－위대한 고리의 광명
8－Makwanpur District－어머니, 아버지족의 광명
9－Nuwakot District－아버지 고리의 머리
10－Ramechhap District－태양의 어머니, 아버지 고리
11－Rasuwa District－거룩한 태양의 아버지
12－Sindhuli District－위대한 사람들의 흰 빛나는 달
13－Sindhupalchok District－위대한 사람들의 흰 빛 머리의 광명족

Province No. 4

1－Baglung District(eastern part)－아버지 고리족
2－Gorkha District－태양의 고리
3－Kaski District－고시의 고리
4－Lamjung District－태양의 어머니 신 고리
5－Manang District－어머니족 신의 고리
6－Mustang District－어머니의 거룩한 머리족
7－Myagdi District－어머니 고리의 머리
8－Nawalparasi District(east of Bardaghat Susta)－광명은 위대한 광명
9－Parbat District－광명의 아버지 머리
10－Syangja District－거룩한 사람들의 고리
11－Tanahun District－태양족은 머리족

Tangbe village, Mustang District

Province No. 5

1－Arghakhanchi District*－우리는 흰 빛나는 칸의 고리

2－Baglung District(western part)－아버지는 고리족

3－Banke District－아버지족의 고리(부족, 씨족)

4－Bardiya District－광명의 머리

5－Dang Deukhuri District－머리족의 고리는 흰 빛나는 머리의 고리

6－Gulmi District*－고리의 어머니

7－Kapilvastu District－위대한 머리는 광명의 고리 아버지

8－Nawalparasi District(west of Bardaghat Susta)－광명은 거룩한 광명

9－Palpa District*－광명! 광명!

10－Pyuthan District*－아버지는 흰 빛나는 머리족

11－Rolpa District*－우리 태양의 아버지

12－Rukum District(eastern part)*－태양의 곰

13－Rupandehi District－태양의 아버지족은 태양의 머리

Province No. 6

1－Dailekh District－우리는 흰 빛나는 고리의 머리

2－Dolpa District－달의 아버지

3－Humla District－태양의 어머니

4－Jajarkot District－우리 고리의 머리

5－Jumla District－태양의 어머니

6－Kalikot District－고리는 머리의 고리

7－Mugu District－어머니 고리

8－Rukum District(western part)－태양의 곰

9－Salyan District－태양의 신

10－Surkhet District－태양의 흰 빛나는 고리의 머리

Province No. 7

1－Achham District－고리 태양의 어머니

2－Baitadi District－머리는 아버지 머리

3－Bajhang District－아버지는 태양족의 고리

4－Bajura District－우리 아버지

5－Dadeldhura District－아버지 달은 흰 빛나는 달

6－Darchula District－우리 달의 고리(씨족)

7－Doti District－머리!, 머리!

8－Kailali District－우리 고리

9－Kanchanpur District－칸은 고리족의 광명

＊네팔 7지구의 지명에서 해석된 바와 같이 고대는 모계사회임에 어머니가 태양을 대표하였고 아버지는 달을 대표한 것으로 연구되었다. 차츰 부계가 앞장서면서 달은 어머니의 몫으로 연결된 것으로 보인다. 이 사람들의 지명에서 드러난 정체성은 한인, 한웅의 태양숭배와 고리, 고시, 곰을 나타내었으며, 고조선의 정체성인 '달(月)'이 드러남에 한인 12분국의 한 축을 맡은 '구다천국'의 지역인 것으로 그 당위성이 설명 되었다.

또한 네팔의 '타루족(Tharu－흰 빛나는 달)'과 고대의 카사(Khasa－흰 빛나는 고시)왕국, 쿠순다(Kusunda－고시족의 머리)족으로 그 정체성이 가미되었으며 역사서에 나타나는 '탕구트(Tangut－머리 고리의 머리족)족'이 티벳－버마(Tibeto－Burman－머리는 아버지 머리, 광명의 어머니족)족에서 드러나며 티벳－버마언어에서 세분되는 Bodish(위대한 흰 빛나는 머리의 아버지), Karbi(고리의 아버지), Kiranti(고리족의 머리), Karenic(고리족), Nungish(고시의 신), Tani(머리족), Tamangic(머리 어머니족의 고리), Meithei(어머니의 흰 빛나는 머리), Tangkhul(머리족의 고리), Kukish(고시의 고리), Digaro(머리의 고리), Puroik(광명의 고리), Siangic(위대한 신의 고리) 등으로 그 언어에서 증명된 것이다.

이 구다천국의 문명은 티벳, 버마권, 네팔, 부탄을 아우러는 연결벨트로 형성되었으며 파키스탄의 '메르가르' 문명의 하위문화인 모멘조다로, 하라파 문명이 캐시미르, 편잡을 통하여 박트리아, 화래즘으로 이어 졌으며, 티벳, 네팔, 버마를 잇는 '구다천국'의 문명이 서로 호환 형성된 것으로 언어학적으로 분석하여 설명하였다.

11) 기타 환인 12분국에 대하여

카자흐스탄 알마티 대학의 김정민 박사는 유투브 강좌에서 객현한국이 지금의 '키르기즈스탄'이고, 구모액국은 다게스탄(오늘날의 조지아권), 양운국을 유연족(서기 4~6세기)으로 인식하고 있으며 '아바르제국'을 말한다고 하였다. 또한 선비국은 선비족(기

*환인 12국 분국의 지도

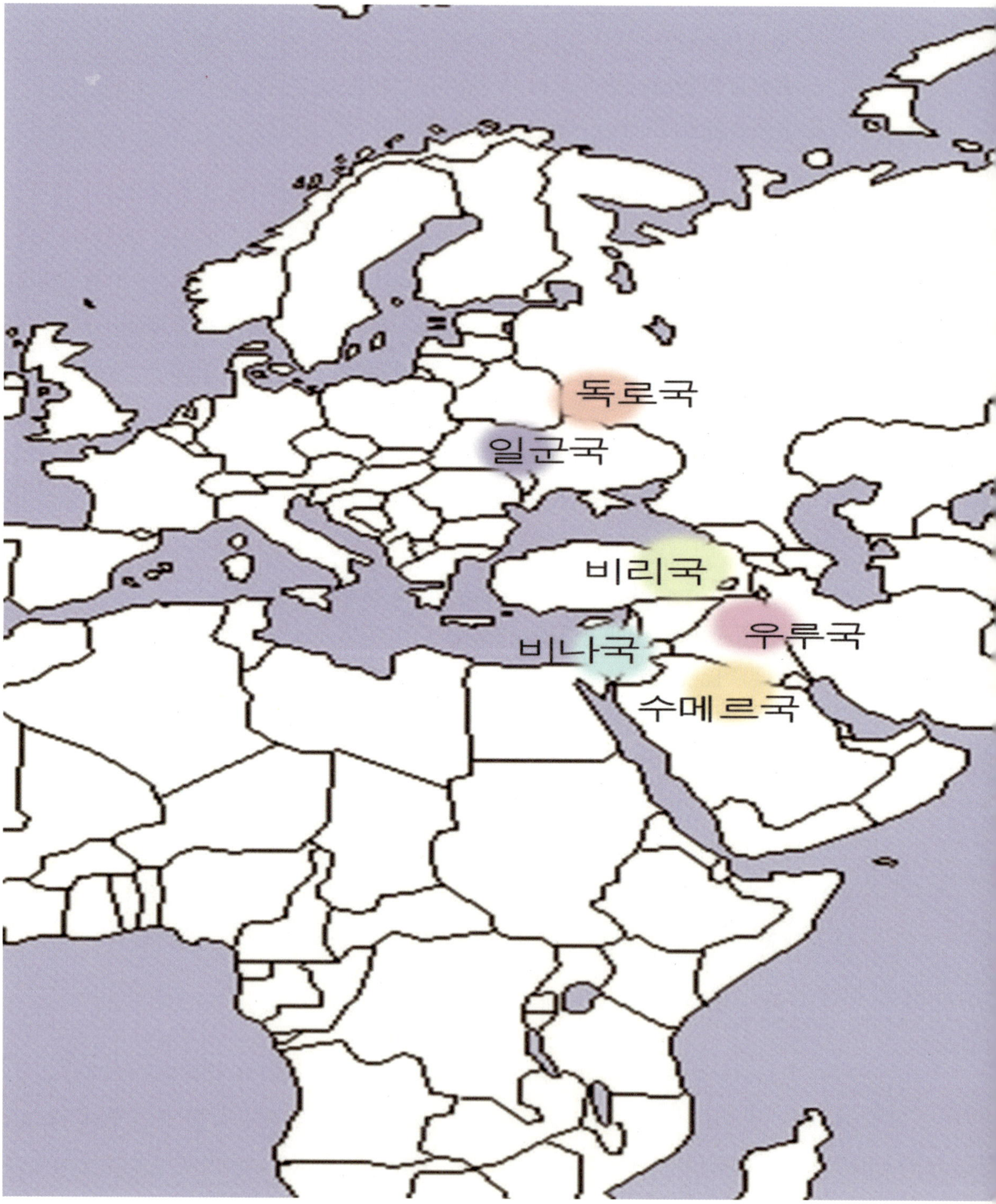

선비국(사위국)
구다천국
구막한국
메구여국

원전 1~6세기)으로 비정하였고 '우르국'은 '오구즈족(큰 고시족)'으로 비정하였는데, 이러한 비정의 이면엔 고고학적으로 최소한 기원전 7,000년이 필요하다. 키르기즈를 포함한 다게스탄 등지의 고고학은 길어보아야 기원전 3~4,000년경이므로 12분국의 대상에서 제외되는 것이며 킵착과 카스피해 주변(흑해권)의 종족은 한웅의 일파인 반고가 남하한 시기로 보아야 현 고고학과 서로 맞물려 이해가 된다 할 것이다. 오구즈의 10지 화살족은 루마니와 헝가리 등지로 흩어졌으며 그 일부는 오구즈터키를 건국한 것으로 보고 있다. 유연의 양운국은 중앙아시아권에서 늦게 동방으로 형성되었던 국가로 환인 12분국에 포함시킨 것에 역사학, 고고학적 증명을 두고 볼 때 무리라고 생각한다. 그러면 현재 발굴된 몽골의 홍산문화와 하구점 문화는 환인의 어느 분국이 세웠으며 앞으로 발굴될 시베리아권 문화는 어떻게 설명할 것인가를 묻고 싶은 것이다. 환인 12분국은 골고루 분포되었다. 몽골을 아우러는 홍산, 하구점 문화 등의 문명벨트는 동쪽으로 갔던 12분파의 문명인 '선비국(통고사국)'의 문명인 것으로 필자는 보고 있으며 '구막한국'은 요녕성 문명으로 필자는 확신한다. 또한 이 문명권에서 동북 시베리아, 베링해를 건너 북미, 중미로 흘러 들어간 종족이 환인 12분국의 두 세개의 루트가 되는 것이라고 추정한다.

3. 일리쿰(일군국), 독로국(트라케), 비리국(프리지아), 비나국(페니키아), 매구여국(월지국), 선비국, 구막한국을 비정한데 대한 기존 고고학적인 증명

이미 인도유럽어로 그 국가의 형성을 증명한데 이어 고고학적으로 증명해 보면 유럽의 많은 문화 중 가장 앞서는 세르비아의 "빈카문화"이다.

1) 빈카문화(Vinca-아버지 사람들의 고리)

기원전 7,300년 전의 문화이고, 오래된 유럽의 선사시대 문화이며 인도유럽어족의 문화이었다. 세르비아 베오그라드 빈카마을에서 1908년 Miloje Vasic이 주도한 고고학 팀이 발굴한 것으로 빈카문화는 유고슬라비아(세르비아, 북동쪽의 보스니아, 몬테네그로와 크로아티아)의 동남 헝가리, 서북 불가리아, 루마니아 일부(Turdas 문화) 등 아주 광범위한 지역을 드러낸다고 하였다. 학자들은 세계에서 가장 오래된 기록으로 일리리아인들과 트라키아인들은 그리스와 라틴계의 조상이라고 밝히고 있다. 또한 미국의 언어학자인 '토비 그리폰'은 '빈카문자(부호)'를 발굴했다. 이 빈카문자를 필자가 살펴 본 결과 우리의 '가림토문자 38자 가운데 약 20글자가 있는 것으로 판명되었고, 일부는 환웅시대에 사용되었던 '산대' 부호도 있었다.

미국의 언어학자인 '토비 그리폰'은 테라코타 인형을 여럿 수습했는데 그것은 곰, 새, 곰 마스크를 한 인간 등이었다. 다시 놀라운 발견을 하게 되는데 대량의 정제의 부품에서 새겨진 빈카문자를 해독한 바, "곰 여신과 여신 조류", "곰 여신을 했다."라고 주장하였다. 이것은 고대 유럽문명에 신비한 종교가 있다는 논란에 휩싸였으며 일리리아인들과 트라키아인, Dacians(머리 고리족)이 존재하는 가장 정교한 것들이라고 하였다.

이 빈카문화 유적과 유물로 그동안 국내의 대다수 사학자들이 신화로 치부하였던 약 1만 년 전의 "곰 문화"가 밝혀진 것이며 나중에 설명되는 아프리카의 누비아문화인 소위 "커머문화"(곰 문화 기원전 3,500~2,500)로 우리 환웅족의 곰 문화를 여실히 증명하는 것이라 하겠다. 이 빈카문화 한 가지를 보더라도 일리리아인들과 트라키아인들이 고대로 부터 살았다는 확실한 증명이 되는 것이다.

또 다른 발견 중 하나는 독일 동부 취재보다 근처 600km 영역의 도시를 발굴하였다. 고고학자인 드레스 덴은 "네 도랑", 세 흙 제방이 벼랑으로 둘러 쌓인 직경 150m의 사원 유적을 발굴했다라고 전해지는데 이 사원은 기원전 3,000년경으로 추정하고 있다. 학자들은 절기에 따라 큰 행사를 하기 위한 제사의식의 신전으로 생각하였다. 우서한 단군시대에 백성들을 "네 가문을 한 구로 만들게 하시고 각 구는 일승을 내어 향토를 지키도록 하였다."는 기록이 있다.

빈카문화는 인도유럽어족의 기원을 가정하는 '마리아 Gimbutas'의 고고학적 "쿠르간 가설"을 낳았는데, 쿠르간 가설에서 인도유럽어족의 확장은 기원전 3,000년을 기준으로 폰틱의 카스피해, 흑해연안의 대초원 문화로 확장된 3개의 연속제안 "파도"처럼 번져 갔다는 것이다. 이런 쿠르간 가설을 좇아 또한 언어학적으로 그리스의 문화이동설인 Graeco-아리아, 혹 Graeco-Armeno 아리아의 가설로 기원전 3,000~2,500년 사이 프로토-그리스어와 프로토-인도-이란은 서쪽에서 동쪽으로 이동, 분리하였다. 폰틱Pontic의 대초원으로 이동하였다는 가설이 산스크리트어에서 공통의 기원을 가질 수 있다고 하였다.

다른 학설로는 아나톨리아 가설로 인도-유럽언어에서 유럽으로 평화적으로 문화가 확산된다는 학설로 그것은 이미 기원전 7,000년경에서 아나톨리아에서 시작된 농경사회를 주요 전파자로 규정하였다. 학자들은 아나톨리아 농경사회의 주인공이 공통적으로 "프리지아인"으로 보고 있다.

이 프리지아인은 인도유럽어의 표현으로 '프리지아'가 되었을 뿐이고 원래는 '비리족'으로 비리는 인도유럽어의 표현으로 '피리'가 되며 피리는 피레, 피르, 피루로 되고 프리, 퍼레, 파레, 파르, 파리 등으로 변화되어 나가는 것이다. 결국 '비리'에서 '프리'로 전환되었으며 그 어원은 프리나 비리는 같다는데 도달하는 것이다. 켈트의 이동 시기에 프랑스로 들어간 갈리아족에 '파리시'족이 있었다. 오늘날 프랑스의 수도 '파리'를 만든 종족으로 그들은 고조선 9환족의 일파였다. '파리시(Parisi)'는 "위대한 광명족"인 것이다.

파리(Pari)는 바르(Bar, var)에서 변형된 단어로 '광명', 빛을 뜻하였다. 시(Si)는 사, 수, 세, 스로 변화되며 그 뜻은 "위대한"이었다.

광명, 빛을 뜻하는 '바르(Bar, var)'의 변형은 인도유럽어의 프로토조어 현상으로 다양한 변화가 일어난다. 바르에서 파르, 파리, 파루, 파라, 파레 등으로 변하는 것이다. 그러므로 '파리시족'은 '바르'에서 나온 이름이 분명해 지는 것이다. 이런 변화에 대하여 뒷장에서 아주 상세하게 설명해 나갈 것이다.

필자가 생각하기엔 12환국의 분기로 여러 문화가 일어나는데 빈카문화는 일리리아인과 트라키아인에 의한 문화라고 고고학자들이 주장했다면 아나톨리아 학설의 구심점이 되는 "고대 프리지아인"에 의한 문화가 그리스 북부로 올라가서 그곳의 문화와 충돌, 완충 혹은 동화되면서 고대의 그리스문화를 만들었다고 보는 것이다. 왜냐하면 크레타문명과 미케네문명은 외지에서 들어온 소위 '도리아인(渡離雅-Doria, 태양의 머리족)'에 의해 전수되었다고 서양 학자들은 공통적으로 말하고 있다. 속칭 '바다 사람들'이다. 이 도리아인은 인도유럽어로 '토리아'가 되는 것이며 변형이 되면 '타리아','트리아,' '테리아'로 되는 것이다. 혹은 '도'는 머리이고 '리'는 태양의 변형이라고 하면 "머리 태양의 사람"이 되기도 한다. 그런데 토리아 즉, '타리아의 지역은 어디이며 효시는 어디서 시작이 되었는가?' 빈카문화권이 그 비조鼻祖이고, 고조선이 바로 '타리아(달)'이며 그 효시란 것을 하나하나씩 증명해 나가고자 한다.

도리아(Dorian-태양의 머리 사람들, 달의 사람들), 이 도리아인에 대해선 여러 가지의 학설이 있으나 공통적으로는 흑해, 카스피 등 북방연안에서 온 것으로 추정하고 있으며 일부 학자는 지중해의 페니키아인, 또는 아나톨리아 본토에서 배를 타고 건너간 사람들이라는 것이 유럽학계의 중론이다. '빈카(Vinka)'의 빈(Vin)은 반(Van)에서 온 것으로 "아버지 고리사람들"이었다. 바, 비, 부, 보로 이어지는 변화이다, 카(Ka)는 '고리'의 수식어이다. 통고사국의 모체인 에벤키(Ebenki-아버지족의 고리 사람들)족의 이름도 '빈카'와 그 어원이 똑같다는 것이다.

2) 광택나는 검은 도자기 문화와 인류 최초의 언어 '빈카문자'

이 빈카문화의 광택나는 도자기는 시리아의 Amug AB의 같은 도자기로 연결되었으며(기원전 7,300~6,800) 또다시 터키 남부, 남서 터키의 Beycesultan(기원전 5,800), 인 하산 수 2(기원전 6,100~5,300)에서 광택 블랙 도자기를 만들게 되며 터키 북서부에서 그들은 llipinar/Fikir 테페의 문화를 설립하고, 마르마라 바다의 양쪽에 이 문화를 전파하였다(주 : 테페(테베-tebec). 우리가 흔히 말하는 "태백"이다. 환인시대와 환웅시대는 '광명의 시대'로 일명 개마시대 즉, 해머리 시대이다. 이것은 백두사상이며, 태백과 같은 성질이며 같은 표현인 것이다. 뒷장에서 별도로 상세하게 설명되는 태백사상은 그리스, 아나톨리아, 중앙아시아, 이집트, 아메리카 등지로 퍼져나가 숭배하였다.

(1) Fikir-테페/llipinar 10(기원전 5,900~5,700)

(Hacilar 등) 나무 기둥과 어두운 도자기, 광장주택을 사용. 영향 불가리아(기원전 5,800에서 갈색도자기그루브 karanovo 2의 존재)

2) Fikir-테페/llipinar 9(기원전 5,800~5,700)

목조 주택및 어도비, 구리의 조기 사용의 제조.

3) Fikir-테페/llipinar 8, 7(기원전 5,700~5,500)

목조주택과 어도비의 제조

4) Fikir-테페/llipinarr 6, 5(기원전 5,550~5,400)

Pelasgians vinciens들이 절개, 절제 조각 또는 플루트 장식하는 그들의 빛나는 검은 도자기를 가지고 기원전 5,500에 발칸반도로 진출. 그들의 집은 타원형 및 반 매장 또는 점토, 진흙이나 나무의 광장이었다. 이어서 빈카(Plocnik-기원전 4,150/기원전 5,150) 나선, 나선형도자기 페이스트 상감 서쪽 Butmir문화(보스니아 헤르체고비나의 신석기 시대로 다뉴브 문명), 흑연 도자기 페인트, 홈이 있고 검고 부드럽게 반죽된 도자기는 동쪽(karanovo 5/마리카)의 페인트, 집은 초벽에 나무 게시물이었다.

3) 빈카문화인의 종교

빈카 문화인들은 다산의 위대한 여신을 숭배하였다. 특히 새머리 여신의 숭배와 곰

〈빈카문화의 지도(세르비아, 슬로베니아, 헝가리)〉

〈고고학 사이트 지도〉

*흑해권의 구덩이무덤 문화(Yamna문화-우크라이나 선사시대 기원전 3,000) 뒤편에 카마문화(Kama-곰 문화)가 있다. Yamna는 '어머니 사람들'이며 캄(Kam)은 카무, 카미, 카마로 이어지는 변형이며 '곰'을 말한다. Combed ware(광명에 곰의 아버지 머리) 그러므로 '곰 문명'의 벨트가 형성된 것으로 '반고'의 남하로 생긴 흑해권(킵착지역)의 문화라고 필자는 결론지었다. 물론 Maykop(마이코프-어머니, 아버지의 고리)문화도 같은 정체성 위에 출발한 것이다.

여신으로 대표되는 웅녀 숭배사상이었다. 이러한 기존 고고학계의 주장이 뒷받침이 되는 것은 필자가 빈카문화권인 세르비아, 보스니아, 몬테네그로, 슬로베니아, 헝가리, 크로아티아, 불가리아의 지명을 샅샅이 뒤져서 확인해 본 결과 수천 군데의 지명에서 바르(광명), 고시와 마리(환웅의 중심종족), 곰의 지명, 다리, 타리(달)의 지명이 나온 것이다. 필자가 확인한 이런 지명들은 환웅, 고조선 시대에 사용되었던 용어이며 종족이었던 것이다. '빈카문화권'에서 환웅, 고조선의 정체성이 있는 용어가 쏟아져 나온 것은 우연이 아닌 역사적 사실이었던 것으로 연구되었다.

4) 메르가르(Mehrgarh－어머니의 흰빛나는 〈태양〉 고리) 문화

기원전 7,000～3,200년의 신석기 유적지로 파키스탄의 발루치스탄(Baluchistan－광명 고리의 처음 흰빛나는 머리 사람들) 주의 '카치평원'에 있다. 인더스강 계곡의 서쪽이며 파키스탄(Pakistan－아버지 고시의 머리 사람들)의 퀘타, 칼라트(Kalat－고리의 머리)와 시비(Sibi－위대한 아버지) 사이에 위치한다. 고고학 연구에서 남아시아에서 농경과 축산의 증거를 지닌 가장 오래된 곳으로 최초 정착은 기원전 7,000～5,500년으로 추정된다고 하였다. 청동－석기인 '메르가르 사람들'은 북아프가니스탄과 북동 이란, 남부 중앙아시아의 동시대 문명과 접촉하였다고 연구 발표되었다.

이러한 서양 학자들의 고고학적 연구는 필자가 앞서 주장을 제시한 것으로 '매구여국'의 본류로 '메르가르'문화를 지칭하였으며, 하위문화인 '하라파Harappa(태양의 아버지) 문화'와 모헨조다로(Mohenjo daro) 문화(어머니의 태양족－달, 기원전 2,600년경)로 '낙랑국(Nakrang－태양족의 고리)'을 건설한 것으로 여겨지며, 같은 하위문화인 박트리아(페르시아어 : Bākhtar, 영어 : Bactriana－밝은 달족)와 옥서스Oxus(처음의 황소) 문화로서 고조선 고리의 본산지(중앙정부)를 건국한 것으로 필자는 파악하고 있다.

주 : 파키스탄(Pakistan)은 아프칸(Afghan－아버지의 칸), 카슈미르(Kashmir－고시의 우두머리), 신드(Sindh－위대한 사람들의 흰 머리), 발루치스탄(Baluchistan－광명의 위대한 고시는 머리족) 지명으로 만든 조어이다.

이것은 고조선이 앞서 문명을 개창한 환웅의 광역과 문명을 승계받았다는 것에 주목을 해야 할 것이다. 2006년 4월 과학 잡지 '네이쳐'에 의하면 인류역사상 최고 오래된 치아 드릴링의 증거가 '메르가르'에서 발견되었다고 보고되었다. 결국 '매구여국'의 사람들은 파키스탄의 펀잡, 케시미르, 발루치스탄, 신드를 연결하는 문명 벨트로

〈티베트, 네팔의 지도〉

* 타지키스탄, 아프가니스탄 밑으로 연결되는 파키스탄, 네팔, 티베트의 문명벨트이다.
파키스탄의 '메르가르문명(매구여국)'의 하위문명 발상지가 된다.
(출처 : http://paleo.sscnet.ucla.edu/sciNews2001Text.pdf)

서 하위문명인 '모헨조다로, 하라파' 문명의 벨트는 하위문명인 옥서스권(박트리아 마르기아나 문화 포함)의 문명은 물론 티베트, 네팔, 부탄의 고대왕조를 형성하였다고 서양 사학에서 내다보고 있으며 필자는 기존의 고고학, 역사학에다 언어학적으로 분석하여 중국의 싱룽와(흥륭와, 興隆窪문명–기원전 6,200~5,400) 문명이 요녕성에서 내몽골로 이어지는 문명과 같이 '메르가르 문명'의 동질성이 연결, 벨트화(확산, 마이그레이션) 되어 하위문화로 나타난 것을 증명하였다.

〈빈카문자(세르비아 기원전 7,300~6,000 세르비아)〉

특히 티벳에서는 약 1만년 전부터 사람이 살았다고 하는 고고학적 증거와 최근엔 수많은 피라미드를 찾아내었다.

5) **요하문명**(통고사국, 구막한국의 문명)

특히 우리말의 '고막이 나갔다에서 '고막'과 피조개와 비슷한 작은 조개를 경상도에선 '꼬막'이라고 부르는데 '구막한국'의 '구막'과 그 발성, 표기가 같음을 알 수 있다. 또한 '구막'에서 자음 'ㄱ'이 탈락되면 '구마(Guma, Kuma)'가 되어 '곰'이 된다. 구모엑국의 '구모(Gumo, Kumo)'는 구마, 가마, 기마, 고마 등으로 표기, 발성되며 인도유럽어로 코마, 카마, 쿠마 등으로 불리는데 모두 '곰'을 부르는 소리이다. 그러므로 구모액국은 곰의 이름을 붙인 국가라 할 것이며 이렇게 볼 때 통고사국은 홍산문명(선비국 문명)이 된 것이며 구막한국 또한 같은 동질성의 문명으로 통고사국과 공통으로 환인 12분국의 국가가 맞다는 필자의 주장은 출토된 삼족기 토기와 곰 형상의 옥기에서 대변해 주는 이유이기도 하다. 홍산문명과 구막한국의 하위문명은 '앙샤오문명(기원전 5,000~3,000), 룽산(기원전 3,000~2,000) 문명으로 필자는 보고 있다. 또한 선비국은 일명 시위국, 통고사국으로 기록된 바 통고사는 퉁구스(Tungus-머리 사람들의 고시)를 음차한 것으로 보이며 이 선비국(통고사국)은 바이칼 주변에 포진해야 마땅할 것으로 보았는데 역시 예벤키(Ebenki-아버지족)족은 바이칼을 거점으로 하여 내몽골로 흘러 들어갔으며 같은 종족들이 한 갈래로 구막한국을 중심으로 기원전 7,000년 전의 고대문명인 新樂문명을 일군 것이다. 홍산문명은 하위문명으로 요녕성 조양시 일대가 겹치고 있으며 홍산문명의 상위문명인 '싱룽와문화'(흥륭와문명, 기원전 6,200~5,000)가 내몽골 자치구 부근에서 요녕성까지 겹치게 되므로 공통의 문명으로 '요하문명'이 형성된 것이다.

환인 12분국의 당위성은 지명과 국가 이름에 나타나는데 박트리아(박트라)는 '밝더라', 밝은 달이 되는 것이고, 우랄산맥의 '우랄(Ural)'은 '우리의 얼'이 되는 것이며, 아랄해의 '아랄(Aral)'도 '우리의 얼'이 되며 카스피(Caspi)해의 '카스피'는 "고시의 아버지"가 되는 것인데 한단고기에 '비서갑'으로 숨겨 놓으니 지금까지 찾을 수 없게 된 것이다. 힌두쿠시(Hindukush)산맥의 해석은 "태양사람들의 머리 고시"가 되므로 한웅의 그 정체성인 태양의 '머리족과 고시'가 그대로 드러난다 할 것이다.

6) 신러문명(新樂文明)-요녕성의 구막한국의 문명, 내몽골 선비국의 문명

기원전 7,200년경의 유적으로 심양(瀋陽)의 오래된 여관인 新樂宿舍에서 발견되어 '신러문명'으로 명명하였다. 특히 조양시 일대는 요녕성의 '구막한국'의 문명인데 선비족이 주축이 된 내몽골의 홍산문명권으로 동질성의 곰문명으로 보고 있다.

그 하위문화로는 소하서(小河西)문화(기원전 7,000~6,500), 흥융와興隆洼문화(기원전 6,200~5,200), 사해査海문화(기원전 6,000~5,200), 부하富河문화(기원전 5,200~5,000) 등으로 거의 대다수 유적이 내몽골에서 형성된 것으로 퉁구스(선비족)인의 문명이며, Shiwei(시위, 실위)에 의한 하위문명은 룽산(기원전 3,000), 베이신(기원전 5,000)을 하위문화로 본다

7) 마케도니아(Macedonia–어머니 고리의 머리 사람들)에서 증명

마케도니아는 기원전 808년 Argead(우리 고리의 머리) 왕조로 'Caranus'왕으로부터 건국하였는데, 라틴어로 Argive에서 파생되어 Argivus, 고대 그리스어인 Argeios이며, 아르고스(Argos)에서 '호머가 증명하였다고 한다. 우리말로 해석하면 Argead 왕조의 '아르(Ar)'는 '우리'와 같고, 게Ge는 고리의 수식어이며, 에드(Ad)는 '머리'로 "우리 고리의 머리"가 되며, 라틴어로 Argive에서 '베Ve는 아버지'였기에 "우리 고리의 아버지"가 된 것이고, Argivus는 "우리의 처음 고리의 아버지"이며, 고대 그리스어인 Argeios에서 게이(Gei)는 가이(Gai, Gay), 까이(Ggai)로 깨우친 사람을 말하며, 우스(Us)는 아스(As), 오스(Os), 이스(Is), 아시(Asi) 등과 같이 처음 돋아 오르는 뜻으로 "우리는 처음의 깨우친 사람"이 된다.

특히 아르고스(Argos)에서 "우리의 고시"가 됨에 그리스 북부에 있는 빈카문화권의 '일리리아와 트라키아인이 남하한 것을 알 수 있는 단어이다. 여기에서 환웅의 로얄족인 '고시족'이 마케도니아 설립지로 나타난 것이다. 훗날 마케도니아는 Aigai(크게 깨우친)으로 수도를 옮기게 되는데, Vergina로 불리고 있다. 이 Vergina는 베르(Ver)(는 바르(Bar–광명)의 변형이 되며, 긴(Gin)은 '칸'이 되며 "광명의 칸"이 된 것으로, 환웅의 정체성인 밝은 흰 빛(광명)이 마케도니아의 수도 이름에 나온 것이 그 증명이 되는 것이며, 서양학자들은 이 왕조를 건국한 사람들이 일리리아와 트라키아 사람이라고 주장하고 있다.

그러므로 고대 마케도니아의 Argead(우리 고리의 머리) 왕조의 왕의 이름을 분석하여 그 정체성을 다시 한 번 확인한다.

초대왕 : Karanos(Caranus, 기원전 808~778) "처음의 고리 사람들"

2대왕 : Koinos(기원전 778~750)에서 코이Koi는 고이Goi와 같으며, 인도유럽어로 코이가 되었으며, 깨우친 사람을 말한다. "처음 깨우친 사람들"이 된다.

3대왕 : Tyrimmas는(기원전 750~700) "처음 위대한 달의 어머니"가 된다.

4대왕 : Perdiccas(기원전 700~678) "광명의 머리 고시"가 되며 카스(Cas)는 코스(Cos)로도 자주 유럽에 소개되며 라틴 비문에선 코스(Cos)가 발견된다. 물론 페르(Per)는 그

원형이 '베르(Ber, Ver)'이며 광명을 말한다.

5대왕 : Argaeus(기원전 678~640) " 처음 우리의 고리"가 된다.

6대왕 : 필립 1세(기원전 640~602년, Philip-광명의 아버지) 필의 원형은 '빌(Vil)이며, 인도유럽어로 필(Phil)'이 되는데 빌은 비리(Viri), 비르로, 필은 피리(Piri), 피르로 나타나므로 광명이 되며, 이프(Ip) 또한 원형은 이브(Iv, Ib)로 '아버지'를 말한다. 즉, 광명의 아버지 '가 된다.

7대왕 : Aeropus 1세(기원전 602~576, 큰 태양의 위대한 아버지)로 태양의 별칭인 '라(La)'에서 변형된 로(Ro)가 되며, 푸(Pu)는 파, 피, 푸, 포, 페로 이어지는 변형이며 아버지인 바, 비, 부, 베의 인도유럽어의 표기이다.

8대왕 : Alcetas 1세(기원전 547~498)는 "얼이 있는 위대한 고리의 머리"가 된다. 얼(Al)은 알, 엘로 나타나며, 머리인 타(Ta)는 토, 티, 투, 테로 이어지는 머리의 변형이며 그 원형은 다(Da), 도, 두, 데, 디이다.

9대왕 : Amyntas1세(기원전 547~498)는 "어머니 사람들의 위대한 머리"가 된다. 어머니인 '미(Mi, My)'는 어머니를 말하며, 복수인 자음 N이 붙어 '어머니 사람들'이 된다.

10대왕 : 알렉산더(Alexander-기원전 498~454)는 "얼이 있는 위대한 달 사람들"이 된다. 그 외에 동방에 진출했던 알렉산더 3세까지 있으며 같은 이름을 딴 2세, 3세 등이 있었다.

이 왕들의 이름에서 나타난 것은 그 정체성인 '머리'와 '고리', '고시', '광명' 그리고 '달'이 나타난 것으로, 환웅에서 고조선으로 이어지는 정체성을 드러낸 것으로 보고 있다. 필자는 이집트와 히타이트(하나라) 간의 전투에서 고조선의 마한 권역이 이집트 '빈소사원' 등의 기록을 근거로 그리스의 미케네, 이탈리아의 남부지방의 종족 등이 '바다 사람들'(9문, 9환)의 동맹에 포함되었다고 하였다.

그러나 그리스 북부. 이탈리아 북부에 있는 '마케도니아'가 고조선의 마한권역에 포함되었는가에 대해선 회의적이다. 마케도니아는 일리리아인(일군국)과 트라키아(독로국)인이 중심으로 건국한 국가로, '빈카문화권'에서 환인, 환웅시대를 거쳐 독자적으로 형성된 국가로 인식하였으며, 마케도니아는 캘트 연구에서도 나타나지 않는 별개의 국가로 연구하였다. 환웅문화권이지만 고조선이 그리스 북부, 이탈리아 북부를 아우르는 빈카권역을 상속, 승계받은 것에 대해선 그 정체성이 물론 같지만 앞으로 보다 많은 연구가 필요한 사안으로 생각하며 마케도니아가 '고리 어머니 사람들'이고 그 중심세력이 스키타이인들이 라고 보면 고조선의 멸망후에 진출하였던 스키타이인

(사르마티아,중무장 기병대)과 토착민인 세르비아권의 환웅 후손인 일리리아(일군국)와 트라키아(독로국)의 혼합 형태인 종족으로 간주할 수도 있으며, 폭 넓은 마케도니아 연구가 필요하다고 생각한다.

한단고기에 보면 환인의 12분국이 있었다고 기록되어 필자가 연구해 본 바 서북으로 독로국, 일군국, 비리국의 일파가 기원전 약 7,000~7,300년경 '빈카문화를 형성하였던 것이 고고학적, 언어학적으로 밝혀졌으며, 비나국은 '페니키아'로 지중해에서 북아프리카, 동아프리카 등으로 그 문화를 넓혀 나갔으며 또한 파키스탄의 '메르가르' 문명도 기원전 약 7,000~7,300년경으로 같은 시점에서 분기해 나간 문명으로 그 종족은 '메구여국'으로 비정을 하였다.

이미 12분국으로 분기해 나갔으며 그 역년이 3,301년이라 하니, 환웅의 18세 역사인 1,565년에다 고조선의 건국인 기원전 2,333년이 아닌 2,546년(심제 이진우 박사의 이론, 213년이 더 앞선다.)을 더하면 7,412년이란 숫자가 나오게 된다. 그러므로 '빈카문화와 메르가르문화, 요하문명'은 환국의 문명이었다는 것이 드러난 것이다. 그러므로 환웅의 문명은 기원전 약 40세기의 기쉬문명(고시)으로 4,111년이 되므로 아프리카, 지중해, 메소포타미아의 '우바이드'(아버지 머리)문화가 환웅문명이 되는 것이며, 그 문명과는 별도로 파키스탄의 하위문화인 모헨조다로, 하라파문화와 박트리아 마르기아나 문화, 화래즘문명이 형성되었던 것으로 파악해야 하고 기원전 약 7,000년의 중국에서 말하는 '요하의 곰문명'을 건설하게 된 것이다. 결국 고조선은 환웅의 유산을 승계, 9환의 영역을 상속받은 것에 주목해야 할 것으로 소위 '삼한관경제'가 형성되어 지는 것이다.

8) 우리의 시원이 동아(중앙아시아)의 서북쪽(빈카문화권)이란 글

우리의 그 시원이 어디인지를 직시해주는 글로 '동아(東亞)의 서북에서 조산祖産' 된 것으로 중앙아시아가 바로 '동아'가 되는 것이며 그 서북은 '빈카문화권'을 말하므로 놀라운 글이 아닐 수 없다.

*동아일보 창간호/1920. 4. 1 기사(칼럼)/동아해(東亞解)에 대하여

텍스트 보기 원문 한글변환

실) 兩方(양방)으로다 然(연)할 뜻하고 取(취)할만한데 「아시아」의 東(동)이면 東亞(동아)라함이 맛당한 것이요 廣意(광의)로는 東亞(동아)가支那(지나),朝鮮(조선),日本等諸國(일본등제국)을 指稱(지칭)한것이나 狭意(협의)로 차라리 詳究(상구)하면 東亞(동아)의 東(동)의 滿蒙大陸(만몽대륙),朝鮮半島(조선반도)의 舊朝鮮域(구조선역)의 專稱(전칭)이라. 다시 이 朝鮮域(조선역)의 專稱(전칭)인 東亞(동아)를 純朝鮮文(순조선문)으로 書(서)하면 무엇이라 할고. 이미 亞細亞(아세아)가 世界語(세계어)고 본즉 떼니시아」곳 外語(외어)라하야 取(취)치아닐수 업는 것이요. 이어 東(동)이라는我語(아어)는 星湖僿說等(성호사설등) 古書(고서)로 證(증)할 것 업시 이제에도 西北(서북)을 「하노」,東南(동남)을 「시마」라하는 것을 보아 東(동)이 곳 「시」됨이 確實(확실)하니 東亞(동아)를 一(일)에 「시아」라도 할 것이며 日報(일보)라는 말까지 부티면 新聞(신문)이라는 것은 飜譯(번역)하면 「새들림」이라 할지나 且置(차치)하고 通信(통신)이라는 我語(아어)의 「유무」와 報(보)라는我語(아어)의 「긔별」을 東亞(동아) 곳 「시아」의 알에 쓸 것인데 「긔별」이라고만 하면 官報(관보)로만 생각할 嫌(혐)이 잇슨 즉 大(대)나 全(전)의 意(의)인 「온」을 「긔별」의 우에 쓰이 어 「온긔별」을 「시아」와어울러 「시아온긔별」이라 할 것이오. 또 亞細亞(아세아)가 太陽(태양)이란 뜻인 즉 太陽(태양)의 我語(아어)는 「해」요. 우리 朝鮮族(조선족)을 人(인)이 天族(천족)이라하며 스스로 天帝子(천제자)라하야 歷代國姓(역대국성)을 「해(解(해))」라 하얏나니 重言(중언)할 것 업시 東方日出處(동방일출처)의 主人(주인)은 朝鮮(조선)됨이 밧구지 못할 것이요. 亞細亞(아세아)가 六大洲(육대주) 가온대에 가장 意好(의호)한 名稱(명칭)을 가젓나니 島嶼(도서)에 對(대)하야 大陸(대륙)과 殖民地(식민지)에 對(대)하야 本土(본토)며 人名(인명)을 由起(유기)함에 對(대)하야 自然(자연)을 象(상)한 것이며 暗黑(암흑)으로 向(향)하야가는 日沒西方(일몰서방)에 對(대)하야 光明(광명)으로 達(달)하는 日出東方(일출동방)이 果然(과연) 어떠한가.

텍스트 보기 원문 한글변환

그러한데 世界人種(세계인종)의 根源地(근원지)도 여긔며, 世界(세계)의 大宗敎(대종교)도 여긔서 發源(발원)하고 天然(천연)의華麗(화려)함도 物産(물산)의豊富(풍부)함도 言語(언어),文字(문자),發明(발명) 等(등) 그他(타) 무릇 人類(인류)에 當(당)한 모든 事物(사물)이 하나도 他洲(타주)의 及(급)할바 아닌데 東亞(동아)가 亞細亞(아세아)에 對(대)하야 어떠한가는 참으로 硏究(연구)할만하고 趣味(취미)잇는 問題(문제)라. 우리 朝鮮(조선)이라는 地域(지역)이 陰山南北(음산남북), 黑水以南(흑수이남), 半島(반도)까지의 東亞(동아)및 北亞(북아)의 大陸(대륙)임은 歷史(역사)를 읽는 이의 다 認定(인정)하는 바어니와 이 地域(지역)에 盤根(반근)된 人族(인족)을 「퉁구쓰」 라하니 「퉁구쓰는 漢譯(한역)하야 通古斯(통고사)며 그語源(어원)은 漢人(한인)의 指稱(지칭)인 東胡(동호)의 轉音(전음)이라하나 그러타하면 東亞(동아)와는매우 關連(관련)이 잇슬법하되 꼭 그러타 못할지며 다시 詳考(상고)하건대 「퉁구쓰」 곳 朝鮮族(조선족)이 東亞(동아)의 西北(서북)에서 祖產(조산)됨도 事實(사실)이요. 北亞(북아)의 「예니세이」 河(하)의 上流河名(상류하명)이 「퉁구쓰」 임으로 東亞人種(동아인종)의 祖產(조산)된 地域(지역)의 河名(하명)을 取(취)하야 稱(칭)함이러라. 通古斯族(통고사족)을 古(고)에 倍達族(배달족)이라하니 그 始祖檀君(시조단군)의 檀(단)의 我語(아어)를 取(취)함이요 次(차)에 肅愼族(숙신족)이라하니 「주신」 곳 朝鮮(조선)을 標榜(표방)함이며 一(일)에 「디대」 族(족)이라하니 「다대」 곳 韃靼族(달단족)이 蒙古(몽고)라는 이름으로 世界(세계)에 雄飛(웅비)할 時(시)의 稱(칭)인데 이에 對(대)하야 異人族(이인족)이 아닌가 懷疑(회의)할이 잇슬지라. 暫間(잠간) 說明(설명)할진대 龍飛御天歌(용비어천가) 註(주)에 「디대」는 靺鞨(말갈)의 後(후),女眞別種(여진별종)이니 陰山南北(음산남북)에 移居(이거)하야 熟生二部(숙생이부)가 되엇다하고 宋(송)의 孟琪(맹기)이 元太祖(원태조) 成吉思汗(성길사한)을 評(평)하야 「다대」 人(인) 가온대의 特別(특별)히 생긴이라 하얏고 洪原(홍원)의 「디대골」 (韃靼洞(달달동))은 女眞

텍스트 보기 원문 한글변환

(여진)곳 金人(금인)의 居生(거생)하던 洞名(동명)이며 古(고)의 庫頁(고혈) 곳 今(금)의 樺太島(화태도)와 大陸(대륙) 사이의 海峽(해협)을 韃靼海峽(달단해협)이라 하는 等(등)을 보아 그 我族(아족)됨이 確實(확실)할지며 今(금)에 通古斯(통고사)라함에도 半島(반도)에 生長(생장)하야 祖上(조상)을 이즌우리라. 저의 稱呼(칭호)를 모르기 人(인)보다 甚(심)하니 寒心(한심)하기 그지 업도다. 이 東亞(동아)의 主人公(주인공)인 朝鮮人(조선인)은 어떠한 特性(특성)을 가져 어떠한 異行(이행)을 하얏는가 또는 하려는가. 古(고)의 朝鮮人(조선인)은 그 狀貌(상모)를 麁大勇强(추대용강)이라 하얏고 그 德性(덕성)으론 道義(도의)의 人(인)이라. 性仁(성인)이라 君子(군자)라 하얏고 勤勉(근면)으로는 懽呼力作(환호력작)이라. 行步皆走(행보개주)라 하얏스며 文化(문화)론 東西文明(동서문명)을 融和(융화)하고 武(무)론 大弓人(대궁인)의 號(호)를가져 無知(무지)한 漢族(한족)으로 無向(무향) 遼東(요동)을 부르게하얏스며 富(부)로는 黃金國(황금국)의 稱(칭)을 들엇나니. 이제 우리도 이러한 性格(성격)을 가져 그러한 文明富强(문명부강)에 達(달)하자는 것일가. 이도 期(기)치 아님은 아니나 一步(일보) 나아가 特別(특별)히 主張(주장)할 것은 우리 族譜(족보) 第一張(제일장)에 이른바 弘益人間(홍익인간) 그것이니더. 仔細(자세)히說明(설명)하면 널리 世界(세계)를 救濟(구제)할 양으로 난 民族(민족)이라는 것이라. 이를 期(기)하랴면 爲先(위선) 저를 차져 저를 세워 저를 들어낼지니 이 自我(자아) 곳 「제저」 는 上說(상설)한 그粧貌(장모). 그 性格(성격)일가. 아니라 더 緊着(긴착)히 더 簡明(간명)히 말하면 身(신)에는 洋服(양복)을 衣(의)하고 口(구)로는 「곤이지와」 를 부르더라도 뜨더 보면 洋人(양인)도 和人(화인)도 아닌 그것, 곳 朝鮮人(조선인)이니. 이 「제저」 를 치져, 세워 들어내는 데에는 個人(개인)으로도 그러하려니와 全體(전체)로는 더욱 그러하여야 헐 것이매 이곳 東亞(동아)의 일어난 바이라. 우리 東亞(동아)라는 큰몸, 日報(일보)라는 큰입으로 行(행)하는 바에 香(향)내가 나고 言(언)하는 바에 花(화)가 開(개)제하야 오래 잠겻던 이 世上(세상)으로 화하고 새봄을 만나고 百花(백화)가 피어 둥글고 私(사)없는 文明(문

http://newslibrary.naver.com/viewer/index.nhn?articleId=1920040100209205004&edtNo=1&printCount=1&publishDate=1920-04-01&officeId=00020&pageNo=5&printNo=1&publishType=00020 출처 : 시사평론-정론직필을 찾아서

〈발해와 주변 요遼(Khitan-흰 머리 사람들) 지도〉

출처 : 미국 위키

* 이 지도는 왜곡된 역사의 확실한 지도가 아니나 거란, 요나라(Khitan, 흰빛 고리의 머리 사람들)는 정체성이 '흰 머리 사람들 '로 요하문명의 자손.

* Shiwei-위대한 흰빛의 아버지가 된다. 발해(Balhae-태양의 광명)도 같은 정체성을 가지게 된다.

〈중국 북부제국(Zhao 〈趙〉, Yan(燕)의 지도(요하문명권)〉
출처 : 미국 위키

〈Northern wei(북위, 北魏)의 주변 지도(우측)〉

* 한반도 삼국지도는 중국의 사서를 기초한 것으로 왜곡된 지도임. 출처 : 미국 위키

9) 구막한국(Kumoxi , 庫莫奚, 고막해) 의 정체성 고찰

서양의 사학자들은 북위(北魏-북부웨이) 사람들 정체성을 선비족으로 삼는다. 일찍이 바이칼(Baikal-아버지 고리)에서 에벤키(Ebenki-아버지족 고리)족을 중심으로 하는 주변

의 종족을 인류학에서 '퉁구스족'으로 부르고 있다. 이 쿠모시(Kumoxi) 종족의 정체성을 고찰 해 볼 때 역사적으로 기원전 858년 진(秦)나라의 창업 군주인 비자(非子)이며 성은 영(嬴)이다. 서주 때 사람으로 대략(大略)의 아들이다. 비자의 선조는 전욱(顓頊)의 손녀인 여수(女修)로, 여수의 손자이자 비자의 선조인 대비(大費)가 순 임금을 도와서 새와 짐승들을 훈련시킨 공으로 순임금으로부터 영씨 성을 하사받았다고 한다.

대비의 후손인 비렴(蜚廉)에게는 오래(惡來)와 계승(季勝)이라는 아들이 있었다. 계승의 4세손인 조보(造補)가 주 목왕(穆王)의 수레를 하루에 일천 리를 끌어 서언왕(徐偃王)의 반란을 평정하는데 공이 큰 일로 그 공으로 조성(趙城-현 산서성 홍동현 조성 부근)을 봉읍으로 받아 이 때부터 조씨를 성씨로 사용하였다고 한다. 조(趙)나라는 중국식 표기로 ZHAO로 표기된다. 이 ZHAO(趙, 기원전 403~222)는 연(燕)과 함께 요하문명의 후손이 된 것이며 진(秦)이 통일을 하게 된다. 진의 정체성(正體性)을 고찰해 보면 중국의 한족이 아닌 요하문명권의 종족이며 주된 종족은 선비족이며 프로토 몽골족으로 보아야 한다는 것이다.

일각에선 서주(기원전 1046~771)와도 관계가 있다고 보는데 필자의 주장은 하·상·주가 가공된 국가이며 앞에서 거론된 바와 같이 하나라는 히타이트(고대 터키)이며 상나라는 아시리아(Asiria-처음의 태양)이었으며 주나라는 신히타이트라고 본다. 그러므로 5호16국은 중국의 역사가 아니며 아웃사이드(Out side), 즉 그들이 논하는 동이9족의 국가이었으며 그 중에 진秦, 조趙, 연燕도 포함된다 할 것이다.

쿠모사이(쿠모시, Kumoxi)의 자손들은 오환(烏桓-Wuhuan)이었으며 한서(漢書)에서 선비가 오환의 언어와 문화가 같다고 기록되었다. 또한 위서(魏書)에서 庫莫奚(Kumoxi)와 거란은 같은 언어를 사용하였다고 기록되었다.

* 수서隋書에서-奚本曰庫莫東部胡之種 쿠모시(Kumoxi-庫莫-고막)는 원래 '고막'이었고 동호東部胡의 종족種이었다.

* 당서唐書에서-奚亦東胡種, 爲匈奴所破, 保烏桓山 쿠모시(庫莫奚)는 동호(동쪽오랑캐)의 기원을 가지고 있었으며 그들은 흉노에 의해 패배하였다. 그들은 오환산烏桓山에서 피난처를 찾았다. 오환 왕조시에 조조는 그들의 지도자 답돈(Tadun-서기 207년 사망, 머리의 머리 사람들)을 살해하였다.

* 주서(서위와 북주, 북주, 후주의 사서)-열전 41 이역(異域)-고려, 백제, 만, 요(獠), 당창 등지, 백란(白蘭), 고막해(庫莫奚)

* 위서(魏書)에서-契丹國在庫莫之東, 異種同類-거란상태는 쿠모시(Kumoxi-庫莫)의

동쪽에 위치하였다. 그들은 서로 다른 기원이지만 같은 민족이었다. 열전88-고구려, 백제, 물길, 실위(失韋), 두막루(豆莫婁), 지두우(地豆于), 고막해(庫莫奚), 거란(契丹), 오락후(烏洛侯)가 나온다. 수서(隨書)와 위서(魏書), 주서, 당서에서 庫莫-고막의 기록이 나오므로 '구막한국'으로 볼 수도 있는 사안이나 3~5세기 몽골의 지도에는 '쿠모시(중국어 표기 : Kumoxi)'로 기록되어 구모액국의 어원에 근접하지만 중국의 사서엔 '고막'으로 기록된 바 중국어 발성으로 쿠모시는 '고막해'를 말하는 바 역사서에 기록된 이름을 따르자면 '구막한국'으로 추정해야 할 것으로 본다.

당나라시대에 '리툼일반란(696~697), Ketuyu반란(730~734)을 거치면서 795년이 되어서 당나라에 조공을 하였다. 쿠모 사이의 정체성은 중국의 북부왕조인 북위(기원후 386~534), 동위(기원후 534~550), 서위(기원후 535~557), 북제(기원후 550~577), 북주(기원후 557~581)이었다. 거란의 아율아보기 Abaoji는 요나라(遼-907, 916~1125)를 거란의 8부족이 중심이 되어 건국하였으며 926년 발해를 멸망시키고 외몽골에서 동만주에 이르는 지역을 확보하였다. 946년엔 후진을 멸망시켜 대량(大量)일대까지 진출하였다.

요는 고려와 북만주의 여진을 침략하여 동부아시아의 강대국이 되었다. 그들은 종족 고유의 의식, 음식, 복제 등을 유지하였으며 한자를 쓰지 않고 거란문자를 창안하였다. 그들이 역대 수도를 남경 석진부(연경, 현재의 베이징), 중경 대정부(내몽골 자치구 닝청현 근처), 상경 임황부(내몽골 자치구 바린 좌기 근처), 동경 요양부(현재 랴오냥시) 서경 대동부(현재 산서성 다퉁 시)로 역대 수도가 거의 내몽골과 요녕성에 기반을 둔 것으로 요하문명의 영역이라 할 것이다. 그들은 한족이 아닌 선비족(오환등)과 프로토 몽골, 프로토 투르크(오르도스)족으로 이루어진 '만이(蠻夷, 北狄)'이며 아웃사이드이었다. 특히 동북아역사재단의 자료 총서 33권의 '송사 외국전-역주3-만이전(蠻夷傳)'의 내용을 보면 요나라가 오랑캐란 사실(史實)이 극명하게 나타난 것이다.

"육수이(淯水夷)라는 자들은 10주에서 기미되었던 오둔만(五坉蠻)이며 여러 잡종의 요獠(오랑캐 요)를 이루어 중간에 흩어져 거주하고 있다."

선비족들이 건국한 오환烏桓의 오烏는 삼족오에 나오는 까마귀이며 환(桓)은 환인, 환웅의 환이 되고 환은 환하다의 '밝음'을 뜻한다. 그런데 선비족이 세운 연(燕)나라는 제비로 일명, '현조(玄鳥-검은 새)'로 중세 한글에서 '현됴'로 표기되었기에 중국이 말하는 현토玄兎는 우리말의 '현됴'를 표기한 것으로 '현토(현됴)'는 선비족의 국가이며 연나라인 것이다. 선비국은 한인12분국의 1국이 되었으며, 한웅문명으로 발전해 나갔다 하는 것은 찬란한 요하문명이 말해 준다 할 것이다.

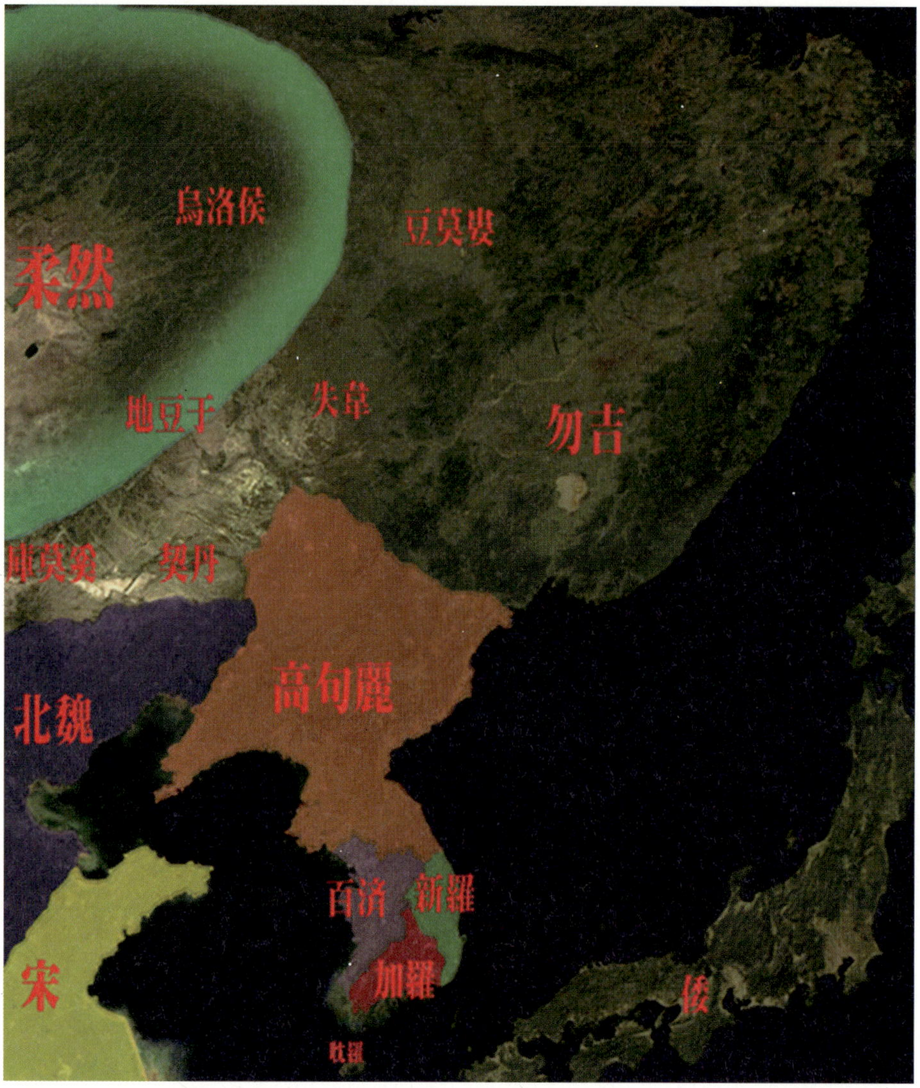

위서열전88-고구려, 백제, 물길, 실위(失韋), 두막루(豆莫婁), 지두우(地豆于), 고막해(庫莫奚), 거란(契丹), 오락후(烏洛侯)가 나온다. 〈5세기의 지도〉
출처 : 일본 위키, 한반도의 '삼국지도'는 왜곡된 것으로 본다.
*오르콘 비문에 奚는 Ttbi, Tatabi(머리는 아버지 머리)라고 기록되어 있다.

지금까지 요하문명의 종족과 그 국가들에 대하여 그 정체성을 풀어 보았다. 요하문명(홍산문명)은 선비족과 몽골족의 문명이며 그 문명의 연결고리는 '싱룽와(흥륭와)'문명(기원전 6,200)에서 증명해 주고 있다. 필자는 수메르와 우르국문명을 제외한 환인 8개국(독로국, 비리국, 일군국, 비나국, 메구여국, 통고사국, 구모액국)의 문명을 추정, 연구하였는데 나머지 2국은 러시아권과 극동의 권역으로 내다보고 있으며 2국에 대한 비정은 훗날 후학들이 풀어줄 것이라 기대하며 실로 한인 12분국은 거짓이 없는 엄연한 역사적 사

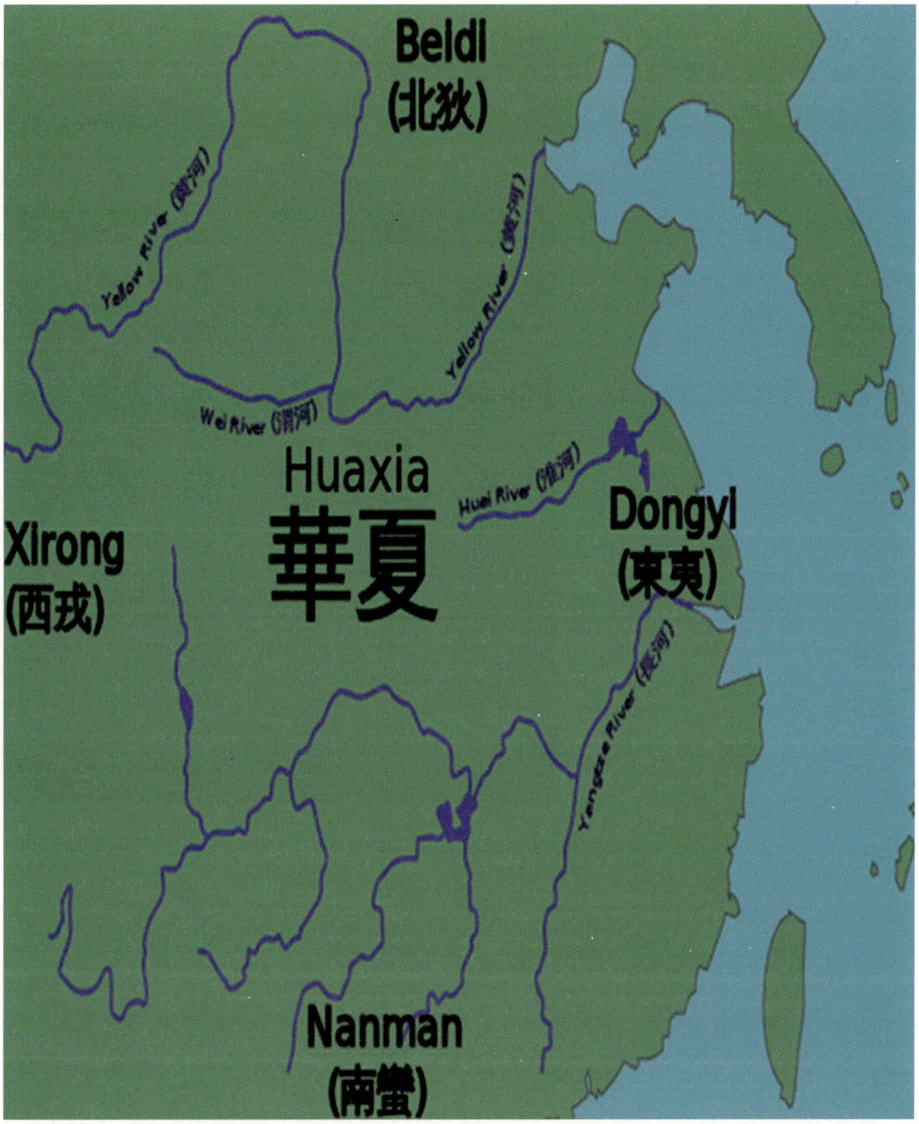

〈중국 주나라시에 구분한 야만족(동이, 북적. 남만, 서융)〉

*동이(東夷)를 전부 산동, 화북성 일대에 몰아넣어 역사 가공을 하였다. 북적(北狄)은 바로 요하문명권이며 '홍산문명권'이 이 지도에서 밝혀진 것이다.

실로 규명된 것이다.

이렇게 볼 때 필자가 언어학으로 연구해 본 한단고기의 기록은 사마천의 '사기(史記)'와는 비교가 되지 않으며 약 1만년 역사를 문자로 기록한 것으로 특히 한인12 국이 언어학적으로 증명됨에 유네스코의 문화유산에 등재될 수 있는 놀라운 역사서인데도 강단사학자들이 위서(爲書) 운운하며 폄하하고 있는 현실은 실로 개탄할 따름이다.

중국 병마갱에서 나온 관료의 흉배(胸背)에 새겨진 V표시와 상투를 튼 전사의 모습. V표시는 가림토 문자로 고대 라틴어, 그리스어에서 많이 인용하였다.

출처 : 러시아 http://maximus101.livejournal.com/27516.html

이 V, ∧표시는 필자의 책 표지인 시리아의 '마리제국'인 환웅 동상의 의상 문양과 동일하고 중국 병마갱에서 나온 대신(관료)의 흉배에 그려진 문양과 일치한다. 한자 문화의 중국에 이 V, ∧표시의 사용은 갑골문자도 아닌 가림토 문자의 하나인 V는 우리에게 시사하는 바가 크다. 그렇다면 진(秦)나라는 주(周)대의 국가로 중국 북부의 왕조나 얼굴 생김새로 볼 때 동양인의 체구와 모습이 아니어서 서융족(西戎族)인 아르메니아, 우라르투(신 스키타이), 터키계(프로토 투르크)일 가능성이 크다고 본다. 실로 기원전 630년경 고조선의 멸망으로 캘트와 인도 16국으로 뿔뿔이 흩어진 중앙아시아(서융)는 강력한 통치권자가 없는 찢어진 지역이었다.

산동성에 있던 제(齊), 노(魯)를 비롯하여 오월동주(吳越同舟)로 유명한 오나라와 월나라도 동이족이 세웠다. 노자가 태어난 초(楚)나라도 치우천황을 모시는 삼묘三苗)족이 세운 동이(東夷)나라이다. 서경의 〈우공〉편을 살펴보면 회이(淮夷), 우이(嵎夷), 조이(鳥夷), 내이(萊夷), 서융(西戎)이다. 구주의 경내에 살고 있었다. 이 기록에서 이족(夷族)이 요순시대 이전부터 중국 땅에 살고 있었다는 것을 짐작할 수 있다. 일반적으로 동이족의 활동무대를 요녕성, 길림성 등 중국 동북지역으로 한정하기 일쑤이지만 〈춘추변의〉 23권에선 "서(徐), 오(吳), 월(越)이 비록 중국과 회맹(會盟)은 하였지만 모두 이(夷)이다. 蘇子由曰 "越于是始見徐吳越, 中國會盟, 皆以夷" 서(徐)는 오늘날 안휘성에 있던 국가이며, 오(吳)는 강소성에 있던 국가이고, 월(越)은 절강성에 있던 국가이다. 산동성에 있던 제(齊), 노(魯)는 바로 동이족이 세운 나라이다. 여기에서 말하는 동이족

〈상투를 튼(머리족-dan) 진시황 병마갱 전사들〉

*편두 풍습과 머리족(DAN)은 상투를 틀었으며 중국이 논한 東夷族이었다.
출처 : 러시아 http://maximus101.livejournal.com/27516.html

은 대부분 구막한국, 시위국(선비국)의 종족이었다고 보아야 하며 초기 고조선의 9환족의 대부분은 서융족(西戎, 카자흐, 키르기즈, 아프칸, 우즈벡, 터키, 이란 등)이었다

중국의 산동성은 중국의 여타지역과 다른 특색이 있다. 산동성 사람들은 중국 타지역의 한족과는 다릅니다. 남자들 몸집이 크고 호방합니다.'라고 한다. 그리고 산동성에 남아 있는 독특한 풍속으로 매년 춘절과 정월 대보름에 밀가루로 쌍두(雙頭)제비, 모자(母子)제비, 연체(燕體)제비 모양의 음식을 만들어 친척, 친구들과 나눠 먹는다. 이것은 고대 제비 토템의 잔재인데 조이(鳥夷)의 새 토템에서 유래한다고 보기도 한다. 중국의 전국시대를 끝내고 중원을 최초로 통일한 진왕(秦王) 정(政-진시황)의 선조도 동이(東夷)에서 비롯되었다(秦은 백익부의 후예로 주나라 효왕 때 진읍〈감숙 청수현〉에 봉해지면서 일어남). 「출처 인용 : 증산도의 환단고기 pp. 202~203」

〈610년 수隋의 행정구역〉

* 庫莫奚(구막한) 밑의 기주冀州, 청주지역은 주나라시에 '북적(北狄)' 지역이었고 실위(室韋)는 '시위(豕韋)'의 음차며 퉁구스, 선비족이었다.
* 한반도 삼국 지도는 왜곡됨. 일부 학자는 수(隋), 당(唐)도 '시위(豕韋)'의 종족이 건국한 것이라고 함.

출처 : 중국 위키

증산도의 환단고기 번역본에서 논한 산동성의 풍습은 앞에서 언급한 구막한국(庫莫奚)의 종족으로 연나라(燕-제비 연)를 건국하였기에 생겨난 풍습이며 고대 중국의 산동, 산서지역의 동이방국은 구막한국과 통고사국(시위국)의 자손들이었음에 위(衛)와 위(魏), 조(趙), 남연(南燕)들의 국가 이름에서 증명해 주고 있는 것이다. 결국 중국 사가들이 주나라시에 논한 사이四夷에서 동이東夷는 중국 북부제국을 건설한 고막한국, 시위국의 종족이었던 것이고, 그들이 동이족東夷의 근간을 이루었다고 설파하여 고조선을 비롯한 북부여 등을 만주권역으로 왜곡, 축소하게 된 근본이었다고 진단한다.

10) 시위국豕韋國을 언어학적으로 풀어서 설명

(1) 수(隋)는 중국어로 Sui가 되며 시(豕-돼지 시)는 Shi(쉬)로 쉬는 수이에서 줄인 발음이 '쉬'가 된다.

위韋는 중국발음으로 Ŵei가 되며 위(衛)는 Wēi이고 위(魏)도 wēi가 된다. 그러므로

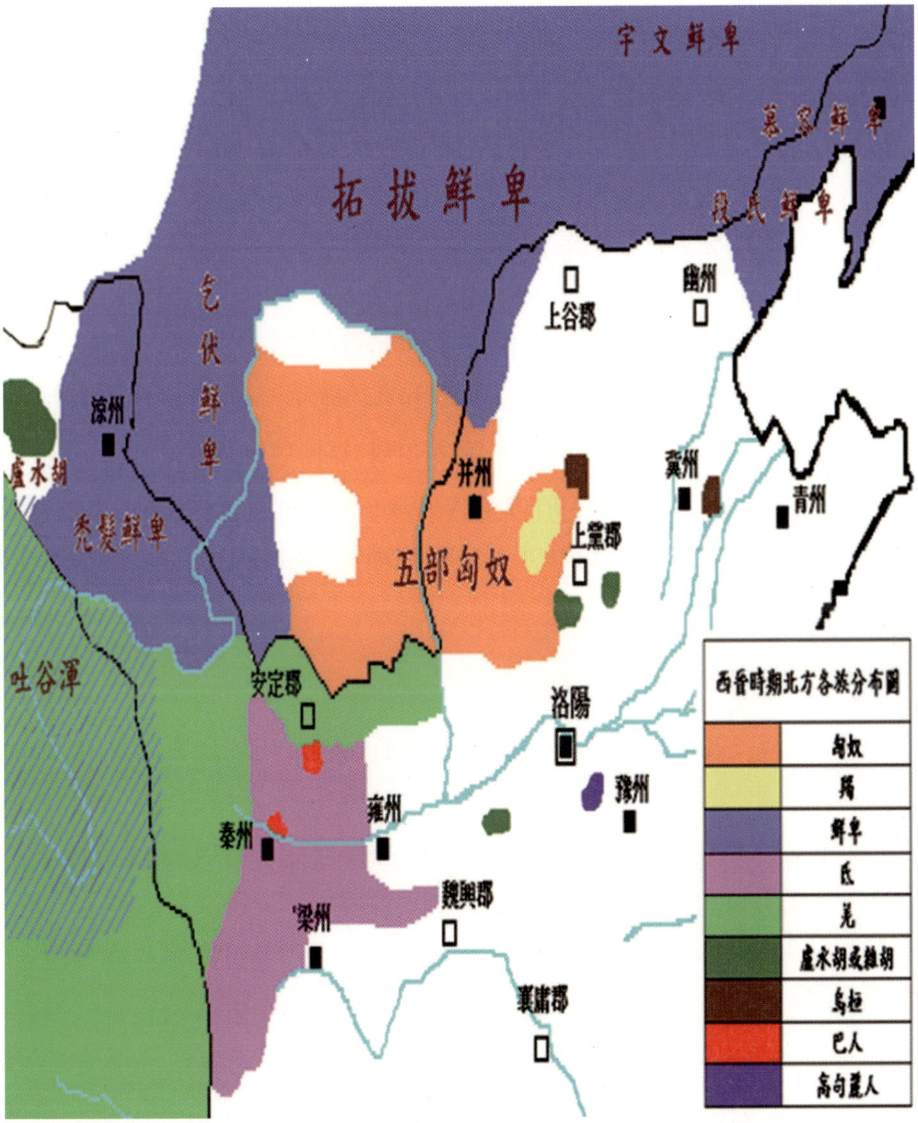

〈서진西秦시대의 북방 유목민족의 지도〉

* 서기 385~431 선비족인 乞伏部의 걸복 국인國仁이 건국(감숙).

시위(豕韋)는 Shiwēi가 되는 것으로 같은 발음이 된다 할 것이고, 다만 강세가 약간 달라진 것 뿐이다. 이렇게 볼 때 고대의 위나라(衛)는 기원전 11세기 혹은 기원전 867~209년 사이에 존속한 국가이며, 그 시기에 연(燕)이 있었고 위(魏)는 전국시대 7웅의 하나로 기원전 403~225이고, 조위(曺魏)는 기원전 220~265이며 북위(북조, 北趙)는 서기 386~534로 이어졌으며 다시 수나라(隋, 서기 581~618)로 이어지는 왕조이다. 위는 중국발음으로 wei가 되는데 영어의 기록은 Beidi(아버지 머리)가 된다. 실로 Wei는 북아프리카의 언어체계로 We, Wa, Wu, Wo는 아버지를 칭하였다. We는 Be, Wu는 Bu가 되며 Wei는 Bei로 표기되어 아버지가 된 것이다. 판단해 보면 시위국의 시에서 수(隋)이름이 나왔으며, 위(韋)가 위(衛)와 위(魏)로 한자가 바꾸어지며 연결된 왕조로 본다. 그 지역은 주나라 시대에 북적(北狄-북쪽 오랑캐)의 땅으로 글안, 몽골, 오환(烏桓)의 땅이었던 것이 분명해진 것이다. 북적의 문명이 홍산문명과 요녕성의 문명으로 된 것이며, 북부 중국은 중국과는 다른 오랑캐의 땅이었다.

고대엔 '아버지'를 절대자로 신성시했으며 칸이기도 하였다. 밝은 사람들(광명족)은 태양족이었고, 광명사상을 가진 이들은 깨우친 사람(Gaia)이었으며, 그들은 지도자를 '아버지'라 불렀던 것이다. 영어의 표기로 지명이나 국가 등에 자주 표기되는 아버지 사람들은 Ban, Van, Bun, Vun, Pan, 등으로 불리워졌다. 빈카문명의 'Vinca'에서 빈Vin은 아버지족을 의미한 것이며 베네수엘라(Venezuela -위대한 얼 있는 아버지 사람들)에서 벤Ven을 아버지족을 말하였다. 선비족의 시조인 에벤키(Evenki-아버지족의 고리)도 '빈카'와 같다.

2) 시위(豕韋, 室韋, 失韋, Shiwei)의 종족(퉁구스, 선비족)

서양에서 연구된 Shiwei(시위) 종족은 몽골과 Tungusic 민족으로 극동의 거주종족, 몽골 북부, 내몽골, 북부 만주와 오호츠크해의 해변까지 아우러는 포괄적인 용어이며, 북부웨이(北魏-북위), 중국 북부-386~534, 몽골의 상승까지 몽골, 타타르, 모든 Shiwei부족이 적용된 1206년의 징기스칸 시대이었다.

Mengwu(몽고) 당(唐나라 시대엔 22 시위부족(Shiwei)이 있었던 것으로 보고 있으며 요(遼)는 일반적으로 조상으로 간주되었다. 언어학적으로는 일부 Shiwei는 거란과 민족 관계를 가지고 있었다고 조사, 연구되었다.

북위의 자본이 '시위족'이었음에 수隋나라 또한 시위의 5부족이 중심체로 되었다고 보았으며 서량(돈황), 서진(西秦-감숙), 북주, 북위(北魏)가 선비족(시위족)의 왕조이었다.

고대에 시위족은 내몽골로부터 티벳 남동부, 산시성에 이르는 넓은 지역에 분포되어 살았다. Shiwei 종족을 나열하면

* Dagui–깨우친 머리, Ruzhe, 동부 Shiwei, Hejie
* Huangtou(북위), Lingxi(零奚), Luozu Shiwei, Luotuo(駱駝–낙타)
* Nali, Nebeizhi(나의 흰빛나는 아버지), Wusugu(내몽골 부족)
* Powo–티벳의 남동부 보이(Bomē–powo, 중국어 : 波密)현
* Sanbei(위대한 사람들의 아버지), 산시성의 45%–황토고원의 중심

결론적으로 내몽골에서 극동에 이르는 광역의 지역에 분포되어 살았던 것을 알 수 있으며 여진(후에 금나라를 창시함), 물길(勿吉)도 같은 종족 그룹이었다.

중국 사서에 등장하는 시위족(선비족)을 보면(북사, 구당서, 문헌통고의 실위전)

室韋=古部族也 居於黑龍江及額爾古納河之畔, 民以獵爲生, 分五部: 南室韋, 北室韋, 大室韋, 鉢室韋, 深末怛室韋, 自北朝以降 唐分二十二部, 嶺西室韋, 山北室韋, 黃頭室韋, 大如者室韋, 小如者室韋 婆窩室韋, 納北支室韋, 駱駝室韋, 烏素固, 蒙固室韋 "置室韋都督府通之. 後爲契丹所併.

* 額爾古納河는 흑룡강의 남쪽 수원이며 러시아와 중국의 경계를 이룬다.
* 문헌통고 : 1254~1323, 마단림(馬端臨)이 348권 저술(통전을 기초–상고부터 송의 영종까지)에 대한 역사서이다.

해설 : 실위는 고대 부족으로 흑룡강 근처에 기거하였으며 고대의 납하(納河)의 경계에 살았다(환인 12분국의 사납아국이 흑룡강 일대에 분포된 것을 유추할 수 있으며 고대의 납하가 흑룡강 주변인 것으로 파악한다). 백성들은 수렵으로 생활하였으며 5부족으로 나누었다. 즉 남실리, 북실리, 대실리, 발실리, 심말달실리이었다. 그들은 북조시대에 내려왔으며 당시대엔 22부족으로 형성되었다. 몽골실리를 포함한 다양한 실리는 '실리'라는 도독부의 통제를 받았으며 훗날 거란과 병합되었다.

(3) 선비족에 대한 문헌을 보면(중국의 문헌통고 〈文獻通考 342〉)

鮮卑(선비) : 古部族也, 東胡一部, 漢初居於遼東, 東漢移居匈奴故也, 勢漸盛, 晉初分數部, 以慕容, 拓拔氏建國號魏(위), 是爲北朝, 隋興以後, 融合於中原漢人.

선비는 고대의 부족이며 동호(동쪽 오랑캐)의 일부이다. 한나라 초기에 요동에 거주하였으며 동한에 이르러 고대의 흉노가 되었다. 세력이 점차 강성하여 진(晉)초기엔 여러 부족으로 나뉘어졌고 모용, 탁발씨는 위나라를 건국하였으며 그로서 북조를 열게 되었다. 한나라 초기의 요동, 동한에 이르러 고대의 흉노, 수의 흥성 이후에 중원의 한인에

융합되었다.

＊밑줄친 부분은 후세에 위작된 것으로 추정한다(선비족은 기원전 7,000년경에 형성된 '에벤키' 종족으로 한나라 초기에 거주는 어불성설이다).

(4) 선비족의 가계도(家系圖)－문헌통고 342

① 선비족의 단(段)씨 가계도는 단왕육권, 단무목진, 단섭복진 단말파, 단호요, 단업(段業), 단근(段勤)으로 나누어진다.

② 모용연(慕容燕) 집안으로 요동양공, 연문명왕, 연(燕)열조경소황제, 연황제(暐), 연세조성무황제, 연열종혜민황제, 란한(모용보, 355~398), 연중종소무황제, 연헌무제, 연황제 초(超)

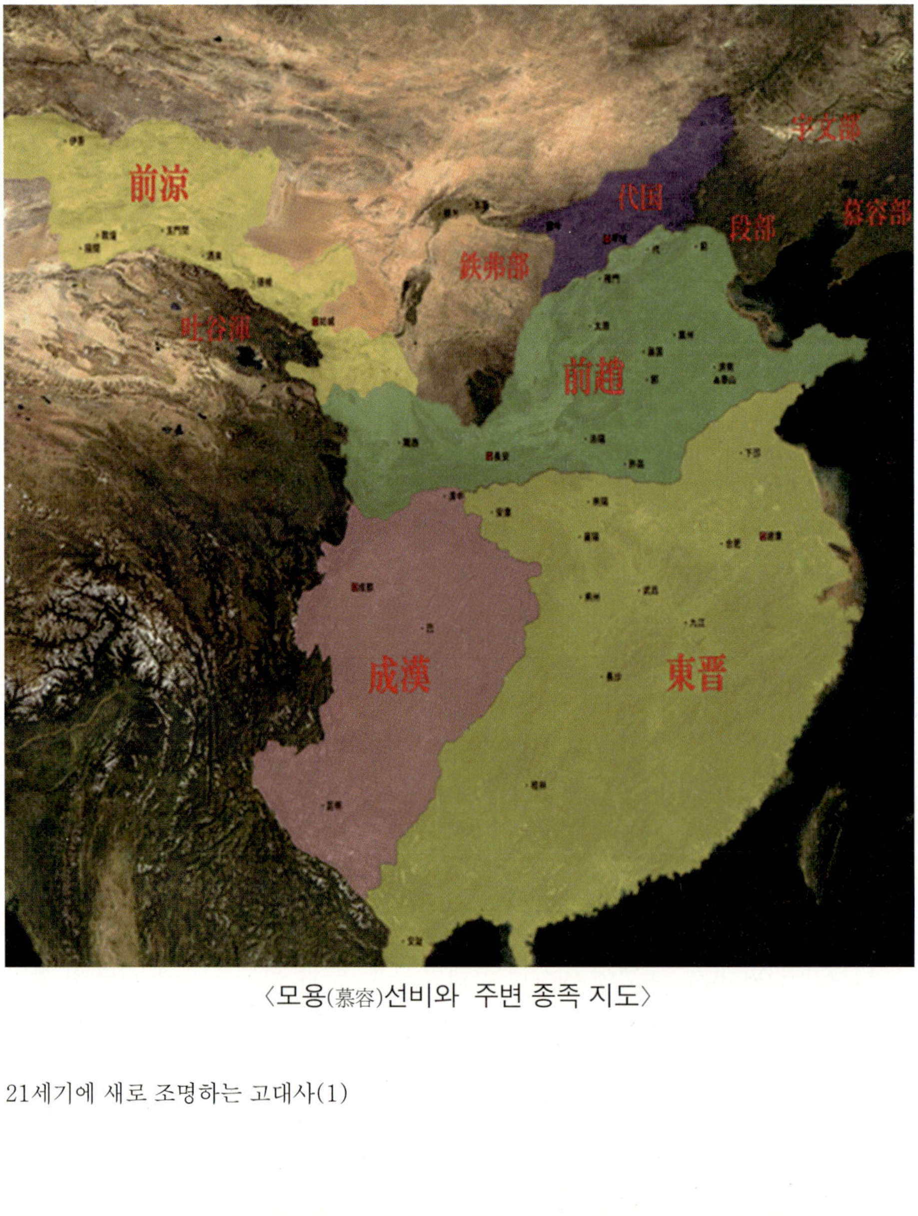

〈모용(慕容)선비와 주변 종족 지도〉

③ 걸복진(乞伏秦)으로 서진(西秦)의 황제 집안인데 진열조선열왕, 진고조무원왕, 진태조문소왕이다.

④ 탁발씨(拓拔)는 위(魏)나라를 건국하였다.

위태조도무황제, 위태종명원황제, 위세조태무황제, 위남안은왕, 위고종문성황제, 위현조헌문황제, 위고조효문황제, 위세종선무황제, 위숙종효명황제, 위소주유, 위경

〈額爾古納河(아르군 강-Argun ,우리의 칸)〉

* 옛 명칭은 완수(完水)이며 중국 흑룡강의 남쪽 수원이며 러시아 연방과 중국의 경계를 이루면서 흐르는 강이다. 두 나라의 국경을 따라 돌아서 북동으로 흘러 실카강과 합류한다. 한단고기의 사납아(斯納阿)국의 납아와 '납하'가 같다고 보며 한인12분국의 하나로 보아지나 고고학적 증명과 기록이 없는 실정으로 대략 유추만 할 뿐이다. 음원상 '아와 하'는 같이 사용된다.

출처 : 두산 백과

종효장황제, 위북해왕, 위장광경왕, 위여남왕, 위절민황제, 위안정순문왕, 위효무황제, 위효정황제, 위문황제위공황제.

⑤ 우문주(宇文周) 집안으로 우문부는 요동에 있던 것으로 주효민황제, 주세종명황제, 주고조무황제, 주선황제(周宣), 주정황제(周靜)가 있다(서주).

필자가 중국사서와 서양학자들의 연구를 토대로 분석한 바, 고대의 위(衛)나라는 기원전 1040년으로 보고 있으며 이와 비슷한 시기에 고대의 연(燕)이 선비족의 국가이었으며, 이어지는 북위(北魏)를 건설한 종족이 선비족(시위, 실위)으로 밝혀진 것이며, 이들은 중국의 북부왕조를 庫莫奚(구막한국, Kumoxi)와 함께 열어 나갔다하는 것을 배웠다. 그러므로 중국사가가 말하는 홍산문명과 요녕성문명은 결코 지나인에 의한 문명이 아닌 것이며 그들이 말하는 아웃사이드(Out side)이며 동이(東夷)의 종족들이 건설한 문명이란 것을 새삼 증명하는 바이다. 이미 중국의 고고학에서 요녕성에서 내몽골로 이어지는 흥융와문명(기원전 6,200~5,000)이 두 문명의 연결과 고리 역할을 한다는 것을 배웠으며 종족학에서 말하는 중국 사서에서 실위(室韋)가 '시위'로 증명되었다.

또한 선비족의 가계도에서 연(燕)의 건국자가 선비족이었고, 북위의 건국자가 선비족이란 것이 증명되었던 것은 생각지도 않은 큰 수확이라고 본다. 결국 옥서스권의 고조선 문명(서융족)이 기원전 1,282년 색불루 단군시에 혁명을 하여 프로토 투르크, 프로토 타타르(머리의 달족)화 되어 많은 종족들이 동쪽으로 마이그레이션(이주, 정착)하였으며 북부여의 5대 고두막칸(두막루)에서도 알 수 있다 할 것이다. 그러므로 북흉노가 중심이 된 훈족의 유럽 침공과 징기스칸의 시대(1,206)엔 선비족(시위족)과 구막한국(구막해)의 사람들이 모두 몽골, 프로토 몽골화되어 유럽으로 뻗어 나갔다 하는 것을 추정 할 수 있다 하겠다. 결국 홍산문명(요하문명)은 인류고고학사적인 분류에서 말하는 통구스(Tungus)이며 통고사국(시위국, 선비국)과 구막한국(고막해)의 공통의 문명인 것이다.

＊북사(北史)는 7세기 후반 당(唐)의 이연수(李延壽)가 편찬한 것으로 '북사'의 서역전은 위서, 주서, 수서의 서역전을 짜깁기해서 만든 것이라고 할 수 있다. 북사는 중국의 북조시대의 것으로 중화족의 것이 아닌 이민족(선비족, 시위족)의 역사이므로 '고막해와 선비족의 '실위(시위)'는 응당 북사의 주인공이었던 것이기에 외국전에 넣어 편찬한 것은 역사 가공, 왜곡을 위한 위작僞作의 비난을 피할 수 없는 것이었다고 보아야 한다.

(5) 실위(室韋·失韋-Shiwei, Beidi), 두막루(豆莫婁-대막루)의 역사적 자료

동호(東胡)족의 후예, 선비(鮮卑)의 방계 종족이란 설이 있고, 거란의 별종으로 동호

(東胡) 북쪽변경에 살며 정령(丁零), 묘(苗)족의 후예로 황룡(黃龍)북쪽 노월하(猱越河) 옆에 있다.

＊물길(勿吉) 北쪽 1천 리에 있으며 '거란'과 같은 종족으로 남쪽에 '거란'이 있다–〈北史〉–고막해(庫莫奚), 거란(契丹), 두막루(豆莫婁)와 언어가 같다

＊'거란'어가 '토욕혼'의 언어와 대체로 통하고, '실위'와 같은 것은 모두 '선비어'이기 때문이다. 연개소문의 '대막리지'는 '대막루'에서 온 이름으로 본다.

＊오락후(烏洛侯에서 사자 보내어→[북위]에 갔다(443年 3月 22日).

＊호삼성 주석–오락후國은 지두간(地豆干)의 북쪽에 있고, 실위(室韋)의 서쪽 1천여 리이다. 위서엔 '지두우'라고 표기되며 필자는 지두우(支頭宇)라고 본다. 즉 선비족인 우문주(宇文周) 집안 부족의 칸이 되는 이유이다.

＊실위는 물길(勿吉의 북쪽이며, 물길은 [고려]의 북쪽에 있다. 곧 오락후는 동이東夷족이다. 실위 장오두벌 사신을 파견해 [東魏]에 토산물 바침(544年 4月) (여기서의 실리는 북실리로 보아야 함).

＊이후, 남실위(南室韋)·북실위(北室韋), 발실위(鉢室韋), 심말달실위(深末怛室韋)·대실위(大室韋) 5부로 나뉨(550年 이후) .

＊5부에 군장이 없으며 가난하고 약해 [돌궐]이 3人 토둔(총독)으로 실위를 통솔하였다.–〈北史〉

＊南실위–대발(貸勃)山·흠대(欠對)山지역. 점차 25부로 나뉘어 각부에 '막불만돌(莫弗瞞咄)' 몇몇이 있어 추장과 같다. '막불만돌'이 죽으면 子나 동생이 잇고, 후계가 끊기면 어질고 기백있는 자를 택해 세운다. 양(羊)은 없고, 말은 적으며 돼지·소가 많다. 말갈(靺鞨)과 풍속이 같다. 철(鐵)이 없어 고려(고구려)에서 취한다

＊北실위–토흘(吐紇)山 주위로 9부락이 있다. 그 부락의 큰 수령은 '걸인막하돌(乞引莫賀咄)' 각 부(部)마다 '막하불(莫何弗–막불)' 3人이 있어, '걸인막하돌'을 보좌한다. 발실위–호포(胡布山지역. 사람들은 대부분 북실위人이며 몇개 부락.으로 구성하였다.

＊唐영주(營州)도독 설만숙이 東北의 이(夷)족인 해(奚), 습(霫) 실위(室韋) 등 10여 부(部)를 귀부시킴(630年 8月).

＊말갈人 唐우응양위대장군 이다조는 배반한 만주의 실위(室韋)족을 토벌케 함(694年 12月)–지금 양심있는 중국학자들은 당 왕조까지 선비족의 국가로 연구하고 있다.

＊회골 알념가한. 실위室韋에 의탁하다 장중무의 습격소식에 처자식과 기병9기로 서쪽으로 도주(848年 1月).

*실위(室韋)족. 7개 부락에 회골人 나눔. 3日후 할힐사 재상 아번 7만軍. 실위 대파, 회골人 탈취 막북(漠北)으로 데려감 : 회골(위구르) 패망.

*唐사신 왕단장. 감(甘)州의 회골가한 책립하려 갔다 흑차자(黑車子) 실위에 막혀 돌아감(857年 10月).

*야율아보기. 거란(契丹)王 되어 5성(姓)해(奚), 7성(姓)실위(室韋), 달단(達靼-타타르) 복속시 그 후 야율아보기. 거란 통일·北으로 실위室韋·여진(女真) 공격(907年 이전).

*거란王 야율아보기. 사막 건너→당항(黨項-탕쿠트)을 정벌하며 황후인 술률후를 남겨 지키게 함(916年 이전). 그 틈에 황두(黃頭)·취박(臭泊), 실위(室韋) 침공, 술률후가 대파함(몽올실위蒙兀室韋는 실리족의 한 부분으로 몽골계이다).

(6) 두막루(豆莫婁)와 북부여의 승계

두막루는 대막루(大莫婁), 대막로(大莫婁), 달말루(達末婁)로도 불리며 서기 410~726에 부여의 유민들이 '나하'를 건너가 건국한 국가로 약 300년간 존속하다가 발해 무왕에게 멸망하였다. 두막루의 영토는 발해와 흑수말갈로 양분되었다가 뒤에 발해로 흡수되었다고 한다. 북사(北史)의 외국전에 의하면 "두막루국은 물길(勿吉)의 북쪽 천리에 있고 낙양으로부터 6,000리 떨어져 있다. 옛날의 북부여이다. 실위의 동쪽에 있고, 동쪽은 바다와 닿아 있으며 사방 2천 리이다. 본래 예맥(濊貊)의 땅이라 한다."

*밑줄친 부분이 위작된 것으로 보며 본래 예맥의 땅은 킵착, 카스피, 흑해 연안의 땅인데 고조선, 북부여가 만주권역에 있었다고 왜곡함. 북부여 5대 고두막칸(두막루, 기원전 108년)으로 북부여를 승계하였음에 서기 410년에 건국하였다고 하여 중국사서에 의존해 고구려를 연구한 자료는 모두 엉터리가 된 것이다.

두막루의 지리적 위치는 만주 북부지역으로 중국의 넌강 동쪽, 쑹화강 북쪽의 평원지대였을 것으로 학자들은 추정하고 있다. 이 위치는 헤이룽장성의 하얼빈시 부근이다. 신당서(新唐書)의 유귀전(流鬼傳)에 "개원(開元) 11년-서기 723에 달말루(대막루)구 2군(郡)수령이 조공하였다. 달말루는 스스로 북부여의 후예라고 말한다. 고려(고구려)가 그 나라를 멸하자 유민들이 나하(那河)를 건너 그곳에 거주하였다. 혹은 타루하라고 하는데 동북쪽으로 흘러 흑수(흑룡강)로 들어간다.

두막루는 그 건국 시기는 정확하게 알 수 없으나 서기 486년 이전에 건국되었으며 위서(魏書) 물길전에는 물길의 사신인 후니지가 서기 486년 북위에 입조하였는데 물길 주변에 있던 대막로국(두막루)에서도 북위에 사신을 보내어 조공을 바쳤다고 기록되었다. 두막루는 부여를 계승한 한국계 나라로 파악하는 학설이 요즘 제기되고 있으며 예맥족으로 보고 있다. 허나 서양사학은 예맥족이 킵착, 타타르, 프로토 투르크족으로 인식하고 있는데 필자가 주장하는 예족은 '달족(月)으로 타타르(Tatar)'이며 몽골 타타르의 일파로 보며 일찍이 구막한국(고막해)의 제 종족들이 요서, 요동에서 요하 문명을 선비족과 같이 형성했다고 주장한다. 그것은 실위, 물길, 거란, 두막루 등 선비제족의 언어가 거의 같았기에 한 종족으로 본 것이다.

학계에선 두막루의 건국시기는 정확히 알 수 없으며 대략 서기 410년 이후부터 486년 이전의 시점으로 보고 있다. 그러나 한단고기의 '북부여기하'에서 고두막단군(두막루, 기원전 108년)이 졸본에서 즉위하여 '동명(東明)'이라 하였다. 기원전 86년에 북부여가 성읍을 바쳐서 항복하였다. 해부루의 봉작을 낮추어 제후로 삼아 차릉(岔陵)으로 이주하여 살게 하였다(차릉은 현 만주 흑룡강성 통하현通河縣이며 가섭원〈동부여〉 부여가 되었다).

종래 동북사를 연구하는 중국의 학자들인 마가승, 장박천은 부여가 고구려의 문자왕에게 멸망당한 서기 494년 이후 부여의 유민이 두막루를 건국한 것으로 파악하였고, 또 다른 중국 학자인 손진기, 간지경은 두막루가 건국된 시기는 서기 410년 동부여가 고구려의 광개토대왕에게 점령된 시점 이후로 이해하였다.

그러나 강단사학이나 중국 사학자들의 연구결과는 모두 엉터리임이 북부여기에서 여지없이 드러난 것이며 약 500년의 시차가 생긴 것이었다. 필자가 바라본 바 제1기 북부여는 4세 단군까지이며 제2기는 5세단군인 '고두막단군'으로부터 시작된다 할 것인데, 이러한 논리는 제1기는 고조선의 종실(宗室)인 서융족(카자흐, 키르기즈, 우즈백, 아프칸의 유민)이 주축이었다면 제2기는 한인12분국 중 하나인 '고막한국'의 종족인 '고막해(庫莫奚)'를 구성하는 종족인 '두막루(대막루, 달말루)'가 북부여를 계승하였다고 보아야 한다. 그러므로 고구려 연개소문의 관직인 '대막리지'는 '대막루'에서 인용한 것이 된다.

최초 북부여의 발상지는 서안평(西安平)과 구려하(Kurchum강), 살수Sarisu를 아우러는 지역으로 서카자흐스탄에서 동카자흐스탄, 내몽골, 오로도스지역으로 추정되는 것으로 지명에서 증명된다 하겠다(*서안평, 내몽고의 임황(臨潢)으로 지금의 임동(林東-또는 파림좌기巴林左旗라 한다). 요사(遼史)지리지에 상경 임황부는 본래 한나라의 요동군 서안평 땅이다. 거란이 세운 요나라의 수도인 상경임황부가 한나라의 요동군 서안평 땅을 밝힌 것이며 〈태백일사〉 대진국본기에서도 "서경 압록부는 본래 고리국이요, 지금의 임황이다. 임황은 후에 요나라의 상경임황부가 되었는데 곧 옛날의 '서안평'이다"라고 하였다.

이러하므로 기원전 108년까지 북부여가 동카자흐, 내몽골, 오로도스지역에 존재하였다고 보면 초기 북부여와 연계된 고구려 등의 연구에서 북부여의 영역이 만주 송화강, 흑룡강으로 비정하여 연구한 것으로 모두 엉터리가 된 것이며 중국이 말하는 한사군의 설치문제도 모두 엉터리가 된 것을 알 수 있다 할 것이다.

(7) 「과학으로 푸는 우리 유산」 고조선인은 한국인인가?(이종남 박사)

〈청동기라야 국가성립 인정〉

단군왕검이 기원전 2333년에 국가를 건설했다는 주장이 설득력을 갖지 못한다는

〈고조선과 비파형동검 분포도(중학교 『국사』)〉

것은 곧바로 단군왕검이 건설한 고조선이 정말로 국가 체제를 가질 수 있었느냐는 문제로 귀착된다. 여기서 기원전 3000년 경은 신석기시대이므로 고대 국가가 설립될 수 없다는 일부 학자들의 주장도 따른다.

학자들은 국가라는 체제가 갖추어지려면 신석기 시대가 아니라 청동기 시대로 들어서야 한다고 말하고 있다. 청동기는 인류가 문화라는 단어를 사용할 수 있을 정도로 지적 수준이 높아진 시기였기 때문이다.

청동기 시대에 등장한 청동제품은 일반인들이 함부로 만들 수 없는 물건이며 또 위정자들만이 이를 소유할 특권을 누렸다. 다른 나라에서도 청동기 시대가 돼야 비로소 국가가 성립될 수 있었다고 믿고 있다. 중국도 청동기 시대가 시작되는 이리두문화(二理頭文化(夏))를 국가성립 단계로 보고 있으며 이집트도 이 시기에 국가가 성립되었다고 말하고 있다.

한국의 경우도 이와 같은 학자들의 주장을 고려한다면 청동기가 언제부터 시작했는가가 관건이다. 지금까지 한국의 고대문화는 일반적으로 중국의 황하유역이나 시베리아로부터 전달되었다는 것이 정설이었다. 황하유역에서 청동기문화가 시작된 것은 대략 기원전 2200년경이고(중국에서 발견된 최초의 청동기는 주석이 6~10% 포함된 감숙성 마가요문화馬家窯文化의 청동 칼로 기원전 1800~1900년에 제작되었음), 고조선 지역과 문화적으로 관련이 있다는 시베리아의 카라수크문화는 기원전 1200년경에 시작되었다는 것이다.

그러므로 우리나라가 이들 문화에서 영향받았음을 전적으로 인정한다면 한국의 고대사는 기원전 12세기를 넘어갈 수 없다.

비파형 동검은 고인돌과 함께 우리나라 고대사를 결정짓는 가장 중요한 유물로 거론되는 것 중 하나다. 한반도와 만주 지역에서 비파형 동검이 사용되던 시기에 중국의 황하(黃河)유역과 그 북부인 오르도스지역에서는 비파형 동검과는 전혀 다른 동검문화가 존재하고 있었다.

그런데 평안남도 성천군 백원리 9호 고인돌 무덤에서 발굴된 세형 동검과 팽이토기는 이를 측정한 학자들마저 놀라게 만들었다. 이곳에서 발견된 사람의 뼈를 시료試料로 연대 측정한 자료에 의하면 전자상자성공명법으로는 3368±522년 전, 열형광법으로는 3324±465년 전, 핵분열흔적법으로는 3402±553년 전으로 나타났기 때문이다. 무덤의 축조 연대가 적어도 기원전 14세기경으로 거슬러 올라간다는 것은 이곳에서 발견된 세형 동검 역시 기원전 14세기에 제작됐음을 뜻한다.

〈중국과 다른 청동검〉

세형 동검이란 동창(銅槍), 동과(銅戈)와 함께 주로 한반도에서 나타났다고 하여 한국식 동검이라고도 부르는데 비파형 동검을 조상으로 한다. 몸체 길이가 40cm 정도이고, 폭은 3~4cm 정도로 좁고 날이 잘 서 있다. 칼의 몸체가 날씬하고 우아하며 그 선이 매우 아름답다. 또한 칼의 몸체 가운데를 관통하는 굵은 척추뼈와 같은 줄기가 붙어 있는데, 날과 이 줄기 사이에 약간 도려낸 부분이 있다. 칼의 몸체 이외에 칼자루와 칼자루 장식을 별도로 제작하여 조합했으며 비파형 동검보다는 두께가 다소 두껍다.

그런데 세형 동검의 상한선은 기존 학자들이 생각하던 연대보다 10세기나 거슬러 올라가는 유물이 발견되자 문제가 생기지 않을 수 없었다. 세형 동검의 전신인 비파형 단검문화를 기원전 12세기부터 기원전 6세기경으로 보았기 때문이다.

비파형 동검은 고인돌과 함께 우리나라 고대사를 결정짓는 가장 중요한 유물로 거론되는 것 중 하나다. 한반도와 만주지역에서 비파형 동검이 사용되던 시기에 중국의 황하(黃河)유역과 그 북부인 오르도스지역에서는 비파형 동검과는 전혀 다른 동검문화가 존재하고 있었다.

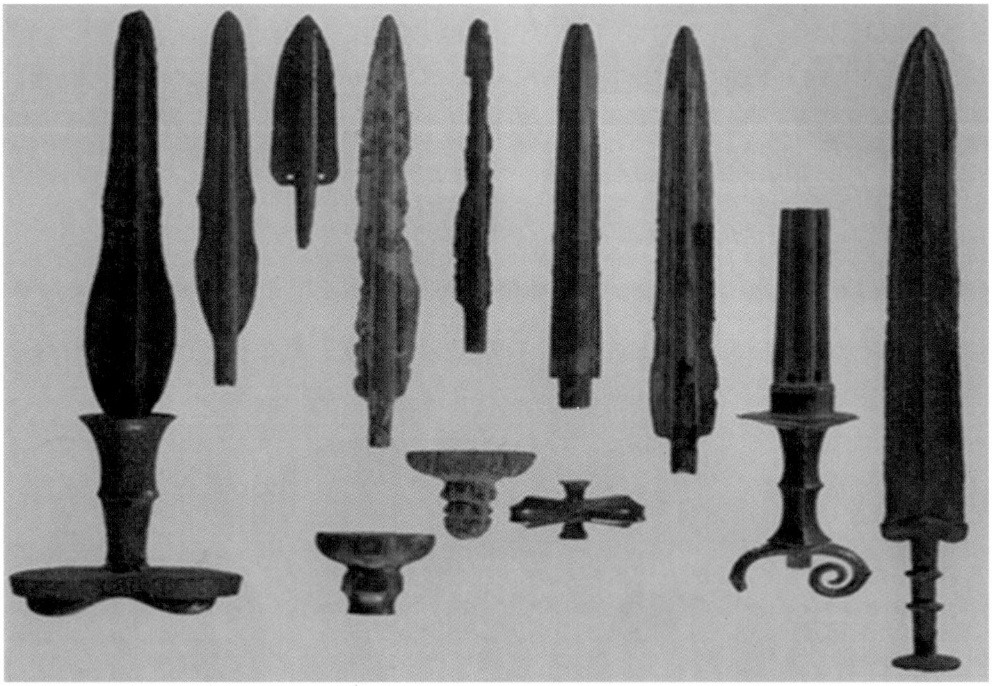

비파형동검(좌), 세형동검(중), 중국식동검(우), 비파형동검은 요령식동검이라고도 불리며 전형적인 비파형동검의 형태는 검신 하부의 폭이 넓고 둥글게 비파형 형태를 보인다. 중앙보다 약간 위에 위치한 좌우 돌기가 현저하다.

황하유역의 동검문화는 '고대의 중국문화'로서 일반적으로 '동주식 동검문화(東周式銅劍文化)'라 불린다. 이 문화의 분포 범위는 황화유역을 중심으로 북쪽은 하북성, 산서성, 협서성 등의 남부까지, 남쪽은 장강 북부 연안에까지 이르렀다. 이곳은 춘추전국시대까지 중국의 영역이었다.

중국의 동주식 동검은 몸과 자루를 함께 붙여 만들었으며 일반적으로 몸이 길고 능형의 코가 있다. 자루에는 2~3줄의 돋친 띠가 있는 것이 많고 자루 끝은 모두 작은 원판으로 되어 있다. 이에 비해 비파형 동검은 몸의 형태가 비파와 비슷하여 붙여진 이름으로 중국 동북지방에 있는 요하를 중심으로 요령지방에 주로 분포돼 있기 때문에 요령식 동검이라고도 한다.

일반적인 형태는 몸의 아랫부분이 둥글게 배가 불러 비파 형태를 이루고, 검신 중앙부에 돌기부가 있으며 돌기부 양쪽으로 날이 약간씩 휘어 들어갔다. 경부(莖部)는 그대로 이어져 몸의 중앙부에서 등대[背]를 이루며 인부(刃部)의 돌기부와 병행한 등대 부분에는 마디가 있어 약간 도드라져 있다. 이 마디가 비파형 동검을 다른 동검과 구분짓게 하는 가장 두드러진 특징이며 중국의 동주식 동검과는 달리 조립식이며 검코가 없다.

동검이 출토된 지역도 다르다. 동검은 대부분 무덤에서 출토되는데 비파형 동검이 대부분 돌무덤에서 출토되는 것에 비하여 동주식 동검은 나무곽무덤[木槨墳]이나 움무덤[土壙墓]에서 출토된다. 동검과 함께 출토되는 질그릇도 서로 다르며 청동거울도 다르다. 이는 비파형 동검문화가 중국의 고대문화나 오르도스식 동검의 북방계 문화와 차이가 있음을 확실히 보여주므로 그 지역의 민족이 중국과는 달리 독자적으로 사용했다는 것을 의미한다.

비파형 동검의 연대로 돌아가 보자. 여하튼 세형 동검의 제조 연대가 최소한 기원전 14세기로 올라간다면(북한은 세형 동검이 기원전 20세기까지 거슬러 올라간다고 추정), 비파형 동검이 이보다 훨씬 오래 전에 출현했다는 추론은 자연스러운 일이다. 그러나 문제는 증거였다.

예기치 못한 문제에 봉착해 있을 때 한반도(평양남도 덕천시 남양 유적 16호 팽이그릇 집 자리)에서 나온 청동기 유적의 측정연대가 무려 기원전 38세기로 거슬러 올라감을 보여주었다.

또 90년대 중반에 발견된 평양시 부근의 상원군 장리 1호 고인돌 무덤에서 청동방울 2개, 청동 2인 교예 장식품 1개, 청동 끌 1개를 비롯한 청동 제품과 활촉 70여 개가 나왔고 군사 지휘봉인 별 도끼만 3개가 나왔는데 국왕급으로 추정되는 이 무덤의 절대 연도는 기원전 3,000년 전반에 해당한다. 상원군 장리 고인돌 무덤의 청동장식과 오덕형 대형 고인돌 무덤에서 발견된 청동방울과 2인 교예장식품의 절대 연도는 기원전 3,000년 전기에 해당한다.

중요한 것은 비파형 동검이 세형 동검보다 훨씬 더 오래 전에 만들어졌다는 증거도 발견된 것이다. 평양시 상원군 룡곡리의 4호, 5호 고분에서 비파형 창끝과 청동단추가 발견되었는데 그 유물과 함께 발견된 사람의 뼈를 전자상자성공명법으로 측정한 결과 4539±197년 전으로 나타났다는 것이다. 따라서 청동유물의 연대도 기원전 26세기로 거슬러 올라갔다. 이러한 결과를 바탕으로 북한 학자들은 우리나라에서의 비파형 동검문화가 기원전 30세기, 즉 5천 년 이전에 발생하였다고 추정했다.

청동기 시대에 청동 제품 중에서도 청동 단검은 더욱 중요한 위치를 차지한다. 청동 단검은 당시 적과의 육박전에 사용되었던 주된 무기로 통치 권력의 중요한 상징으로 볼 수 있다. 이것은 발굴된 유물을 근거로 할 경우 기원전 30세기에 단군을 시조로 하는 고조선이라는 국가가 성립되었을 개연성을 충분히 갖추었다는 뜻이 된다. 기원전 30세기는 신석기 시대가 아니라 이미 청동기 시대로 들어섰다는 것이다.

고조선 지역에서 집중적으로 고인돌이 발견되는데 고인돌은 부장품이 나오지 않더라도 청동기 시대에 축조됐다고 인정된다는 것을 「고인돌」(2004. 04. 10)에서 설명했다. 한국의 고인돌은 고조선이 고대 국가 체계를 갖추었다는 결정적 증거를 제시했다는 점에서도 중요하게 평가된다.

평남 성천군 룡산리에서 발견된 순장무덤은 중심에 큰 무덤 칸이 있고, 주위에 작

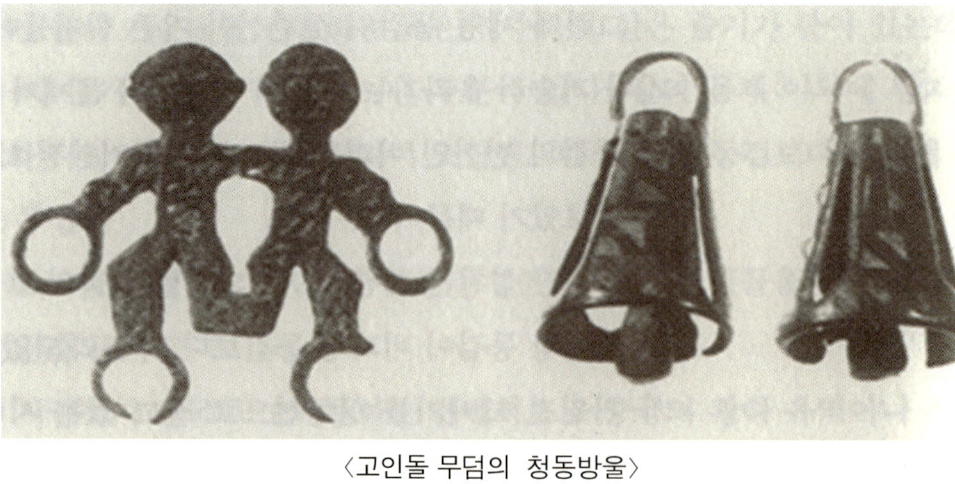

〈고인돌 무덤의 청동방울〉

은 무덤 칸이 10개 있는 11칸짜리 고인돌 무덤이다. 무덤의 너비는 동서 4.7m, 남북 3.6m이며 무덤 주인이 묻힌 것으로 인정되는 큰 무덤 칸은 길이 2.17m, 너비 1.04m, 높이 1.46m이며 바닥은 다른 무덤 칸보다 한 단 높다.

이 무덤에서는 무려 30여 명의 인골이 나왔는데 중앙 무덤 칸은 다른 칸보다 규모가 큰데도 불구하고 2명분의 사람 뼈만 나왔고 주위 10개의 작은 무덤 칸은 규모는 작지만 보통 3~4명의 인골이 묻혀 있었다. 더구나 무덤이 도굴되어 이를 매장된 사람의 정확한 숫자로 볼 수 없다는 점을 감안하면 원래 매장된 사람은 더 많았을 것으로 추측된다. 또한 도굴된 무덤인데도 큰 무덤 칸에서는 부식된 청동조각들이 나왔고 팽이그릇 파편들도 여러 점 나오는 등 순장무덤으로의 격식을 갖추고 있다.

이곳에서 발견된 사람 뼈를 전자상자성공명법으로 측정한 결과 무덤의 연대는 5069±426년, 핵분열흔적법으로는 5037±852년으로 추정되었다. 단군릉에서 출토된 인골의 출생 연대와 비교할 경우 대략 58년에서 26년 가량 앞선다고 볼 수 있다. 따라서 룡산리 순장무덤은 당시 국가 형성의 모든 조건이 성숙되어 있었다는 것이다. '노예제 계급사회=국가'라는 연결고리가 고대사에서 일반적으로 인정되는데 이 순장묘도 그러한 예로 인용되고 있다.

용덕리 고인돌과 별자리 실측도 북극성을 중심으로 11개의 별자리에 속하는 별들이 새겨져 있으며 별들의 운동을 감안한 연대는 기원전 2900년이다.

고조선이 국가로서의 완전한 틀을 갖고 있었다는 것은 평안남도 증산군 용덕리에 있는 외새산에서 발견된 10호 고인돌 무덤의 별자리로서도 알 수 있다. 이 무덤의 돌은 문자 비슷한 곡선과 점들이 새겨져 있어 글자를 전하는 돌이라는 뜻에서 '전자석'이라고 불린다. 고인돌 무덤의 뚜껑돌 겉면에는 80여 개의 구멍이 새겨져 있는데 조사 결과 그 구멍들이 별자리를 나타내고 있음이 확인됐다. 돌의 중심부에는 북극성이 그려져 있으며 80여 개의 구멍은 11개의 별자리에 있는 80여 개의 별을 의미한다. 별의 밝기를 반영하듯 구멍의 크기도 각각 달랐는데 세차운동(歲差運動)을 감안한 고인돌의 별자리는 기원전 2800±220년의 하늘을 보여주었다. 또 같은 고인돌 무덤에서 발굴된 질그릇 조각의 연대는 4926년(±741년)으로 나타났다. 이는 적어도 기원전 2,900~3,000년 전인 단군 조선 초기의 선조들이 별을 세밀하게 관측했음을 말해주는 것이다.

평양시 상원군 번동 2호 고인돌 무덤도 기원전 30세기 전반기의 무덤으로 뚜껑돌 위에 80여 개의 홈구멍이 새겨져 있다. 크기도 제각각 다르다. 그 중 큰 홈구멍은 6개가 있는데 5개는 북두칠성의 국자와 자루를 연상시킨다. 북두칠성의 놓임 새에 따라

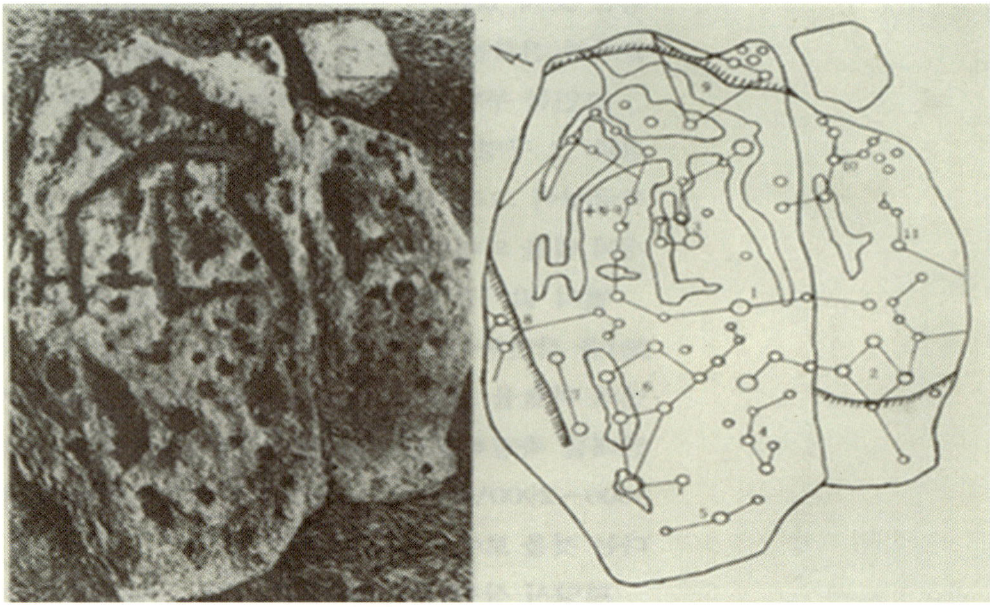

〈고인돌 별자리는 세계문명 발상지의 증거〉

나머지 별들을 관찰하면 큰 별 하나는 5제좌(사자별자리의 β별)에 해당되며 작은 별자리들은 '천상열차분야지도'의 자미원(당시 북극)과 테미원에 속한다.

일반적으로 천체 현상은 물리 법칙에 따라 운행되므로 오늘날에는 특정 시점의 행성들의 위치를 컴퓨터를 이용해 파악할 수 있다. 『단기고사檀紀古事』와 『단군세기檀君世紀』에는 '무진 50년에 다섯 개의 별이 수성 근처에 모였다'면서 제13대 단군인 흘달단제 50년, 즉 기원전 1733년에 다섯 개의 별이 한 지점에 모였다고 기록돼 있다.

박창범 교수는 기록에 나타난 기원전 1733년을 기점으로 전후 약 550년 동안의 오행성의 결집 현상을 조사한 결과 기록보다 1년 전인 기원전 1734년에 오행성 결집 현상을 발견했다. 이 해 7월 13일 초저녁 다섯 개의 별을 지상에서 볼 때 약 10도 이내의 거리에 모여 있었다. 1년의 오차는 3700년 전과 현재의 시간계산법의 차이로 생기는 오차로 거의 정확한 수치이다. 천문기록은 당시 국가라는 틀 안에서 측정했다는 것을 의미하며 후대에 누군가가 이 현상을 작위적으로 기술했을 경우 정답이 될 확률은 0.007%로 가필되었을 가능성은 거의 희박하다. 『단기고사(檀紀古事)』와 『단군세기(檀君世紀)』의 신빙성도 함께 증명된 셈이다.

『단기고사(檀紀古事)』와 『단군세기(檀君世紀)』의 신빙성도 함께 증명된 셈이다.

기원전 1733년 7월 13일의 오행성 결집 현상. 『단기고사』와 『단군세기』에 기록된 오행성 결집 현상이 사실로 판명됨으로써 이들 기록의 신빙성이 증명되었고, 당시의

〈오행성의 결집 현상〉

고조선이 강력한 국가의 틀을 갖고 있음을 알 수 있다.

고대 사회에서 천문 기록이 중요하게 평가되는 것은 천문 기록이야말로 당시의 최첨단 과학기술이 모인 자료이기 때문이다. 천문 기록이 있다는 것은 조직적인 체제하에서 하늘을 비롯한 자연현상을 정기적으로 관찰했다는 뜻이다. 일반적으로 세계 고대 천문학계에서는 개, 뱀, 전갈 등의 그림이 그려져 있는 메소포타미아 유역의 바빌로니아 토지 경계비를 별자리의 원형으로 보고 메소포타미아 지역을 고대 천문학의 발상지로 인정하고 있다. 그러나 바빌로니아의 토지 경계비는 기원전 1200년경에 만들어진 것이고, 대동강 유역의 고인돌에서 발견된 고인돌 별자리는 그보다 무려 1800년이나 앞서는 것이다.

현대 한국인의 체질에 대한 연구에 따르면 한국인의 머리뼈가 다른 민족과 구별되는 가장 뚜렷한 특징은 '머리의 길이가 짧고 높이가 매우 높다'는 점이다. 여기서 머리의 길이는 이마에서 뒤통수까지의 거리를 말하며, 높이는 아랫턱뼈 윗부분의 '으뜸점'에서 정수리까지의 거리를 말한다. 특히 머리뼈의 높이가 높은 것은 구석기 시대 사람부터 지금의 한국인에 이르기까지 계속해서 나타나는 특징으로 중국의 앙소문화(仰韶文化) 시대나 현대의 중국인들과도 다르며 또 은(殷)대의 사람들과도 다르다.

한반도에서 발굴된 청동기 시대의 인골을 분석한 결과는 전형적인 한국인의 골격을 보여준다. 웅기 서포항 유적에서 성인남자 3개체분이 발굴되었는데 신장은 보통 크기인 151.3~163.4cm였다. 두개골의 형태는 머리 길이가 상당히 짧은 초단두형이며 높은 머리에 속했다. 함경북도 웅기 송평동 패총(貝塚)에서 발견된 신석기 시대 말과 청동기 시대인도 초단두형이었고, 함북지방의 나진 초도유적에서 유아뼈 1개체를 포함하여 14개체분이 발견되었는데 골격으로 볼 때 오늘날의 한국인과 큰 차이가 없었다.

한반도를 벗어난 고조선 지역에 해당하는 곳에서 발견된 인골자료에 대한 조사 결과도 적지 않다. 중국의 요령성 심양시 우홍구 정가와자 유적은 비파형 동검을 사용한 고조선의 강역으로 그곳에서 M6512호와 M659호에서 두 개의 불완전한 머리뼈와 몇 개의 몸뼈가 발견되었다. 〈중국과학원 고고연구소〉의 감정결과 이 머리뼈의 형태는 단두형에 속하면서 그 높이가 상당하여 전형적인 한민족의 특징을 보여주고 있다(중국학자들은 이들을 동호東胡족으로 추정).

요서지방의 남산근 유적 주민들도 비파형 동검을 사용했는데 그들의 유골을 분석한 결과 한민족과 유사하므로 한민족의 인종적인 영향 하에 혈연적 특성을 이루었거나 한민족의 분류인 것으로 추정된다. 이는 고래로부터 한민족 집단이 요동지방은 물론 요서지방으로도 적지 않게 진출한 증거로 볼 수 있다. 때문에 일부 학자들은 요서지방의 주민을 요하 동쪽에 있던 고대 한민족의 분파인 맥족과 관련시키기도 한다.

길림성 서단산 유적에서는 2구의 인골이 보고되었는데 그 형질적인 특징이 몽고인계의 특징을 보이는 비파형동검문화의 인골과는 달리 퉁구스계에 근접하고 있어 우리 민족과는 비교적 거리가 먼 것으로 추정했다. 북한에서는 서단산의 인골이 한국인과 많이 상이한 것은 사실이나 다른 바이칼호 퉁구스족보다는 우리와 가깝다고 보고 있다.

또 연해주 북쪽 '아무르'강 연안에서도 신석기 시대의 유골이 발견되었는데 이들 역시 인류학적으로 한민족의 특징을 많이 갖고 있다. 이러한 사실은 한민족이 이미 신석기 시대에 연해주 일대는 물론 아무르강 연안까지 진출하였다는 것을 말해준다. 고고학자들은 이러한 지역을 고조선 강역으로 보고 있으며 이 강역에 살고 있던 사람들을 중국 사람이 아니라 바로 우리 조상이라고 믿고 있다.

고조선에 대한 또 하나의 의문은 고조선이 광대한 영토를 차지할 정도로 정말 강대했는가이다. 이에 대한 대답은 다소 추상적일 수밖에 없지만 언제나 강국이란 선진 무기를 갖고 있는 나라이다. 현재의 세계 판도를 보면 쉽게 짐작할 수 있다. 선진 첨단 무기를 갖고 있는 이스라엘은 인구가 몇 100만 명에 불과하지만 수억 인구의 아랍 세계를 상대하면서도 큰소리를 치고 있다.

이 말은 주변의 모든 부족이 석기를 사용하던 시기에 청동 무기를 갖고 있었다면 그 부족은 다른 부족과는 다른 월등한 군사력을 발휘할 수 있었을 것이란 이야기이다. 오늘날로 치면 첨단 선진무기를 갖고 있는 것과 크게 다를 바 없다. 당시의 청동무기는 대단한 위력을 갖고 있었으므로 이를 소유한 부족이나 나라는 주변 지역을 용이하게 정복할 수 있었을 것으로 생각된다. 비파형동검이나 세형동검으로 무장한 민족이 고조선이라는 거대한 지역에서 강성한 힘을 발휘했다는 것은 무리한 추측이 아니다.

* 이종호(과학저술가)-1948년생. 프랑스 빼르삐냥 대학교에서 건물에너지 공학박사학위 및 물리학(열역학 및 에너지) 과학국가박사로 88년부터 91년까지 한국에너지기술연구소 해외연구소소장(프랑스 소피아앤티폴리스)과 92년부터 이동에너지기술연구소장 등을 역임했다.

저서로는 〈세계 최고의 우리 문화유산〉, 〈신토불이 우리 문화유산〉, 〈세계를 속인 거짓말〉, 〈영화에서 만난 불가능의 과학〉, 〈로마제국의 정복자 아틸라는 한민족〉 등 다수

(네이버 뉴스 2004. 5. 22에서 인용)

인용된 이 박사의 글에서 우리나라 학자들은 고조선 시대의 비파형 동검(일명 요녕성 동검)을 위주로 고조선의 권역을 정하며 비파형동검은 중학교 교과서에 인용된 지도와 같이 출토된 분포는 요하강(요녕성 문화권)과 송화강 이남으로부터 한반도 전체에 이른다.

그러나, 필자의 책에서 소개된 그리스, 머케도니아에서 발견된 기원전 16~17세기의 고조선 비파형동검은 어찌 설명할 것인가 묻고 싶으며, 베를린 박물관에 비치된 켈트 시대(기원전 6세기경)에 들어간 종족의 것으로 보이는 비파형단검(프리지아 동검), 고대 터키에서 발견된 비파형동검은 어떻게 설명할 것인가에 대하여 강단사학자들의 명쾌한 답변이 있어야 한다.

앞서 필자가 증명하고 개진한 요하문명(요녕성 문명, 홍산문명 포함)의 종족은 선비족(퉁구스, 시위)과 구막한국의 문명이었다고 밝힌 바 있다. 특히 한반도에서 기원전 7,000년설에 부합되는 그럴만한 유물이 발견되지 않고, 다만 기원전 3,000년을 상회하는 인골의 발견, 고인돌 무덤에서 발견된 청동방울 등은 선비국과 구막한국의 종족 중 요녕성문명의 주인공이라 할 수 있는 구막한국의 사람으로 '고막해(庫莫奚)'의 종족이 남하했을 가능성으로 보여지며 출토된 비파형동검이 요녕성 지역과 겹치는 이유이기도 하다. 이런 가정은 "중국의 요령성 심양시 우홍구 정가와자 유적은 비파형동검을 사용한 고조선의 강역으로 그곳에서 M6512호와 M659호에서 두 개의 불완전한 머리뼈와 몇 개의 몸뼈가 발견되었다. 〈중국과학원 고고연구소〉의 감정결과 이 머리뼈의 형

태는 단두형에 속하면서 그 높이가 상당하여 전형적인 한민족의 특징을 보여주고 있다(중국학자들은 이들을 동호(東胡)족으로 추정).", "요서지방의 남산근 유적 주민들도 비파형동검을 사용했는데 그들의 유골을 분석한 결과 한민족과 유사하므로 한민족의 인종적인 영향 하에 혈연적 특성을 이루었거나 한민족의 분류인 것으로 추정된다." 등으로 살펴 본 경우이다.

즉 구막한국의 하위문명이 한반도로 남하하여 꽃피운 것으로 구막한국만의 독창적인 '비파형동검'을 사용했었다고 보여지며 비파형동검을 사용했다고 하더라도 그 동검이 고조선의 독창적 비파형동검으로 보기 어렵다. 이 비파형동검 이론은 1948년 이전에 중국에서 비파형동검이 발견되었지만 그 기원에 대해 알지 못하였고, 1958년 주귀에 의해 요녕성 차오양현(朝陽縣)에서 십이대영자(十二大營子) 무덤이 발굴되면서 체계적인 연구가 시작되었다. 중국 학자들은 이 비파형동검이 동호東胡의 유물로 보거나 하가점(夏家店) 하층문화(下層文化)에 속하며 예맥, 고조선 계통이라는 주장을 하였다. 요녕성 차오양현(朝陽縣)의 유적은 중국계통이 아닌 오르도스식 북방 청동기 문명이며 이 유물의 주인공은 '동호족'으로 보았다.

지극히 당연한 이론으로 고대 중국 북부왕조는 중국의 역사 왕조가 아니다. 선비족, 시위족과 구막한국의 종족인 '고막해'의 종족이 이룬 문명으로 당연한 동호족일 수 밖에 없는 것이다. 필자가 요녕성문명(요하문명)의 하위문명이 한반도의 문명이라고 주장한 이유 중 한 가지는 '북부여기'에서 증명되는 것으로 "5세 단군 고두막(일명-두막루-豆莫婁) 단군의 재위 원년은 기원전 108년이며 북부여 고우루 단군 13년이다. '졸본'에서 즉위하고 스스로 호를 동명(東明)이라 하셨다."에서 '두막루(豆莫婁)'는 '고막해'의 종족으로 요녕성 권역에 있던 종족이며 대막루, 대막리와 같이 사용되며 고구려 연개소문의 '대막리지'는 이 이름에서 따온 것이 된다. 이처럼 요녕성 권역의 "두막루, 두막리, 대막루, 대막리, 닯말루"는 필자가 주장했던 요녕성 문명의 하위문명으로 '비파형동검'의 문명이 되는 것이다.

북부여는 기원전 108년에 건국하며 " 임금께서 마침내 군대를 이끌고 구려하(동카자흐와 중국의 경계 지역의 강, Kurim강)를 건너 계속 추격하여 요동(遼東)의 서안평(西安平)에 이르셨다." 여기서의 '서안평'은 요사(遼史)지리지(地理志)에 "상경 임황부는 본래 한나라의 요동군 서안평 땅이다."(上京 臨潢府 本漢遼東郡 西安平之地) 즉, 서안평은 내몽고 임황(臨潢)으로 지금은 임동(林東), 또는 파림좌기(巴林左旗)라 한다. 거란이 세운 요나라의 수도인 '상경 임황부'가 본래 한나라 때 요동군 서안평현이 있었던 곳임을 분명히 밝힌 것이다. 이러하므로 '북부여기'에서 인용된 '두막루(대막루)'의 종족은 발해만의 요녕성에서 내몽골, 동카자흐스탄, 오르도스 지역에 까지 넓게 분포된 것을 알 수 있는 것이며, 북부여는 곧 고구려의 정체성과 같다 할 수 있으므로 고구려의 건국은 북만주가 아닌 카자흐스탄 지역과 내몽골을 아우러는 지역에서 건국한 것을 알 수 있다 할 것이다.

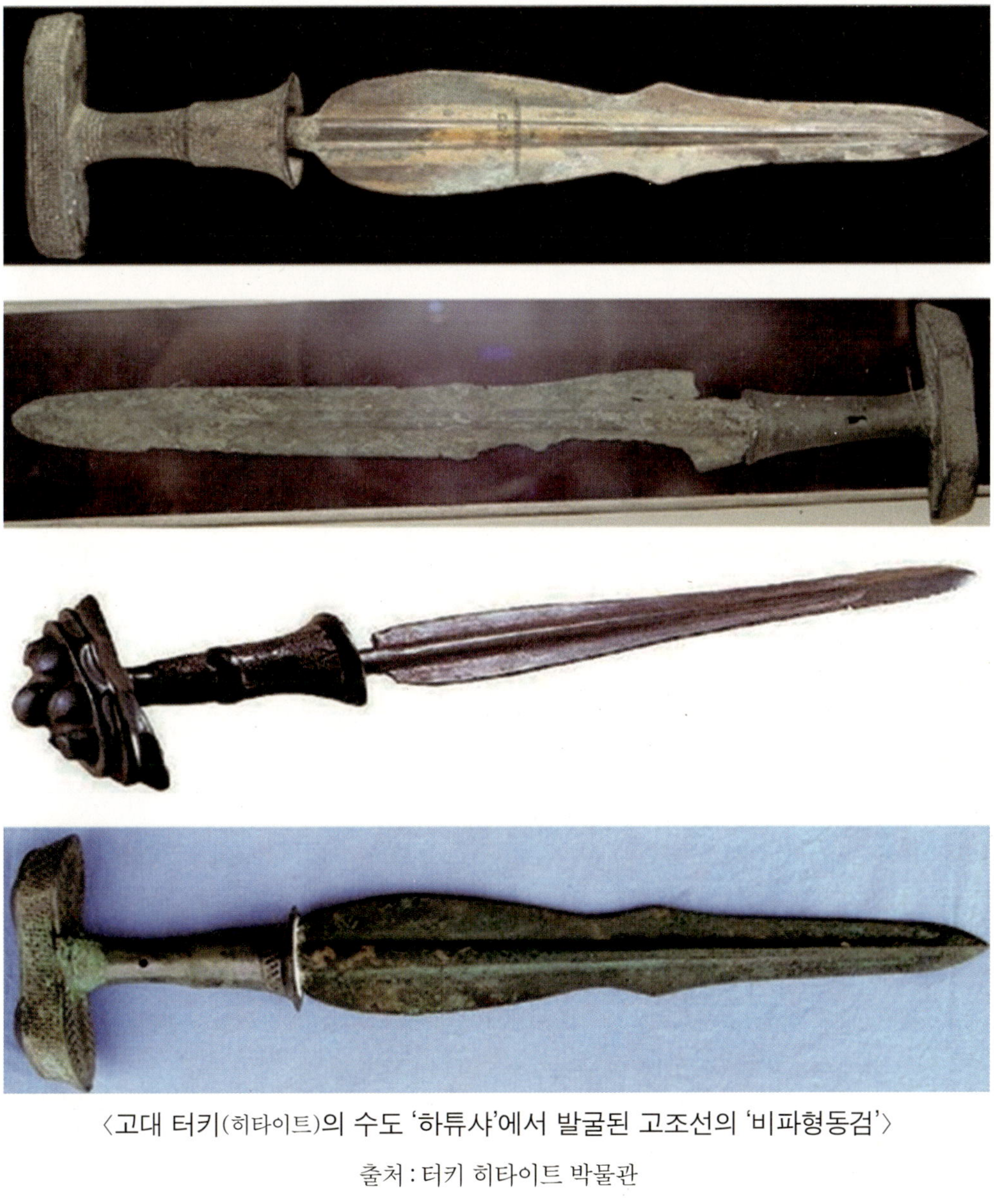

〈고대 터키(히타이트)의 수도 '하튜샤'에서 발굴된 고조선의 '비파형동검'〉

출처 : 터키 히타이트 박물관

* 이 비파형동검, 세형동검으로 고대 터키(히타이트)가 고조선의 제후국이란 필자의 주장을 증명하는 것이다.

또한 한단고기에서 기록된 '5색 종족이 어울려 살았다'고 한 9환은 다양한 언어체계가 형성되어야 한단고기의 기록과 부합되는 것으로 결코 한반도엔 5색 종족이 없고 언어가 다른 9환(삼한의 관경)의 형성이 불가능하다는 것이다. 그러므로 고조선은 메소포타미아의 한웅문명과 그리스 북부 빈카문명의 곰문명, 파키스탄의 한웅문명, 요하권의 한웅문명이란 광대한 영역과 우수한 문명을 상속받아 중앙아시아에서 건국하게 된 것으로 이 책에서 언어학적, 역사, 고고학적, 인간유전학, 종족학에 이르기 까지 하나씩 증명해 나가며 식민사학의 연장선상이라 할 '고조선 비파형동검' 이론은 이제 폐기되어야 할 것이다.

〈히타이트 전사의 비파형검(붉은 원)〉

* 고조선의 비파형동검은 정체성인 달(月-Tar)에서 기인된 것이라 본다.

제2장
삼성과 칠성사상의 고찰

1. 삼신신앙(三神信仰)

삼신은 무궁한 조화의 경계에 계시는 절대자이고 무형의 신이다. 이 삼신이 현실계에 드러낸 것이 바로 '하늘과 땅과 인간'이다. 조물주 하나님은 그 창조성이 세 가지 손길로 나타나기 때문에 삼신이라 한다. 만물을 창조하는 조화(造化), 진리를 열어 만물을 가르치고 성숙시키는 교화(敎化), 질서를 바로 잡아 만물을 다스리는 치화(治化)로 작용한다. 그리고 삼신이 현현한 또 다른 땅에서도 삼신의 세 손길이 작용한다. 그래서 고조선 시대에 삼한(三韓)이 있었다. 고조선의 진한, 번한, 마한은 신교의 삼신사상에 따라 필연적으로 탄생한 것이다. 또한 인간 몸속에 삼신의 손길이 작용하여 성(性), 명(命, 정(精)으로 삼진三眞v이 되었다. 하늘에는 삼신, 땅에는 삼한, 인간에게는 삼진이 있다(증산도 한단고기 pp.36~37 페이지 인용).

"일신은 자신을 현실세계에 드러낼 때 삼신으로 작용한다, 만유생명의 본체로 보면 일신이고, 그 작용으로 보면 삼신인 것이다(태백일사, 소도경전본훈).

우주의 통치자 하나님인 삼신한얼님(상제, 하느님)을 동양의 상수철학으로 표현하면 '통일과 조화의 완전수'인 "10무극"이다. 10무극 한얼님(한얼, 상제)을 다시 체용(體用)관계로 보면, 한얼님은 삼신을 본체로 하여 칠성으로 만물을 다스리고 작용하신다(10=3+7). 즉, 삼신과 칠성이 음양 짝을 이루어 10무극 한얼님의 조화가 실현되는 것이다(증산도 한단고기 p.377 인용).

2. 고대 세계문화에 뿌리 내린 삼신과 칠성사상

국가경영의 근간으로 먼저 배달국(환웅시대)시대에 풍백, 우사, 운사를 두는 삼백제도를 두었고, 중앙의 임금을 좌현왕, 우현왕으로 하여 보좌케 하는 통치체계와 환웅은 3천 명의 무리를 거느리고 정착했고, 환웅을 찾아온 웅족여인도 3~7도수로 21일을 수련하였다. 환인이 환웅에게 천부인 3개를 주었고, 홍산문화 유적의 '삼련벽'은 우리의 삼재사상, 삼신문화인 것이다. 유하량 유적지의 천원지방형 적석총도 3단으로 이루어진 삼신문화를 상징하는 것이고, 앞에 인용된 3을 의미하는 '트로이의 유물'에서 증명된 것이다.

"신시역대기(神市歷代記)"에서 "배달"은 환웅께서 천하를 안정시키고 정하신 나라의 이름이다. 수도는 신시(神市)요, 후에 청구국(青邱國)으로 옮겼다. 18세를 전하니 역년은 1,565년이다. 1세는 환웅천황이시니 '거발환'이라, 2세는 거불리 환웅, 3세는 우야고 환웅, 4세는 모사라 환웅, 5세는 태우의 환웅, 6세는 다의발 환웅, 7세는 거련 환웅, 8세는 안부련 환웅, 9세는 양운 환웅, 10세는 갈고 환웅(일명 갈태천황, 독로한), 11세는 거야발 환웅, 12세는 주무신 환웅, 13세는 사와라 환웅, 14세는 자오지 환웅(치우천황), 15세는 치액특 환웅, 16세는 축다리 환웅, 17세는 혁다세 환웅, 18세는 거불단 환웅(단웅)이다.

여기에서 우리가 눈여겨 볼 것은 환웅께서 청구(青邱-푸른 언덕, 카스피 근처의 스텝지역, 킵착지역)로 옮길 시점에 "때에 반고(盤固)라는 자가 있어 괴상한 술법을 즐기며 길을 나누어 살기를 청하매 이를 허락하였다. 마침내 재물과 보물을 꾸리고 십이지의 신장(神將)들을 이끌고 공공(共共), 유소(有巢), 유묘(有苗), 유수(有燧)와 함께 삼위산의 랍림동굴에 이르러 군주가 되니 이를 제견(諸畎-견이)이라 하고 그를 '반고가한'이라 했다. 여기에서 제견(諸畎)은 뭇융(戎)을 말하며 서융(西戎)을 말한다 할 것이다. 견(畎)은 개견으로, 서융(西戎)을 나타낸 말이었음에, 한단고기에 "13세 단군(기원전 1,782년)시에 은밀히 신지 우량을 보내어 견군(畎軍)을 이끌고 낙랑군사와 합세하여 관중의 빈, 기땅을 점령하여 주둔시키고 관제를 설치하셨다."에 나오는 견군(畎軍)은 서융족으로 오늘날의 코카서스의 개로 유명한 코카서스지방으로 아랄해 권역의 카자흐스탄 서부지역(킵착지역)으로 본다.

오늘날 중국의 왕조 표에 제일 먼저 등장하는 것이 바로 '반고'이며 이 반고는 중국 왕조의 비조(鼻祖)로 추앙받는다고 하는데 중국인의 비조(鼻祖)가 졸지에 서융족(西戎族)이 된 것으로 따져본다면 '서쪽의 뭇 오랑캐' 자손이 오늘날 중국인이 되는 것이며, 실로 오늘의 중국인은 고대 한국인의 일개 제후에 불과한 것이었다. 나라가 약하다 보니 졸지에 '굴러온 돌이 본 돌을 치는 격'이 된 것이다.

세계의 곳곳에 퍼진 3수 사상에서 고대인들은 새를 숭배하여 소위 "삼족오"는 우리 한민족의 표상이었다. 지금 중남미 국가의 국기나 국장을 보면 앞 다투어 여러 형태의 새가 그려져 있는 것을 볼 수 있다. 이런 다양한 새문양의 국장과 국기를 내세운 국가들은 솟대문화를 가지고 있게 되는 것이다. 솟대 위엔 반드시 새가 앉아 있다. 고대인들은 3과 7을 숭상하여 자기네 국기에 삼신산과 일곱 별(칠성)을 그려놓고 있는 것이다.

아주 놀라운 것은 카로슈티 언어(남아시아의 파키스탄 북부와 아프가니스탄 동부에 한정된 언어)로 기원전 3세기부터 대략 7세기까지 사용된 언어로서 대다수는 3세기경 소멸되었다고 하는데 이 언어의 숫자값은 주로 3과 7로서 나타내었다고 한다. 그들의 숫자방식은 3과 7로서 모든 숫자의 배열이 이루어진다는 점이다. 카로(Karoshuti-고리의 위대한 흰빛나는 머리)는 '고리'에서 온 이름이다.

〈카로슈티(Karoshuti-고리의 위대한 흰 빛나는 머리) 문자의 '숫자 값'〉

1++	+ +	3 +	II +	I +	+	III	II	I
9	8	7	6	5	4	3	2	1
		333 7	3 3 3	3 3 7	3 3	3 7	3	7
		70	60	50	40	30	20	10

풀이 : 여기에서 숫자 1은 7을 나타내며 숫자 2는 3을 나타낸다. 눈여겨 볼 것은 3은 3과 7이 존재해야만 비로소 새로운 큰 3이 성립된다는 것이다. 또한 숫자 10의 값인 7과 20의 값인 3이 있어야 3과 7의 값어치인 30이 된다는 점이다. 이런 언어의 숫자값에서 조차도 삼신과 칠성을 나타내었다는 것은 대단히 놀라운 사실이 아닐 수 없다.

이 언어의 형성이 기원전 3세기라고 하는데 고조선 건국이 기원전 2333년이니 2,000년이 지난 뒤에도 삼신과 칠성사상이 사라지지 않고, 중동의 아프가니스탄과 파키스탄에서 살아남아 4,000년이 지난 지금까지 우리에게 보여주고 있는 것이다. 또한 이 언어뿐만 아니라 페르시아 언어와 파슈토어의 다양한 철자에도 삼각형 형태의 방점이 3개가 찍혀서 발성되고 있다고 한다. 또한 슬라브 민족이 사용하는 키릴문자의 숫자값에도 3은 7의 숫자값이 되고 있다(특히 3을 상징하는 것은 우리말의 자음인 ㄱ이다).

* 파슈토어 문자는 아프가니스탄과 파키스탄 서쪽지역의 언어로 아랍어와 힌디어의 영향을 받았으며 아프가니스탄은 1936년 공식 언어가 되었다.

〈키릴문자(슬라브 민족의 언어)의 숫자값〉

A	B	ㄱ	A	C	S	3	N	O
1	2	3	4	5	6	7	8	9

이 3을 중요시하는 것은 훗날 청동기와 철기시대에까지 면면히 이어져 오고 있는데 삼발이 그릇과 향로, 세손잡이 도자기, 도자기에 삼신문양이나 칠성을 그려 넣는 그리스의 도자기 등으로 발전, 승계되어 왔던 것이다.

역사연구가이신 남제 김민기 선생은 "우리가 응원할 때 사용하는 3.3.7박수는 카로슈티 언어의 숫자값에서 나왔으며 3.7은 합하여 큰 3이 되고, 3.3.7은 삼신과 칠성이 한 곳에 있음을 표현하였으며 숫자 5는 중앙인 토이며 원형이다. 우리의 강강술래나 단군시대의 제천행사시에 5일 동안 먹고 마시며 동그랗게 춤을 추었다는 기록이 있으며 이미 서양의 발레는 '줏떼'하고 날렵한 흰옷을 입고 하느님에게 경배하는 춤을 추었던 것으로 모든 춤의 원형은 원에서 원으로 돌아가는 형상이며 이 삼신사상은 동서양을 망라하여 사람들의 문화생활에 녹아 있으며 전승되고 있다고 보아야 한다."고 하였다(이 발레의 '줏떼'는 우리말 '줏대'로 되어 줏대가 없다는 말은 중심이 없다는 말로 이어져 오고 있다, 하느님에게 발레 춤을 바칠 때 '줏떼'는 새처럼 날아 오르는 동작으로 가장 핵심적인 중심 요소였다).

3. 삼신(三神)의 짝 칠성(七星)에 대하여

하느님은 삼신을 본체로 하여 칠성으로 작용하기 때문에 신교문화에서는 하느님을 삼신으로만 모신 것이 아니라 칠성님으로도 모셨다. 삼신은 생명을 낳는 하느님이시고 칠성을 기르는 하느님이다. 신교문화에서 칠성님은 하느님을 부르는 또 다른 호칭이었다. 그런 이유가 수많은 세월 속에 쌓이고 쌓여 움직일 수 없는 유전자 알갱이가 되어 우리의 할머니와 어머니들이 정화수를 떠 놓고 칠성님께 자손과 가정의 안녕과 축복을 염원한 것이다. 이것은 서양 종교인의 눈으로 보면 당연히 미신이며 귀신짓 등 샤머니즘으로 치부할 것이다. 우리 한국인의 혼과 육에 유전되어 도도히 흐르고 있는 삼신, 칠성사상은 잃어버렸던 환인, 환웅, 단군의 역사와 함께 새롭게 되살아나고 있는 것이다. 북두칠성은 우주의 중심별로서 천지일월과 음양오행을 다스리며 인간의 무병장수와 생사화복, 영원불멸, 도통과 깨달음을 관장한다. 죽은 사람의 관 밑에는 칠성판을 깔았고, 전국에 산재된 사찰의 삼신각과 칠성각은 우리의 삼신신앙과 칠성신앙을 부인할 수 없는 유전자의 증표가 되고 있다.

이 칠성사상은 북두칠성이 된 것이고, '큰곰자리'가 된 것이다. 그리스에 들어가 북극성을 중심으로 하는 별자리 이론이 만들어져 북극성은 작은곰자리가 되었고, 그 별자리 중 농경사회의 핵심인 황소가 별자리의 주인공이 되어 "황소별자리"(밝은 3개의 별,

삼신신앙)로 승화되고 이집트와 수메르의 많은 도시국가에서 황소를 숭배대상으로 그려낸 것이었다. 수메르와 이집트, 히타이트에서 발굴된 설형문자 정제에 의하면 '황소하나님'으로 불리워지기도 하였다.

그것은 황소자리의 마스터를 이야기하는 것으로 연구한 학자들은 황소자리의 마스터가 흑해연안, 카스피연안에 있는 국가일 것이라고 잠정 결론을 내렸다. 그 황소자리는 아나톨리아의 남부지역으로 고조선의 마한인 히타이트의 루카(Lukka)였고 마스터는 바로 우리의 고조선이었다. 지금까지 어느 한 부분만을 연구한 고고학자들은 옥서스강을 중심으로 문명을 열어 나갔던 화래즘문화(캐레즘)가 고조선문화인 줄을 전혀 모르고 있다.

우리 학자들이 연구하지 않으므로 다른 투르크계 국가의 문화로 인식하고 있는 것이다. 지금이라도 연구하여 세계만방에 고조선 초기의 강역이 옥서스 유역이라고 발표해야 한다. 또한 칠성문화 중 우리에게 친숙한 윷놀이는 북두칠성이 하늘을 한 바퀴 도는 모습을 형상화한 것으로 멕시코와 남미 인디언도 즐겼다는 기록이 있다. 무엇보다 칠성문화의 정수이며 표상은 바로 '상투문화'이다. 동북아민족 중 유독 한민족에게만 볼 수 있는 것이 바로 '상투문화'이다.

이 상투는 수천 년 이어져 내려왔던 문화로 이미 진시황의 병마갱에서 나온 병사들은 모두 상투를 튼 모습이었다. 또한 홍산문화에서 발굴되었던 '옥동곳'은 상투문화를 보여주는 것으로 상투는 내 머리를 삼신하늘님이 계시는 칠성을 향하여 항상 칠성님과 함께 살겠다는 의지와 정서의 표현이며 발로이다. 이 상투는 삼신문화의 원형질인 것이며 신교의 혼이 담겼는데 '상투문화는 곧 칠성문화'이었다.

이 칠성문화는 수메르에 전해져서 수메르 우르의 제천단 꼭대기에 하늘의 일곱 주신에게 천제를 올린 제단이 있다. 일곱 주신은 칠 성령(일곱분의 성령)으로 칠성의 신도적(神道的) 표현이다. 수메르의 일곱 신은 훗날 기독교의 '하나님의 일곱 영'으로 발전승화 되었고, 우리가 지금 사용하는 7요일의 이름이 되었다. 그런가 하면 고대 근동의 모든 도시엔 일곱 개의 성문이 있었고, 문에는 일곱 개의 빗장이 있었으며 7년 간의 풍요를 비는 축복이 있었으며 7년 간의 기아와 역병을 저주하는 주문이 있었다. 수메르에서 갈려 나간 유대문화에도 칠성신앙이 녹아 있는데 유대인들의 역사서인 구약전서에 천지창조가 7일 만에 이루어졌다 하고 신약전서엔 일곱 개의 금촛대, 일곱 교회, 하나님의 일곱 영 등을 말한다(증산도 환단고기, pp. 383~385 인용).

또한 칠성사상은 인도로 들어가 힌두교의 여신(일곱 어머니-산스크리트어)으로 승화되었으며, 힌두교 전쟁의 신으로 타밀어로 Kadavul이라고 하며 '타밀의 하나님'으로 숭배하며 무르칸(Kartikeya)이라고 부른다. 남쪽 인도와 스리랑카, 모리셔스, 인도네시아, 말레이시아, 싱가포르 및 레위니옹섬은 여섯 곳의 가장 중요한 신사에서 숭배를 하고 있다.

4. 세계 여러 나라 국기와 국장에 나타난 삼신과 칠성신앙

칠레의 국장

국장-큰 돌의 새가 받쳐주고 있으며 중앙엔 세 나뭇잎이 있다.

키르키즈스탄(Kyrgyzstan-고리 고시의 위대한 머리족)**의 국기, 국장**

국기-태양의 중심에 가로, 세로의 세 선(삼신, 십자가)이 둘러져 있다(삼신사상). '고시(Gosi)'의 변형이 기즈(Gyz)로 표기되었으며 머리족의 정체성을 보여준다.

국장-일곱의 산에 달이 뜨고 있다.
(아사달-돋아 오르는 달의 땅)

세베로오세티아(Severoossetia-위대하고 거룩한 광명의 머리)

국장-눈 덮인 7개의 산에 표범이 서 있다(칠성). '광명과 머리'의 정체성.

미국 미주리 주(미국 미주리 주 인디언)

국장-양 옆에 곰이 받들고 있다.

폴란드(Poland-광명 신의 머리)**의 국장**

태양 속에 흰 독수리가 왕관을 쓰고 있다.(삼족오 형상) '광명, 머리'의 정체성이 있다.

중남미 과들루프(Guadeloupe-깨우친 달의 아버지)**의 국장**

태양에 식물의 가지가 3개다(삼신 표시).

독일(Germany－고리의 어머니 사람들)**의 국장** **체코의 국장**

까마귀가 날개를 펼친 모습(삼족오를 연상시킨다). 어머니 사람들은 스키타이(아마존)를 지칭한다.

알바니아(Albania－얼있는 아버지 사람들)**의 국기, 국장**

(국기)

(국장)

태양에 머리가 2개인 까마귀 중간에 왕관이 있다.

에스토니아(Estonia－처음의 머리 사람들)**의 국장**

사자가 세 마리이다. '머리 사람들'의 정체성이다.

인구세티야공화국(Ingushetia-고시 신의 머리) **러시아의 국장**

원에 3군데의 고리가 있다(삼신). 고시의 변형으로 gush 〈구쉬〉가 된다.

삼족오 문양

타지키스탄의 국기와 국장(초기 고조선의 영역)

국기에 삼신과 칠성, 태양이 왕관에 삼신 표시와 칠성/눈 덮인 3산
흰 목화송이 9개(9환)/볏단 3묶음/태양(광명의 빛-'바르, 농경사회')

마리엘(Mari El-우두머리의 얼)**의 국기, 국장**

곰이 방패와 칼을 들고 있는 모습(전형적인 웅족의 표시인데 필자는 '웅심산'을 이곳으로 비정한다.)

쿠미크어와 코미어를 사용하는 곰언어 집단지역으로 '웅심산'이 된다.

바시키르공화국(Bashkortostan)
〈러시아〉의 국기

일곱 칠성무늬가 있다. Bashkortostan은 '아버지 위대한 흰빛나는 고리의 머리, 머리족)이 된다. '머리'의 정체성.

몰도바Moldova
(우두머리 머리의 아버지)**의 국장**

독수리, 중간에 황소(고조선의 영향) '머리'의 정체성이다.

우크라이나의 국장

양쪽에서 중앙을 받치고 있는 모습(삼신)

크라노스다르 공화국의 국기
(러시아남부-흑해연안)

성문이 3개에 삼족오 문양

아디게야(Adygea-머리의 고리) **공화국 연방 〈러시아〉**

삼성에 9환국의 표시. 9별이다. 양쪽으로 교차된 선 위에 '삼성'이 있다.

카바로스크공화국의 국장-러시아

좌우에 리본 3개씩, 곰의 형상

카마차카공화국의 국장-러시아

삼신산에 3군데의 불이 붙고 있으며 광명의 표시.

프리모리공화국의 국장-러시아

전형적인 호랑이의 '호족'의 표상이다.

트랜스바칼리안공화국의 국장 러시아

활을 독수리가 움켜쥐고 있으며 하단엔 황소문양 좌우로 붉은 카펫의 3계단

카레리아(Karelia-태양의 고리)
공화국의 국장

곰의 문양과 양쪽에 7개의 빗금을 표시(칠성)

러시아 코미공화국(komi-곰)**의**
국장

삼족오가 태양에 있는 모습으로 중간에 사람의 얼굴이 있다(삼신)

츄바시(Chuvashia－위대한 흰빛나는 고리의 아버지)**공화국**

3개의 별에 좌우로 뻗은 3가지(삼신)

러시아 야로슬라브주

곰이 도끼를 들고 있다.

레브레이스카야(유대인) **자치주**(러시아) **국장**

이 호랑이 국장으로 하여 유태인(히브리인－이스라엘민족)이 웅족이 아닌 호족으로 추측케 한다.

야말로네네츠 자치구의 국장과 국기(러시아)

흰곰에 국기 하단에 일곱의 식물(칠성), 고조선의 가림토 문자 〈Λ〉

킵차크한국의 국기

(몽골계, 1240~1502년)

중앙에 작은 원은 삼신으로 보인다. 오른편에 달의 표시

몰도바공화국의 가가우지아(예리) 자치주의 국장

좌우에 삼원색의 리본과 3개의 식물에 태양 위에 3별. 광명의 빛

이집트의 국장

독수리 다리가 세 개다(삼족오를 표시).

압하스(콜키스)공화국의 국기와 국장

칠성에 손을 모으고 있는 모습

삼태양에 9환을 의미하는 광명의 빛

아프리카 말리공화국의 국장

성을 3군데로 하고 기둥은 7곳으로 했다. 태양(광명) 위에 활이 양쪽에 배치된 것으로 보아 아프리카에 진출한 아시아의 종족이다(삼신과 칠성사상 보유).

북아프리카 알제리(Algeria-얼이 있는 고리)의 국장

태양이 솟는 곳에 세 손가락으로 치켜 든 모습은 삼신숭배이며 달과 별은 삼신, 칠성을 말해준다.

일찍이 북아프리카에 진출한 고리(쿠시)종족으로 "쿠마문화"(곰문화)의 주인공이다. 고리족이었다.

아프리카 모리셔스공화국의 국장

좌우로 뻗은 가지가 7개씩 칠성을 뜻하며, 중간의 3나무는 삼신이다.

높은 산에 별 그림으로 칠성숭배와 배 그림은 이주해 온 역사.

아프리카 감비아(Gambia-곰의 아버지)공화국의 국장

사자 2마리가 중앙의 양을 받치고 있는 모습으로 최상단의 나뭇잎은 7가지로 칠성을 뜻한다. 이 국가의 이름에서 '곰'은 한웅문화를 짐작하게 한다.

동아프리카 마다가스카라(Madagasikara–어머니 머리의 고시, 고리)의 국장

태양에서 녹색의 일곱 줄기가 퍼지고 있다(칠성신앙, 광명)/황소 머리

아프리카 보츠와나의 국장

황소머리에 3갈레의 강, 3개의 태양(삼신)

아프리카 짐바브웨(Zimbabwe–위대한 어머니, 아버지) 공화국의 국장

큰산 위로 일곱 물줄기가 흐르며 태양엔 새(삼족오)가 앉아 있다(칠성신앙).

아프리카 차드(Chad–고리의 머리)공화국의 국장

사자와 사슴이 받치고 있는 것은 3개의 물줄기(삼신)와 태양이다.

아프리카 콩고(Congo-칸의 고리)공화국의 국장

양쪽의 코끼리가 횃불을 든 사자를 받치고 있으며 상단엔 일곱 나무가 있다(칠성).

아프리카 카나리아 제도의 국장

보기 드물게 개가 양쪽에서 받치고 있는 것은 7개의 섬이다.(칠성신앙)

왕관에 3갈래의 원은 3의 숫자를 보여준다.

아르헨티나(Argentina-우리 칸의 머리족)의 국장

양손을 맞잡고 중간에 빨간 모자(승리자)에 태양은 태양족을 의미한다.

니카라과(Nicaragua-고리의 깨우친 사람)의 국장

산에 무지개(칠성)에 태양의 빛줄기

5개의 산은 중앙(5)을 뜻하며 중앙아시아의 산으로 해석된다.

중앙아시아의 종족들이 이주한 것으로 추정한다.

세인트빈세트 그래나틴(동 카리브 해 섬나라)국장

카리족(고리)이 세운 나라로 삼신신앙을 보여준다.

이 역삼각형의 모습은 원래 아나톨리아의 '황소자리'에서 비롯되었다.(V자)

카리브 국가의 해석은 '고리의 아버지'이고 카리는 '고리'에서 온 것이다.

캐나다의 국기(Canada-칸의 머리)

원주민(인디언)들은 환인12분국 시에 시베리아와 극동에서 건너간 민족이다.

그러므로 삼신신앙은 필수적이다(가지 3개에 잎의
3 모양은 9환족을 칭함).

코스타리카(Costarica-고시의 달)의 국장

삼신산에 봉화가 올라오고 칠성이 떠 있다(삼신, 칠성 사상).

배의 돛은 9개로 9환족을 지칭, 국명인 코스Cos는 '고시' 에서 유래됨.

서인도제도의 섬나라 앵바르 텔래미의 국장

성문이 3개, 나뭇잎 3개, 왕관이 3개(삼신신앙)

오세아니아주 키리바시(Kiribati)공화국의 국기

3개의 파도위에 태양이 있고 태양 위에 삼족오 같은 갈매기.

키리는 고리족이다. 즉, "고리의 아버지 머리쪽" 이 된다.

Kiribati는 '고리의 아버지 머리'가 된다. 머리는 한웅, 고조선의 정체성이다.

두산 베의 국장

삼신과 칠성의 별(왕관) 양옆에 금색의 7줄은 강한 칠성을 나타낸다. 하단의 책을 펼친 위에 동그란 원은 고리(環)를 의미한다.

네팔의 국장

눈 덮인 산에 좌우로 붉은 꽃이 7개 있다.
강력한 칠성신앙을 짐작하게 한다.

캄보디아(Cambodia-곰 아버지 머리) 국기

신전의 기둥이 3개이고 탑이 3개소이다.

카자흐스탄의 국기

태양에 삼족오가 날고 있는 형상

1920년에 사용된 티벳의 국장

하단에 '태극'문양과 삼신산, 하늘의 '흰 세 개의 점'은 삼신을 의미하며 태양과 달을 동시에 나타낸 것은 환웅의 태양족과 단군의 만족을 나타낸 것으로 필자는 내다보고 있다.

알타이Altai(얼 있는 머리)**공화국의 국장**

'삼신산' 이 보인다.

대한제국의 우표이다. 'ES DE COREE'(스페인 버전의 코리아)

출처 : 김정국님

인도네시아 '말루쿠(Maluku)제도'의 국장, SIWALIMA(위대한 광명의 어머니)

5. 그리스와 아나톨리아 도자기 등에 나타난 빈카문화의 흔적

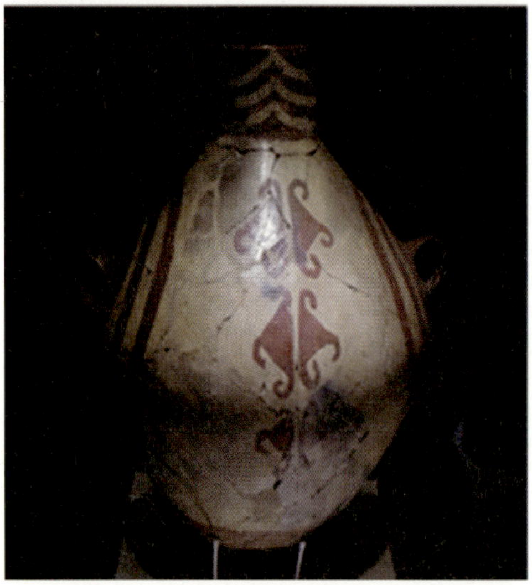

〈절 '만卍'자와 십자 표시 등은 '빈카문자'와 같다.〉

〈빈카기호의 그리스 도자기〉

〈중앙의 태양의 빛 형상, 고리'를 나타내는 문양의 도자기〉

〈카마레스 도자기-광명〉

광명(빛)의 도자기 꽃병(기원전 2,100~1,700)
이 도자기로 '광명 문명'이 증명된다. -미노아 문명에서 출토-

〈그리스의 '크노소스'유적지에서 봉황-Couchant 왕위에 누운 봉황(그리핀)〉

* 봉황은 기원전 2,000년경 중앙아시아에서 기원전 1,400년경 그리스로 진출하였다고 학자들은 보고 있다. 이것으로 '도리인'(다리, 달사람)이 입증되는 것이다.

〈'빈카문자'의 일부가 보인다.〉

6. 빈카문명의 하위 아나톨리아 문화

〈Pelasgians－위대한 광명의 깨우친 사람/Vinciens－위대한 아버지족 신〉

빛나는 검은 도자기는 터키 남부에서(기원전 5,800년), 터키 북서부의 마르마라, 바다의 양쪽 기슭에 Fikir－테페문화를 설립하였다.

1) Fikir－테페/Llipinar 10(기원전 5,900～5,700)

나무기둥과 어두운 도자기 광장 주택을 사용－불가리라 영향(기원전 5,800년)에서 갈색 도자기 그루브 Karanovo 2의 존재.

2) Fikir－테페/Llipinar 9(기원전 5,800～5,700)

목조주택 및 어도비, 구리의 조기 사용의 제조.

3) Fikir－테페/Llipinar 6,5(기원전 5,550～5,400)

Pelasgians, Vinciens들이 절개, 조각, 또는 플루트 장식의 빛나는 검은 도자기를 가지고 기원전 5,500에 발칸반도로 이주한 것으로 추정(그들의 집은 타원형, 반 매장, 점토, 진흙이나 나무의 광장이었다.)

그들은 시간에 나누어져 빈카문명의 광택나는 검은 도자기의 광택, 절개, 상감과

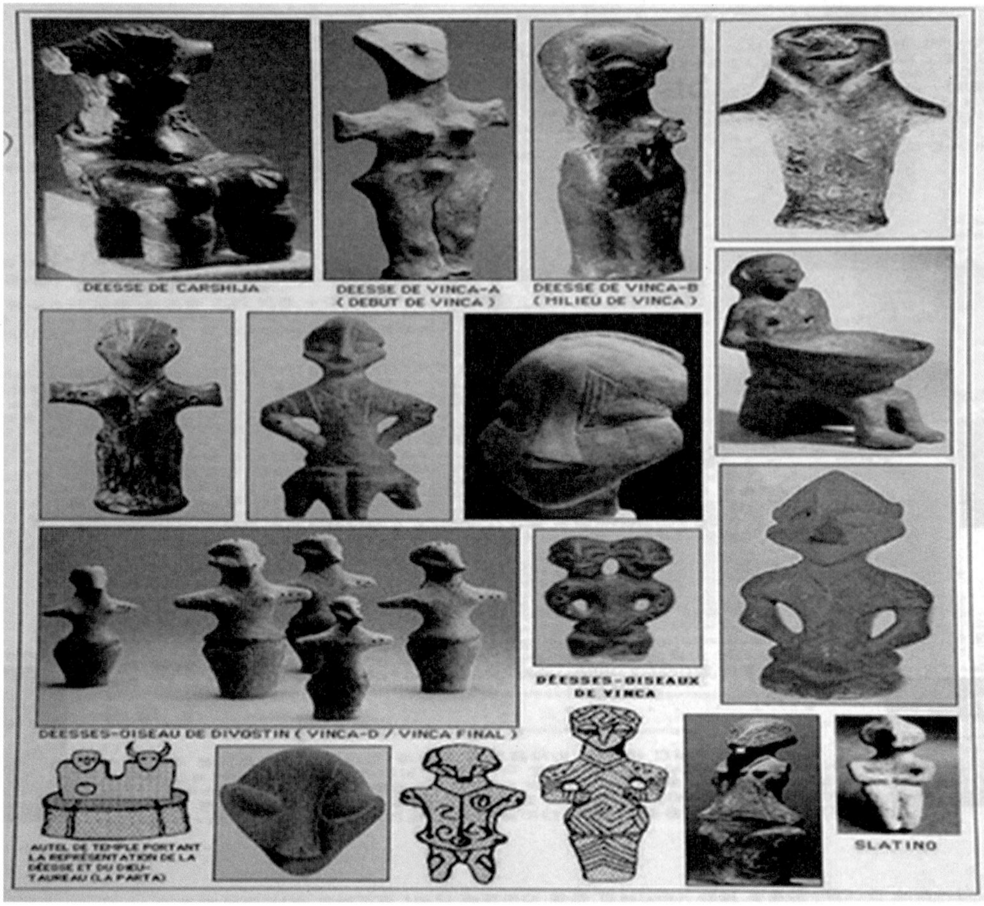

〈빈카 인형〉

출처 : http://atil.pag esperso-or ange.fr/atil/y15.htm

세로의 홈, 구리 사용의 시작은(기원전 4,150~5,150) 흑연도자기, 페인트, 홈검은 반죽(Karanovo5), 도자기의 나선 박힌 나선, 페이스트 상감은 Butmir에서 발견.

빈카의 Pelasgians-위대한 광명의 깨우친 사람들은 특히 새머리 여신의 형태로 다산의 위대한 여신을 숭배, 때때로 그들은 사람이 그것을 무엇을 상징하는지 모르는 두 머리로 표현(산자와 죽은 자의 세계에서 모두 아마도 통치?).

빈카의 Pelasgians-(위대한 광명의 깨우친 사람들)은 하나님의 예배(삼신)를 알고 있었던 것으로 보이고, 그들이 사는 집의 벽을 장식으로 하였으며(루마니아) 라 Parta(광명의 머리)의 성소에서 신들의 여신, 황소, 조류, 뱀의 표현을 발견하였다.

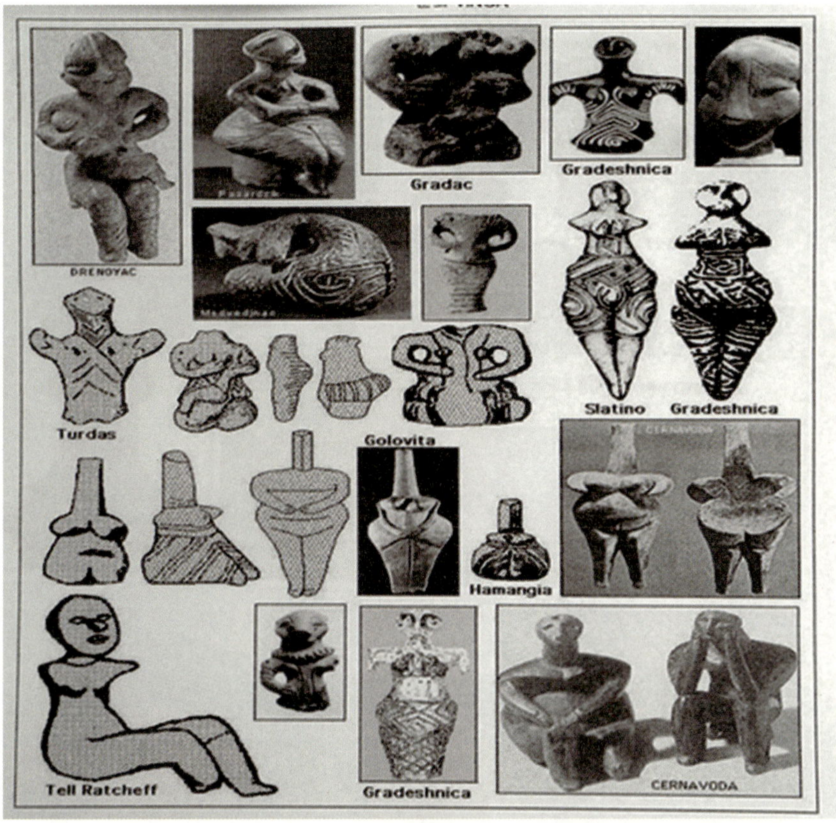

〈빈카 인형〉

출처 : http://atil.pag esperso-or ange.fr/atil/y15.htm

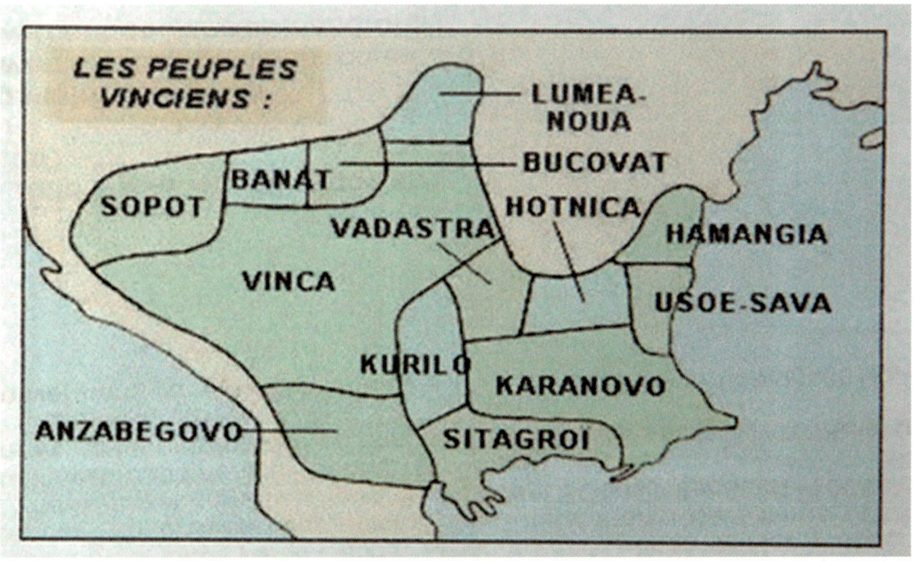

〈유럽 고고학 사이트〉

출처 : http://atil.pag esperso-or ange.fr/atil/y15.htm

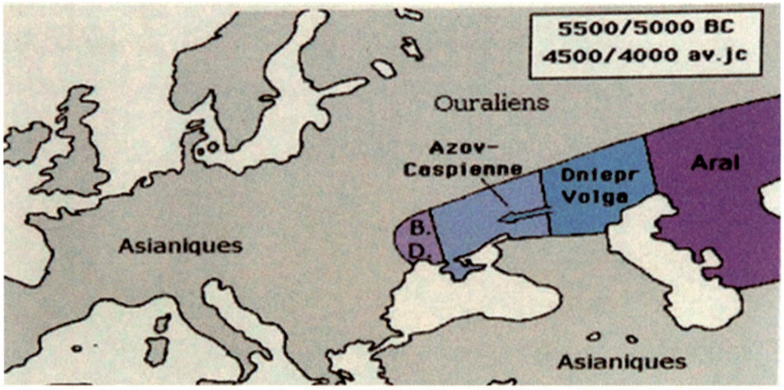

〈Chalcolithic 지역 유럽의 지도(기원전 5,500~5,000)〉
출처 : http://atil.pag esperso-or ange.fr/atil/y15.htm

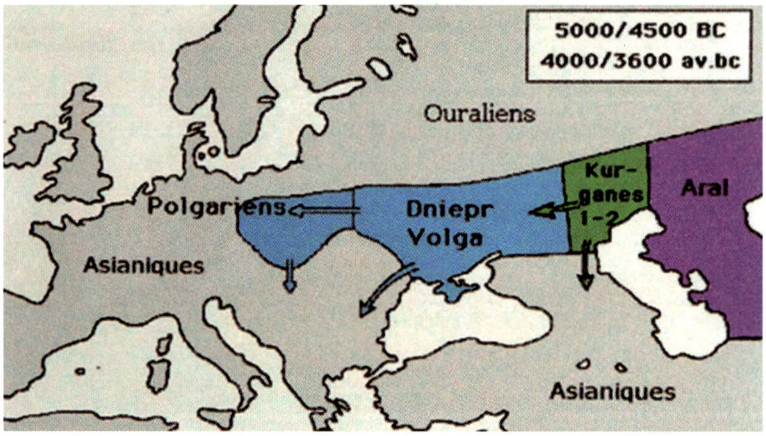

〈Chalcolithic 지역 유럽의 지도(기원전 5,000~4,500)〉

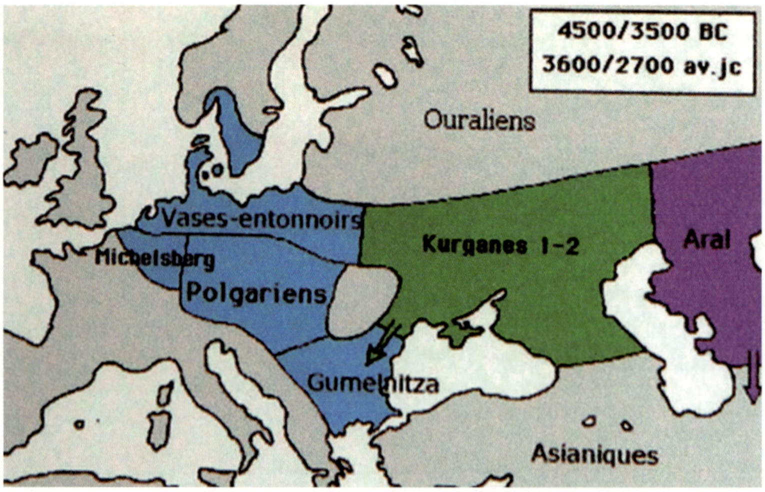

〈Chalcolithic 지역 유럽의 지도(기원전 4,500~3,500)〉
출처 : http://atil.pag esperso-or ange.fr/atil/y15.htm)

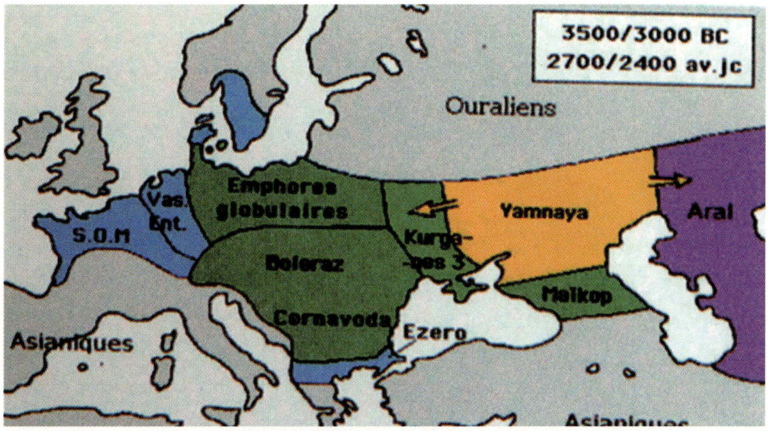

〈Chalcolithic 지역 유럽의 지도(기원전 4,500~3,500)〉

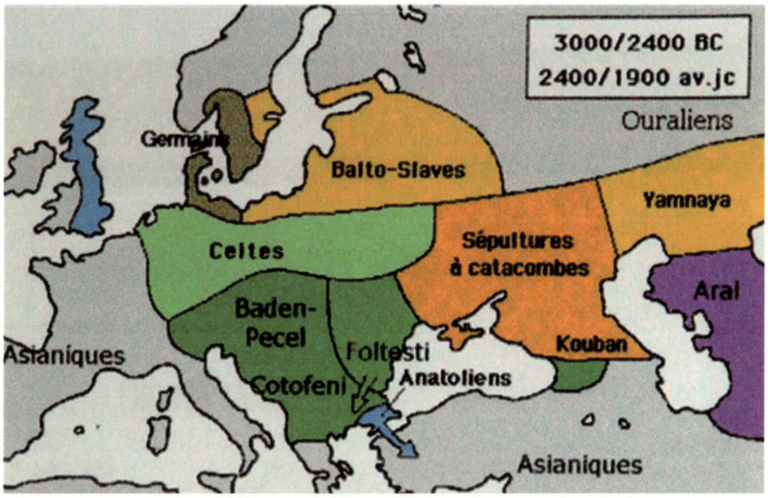

〈Chalcolithic 지역 유럽의 지도(기원전 3,000~2,400)〉

〈Chalcolithic 지역 유럽의 지도(기원전 2,400~1,900)〉

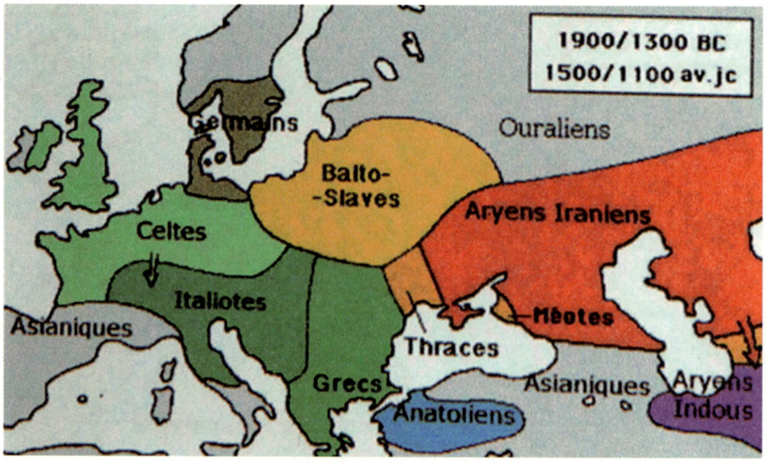

〈Chalcolithic 지역 유럽의 지도(기원전 1,900~1,300)〉

7. 폰티안 아랄(Pontian ARAL－아버지족의 머리 사람들, 우리의 얼)

Pontic(인도－유럽) 아랄 해는 남쪽 아리아 힌두교도의 조상이다.

그들의 문명은 '회색도자기'로 인식하고 여러 단계를 통하여 이동하였다. 기원전 4,100~3,700년경 아리아 힌두교 이란과 투르크메니스탄 사이의 국경에 Kopet다그(Namazga3 테페 Hissar의 1C－2A 및 Tureng 2A)의 문명, 광택 회색에 침투, 아리아 힌두교 절개 도자기 등 발굴, 청동 사용의 시작은 기원전 2,400~2,800년경 아리아의 정복한 지역의 도시 생활을 채택하고 낙타의 가축화의 시작, 기원전 2,200~1,900년경 이란 아리아 북쪽 투르크메니스탄에서 침략. 그들은 기원전 2,100~1,700년경까지 북부 이라크와 시리아에 정착하여 왕국을 형성하여 관리하였다.

카시트인(~기원전 1,736년), 후르리인(~기원전 1,580년경)을 동쪽으로 이동하거나 점령할 수 있다고 본다(사람들의 식민지 Oxus의 박트리아－마르기아나의 도시－인더스 북부 아프가니스탄). 하나는 화재, 예배와 약물(아리아 관습) 중독(필자는 아편으로 본다)의 사용이 도시의 흔적에서 발견되었다. 아마 아리아 힌두교의 인도 Oxus의 사람들은 발루치스탄 남쪽에 침입(메르가르 8), 그러나 Oxus의 힌두교 아리아는 말을 사용하지 않는 것 같았다. 그래서 다음 떠나는 문명 파괴로 유목민 기병만 남아 있다(설치가 또는 불명). 인더스 기원전 1,800년 주위에 파키스탄(기원전 1,800~1,600년) 아리아인들은 힌두교를 차지 기반으로 Jhukar(흰빛의 고리)문명, Pirak(광명의 고리), 강타와 묘지 H를 한다. 그들은 낙타를 사용하고 절개 회색 도자기를 생산하였다.

〈서양학자의 연구와 필자가 내놓은 가설의 동질성〉

현재 '빈카문명'의 주인공들이 고대 '일리리아인과 트라키아인'으로 추정하고 있다. 연구한 학자들은 곰 문명과 태양을 중심으로 하는 광명, 다산여신의 숭배에 대한 인류문화사 측면에서 전혀 고려하지 않고 다만 도자기 색깔과 도자기의 유형만으로 사이트를 조성, 구별, 식별하여 고고학을 만든 것으로, 고대 인류문화사와 언어학에서 드러난 '머리족'과 광명, 고리에 대한 이해가 전무한 것이고, 태양의 흰빛으로 점철되는 '백색문화'에 대한 이해가 없다. 이런 무지의 소산에서 도자기의 색상이나 홈, 상감무늬만으로 고대사를 측정, 구분한다는 것이 과거의 수공업 수준에 그치지 않는다는 점이다. 장님이 코끼리를 만지는 것과 다를 바 없다. 연구한 학자의 아리안 중 이란의 힌두교 운운은 훗날 학술상의 구분일 뿐이고, 힌두교는 도입이 된지 얼마 되지 않았으며 다만 연구 성과로는 옥서스권에서 카시트인과 후르리인(미탄니왕조)의 점령내지

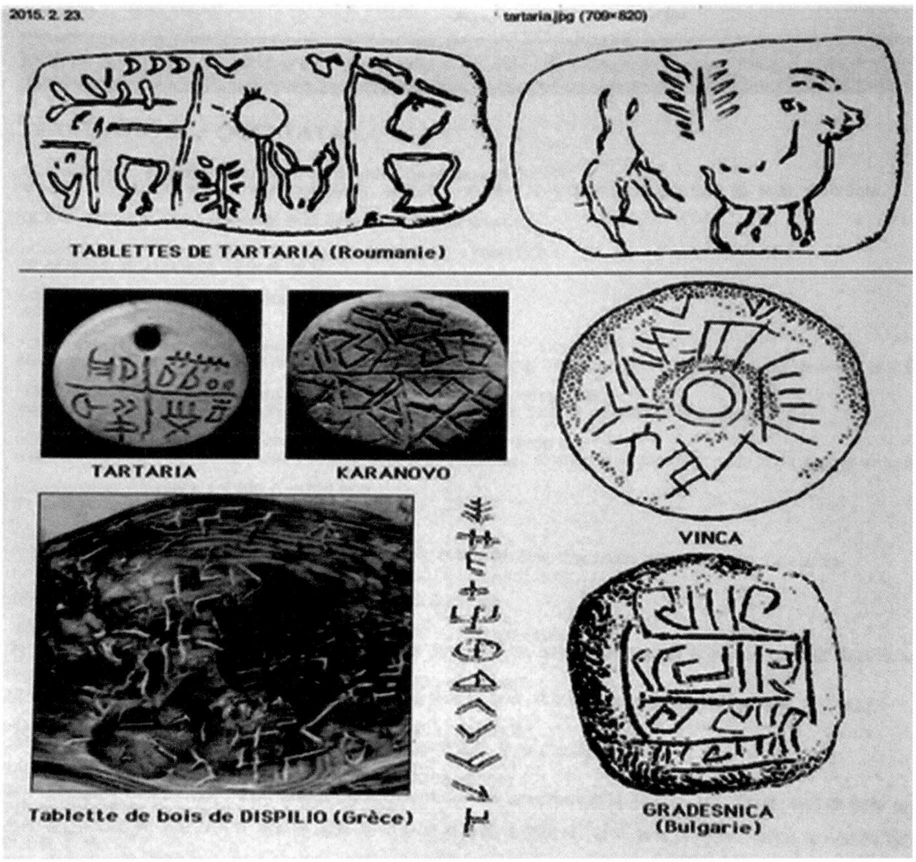

〈빈카기호〉

출처 : http://atil.pag esperso-or ange.fr/atil/y15.htm

는 식민지의 연구는 필자가 비정한 마한권역과 맞는 것이다. 박트리아 마르기아나 문명과 연결하여 식민지를 건설(제후국)하고 북부 이라크와 시리아의 왕국 정착 등은 필자의 가설을 뒷받침해 주는 것이라 생각한다. 또한 아리안 파키스탄과 연결하여 파키스탄의 문명은 필자가 주장하는 '편잡'과 연결된 인도 16국의 가설과 맞는 것이라 생각한다.

8. Foltesti Pontian(인도 유럽인)-Phrygians(프리지아인)

Foltesti Pontian는 그리스와 Phrygians(프리지안)의 조상 가능성이 큰 것으로 보고 있다. 이것은 Gorotsk, 체르니보다 2 Usatovo(르간3")의 Foltesti Pontic에서 분기, 파생된 것으로 보며, Michailivka-2, 엘레스의 아마(르간2")Pontic의 Yamnaya(르간4"), Asianics 제출한 후 Tripolien이 기원전 3,200~3,400. 그들은 동부 발칸반도의 정복에 착수, 그들은 반지하의 사각형 진흙집에 살았으며 장식없는 유선도자기 스타일의 "Nataljevka"를 제작하였다.

청동기시대에 고대 Helladic3의 시작(기원전 1,850~2,300)에서 그리스를 침략, 정복하였는데 Pelasgians(광명의 위대한 깨우친 사람들)이라 칭한다. 또한 남쪽 Leleges(태양의 고시), 관련된 사람들의 Pelasgians는 아나톨리아의 센트럴 코스트에(아스의 국가-AS) '라이만 테페-5'를 가지고 있었다.

그들은 Leleges(태양의 고시) 중앙해와 중동부 그리스의 섬에 Kastri(고시의 달)/Lefthand 1(태양 칸의 머리)에 2,450~2,050년까지 문명을 형성하였다.

프로토-그리스인들은 "Minyennes 도자기" 다음 유선도자기를 사용, 원시주택에 살고, 죽은 자는 매장(고분) 확인. 기원전 1,580년경 미케네문명(Helladic)을 형성하고, 묘석과 무덤 Tholos로 장식된 호화로운 무덤 서클을 구성하였다. 발칸반도에서 Foltesti Ponti와 함께 어울려 Pontic의 무덤 프레임은 아르메니아, 곧 트로이 전쟁 후 북부 아나톨리아에 정착, 다키안Dacians(머리 고리의 위대한 사람들), Getae루마니아, 알바니아 리리아인들(일리리아인-Lllyrians) 불가리아의 트라키아 그룹을 형성한다.

필자는 이미 빈카문명이 세르비아권을 중심으로 '환인, 환웅시대'에 형성되었고, 그 광명족은 후에 Foltesti Pontian(광명의 위대한 머리와 아버지 머리쪽)으로 나타났으며 그리스를 정복하고 미캐네 문명을 개척한 사람들은 환웅문명이란 가설을 제시하였고 언어학적으로 환웅의 정체성인 곰의 지명과 숱한 방언을 제시한 바 있다.

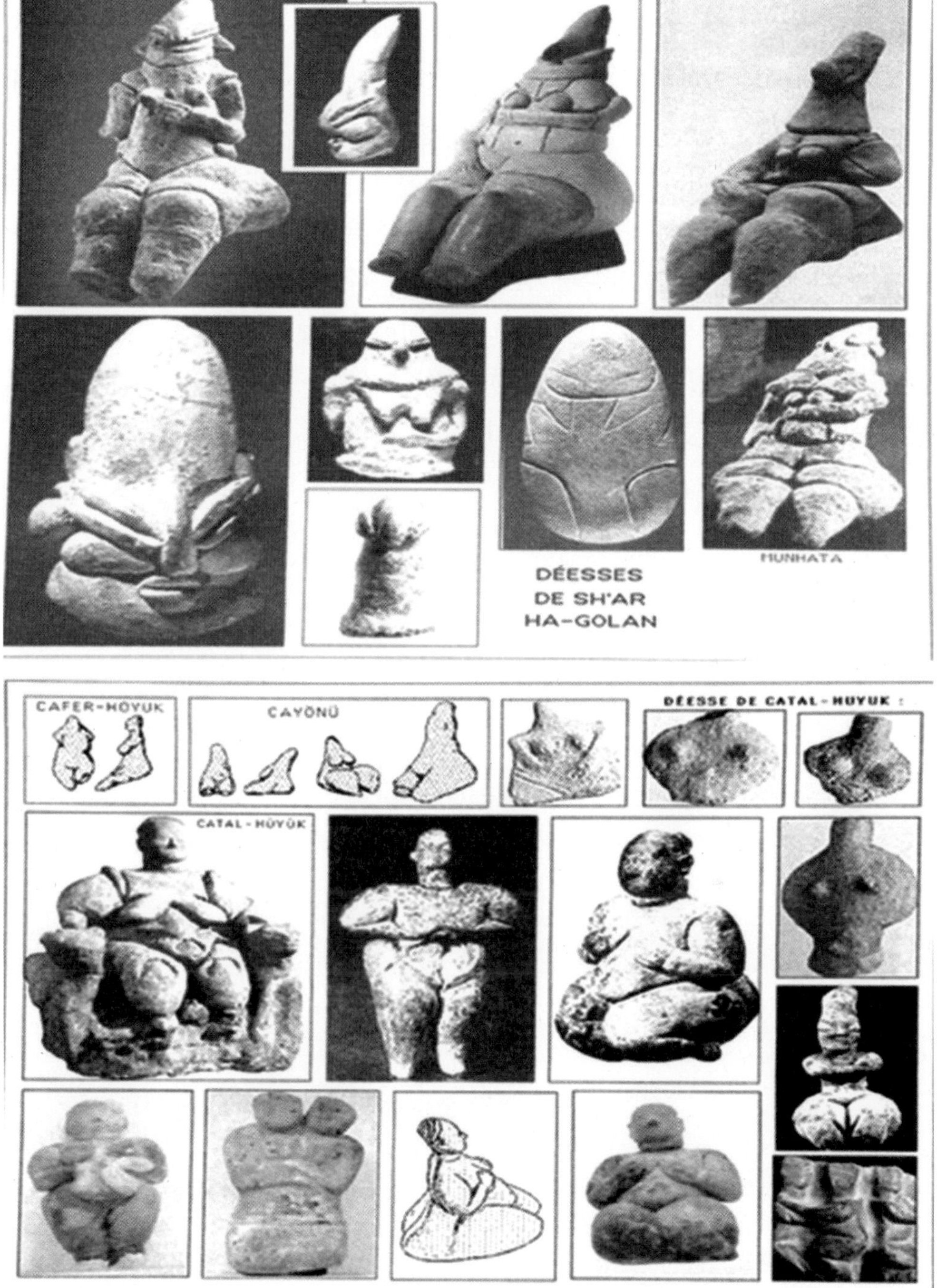

〈이 서양 사이트는 필자의 가설과 주장이 맞는다는 것을 증명〉

출처 : http://atil.pag esperso-or ange.fr/atil/y15.htm

이러한 필자의 논리는 훗날 그리스와 아나톨리아, 중앙아시아에 다양한 '테페문화'(태백, 백두신앙)를 건설하게 되는 것으로 보았다. 또한 캘트시기에 다키안 그룹(Dacians-머리 고리의 사람들)과 알바니아, 일리리안, 불가리아의 트라키아 그룹은 필자가 앞에서 12분국의 비정으로 가설을 제시한 바와 똑 같다.

이 서양 사이트의 이러한 연구는 필자가 비정한 '일군국과 독로국'의 일리리아인, 트라키아인으로 비정한 것이 정확하게 맞아 떨어지는 것고, 특히 프리지아인들이 빈카문화권인 세르비아, 루마니아, 불가리아 등지에 확산되었으다. 고대 그리스를 정복하여 미캐네문화를 건설한 주인공이 아나톨리아에 들어간 '비리국'의 일원이며 '도리안'이라고 주장한 바 있다. 결국 이 사이트의 연구 결과는 필자의 비정과 가설이 맞는다는 것을 다시 한 번 증명해 주는 것이다.

제3장
환웅, 단군시대의 신정사회와 제천행사 집전 기록과 백두신앙인 태백(태베) 신전에 관하여

1. 개 설

환인시대는 입증하지 못하지만 환웅, 단군시대는 삼신께 천제를 지내고 천부경과 삼일신고를 통하여 국가 경영의 체계로 삼고 백성을 교화시켰으므로 신교문화였다. 삼한의 문화가 다르고, 언어가 다르며 피부색이 다른 여러 제 종족들을 다스리고 교화시키기 위해선 무엇보다 강력한 신정체제가 필요했던 것이다.

러시아의 AA 자카로프 박사는 '하투샤 계정의 설형문자'에서 해독된 내용으로 "헷 사람은 국가의 그룹 이름으로 연합이 있어 다른 침략자들을 격파하였고, 서로 다른 언어와 다른 인종의 배경을 말하였으며 언어는 8가지 종류의 언어로 대기업 사람들(9환족)이 적용되었다."고 하였다(고조선은 언어와 종족이 달라도 9환족을 이끌어 전쟁을 하였다는 한단고기의 내용과 똑 같다).

아나톨리아(달의 신-현 터키)는 시리아를 포함한 마한의 지역인데 고대도시가 많이 있었던 지역으로 많은 고고학적 유적지가 있는 곳이다. 이곳은 환인시대에 12분국의 일원으로 '비리국'(프리지아인)이 터전을 잡아 문화를 일으킨 것으로 최저 기원전 8,000년 전으로 유추하고 있는데 실제로 얼마 전 아나톨리아의 남동부 '산리우르파'에서 기원전 8,000년으로 추정되는 유적이 발굴되었다. 이것은 그리스 북부지역에서 일어난 "빈카문화"와 동시대적인 유적으로 보아야 할 것으로 사료된다. 그동안 터키에선 독일, 러시아, 미국 등 서양학자들이 앞다투어 유적과 유물을 발굴하여 많은 성과를 내었고 지금도 발굴 중이다. 대표적인 유적으로 가장 오래된 기원전 5만년 선사시대 유적인 '카스타 모누' 유적과 산리우르파, '하튜샤', '퀼 테페', '카네쉬(Kanesh)', 'Kummanni', '카탈룩' 등의 고대도시의 유적이 있었다.

우리는 지금까지 대다수 사람들은 백두산은 눈이 덮인 산이며 태백산 또한 높은 산으로만 알고 있었을지 모를 일이다. 그것은 우리가 몰이해에서 비롯된 것으로 백두산은 '박산(밝산)'으로 불렸고 , '광명의 흰빛이 나는 산'으로 성소였다. 그동안 강원도의 태백산과 중국의 태백산만을 알고 있었다면 필자가 소개하는 태백산은 세계의 도처에 깔려져 있었던 것이다. 백두와 태백(태페)은 "광명사상을 실현하는 성소"였던 것으로 파악되었다.

2. 히타이트(하나라)의 수도 하투샤(보아즈칼레-백두산, 마한산) 유적

기원전 20세기, 혹은 18세기부터 기원전 1,180년 멸망할 때까지 히타이트(하나라)의 수도이었다. 그곳에서 신전의 입구에 우리의 천하대장군과 지하여장군과 같은 안내석상이 발굴되었다. 이곳에서 단군인 마스터가 제천행사를 집전하는 기록이 히타이트 정제에 나온다. "헷 족속 왕의 의식 행사" 기원전 17~12세기의 봄, 가을의 의식행사가 히타이트 설형문자 텍스트에 나와 있으며 VG Ardzinba 논문에서 ① 히타이트왕의 계절의식, ② 헷 왕의 휴일 구조의 일부(특정적인), ③ 왕, 여왕과 의식이 다른 구성원의 기능으로 발표하였다.

1) 히타이트(하나라)의 의식과 고조선의 환무環舞에 관하여

헷 족속 "왕의 의식 행사의 분석에 전념" 공시있는 히타이트 설형문자 텍스트의 해독으로 기원전 17~12세기의 가장 큰 그룹 중 하나로서 논문으로 만들어진 책으로 VG Ardzinba는 세 장으로 구성되어 있는데 ① 히타이트왕의 계절의식, ② 헷 '왕' 휴일의 구조의 일부 특정 적에 대해, ③ 왕, 여왕과 의식의 다른 구성원의 기능이다. 이 책에서 밝히는 것은 "국가의 가장 중요한 종교 센터(신전)를 하튜사에서 가지는 것으로 왕과 왕비가 폴리스인 하투샤에서 의식을 수행하는 동안, 한 도시에서 온 다른 헷 보호의 신성의 상징인 쿠스(고시), 쿠르사의 왕이 돌(신전의 제단석)에 희생물을 갖다 바쳤다. 특히 가을 축제 때에는 사원 주위의 테두리를 제한적인 원형으로 이동하였다. 사람들이 둥글게 하여(원형) 도는 것은 히타이트 의식의 가장 중요한 요소 중 하나로서 나타내었다. 그것은 큰 관심거리 이지만 히타이트왕의 사회적, 정치적 의무이며 기능으로 지도자의 통치를 반영하는 것이었다(고대역사의 저널 , No. 2, 1983).

봄 축제 시엔 흥미로운 기능이 있는데 의식의 참가자를 중심으로 하는 식품, 의류, 보석 등의 형태로 상호 선물의 절차였다. 왕은 신하에게 하사품을 내리고 신하는 의무적으로 왕과 왕비에게 선물을 바쳤다. 그들은 춤을 출 때 그 씨족과 부족을 대표하는 토템의 야생동물인 곰, 표범, 늑대, 사자 등의 털가죽과 동물인형 등으로 춤을 추었다. 그중 중요한 역할은 참가자의 수를 제사장 12명, 사람쟁기(일꾼)12명, 빵 12개 등으로 헷 족속과 Luwian(루카)의 의식 텍스트(정제)에서 같이 사용된다.

이것은 고조선의 환무(環舞)로서 "단군 16세 위나 단군 시에 구한의 여러 한(왕)들을 영고탑(하튜샤)에 모아 삼신과 상제에게 제사지냈으니 한인, 환웅, 치우 및 단군왕검을 모시었다. 닷새 동안(5일) 크게 백성들과 더불어 연회를 베풀고 불을 밝혀 밤을 지새우며 경을 외우고 마당밟기를 하였다. 한쪽은 햇불을 나란히 하고, 또 한쪽은 둥글게 모여 서서 춤을 추며(環舞) 애한(愛桓)의 노래를 불렀다."(1986, 고 임승국의 한단고기(단군세기) 역저, p. 93 인용)

여기서 환무(環舞)는 끊어지지 않게 둥글게 고리를 지어 춤을 추는 것으로 임진왜란 당시 '강강술래'춤을 연상하면 족할 것이다. 이 환은 고리 환環, 또는 순환되는 환으로 끊임이 없다는 것이다. 또한 5일동안 축제(제사)를 벌였다는데 5, 50은 음양오행서는 토土에 속하며 중앙을 뜻하는데 바로 동그란 원 안의 중간에 진(辰)토, 즉 5가 존재한다는 것으로 중앙은 바로 진한(辰韓)이며 진국(辰)이다.

그리고 5는 원을 구성할 수 있는 중요한 구심점의 고리 역할을 하는데 역학과 주역을 보면 24절기에 토가 사용되는 것은 춘분과 하지, 추분과 동지 4번에 걸쳐 토가 그 역할을 담당하는데 이 4절기 중 토는 4절기마다 18일의 토 용사(用事)를 하게 되므로 그 달의 약 2/3의 역할을 담당하는 것이다. 그러므로 5일 동안 환무를 춘다는 것은 그만큼 깊은 의미가 담겨 있는 축제의식이었던 것이다.

출처 : 독일 고고학 연구소

〈발굴된 하투샤 대 신전의 터〉

고조선은 숫자의 가장 큰 수인 9를 차용하여 이미 히타이트 설형문자 정제에서 언급된 바와 같이 인종과 종족, 언어와 문화의 차이를 극복해 가며 9환족으로서 삼한관경제를 만들어서 통치해 나갔던 것이다. 여기에서 주목할 것은 우리에게 그동안 낯설고 이름조차 잘 모르는 서쪽의 히타이트가 마한의 한 부분이며 한 나라이기에 우리와 같은 환무를 추었다는 것은 우리 고조선의 제후국이기에 가능했던 것이다. 또한 고조선의 제후국들이 함께 모여 제사와 축제를 겸한 행사에 굳이 숫자 12를 고집했다는 것은 12환국의 정신을 기리자는 큰 뜻이 있었을 것이라는 추측을 해 본다(히타이트에 대해선 따로 상세한 설명이 있을 것임).

그런데 네팔에서 지금까지도 환무를 추는 종족이 있다. Kirat(고리의 머리) 또는 Kirati, Kiranti, Kirant 사람들의 토착 민족 그룹으로 히말라야 산맥에서 동쪽으로 확장하여 네팔, 인도, 방글라데시, 버마의 일부까지 아우르는 광대한 지역에서 생활을 해 왔는데 보통 키라티(Kirati-태양 고리의 머리) 사람들이라고 부른다. 키라티(Kirati)는 '고리의 머리'가 된다. 언어학적으론 Likhy 언어인데 네팔지역 동쪽의 민족 대부분은 '키라티'라고 한다. 코시강(고시), 메크강, 메치강 유역이 중심이었다.

그 키라티(고리의 머리 사람들) 사람들의 구성 종족으로는 히말라야권에서 라이, 림부, Sunwae, 네와, 드완, Bahing, Kulung, Parali 종족이며, 티베트 히말라야엔 부티아, 레프종족, 키라테(카스)주 종족에서 몬파, Drukpa이며 카차리종족도 포함된다고 하였다. 이것은 네팔과 러시아 사이의 고고학적 연구 프로그램에서 Yakobiave Shetenko 교수에 의해 밝혀진 것으로 키라테의 석기시대 도구와 기원전 3,000년경의 유물을 발견하였다. 발굴팀은 네팔의 카트만두에서 32명의 왕이 통치한 기록을 발굴하였으며 초기 산스크리트에서 기록된 사냥꾼 부족인 키라타스(Kiratas-고리의 위대한 머리)에서 온 것으로 밝혀졌다. 그들의 문명은 기원전 16세기로 증명되었다(키라는 고리이다). 키라테 종족들은 농사짓는 시작의 계절인 4월과 추수의 계절인 11월에 신성한 나무 아래에서 제사장에(Nakchong, 諾宗(낙종)의 해 경배 의식을 한 다음 '사케라(Sakela-위대한 고리)'란 축제 행사를 가진다. 전통 복장을 하고 남녀노소 구분없이 큰 원을 돌아가며 함께 춤을 춘다고 하였다.

우리의 장구와 비슷한 악기와 꽹과리와 비슷한 악기로 흥을 돋우며 춤을 춘다고 하였다. 그들은 전설에서 큰 강에서 왔다. 그런 다음 작은 강들을 따라서 왔으며 여행 중 오리를 먼저 만났다. 여행 중에 검은 새(까마귀), 사슴, 사향노루를 보았으며 코시(고시)계곡에 정착하였다고 한다. '사'는 위대한이며 '케라'는 '고리'에서 변형된 이름이다.

즉, "위대한 고리족"이란 뜻이다.

이들은 우리의 옥서스강 유역에서 왔으며 옥서스강을 형성하는 판지강과 여러 강이 모여서 옥서스강을 형성하므로 작은 강을 따라 온 것이 되고, 코시 계곡은 고시 계곡으로 '고시'는 환웅시대로부터 내려오는 종족이다. 인도유럽어로 변하여 코시로 변한 것이다. 그들의 환무는 우리가 춤을 추었던 '강강술래'와 같은 '환무(環舞)'를 추었고, 고시 종족으로 우리 민족의 일파가 환웅 말기에 히말라야 산을 통하여 넘어와서 오늘날 네팔의 거대 종족이 된 것으로 보고 있다.

아마 20년 전인 것으로 기억되는데 시사저널이란 주간잡지에서 '부탄'에 대한 특집판을 본 적이 있었다. 부탄인들은 우리와 같은 민속, 문화의 동질성을 가지고 있었다. 절구질, 포대기로 아이를 업고 있는 것, 고추를 지붕 위에서 말리는 행위, 윷놀이와 제기 차기 등 우리 시골의 풍습을 그대로 베껴 놓은 것 같다고 하였다. 부탄과 네팔을 살펴 볼 때 우리 고조선의 초기 정착지가 여실히 드러났다고 보아야 할 것이다. 사실 우리 민족의 종족 중에 '고시족'과 '마리족'은 전 세계에 흩어져 살고 있으며 강과 산, 도시의 이름에도 명명되어 오늘날까지 전해지고 있다. 필자는 뒷장에서 상세히 설명하고 기록할 것이다.

단군 초기인 기원전 22~23세기엔 '쿠사라(고리의 태양)왕국'의 팜바(Pamba)왕이 고조

〈큰 원을 그리며 '강강술래' 같은 춤을 춘다.〉

환무環舞시에 사제의 축복을 내림(네팔, 키라티족-고리의 머리족)

선 마한의 왕이었다(웅백다). 히타이트의 '하튜사'는 기원전 17세기경 '하나라'로 그곳에서 마스터인 단군은 가끔 마한의 백두산(하투샤)에서 천제를 지내었던 것이다.

*쿠사라왕국의 위치는 아나톨리아의 남동쪽에 위치한 황소산 부근으로 알려졌으며 루비안(루카)의 왕국이라고 학자들은 밝히고 있다.

① 단군왕검이 천하를 평정하시더니 삼한으로 나누어 관경을 만드시고 곧 '웅백다'(곰의 흰머리)를 봉하여 마한의 왕이라고 하였다. 달지국에 도읍하셨으니 역시 백아강이라고 하였다. 마한 산에 올라 하늘에 제사하니 천왕께서 조서를 내려 가로되 -(중략)-고 임승국 역, 환단고기의 〈마한세기 상〉

② 단군왕검 51년 운사인 배달 신에게 명하여 삼랑성을 혈구에 쌓고 제천의 단을 마리산摩璃山에 만들었으니, 강남의 장정 8,000명을 선발하여 이들에게 일을 하도록 하였다. 신유 3월 천왕은 몸소 마리 산에 행차하여 하늘에 제사를 지냈다. 고 임승국 역 한단고기의 〈마한세기 상〉

3) 단군세기-5세 단군 기원전 2,099년 "임금께서 태백산에 단을 쌓으라" 명하시고, 사자를 보내 제사를 지내게 하였다(히타이트의 가장 오래된 '테페'로 본다).

4) 15세 대음(후흘달) 단군(기원전 1,634년)-임금께서 태백산에 올라 옛 성조들과 여러 제후국 왕의 공적을 새긴 비석을 세우셨다.

여기서 마한산은 아나톨리아 '하투샤'로 백두산을 말하는 것으로 "위대한 흰(태양) 머리"이었다. 하튜사를 발굴한 학자들은 정제를 통해 논문이나 저술 등에서 공통적으로 '하투샤'는 도시국가 및 소규모 왕국으로서 또는 공국으로 조직, 구성되어 신정정사에 참여했다고 하였다.

그들을 왕자로 임명한 마스터의 위치는 루카Luwian의 남동쪽, 또는 흑해 연안에 있는 국가라고 대다수 학자들은 보고 있으나 정확하게 알지 못한다. 이번에 필자는 러시아 학자에 의해 Luwian(아버지 사람들)의 상형문자 비문(Hartapu-태양의 흰빛나는 머리의 아버지)의 해독문에서 '루카는 산악국가, 황소자리의 나라' 라고 밝혔으며 "투탈리아(Tuthalia-'머리 다리') 위대한 왕', '영웅'이란 해독의 글자를 만나게 된다. 마침 투탈리아는 시리아어로 토하리스탄(고대 박트리아지역과 키르기스탄과 타지키스탄이 합친 지역)이라고 터키 이스탄불 정길선 고고학 교수가 보충 설명해 주었다.

루카(Luwian)의 비문뿐만 아니라 설형문자의 서면에서 종종 그의 아버지 이름을 언급하였으며 투탈리아(Titulature)의 왕과 함께 하였다고 해독되었다. 그렇다 수천 년 동안 우리 한민족이 그토록 찾아 헤메었던 고조선의 시원! 고조선의 초기 강역이 풀리고 있었던 것이다. 바로 히타이트 루카의 마스터(황소나라 아버지-하나님 〈삼신〉)는 화래즘(카래즘)의 유적이 있는 옥서스강을 중심으로 통치했던 고조선이었던 것이다. 루카는 이집트 정제에서 9성국가(9환족)의 일원이라 밝히고 있다(나중에 고조선의 비정과 삼한관경 등에 대해선 별도의 상세한 설명이 있을 것임).

일찍이 마한의 왕으로부터 출발(웅백다)했던 루카연합과 히타이트는 하투샤를 수도로 하고 시리아까지 확장하여 '하나라'의 큰 광역을 보여 주었다(하와 상, 주에 대한 별도 설명). 히타이트는 초기엔 마한의 일원으로 출발하였고, 나중에 '하나라'를 건국하여 '배달의 나라' 고조선의 제후국으로서 약 500년 간 번영을 누렸다.

* 배달의 나라 히타이트-'히타이트 법'(러시아 번역판)에 명시되어 있는데 이것은 기원전 14세기경(약 기원전 1,480년경-텔레피누 히타이트)에 작성된 하투샤의 설형문자 정제의 해독으로 '히타이트법'은 고조선의 8조금법 내용인 12배상(법률의 매우 인도적인 코드) 등을 담고 있다(히타이트법은 별도로 해설함).

우리가 지금까지 알고 있는 태백산은 한반도의 태백산과 중국의 3군데에 산재된 태백산만 알고 있었으나 필자가 연구를 해 보니 세계적으로 이 태백산을 조성하여 신전을 꾸몄던 나라는 이집트를 비롯하여 그리스와 히타이트인 아나톨리아 지방과 이라크, 이란, 이라크, 옥서스강 유역에서 태베(태백)가 발굴되었던 것이며 중남미와 멕시코, 미국의 인디언들도 테백신앙을 가졌던 것으로 멕시코인들은 높은 화산을 테베로 불렀고 미국의 인디언들은 수많은 태백산을 나타낸 것으로 보고 있다.

히타이트는 '테페'라 불렀고 그리스와 이집트엔 테베'라고 지칭을 한다. '베'가 된소리로 하여 '페'로 변화되는 인도유럽어의 전형으로 '테페'(머리 아버지)가 된 것이다. 테베로 발음되는 고대 그리스와 이집트의 "태백산 신전 만들기"는 약 기원전 2,500~3,000년을 상회하는 것으로 볼 수 있는 것은 빈카문화와 같은 곰여신 문화와 동시에 태백신앙인 것인데 소아시아의 "산리우르파 유적"과 같은 성질로 추측된다.

고대 소아시아(아나톨리아)엔 9개소의 테페가 있었다.

이 테베, 테페는 국가이름인 '티벧(Tibet-머리와 머리 아버지)'으로 굳어져 온 것 같다. Tebe와 Tibet는 어원상 거의 같은 것이다. 사실 티베트와 네팔에 산재한 여러 군데의 수도원은 그 성질이 '테베'였으며 인도의 고대 사원도 태배의 성소로서 숭배하였다는 것은 우리의 삼신, 칠성사상이 파키스탄의 '메르가르 문명'(어머니 태양의 고리-기원전 7,000년경)이 인도대륙에 들어가서 인도 신화의 주류를 이루었다는 것으로 이미 인

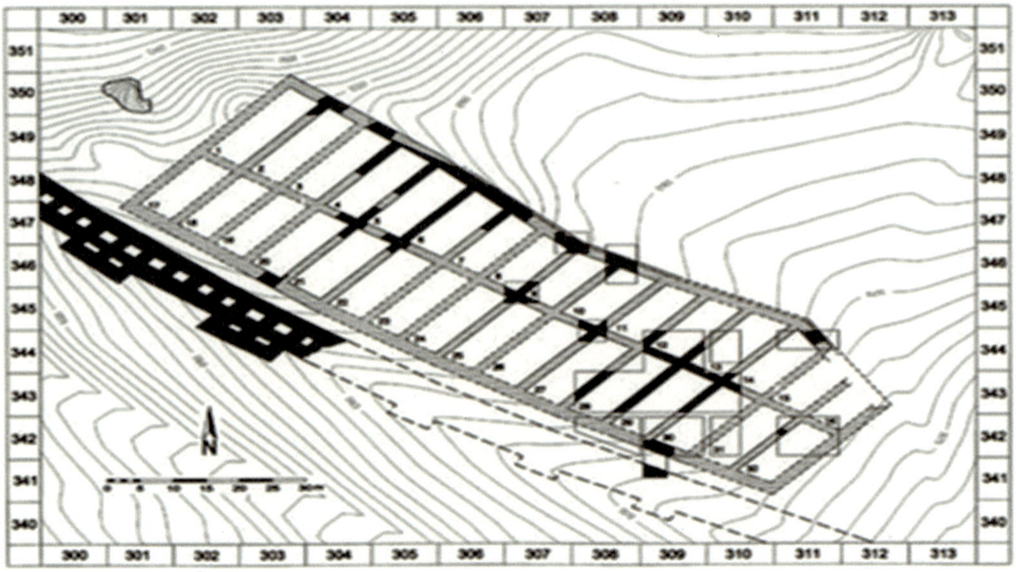

〈'하튜샤' 발굴의 곡물(穀物)단지 배치도〉

출처 : 독일 고고학 연구소

류문화사, 고고학에서 증명되었다. 이 삼신, 칠성사상은 수메르와 이집트의 신화와 더불어 그리스 신화까지 연결되는 영속성과 동질성을 가지고 있는 것이 사실이다.

3. 아나톨리아 지방인 히타이트의 태백산(Tefe–테페)

1) Gobekli 테페(배가 불룩한 산 능선)

하이델베르크 대학교수 '라드 하우프트만'의 지도하에 발굴된 유적지는 남동부 아나톨리아 지역의 터키 북동부 약 12km의 도시 '샨리우르파'로서 약 기원전 8,000~4,000년까지 거슬러 올라가는 의식 사용의 신전터였다. 루카의 황소 산, 빈카문화(세르비아)와 연결되는 구석·신석기시대였다.

〈황소로 표현된 "빗물(우사(雨師))하늘님"〉

출처 : 앙카라박물관

아무다리야 강을 일명 옥서스(Oxus)강이라고 지칭하는데 옥서스(Oxus)는 "처음의 황소"가 된다. 고조선의 마한권역

〈기원전 1,350~1322년 수필루마 1세의 히타이트 영역도〉

* 서편의 하단부에 아르자와 루카(Lukka, 황소산, V)가 보인다.

인 아나톨리아(고대 터키) 중앙 남부에 루카(Luka, Lukka-태양의 고리) 종족이 존재하였으며, 서양학자들의 연구와 루비안(Luwian) 발굴 문서에 의하면 그들은 우수한 선박 건조기술과 숙련의 선원이 있었다고 하였다.

필자가 비정한 '살수(薩水)의 장소가 '루카'종족이 있던 곳이고, 그곳엔 '황소산'이 존재하였으며 우수주(牛首州-소머리 주)이었다. 고대의 히타이트인들은 마한의 구성원으로서 삼신으로 숭배되고, 빗물의 하나님으로 숭배된 황소는 고조선의 상징이었으며 옥서스(Oxus)의 이름에서 증명한다고 본다. 이러한 황소 숭배는 그리스의 '황소넘기'에도 나타나는 것으로 속칭 도리아(Dori'a-달 사람)인의 정체성을 드러낸 것이었다.

〈하튜샤(보아즈칼레, 마한산, 마리산)의 유적〉

〈'하튜샤' 스톰(Storm-위대한 달의 어머니) 하나님 사원의 터〉

〈'하튜샤'(위대한 흰빛나는 머리)의 제단 입구〉

〈'하튜샤'에서 발굴된 도자기〉

〈'하튜샤'의 Sankala(위대한 사람들 고리)의 북쪽에서 재구성한 성벽〉

〈'하튜샤'의 연못, 수영장 발굴도〉

2) 퀼 테페(Kul tepe－고리, 카이세리 지방)

카네쉬(Kanesh)의 고대 도시유적으로 히타이트에 의해 최초로 설립된 도시이며 기원전 21~14세기 경의 유적으로 1925년 베드 르지흐 Hrozny는 1,000 이상의 설형문자 정제를 발굴하였다. 주변 도시 카네스는 아시리아 무역 식민도시라고 하였다. 발굴 도중에 인근 카룸(Karum)에서 설형문자 등 아카이브 정제와 테블릿 등의 유물이 대량 발굴되었다.

어머니 여성 입상으로 기원전 약 5,780년으로 추정.
아나톨리아 문명, 앙카라 박물관에 소장됨.
카탈룩 유적지에서 발굴－곰 2마리를 수행한 다산의 곰 여신으로 '비리국'의 문명이었다.

3) 아나톨리아의 쿰(곰) 테페(Kum tepe)

아나톨리아의 차낙칼레 도심의 남서부 다르다넬스 25km인 카라멘 데레스 스트림의 서쪽에 위치. 처음 1934년 신시내티의 트로이대학에서 발굴 중에 J.L. 캐스키와, J.스펄링에 의해 발견되었다. 뒤이어 트로이 발굴팀과 차낙칼레 박물관은 1993년에 M. Kofmann 대통령의 공동 노력에 의해 발굴을 시작하여 1997년까지 계속되었다. 대략 기원전 3,000~2,600년의 나이로 볼 수 있으며 직사각형의 돌제단과 돌담, 청동바늘, 청동단검, 흑요석, 절단, 연삭돌, 청동기시대의 회색, 갈색, 검정색 음영의 도자기 등이 발굴되어 이스탄불 박물관, 아나톨리아고고학 박물관에서 전시되고 있다.

4) 아르슬란 테페(Arslan tepe-'우리의 태양족 머리 아버지')

아나톨리아의 가장 큰 마운드의 테페로서 북쪽 말라티아 도시의 마을. Orduzu 근처에 위치. 아르슬란 테페는 'L. Delaporte'에 의해 1932년에 시작된 최초의 연구이다. 1961년 로마의 라사피엔자(La sapienza)대학에 의해 발굴을 시작하여 지금까지 계속되고 있다. 마운드는 200m와 120m 크기의 마운드로서 늦은 히타이트 시대/후기 청동기시대/중동 청동기 시대/늦은 Chalcolithic 기간이었다.

5) 이키즈(Ikiz-큰 고시) 테페

토기 인형의 가슴에 새겨진 튀어나온 세 개의 원모양은 삼신을 뜻한다고 보아야 할 것인데 1974년 미국의 Bahadir Alkim 박사에 의해 발굴이 시작되었다. 언덕 2에서 실

〈삼신을 뜻하는 인형들의 가슴에 새겨진 원의 3개 모양〉

시된 연구의 결과는 초기 청동기시대로 형성되었으며 3천년 청동기시대가 끝나는 무렵으로 판명되었는데 진흙과 벽돌 건물이 내장되어 있었다. 발굴의 마운드는 직경이 약 400×200m의 영역으로 발굴된 토기 인형은 삼순박물관에 전시되어 있다.

6) **유무크 테페**(Yumuk tepe–어머니 고리, 머리 아버지)

1937년 영국의 고고학자 존 가스탕에 의해 시작되었다. 초기 연구에 33의 주거층이 발굴되었다. 초기 신석기시대 건물에서 발굴을 시작하여 도구와 도자기 조각을 수습하고 늦은 Chalcolithic 기간에 방어벽으로 둘러싸인 마을형 정작에 소개되었다. 병

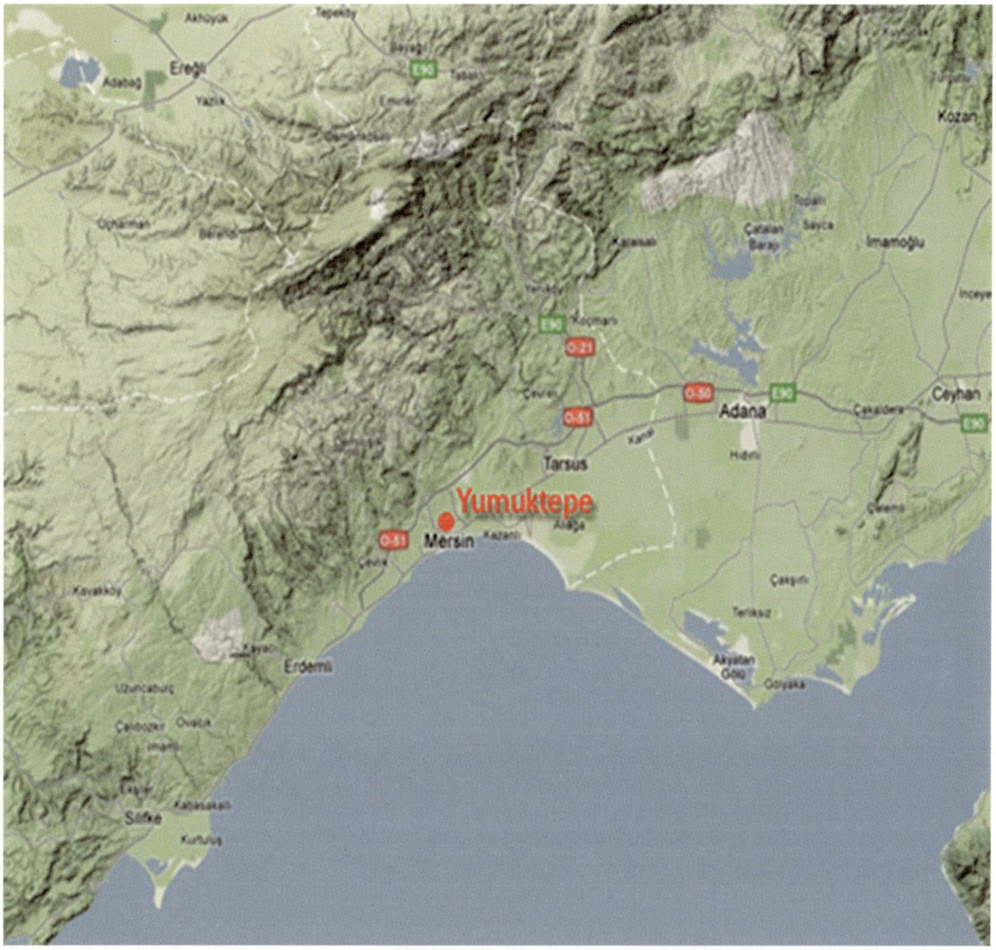

사들은 지방용기, 세라믹, 개인 가구 무덤의 집 옆 벽에 앉아 있다. 중간 청동기시대 기원전 2,000~1,500년 날짜가 기입된다. 칼, 창, 물개, 여성인형, 분출용기가 발굴되었다. 또는 기원전 1,500~1,200년 날짜가 기입되는 유물이 발견되었다. 이 유물은 마운드 메르 박물관에 전시중이다.

7) 리만 테페(Liman tepe-태양의 어머니족 머리 아버지)

아나톨리아 이즈미르에 있는 유적으로 처음 발굴은 Ekrem Akurgal에 의해 1950년에 수행되었다. 청동기시대에 정착하였으며 신석기시대와 Chalcolithic 지역 도자기와 벽으로 둘러싸인 3개의 문화층이 발굴되었다.

또한 가장 오래된 '인공항구'의 구별이 있었는데 수중발굴을 시작하고, 같은 시대의 배를 발굴하여 연구한 결과 대략 기원전 600년경에 사용된 것으로 추정하였다. 이곳

은 서부 아나톨리아에서 가장 장기적인 정착지 중 하나일 것이라고 보고 있다.

8) 데기르멘 테페(Degirmen tepe–머리 고리의 어머니족, 아버지 머리)

이 유적은 북동쪽 23km 말라티아의 타운에서 발견되었다. 마운드는 카라카야댐의 물에 잠겨 있다. 처음 정착한 것은 인형 및 기타 유물로 보아 기원전 5,000년으로 집계되었다. 이곳은 중앙 아나톨리아와 시리아, 늦은 Chalcolithic시대의 무역관계 중요 센터이었다(유프라테스강에서 약 50m에 위치한 댐의 바닥). 단일 컬러의 도자기와 다양성을 통하여 상업 중심지로 생각되고 있다.

9) 투린 테페(Tulin tepe-달 사람들, 머리 아버지)

완전히 호수에 침수되기 전 멜라지그 지방이 약 20km 동쪽에 있었다. 최초 결제는 기원전 5,000년으로 추정되었다.

마운드는 직경이 약 200m×250m이며 발굴된 Ubaid 도자기 문화이다.

초기의 Chalcolithic 기간 도자기는 일반적으로 어두운 색깔의 Bumished 및 코팅된 붉은 것을 붙여 넣는 스타일이다. 테라코타 우상, 돌도끼, 끌, 동물손, 연삭도구, 뼈도구를 발굴하였다.

출처 : 독일 위키

10) 노르순 테페(Norsun tepe-우리 위대한 사람들, 머리 아버지)

이 유적지는 멜라지그주 25km 남동쪽에 위치한 것으로 저수지가 범람하여 1975년 댐을 완공하였다. 수중의 약 35m에 도달한 마운드는 약 500m×300m의 폭을 가지고 있다. 기초 석조건물에서 어도비가 내장되었고 발굴된 도자기는 Chalcolithic 중세로 보아지며 많은 기하학적 모양과 갈색이 주류를 이루었는데 많은 도자기 발굴로 보아 히타이트 제국 기간을 만든 도자기라고 지적하였다.

11) 부유크 테페(Buyuk tepe－아버지 고리)

이 유적은 바이부르트가 마을 내에 위치한다. 약 5km 북쪽 마을에서 마운드는 직경

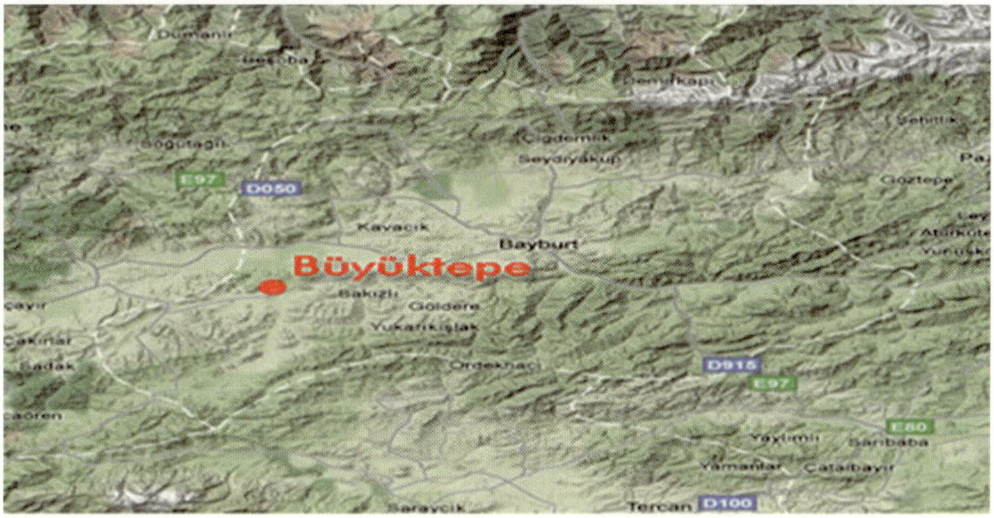

25×180m로 기원전 3,500년으로 보고 있다. 초기 청동기문화시대의 도자기 조각에 속하는 마운드 카라문화에 속한다.

12) **틸키테페**(Tilki-달의 고리)

13) **고대 아나톨리아**(터키어 : Anadolu, Anatolia-달의 신) **정착지**

출처 : 독일 위키

4. 그리스의 테베(태백)

그리스의 태베는 9개소이다. 스파르타(Sparta), 아르고스(Argos), 올림피아(Olympia), 미케네(Mycenae), 코린도(Corinth), 시콘(Sikyon), 아테네(Athens), 테베스(Thebes), 델피(Delpmi)이다.

그중 고대 태배Thebes는 신화에서 도시의 설립은 '카드모스'에서 비롯되었으며 아테네의 북서부 보이오티아의 중심지에 설립되었다. 이 테베의 도시는 기원전 6세기의 오랜 기간 동안 그리스에서 지배하는 가장 강력한 고대 그리스 도시 중 하나였다. 이 고대 태배는 그리스의 고대도시 형성에 따라 신전을 지었고, 그 신전마다 테베가 있었다고 전해지는데 상기와 같이 9개소의 태베 성소가 있었던 것이다.

1) 그리스의 파르테논(Parthenon-광명의 머리 신) 신전

2) 그리스 아르고스(Argos-우리 고시)의 테베(성소)

3) **그리스 코린도**(Corintho-고리 사람들의 흰빛나는 머리)

4) **그리스 미케네**(Mycenae-어머니 고리 사람들)**의 성소**(테베)

5) **그리스 시크요나의 성소**(테베)

5. 옥서스(Oxus-처음의 황소) 강 근처의 태배

우즈베키스탄과 아프가니스탄의 국경지대의 테르메스에 Dalverzin태페와 카라(Kara) 태페(Qarah tappeh, fayaz, firuz) 태페가 있다. 이 지역은 박트리아권(고대 토하리스탄 영역)을 포함한다. 이 테르미즈에 달베진(Dalverzin) 태백산(tepe)이 있었다.

6. 박트리아(토하리스탄)의 태베(2군데의 테베)

1) 패야즈(Fayaz, 태페-처음 아버지), 테르메스(우즈백)

2) **카라테페**Karatepe(고리)**와 테르미즈**Termiz(달의 어머니) **고대유적지**

이 지역은 고대 박트리아 권이었다.

투탈리아(Tuthalia)−시리아어로 고대 토하리스탄. 박트리아 권역엔 Dalverzin tepe(달의 광명)와 달 태페(Tilia tepe)가 있었다.

7. 아프가니스탄의 Tilia tepe(달의 머리 아버지) 에서 나온 금관과 장식품

＊신라의 금관과 아주 흡사하다.

〈금 왕관〉 〈금 장식품〉

〈터키석 반지〉 〈금 갑옷〉

〈금 목걸이〉

〈금팔찌〉

"골든 힐"이라고 불려지는 이 유적지는 아프가니스탄 북부인 Jowzjin 근처에서 1978년 1차 발굴하였고, 러시아 고고학자 Sheberghan에 의해 발굴을 하여 많은 금세공의 부장품을 발견하였다. 주로 기원전 1세기와 서기 1세기경의 보물들로 목걸이, 금관, 벨트, 귀걸이, 팔찌, 터키석의 반지 등 다양한 보물들인데 특히 기원전 123~88년의 파르티아 왕의 무덤에서도 금화와 함께 보물이 발견되었다. 발굴된 보물은 아프가니스탄 국립박물관에 소장되어 있다. 특히 Tilia tepe에서 발굴된 금관은 신라의 금관과 아주 흡사하다.

8. 투르크메니스탄의 알틴 테페(Altyntepe–얼이 있는 머리 아버지)

박트리아 고고학 사이트 근처의 유적으로 기원전 3,000~2,000년에 거주한 흔적이 있고, 특히 기원전 2,200년으로 보이는 바퀴가 달린 운송 수단을 발굴하였다. 낙타가 그려진 '카트'의 모델이었다. 이 운송수단(카트, Cart)으로 중앙아시아에서 전차가 퍼져 나간 것을 알 수 있는 대목이다.

1) 고누르(Gonur–우리 칸) 테페

약 55헥타르의 고고학 유적지로서 투르크메니스탄에 거주한 인도–이란 사람들로 약 기원전 2,500~2,000년으로 추정되며 투르크메니스탄의 수도인 '메리'지방으로 본다. 러시아 고고학자에 의해 발굴된 이 유적비는 궁전과 요새, 벽돌 인클로져, 화재에 소실된 사원의 제단을 발견했다. 초기 청동기시대의 고대 거주지도 발견되었다.

2) 나마즈가 테페(Namazga–어머니의 위대한 고리)

박트리아 고고학 유적지로서 청동기시대 사이트이다. 국경 근처의 유적지로서 약 기원전 2,500년 연대기를 표시한다. 대략 60헥타르 크기의 유적지로 기원전 1,600년으로 추정되는 관개시설은 아나톨리아 모델과 같은 '도시혁명'으로 보인다. 또한 후기 청동기인 Srubna문화(우크라이나 청동기시대-구덩이 문화)와 Poltavka문화(기원전 2,700~2,100년의 초기 청동기시대로 볼가 강, 카자흐스탄 다라 사마라강 계곡의 밴드 유적 문화)와 비슷하다. 그 외에도 Aldepe(얼이 있는 머리), Ulugdepe(우리 고리의 머리), Gokdepe(고리의 머리)가 있는데 공식사이트는 없는 것으로 조사되었다. 그러므로 투르크메니스탄의 테페는 6개소이다.

9. 아프가니스탄의 푸로(Fullol) 테페(광명), 틸리야Tilia(달) 테페Tepe

아프가니스탄 북부에 위치한 박트리아권 유적지로서 옥서스문명(Oxus)의 첫 번째 증거를 제시하였다. 1965년 농부에 의해 발견된 이 유적은 바글란주와 사이 계곡의 교차점에 있었으며 대략 기원전 2,600~1,700년경으로 보고 있다. 인근 산에서 추출된 청남석, 청금석은 널리 거래가 된 듯하다. 특히 바다흐샨에서 용기의 디자인에 일찍 무역과 문화 교류가 광범위하게 나타내는 사슴, 멧돼지, 수염황소 등의 동물 이미지를 포함한다(2011년 대영박물관). 특히 틸리야태페에서는 금장식이 대거 발견되었다.

10. 이란의 "지로프트"문명의 테페

지금의 시스탄오발루체스탄주와 케르만주에 존재하였다는 고고학적 문명으로 기원전 3,000년 후반의 청동기시대이다. 표준 유적으로는 지로프트 근처에 있는 할릴강(Halil river)지역의 코나르(Konar) 산달(Sandal)이라고 한다. 다른 중요한 유적지로는 샤르에 수헤베(불타버린도시), 테페(Tepe) 밤푸르(Bampur), 테페(Tepe) 야야(Yahya), Firuz 테페, 고딘테페, 에스피에데즈(Espiedej), 샤다드(Shahdad), 이블리스(Iblis)가 있다.

1) 테페(Tepe) 야야(Yahya)

이란의 케르 90km 남쪽의 도시로 바프트의 도시와 90km 남서쪽인 지로프트지역. 거주는 대략 기원전 5,500년으로 보고 있으며 기원전 약 3,000년dml 도시는 도자기 생산 중심지였다. 엘람의 영향을 받았다고 보았으며 정제에 원시엘람 비문이 발견되었다. 이 싸이트엔 높이 약 20×187m의 원형 마운드가 있는데 피바디고고학 박물관과 하버드대학교의 자금으로 공동 발굴을 1967년에서 1975년까지 6년에 걸쳐 하였다. 대략 기원전 2,600~2,400년으로 추정하였다. '지로프트Jiroft'는 이란 문명의 이름이다.

2) 테페(Tepe) 밤푸르(Bampur-아버지, 어머니의 광명)

이 고고학 유적은 이란의 시스탄과 케르지방의 '코나르 샌들' 근처의 사이트로 '할릴강' 영역에 있었다. 기원전 2,500년경의 고고학적 유적지로 초기 청동기의 지로프트(Jiroft) 문화라고 부른다. 이 근처의 사이트에서 야야테페, Shahdad, 탈, 이블리스가 있었다고 한다.

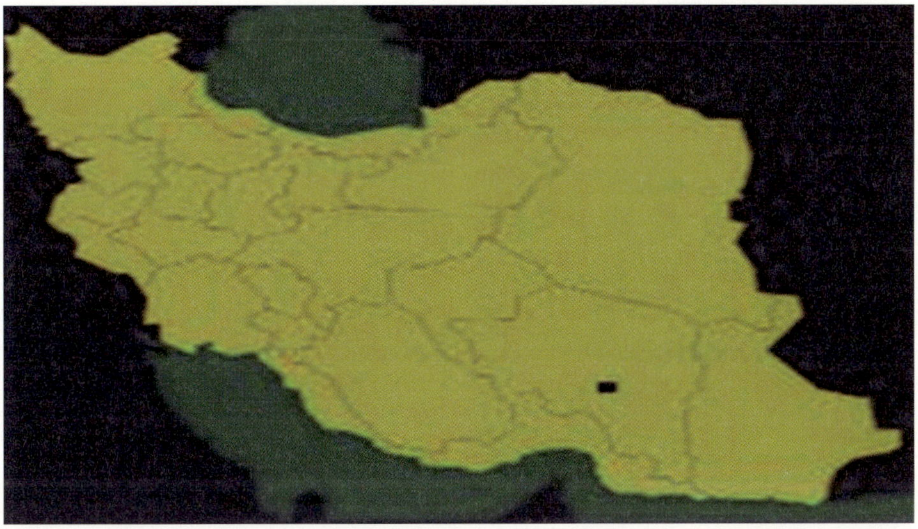

〈이란의 '테페(Tepe) 밤푸르(Bampur-아버지 어머니의 광명)'-우측하단〉

3) 테페 Sialk(위대한 얼의 고리)

이란 남서부의 카샤이란 도시는 선사시대 사이트로 1999년부터 2004년까지 이란 고고학자에 의해 지구라트가 발견되었다. 기원전 3,700년으로 추정하고 있으며 독일 고고학 연구소에서 구리광석의 제련은 기원전 5,000년 전으로 추정하고 있다. 아마도 기원전 3,000년부터 직사각형 벽돌로 집을 만들었고, 인간과 동물그림으로 장식된 아름다운 도자기를 생산했다.

〈Marlik 테페 발굴〉

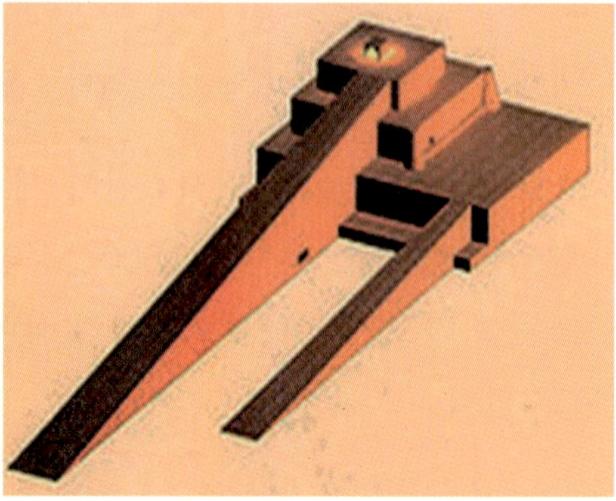

〈지구랏트 복원도〉

〈테페 Sialk〉

〈Marlik 테페 발굴〉

〈Marlik 테페 발굴〉

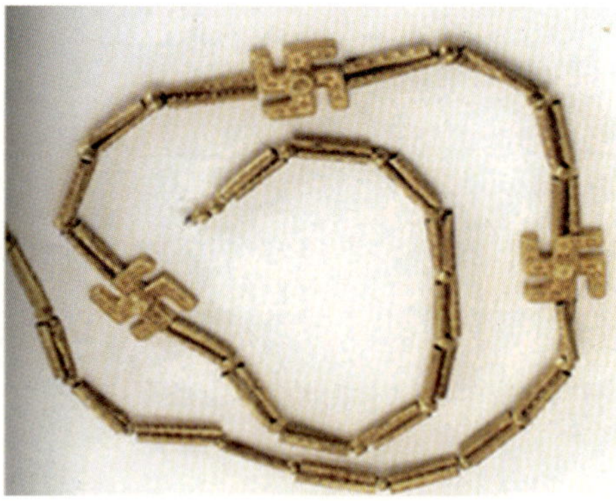

〈절 '만'자가 이채롭다〉

4) Marlik 테페(또는 Cheragh 알리 테페)

이란 북쪽 골짜기의 Gohar Ruds의 지류 '세피드 루즈지방' 고고학 사이트이다. 1961년부터 1962년까지 발굴동안 왕실의 묘지가 발견되었다. 대략 기원전 3,000년 동안 그대로 있었던 수천 개의 교묘한 유물을 발견하였는데 많은 금 장식을 수습하였다. 그 중에서 정교한 세공술의 금잔은 가히 발굴의 백미였다. 사람의 손길이 닿지 않았던 무덤으로 예술적인 정교함과 그 희귀성, 역사의 중요성은 너무나도 크다. 유물에서 두 날개가 달린 금으로 세공된 '황소'를 발굴하였다. 금잔과 더불어 염소, 황소의 금세공 유물은 기원전 2,000년경의 섬세한 야금 기술과 장인의 기술 능력을 보여주었다고 한다.

11. 이라크의 요르간 누지 테페(일명 가수르 테페)

아카드어로 '가수르'이며 '누지Nuzi'로 불리는 이라크 키르쿠크의 남서쪽의 고대 메소포타미아의 도시이다. 1925년 유적을 발굴하였는데 선사시대부터 파르티아, 사산제국에 이르기까지의 다양한 소재가 발굴되었고, 가장 중요한 것은 아카드어로 약 4,000점의 점토판을 발굴했다. 이 점토판으로 도시의 법적, 상업적, 군사적 활동에 관하여 많은 식견을 제공하였다. 그 중에는 창세기의 라반과 제이콥 이야기의 초기 버전이 포함되어 있다. 후르리인의 테베였다.

12. 멕시코의 테펙(Tepec)

시트랄테페틀(Citlaltepetl-고리 달이 머리 아버지) 산은 "별의 산"이란 뜻의 5,636m의 오리자바 화산(성층화산)으로 멕시코에서 가장 높은 산이며 북아메리카에서 세 번째로 높은 산이다. 시에라네바다 산맥의 끝이며 베라크루즈주와 푸에블라주의 경계에 있는 산이다. 현재는 화산 활동을 하지 않지만 완전히 멈춘 것은 아니다. 이 산의 이름은 합성어로 되어 있는데 시트랄과 테페가 합성으로 이루어진 것으로 멕시코의 포포카테페틀(Popocatepetl)이고 활화산으로 3,505m이다. 또한 멕시코에서도 여러 곳의 테펙 Tepec이 발견되었는데 Malinal tepec(우두머리 신의 얼 머리 아버지), Acatepec(고리 머리의 아버지), Cuautepec(카우 머리의 아버지), Tetipac(머리의 밝은), Istmo de tepec(처음 온 머리의 아버지), Neste tepe(처음 머리의 아버지)로 조사되었다.

1) Acatepec(고리 머리의 아버지)-**멕시코의 게레로**(고리의 태양) **남쪽, 서쪽에 위치한 성소이다.**

출처 : 미국 위키

〈Acatepec(아카태펙)〉

2) Malinal tepec(우두머리 신의 얼, 머리 아버지)-**역시 멕시코의 게레로 남쪽에 위치한 태백의 성소이다.**

출처 : 미국 위키

〈테오티우아칸Teotihuacàn(태호, 치우의 칸) 유적지〉

13. 과테말라의 테페(Tepe)

사카테페케스주(Sacatepe quez)와 수치테페케스주(Sachitepe quez)는 합성어로 이루어진 이름의 행정지역이다. 중간에 테페가 반듯이 붙어 있다.

14. 니카라과의 오매테페(어머니 Tepe) 섬

중앙아메리카 최대의 담수호가 있는 콘셉시온산(활화산)과 마데라스(휴화산)이 붙어 있는 지역에 오매테페(어머니 Tepe) 섬이 있다.

15. 수메르문명권의 국가 "수사"의 테페(Tepe)

Haft tepe(태양의 아버지 머리)에 대해선 자료가 오픈되어 있지 않다.

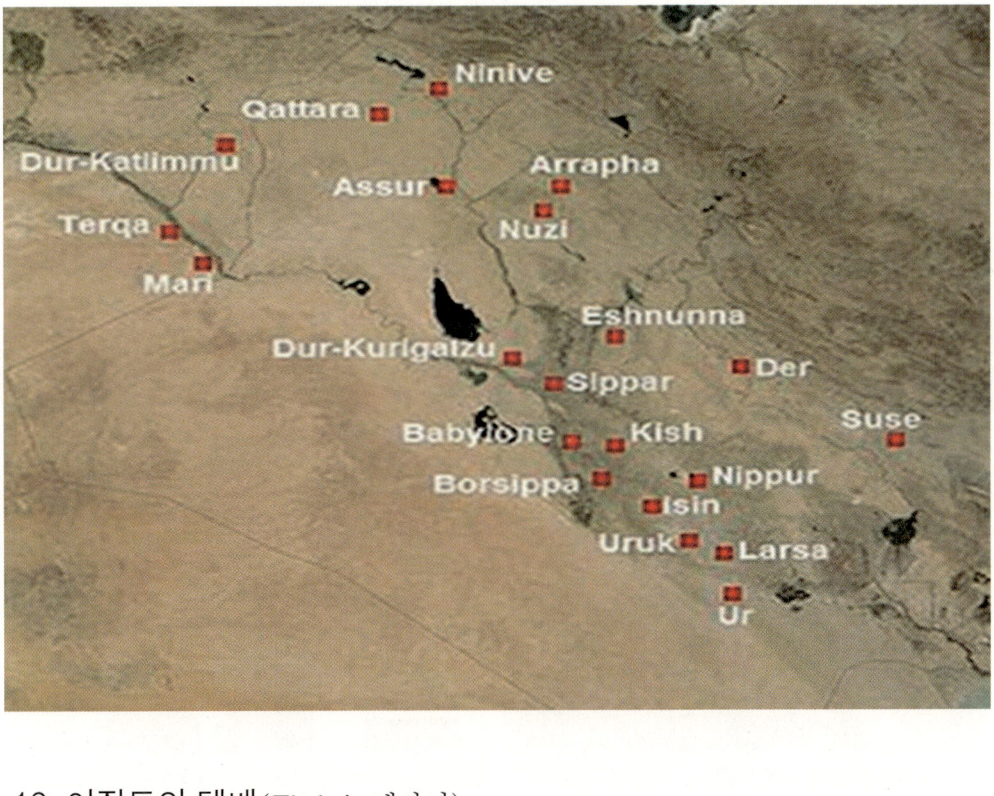

16. 이집트의 테배(Thebai-테바이)

이집트 카르낙크(Karnak)의 나일강 서쪽에 위치한 고전 이집트의 태백. 그리스어에서 채택된 'The bai(테바이-태페, 태백)'로 호칭되며 그리스 테배는 기원전 약 5세기에 테베의 아문(신전)이 있었는데 '호머의 일리어드'에서 증명된 바와 같이 테베는 '백(흰색)'으로 두 도시와 구별이 되었으며 7개의 문이 있는 '태베'이었다. 이집트 테바이의 네크로 폴리스에는 기원전 약 3,200년 전부터 사람들이 거주하였다. 11왕조인 중간왕국엔(기원전 2,000~1,700년)에는 이집트에서 가장 큰 도시(멤피스)로 성장할 수 있었다. 테바이는 기원전 664년 아시리아 군대에 의해 파괴된다. 룩소르 사원과 카르나크 신전, 왕들의 계곡과 퀸즈의 발리는 고대 이집트의 위대한 업적인 것이었다.

＊여기서 바이(Bai)는 우리말의 '아바이'와 같다.

1) **룩소르**(Luxor-우리 태양) **테바이**(태백)

그리스어로 Lux는 '빛으로부터' 시작하여 영어로는 '밝기의 세기'(조명도)로 나타내었다. 밝음은 광명이며 '바르'(수메르어로 광명은 '바르')이다. 이 광명사상을 나타내기 위하여 큰 신전을 짓고, 높은 곳에 큰 돌로 새겨 숭배하였던 것이다.

세계에서 가장 큰 야외 박물관 유적으로 사원에서 룩소르와 카르나크는 도시 내에 있었다. 룩소르는 하나님의 영광스런 도시였다. '왕권의 도시' 그리스인들은 여기서 '테바이'를 보고 따라서 '테페'를 지었으며 로마도 따라 행하였다.

이 도시와 구별되는 남부의 헬리오 폴리스엔 예배의 주요장소로 북쪽을 중시했다. 이 도시는 문이 100개 있었던 도시로 이집트어로 'Lunu-Shemaa'라고 호출하였다. 멤피스와 함께 남부 테바이의 도시는 북부 카르나크 태바이와 함께 이집트 11왕조부터 20왕조까지 고대 이집트의 주요 정치, 종교, 군사의 중심지로 증강되었으며 이집트인들은 아프리카 수단과 가나안, 페니키아와 시리아를 상대로 한 큰 부를 축척했다. 이 도시는 같은 민족에 매력이 있었으며 바빌로니라, 미탄니, 아나톨리아의 히타이트족, 가나안, 우가리트, 페니키아와 지중해의 비블로스, 타이어, 미노아, 크레타 등

에서 서로 어울려 결혼하였다고 한다. 훗날 이 사원은 태양신 '라(La)'에 연결시켜 새로운 달의 신 등을 만들어 같이 숭배하였다

2) 카르나크(Karnak) 테베(Thebai) 신전(고리족, 흰빛의 머리 아버지)

이집트 18왕조 예배의 중요 성소로서 '태베 인조하나님과 아문의 머리'로 기념비적인 도시였다. 이 단지는 캄보디아의 '앙코르 와트 사원' 후 광대한 야외박물관으로 세계에서 두 번째로 큰 고대 종교 사이트이다. Mut지역은 고대 지구와 신성에 최선을 다하고 있지만 아직 완전하게 복원되지 않고 있다. 이 '카라나크' 사원은 다른 도시의 사원과는 다른 점을 개발하여 사용되고 그 사용된 앞 시간의 길이만큼 건물에 기여하였으며, 다양한 특징이 몇 군데 발견되고 있다. 처음에 이집트 11왕조 시대의 사원은 지구여신의 초기 신들에 전념하였고 작은 여덟 사원이었다. 초기 건물은 침략자에 의해 파괴되었다.

18왕조시(기원전 1,543~1,292)에 대부분의 건물을 새롭게 지었고, 투드모세 파라오는 성전의 부지도 추가하여 개발하였다. '카르나크' 마을 이름은 1668년 선교사 형제에 의해 증명되고 출판되었다.

특히 남·북의 테베(테바이)를 관리한 지방정권의 이름이 “아문 대사제단”이라고 하였다. 람세스 11세의 치세기에는 이 신전관련 토지의 2/3, 선박의 90%, 수공업의 80%를 소유했다고 한다. 물론 18왕조에 건립된 ‘콘수 태바이’도 있다.

〈룩소르(Luxor) 테페 신전의 전경〉

〈카자흐스탄의 '카라테페(고리)'〉

〈키프로스 도자기(기원전 1500~2000)〉

〈콘수 태바이(칸의 위대한 머리 아버지) 사원의 정문〉

〈청동잔과 명문이 있는 청동그릇〉

출처 : 테르메스 박물관

＊네팔의 테베(Theba)

네팔의 키라트부족(Kirat-고리의 머리)은 전통적으로 Chasok Tangnam이란 의식으로 첫 수확을 할 때 림부 부족의 조상의 여신인 삼망(Sammang)과 하나님 테바(The ba-머리 아버지), 다른 신들께 감사의 예배를 올린다고 한다. 키라트부족과 Yakkha(밝은 고리)부족, Sunwar(위대한 사람들의 광명)부족, 기타 키라티 사람들이 같은 시간에 전통과 자신을 위하여 하나님께 제물을 바치고 다양한 작물을 수확하게 해준 신들에게 감사의 예배를 드린다.

여기에서 눈여겨 보는 것은 '테바(테베)하나님'이란 용어이다. 그들은 오래전부터 그들 조상들이 태백의 성소에서 예배를 하였기에 지금까지 전통을 따르고 있는 것이다. 이 부족들은 네팔의 높은 산 '카트만두' 산이 테베산일 수도 있다. 이 Chasok Tangnam(자숙의 머리족의 어머니)의 차속은 자속이 되며 우리말 자숙(慈肅)으로 어머니를 공경하는 의식, 즉 테바(머리 아버지) 하나님을 공경하는 의식으로 보인다. 이 '테바 하나님'을 공경하는 의식으로 볼 때 티베트, 네팔, 부탄까지 환웅시대와 고조선의 신정통치의 영향을 받은 것으로 인류 문화사적으로 증명이 되는 것이다.

17. 프랑스의 카르나크(Carnac) 테백(Tevice)

프랑스의 브리트니섬의 모르비앙지구 카르나크에서 기원전 4,000~2,000년으로 보이는 고대 고분의 산등성이에서 발굴, 그곳에는 많은 '선돌'이 발견되었다. 이집트의 '카르나크 신전' 이름이 왜? 여기에 같은 이름이 존재하는가?에 대하여 고고학자들

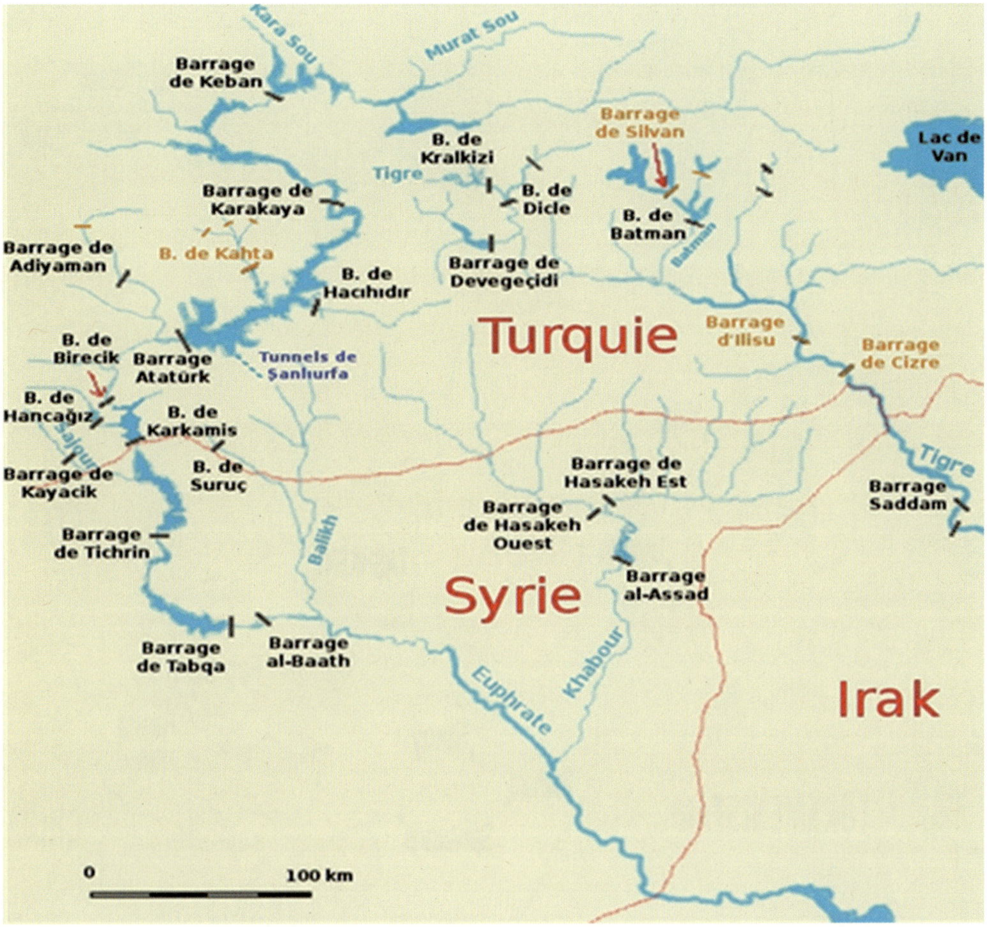

출처 : 프랑스의 시리아, 이라크 등의 지도

* 우측 상단의 Lac de van은 태양의 머리 아버지 사람들이 되며 터키와 시리아, 이라크 북부 등이 거의 바라게(Barrage-광명의 고리)로 분류되어 있으며 지명마다 이름이 조금씩 다르지만 공통적으로 Barrage-광명의 고리가 있다.
같은 정체성인 Barrage-광명의 고리는 동맹을 나타내는 9환을 의미한다 할 것이다.

이 연구해야 할 과제로 본다. 필자는 이집트 문명과 지중해 문명이(기원전 40세기의 기시 문명) 초기 아리안(환웅족)에 의해 전승되었을 것으로 보아 이 테베는 동지중해로 정착한 환웅의 백두, 태백족의 신앙인 것으로 보아야 할 것이다.

〈주변 옥서스(아무다리야 강)의 9환족 일부국가의 지도〉

18. 헝가리의 테페(Tepe), 슬로베니아의 테페

헝가리 치하이-비하르 지구의 그레이트 플레인 북부의 지역이고 동부 헝가리에 있는 마을 이름이다. 테테의 성소에 관해선 아무런 자료가 없다.

다만, 이곳이 '빈카문화'의 중심지였음에 '테페'는 그 역사성이 있다고 보아야 할 것인데 실로 '테페'는 환웅시대의 백두, 태백사상으로 성소를 모신 지역이었다. 아마도 현지답사를 하게 되면 상세한 자료를 얻을 수 있을 것 같다. 커버 면적은 23,22km이다. 슬로베니아의 Litija 지역에 테페(Tepe)란 지명이 발견되었는데 상세한 것은 알 수 없다.

19. 키르키즈스탄의 테베(Tebe)

키르기즈스탄에 8개소의 태베가 존재하는데 Ketmentebe, Korgontebe, Karatebe, Sarytebe, Tash-Tyube이다. Ketmen'tebe는 "어머니 머리족 테베"이고, Korgontebe는 "고리(코르)의 칸(곤) 테베"가 되며, 카라테베Karatebe는 "고리의 테베"가 되고, Sarytebe는 "위대한 테베"가 되는 것이며, 타스튜베(Tash-Tyube)는 "위대한 머리 테베"였고, Alim-Tepe(어머니 얼의 태페), Chongtebe, 카룰테베(Karool-Tebe)도 발견되었다. 이 8개소의 테베를 통하여 '키르기즈스탄'이 고조선의 9환의 '고리'의 국가라는 것이 증명되는 것인데 공식 고고학 사이트는 없는 것으로 알려졌다.

20. 우즈베키스탄의 테파(Tepa)

키질테파-테페(Kyzyl Tepa)와 토이테파(Toytepa)가 지명에 나오는데 공식사이트는 없다. 테페(Tepe)나 테파(Tepa)는 같은 어원으로 파(pa), 페(pe)는 같은 아버지의 이름인데 변형이 된 것이다.

21. 카자흐스탄의 토배(테베-토배)

Aktobe, Ushtobe, Sortobe(Sortyube), Karatobe(지역은 다르나 같은 지명으로 2개소)로 5개소이다. 다른 지역엔 태베, 태페로 이어지는데 이 나라에선 토베(Tobe)로 표기되며 발성한다. 머리인 투(Tu)가 테(Te)로 발음되다가, 토To로 변한 것으로 그 어원은 변함이 없다. '테바이(Tebay, Tebai)도 같은 테베가 되는 것이다. Sortobe(Sortyube)는 "위대한 머리 아버지"가 되며, Ushtobe는 "처음 머리의 아버지"이고 Karatobe는 "고리의 머리 아버지"가 된다. 이 테배로 보아 '머리의 고리족'이 '태배의 성소'를 숭배한 것을 충분히 이해하게 되는 것이다.

22. 북아프리카 알제리의 태배

알제리의 북동부에 위치한 태배사(Tebessa–위대한 태배) 주가 있다.

현재 인구는 약 66만이다. 공식적인 사이트는 없는데, 광역의 지방이 전체 '테베'이다. 지명을 해독한 바 '고리와 타르(타리), 고시'의 지명이 많이 있으므로 고조선의 마한의 권역으로 비정하는데 인접한 리비아는 그 왕이 직접 마한의 동맹에 참전하였으며 루카 등 9환족이 이집트와의 전쟁에 참전하였으며 리비아는 6,000명의 전사자가 발생하였다(람세스 3세의 '빈소사원'의 기록–바다 사람들). 이런 9환의 동맹으로 보아 크레타의 섬, 이탈리아를 포함하여 '리비아'가 고조선의 마한권역으로 분류되었다.

전 아프리카의 지명을 해독, 해석하게 되면 많은 페베, 테페가 나올 것으로 짐작하고 있다.

제4장
환웅과 단군시대의 곰 문화는 만들어낸 신화인가? 아주 놀라운 역사의 진실인가?

1. 언어학적인 고찰(쿠미어, 코미어, 쿠만어, 뉴기니어 등)

1) 곰 언어

(1) 아라시(Arsi) 콤(Kwom-곰) 타리어(Tari-위대한 우리-곰의 달)

파푸아 뉴기니 부족의 언어로 언어학자 '말콤 로스'에 의해 제안된 언어이다. 이 언어는 아라이어(아리랑의 '아라리'와 흡사)족과 콤타리, 바이바이어족으로 나눠진다고 한다.

아라시(Arsi 콤(Kwom 타리어(Tari)에서 아라시(Arsi)는 '위대한 우리'가 되며 콤 타리(Kwom tari)는 '곰의 타리(달)'가 됨에 고조선 권역을 '타리'라고 불렀던 바 고조선의 9환종족에서 비롯된 언어로 본다.

(2) 피니어족 중의 곰 언어인 콤바(Kom ba)언어 쿠무키오(Kumukio) 언어

쿠무는 원형이 구무가 되며 인도유럽어의 프로토 조어 현상으로 살펴보면 쿠무는 코미, 쿠미, 코머, 코마, 카마, 케미, 키미로 불려지며 모두 곰이 된다. 고대에 '마'는 어머니로 '바'는 아버지로 호칭되었다. 이것이 시간이 지남에 따라 모모, 마마, 바바로 불렀고 미국사회에선 '파파'를 아버지라 호칭하고 있다. 그러므로 '콤바언어'는 곰아버지 언어가 되는 셈이다. '쿠무키오'는 역시 곰인데 '키오'는 '고리'의 키(Ki)로서 '고리'를 수식하는 단어이다.

(3) 카인안투(Kainantu) 고로카(Koroka-깨우친 신의 머리, 고리) 언어

이 언어종족에서도 곰 언어가 발견되고 있다. 기미(Gimi) 언어와 카마노(Kamano) 언어가 있다. 역시 기미는 곰의 변형이며, 카마 또한 원형인 가마에서 온 것으로 곰이다. 여기에서 '카인안투'를 살펴보자. 카인은 강상원 언어학자의 이야기 처럼 까인은 까진, 깨친 사람으로 해석된다고 하였는데 그렇다면 '안(An)'은 앙으로도 불리며 '신(神)'

이며 하나님이란 뜻이다. '투'는 머리를 뜻한다. 인도유럽어에 투, 타, 테, 티, 토는 전부 머리(頭)를 뜻하며 마리가 되는 것이다. 조합해서 해석해 보면 "깨우친 신의 머리 민족" 고리족 즉, 백두민족(고리족)을 말함이다.

여기에서 부연 설명을 더 하자면 '코로카'의 코로는 원형이 고로이며 인도유럽어의 표현을 빌리면 코로는 카로, 키르, 쿠르, 케르, 칼라, 카라, 카리, 크리, 코리 등으로 표현되는데 전부 고리족이다. 고리족에서 고구려가 나온 것은 모두 알고 있으리라 생각한다.

(4) 리쿰(Likum-태양의 곰) 언어

역시 쿰은 곰이다. 리족(태양족)은 12분국과 9환족에서 갈리어 나간 종족으로 웅족을 곰부족으로 하여 많은 방계 부족과 씨족이 세계로 흩어져 나갔다.

'리Li'는 '라'의 변형으로 태양인데, 이 언어를 사용하는 사람들은 현재 파푸아 뉴기니의 마누스지방의 알마누스섬에서 생활하고 있는 사람들의 언어이다. 쿰(Kum)도 '곰'이다.

(5) 콤조(Komnzo-위대한 곰) 언어

파푸아 뉴기니의 로쿠 마을에 사는 사람들의 언어이다. 콤(Kom)은 '곰'이다.

(6) 콤얀다렐(Komyandaret) 언어(곰의 신 달의 머리)

이 언어는 인도네시아 언어와 많이 닮은 언어라고 한다. 콤(Kom)은 바로 '곰'이다.

(7) 고마라(Gomara-태양의 곰)어

이 언어는 아프로아시아어족의 베르베르어파에 속하는 언어로 그 지파인 제나티어군 중 하나인 '고마라어'이다. 베르베르어는 모로코와 알제리에서 주로 사용되는 언어들의 집합체이다. 고마Goma는 '곰'이며 '라(Ra)'는 '태양'으로 "태양의 곰"이 된다.

(8) 고마이(Goema-어머니 곰) 언어

이 언어는 서 차딕(챠드) 언어로 아프로아시아어족인 니제르, 나이지리아에서 주로 사용하는 언어의 가족이다. 이 중에 앙가스(카스신-고시신)군의 한 지파 언어이다. 앙가스는 환웅천황시대부터 내려오는 '고시'족의 이름을 따서 가스라고 하였는데, 지역에 따라 모음이 변화되어 고시는 가스, 구스, 기스, 고사, 고세, 구시 등으로 나타내며 인도유럽어의 영향을 받으면 파열음이 나와서 코시, 카스, 쿠시, 쿠스 등으로 발음이 된다. 이 '앙가스'는 원형 그대로 발성되므로 인도유럽어의 영향을 받지 않은 언어로 기원전 2,500년 전으로 추정해 볼 수 있는 것으로 '앙'은 안(An)으로 신이 되므로 '고시신'이 되고 우리의 삼신을 말함이다. 같은 곰 언어 이다. 고마이(Goemai)에서 마이(Mai, may)는 '오마이'에서 온 이름이다.

아버지는 '아바이'라고 불렀던 것은 중앙아시아권의 키르기즈스탄과 카자흐스탄의 지명에서 더러 발견되고 있다.

(9) 케만트(Kemant－곰 사람들의 머리) 언어

이 언어는 '케마'에 자음 ㄴ이 붙어 케만사람으로 변하였고, 역시 '트'는 투, 타, 티, 트로 나타나는 전형적인 인도유럽어의 표현인 머리(마리)를 나타냄이다. 그러므로 캐만머리족의 언어가 되는 것이다. '캐마(Kema)'는 코마, 쿠마, 키마, 카마 등으로 자주 변하는데 이것은 중모음으로 변화하였다. 역시 '곰'인데 복수로 '곰 사람들'이 되었다. 이 언어는 아프로아시아어족의 '쿠시어파'로 주로 소말리아, 에디오피아, 지부티, 케냐 등의 사람들이 사용하는 언어로 중앙쿠시어파의 지류에 해당하는 언어 가족이다.

(10) 캄바타(Kambata－곰 아버지의 머리) 언어

이 언어는 아프로아시아어족의 '쿠시어파'에 속하는 언어로 동부쿠시어의 지류이며 고지대에서 사용하는 동양 언어이다. 여기서 '쿠시'는 바로 우리의 고시를 말함이다. 단군의 직계로 보아야 하는 종족이다. '캄바타'를 해석해 보면 캄(Kam)은 콤, 컴으로 변화되는 곰을 말함이고 '바'는 아버지를 일컫는 것이며 타는 앞의 설명처럼 머리를 뜻하니 같이 해석해 보면, "곰아버지 머리족"이 된다.

따라서 곰의 아버지하면 웅족의 아버지이니 삼신이 되고 그 중에 머리쪽은 환웅시대에서 많이 불렀던 백두, 태백의 머리를 뜻하므로 주로 앞으로 많이 나올 머리쪽을 크게 보면 고조선 초기나 환웅 말기로 해석해야 한다는 점이다. 고조선은 9환족으로 삼한관경제를 형성하였으므로 '고리－환'을 많이 사용하므로 그 종족의 표현에선 주로 고리, 구리, 그리, 가리와 갈리, 골리, 글리 등으로 나타내었으며 인도 유럽어의 영향을 받는 시점에선 거의 파열음으로 나타냈음에 코리, 쿠리, 카리, 카레, 카르, 카라, 칼라, 콜리, 키리, 킬리, 크레, 크리 등으로 고조선의 9환족을 나타내었다. 앞으로 전개되는 설명에서 9환족은 전 세계에 흩어져 살아나가는 것을 보여줄 것이다.

(11) 쿠만(Kuman－곰 사람들) 언어

카프카스권(코카서스지방)의 투르크족이 사용하는 언어를 '쿠만어'라고 한다. 이 쿠만

은 쿠마(Kuma-곰)의 언어를 사용하는 사람들을 '쿠마'에서 '쿠만'으로 나타내었다.

(12) 코미(Komi-곰) 언어

우랄어족 중 북동부 유럽, 러시아 남부의 언어로 Permic(광명의 어머니)의 가족 언어이다. 러시아 페름지방의 여러 방언들이 묶여 코미어가 된 것으로 우르무르트어와 많이 닮았다고 한다. 코미(Komi)도 곰이다. 물론 'Permic'에서 페르(Per)는 광명인 '바르'에서 변한 이름이며 미(Mi)는 어머니이다.

즉, "광명의 어머니" 가족언어가 '코미어'이다.

(13) 쿠미크(Umuq-곰의 고리) 언어

러시아 다게스탄 공화국에 거주하는 쿠미크인들이 사용하는 언어로 투르크족에 속한다. 1928년까지 아랍문자, 1938년까지는 라틴문자로 표기를 하였으며 그 이후부터 키릴문자로 표기하고 있다. 쿠미도 곰이다.

(14) 캄바(Kamba-곰 아버지)어

또는 '키캄바언어'라고도 부른다.

캐냐와 탄자니아 사람들의 언어로 유사한 언어로는 키쿠류어, 메루어, 엠부어가 있다. 캄, 콤은 '곰'이다. "캄바는 곰 아버지"를 말한다.

(15) 카마시안(Kamassian-곰은 위대한 신) 언어

지금은 멸종된 언어로 우랄어족으로 '사모에딕' 언어였다. 러시아 동쪽의 우랄산맥에 의해 친족 언어인 하카스(태양의 고시), 예니시안 언어도 있다. 카마(Kama)는 원형인 가마로 '곰'이다. 시안(Sian)은 '위대한 삼신'을 뜻하므로 "곰 사람들의 위대한 삼신"이 되는 것이다.

2) 인도유럽어로 살펴보는 곰 명칭의 국가와 왕조, 도시 등

(1) 카미실리(Kamisli-태양의 곰)

이 도시는 시리아 북동부에 위치한 하사카주의 도시로 터키와 국경을 접하고 쿠르드족이 다수를 차지하여 살고 있다. 카미는 원형 가미로 '곰'이며, 실리는 태양으로 '태양의 곰'이 된다.

(2) 카마구에이(Camaguey-깨우친 사람 곰)

카마는 가마로 곰인데 쿠바 중부에 위치하고 있는 도시이다. 위치는 쿠바의 수도인

아바나에서 550km 떨어져 있으며 대규모 농산물 집산지이다. 2006년 기준으로 약 35만 명이 살고 있다.

(3) 쿠마라(Kumara) 굽타(Gupta) 1세(우리 곰의 머리)

쿠마Kuma는 역시 구마로 곰인데 이 사람은 인도 북부의 제국 굽타의 왕(416~455)이었다. 아들은 쿠마라 굽타 2세였다. 굽타(Gupta)의 원형은 갑타(Gapta)로 보며 한문으로는 甲의 머리가 되고, 인도유럽어로는 캅(Cap, Kap)으로 표기된다. 그래서 쿱타(Kupta)는 Cupta도 되므로 제일 높은, 첫째가는 의 해석이 된다. 그래서 "곰의 첫째가는 머리"가 되었다.

(4) 다게스탄의 쿠미크족(Kumik-곰의 고리)

북캅카스 산맥에 위치한 공화국으로 남은 캅카스, 북은 카스피해 저지에 위치한 나라이다. 많은 족속들이 살고 있는데 쿠미(Kumi)는 원형인 '구미'로 곰이다. 이 종족은 독자적인 '쿠미크어'를 사용하고 있다.

(5) 칼미크(Kalmic-곰의 어머니 고리) 공화국

이 나라는 칼미크의 칼 중의 'ㄹ'이 탈락되면 '카미'가 되므로 원형 가미로 곰이 된다.

(6) 쿠마시(Kumasi-위대한 곰)

아프리카 가나의 아산타주의 주도이다. 수도인 아크라에서 북서쪽으로 약 250km 떨어져 있다. 쿠마시는 적도로부터 북으로 약 430km이다.

아름다운 꽃과 많은 식물 때문에 "가나의 정원 도시"로 널리 알려진 상태이다. 쿠마(Kuma)는 곰이고, 시Si는 위대함으로 "위대한 곰"이 되었다.

(7) 코미(Komi-곰) 공화국

러시아의 공화국으로 우랄산맥의 서편에 자리 잡고 있다. 코미(Komi)의 원형은 고미로 곰이 된다. 남서편에 동유럽이 있으며 삼림이 국토의 약 70% 이상 덮고 있다. 코미 원시림은 유네스코에서 문화유산으로 지정해 놓았다. 버진 코미산림지대는 러시아와 유럽에서 가장 큰 삼림지역이다. 남쪽으로 코미페르마크 자치주가 있다.

(8) 쿠마노보(Kumanovo-곰 사람들의 아버지)

마케도니아 공화국의 지방자치단체로 북동부에 위치해 있다. 이 지역은 온화한 기후에 남쪽은 독일의 산이 있다. 쿠마(Kuma)는 구마로 '곰'이다. 이 쿠마노보 이름에서 파생된 쿠만(Kuman)인인 투르크부족이 12세기에 이 지역을 침입하였다.

9) 아타카마(Atacama-머리의 곰) 사막

남아메리카 안데스산맥 서쪽의 태평양 연안에 있는 실질적으로 비가 오지 않는 고원이다. 세계에서 가장 메마른 곳으로 면적은 105,000km이다. 이 사막은 대부분이 염분, 모래, 화강암으로 이루어져 있으며 북 칠레 연안의 대다수를 차지하며 건조한 기후를 이용하여 ALMA 등의 천문관측 시설이 들어섰다고 한다. 카마(Cama)의 원형은 가마이며 역시 '곰'이다. "머리의 곰"이 된 지명이다.

(10) 이슬라 사라스 Y 고메즈(Gomez) 섬(위대한 곰)

남동 칠레에서 태평양에 속하는 섬으로 폴리네시아 섬인데 '이스터' 섬과는 반대로 떨어져 있다. 역시 고메(Gome)는 '곰'에서 비롯되었다.

'슬라와 사라는 모두 '위대한'의 의미이다 "위대한 곰족"이 된 것이다.

(11) 카미안카(Kamianka-곰 신의 고리) 자포리자주

우크라이나에 있는 도시로 지구역사 및 고고학 박물관이 있다. 자포리자 근처의 고고학 사이트는 고대에 수도로 한 흔적이 발견되었는데 스키다이 왕국으로 보고 있다. '카미(Kami)'도 역시 곰이다.

(12) 배니산굴 구마즈(Kuma-곰)주

에티오피아의 행정구역인데 인구는 많지 않다. 주도는 아소사이다. 인구는 2005년 기준 54만 명이다. 구마는 '곰'이다.

(13) 카메룬(Cameroun-곰의 태양족) 공화국

줄여서 카메룬이라고 부른다. 중앙아프리카에 위치한 국가로 나이지리아, 차드, 중앙아프리카공화국, 콩고공화국, 적도 기니, 기니만과 접경을 이루고 있다. 다른 아프리카 국가들에 비하여 비교적 정치와 사회가 안정되어 있다. 신석기시대 동안에 최초의 거주자가 나타났으며 오랫동안 거주한 종족은 '바카(Baka)족(아버지 밝은 고리)이었다. 카메(Came)의 원형은 가메이며 '곰'이다.

(14) 곰라센(Ghomrassen-태양의 위대한 사람들 곰)

곰 라센은 튀니지의 타타우인주에 있는 도시로 타타우인과는 약 20km, 메드니으로부터 40km 떨어져 있다. 역시 곰(Ghom)은 '곰'이다.

"태양의 위대한 사람들 곰"을 말한다.

(15) 크메르(Khmer-고리의 흰빛나는 우두머리)

불교의 제국으로 지금 캄보디아이다. '앙코르와트'(아버지 머리 고리의 신) 사원으로 대변되는 나라인데 앙은 안(An)으로 신을 뜻하며 '코르는 코리, 즉 고리를 말한다. 여기서 크메는 원형 그메가 되고, 역시 모음의 변화에 의해 구매, 가매 등으로 변환되며 '곰'으로 나타난다. '르'는 태양의 별칭인 '라'에서 온 것으로 "태양의 곰"이 된다.

(16) 카마(Kama) 수트라(Sutra-위대한 달)

인도문학의 욕망, 소원, 갈망을 의미하는 말이지만 원어는 카마Kama 즉, '곰'이며, 수트라(Sutra)는 '위대한 트라'(타리-달)를 말하므로 타리지역(옥수스권-고조선)에서 진출한 용어가 증명되는 것이다.

(17) 캄스(Khams-위대한 곰) 티배트어족

캄족(康)은 사천, 신강, 감숙, 청해지역과 동부 티베트를 아우르는 4대강 여섯 범위에 아우러져 살고 있는 소수민족으로 언어학자나 인류학자는 민족 그룹에서 '코리'로 '캄'을 참조하라고 말한다. 지금은 모두 티베트 국적을 형성하고 있다. 캄(Khams)은 인도유럽어로 콤, 컴, 킴, 켐으로 표현된다. 모두 '곰'이다.

(18) 킴메르(Cimmerians-위대한 우두머리 사람들)

혹은 키메르라고도 부른다. 이 나라는 코카서스 흑해 근처로 건국했던 북방민족인데 히타이트의 멸망 뒤엔 아나톨리아 도시국가로 침입하게 된다.

킴(Cim)은 역시 '곰'의 전음 방식이다. 메르는 '마리(머리)'에서 전음된 것이다. 한때는 아나톨리아에서 '코스카(Koska-고시의 고리)'로 불렀다.

(19) 캄부자(Kambuja-곰의 아버지) 왕국

크메르의 고대왕국으로 서기 790년 인드라푸라를 수도로 한 왕국이었다. 이 왕국은 고대 인도-이란의 캄보자(Kamboja)왕국(기원전 5세기경)의 이름을 그대로 이어받아 건국한 것으로 사학계에선 스키다이와 사카족의 침공으로 인도로 밀려나간 종족이 캄보디아, 버어마, 스리랑카 등지로 내려왔다고 한다. 캄보자스(Kambojas)라고도 부르며 힌두쿠시산맥에서 아프가니스탄의 가즈니, 칸다하르지역, 페르가나지역, 카슈미르 남쪽을 포함하는 왕국이 있었다. 캄은 콤이며 바로 '곰'이다. 이것으로 보아 우리의 곰 문화는 파미르에서 히말라야로 거쳐 남하하여 네팔, 부탄으로 향하였고 파키스탄, 힌두쿠시 산맥 근처의 아프가니스탄, 페르가나로 들어간 후에 다시 인도로 가서 고대 크메르까지 연결된 것을 잘 알 수 있는 것이다.

지금도 네팔에선 박타(Bhaktapur-흰빛 머리의 광명)의 축제를 여는데 그 중에 쿠마 카스티(Khasti-sithi nakha-고시의 머리)란 축제를 연다고 한다. 여기서 '박타'는 우리말 '밝다'가 전음이 된 것을 알 수 있는 것이며 '쿠마 축제'는 바로 곰 축제인 것이다. 우리 역사는 아직까지 한반도 사관에 사로잡힌 어리석은 강단의 사학자들 때문에 우리의 상고사가 신화의 나락으로 떨어져 푸대접 받으며 잃어버린 역사를 조명조차 못했지만, 네팔에선 해마다 '곰 축제'를 한다는 것에 우리 고조선은 웅족의 발원지이며 핵심이기에 참으로 부끄러운 일이 아닐 수 없다.

언어학이나 역사학, 고고학에 전문지식이 없는 필자가 오죽하면 이 책을 만들 생각을 했을까? 우리 역사학자들이 겸허히 생각하여 지금이라도 늦지 않았으니 소매 걷어 붙이고 웅비의 자랑스런 우리 상고사를 재조명해야 할 것이다. 필자의 책을 모두 읽고도 이병도의 망령이 되살아나 계속 한반도 삼한을 부르짖으며 만주일대나 평양일대의 낙랑, 고조선 운운한다면 아주 정신 나간 사람으로 치부할 수밖에 없다.

(20) Qal, al 쿰브(Khumb-우리 곰의 고리얼의 아버지)

타지키스탄 다보즈지구의 도시 이름이다. 여기서 쿰은 원형 굼으로 '곰'이다. 이 도시를 중심으로 하여 '쿰언어'가 있는데 언어학으로 'Khum'언어 이다. 옥서스강 상류지역의 안쪽 지방이다. Qal은 칼(Kal) 로 표기되며 카르, 카리로 나타낸다(고리의 변형이다).

(21) 카마타(Kamata, Kingdom-곰 아버지) 왕국

카마루파 왕국의 몰락 이후 13세기 고대시대 아삼의 역사와 중세의 시작이었다. 아프가니스탄의 통치자인 Alauddin 후세인 샤(1,494~1,519)는 1,498년에 싸이왕조(Khem) 왕(1,480~1,498)을 제거하고 도시를 파괴하였다. 그 지역에 아들을 총독으로 앉히고 승리의 기념으로 동전을 발행하였다고 한다. 카마(Kama)는 가마이고 '곰'이다.

(22) 아나톨리아의 쿰(Kum-곰) 테페(tepe)

아나톨리아의 차낙칼레 도심의 남서부 다르다넬스 25km인 카라멘 데레스 스트림의 서쪽에 위치. 처음 1934년 신시내티의 트로이대학에서 발굴 중에 J. L. 캐스키와, J. 스펄링에 의해 발견되었다. 쿰은 굼으로 역시 '곰이다.

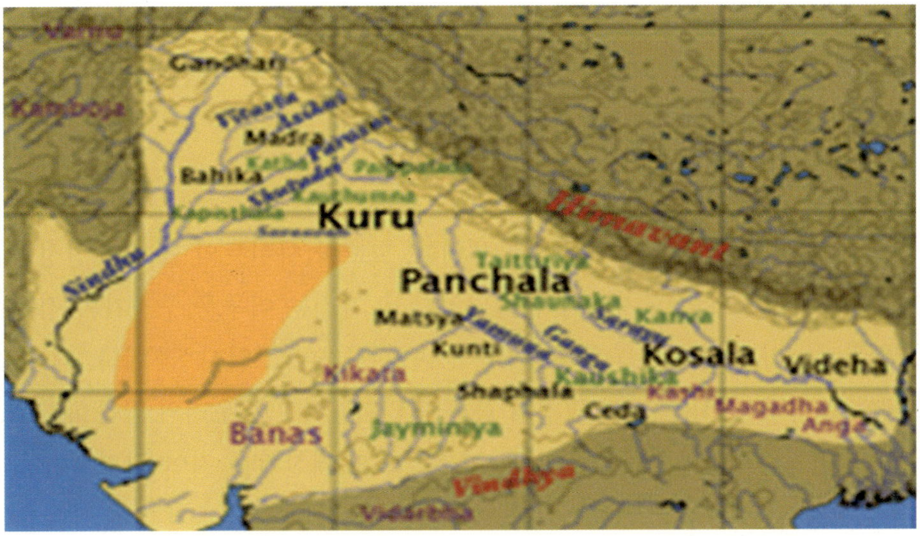

* 다음의 지도 좌측 상단의 '캄보자' 제국－인도16국 시대

(23) 아감(Agam) 쿠안(Kuan－곰의 고리 신)

파탈리푸트라의 수도(기원전 490년)인 파트나에서 발굴된 고고학적 유적지로 인도 동부의 잘가 동쪽에 위치한 유적인데 여기서 감은 '곰'이다. 곰쿠르족의 신이 바로 '아감쿠안'이 되는 것으로 "곰의 신"인 것이다.

(24) 카마크야(Kamakhya－곰 고리) 사원

힌두교 사원으로 어머니 여신인 Kamakhya를 경배하기 위한 사원으로 '카마(Kama)'는 원형 '가마'가 되니 "곰"이다.

(25) 카마루파(Kamarupa－아버지 태양의 곰) 왕조

인도 아삼지방의 역사적인 왕국의 하나로 서기 350~1140년경에 존재한 왕국으로 카마(Kama)는 역시 '곰'이다. "곰 태양족의 아버지"가 된다.

(26) 캄퐁참(Champong－곰 아버지족의 고리) 주

여기서 Cham은 캄이 되니 캄은 감으로 역시 '곰'이다. 이 주는 Khmum지방이라고 하는데 '캄퐁치낭', '캄퐁 톰' 등의 주가 있으며 곰의 표현인 쿰과 같다. 전국에서 인구가 두 번째로 많은 지역이다. 퐁(Pong) 아버지족인 폰(Pon)에서 변형된 것이다. 안(An)을 잉, 앙으로 부르는 것과 같다.

(27) 캄(Kam) 포트 주

캄보디아 국경지역으로 시아느크 빌의 서쪽이다. 477개의 소수마을과 8지구로 구성되어 있다. 캄Kam은 감으로 '곰'이다.

(28) 카마레스(Kamares-위대한 태양의 곰)

카마레스는 그리스 중남부에 있는 마을이다. 고고학 사이트의 크레타 신성한 동굴 유적으로 '파이스토스'와 도자기가 발굴되었다. 도자기는 어두운 주전자와 컵을 포함하여 색채 도자기 등이 출토되었다. 카마의 원형은 가마로 역시 '곰'이다. 왜? 그리스의 크레타 유적에 카마(Kama)란 명칭이 붙은 것일까? 그것은 우리의 곰문화가 그리스로 들어가 미케네문명과 미노아문명을 이루었고 태베신전을 지어 광명사상을 발전시켰던 이유이다(그리스에 들어간 환웅, 단군문화는 앞장에서 간략하게 설명한 그리스 북부인 세르비아권의 "빈카문화"에서 일부 언급하였다. 다시금 그리스에 들어간 광명사상과 문화 이동의 발자취를 소개할 것이다).

(29) 쿠메야이(Kumeyaay) 사람들

미국 캘리포니아 해안, 계곡의 땅과 콜로라도를 연결하는 멕시코에 거주한 아메리카 인디언으로 기원전 약 7,000년으로 추정하고 있다. 쿠메(Kume)는 바로 '곰'이다.

(30) 카마나(Camana-곰 사람들) 성

페루의 남서부에 있는 아레키파지역에 카마나성이 있다. 페루에서 두 번째로 큰 도시이다. 카마(Cama)는 가마로 '곰'이다.

(31) 키질 쿰(Qizilqum-고리의 태양 곰) 사막

중앙아시아의 사막으로 우즈베키스탄과 카자흐스탄, 일부는 투르크메니스탄에 걸쳐 있다. 면적은 298,000km이다. 쿰(Qum)은 '곰'에서 유래된 것이다.

(32) 구마카, 퀘존(Gumaca-곰의 고리)

필리핀의 지방자치단체의 퀘존지구에 있는 도시이다. 이 구마는 원형 그대로 살아있는 이름인데 바로 '곰'이다. 인도유럽어의 영향을 받지 않는 원형인 이름이 있는 것으로 보아 환웅 말기나 고조선 초기에 이곳으로 정착했던 웅족의 일파로 보인다. 구마의 뒤에 있는 '카'는 구마에 이어 늦게 붙여진 이름인 것으로 본다.

(33) 고마(Goma), 코마(Choma-곰)

콩고민주공화국 동부 접경에 위치하는 도시이다. 인구는 약 25만 명이며 키부호 북

쪽 연안에 위치하며 동으로는 르완다와 접한다. 코마(Choma)는 잠비아의 남부지방 루사카에 있다. 이 도시는 북아프리카에 진출하였던 쿠시왕조의 도시로 본다.

(34) 쿠마 강(러시아어-Kyma-곰)

러시아 남부에 있는 802km의 긴 강으로 카라차 예보체르케스카야 공화국, 키 슬로보츠를 통하여 북동방향으로 흐른다. 이 카라차는 인도유럽어로 원형 '가라'가 '카라'로 변했는데 다시 코리로 변하였는데 즉, '고리'이다. 그러므로 '고리족'인 셈이다. 고리공화국을 흐르는 강은 당연히 '곰' 강 일 수밖에 없다.

(35) 코마지아(Komajia-위대한 곰)

마다가스카라 섬의 소피아지역 일부의 도시이다. 그들은 독자적인 '코윈어'를 사용한다. 코마는 고마로 '곰'이다. 코마지아는 위대한 곰이란 뜻이다. 마다가스카라의 가스는 '고시'의 변형이며 '카라'는 코리가 원형이다.

(36) 카만투(Kamantu-곰 사람들의 머리)

카마에서 자음인 ㄴ이 붙어 '카만사람'이 되었으며 '투'는 머리(마리)를 나타내는 인도유럽어의 표현이다. 즉, 곰 머리족'이다. 곰의 우두머리족이니 '로얄곰부족'으로 추정하면 될 것이다. 이란의 쿠르디스탄 지방에 있는 도시 이름으로 농촌지역이다.

(37) 카마케리(Kamakeri-곰의 고리)

이란 남서부의 카르나 다카지구의 마을이다. 카마는 가마로 곰이며 케리는 원형인 게리이며 게리는 고리에서 변형된 것이다. "곰의 고리족"이 된다.

(38) 코마 가나(Koma-그리스어, Kumy-터어키어)

지중해의 키프로스에 있는 카파스반도의 도시 이름이다. 코마(Koma)는 고마로 '곰'이다. 쿠미도 구미로 '곰'이다.

(39) 카마(Kama-곰) 이란

이란의 길란주에 사라카운티의 '카스마' 농촌지역의 도시 이름이다.

카마는 역시 가마로 '곰'이다. 카스는 원형인 '고시'에서 나온 것이다.

(40) 쿠마 Khasti(sithi nakha) 축제-곰 고시의 머리

네팔의 '키라테' 종족이 해마다 벌이는 민속축제로 박타(Bhaktapur)의 축제를 여는데 그 중에 쿠마 Khasti(sithi nakha) 축제가 있다. 이른 바 '곰 축제'인 것이다(*일본과 중국의

'곰'에 대한 지명등은 생략한다). '박타푸르' 축제는 박타는 우리말로 '밝다'이며 푸르는 부르이며 '바르'의 변형이다. 박타푸르 축제는 환웅족의 '광명의 축제'인 것이다.

(41) 카미 실리(Kami silli, Qamishli－태양의 곰)

시리아 북동부의 터키 국경에 있는 도시이다. 하사카주의 중심도시 중 하나로 이라크 국경에서 남쪽으로 차로 1시간 거리이다. 현재는 알레포에서 카미실리에 터키 국경 바그다드 철도와 유프라테스 강가의 새로운 철도 두 개가 달린다. 쿠르드족이 많이 살고 있다. 카미는 가미로 '곰'이다.

(42) 카라 쿰(Kara kum－고리의 곰) 사막과 키질 쿰(Qizilqum) 사막

카라 쿰 사막은 투르크메니스탄에 있는 사막으로 국토의 70%이다. 키질 쿰 사막은 세계에서 제일 큰 사막으로 투르크메니스탄, 우즈베기스탄, 타지기스탄에 걸쳐 있는 사막이다. 쿰은 바로 '곰'이다.

산해경에 이르기를 "대황(大荒－사막) 가운데에 '숙신'이 있었다."라고 전해지고 있다. '숙신'은 바로 고조선을 말함이다.

(43) 캄파니아(Campania－곰 아버지족)

남부 이탈리아로 이탈리아에서 두 번째로 가장 인구가 많으며 인구밀도가 높은 지역이다. 이탈리아 반도와 지중해 서쪽에 필레그레안(Phlegraean) 제도와 카프리(Capri) 관리는 이한 지역의 한 부분이다. 고대 그리스, 로마시대의 식민지였던 캄파니아의 수도였던 자리이다. 이 '캄(Cam, Kam)'은 곰의 어원에서 온 것으로 '파'는 아버지를 뜻하는 '바'에서 인도유럽어로 변형되었으며 '니아'는 '리아'에서 누운 발음인 '니아'로 된 것이다.

해석하면 "곰 아버지 리족"에 도달하게 된다. 이 문장의 앞에 나오는 필레그레안의 '필레'는 원형인 '빌레'에서 나온 것이고 이 뜻의 시원은 '바르'에서 전래된 것이다. 바르에서 브리, 베리, 부루, 비리, 베르, 보르, 보리, 바레, 발레, 빌리, 벨리, 벨라, 볼리, 빌라, 빌레 등으로 나타내어 표현되며 다시 마찰음이 붙으면 펠리, 필리, 폴리(나폴리), 팔레(팔레스타인), 필라. 필레 등으로 소리가 난다. '바르'는 곧 '광명(빛)'을 말하며 '그레안'은 고리족을 말함이다. 종합하면 "광명의 고리족"이 되는 것이다.

(44) 코모호수(Komo lake, 라틴어－Larius LACUS)

빙하기원의 호수로 이탈리아에서 세 번째로 큰 호수이다. 가르다(Garda)호수, Maggiore호수 중 그 하나이다. 코모호수는 로마시대부터 많은 귀족과 부유한 사람들

을 위한 인기있는 휴양지였으며 관광지로 이름난 곳이었다. 유럽에서 가장 아름다운 호수 중 하나로 간주되고 있다. 이 호수의 '코모'는 '고모'인 '곰'에서 어원이 생긴 것이다. '코모라는 도시 이름은 로마시대에 코문Comun에서 알려진 것이 지금의 '코모'로 정착되었다고 한다. 코문은 곰 종족이다. 이것으로 환웅족, 고조선족이 들어와서 살았던 증표가 되고 있는 것이다. 또한 가르다Garda 호수도 '가르'는 바로 '고리'에서 파생된 것으로 확실하게 환웅과 고조선의 9환족이 들어와서 살았던 것을 말해 주는 것이다. 라틴어로 라쿠스Lacus의 '쿠스'는 코시, 코스, 쿠스, 쿠시, 카스 등으로 나타나는데 역시 '고시'의 원형에서 인도유럽어로 된소리가 붙어 표현된 것이다. '라코스'는 '태양의 고시족이 펼치는 곳'을 말한다. 뒷장에 '아일랜드 신화'(캘틱의 게일족)를 해부하여 곰 종족, 광명의 족속이 이주한 역사를 파헤쳐 유럽으로 진출한 증거를 제시해 나갈 것이다.

(45) 쿠마이, 코마(Cumae–이탈리아어 : 쿠마)

이탈리아의 그라이키아 해안에 기원전 8세기경에 설립된 그리스 식민지였다. 지금 이탈리아의 나폴리 지방이다. 쿠마란 신전을 만들고 '쿠마에 무녀'가 신탁을 했던 곳이다. 이곳은 아크로 폴리스에 건설되었다. 앞으로 설명하지만 그리스, 로마, 이탈리아 남부, 아나톨리아 남부에 이르는 곳에 쿠마 신전을 세우고 신탁을 했다는 것은 우리 고조선 문화의 핵심인 웅족과 웅녀 숭배와 어머니 여신을 말해 주는 것으로 그리스반도에 들어간 도리아인(웅족 및 9환족)의 신앙체계로 이해를 해야 할 것이다. 기원전 8세기에 신전을 건설하였다고 기록에 나와 있는데 아마도 더 오래전에 건설한 것으로 보인다. 쿠마, 코마이, 코마는 모두 '곰'을 일컫는 말이다.

(46) 카미니아(Kaminia–그리스어 : "가마"–곰 사람들)

그리스의 여러 곳에 카미니아가 있다.

① Kaminia 히드라–펠로폰네스 섬에 있다.

② Kaminia 라코니아–코니아에 있는 마을.

③ Kaminia 레노스–레노스 섬에 있는 마을.

④ Kaminia 아 하이현–아 하이현의 한 마을.

⑤ Kaminia 피레우스–아테네의 도시지역.

(47) 카냐 쿠마리(Kanya kumari–곰의 태양)

인도 최남단 탐릴의 니코바르 섬에서 남쪽 끝 지점으로 고대에 중요한 도시 중 하나였다고 한다. 여기서 "쿠마"는 구마로 '곰'이다

(48) 갈리아 코마타(Gallia comata-고리의 곰 머리)

'장발의 갈리아'라고 불리는데 로마의 율리우스 카이사르가 갈리아 전쟁을 끝내고 공화정 로마에 새로 복속된 갈리아 지역에 설치한 임시 속주이다. 여기에서 갈리아 아퀴타니, 벨기카, 나르보낸시스로 분할된다.

코마(Coma)는 역시 '곰'이다.

(49) 코마르노(Komarom-우리 어머니 곰)

남부 슬로바키아에 위치한 헝가리의 도시이다. 헝가리의 왕국에서 가장 중요한 요새 중 하나였다고 한다. 헝가리 학자는 이 도시가 '모기'가 많으므로 슬라브어의 Komar는 모기 장소이므로 '모기 도시'라고 했다.

우스운 이야기이지만 '코마'는 영원히 변하지 않는 '곰'의 표현이다.

(50) 카냐 쿠마리(Kanya kumary)

인도의 타밀 최남단에 자리 잡고 있는 곳으로 '쿠마'는 '코마'와 함께 '곰'의 표현이다. 카냐(Kanya)는 아프리카의 케냐와 그 이름이 비슷하다.

(51) 카마루파(Kamarupa) 왕국, 카마타(Kamata-곰의 머리) 왕국

카마루파 왕국(7세기에서~1140년)의 몰락 이후에 건설된 왕국으로 13세기에 인도 아삼 지방에 존재하였다. 이 왕조도 곰을 표방하는 왕국으로 카마는 '곰'이다.

(52) 카마 롬(Kama rom), 에스테르(Ester) 곰(Gom-처음 달의 곰)

헝가리의 도시로 북쪽으로는 슬로바키아가 있다. 에스테르(Ester) 곰(Gom)은 '에스'는 '아사', '아시'와 같은 것으로 처음이 되고, '테르'는 '타라'에서 그 어원이 온 것이며 '곰'은 확실한 곰이다. 새로운 개척지에 와서 카마 룸의 도시와 이곳에 성소인 '타라'를 만든 종족이 곰부족인 것이었다.

(53) 쿰브릭 언어(Cumbric-곰의 광명)

서양 학자들은 이 언어의 기원인 쿰브릭(Cumbric)이 '동포'라고 해석하였다. 당연한 이야기이다. 같은 부족이니 동포가 당연한 것인데 '쿰'과 '브릭'의 의미를 아무리 알려고 해도 해독이 되지 않으니 이런 해석이 나온 것이다. 우리 사학자들이 서양에 나가서 곰 언어와 곰 종족에 대해서 학술회의를 해야 될성 싶다. 쿰(Cum)은 바로 '곰'이며 브릭(Bric)은 '바르'에서 변형된 단어로 '브리'에서 브릭으로 전이되었다. '바르'는

광명, 빛이다.

이 언어는 12세기에 멸종된 언어로 영국의 고대 웨일즈의 였으며 영국의 컴브리아와 스코틀랜드 사이에서 사용한 고대 언어이다.

(54) 컴브리아(Cumbria–곰의 광명)

영국의 북서쪽에 위치한 카운티는 세 번째로 큰 영역이다. 컴브리아 지구는 대부분이 산악이고 영국의 가장 높은 산(978m)이 있다. 스코틀랜드와 국경이므로 역사적으로 많은 침략을 당했다고 한다. 이 지구에 Camerton이란 작은 마을이 Allerdale의 자치구 안에 있다. 이 Dale(다르–달)이란 이름은 아마 '달리아 타' 종족의 이름을 차용한 것으로 짐작된다.

'달리아 타' 종족은 최상위 계층으로 많은 영주를 거느린 종족이었다.

컴브리아에 속한 이 마을 이름이 카메르톤인데 '카메'와 컴(Cum)은 '곰'인 것이다. 다시 고조선의 9환족이 왔다는 것을 엿볼 수 있는 도시가 있다. 일러 아스파트리아(Aspatria)이다. '아스'는 우리말 '아사', '아시'와 같다. '파'는 아버지인 '바'를 말하며 종합하면 "처음에 세운 아버지 타리"가 왔다는 것을 의미한다. 여기에서도 '타라'와 같은 '트리'가 등장한다. '타라'는 성소인 것이다. 브리(Bri)는 광명인 '바르'의 변형이다.

(55) 일리리아와 트라키아가 12분국의 하나였다고 증명되는 '곰'의 명칭들

① 루마니아의 쿠미다바(Cumidaba)는 브라쇼브군의 Roadea 도시에 있는 마을 이름이다. 다키안 종족이 세웠다고 전해진다.

② 코소보의 카메니카(Kamenicav는 Gjilan지구에 있는 지방자치단체의 이름이다. '카메'는 역시 '곰'이다

③ 알바니아의 카메니카(Kamenica), Kamenice, 코르 처에 신석기시대 고분군이 있다고 한다. Kamice는 알바니아 슈코 더르주인 북부 알바니아이다. 카메나 카미는 모두 '곰'의 이름이다.

④ 보스니아 헤르체고비나의 카메니카(Kamenica)는 Celinac 근처에 정착하였다. 또한 브레자(Breza)에도 정착하였다. 카메니카(Kamenica)는 드르바(Drvar)에도 정착하였다. 카메니카(Kamenica)의 이름으로 Ilijas에 정착, 카메니카(Kamenica)의 이름으로 테실릭(Teslic)에 정착, 카메니카(Kamenicav는 비세 그라드에도 정착, 카메니카(Kamenica)는 Vogosca지방에도 정착, 카메니카(Kamenica)는 Zavidovici지방에도 정착, 카메니카(Kamenica)는 즈보르 니크에도 정착하였다.

⑤ 불가리아의 카메니챠(Kamenitsa)는 플로브디프 지역에 정착, 카메니챠(Kamenitsa)는 벨린 그라드에 정착, 카메니챠(Kamenitsa)는 블라고에 브 그라드주에 정착, 카메니챠(Kamenitsa)는 피린의 산 계곡에 정착, 카메니챠(Kamenitsa)는 발칸산맥 근처에 정착하였다고 한다.

⑥ 크로아티아의 카메니카(Kamenicav)는 코 프리 브니 챠크리 제브치주의 마을에서 정착(Sokolovac), 카메니카(Kamenica)는 바라 주딘주에 정착, 크리즈 카메니챠(Kamenitsa)는 Brinje 마을에 정착, 카메니카(Kamenica)는 Tounj 마을에 정착하였다고 전한다.

⑦ 카메니카(Kamenica)는 독일 작센 지방에 정착(Kamenz)

⑧ 마케도니아 공화국의 지방자치단체가 카메니카(Kamenica)이다.

⑨ 세르비아의 카메니카(Kamenica)는 우지체 부근에 있는 마을이었다. 카메니카(Kamenica)는 발 예보 근처의 마을에 정착, 카메니카(Kamenica)는 마치 바구의 Koceljeva 시정촌의 마을에 정착, 카메니카(Kamenica)의 이름으로 크라구에 바츠의 시정촌에 정착, 카메니카(Kamenica)는 디 미트 로브 그라드의 마을에 정착, 카메니카(Kamenica)는 Sremska의 마을에 정착, 카메니카(Kamenica)는 Gornja 마을에도 정착하였다.

⑩ 슬로바키아의 카메니카(Kamenica)는 Sabinov 지구에 있는 마을에 정착, 카메니카 Kamenica)의 이름으로 후 멘네 지구에 있는 마을에 정착하였다.

⑪ 체코의 카메니스(Kamaenice)는 이흘 랍자 지구에 정착, 카메니스(Kamaenice)는 프라하 동부지구에 정착, 카메니스(Kamaenice)는 데친 지구에 정착(Celska), 카메니스(Kamaenice)의 이름으로 NAD Lipou지역, Pelhrimov 지구에 정착, 카메니스(Kamaenice)의 이름으로 Svitavy 지구(Pusta)와 Srbska 지구에 정착하였다고 한다. 또한 Kamenicky 이름으로 파르 두비체 지역에 살았던 마을이다.

⑫ 폴란드에 나타난 카미니카(Kamienca)-'곰 부족'

남서 폴란드의 강 주변을 카메니카(Kamenica)라고 불렀으며, 클로츠코 카운티와 돌니 실옹스크주에 카메니카(Kamenica)이름으로 정착하였다. 카메니카(Kamenica)는 북중부 폴란드인 포메 라니아의 voivodeship에 정착. 카메니카(Kamenica)는 북동 폴란드의 포 들라 스키에주에 살았다. 카미니카(Kamienca)는 북쪽 폴란드의 포모제주에 정착, 카미니카(Kamienca)는 커운티 포모 제주에 Bytow 지방에 정착, 카미니카(Kamienca) 이름으로 남쪽 폴란드의 Limanowa 지역에 정착, 카미니카(Kamienca)는 남쪽 폴란드인 Miechow 카운티에 정착, 카미니카(Kamienca) 이름으로 마 조프 세주(중동부 폴란드)에 정착, 카미니카(Kamienca)는 서쪽-중앙 폴란드의 코닌 카운티에 정착, 카미니카(Kamienca) 이름으로 서쪽-중앙 폴란드의 Wagrowiec 카운티에 정착, 카미니카(Kamienca)는 실롱스크주에 정착, 카미니카(Kamienca)는 오 플레주에 정착(남서 폴란드), 카미니카(Kamienca) 이름으로 남쪽 폴란드인 비엘 스코비아의 지방에 정착하여 살았다. 그리고 Kamenice강 이름으로 라베강 지류가 있으며 Jizera 강 지류를 Kamenice라고 불렀다.

이상과 같이 불가리아, 루마니아, 폴란드, 크로아티아, 마케도니아 등지에 많은 도시와 마을 이름에 쿠마, 카마, 카미가 있었던 것이 확인되었음에 필자가 앞장에서 비정한 일군국(일리쿰-일리리아)와 독로국(트라케)의 비정에 대한 증명이 되고도 남을 것이다. 이러한 이유로 빈카문화에서 곰의 숭배와 웅녀로 대신하는 어머니 신앙이 있었고, 광범위한 지역의 마을에서 곰을 표방한 마을이나 부족 이름으로 살았던 것이 입증된다 할 것이다.

(56) 캄아비족(Chamavi-곰의 아버지)

게르만 민족의 한 부족 명으로 아주 놀라운 이름의 부족이다. 캄(Cham)은 '카무'로 곰을 말한다. '아비(Avi)'는 경상도 사투리로 아버지를 뜻한다. 그러므로 '곰 아버지족'을 말하고 있는 이름이다.

(57) 커마문화(코마문화-곰)

기원전 약 1,600~82,500년경 아프리카의 '누비아'와 '수단'을 중심으로 번성했던 왕조이다. 이집트 제25 왕조를 건설하였다. 커마, 코마는 '곰이다.

이상 유적과 왕조, 도시이름 등에 나타난 '곰'에 관련된 것을 추려 보았다. 아프리카부터 그리스, 터키, 이란, 마케도니아, 우크라이나, 인도, 네팔, 캄보디아, 중남미에 이르기까지 '곰'이란 단어가 다양한 국가에서 많이 나오고 있다. 지금은 수천 년이란 장구한 세월이 흘러 그 단어의 해석이 변천되고, 여러 가지 뜻으로 나타난다고 하더라도 그 원어인 '곰'의 뜻은 수천년 동안 변하지 않고 지금 우리에게 그대로 전해주고 있다. 곰은 기미, 구메, 구마, 고메, 고마 등으로 나타내었는데 인도유럽어의 영향으로 자음 ㅋ이 붙어 된소리인 마찰음으로 변하였고, 지역에 따라 변하는 '프로토 조어 현상'으로 모음이 바뀌어서 우리에게 나타났을 뿐이었다.

이처럼 엄청난 세월이 흘렀어도 지금까지 다양한 국가에서 '곰'의 흔적이 많이 나오는 것은 환웅의 흔적과 9환족으로 결성된 고조선의 흔적을 적나라하게 보여주는 것이며 웅족의 문화와 종족이 세계로 흩어져 나갔다 하는 것을 말해 주는 것이다. 이렇게 뽑아 놓아도 신화라고 우길 것인가? 자, 이래도 이것이 모자란다고 하면 뒷장에서 설명하는 고고학적 문화유적과 유물, 문화의 이름을 통해서 '곰' 문화를 밝혀 나갈 것이다.

3) 세계의 문화에서 이야기하는 환웅의 곰 문화와 코리(고리) 문화를 밝힌다.

(1) 빈카(Vinka-아버지족의 고리) 문화

빈카문화는 앞장에서 간략하게 설명한 바 있는데 세르비아를 중심으로 유고슬라비아, 루마니아, 헝가리권역까지 아우르는 광대한 문화였다.

프랑스 학자들은 빈카문화를 더러 고로카(Grocka-고리)문화라고 부른다. 이 고로카는 바로 '고리'를 일컫는 말이다. 이렇게 보면 '고리'란 용어는 협의로 보면 고조선의 9환을 말하는 것이고, 광의로 해석하면 환인시대부터 존재한 이름인 것으로 알 수 있는 것으로 '골'이 고을로 된 조선시대의 명칭에서 '고리'의 어원을 정확히 알 수 있다 하겠다.

이 빈카유적에서 구리를 제련하는 용광로와 스레그 등이 발굴되었다. 학자들마다 그 기원을 조금씩 달리 추정하지만 독일이나 러시아 학자들은 대개 기원전 6,000년으로 보고 있으며 출토 유적에 따라서 최대 기원전 7,300년으로 추정하였다. 빈카문화는 유럽의 후발 문화인 트리폴리문화, 스트라세보-크리스문화, 푼넬비커문화와 카라노보문화, 후기 신석기 테살리아의 문화유적의 결합의 기능을 통합하는 문화이었다.

〈빈카 클레이 입상 빈카벨로 Brdo(광명의 머리)〉

이 빈카 문화유적에서 발굴된 신전은 약 30m²의 전체면적을 가진 세 조각 구조를 가지고 있었다. 빈카문화의 하층문화인 밭미르Butmir 문화는 보스니아 헤르체고비나의 신석기문화로 기원전 5,100~4,500년으로 추정하는 유럽문화 중 하나이며 일명 "다뉴브문명"이라고 한다. 붙(But)은 우리말의 밭(Bat)에서 변형된 것으로 본다. 미르(Mir)는 '마리(머리)에서 변형된 것이다. 그러면 "마리의 터전(밭)"이란 해석이 된다.

스트라세보(Starcevo) 하층문화는 광범위한 지역으로 퍼져 나갔는데 세르비ㄱ아, 몬테네그로, 일부 보스니아, 크로아티아, 헝가리, 마케도니아, 불가리아까지 접해있었다고 한다. 이 문화도 기원전 5,500∼4,500년경으로 보고 있다. 이 문화는 스트라세보-코로스(Krros)-크리스(Kris) 문화라고도 불린다. 여기서 코로와 크리는 모두 '고리'에서 변한 이름인 것이다. 카라노보(Karanovo) 문화의 카라(Kara)도 '고리'의 변형된 단어로 불가리아 문화라고 한다. 기원전 5,500년경의 문화로 학자들은 보고 있다.

실로, '빈카'는 고고학사이트에 나오는 마을 이름인데 '빈(Vin, Bin)'은 아버지를 뜻하는 바Ba에서 아버지족인 반(Ban)으로 되었고, 다시 빈(Vin, Bin)으로 변한 것으로 그 어원은 같다. 필자는 '빈카문화'와 그 하층문화권인 국가 세르비아, 보스니아, 크로아티아, 헝가리, 불가리아, 몬테네그로, 슬로베니아에서 수천 개소에 달하는 지명에서 고리(Gori)와 광명(Var, Bar), 머리(Mari와 고시(Gosi), 다양한 곰의 지명과 다리, 타리(달)의 지명을 찾아내었다. 이것은 기존 고고학계에서 입증한 곰여신 숭배를 한 곰 자본의 문화가 기존언어와 인도유럽어의 프로토조어에 의해 필자의 '빈카문화권'의 7개국 지명 해독, 해석에서 환웅의 역사였던 것으로 파악되었다. 이것은 언어학적 측면에서 입증되는 것이기도 하였다.

사원은 북북동, 남남서 쪽에 위치한 제단인데 장식 모티브와 곡선나선형, 일반 장식기법 등이 발견되었는데 이것은 도자기의 장식에 사용되었다. 무엇보다 황소의 형태로 신성을 표현하였고, 발굴에 관여한 학자뿐만 아니라 많은 연구를 하는 역사학자와 문화연구가는 토템숭배의 이교종교 형태이며 '곰 흔적'의 가장 오래된 층을 발견하였다고 한다. 이것은 하나님의 숭배와 토템인 황소와 곰 등을 수호하고 보호하는 것을 숭배와 병행하므로서 고대에는 이 신의 기능을 '빛', '램'의 형태로 아폴로 수호의 신에서 볼 수 있다고 하였다(*서양 학자들이 전혀 태양사상과 '광명'을 모르고 있다).

빈카문화시대는 이미 신정 또는 신권사회의 흔적을 보여준다고 하였다. 여기서 '빛'은 태양의 빛이며 광명을 말하는 것이다. 이미 환웅의 '광명사상-바르'이 신권으로 통제·제어된 것을 우리는 알 수 있는 것이다. 러시아 학자들은 테테리(Terterii), 테테리아(Terteriya)를 위한 종교적 숭배 목적이라고 연구 발표하였다. 테테리아는 타탈리아이며 투탈리아이다. 달(다르, 다리-타리, 타르)에서 비롯된 것으로 그 원류는 세르비아권의 환웅사회의 '빈카문화권'이고 고조선에서 달을 수용하였다(달지국). 그래서 투탈리아는 시리아어로 '토하리스탄'으로 바로 박트리아권과 타지기스탄을 묶는 고조선의 영역을 말해 주는 것이다.

세르비아는 태양인 '수리'의 변형으로 '세르'가 된 것으로 보고, 비리족의 일부가 정착하여 그 비리족의 이름을 따서 국가의 이름으로 지어낸 것이다. "태양의 비족"이 된 것으로 아버지의 신이나 광명은 같은 카테고리에 있는 것으로 인류문화사 측면에서 보자면 공통의 사항으로 간주된다 하겠다. 왜냐하면 지명 해독에서 '아버지의 신이 계신 광명'이나, '어머니의 신이 있는 광명'이나, 고리의 광명, 아버지 신은 위대한 광명, 광명의 신 등의 지명에서 아버지의 신이 바로 광명으로 귀결되었다는 것을 지명 연구에서 많이 찾을 수 있었다. 또한 아나톨리아 남부에 국가를 건설했던 '루비안'(태양의 아버지 신)도 태양인 '라'에서 '루'로 불렀다 즉, '비루'라고 불러야 할 것을 '루비'라고 부르며 '신'을 뜻하는 '안(An)'이 붙어 '아버지 신'이 된 것인데 이런 거꾸로 이름이 붙여진 경우는 아마도 태양숭배로 인한 태양을 먼저 언급하므로서 굳어진 것인지, 광명은 바로 '아버지가 계신 곳에서 나왔고, 또한 아버지의 신'에 직결되는 것이어서 그렇게 불렀는지는 알 수가 없다.

원형으로 보자면 '비리'이다. 필자가 생각하기엔 '세르(Ser)'는 "태양"으로 '세르비아(태양의 비족)'가 된 것이다. 한 일파는 아나톨리아 동남에서 루비안(루카)을 건설한 하비루족이며 히브리인은 '가나안'으로, 나머지 비리족은 이란과 메소포타미아 지역으로 진출하여 오늘날 '아라비아 아랍(Arab-리 아버지)'의 효시가 되었다고 본다.

이 빈카문화 유적에서 '빈카문자'(기호)가 발굴되었고 미국의 언어학자 '토비크리푼'은 대량의 정제 조각에서 '곰 여신을 했다'는 해독을 하였다. 이것으로 환웅족이 곰 토템을 사용하며 곰의 여신을 숭배한 종족임이 다시금 밝혀진 것이다.

학자들은 이 빈카문화인들은 일리리야인과 트라키아인의 조상이고 모든 라틴인들의 조상이라고 발표하고 있다. 그러므로 필자가 앞장에서 비정한 일군국(일리쿰)과 독로국(트라케)의 비정이 고고학적 유적 발굴에 따라 확실하게 입증되어지는 것이다. 실로 빈카문화는 신권사회였고 '곰 숭배'를 하는 환웅문화였다. 트라키아인들은 자신을 '마리차'(마리치아)라고 불렀다. 마리차는 '머리족'이란 뜻이다. 마케도니아인은 고지사람들(高支)이라 불렀으며 '베르기나'로 불리어졌다. 베르의 원형은 '바르'이며 광명을 말한다.

앞서 '바르(Var, Bar)'란 정연종 선생의 '한글은 단군이 만들었다'의 230쪽에서 한국어와 수메르어의 비교과정에서 밝음을 '바르'라고 제시한 적이 있다.

정연종 선생의 책에서 제시한 '바르'는 연구해 본 바 아주 정확한 것으로, 필자가 인용하여 인도유럽어의 프로토 조어를 접목시켜 독자들에게 체계적인 변화를 제시하고 있고 고대사의 키워드(Key word) 중 가장 중요한 단어이었다.

(2) 커머 (Kerma-곰 문화) 문화

이 문화 유적은 독일 학자의 견해에 따라 사전커마, 초기커마, 중앙커마, 클레식커마, 늦은 커마 등으로 분류하고 있는데 '커마문화'로도 불린다. 1913년과 1916년에 '조지 앤드류 라이즈 너은'에 의해 발굴되었고, 1990년대 중반 이후 제네바대학의 후원으로 발굴하였으며 2005년부터 '마티유 Honegger'가 작업을 계속 하고 있다. 이 유적은 아프리카 나일 강 북쪽의 유적으로 '누비아' 혹은 수단문화이다. 이 문화의 제국을 '구스(Gus) 왕조(쿠시, 고시)'라고 부른다.

① 사전커마는 기원전 약 3,500~2,500년으로 보고 있다.

② 초기커마는 기원전 약 2,500~2,000년으로 보며 그들의 다양한 장비의 일부는 이집트에서 수입된 것으로 밝혀졌다.

③ 중앙커마는 에이전트커마라고도 부르며 기원전 약 2,000~1,700년경으로 추정하고 있다.

④ 클레식커마(기원전 약 1,700~1,550년)

누비아 커마의 도시에 위대한 문화 중심지 중 하나였다. 사원과 묘지가 있었으며 많은 고분이 발굴되었다.

⑤ 늦은 커마(기원전 약 1,550~1,450년) 누비아의 통합과 커마의 역사를 주도하였고 이집트를 몇 번이나 공격하였다.

고고학자들은 대개 기원전 약 1,520~2,500년 사이의 중간왕국에 독립국가로 존재하였다고 한다. 기원전 1,500년경 이집트의 제15왕조와 16왕조를 건설하였고(힉소스인), 기원전 750~1,000년경 누비아는 '쿠시제국'을 설립하여 이집트를 정복하였다 이집트 25왕조는 누비아왕으로 통치하였다. 기원전 300년경에 멸망한 쿠시제국은 메로에와 수단으로 확장되었고 '메로에의 피라미드'는 누비아왕의 피라미드인 것으로 확인되었다. 이 유적에서 커머는 '거머'가 되고 '곰'이 된다.

또한 '쿠시'는 원형인 '고시'에서 온 것으로 인도유럽어의 영향으로 된소리인 ㅋ이 붙어 쿠시가 된 것이다. 이 '고시' 종족은 '치우', '카우'와 더불어 아주 강한 종족으로 환단고기에 나타나고 있다. 특히 고시족은 환웅시대부터 있어 온 종족으로 전 세계에 걸쳐 '고시(코시)'족의 분포를 보여준다 하겠다.

이 쿠시족은 이집트 제25왕조를 건설하게 되였으며 아프리카아시아어인 '쿠시어'를 사용하고 있다. 여기서 '누비아'는 비나가 변음되어 누비로 표현되고 아프리카에선 바(Va)가 와(Wa)로 변형되어 표현되기도 한다. 이렇게 보면 12환국이 분기될 때에 비나족(페니키아)이 지중해에 진출하였는데 이 '비나'가 거꾸로 발음되고 모음이 변하여(프로토 조어 현상) '누비'로 나타난 것이다. 이것은 아나톨리아 남부지방에 있었던 '루비안(Luwian)'이 좋은 예이다. 똑 같이 '비리'와 '비나'를 거꾸로 하여 비리가 루비로 변화되고 비나가 나비, 누비로 발음되는 경우이다.

그러므로 코시족은 지중해에서 진출한 '비나국'의 일파로 북아프리카에 문화를 형성한 것이 된다. 성경에 나타나는 '구스'는 커마문화의 후반기인 바로 이 쿠시를 지칭하는 것이다. 쿠시제국은 고대도시인 메로에를 건설하게 되는데 메로에는 고대의 에티오피아였다. '메로에'란 이름은 원형인 '마리'에서 온 것으로 마리는 '머리'이고 마리의 변형은 지역에 따라 다양한 방언이 형성되는데 메리, 말리, 메르, 메로, 미르, 몰리, 모리, 말라, 말레 등으로 나타난다 하겠다. 또한 케마(Kerma-고리 어머니), 누리카바(Nurikawa-세상의 고리 아버지), 엘 쿠루(El kuru-얼이 있는 고리), 카타락(Kataraktー고리의 타라(다리)의 머리)의 도시를 건설하였다. 케르마는 '고리 어머니'이며 누리는 우리말 온누리이고, 카바는 카족의 아버지를 말하며 쿠루는 원형인 구루이며 구루는 고리에서 변형된 것이다. 또한 카타락의 도시 이름은 아나톨리아의 '카달룩(고리의 다리)' 유적 이름과 흡사하다. 이들 이름들은 아마도 고조선의 전형적인 이름인 '타리', '타라'에서 따온 것 같다. 또한 '누리(Nuri)'는 순수 우리말로 '세상'이다.

이 '고시'족은 구스, 구시, 고스, 기시, 고시 등으로 나타나며 인도유럽어의 발음으로는 쿠시, 쿠스, 카스, 코스, 키스, 키시, 케시, 카시, 카사 등으로 나타낸다. 이 커머문화 유적과 쿠시제국으로 보아 환웅말기 시대에 북아프리카로 환웅족이 진출했다는 것을 필자는 증명이 된 고고학적 문명을 언어학적으로 접근하여 지명해석을 통해 다시 증명한다.

(3) 구멜리타(Gumelnita) 카라노보 문화(Karanovo-곰의 얼 있는 머리, 고리족의 아버지)

기원전 약 5,000년 문화로 중앙 불가리아와 흑해 연안을 따라 다뉴브 트레이스로 확장된 문화이다. 고고학적 증거로 유물에서 출토된 34%의 여성 캐릭터는 여신의 특성과 상태를 나타내는 것이라 보고 있다.

이 문화에서 구멜은 원형인 '구메'에서 합성어가 형성된 것으로 구메는 고메와 같은 '곰'이다. 엘El은 '얼'과 함께 사용되고, 카라는 원형인 가라이며 이 가라는 '고리'에서 파생된 것이다. 그러므로 이 문화의 이름은 "곰의 얼 있는 머리"이며 머리족의 문화가 되는 것이다.

(4) 쿠라(Kura) 알렉스(Araxes–처음 시작된 우리 고리) 문화

기원전 3,400~2,000년까지 존재한 문명으로 Araxes계곡, 현대의 아르메니아, 아제르바이잔, 체첸, 다게스탄, 조지아, 잉 구세티아와 북 오세티아권역을 포함하는 지역에다 시리아의 우르미아 분지 아래 지역으로 확산되었다. 그들의 도자기는 독특하였는데 빨강과 검정색으로 기하학적 디자인이 돋보였다. 그들은 미탄니와 흐리(후르리인)와 무역을 하였으며 바퀴가 달린 차량, 손수레가 매장에 포함되어 있었다고 한다.

여기에서 '쿠라'는 원형인 구라이며 구라는 '고리'에서 변형된 것이었다.

이 쿠라–알렉스 문화의 알렉스(Araxes)에 '아라(Ara)'는 우리말의 '우리'과 같은 것이며 '렉스(Raxes)'는 빛과 밝기의 표시인 룩스(Lux)에서 변형된 것으로 "광명의 얼"이 되며 이것은 바로 환웅족의 말기문화이며 9환족의 문화인 고조선의 초기 문화이라고 생각 해 본다.

(5) 바르나(Varna–광명의 사람들) 문화

이 문화는 북동부의 불가리아 문화권으로 '카라노보문화'의 남쪽이다. 기원전 4,400~4,100년경으로 추정되는 이 유적에서 발굴된 구리, 금 야금, 흑요석 블레이드를 수습하였다. 약 3,000가지의 유물 중에 금은 약 6kg이 발굴되었다. 아직 30%의 묘지 면적이 발굴되지 않고 있다.

'바르'는 '광명' 이란 수메르 번역에서 나온 것으로 '바르나' 지역이 환웅시대에 건설된 문화라고 봄이 마땅하다. 환웅시대엔 오직 '광명사상', 즉 '바르'를 통하여 신정사회를 만들어 나갔다. 이 바르가 변형되어 발리, 베르, 베리, 브라, 브리, 비리, 발레, 부루, 보르 등으로 나타나며 '발레춤'은 하늘의 신에게 바치는 헌무인 "줏데"로 흰옷을 입고 새와 같이 날렵하게 춤을 추는 것이다. '발레'는 광명인 '바르'에서 온 것이다.

(6) 크레타(Creta–고리의 머리) 문명 혹은 미노스(Minoan–어머니족의 신) 문명

미노스 문명 또는 크레타 문명이라고 불리는 이 유적은 기원전 3,650~1,179년 고대 그리스 청동기시대의 문명이었다. 러시아에선 크레타를 Kommos라고 부른다. 우리말로 '콤모스', "위대한 어머니 곰"이란 뜻이다. 러시아 학자들이 왜? 크레타를 '곰'으로 표현하였을까? 그것은 크레타에 산재된 지명을 통하면 쉽게 이해가 되는 것이다.

카마이지(Chamaizi), 갈라타스(Galatas) 궁전, 아클 라디아, Koumasa, Lakkos, Kamares,

Kamilari, Palekastro, Zakros의 사이트가 있는데 카마이지에 카마는 곰이고, 갈라는 원형인 가라이다. 즉, '고리'가 되거 클라디아는 원형인 크라이며 다시금 '그라'이니 '고리'의 변형이다. 코마사는 역시 '곰'이다. '라코스'는 '위대한 고시' 이름이며 카마레스(위대한 곰)는 역시 가마로 '곰'이다. 또한 카미라리는 가미가 되니 '곰'이고, '팔레카스트로'는 바르의 변형인 발레에서 마찰음이 붙은 것으로 카스는 '고시'의 인도유럽어의 표현인데 "광명의 고시의 머리"가 된다. 자크로스는 크로는 그로이며 '고리'의 변형이다. 지리를 인용해 보면 Kainourgio, Kairatos, Kalamydi, Kalydon, Charakas, Chryssolakkos, Kampanos, Kampia, 카스텔 힐, 발리, kritsa 협곡 등이 있는데 먼저 카인은 우리말의 까인(깨우친 사람)이 되고 케라토스는 캐라는 개라가 되며 '고리'의 변형이다.

카라미디는 역시 카라는 '고리'가 된다. 카리돈은 가리가 되니 '고리'의 변형이다. 카라카스는 가라가스가 되니 "고리족의 고시족"이니 고리와 고시 종족이 같이 살았음을 증명하는 이름이다. 캄파노스의 캄은 '곰'이고 캄피아도 마찬가지다. 발리는 '바르'의 변형이며 크리 또한 그리인데 '고리'의 변형이다.

'그리스'의 국가 이름은 '고리'에서 온 것으로 인도유럽어의 영향을 받지 않은 철자는 마냥 '고시', '고리'로 발음을 나타내는 냄을 알 수 있으며 '곰' 이름이 붙은 철자는 환웅시대에 먼저 정착한 것을 미루어 알 수 있는 것이다. 그래서 그리스 고대국가는 아리안의 남진이 있기 전인 환웅시대부터 그리스 북부지방인 세르비아, 루마니아지방으로 들어갔음을 알 수 있고 아나톨리아지방에서 비리족의 일파가 들어갔음을 '세르비아'의 글자에서 유추할 수 있는 것이다.

'미노스'란 이름은 '아서 에반스'가 전설적인 크레타 섬의 왕 이름인 '미노스'에서 만들어낸 말이라고 한다. 초기 그리스의 문자인 선형 B문자는 미노스 문명의 선형 A문자를 받아들인 것이다. 필자가 주장하는 환웅시대의 그리스문화 전파이론은 이미 고고학계에서 사용하고 있는 Graco-아리아, 또는 Graco-Armeno 가설이다.

프로토-그리스어와 프로토-인도-이란은 기원전 3,000년경에 의해 인도유럽어족의 국토에 위치한 아르메니아 하이랜드는 프리지아와 아르메노-아리아의 맥락에서 쿠르간 가설을 인용하며 그리스-아리아는 늦은 인도-유럽으로 알려져 있다. 기원전 3,000년경 초기부터 서쪽에서 동쪽으로 이동, 분리하였다. 환웅시대의 신정사회 문화가 그리스로 들어가서 미케네, 미노아문명을 건설하고 다시 동쪽으로 넘어오게 된 것이다.

(7) 흐바르(Hvar-흰빛나는 〈태양〉 광명) 문화

크로아티아의 섬으로 아드리아 해안에 떨어져 있는 달마티아의 섬 사이에 있는 문화로 고대에 일리리아인들이 기원전 약 1,000년경에 개척한 도시로 선사시대부터 신석기시대의 독특한 도자기가 발굴되었다. 브라치 섬과 Korcula에는 벨라, 큰 동굴과 자카스 동굴이 있다. 여기서 '흐'는 흰색을 말이고 '바르'는 '광명'을 나타낸다. 크로아티아는 역시 원형 고리에서 변형된 그로가 크로가 된 것이고 '티'는 머리를 나타낸다. 그러므로 크로아티아는 머리족과 고리족이 혼합하여 산 것을 짐작할 수 있다. 브라치 섬은 바르 섬(광명의 섬)이다. 자카스 동굴의 '카스'는 원형 '고시'에서 변한 것이다.

(8) 킬리케(Killke-고리) 문화

이 문화는 페루의 문화로 페루 남도의 쿠스코주에 있는 쿠스코는 안데스산맥 사이에 해발 3,600m에 있다. 80km 북서쪽으로 '마추픽추'가 있으며 11세기경 '키르케인'들의 요새로 판명되었다. 여기서 '키르', '킬리'는 원형인 코리에서 변형된 것이다. 9환족의 일부 종족이 건너 온 것으로 추정하고 있다. 쿠스코(Kusco)의 '쿠스'는 원형인 '고시'에서 나온 것이다.

(9) 바드마리(Butmir-아버지 머리의 우두머리, 우두머리의 터전) 문화

보스니아의 헤르체고비나에서 가장 오래되고 잘 알려진 후기 구석기시대의 고고학 사이트이다. 이 유적은 기원전 5,500~4,500년으로 추정되며 주로 여성의 인형과 장식 디자인은 숭배의 증거라고 한다. 강력한 미적, 종교적 정서가 드러나는 유물이다. 이 유적은 1893년에 발견되었다. '바드'는 수메르어로 밭, 터전을 말하는데 '미르'는 마리의 변형이다. 즉 '마리의 밭'(터전)이란 해석이 된다.

〈중앙발칸의 'Butmir(어머니 태양의 터전) 문화'의 도자기〉

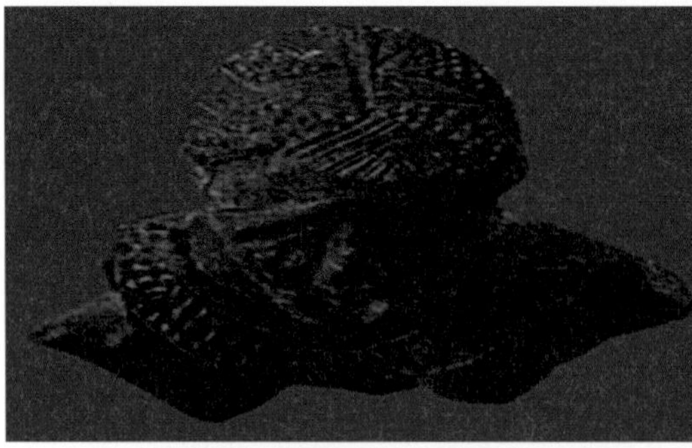

〈중앙발칸의 'Butmir 문화'의 석상〉

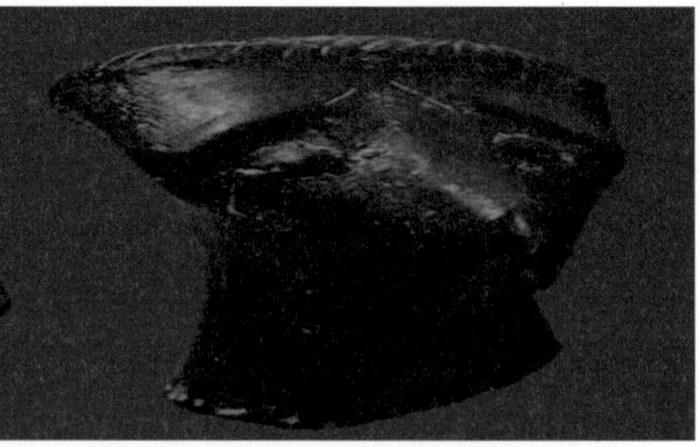

〈중앙발칸의 'Butmir 문화'의 편두상〉

〈Butmir 문화의 사이트 발굴현장(1893년)〉

(출처 : 사라예보 학교, http://dmc.ssst.edu.ba/ButmirNeolithicCulture/)

근처 세르비아의 빈카문화와 거의 같은 성질의 문화라고 본다. 빈카문화는 '곰'을 토템으로 하는 신정사회였기에 이 문화도 같은 동질성을 가진다고 보아야 할 것이다.

(10) 카라수크(Karasuk-위대한 고리) 문화

기원전 1,500~800년으로 추정되는 '아파나세보문화'라고 한다. 주로 야쿠트족과 쇼르인, 투르크야쿠트족, 브리야트인의 고대 연락처를 나타낸다고 하였다. 이 문화는 안드로노보 문화와 Tagar(머리의 고리) 문화를 계승하였으며 시베리아 투르크 민족의 문화라고 하였다. 카라는 원형인 코리이며 '고리'이다. 카라수Karasu는 "위대한 고리(카라)"를 말한다.

(11) 몰타(Mal'ta) 뷰랫 문화(우두머리의 머리)

안가라(고리의 신)강 서쪽의 영역에서 바이칼호수에서 이르쿠츠크주, 시베리아 몰타와 뷰렛지구로 2014년에 출판된 러시아 연구물 "몰타사람들이 아메리카 인디언의 유전 가계에 상당한 기여를 하였다." 기원전 약 24,000~15,000년경으로 본다고 하였다. 동부시베리아에서 제일 오래된 사이트로 매머드 엄니의 석판에 새겨진 표현과 다양한 형태의 약 30여 가지의 여성조각상, 조류조각이 있다. 아시아에서 널리 알려진 후기 구석기시대의 예술은 몰타의 인형이었다. 아메리카 인디언 가계의 38% 사이 말에서 유전자 흐름을 알 수 있으며 유라시아 서쪽 '다뷰랫사람들'에서 아메리카 인디언의 동부 유라시아 기원이 나타난다고 하였다. 말Mal은 마르, 마리로 표현되며 '우두머리, 머리'를 말한다.

구석기시대의 서부 유라시아의 인구가 시베리아로 확산되어 아메리카 원주민의 유전적 유산과 물리적 특성에 기여하였다고 한다. '몰타'는 '마르'의 말이 몰로 변화되었고, '타'는 머리를 뜻하는 것으로 머리족을 강조하는 용어이다. 아나톨리아의 '앙카라' 지명이 시베리아에 똑같이 등장한다. 앙가라는 '고리족의 신'이란 뜻으로 신(An) 고리(Gara)이다. 지금 터키의 앙카라는 '가라'에서 마찰음이 붙은 것이다. 물론 아프리카의 앙골라(Angola) 국가도 같은 어원인 "고리의 신"을 신봉하는 국가가 된다.

(12) 키클라데스 문명(Keros〈위대한 고리〉-시로문화)

기원전 2,700~2,300년경으로 추정되며 클라데스 문명이 그리스 본토에서 널리 확산되고 크레타와 소아시아에 전파되었다. 케로-시로로 배양한 후에 카스트리(Kastri-고시의 달) 문화가 동일한 위상에 속해 있다고 한다. 이 문화의 중요한 유물은 Chalandriani 시로에서 프라이펜 장식의 베이스와 얇은 원형 용기 또는 그릇-그것은 물이 가득할 때 거울로 사용한 것으로 보고 있다.

여기에서 클라는 크라이고, 크라는 그라이며 '고리'의 변형이다. 케로 또한 개로가 되며 '고리'의 인도유럽어의 프로토 조어의 변형이다.

(13) 사마라(Samara-위대한 어머니 태양) 문화

신석기시대의 후반 기원전 6,000년초~5,000년의 문화로 사마라밴드의 중간 지역 볼가에서 1973년 발굴하였다. 이 문화는 흐발린스크 문화 및 구덩이 문화의 초기나 중간으로 보고 도구 개발의 단계에서 의미를 부여한다. '사斯'는 위대하다는 뜻이며 마라는 마리의 변형이다. 마리는 즉 '머리'이다.

'위대한 어머니 태양'이 사마라(Samara)인인 것이다. 환웅시대엔 '광명사상'인 '바르'를 먼저 내세웠으며 백두와 태백신앙에서 '머리'를 또한 중요시하였다. 그에 비하여 고조선 시대엔 9환족을 중심으로 하는 삼한관경제를 중시하여 한울타리인 '고리(環)'

를 중시하였다. 환웅시대도 그렇지만 고조선시대에도 인종과 종족, 문화와 언어가 달라도 9환족을 중심으로 하는 '고리사회'로 삼한이 이루어졌기에 기존에 우리가 생각하였던 막연한 같은 종족인 마한, 변한, 진한이 아닌 언어와 종족이 다른 체제의 삼한관경제를 정확하게 이해를 해야만 고조선 사회와 정치를 알 수 있는 것이다.

배달족은 '박달(朴達)족'이며 백달(白達)로 소위 "밝은 달 종족"이었다 고조선의 정체성이 '밝은 달'이었는데 사람들이 '밝음'에 대해선 이야기하나 '달'에 대해선 아무런 언급이 없다. '배달'의 그 정확한 어원은 "밝은 달"인 것으로 생각해 보면 일제의 반도사관에 찌들어서 전라도는 마한이고, 경상도는 진한이며 평양 이북이 낙랑이란 기가 차는 역사를 진실인양 외우고 그렇게 배웠다. 언어학적으로 '배달국'은 '밝은 달국'으로 고조선이며 한웅의 시대는 '태백국'이 되어야 마땅하다. 고대 그리스와 고대 터키(아나톨리아), 중앙아시아에 산재되어 있는 태베가 환웅의 정체성을 증명하고 있는 것이다. 대저 지금도 중국 동북지방을 고조선의 강역이라고 주장하는 학자들이 있는데 그렇다면 고조선의 비정에 있어 고고학적, 인류사학적, 언어학적, 종족학적으로 9환의 종족에 대한 증명을 해야 할 것이다.

하티(Hattian)사람들(흰빛나는 머리의 사람들, 투탈리아)은 9환의 종족으로, 8종의 언어로 소공국, 제후국으로 다스렸다란 아나톨리아의 루비안정제가 증명을 하고 있다. 한반도 사관은 이제 접을 때도 되었는데 언제까지나 훤조(喧噪)만 할 것인가? 개탄할 따름이다.

(14) 터키의 카스타(Kasta) 모누유적(Monu-고시 머리의 어머니족)

이 유적은 아나톨리아 Gokirmak계곡에 있는 Karacomak 고도 도시로 지류는 774m이다. 기원전 약 5만년을 잠정 집계하는 고고학적 유적지로 아나톨리아 도시에서 가장 오래된 도시 중 하나이다. 카스는 가스이며 원형인 '고시'이다. '카라코막(Karacomak-고리의 곰)'은 카라는 가라이며 '고리'가 원형이다.

카스타(Kasta) 모누(Monu)는 "고시의 머리 어머니족"에 해당된다.

타(Ta)는 투, 테, 티, 토로 이어지는 변형으로 '머리'를 지칭한다.

어머니는 마, 모, 미로 변형되는데 복수인 N이 붙어 "어머니족"이 되었는데 안AN을 아누(Anu라고 하듯이 모누(Monu)가 된 것으로 보고 있다. "고시의 머리 어머니족"이 뜻대로라면 아주 고대의 '고시' 종족의 조상이 살았다는 것을 암시해 주는 단어이다.

코막은 코마(고마-곰)의 변형이다. 모누의 '모'는 어머니를 말하며 '어머니 사람들'이 된다. 종합적으로 해석하면 '카스타모누'는 바로 "고시 머리족 어머니 사람들"이 되는 것이다. 이것은 광명족이며 '머리'를 강조하였던 환웅시대의 중심 종족인 '고시'가문(부족)과 어머니를 말하는 것이다.

(15) 박트리아(Bactria) 마르기아나(Margiana) 고고학적 복합문명

(밝은 달 〈달-트리아〉에 우두머리의 까진 사람 문화)

Gia(기아)는 Gaia(가이아)에서 변형된 이름으로 '깨우친 사람'을 의미하였다.

Bac(박)은 Bak(박), Bag(박)과 동일하다. Tri(트리)는 '다리'의 변형으로 '달'을 의미하며, "밝은 달"이 된 것이다. 박트리아는 과거에 '박트라'로 불리워졌다. 우리말로 하면 '밝더라'가 되는 것이다. 박은 밝다, 볼다와 같은 뜻이니 '볼가강'도 밝아강인 셈이다. 오늘날 투르크메니스탄에 존재했던 청동기시대의 문화라고 한다. 박트리아는 아프가니스탄 북부 아무다리야 강(옥서스) 유역을 이르는 그리스 지명이고, 마르기아나는 투르크메니스탄에 위치한 마르구시 주의 그리스 이름이다. 이 유적은 기원전 약 2,100~2,000년 초기까지로 추정하며 그 쇠퇴 원인은 알려지지 않았다(마르는 머리이며 구시는 '고시'이다).

이 유적의 범위가 아주 넓어서 이란 남동부, 발루치스탄, 아프가니스탄에서 유적이 발굴되나 거의 이루어지지 아니한 발루치스탄이나 아프가니스탄이 이 문화의 심장부일 가능성도 점치고 있다. 박트리아 마르기아나는 그 주민이 인도-이란인이라는 가설을 주장했지만 해석 가능한 문자 기록이 없는 상태에서 어떤 언어와 민족 집단인지 단정하는 것이 불가능하다고 하였다. 넓은 분포를 보여주는 박트리아 마르기아나인들이 어떤 집단에 속하였는지 증거가 없다는 이유로 많은 연구가 필요하다고 하였다. 필자는 기원전 7,000년경의 '파키스탄의 메르가르' 문명의 하위문화라고 본다. 왜냐하면 학자들의 연구에 의하면 '메소포타미아, 수메르와 교역을 하였으며 옥서스권 사람들과 왕래를 하였다.'의 연구에서 그 문명의 하위문화가 된 것으로 추측하며 앞서 비정한 '매구여국 사람들의 문명'으로 보고 있다.

필자가 연구한 바로는 박트리아는 '투탈리아'가 옛날에 시리아어로 '토하리스탄'이라 불리워졌고, 토하리스탄은 지금 토카리스탄으로 토카리어를 사용하는 사람이 되었으며 토하리스탄은 박트리아와 타지키스탄과 키르기즈를 아우러는 방대한 지역이라고 하였다(이것은 현재 불가리아 소피아대학에서 역사학을 연구하는 정길선 교수의 주장이다). 또한 지금의 투르키스탄(다리의 고시 머리쪽)도 바로 '타리'에서 변형되어 표현된 것이다. '투탈리아'란 용어는 아나톨리아의 '루비안 비문'에서 해독된 정제를 바탕으로 나온 용어로 투탈리아의 왕이 있는 곳이 바로 박트리아권이며 타지키스탄인 것이다. 옥서스강을 사이로 국경을 맞대고 있는 아프가니스탄 북부와 타지기스탄 남부인 "고르노바다흐샨주"의 아무다리아강 상류가 바로 초기 고조선의 강역에 속하는 것이며 최두환 박사의 '산해경'에서 비정한 중앙정부인 '천독(天毒-험독-險毒)'인 것이다.

(16) 카마(Kama-곰) 문화

원형은 '가마'이니 일명 '곰' 문화이다. 이 문화의 권역은 러시아 남부의 키로프 지역과 우드무르트(볼가 불가리아), 타타르공화국, 바시키르공화국을 포함한 넓은 영역이다. 초기 신석기시대로 분류되며 기원전 6,000~5,000년경으로 추정하고 있다. 이 지역은 우랄어군으로 둘러싸였다는 지역으로 주요 언어로는 '코미' 언어가 있다. 코미는 고미로 '곰'이다. 이 문화권은 '카마강'을 끼고 있다. 카마문화에 사람이 들어온 시기는 대략 100만년 전으로 보고 있으며 카마강 오른쪽 지류로 보고 있다. 후기 구석기시대인 기원전 40만~14,000년경에 사용한 것으로 보이는 사냥의 도구를 동굴, 오두막 등에서 발견하였다. 특히 타타르공화국의 신석기사이트의 대부분은 볼가(밝아) -카마문화에 속한다.

기원전 5,120년경에 활발한 사냥활동의 도구와 증거를 발견하였으며 다수의 사이트에서 오두막과 반 참호를 발견하였다. 이것으로 볼 때 환웅시대에 이미 '볼가강'을 밝다고 하여 사투리로 '볼가'로 불렀다고 볼 때 볼가 강 유역과 연결되는 카마문화의 연결고리가 이해되는 것이다.

(17) 카레즘(Chorezm-옥서스 문화, 고리의 처음 어머니)-초기 고조선의 문명지

일명 오아시스 문화라고 불리며 어무다리야 삼각주 서쪽에, 중앙아시아 북쪽 경계는 아랄해, 동쪽에 키질쿰 사막, 남쪽에 카라쿰 사막, 서쪽에 Ustyurt 고원에 학명으로 가칭 Khwarezmian 문명과 일련의 왕국이 있었다고 이곳 고고학을 60년 전부터 발굴·연구한 러시아 학자들이 발표하였다. 현재 이곳은 화래즘 부분에 속하는 우즈베키스탄의 일부와 카자흐스탄 일부, 투르크메니스탄이 포함된다고 하였다. 터키어로 Harezm, 투르크메니스탄어로 Horezm(흰빛나는 처음 어머니), 또는 Khorasam(고리의 처음 어머니) 등으로 불려졌다.

이 문화권은 '박트리아 마르기아나 문화'와 인접한 권역의 고고학 사이트로 북쪽의 '안드로노보 문화'와도 연결되는 곳이다. 실로 초기 고조선은 9환족을 중심으로 한 "삼한관경제"로 그 광역은 실로 북아프리카, 지중해, 그리스, 시리아와 아나톨리아를 포함하는 광대한 영역이었다. 박트리아-마르기아나의 청동기시대 이후 기원전

1,000년 주위에 케레즘 사람들이 내려오는 동안 연속 문화를 융합하였는데 대체로 기원전 3,000~500년경으로 본다고 하였다. 이미 기원전 500년이면 고조선이 도읍을 옮겨 이곳을 떠나 멸망한 후이니 딱 맞는 학설이다.

이 문화권의 동쪽으로는 타타르의 카마 문화(곰 문화)가 있다.이 문화는 석기시대부터 신석기, 청동기, 초기철기시대를 포함하는 다양한 유물이 발굴되고 있다고 한다. 케레즘은 러시아를 필두로 세계의 많은 나라에서 발굴, 연구를 하였음에 널리 알려진 문화인데 코레즘(Khoresm), 코라즘(Khorasam), 화래즘(Harezm), 코레즘(Chorezm)이라고도 부른다. 공통적으로 인도유럽어의 표현방식인 코레와 코라가 붙은 것으로 코레나 코라는 우리의 '고리'에서 출발한 것이 변형되어 나타난 것이다.

'카라쿰사막'의 이름도 카라는 역시 '고리'에서 왔으며 쿰은 우리의 '곰'이다. '키질쿰사막'도 같다. 사막 이름에서 '곰'의 명칭이 나타나고, 발굴정제에서 나타난 것을 토대로 하였는지, 근처 마을의 이름을 본 따서 명명하였는지에 대해선 아는 바가 없다. 다만, 곰의 명칭과 고조선시대의 9환족을 표방하는 '고리' 이름이 사막이름과 문화 이름에 자주 거론되는 것으로 보아 환웅, 고조선 문화가 틀림없다는 것이다. 「산해경」에 의하면 대황동경(大荒東經)을 비롯하여 대황서경, 대황북경, 대황남경으로 네 곳의 방위에 '대황'의 이름을 붙였다. 고조선의 중앙정부가 있는 '카라쿰 사막'(곰의 고리)과 '키질쿰 사막'(곰의 위대한 우리 고리)을 큰 황무지(大荒)로 보았던 것으로, 그 기준이 되었다 볼 수 있고, 곧 대황은 칸(대왕)이 머무는 장소로 시경(詩經)에 나타난 '대왕황지大王荒之'는 바로 대왕(칸)이 황무지(사막권)에 있는 것을 직시함이라 하겠다. 또한 최두환 박사는 「산해경의 지리적 개념 고찰」 p. 149에서 '조선'이란 말을 '제후국들의 집합'으로 볼 수 있는 것은 『한단고기』에서 그 의미를 찾을 수 있다고 하였다.

조선(朝鮮이란 말은 국토(土境 : 영토/국경)를 관리하는 것을 이른다[조선위관경야(朝鮮謂管境也)-환단고기 제4장 태백일사 삼한관경본기 마한세가 하]. 여기서 '조선'의 의미가 바로 "중앙에서 각각 제후국들의 영토를 관리하는 것"이므로 삼한관경(三韓管境-삼한조선, 단군관경=단군조선이 되는 것이다. 그래서 그 중앙조정/정부라는 말이 곧 '중국(中國, 中朝, 天朝)'가 되는 것이며, 지방정부, 즉 제후국들이 '조선'이라는 말로 성립되는 것이다)이라고 연구하였다. 그리고 p.151에서 대황동경(大荒東經), 대황서경(大荒西經)에서 각각 나오는 "일월소출(日月所出), 일월소입(日月所入)"을 필자는 테양과 달이 들어가고 나오는 것은 동에서 태양이 떠올라 서로 지는 현상을 말하므로 태양과 달의 기준점을 '조선'으로 기준 삼은 것으로, 즉 태양과 달이 뜨는 곳도 '조선'이며 지는 것도 '조선'을 말하므로 '대제국'을 칭하며 '태양과 달족'을 말한다 할 것이다. 이런 철학의 이면에는 이미 환인으로 출발하여 환웅시대에 정립된 태양사상, 태양족, 우두머리의 이념과 광활한 영토(관경), 크고 작은 제후국들이 고조선의 연방으로 그 유산이 승계, 상속되었던 것을 말한다 할 것이다. 최두환이 연구한 이 '제후국(지방정부)'들이 '조선'이란 말은 필자가 밝혀낸 고조선의 제후국들이 사용한 크고, 작은 '고리(Gori-고을, 골)'로 형성되였다는 이론과 상통하는 것이다. 이 사막을 기준으로 이미 앞에서 거론되다시피 비교언어학상 이곳이 타탈리아, 투탈리아의 땅인 것이고, 나아가 시리아어로 '토하리스탄'(토카리스탄)이라고 밝혀진 이유에서다. 고대의 토하리스탄은 박트리아와 타지기스탄, 키르기즈를 포함하는 아주 광대한 지역이라고 하였다.

그런가 하면 앞서 잠시 설명되었는데 히타이트와 하투샤의 설형문자 정제에서 자기들의 마스터(총관리자-임명한 왕)는 흑해 남쪽에 위치한다고 설명, 해독되어 있으며 히타이트를 연구하는 학자들이라면 다 알만한 사안이다. 또한 루비안의 비문에서 밝혀진 "투탈리아, 위대한 왕, 아버지, 영웅"이란 해독문에서 시리아어로 투탈리아는 고대 토하리스탄이라고 밝혀진 이유이다.

그리고 카래즘을 중심으로 하는 북부지역에 오늘날의 '쿠미크어', '코미어', '코만어' 등 곰족을 표방하는 3부류의 곰언어 종족(雄心-곰의 심장부)이 살고 있는 이유도 그 한 가지라고 보아야 한다. 그렇다면 고고학적·언어학적으로 충분히 설명되는 것이고, 인접 국가인 아나톨리아의 정제 등에서도 이곳을 마스터의 나라라고 지목하였다. 그리고 초기 고조선의 시발점이 '고르노바다흐샨주'(고리의 터전인 광명의 아버지 머리)의 지명에 확실히 언급되는 것으로 보아 이런 여러 가지 복합적인 이유로 카래즘은 고대 고조선의 문명 영역인 것이 확실해진 것이다.

사실 카래즘의 문명은 환웅시대로부터 거슬러 올라가고, 빈카문화에서 나타난 웅녀(곰 여신)와 정제 해독에서 나타난 곰 숭배는 환웅문화를 이야기하는 것이다. '쿠르간 가설', '인도-아르메니아 가설', '인도-그리스어 가설'을 인용하면 환인시대에 흩어져 나간 일리리안족과 트라키아족이 분국이 되어 문화를 형성하였고, 프리지아인들도 아나톨리아와 그리스 북부에서 문화를 형성했다는 고고학적인 틀림없는 사실에 직면하게 되는 것이다. 유럽으로 먼저 들어간 문명이 다시금 동방으로 산재되어 파도처럼 동방문화를 만들었다는 것을(쿠르간 가설) 필자는 확신하고 있다.

유럽의 여러 문화 유적에서 발굴된 세라믹류의 금성인형은 우리의 웅녀신앙(곰여신-어머니 여신)을 말해주는 것이고, 나아가 기원전 약 8세기에 프리지아에서 섬겼던 여신인 '키벨레'는 곰 여신이었다. 또한 '황소숭배'는 옥서스(Axus-처음의 황소)의 황소를 본 따서 아나톨리아(고대 터키)에서 '빗물 하나님'으로 그 숭배를 증명해 주고 있다.

프리지아인들이 섬겼던 '키벨레'의 여신 이름에서 '키'는 '고리'의 꼬리표이며, 벨레는 광명인 '바르'에서 변형된 것이다. 즉, "광명의 고리" 여신으로 환웅의 광명사상을 보여주는 것이며 태양족이 '고리'를 지어서 생활한 것을 나타내는 이름인 것이다.

이상과 같이 고고학적으로 드러난 많은 문화를 짧게나마 인용해 보았다.

여러 문화에서 드러난 바와 같이 환웅족의 흔적인 '고시' 마리(우두머리), 곰여신으로 대표되는 숭배사상과 '카리', '카라', '코레', '카레' 등으로 '고리' 문화를 확인할 수 있었다. 이 고고학적인 문화, 문명을 통해 환인시대의 12분국이 일어나서 그 일파가 서쪽으로 가서 문화를 이루었다 하는 것을 빈카문화의 '곰여신'(웅녀숭배)을 통해 정확히 증명할 수 있는 것이다. 나아가 빈카문화와 그 하위문화인 여러 고대 사이트를 통해 환웅시대와 초기 고조선시대를 아우러는 곰여신 숭배사상과 황소 숭배는 신정 통치사회를 보여주었다는 점이다.

더욱이 지명을 분석한 결과 환웅시대의 터전과 고조선의 터전이 "고르노바다흐샨주"에서 시작되었다는 것을 알 수 있었으며 화래즘(카레즘)의 옥서스문화로 인해 고조선 건국을 입증할 수 있는 훌륭한 증표가 되었던 것이다. 다시금 언어학적으로, 지리명으로, 고고학적인 정제로 입증하는 것으로 초기 고조선의 강역을 비정할 수 있는 것이다.

이처럼 고대 유럽의 문화에서 자주 나타나는 곰여신, 곰숭배 흔적을 보고, 여러 문화에서 언급된 9환족으로 대표되는 언어학적 흔적인 '고리'를 보고서도 일부 강단 사

〈'절풍건'을 쓴 '황금사제'〉

〈옥서스(Oxus)의 황금전차〉

〈황금그릇, 잔〉 〈황금물고기〉

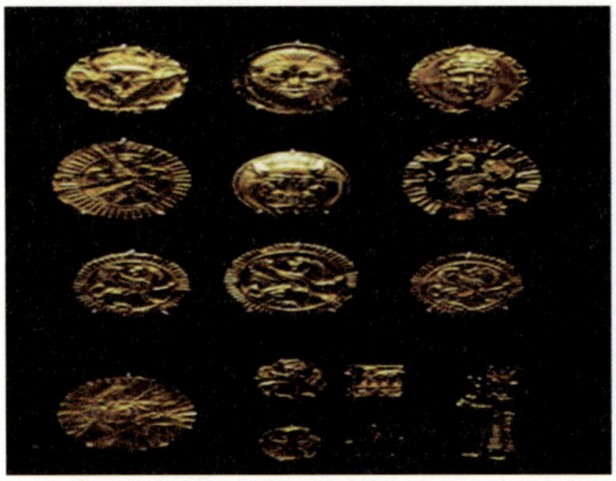

〈클라크(부적-옷에 치장-옥서스)〉 〈황금머리상〉

〈사자머리와 날개달린 사슴〉 〈황금팔찌-옥수스보물(루브르)〉

학자들이 결코 '곰'은 신화이며 역사가 아니라고 우긴다면 그들은 이 민족의 정신과 혼을 팔아먹고 역사를 부정하는 사람으로 한시바삐 강단을 떠나야 할 것이다. 그래도 필자의 책을 못 믿고 한 줌의 의심이 난다면 대한민국의 학자 여러분들이 언어학과

〈날개 달린 아이백스(루브르)〉

〈제사장〉

고고학을 통해 고대사를 다시 한 번 공부해 보시라! 필자는 다음 장에서 초기 고조선의 삼한관경제에 의한 삼한의 비정을 할 것이다.

* 대저 구한(9桓)의 족속은 나뉘어 5종이 되고, 피부의 색깔과 모양으로 구별을 짓게 하였다. 〈태백일사-삼신오제본기〉

(18) 파키스탄의 하라파(Harappa-태양의 아버지) 문화 〈낙랑문화로 비정〉

① 하라파Harppa(흰빛 태양의 아버지)의 고고학 사이트

동부 파키스탄 '펀잡'의 도시로 사히와에서 남서방향으로 34km 지점이다. 하라파에서 '하'는 흰빛(태양)을 말하며 '라'는 '태양', '파Pa'는 '바Ba'에서 온 것으로 아버지이다. 즉, "흰빛의(광명) 태양 아버지"란 종합적인 해석이 된다. 하라파에서 청동기시대의 요새의 도시와 묘지가 발굴되었는데 그 문화의 뿌리는 '메르가르'(우두머리의 고리)였다고 한다. 기원전 약 6,000년경으로 추정되며 그 중에 펀잡지방과 신드지방은 기원전 약 3,300~1,600년까지 존재한 것으로 보고 있다.

이 유적에선 높은 온도에서 구운 벽돌이 발견되었고 풍부한 유물이 발굴되었다. 황소와 싸움하는 새와 장난감 모델, 테라코타 인형이 출토되었다. 특히 삼지창 모양의 식물과 3으로 표시되는 문자표시가 정제에서 나타났으며 암호와 같은 상형문자 비문은 아직 해독하지 못하고 있다 한다. 도시 이름인 '메르가르' 중 '메르'는 '마리'에서 나온 것이고 '가르'는 '고리'의 변형이다. 즉, "우두머리의 고리"가 되었는데 머리족과 고리족이 같이 살았던 지명으로 해석해야 한다.

발굴에서 기원전 1,300년까지의 다양한 유물이 펀잡을 비롯한 근처의 '신드' 사이트에서 발굴되었다고 전해진다. 수메르, 메소포타미아와 교역한 것으로 추정하고 있

다. 하라파 발굴 후에 인도북부, 펀잡의 히말라야 기슭, 남동쪽의 구자라트, 파키스탄 서쪽의 발로지스탄까지 유적이 퍼져 있었으며 역시 발굴되어 연구 중이다. 또한 아프가니스탄의 옥서스강 근처의 청금석 광산에서 '하라파 문명'의 교역소가 발견되었는데 Shorgai고고학 사이트로 부른다. 그러므로 '하라파문화'는 옥서스권과 교역을 하였고 건물의 벽돌 구조가 '하라파' 스타일로 판명되었기에 밀접한 관계를 증명한다고 보는 것이다. 현재의 도시는 '라비강'의 경로 근처에 위치한다. 그 중에 '카라'지구가 있다. 카라는 즉 '고리'이다.

이 사이트에는 하자랏 Karmanwala 샤리트(다르(무덤) 마자르 샤리프)가 있다. 여기에서 '카르(Kar)'는 '고리'에서 온 것이고 만Man은 어머니족이다. Wala의 'Wa'는 '바' 또는 '파' 라고 읽는데 인도유럽어의 Ba , Va는 북아프리카와 인도에선 Wa로 변형되어 읽힌다. 이것은 아프로아시안 언어가 인도로 들어온 것을 의미하는 것으로 보고 있다. Wa는 우리말로 아버지이다. 카르만(Karman)은 '고리의 어머니족'이 되고, 바라(Wala)는 '바르'의 변형으로 "고리 어머니족의 광명"이 되는 것이다. 펀잡지방에 살았던 부족, 씨족의 집단으로는 캄보흐(Kamboh–곰의 아버지)가 있고, 와투(Wattu–아버지 머리)족, 발로치(Baloch–광명의 고리)족, 파탄(Pattan–아버지 머리족)족 등이 있었다.

캄보흐족은 곰 부족이며 발로치족은 '바르'의 변형인 발로(Balo)가 된 것으로 발로치족은 광명족이란 뜻이고 '와투족'은 바투족으로 '아버지 머리족'이 되는 것이며 파탄족(Pattan)은 '아버지 단족'(아버지 머리족)인 것이다.

그리고 전체적인 통합체의 부족이름으로 카랄(Kharal–휜빛나는 얼 있는 고리) 종족으로 불리고 있으며 합성어이다. '카랄'은 '카라'에서 '얼(Al)'이 붙어 합성어가 된 것이다. 이

〈모헨조다로-제사장〉

〈모헨조다로 발굴터〉

런 언어체계는 코랄, 카랄, 크랄, 우랄 등으로 표현되는데 주로 세르비아권의 언어에서 많이 보이고 있다. 언어학상 세르비아권에서 펀잡지방까지 이동한 것으로 보아야 하는 것이다. 어원상에는 아무런 문제가 없는 것으로 같은 '카라'인 것이며 나아가 '얼있는고리'가 된 것이다.

종족학상 이런 부족, 씨족의 이름과 도시의 지명 등을 살펴 볼 때 이곳 펀잡주에 고리족과 곰부족 등이 어울려 살았다는 것이 방언에 나와 있음에 소위 "낙랑문화"는 파키스탄의 상위문화인 '메르가르' 문화의 환웅족이 펀잡주로 이동하여 여기에 존재하였다는 것을 직접적으로 암시하고 있는 것이다. 그러므로 펀잡이 제풍(諸風)이며 제풍은 바로 "낙랑"이기 때문이다.

② 노자는 풍이족(風人) 사람이었다.

단기 1,816년, 기원전 518년에 노나라 사람 공자가 주나라에 가서 이이李耳에게 물었다. 이耳의 아버지의 성은 한(韓)이고 이름은 건(乾)인데 선조는 '풍이족' 사람이다. 노자는 후에 서쪽으로 관문을 지나 내몽고를 경유하여 전전하다가 아유타(阿揄佗)에 이르러 그곳 백성을 교화하였다.

이 '아유타'는 갠지스강 중류의 '아요디아'로 알려져 있으며, 금관가야국 김수로의 왕후가 된 허황옥의 고향이었다. 노자는 '펀잡주'가 고향이므로 노년에 고향으로 돌아왔고, 아유타로 간 것이다(증산도 환단고기 p. 1,009). 즉, 풍이風夷는 파키스탄인이며 제풍諸風은 파키스탄의 '펀잡' 주이다.

4) 환웅의 마리제국

(1) '마리'의 '텔하리리' 유적지

〈기시(한웅의 고시)문명인 '마리'의 '텔하리리' 유적지(공중에서 본)〉

＊출처 : 시리아(http://www.dgam.gov.sy/index.php?d=245&id=701)
유프라테스강 오른쪽 은행에 있는 마리아(텔 하리리)과 이라크 및 시리아 아부 카말 국경에서 불과 12km와 데이르 알-주르에서 125km. 사이트 3km의 동쪽 유프라테스.
〈세계인류문화유산 잠정목록〉

(2) 메리(Mary)제국의 '메리 동상'-한웅의 동상으로 추정한다.

〈메리 동상(환웅의 의상 사진과 똑 같다)〉

* 이쉬타르(바하 20)의 성전에서 동상을 발견. 첫 번째 왕 왕조로 보이며 27.7cm의 흰돌의 높이로 만든 것으로 '알레포(우리 아버지)'의 박물관에 보존(아카드어 기간 기원전 2,460) 그것은 머리 도금 리그의 머리를 둘러싸고 뒤에서 매듭된 형태. 의상에서 중복으로 표시된 'γ' 표시는 가림토문자로 아버지를 나타내며, 때로는 A가 되는데 최상, 제일(칸)을 의미하였다.
출처 : 시리아(http://www.dgam.gov.sy/iΛndex.php?d=245&id=701)

제5장
고조선은 중앙아시아에서 시작되었다.

1. 고조선 강역과 비정에 대한 올바른 판단과 그 기준에 대하여

그동안 고조선은 오랜 세월 속에 묻혀 오다가 일제에 의해 반도사관으로 자리 잡게 되었는데 그 대표적인 것이 '반도 삼한'이며 낙랑에 이은 '반도 고조선'이었다. 해방이 되고 뜻있는 학자들에 의해 겨우 한반도를 탈출하여 비정을 하였으나 그것도 헤이룽장 성, 길림성을 중심으로 한 고조선 이론이었고, 요즘엔 요하문명의 발굴로 혹자들은 '발해만'이 고조선의 강역이라고 주장을 하고 있다. 또는 비파형동검과 커푸집이 적봉의 '홍산문명'에서 발굴되어 고조선의 문명내지 강역이라고 주장하고, 내몽골의 하구점문화도 고조선의 문명으로 말하는 학자들이 있으나 필자는 동쪽으로 간 한인12분국의 사람들 중 그 일파의 문명이며 한인12분국의 '선비국(시위국, 통고사국)'으로 비정比定한다.

많은 발전을 거듭한 노력도 헛되지 않았지만 사실 한단고기에 나오는 삼한, 즉 삼한관경제를 보면 종족과 언어가 같지 않다는 것을 알게 된다. 이것은 이미 히타이트 정제나 루비안비문의 해독문에서 언급되고 있다. 그 해독문에서 언급하길 구문(9환)은 8종의 언어와 문화와 피부색깔이 같지 않았다고 기록이 되어 있고, 한편 루비안(루카)은 9문, 9활(9환족)의 일원이라고 이집트 '빈소사원' 기록에 나와 있다.

첫째로 초기 고조선을 비정하려면 종족과 언어가 다른 삼한의 광역을 먼저 설정해야 한다. 그런 다음에 초기 고조선을 비정하는데 옛날처럼 빗살무늬 도자기나 유물, 장례흔적을 보고 고조선의 도자기나 장례, 무덤양식이 같다고 하여 몰아붙이는 그런 시대는 이미 지났다. 실로 무덤양식이 같은 중앙아시아권의 구덩이문화(얌나문화)는 유럽의 문화에서도 자주 나타나고 있다. 요즈음의 사학은 종합적인 학문이 뒷받침이 되어야 명실 공히 인정을 받는다. 삼한광역의 설정 후에 '환단고기'에서 말하는 9환의 종족을 찾아서 비정을 해야 한다. 그 비정의 증명은 무엇보다 지명에 인도유럽어로 인하여 변형이 된 무수한 '고리'를 찾아야 한다. 그리고 간접적으로 광명과 고시, 머리와 곰, 다리(타리-달)의 지명을 찾아서 연계시켜야 한다.

일각에선 유전학을 인용하기도 한다. 그러므로 토기 파편이나 무덤으로만 찾는 단순함의 고고학시대는 아닌 것이다. 필자는 유럽과 중앙아시아에서 발굴된 유적과 문화를 연구하고 비교언어학인 인도유럽어를 공부하면서 다른 언어체계에 대해 연구하였다. 실로 인도유럽어는 고대의 상고사를 찾는데 큰 도움이 되었다. 그리고 지구상의 수많은 종족을 연구하였다. 다양한 국가의 학술 논문이나 저서 등을 보며 가장 보편적이고 공통적인 사항을 찾고 또 찾았다.

둘째로, 고조선에는 자체 언어가 있었다. 웅족으로 대표되는 '곰 언어'가 있어야 강역의 설득력이 있다. 두 번째로 자체 문자인 '가림토문자'가 제정되어 다른 국가의 언어에 가림토문자가 어떻게 차용되고 발전되어 나갔는지 살펴보아야 한다. 그리고 세계 최초의 문자 또는 기호로 일컫어지는 "빈카문자"와 가림토문자와의 상관관계를 대조 해 보아야 한다. 중앙아시아권에서 웅족으로 대표되는 종족의 '곰언어'로는 '쿠미크어'와 '코미어', 그리고 '쿠만어'가 있으며 북아프리카에 커머문화를 만든 '쿠시어'가 있고, 스와힐리어·반투어·베르베르어·아나톨리아에서 인도로 넘어간 '팔라어'가 있다.

주로 '곰언어'는 현재 우크라이나 남부와 볼가강 유역에 걸쳐 있는 바시키르공화국, 메리공화국, 타타르공화국 등이 포함된다. 필자가 살펴본 바 '빈카문자'엔 가림토문자가 20개가 포함되어 있었으며 환웅시대에 사용되었던 산대문자도 있었던 것이다(가림토문자는 38자이다).

가림토문자가 세계의 문자에 어떤 영향을 미쳤느냐에 대한 것은 나중에 따로 기록하고자 한다.

셋째로 삼한관경제에 위한 삼한을 비정할 때에 한단고기에 나오는 지명을 정확하게 해독하여 삼한 비정을 해야 한다. 환웅과 고조선은 단일민족으로 이루어진 국가가 아니기 때문이다. 꿈을 깨어야 한다. 다문화, 다언어, 다종족으로 이어진 연방체제였다고 보아야 한다('고리'로 통치하였다).

마지막으로 한단고기의 내용이 정확한지 아니면 위작인지 위작이라면 어느 부분이 위작이며 위작의 역사적 근거는 어디에 있나? 그리고 현재 번역된 한단고기의 번역이 제대로 되었는지 잘 살펴 보아야 한다(환단고기의 올바른 번역과 위작에 대한 편에서 언급할 예정임).

환웅시대와 고조선은 웅족의 여인을 황후로 맞아들였기에 자연히 웅족을 중심으로 한 사회가 형성되었다. 그래서 고고학과 맞물린 언어학의 관점에서 연구가 있어야 할 것이다. 고조선의 비정에 앞서 먼저 건국된 환웅시대의 역사적인 사실과 신정통치에 대한 자료를 얻을 수 있어야 한다.

백두로 시작되며 태백신앙(태배, 태페)으로 뻗어 나간 환웅시대의 광명사상을 조명해야 하며 세계에 뿌리 내린 태백신앙을 연구해야 한다.

환인시대의 12분국을 올바로 이해하고, 나아가 9환족의 성격을 알아야 한다. 왜? 하필이면 5일 동안 환무를 추었으며 원을 중시하였는가? 원의 핵은 중앙이다. 그렇다면 지구의 지도에서 중앙은 어디이며 환웅의 고고학적 흔적은 증발되고 없는가? 있다면 무엇으로 발전하여 지금까지 남아 있는가? 풀어야 하고 조사해야 할 사항이 너무 많은 것이 초기 고조선의 비정이다. 필자는 다양한 각도에서 올바른 비정을 하려고 한다.

먼저 필자는 한단고기를 먼저 공부하여 잘못 번역된(반도사관에 입각하여 해석됨) 것을 많이 발견하였고, 무엇보다 한단고기의 위작 흔적을 다소 발견하였다. 나중에 뒷장에서 환단고기의 올바른 번역과 위작부분에 대하여 따로 설명하고자 한다.

무엇보다 고조선의 핵심 역할을 한 삼한이 큰 비중을 차지할 것으로 삼한에 대한 비정이 정확해야만 이웃 국가인 중국과 다른 나라와의 관계를 올바르게 설정할 수 있는 것이고, 중국의 25사나 한단고기의 위작부분을 가려내어 비판할 수 있는 것이다.

2. 고조선의 9환족의 일파인 루비안(루카)이 작성한 비문에 기록된 내용인 "투탈리아"와 타탈리아정제에서 나온 "타탈리아"의 연구.

1) 루비안 비문의 '투탈리아'와 정제에서 나온 '타탈리아(Tartaria)' 연구

아나톨리아의 루비안 비문에서 "투탈리아의 위대한 왕! 투탈리아의 위대한 영웅! 이란 해독문으로 인해 "태수정치와 신정(神政)정사"를 하였던 고조선의 강역이 풀리고 있었던 것이다. 이 토하리스탄은 다음 장에서 설명하는 '화래즘'(카레즘)이란 옥서스 문명권인 것이다. 또한 세르비아 빈카문화권의 루마니아 타탈리아(Tartaria) 마을에서 소위 타탈리아 점토판의 정제와 함께 다양한 유물이 발견되었다. 대략 기원전 5,300년 경으로 추정하고 있다. 같은 이름이 그리스 북부인 루마니아의 마을에서 발견된 것은 단군이 개국하기 전 대략 3,000년 전부터 있어 온 이름이다.

'타탈리아'의 이름은 인도유럽어로 표시되는 이름으로 불과 기원전 23세기밖에 되지 않는다. 그렇다면 기원전 3,000년 더 훨씬 전에 고고학적 사이트가 존재하였다는 것으로 보아야 하며 중앙아시아 타지기스탄 지방에서 왜? 그리스 북부인 루마니아까지 가서 같은 이름을 사용했었나에 대한 의문이 남게 된다.

필자가 보기엔 기원전 5,300년경이면 고조선이 건국하기 약 3,000년 전이므로 환인시대로 거슬러 올라간다고 볼 수 있다. 파미르에서 분기된 환인의 일파이므로 파미르를 지나 거대한 강인 '아무다리야강'을 건너 갔을 것이고, 아무튼 이곳에서 '아무다리야강'의 이름을 루마니아에 가서 그대로 사용했었는데 그로부터 약 3천년이 지나서 '다리야'가 인도유럽어로 '탈리아'로 되었다. 환웅족의 일파는 '머리'족이었으므로 자연스럽게 글자 앞에 머리를 뜻하는 접두사인 '다'를 붙였는데 역시 '타'로 소리가 표현되어 지금에 발굴된 것으로 "타탈리아"로 나타난 것이다. 이것으로 루마니아로 건너 간 사람들이 이곳 '아무다리야강'을 통해 갔다는 것을 증명해 주는 중요한 단서인 것이다.

이런 것은 고대 사람들이 고향땅이나 중요한 숭배지명 등은 자기가 살고 있는 그곳에 똑같은 이름을 지어 사용한다는 인류사학적 발표가 있었다. 우리 한반도 땅에 백두산과 태백산이 있고, 대동강이 있는 것은 그런 이유인 것이다. 그런데 이 '타탈리아'는 아나톨리아의 루비안 비문에서 해독되었던 '투탈리아'와 그 어원이 같고, 앞서 러시아 고고학자는 빈카연구에서 나타난 유물에서 테테리(Terterii), 테테리야(Terteriya－머리의 달)를 위한 종교 숭배 목적이라고 밝혔다.

모음인 ㅏ, ㅏ가 ㅔ, ㅔ로 바뀌어져 발음이 되는 것으로 인도유럽어의 프로토 조어 현상인데 타탈리아, 투탈리아, 테테리아는 공통적으로 같다는 것이다. 나아가 고대인도 갠지스 남쪽의 마우리아왕국의 고대도시인 '파탈라푸트라'도 같은 이름에서 파생되어 온 것을 알 수 있는 것이다. 여기서 파탈라는 원형인 '바달라'이고 타탈은 역시 '다달'이며 투탈라는 '두달라'이다. 고조선은 달지국(達支－月支)을 건국하였다. 달지는 인도유럽어로 탈지가 되며 나아가 '달리', '탈리'가 되는 것인데 '탈리'란 용어는 바로 고조선의 이름에서 나온 것으로 즉, 탈리－달리－다리－달로 된 것이다.

그럼에도 불구하고 타타르의 어원이 어디서 온 것인지에 대해 연구가 되지 않고 있다. 서양의 언어학자와 고고학자들은 타타르족(이란계)에서 나온 것으로 '타타르'의 정확한 어원의 해석을 하지 못하고, 고작 이 타타르를 시베리아 타타르와 카스피와 흑해를 연결하는 타타르, 몽골일대, 크림의 타타르 등으로 나누어서 연구하고 있다. 필자는 독일, 러시아, 미국, 터키, 프랑스 등 여러 나라의 서브와 링크를 통해 다양한 학자의 학설을 종합·연구하였으며 특히 '타탈리아'란 용어가 라틴어의 발음이라고 하였다.

라틴어로는 '라틴족'이고 '라틴(Latin)'은 "머리의 태양족"이 된 것이며, '태양의 머리족'

이 된 것이다. 그것은 빈카의 고대문화를 이끈 환인종족으로부터 나온 것이기에 바로 환웅의 머리족이 주인공이 되었다. 세계의 학계에서 통용되고 있는 종족명인 '타타르'는 "타타리와 타탈리에서 온 것"으로 그 원류는 환인의 빈카문화이고, 한웅이 발전시켰으며 고조선이 승계하였다. 필자는 언어학적으로 규명하여 이 '타타리아'가 어떻게 변모되고 수많은 종족에 의해 사용되었나를 심도있게 해부하였다. 실로, '타리'는 다리로 그 원형은 '달(月)'이었다. 환웅시대에도 '달(다리)'에 대한 언급은 있었지만 체계화되고 다양한 변형은 없었다는 것이 필자가 20개국 지명 연구에서 살펴낸 것이다. 환웅시대의 정체성이 태양을 중심으로 한 '광명과 태백, 백두사상과 고시, 머리족을 앞세운 것이라면 고조선은 달(다리)과 머리족, 고리로 대변되는 정체성이었다.

'타'는 머리를 이야기 하며 탈리(달지)국을 강조하는 이름으로 타탈리아, 혹은 타타라, 타탈라(머리의 달)가 되는 것이고, 루비안 비문에서 역시 해독된 '투탈리아'도 '투'는 머리를 뜻하니 똑 같은 이름이 되는 것이다. 결국 '타와 투'(다와 두)는 같은 머리를 뜻하는 것으로 백두신앙과 태백신앙을 의미하는 "테페, 테베의 성소"인 것이고 '투와 타'가 붙어 달지국을 표시하였다. '머리탈지국'은 투탈리아, 타탈리아로 표현되었고 그 모체는 12분국으로 파생되었던 강인 '아무다리야(어머니의 달), 옥서스(처음의 황소)'가 되는 것으로 보아야 한다.

테테리아는 원형인 투탈리아나 타탈리아에서 모음이 변형되어 전음되었기에 역시 같은 단어가 되는 것이다. 현재 터키의 고대국가인 '아나톨리아'도 탈리아에서 그 근원이 온 것이다. 이탈리아도 마찬가지이다. '아나톨리아'의 '아나'는 아나(Ana)로 신(神)인 안(An)을 북아프리카나 이탈리아 남부의 방언처럼 표기한 것으로 보았다. 이집트나 메소포타미아에선 안(An)을 아누(Anu)로 표기하였다. 그러므로 아나톨리아는 고조선의 작은 집처럼 한 식구와 같은 이름인 같은 "아나톨리아(Anatolia-달의 신)"이 된 것이다. 실로 고조선의 정체성은 '달(다리)'이었다. 그러면 고대 인도 비하르주의 중심도시인 '파탈리푸트라'(파트나)를 생각해 보자.

이 이름은 아직 세계의 고고학계에서 '파탈리'에 대한 올바른 정의를 내리지 못하고 있다 한다. 그러나 필자가 보기엔 너무 간단하다. 파(Pa)는 원형인 '바(Ba)'에서 온 것으로 아버지를 나타내고 '탈리'는 바로 고조선을 나타내는 용어로 다리이며 달이다. 외국의 학자들은 옥서스권의 고조선을 이해하지 못하였다. 타리, 탈리가 하늘에 떠 있는 '달'이란 것을 알지 못했기에 생각조차 하지 못한 '파탈리'란 용어를 지금까지 해석하지 못한 것으로 필자는 결론지었다.

'푸트라(Putra)'를 서양의 학자들은 '아들'이란 해석으로 내 놓고 있다. 그러면 붙여서 해석해 보면 '아버지 탈리의 아들'이란 이름이 나오게 된다. 하나, 필자는 '파탈리푸트라(Pataliputra)'의 '파탈리'와 '푸트라'는 같은 해석이 나오는 이름으로 '베르베르어'와 같은 중복의 이름이라고 본다. '파탈리'는 '아버지 탈리'가 되는 것이고 '푸pu'는 역시 파에서 변형되며 푸, 포, 피 등으로 이어지는 것인데 '아버지를 말한다. '트라'는 '다리'의 변형이므로 이런 이유로 파탈리푸트라'는 "아버지 탈리아"를 재삼 강조한 이름인 것이다. 고조선의 멸망을 상기시키기 위한 명칭으로 보고 있다. "아버지, 우리 아버지와 같은 중복의 뜻"이다.

'푸트라'의 '트라'는 역시 타리에서 그 어원이 시작되며 트라, 트리, 트레 등으로 나타나고, 나중에는 '탈리'가 되는 것이다. 그러므로 '푸트라'도 "아버지 타리아"가 되는 것이다. 이런 해석을 하는 것은 앞서 투탈리아와 타탈리아에 대한 해석이 가능했기에 나온 것으로 고대 인도엔 마가다(Magada-어머니 고리의 머리) 왕조가 '파탈리푸트라'를 수도로 하여 건국한 것이었고, 마우리아왕조(기원전 322~185), 굽타왕조(240~550), 팔라왕조(750~1174)에 이르기까지 많은 왕조의 수도였다. 여기서 캄은 바로 '곰'이다. 순수 우리말의 왕조이다. '캄보자'는 '곰의 아버지'란 이름이다. 그러므로 웅족의 본거지인 고조선이 아버지가 되는 것이며 달리인 '탈라'를 붙이게 되는 것이다. 여기서 아버지란 표현은 아나톨리아의 하투샤 유적의 정제와 루비안 비문에서 자주 인용되고 있다. 아버지는 하늘이며 주권자이었다. '아버지 하나님', '아버지 위대한 왕' 등으로 극존칭을 나타내며 아버지(고조선의 칸)는 황소로 대표되는 신앙체계와 웅녀로 대변되는 다산의 사상, 광명사상으로 거대한 '히타이트'를 태수로 내세워 통치해 나갔던 것이다.

2) 히타이트(Hittite-태양 흰빛의 머리) 왕의 칭호에 대하여

히타이트가 '투탈리아'의 제후국 내지는 공국으로 인정할 만한 또 다른 큰 단서가 있다. 그것은 히타이트왕의 칭호이다. 일부 왕들은 마스터의 국가 이름인 '투탈리아'를 따서 '투드할리야 1세에서 4세까지' 왕의 이름을 지었다. 또한 단군의 '단'을 따서 왕 이름을 행하였다.

(1) 투드할리야(Tudhaliya) 1세

기원전 14세기 초의 왕으로 기록되고 있다. 부모는 알 수 없으며 후임은 아르 누완다 1세였다. 소리나는 대로 빨리 읽으면 '투달리아'(투탈리아)가 된다. 여기에서 흰빛이며 태양의 상징인 'h'를 빼면 투달리아(Tudaliya-머리 다리-머리 달)가 된다.

(2) 투드할리야 2세

기원전 약 1,360~1,344년경에 통치한 왕으로 그의 어머니는 Asmu-nikai(처음의 어머니는 깨우친 사람)이었다.

(3) 투드할리야 3세

단명한 왕으로 기원전 1,344년으로 보고 있으나 아마도 형제를 포함한 가까운 친척에 의해 살해된 왕으로 보고 있다.

(4) 투드할리야 4세

기원전 1,237~1,209년으로 그의 어머니는 훌륭한 여왕이었다(Puduhepa-아버지 머리는 태양의 아버지).

(5) 지단 타Zidan ta 1세(위대한 머리족의 머리)

기원전 1,496~1,486년에 있었던 왕으로 아들에 의하여 암살된 왕이다

(6) 지단 타 2세(Gidanta)

기원전 1,480~1,490(혹은 1,450)년에 재위한 왕이었다.

(7) 무와(Muwa) 탈리Talli 2세(어머니 아버지의 다리, 달)

기원전 1295~1,272년 하투샤의 왕

이상 히타이트의 왕의 계보에서 드러난 4명의 왕은 마스터인 토하리스탄 지역인 '투탈리아'를 왕의 이름으로 사용하였고, 또한 무아탈리 2세는 마스터인 숭배배상인 '달'인 '탈리' 이름을 사용했다. 2명의 왕은 '단군'인 '단'을 왕의 명칭에 붙인 것이다. 여기에서 '지단'이란 단군의 가지, 가닥(지-支)의 뜻이었다. 뒤의 '타'는 '머리'를 가리킨다고 해석한다. 그러므로 지단 타는 '단군의 가지의 머리'란 것에 도달하게 된다(제후란 것을 입증). 무와탈리(Muwatalli)의 무와(Muwa)는 어머니, 아버지를 뜻한다. 그러므로 "어머니, 아버지의 탈리"가 되는 것이니 "탈리(다리, 탈리아)"는 바로 어머니이며 아버지였던 것으로 고조선인 것이다.

박트리아권이며 타지키스탄과 키르기즈스탄의 영역인 고대 토하리스탄(후에 토카리스탄) 지역을 '투탈리아'라고 불렀는데, 이 투탈리아가 무엇 때문에 히타이트 왕의 명칭에 같은 이름으로 붙어 있었을까?

'투탈리아'와 '투드할리야'(투달리아)는 그 어원이 같은 것이다. ㅋ이나 ㅌ이 묵음 처리되어 ㅇ이나 ㅎ 으로 발음되는 형태이지만 사실, 태양의 상징인 'h'가 들어 간 것으로 (중앙아시아와 편잡 지명의 명사엔 반드시 태양의 상징인 H가 들어 있다.) '투드할리야'를 급히 읽으면 '투달리야'로 소리가 난다. 이것은 제후국이며 9환족의 연맹체이었기에 가능 했던 것으로 고조선과 아무런 관계가 없으면 왕의 칭호에 이렇게 자주 연이어 붙일 수 없는 명칭인 것이다. 투드할리야 2세의 영문판 해석에서 "무와탈리 1세 직후에 Tudhaliya를 삽입하지만, 더 유명한 통치자가 자주 제국을 창설하기 전까지 Tudhaliya를 삽입합니다" 이 구절은 태수(임명받은 왕)를 말해주는 것으로 고조선이 삼한관경에 수많은 태수를 임명한 태수통치와 신정정사를 펼쳐나간 것이다.

3) 루비아(루카) 언어

아나톨리아의 '루비아Luwia어'(루카언어)를 영어표기로 전환한 케이스

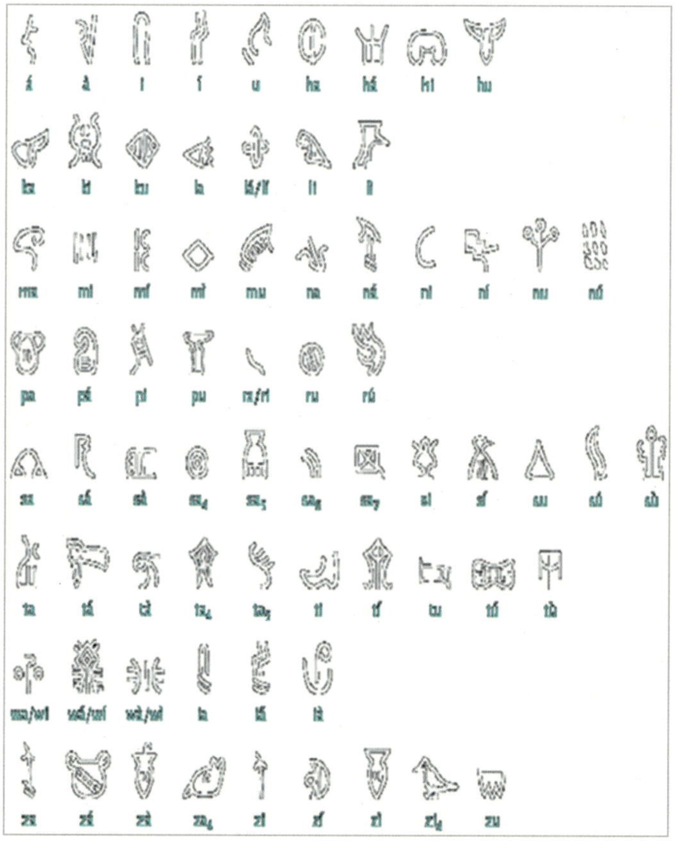

* 출처 : 아나톨리아 '루비안 언어'(http://www.ancientscripts.com/luwian.html)

3. 그리스 신화에 나타난 여신 '탈리아(Thalia)'와 데메테르아 에토루스(Aetolus), 아스테로디아(Asterodia)

1) 여신 '탈리아(Thalia)'

그리스 신화엔 남성의 신이 12명 있고 여신은 9명이다(12분국. 9환족).

이 여신 중에 '풍요와 환성'의 상징인 여신 "탈리아"가 있다. 제우스와 므네모시네 사이에서 태어났는데 아름다움을 상징하는 여신들 '카리테스' 중의 한 명이기도 하다. 카리테스에서 탈리아는 "연회와 축제의 여신"이다. 여기에서 그녀 이름의 뜻은 '부와 풍요'이다. 그녀는 반신반인으로 묘사된다. 아름다움을 상징하는 '카리테스'의 '카리'는 원형인 '고리'의 변형이다. '테'는 머리를 뜻한다. 그러므로 '고리의 머리종족'인 셈이다.

생각해 보면 그리스 신화는 우리의 12분국을 남성 신의 12신으로 묘사했고, 여신 9명은 고조선의 9환족을 카피한 것이었다. 따로 세밀히 분석해 보면 신의 이름에서 환웅족과 고조선의 9환족에 관한 내용이 주류를 이루고 있다. 나아가 수메르의 신이나 이집트의 신들도 우리의 삼신과 칠성사상, 지구와 태양을 아우르는 천문학, 천지인사상을 카피하여 그네들의 신으로 접목시켰다는 것은 이미 널리 알려진 사실이다. 그리스 신화의 여신들은 일찍이 모계사회에서 '위대한 어머니 여신'으로 '풍요와 다산', 비와 태풍을 상징하는 웅녀 숭배사상을 업그레이드하여 세분화시킨 것에 지나지 않는다. 또한 아나톨리아의 프리지아에서 기원전 7세기에 숭배하였던 '키벨레' 여신은 웅녀였고, 다산의 상징이었으며, 비를 내리는 신이었다.

이미 앞장에서 설명한 대로 환웅문화가 세르비아와 그리스반도에 진출하여 문화를 만든 역사에 주목하여야 한다. 그러기에 그리스 여신에 나타난 '탈리아'는 결코 우연이 아니고, 환웅에서 고조선으로 이어지는 문화 전달자로서의 자리를 각인시키기 위하여 신의 반열에 놓았던 것으로 미루어 짐작할 수 있는 것이다. 이런 인과관계가 없으면 빈카문화권과 중앙아시아에 있었던 다리아(달리)의 '탈리아'란 용어가 그리스 신화에 여신으로 들어갈 아무런 이유가 없는 것이다. 태양은 양이며 달은 음이다. 탈리아(Thalia–달) 여신 이름으로 빈카문화가 그리스반도에 진출하였고 아나톨리아와 고조선으로 연결되는 탈리아, 톨리아로 승계·발전되었던 것으로 보아야 한다.

2) 여신 데메테르(Demeter–머리의 어머니 다리)

데메테르(Demeter) 여신은 수확의 여신이다. 또한 신성한 법을 집행하는 여신이며 삶과 죽음을 표방하는 여신이기도 했다. 기원전 1,400~1,200년까지 그리스 미케네의 필로스Pylos(위대한 광명) 정제에서 발견된 두 여주인인 왕은 데메테르, 페르세포네와 관련이 있다고 하며 로마의 여신인 '세레스'와 같다고 하였다. 그리스 미노아 사람들은 '위대한 여신'이라고 하였으며 '어머니 여신'으로 불렸다고 한다.

축제에서 그리스의 여신을 기리는 의미에서 Thesmophoria라고 불렀는데 이것은 데메테르와 그녀의 딸인 '페르세포네'를 합친 이름에서 파생된 것으로 'Thesmoi'라고 부르며 사람들은 농사를 경작하는 법을 가르쳐 준다고 믿었다. 이것은 축제에서 '데메테르'를 위한 숭배의 주요 표현이었다. 이 여신의 '테르'는 '타리'(달)에서 파생되어 온 것이고 '페르세포네'의 페르는 '바르'(광명)의 변형된 이름이었다.

3) 아에토루스(Aetolus-위대한 다리)와 도시 아에토리아(Aetolia)

그리스 신화에 나오는 엔디미온의 아들이다. Aetolia의 식민지에 관한 신화에서 그는 아피스의 아들에 의해 추방되었다. 그러자 그는 아피스의 아들을 죽였다. 그는 결국 Aetolia를 쟁취하였다. Aetolia 중앙 그리스는 Aetolian 리그를 결성하여 마케도니아, 일부 테살리아, 포키다현, Locris, Malis, Acarnania, 기타 그리스 도시국가와 연례회의를 개최하였다.

여기에서 나오는 아에톨리아Aetolia는 터키의 옛 이름 아나톨리아를 연상하게 만든다. '탈리아'에서 톨리아가 형성되었기에 고대 그리스 신화에 등장하는 신의 이름과 지명에서 우리는 또 다른 탈리아(톨리아)를 보고 있는 것이다.

4) 여신 아스테로디아(Asterodia-처음 다리의 머리- 아스테리아)

아스테로디아(Asterodia)-백인요정의 딸, 오케아노스와 테티스의 어머니 Absyrtus에 의해 '아이에테스'

아스테로디아(Asterodia)-엔디미온의 아내

아스테로디아(Asterodia)-우리필로스의 아내의 하나(Icarius)

여기에서 아스테로디아(Asterodia)의 '아스'는 우리 말 '아사'와 같다. '테로'는 '타리'의 변형인 것이다. '아스테로디'는 "처음 테리아(타리)의 머리"가 된다.

4. 그리스의 성소 Anthela(달의 신), 고대도시 투리(Thurii), 틸리(Tili)

1) 여신 데메테르를 숭배하는 성소 안테라(Anthela-다리, 달의 신)

숭배하고 만나는 장소인 Amphictyonis의 테르모 필레에서 모든 회의를 시작하기 전에 먼저 숭배하였다고 한다. 여기에서 안(An)은 신이다. '테라'는 역시 '타리'의 변형인 것이다. 안테라는 결국 '타리신(달의 신)'으로 귀결되는 것이다. '타리'는 어디이며 어떤 신을 모시는가? 바로 고조선의 삼신, 환웅의 광명의 신인 것으로 '테페'의 성소로 인식해야 한다.

2) 투리(Thurii-달)

이탈리아 남부의 식민지이자 고대도시로 기원전 446년에 건설하였다.
도시의 이름은 Thuria라는 분수에서 따 온 것으로 전해지고 있다.
허나, 굉장히 유감스럽게도 분수가 아닌 '달'이며 지명에서 따온 것이다.
투리아(Thuria)나 투리(Thurii)는 같은 어원이다. 결국 '타리와 타리아'에서 변형된 표현이다. '타리아'는 고조선의 정체성을 말하는 달이고영역의 지명이었다. '투리'는 이미 지중해 문화와 메소포타미아 문명을 일군 '기시문명(환웅의 고시)' 시기에 지중해권이었으며 식민지로 이집트 기록에 나와 있다고 한다.

3) 틸리(Tili-달)

에게해 섬의 13곳 중 9군데를 관리한 '틸리'는 섬의 남동쪽 가장자리에 위치하였다. 틸리는 기원전 7세기에 섬의 번영 중심도시로서 리더가 되었다. 기원전 428년 아테네에게 반란을 하지만 복속되었다. 필자는 앞서 미케네와 주변 섬 지역을 마한의 영역에 포함시킨 바 있다.
'틸리'는 모음이 ㅣ, ㅣ로 끝나는 변형으로 역시 '타리'의 변형인 것이다. 앞장에서 열거한 그리스의 도리안 방언에 9환족의 표상인 '고리'와 '바르', '고시'가 있었다. 여기에서 설명하는 '타리'의 변형과 그리스 여신에 붙여진 이름 등으로 보면 '타리'가 우연하게 변형되어 중앙아시아인 타지기스탄에서 그리스나 이탈리아 남부지역까지 전래는 불가능한 것이다. 이것은 '도리아인(달 사람들)'이 빈카문화권에서 남하하여 그리스를 정복하여 '백색문명'을 개창한 것으로 보아야 하며 카스피 해와 흑해 연안, 아나톨리아를 잇는 9환족의 중심 선상에서 고조선 9환족의 일파(마한족)가 환웅의 유산을 상속받아 그리스 반도에 들어가서 문명을 일구었기에 가능하고 다양한 방언을 통하여 극명하게 증명해 주고 있는 사실이다. 뒷장에서 그리스, 이탈리아에 들어간 흔적을 별도로 설명할 것이다.

4) 미국 뉴욕 자치구의 아스토리아(Astoria-처음의 달), 퀸즈(Queens)

미국 뉴욕의 북서쪽 모서리에 '아스토리아' 자치구가 있다. 기록에 의하면 1659년에 '아스토리아' 마을을 건설했다고 한다. 이탈리아에서 이민을 온 사람에 의해 붙여진 이름이라고 추정하고 있다. 지금은 올드 아스토리아로 불리고 있으며 지금은 보존유산으로 관리되고 있다. '아스'는 우리말인 '아사'나 '아시'에서 온 것이고 '토리아'는 초기 고조선의 정착지인 아무다리아에서 온 것으로 '타리아'가 다만, '토리아'로 조금 변형된 것에 불과한 것이다. 아스토리아는 "처음의 토리아(타리아)"가 된 것으로 보아야 한다.

5. 히타이트와 하투샤 정제에서 나타난 아버지 나라인 마스터 국가

이것은 새삼스레 증명하고 말고가 아니라 알려진 대로 많은 히타이트 정제에서 이미 '아버지' 땅은 흑해의 남쪽에 있다고 하였다, 중국 채옹의 독단(獨斷)에서 말하길

天子之呼稱 始於東夷	천자의 호칭은 동이에서 시작된 바요
父天母地 故曰天子	하늘을 아버지로 땅을 어머니로 하여 태어났기에 천자(하늘의 아들)라 한 것이다.

고임승국의 『환단고기』, 번역본, 1986, p. 73.
아버지는 주권자이다. 아버지는 하늘이었다.

그러면 거기는 어딘가? 바로 타지키스탄과 아프가니스탄의 북부인 옥서스강 상류에 도읍을 정한 고조선이기 때문이다. 고대의 옥서스강이 대동강이다. 판지강과 바크쉬(바코쉬- 아버지 코시-고시)강이 같이 흘러 큰 강(옥서스)으로 같이 아울러 흘러가는 강이 바로 '대동강(大同江)'이다.

그런데 반도사관에 사로잡힌 사학자들은 고작 평양이 대동강이라고 하였다. 한문은 표의문자로 뜻을 내포하는 글자이다. 그렇기에 대동大同은 크고, 함께 나아간다는 것으로 여러 작은 강이 합쳐서 큰 강으로 함께 흘러가는 곳이 바로 옥서스유역이다. 강 상류에는 험준한 비탈면이 있어 자연스런 요새가 가능하기에 여기에 왕궁을 지었기에 중국인들이 이야기하는 '험독'이 바로 여기인 것이다. 기원전 22세기경에 거대

한 히타이트를 다스린 마스터의 고조선 외에는 국가(중앙정부)가 없었다. 카스피와 흑해 연안에 강력한 나라가 그 당시에 없었기에 옥서스문화권인 고조선이 하나라인 히타이트를 통치해 나간 것이며 히타이트의 고대 도시국가(루비안/팔라연합 포함)가 마한의 축(제후)이 되는 것이라는 이론과 주장에 대하여 어느 누구라도 반론이 있다면 확실하게 제시하길 바란다. 하나, 아무도 반론을 제시하지 못할 것이다. 그것은 '진실'이기 때문이다.

6. 고조선 8조 금법을 시행한 나라 히타이트(하나라－흰 머리족)

고조선 8조 금법은 수메르의 함무라비 법전에도 많은 영향을 끼친 것으로 봉건 계급사회와 신정 통치사회에서 살아나가는 백성들의 사유권 재산제도를 확립하고 법 앞에 누구나 예외가 없다는 평등사상을 내포한 것이었다. 별도로 고조선의 8조 금법을 상세하게 풀어서 시행한 일명 "히타이트 법"은 분량이 많으므로 따로 설명하고자 한다.

7. 옥서스와 아무다리아의 새로운 해석

옥서스강은 'Oxus'라고 하는데 이것은 '황소'를 뜻하는 옥스(Ox)에서 Us가 붙은 것으로 지금의 영어로 Us는 유나이티드 스테이트를 말하며 연합이란 의미가 된다. 그러나 Us는 고대의 용어로 아사(Asa)의 변형이며 '처음, 이제 시작한다는 뜻'이다. 이것은 고대에 옥서스라고 불렀는데 고조선은 9환족(구문족)고리를 형성한 강력한 신정 통치체제였다.

이미 앞에서 세계 문화 유적에서 언급된 바와 같이 여러 문화에서 황소인형, 조각, 황소토기가 나왔고, 숭배하였는데 히타이트에선 황소를 '빗물하나님'으로 숭배하였다. 지금 사람들은 옥서스강을 '아무다리야Amu darya'로 부른다. 다리야는 그냥 강을 '다리야'라고 현지인들이 부른다고 하며 서양의 학자들이 그대로 옮겨서 사용하고 있다. 그렇지만 잘못 와전된 것으로 '아무(Amu)'는 어머니를 뜻하므로 아무르(Amur－태양의 어머니)강은 중국에서 흑룡강으로 지칭하고 있다. 이곳 아무다리아와 아무르강의 이름이 같은 '어머니(母)'를 이야기하고 있는 것이다.

또한 이 다리야의 원뜻은 오랜 세월에 의해 곡해되어 잘못 알려진 것으로 '다리', '다르'는 '달(月)'에서 나온 것으로 바로 다리야는 자음인 ㄹ이 붙어 달리아가 된 것이고,

인도유럽어에 의해 탈리아로 변형되게 되는 것이다. 자음인 ㄹ이 붙어 소리가 나는 형태를 많이 찾아 볼 수 있다. 예를 들면 마리가 말리, 말레로 변하며 바리가 발레, 발리, 벨리로 변한 경우이다. 그러므로 자음이 붙어서 소리나는 경우와 떨어져서 소리가 나는 경우라도 음역상 아무런 차이가 없는 것이다.

결국 그 어원은 같은 것으로 이해되고 있다. 이 강의 이름은 달지국(월지국)을 증명하는 말인 것이다. '달지국'의 '달'이 '다리'가 된 것으로 본다. 이 강의 이름은 '빈카문화권에서 붙여진 이름이 아닌가 생각한다. 왜냐하면 철자 끝에 야(Ja), 예(Je), Ji가 붙는 방식은 빈카문화권인 세르비아, 보스니아, 슬로베니아의 표현에서 많이 나타나는 방식으로 러시아문자로 대표되는 키릴문자의 영향으로 볼 수도 있다. Ya, Ye, Yi도 같은 표현으로 사실 '아'나 '야', '어이'는 같은 표현이다.

키릴문자와 한글과의 문법적인 대비에 대해선 모르는 바이나 분명한 것은 원음의 '다리', '다르'가 다리야로 변한 것이 아닌가 생각한다. '야'는 부르는 소리이다. '옥아, 순아, 정자야!'처럼 지정한 것을 부르는 접미어로 강조하는 것이다.

터키에서 세 번째로 긴 강인 '사카리아(Sakarya)강'의 예를 들어보면 '사'는 위대한 , 큰의 뜻이고, '카리'는 코리의 변형이며 코리는 바로 '고리'이다. 여기 강의 이름 뒤에 '야,아'가 붙는다. 지정한 것을 말함이다. 사리야댐(Sarlyar)은 터어키 앙카라 지방에 있는 수력발전댐이다. 여기서도 같은 야(Yar)가 붙는다. 이렇게 보면 '다리야'는 바로 '다리'이며 타리, 타르이고 탈리가 되는 것에 도달한다. 고대인들은 물은 바로 농경생활이며 생명과 직결되므로 친근감으로 사람 부르듯 불렀는지도 모른다.

그런데도 '다리'를 그냥 강의 일반적인 호칭으로 매도하여 '다리야'는 강이란 설명에 혹자는 고대 페르시아어로 '다리야'가 '강'이란 해석을 하였다고 한다. 그렇다면 고대 페르시아권(시리아 레바논, 이라크, 이란 등)에 수많은 강이 있음에 많은 지역에 '○○다리야'란 호칭이 반드시 있어야 할 것인데, 하필 이곳만 '아무다리야'와 '시르다리야'가 되었는가 반문하고 싶다. 고구려의 추모대제의 기록에 '엄니대수'가 있다. '엄니'는 전라도 사투리로 어머니를 말한다. 고대에 어머니로 불렀던 강은 눈을 씻고 보아도 없다. 앞서 서양학자들의 어원 해석이 엉터리란 것을 지적한 바 있다. 실로 환인12국 분기시에 '월지국(月支國-메구여국)'이 파키스탄과 옥서스권 문명을 개창하였음에 '달Dari'(月)은 고조선의 정체성이었다. 더 이상 설명할 이유가 없다.

다만, 우리말의 '달'은 다리, 다르로 나타남에 이 '다리'는 인도유럽어로 '타리'가 된 것은 변하지 않는 진실이다. 그러므로 '아무다리(어머니 달)'나 '시르다리(태양, 달)'라 하여도 그 어원엔 아무런 변함이 없는 것이다.

'다리야(달)'는 종족학, 언어학, 고고학에서 이야기하는 '타타르Tatar'의 시원으로 '빈카문화권'에서 고조선으로 이어져 고조선의 '타타리, 타탈리'에서 '타타르'로 변형되어 전 세계에 파생된 타타르족의 구심점이 되었던 이유인 것이다.

이 '탈리아'에서 접두사인 '타'가 붙게 되고, 또는 투, 테, 테스가 접미사에 붙게 되는 것이며 '파'가 붙어 파탈라(파탈리아)가 되는 것이다. 파는 '바'에서 유래된 것으로 인도유럽어의 영향으로 마찰음이 붙은 것에 지나지 않는다. 즉, '아버지'를 나타냄이다. '파탈라' 혹은 파탈리아는 '아버지 탈리아'를 말하는 것이다. 또한 아무다리아의 '아무'는 우리말 '오메' 혹은 '어무이', '에미', '어미'로 대변되는 어머니를 일컫는 것이고, 즉 '마', '마마'는 어머니를 칭하였다. 아무다리아란 이름은 월지국, 달지국(달리아-탈리아)이 바로 어머니인 모태와 같다고 한 것이었다. 그러므로 '아무다리아강'은 어무다리야가 되며 바로 '어머니 탈리아의 강'이 되는 것이고, 아무탈리아란 국가(고조선)의 모태를 이야기 하며 고조선의 정체성인 "어머니의 달"을 뜻하는 말이기도 하였다. 또한 시르다리아는 "태양과 달"을 의미하였다.

우리 사학계는 그동안 반도사관과 동이족이란 족쇄에 갇혀서 중앙아시아 쪽엔 아예 연구조차 하지 않았던 탓으로 세계의 언어학자 및 고고학자들은 고조선의 초기 영토와 민족을 그간 타타르족이라 분류하고 고작 이란계로 치부하였다. 중세기에 타타르계의 확장으로 여러 군데 타타르설을 내놓았는데 히타이트를 연구하는 학자들이 그토록 찾아 헤메었으나 찾지 못했던 히타이트를 신정통치한 마스터 국가가 바로 고조선이었던 것으로 필자는 발표하는 것이다. 그동안 세계의 사학계에서 풀지 못했던 '타리', '타르', '타리아'가 이 강의 이름에서 나왔고, 그 어원은 '달'이었으며 '타타르'의 시원과 히타이트를 신정 통치하였던 마스터 국가는 '달지국(달의 나라)'인 고조선이라고 다시 한 번 전 세계에 천명하는 바이다.

살펴보면, 언어연구가 '임병준'님의 고구려 언어논문에서∴"加支達/kati-tara/,∴買尸達/m iri-tara/, ∴夫斯達 /pasi-tara/

* 加支 kati 菁→茄 가디(茄), 가지
* 達 tara 山, 高 珍阿, 梁, 等良 大-(附), ㅎ(地)양달, 다락
* 支 章支 kie cie tjie ce지

상고음에서 이 글자의 첫소리는 조음위치가 센입천장인 터짐소리[c]였다. 이는 고

대로부터 지금까지 우리말에는 있어 본 적이 없는 음소로 이를 반영하려면 터짐의 자질을 유지하기 위해 고대국어에 있던 터짐소리인 /k/나 /t/로 받아들여야 했을 것이다. 그러나 이 센입천장 터짐소리 [c]는 /k/와 /t/의 한가운데 자리한 소리이기 때문에 고대국어에서 /k/로도 읽히고 /t/로도 읽혀서 불안정한 상황이었다. 그 대표적인 예가 바로 이 '支'자이다. 여기서는 최남희(1997ㄴ:146)의 연구결과에 따라 /ti/로 읽고, 중세국어 '가디'에 이어지는 고구려말 /kati/로 추정한다로 고구려 단어연구가 되어 있다로 인용되었다. 아마도 '훈몽자회'에서 인용된 것으로 보이며 達 tara 山으로 해석하나 아주 잘못된 해석으로 단어인 달은 맛이 달다, 한약을 달이다, 달음박질, 달리기의 달이 있다. 하늘에 떠 있는 달도 있는데 어찌하여 산, 양지(양달)로만 고집을 하여 해독을 하였는지 알 수 없는 노릇이다.

여기에서 달(達)은 고조선의 정체성인 영어의 표기인 타라(Tara)로 연구되었다. 물론 지(支)는 영어의 티(Ti)로 되어 있어 합하면 타라티(Tarati)가 된다. 그런데 타라(Tara)는 하늘에 떠 있는 달을 다리(Dari), 다르(Dar)로 표기한다. 이 다리, 다르가 인도유럽어로 표기, 발성되면 탁음(마찰음)인 타리(Tari), 타르(Tar)로 되며 그 변형은 타라(Tara), 타레, 타로, 타루 등으로 변화한다. 이 인도프로토조어 현상(우리의 모음조화)에 의하여 '달'이 다리에서 타라로 변형된 것을 알 수 있다. 달지의 뒷글자는 '티(Ti)'로 표기됨에 "머리"가 된 것이어서 합하면 "달의 머리"가 고조선의 이름이었다. 그러므로 머리인 명사가 앞에 와서 투탈리아, 투타리아, 타탈리아, 타타리아, 티티리아, 테테리아 등으로 소개되며 표기된다. 즉 타타르가 타라티와 같은 어원인 것이다.

이 타타리아는 혜초가 갔던 토화라국(吐火羅國-토하리스탄, 토카리스탄 〈발흐-박트리아〉)이다. '타라'는 '탈라'로 되며 '탈리아'도 된다. 또한 혜초의 왕오천축국전에 소개된 도란달라국(闍蘭達羅國-사란달라국, 잘란다라), 소발나구달라국(蘇跋那具怛羅國)의 '달라국'은 '달리', '다리'를 뜻하는 '달'이 되는 것으로 이렇게 볼 때 고조선은 "달의 머리" 국가가 된 것이다. 환웅으로부터 상속, 승계받은 '머리족'의 정체성 위에 '달'이란 정체성을 가지게 된 것이고, 훗날 아프칸의 카불에 위치한 쿠샨(대월지, 따예지) 제국도 '달'을 그 정체성으로 삼았으며 소월지는 투란분지의 신강성 주변에 소국가를 건설하였던 것이다. 쿠샨을 승계한 키타리테와 에프탈리테도 모두 '달'의 정체성(탈리, 타리)을 승계받았다. 혜초가 여행하였던 아프칸의 '달라국'은 바로 타라, 탈라를 말하며 '달'을 의미하였다. 그러므로 고구려 언어 연구에서 밝힌 고조선의 달지국 중 *達은 Tara山, 高 珍阿, 梁, 等良 大-(附), ㅎ(地) 양달, 다락의 뜻이 아니며 다만, 하늘에 떠 있는 '달'인 것이다.

'달'이 영어 표기로 '타라Tara'가 된 것이다.

8. 옥서스 문화인 화래즘(카레즘)

이미 앞장에서 언급한 바 있는 화래즘은 박트리아-마르기아나 문명과 연결된 문명으로 옥서스유역을 중심으로 하는 고대문명이었다. '메르가르'와 모헨조다로, 하라파 문화를 연결하는 환인 12국 분기 시에 분기한 "월지국"(매구여국) 사람들의 문화라고 그 이론을 제시한다. 터어키 학자들은 고대 아나톨리아(히타이트-현재 터어키)의 마스터가 약 1,500년간 통치를 하였고, 기원전 630년에 멸망하였다고 아시리아 연대기를 빌려 증명하였다. 산술적으로는 고조선의 초기 역사를 인용하면 약 200년의 차이가 나지만, 고고학적으로 고조선이 히타이트와 아시리아에 의해 증명이 된 것이다. 필자가 연구한 바 기원전 23세기경에 흑해 연안과 카스피 연안에 히타이트를 태수로 관리할 만한 강력한 국가가 없었다. 있었다면 언제든지 반박을 하시길 바란다. 대한민국의 사학자들이여! 어느 학자라도 나서서 마스터가 고조선이라고 한다면 새로운 학설뿐만 아니라 세계속의 학설로 인정을 받을 것이 분명하다. 그것은 인류문명의 시원이 한민족이라고 규정하였던 유네스코의 지정과 같은 맥락인 것이다.

1) 누리스탄과 근처의 지명

지 명	해 석
Badamuk	어머니 고리의 밭(터전)
Avl'egul	광명의 고리
Paparuk	아버지 태양의 고리
Purstom	광명의 위대한 머리 어머니
Mangul	어머니족의 고리
Sasku	위대하고 거룩한 고리
Saret	위대한 태양의 머리
Kombrom	곰 아버지 태양의 어머니
Merorm	우리 어머니의 우두머리
Pitigal	아버지 머리의 고리
Bazgal	아버지의 위대한 고리
Ustrot	처음 달의 머리
Kamu	고리의 어머니
Damarniso	머리 어머니의 위대한 태양
Ospur	처음의 광명
Lamaro	태양의 우두머리
Berkut	광명 고리의 머리
Pasanar	아버지는 우리의 위대한 사람들(종족)
Nari	우리
Sanir	위대한 우리
Virigal	광명의 고리
Bargom	광명의 곰
Amu	어머니
Dunul	우리 머리족
Cunuk	칸의 고리

출처 : (http://users.sedona.net/~strand/Nuristani/Kamkata/Kom/kom.html)

2) 누리스탄(우리, 세상의 위대한 머리족)의 방언 이름을 해석

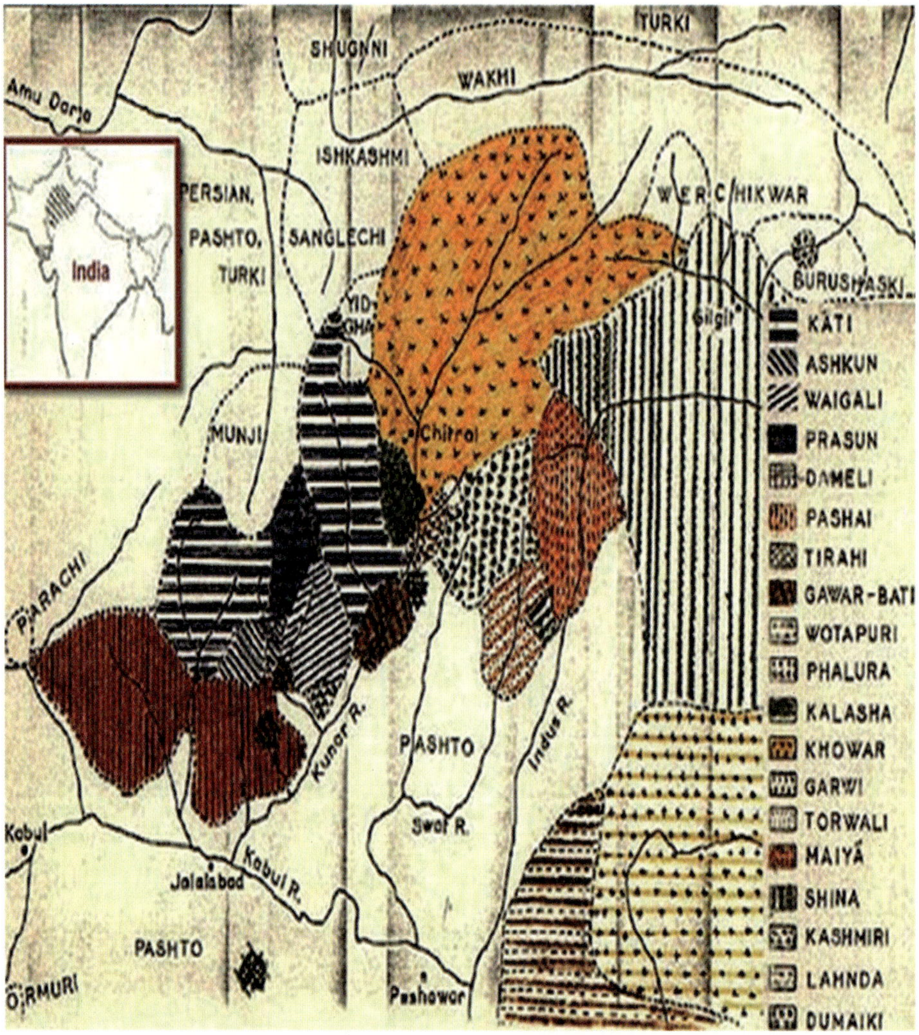

〈누리스탄(우리 위대한 머리쪽)의 언어(방언)의 영역도〉

출처 : 인도, 이란, 아프가니스탄의 카메라－게오르그 Morgenstierne
출처 : 노르웨이 오슬로 국립도서관
(http://www.chart.ac.uk/chart2001/papers/noframes/witek.html)

위 그림은 누리스탄(우리, 세상의 위대한 머리족)의 언어(방언)의 영역도이며 방언 이름을 해석하자면 다음 도표와 같다.

방언명	해 석
Kati	고리의 머리
Ashkun	처음의 칸
Waigali	아버지 고리
Prasun	광명의 위대한 사람들
Dameli	머리의 우두머리
Pashai	위대한 흰 빛나는 아버지
Tirahi	달과 태양
Shina	흰 빛나는 위대한 신
Gawar-Bati	고리의 광명, 아버지 머리
Wotapure	아버지머리의 광명
Phalura	우리의 광명
Kalasha	위대한 고리
Khowar	고리의 광명
Garwi	고리의 아버지
Torwali	달의 광명
Maiya	어머니(마야 부인)
Kashmiri	고리의 위대한 우두머리
Lamnda	태양의 어머니 〈족〉 머리
Dumaika	머리 어머니 고리

여기에서 '마이(Mai), 바이(Wai)'는 우리 북한 방언의 '오마이(Omai)', 아바이(Abai)와 상통한다. 지형상 파키스탄의 '펀잡'지방과 이웃한 관계로 북아프리카의 언어형태인 바(Wa), 보(Wo), 바리-광명(Wali), 바이(Wai)는 '펀잡'지방에서 자주 표기되며 '아버지'이다. 이러한 해석으로 누리스탄의 정체성을 알게 되었는데 방언에서 나타난 정체성은 "머리와 고리, 광명"으로 집약되었다.

그러므로 필자가 지금까지 줄기차게 주장한 환웅과 고조선의 정체성이 명백하게 드러난 것이며, 이곳 아프가니스탄의 누리스탄주와 근처의 지명 해석과 수많은 고리의 방언이 나타났음에 고조선이 '고리'로 연방을 형성하게 된 것을 다시 한 번 누리스탄의 지명과 방언을 통하여 증명한다.

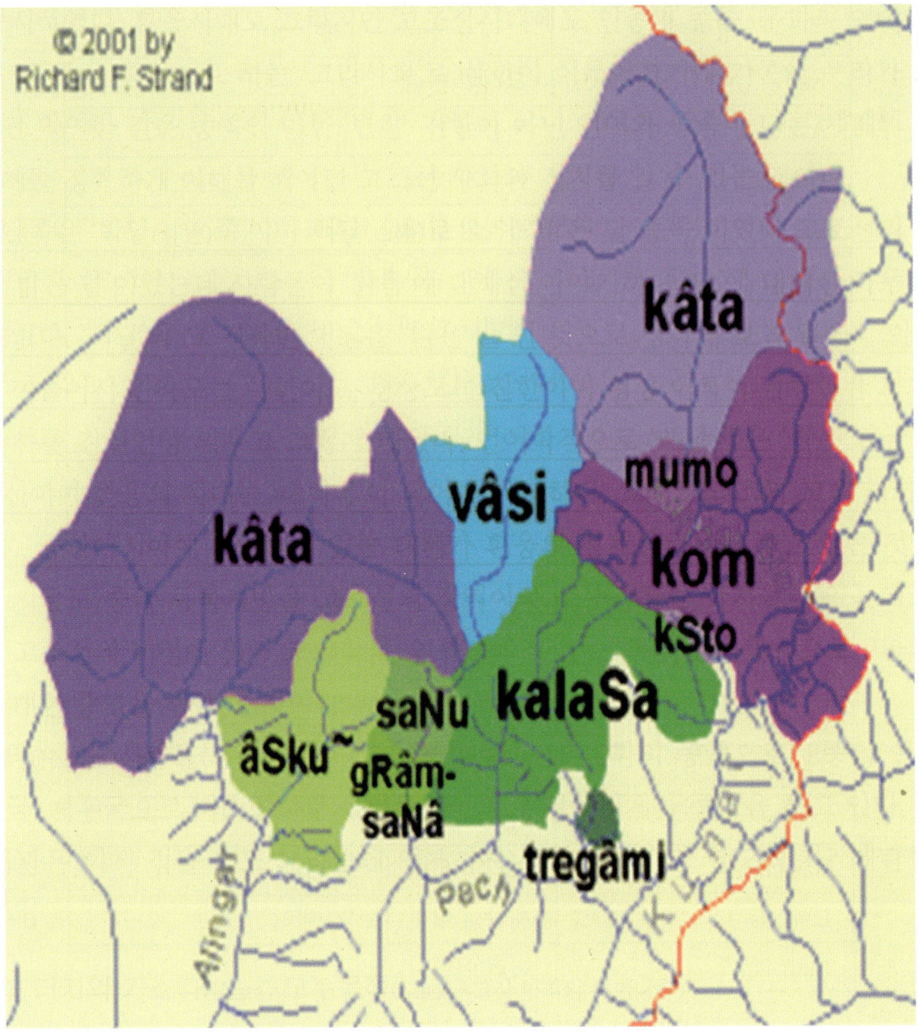

〈※ 참고 : 크게 구성한 누리스탄의 언어 영역도〉

* 리처드 F. 누리스탄의 언어(http://nuristan.info/Nuristani/Nuristanis1.html)

Kata(머리의 고리), Vasi(위대한 아버지), Asku(아스쿠, 처음의 고리), Kom(곰), Kalasa(위대한 고리), Tregami(달의 고리 어머니, 달의 곰), Ksto(고리의 위대한 머리).

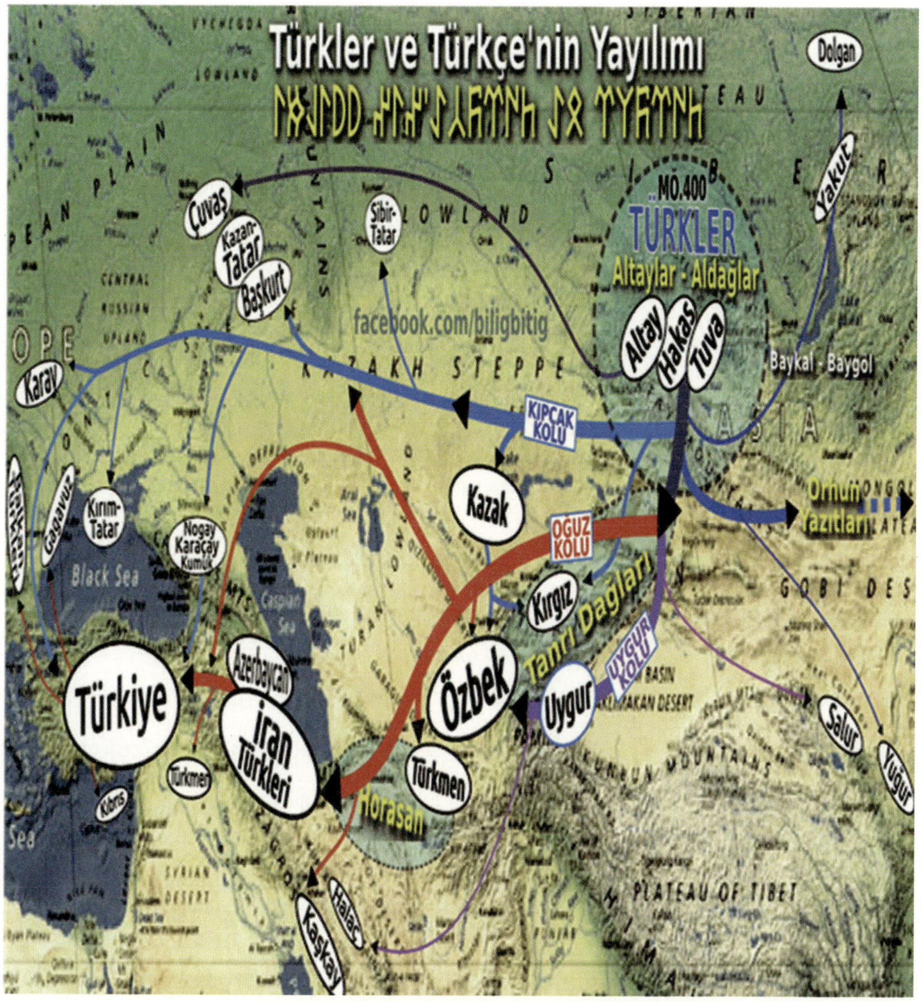

〈중앙아시아 터키 Binyillardir 9~15세기의 확산〉

결국 중앙아시아의 투르크, 타타르의 확산은 고조선이란 자산 위에 성립된 것이다.
출처 : http://www.microsofttranslator.com/bv.aspx?from=&to=ko&a=http%3A%2F%2Fgokturkanitlari.appspot.com%2Fturkler.html

이러한 지도의 주장은 미국 하버드대 아시아 센터에서 펴낸 "한국의 구축"(2000년판, p.543)이란 출판물에서 고대 킵착, 투르크, 타타르는 고대 한국인의 조상이며 민족그룹이란 주장을 하기에 모자라지 않는 훌륭한 이론이라고 생각한다.

9. 광명족(마리)과 고리족(코리, 고리)이 터전을 이루고 살았던 산

이 강 상류엔 타지키스탄과 아프가니스탄의 국경에 '고르노바다흐샨(Gorno-

Badakhshan) 주'가 있다. 해석해 보면 고르(Gor)는 '고리'가 되며 '바드'는 수메르어로 '바드(Bad)'인 '밭'인 것이고, '흐'는 흰빛이며 광명을 말함이며 '샨'은 흰빛이 나는 사람들이다. 종합하여 해석하면 "광명, 고리족의 터전의 위대한 사람들"이 되는 것이다. 그런가 하면 이 지역에 옛날 우리 조상들이 자주 이야기 했던 "싸리골"이 있다. 순수 우리말인 골짜기의 이름! 아! 수천년이 지났건만 아직도 그 이름 그대로 우리에게 그 터전을 알려주고 있다. 이처럼 산맥이나 큰 지명은 세월이 많이 흘러도 변하지 않고 우리에게 다가서고 있다.

아! 감격하고 떨리지 않을 수 없는 이름이다. 싸리골(Sarikol－태양의 고리)은 순수 우리말이다. 시골에 가면 '싸리골'이 더러 있는 것으로 알고 있다.

이 '싸리골'은 타지키스탄과 중국의 국경경계를 따라 남북방향으로 350km의 길이에 걸쳐 연장되는데 타지키스탄 동부에 있는 산맥에서 카라쿠리호수와 아무다리야를 연결하는 가장 높은 산(6,351m)의 범위이다.

이 산이 고서에서 이야기하는 해발 5,000m를 넘는 '백두산'인 것이다.

수천년 동안 그토록 애써 찾았던 그 땅! 고조선의 시원이 바로 여기인 것이다. 춘추전국시대인 기원전 약 5세기 전부터 우리 역사를 유린하고 축소하고 난도질 했던 중국의 교활한 역사침략과 일본의 식민 반도사관은 이제 설 자리가 없이 폐기되어야 마땅한 것이다. 지금까지 전가의 보도인양 휘둘렀던 중국의 25사는 엄청난 위작이란 것이 만천하에 드러났으니 이제 휴지조각으로 전락하였다. 중앙아시아에 초기 고조선이 건국하였는데 25사는 걸레종이에 불과할 따름인 것이다. 다시 한 번 걸레종이로 확인되는 것은 중국의 하상주대공정인데 하·상·주나라 역사의 가공으로 환단고기를 위작하였다(뒷장에서 상세한 설명).

필자가 뒷장에서 전 세계에 흩어졌던 환웅의 발자취와 '고리족'의 발자취를 찾아 나설 것인데 지금은 수천년의 세월이 흘러 때로는 다른 다양한 뜻으로 쓰이고 있지만 그 언어의 원뜻은 변하지 않으며 필자가 찾아낸 14가지의 용어로 해독, 해석하고자 한다.

1) 메르브(Merv)의 마르기안(Margiane－우두머리의 깨우친 사람들)의 유적

* 기원전 2300~1700년으로 추정하며 옥서스Oxus(처음의 황소) 문명권이다. 투르크메니스탄의 남동쪽에 위치하며(현대의 '마리아') 카라 쿰(Karakum)사막(고리의 곰)에 있는 비옥한 지역으로 고대의 낙원이었다고 한다. 현재의 '무르코프' 주위의 델타지역에 위치.

2) 박트리아권(남부 우즈베키스탄, 타지기스탄, 북부아프가니스탄)

* Tilla－tepe와 Adjina－tepe가 박트리아권에 있다. 출처 : 유니버셜 백과

3) 혜초가 펴낸 '왕오천축국전'의 지명인 '토하라국이 토카리스탄(박트리아)이며 투탈리아'인데 투탈리아(머리의 달)는 고조선의 이름과 영역을 지칭하였다.

혜초는 신라 성덕왕 때의 사람으로 서기 723년부터 727년까지 인도, 중앙아시아, 아랍을 여행한 기록이 "왕오천축국전"이다. 이 여행기는 1908년 프랑스인 폴(Paulㅍ펠리오(Pelliot-1878~1945)가 간쑤성 막고굴 장경동에서 중국인 왕원록에게서 구매한 7,000점의 유물 중에 섞여 있었으며 현재 프랑스 국립도서관에 소장 중이다. 처음엔 당나라 고승인 현장 이외의 당나라 승려로 여겨지다가 일본의 서본원사의 승려이자 둔황연구 학자인 '오타니'가 신라의 승 혜초의 것임을 밝혀내었다고 한다.

혜초는 신라에서 바닷길로 인도에 다다랐다. 사대령탑(四大靈塔) 등의 모든 성적(聖蹟)을 순례하고 오천축국(五天竺國)의 각지를 두루 다녔다.

인도의 폐사리국(吠舍釐國), 구시나국(拘尸那國-쿠시나가라), 파라닐사국(波羅痆斯國-파라날사국, 바라나시), 마게타국(摩揭陁國), 중천축국(中天竺國) 갈나급자(葛那及自-카나굽자), 중천축 사대탑(中天竺四大塔), 남천축국(南天竺國), 서천축국(西天竺國), 도란달라국(闍蘭達羅國-사란달라국, 잘란다라), 소발나구달라국(蘇跋那具怛羅國), 탁사국(鐸社國-탁샤르), 신두고라국(新頭故羅國-신드구르지나), 가섭미라국(迦葉彌羅國-카슈미르)을 다녔으며 그 뒤에 길을 돌려 여러 곳을 다닌 뒤 대식국(니샤푸르)에 도착하여 동쪽으로 향했다.

대발률국(大勃律國), 양동국(楊同國), 사파자국(娑播慈國), 토번국(吐蕃國-티베트), 소발률국ㅍ小勃律國), 건타라국(建馱羅國-간다라), 오장국(烏長國), 구위국(拘衛國), 람파국(覽波國-남파국, 람파카), 계빈국(罽賓國(카피시), 사율국(謝颶國), 범인국(犯引國-바미안), 토화라국(吐火羅國), 토카리스탄(발흐), 파사국(波斯國-파샤), 대식국(大食國-니샤푸르), 대불림국(大拂臨國(비잔틴제국) 등이다.

대식국 동쪽에 여러 나라들이 있었는데 호국(胡國-안국(安國), 조국(曹國), 사국(史國), 석라국(石騾國), 미국(米國), 강국(康國) 등), 발하나국(跋賀那國), 골돌국(骨咄國-골탈국), 돌궐(突厥), 호밀국(胡蜜國), 식닉국ㅍ識匿國) 등이다.

당나라 총령진에 도착하여 주변을 돌아다니다 둔황에 들렀다가 장안(長安)에 도착한다. 그 중간에 여러 곳을 다녔으며 그 가운데 소륵, 우전, 언기, 구자는 당나라의 안서 4군으로 쿠샨제국의 소월지국이다.

총령진(葱嶺鎮ㅍ, 소륵국(疏勒國-카슈가르), 구자국(龜玆國-쿠차), 우전국(于闐國-허텐(和闐,

호탄)), 안서安西(안서도호부), 언기국(焉耆國-옌치(焉耆)), 둔황, 장안의 경로에 나타난 현대 지명은 절대적이지 않고, 학자에 따라 의견이 달라지기도 한다.

이 수 많은 지명 중에 필자의 눈에 번쩍 뜨이는 것은 바로 토화라국(吐火羅國-토카리스탄(발흐)이다.

토화라국은 '토카리스탄, 토가리스탄, 토하리스탄'으로 불리워지며 언어학상 자음 ㅎ은 자음 ㄱ, ㅋ으로 호환된다는 사실이다. 이런 이유로 여러 가지로 불리워진 것이다. 이 토카리스탄이 '발흐', 즉 박트리아권을 지칭하고 있으나 이 왕오천축구전을 소개한 사람의 견해일 뿐이고, 사실 '토카리스탄'은 시리아어로 '투탈리아'가 토카리스탄이 되는 것이다. 고대의 토카리스탄은 그 강역이 매우 넓어 박트리아권인 아프간, 타지기스탄, 우즈백, 카자흐, 키르기즈를 포함한 큰 영역이었다. 그러면 '투탈리아'는 어디서 온 용어인가?

'투탈리아(Tutaria)'는 "머리의 훌륭한(큰) 달 사람들"을 의미하였다. 이 용어는 터키의 왕 이름에도 몇 번 인용되었고, 이 투탈리아는 인도유럽어의 프로토 조어에 의하여 타탈리아, 타타리아, 테테리아, 티티리아, 티틸리아 등으로 변형되며 '머리'란 독립명사가 단어의 앞에 오건, 뒤에 오건 간에 그 어원은 변하지 않음이 언어학상 증명되고 있으며 그 증명으로는 '키타리테'와 '에프탈리테'를 들 수 있다. 여기에선 '머리'인 '테 Te'가 접미사로 뒤에 붙어 있다. 키타리테를 해석하면 "고리의 달 의 머리"를 말하며 에프탈리테는 "아버지 달의 머리"를 지칭하였다. 이 키타리테와 에프탈리테는 대월지국(쿠샨제국)을 승계한 국가로 그 정체성인 달(다리, 다르, 타리, 타르)은 고조선의 정체성이었다. 물론 소월지국은 타림분지권의 소륵국(疏勒國-카슈가르), 구자국(龜玆國-구차), 우전국(于闐國), 언기국(焉耆國), 옌치(焉耆) 등이었다.

여기에서 도란달라국(闍蘭達羅國-사란달라국, 잘란다라), 소발나구달라국(蘇跋那具怛羅國)의 '달라국'은 '달리', 다리를 뜻하는 '달'이 되는 것으로 고조선의 정체성인 다리아, 탈리아, 탈라로 보아야 한다. 그러므로 아프간의 작은 소국으로 보인다.

이 투탈리아는 고조선이 멸망한 기원전 6세기경 9환의 종족들은 켈트족으로 영국에 진출하게 되는데 그 한 종족은 '달리아다(Daliada)'이다. 달리아다는 인도유럽어의 표기로는 '탈리아타'가 되는데 '머리'인 '타'가 앞에 오면 타탈리아가 되며 투탈리아가 되는 경우로 타타르(Tatar) 종족인 즉, 고조선 종족이 고대 영국에 들어간 것이다.

고조선은 속칭 '아사달'에 도읍을 정하였고, '아사(Asa)'는 동이 트는 것이 아닌 달이 떠 오르는 것을 의미하였으며 달지국(月支國)의 이름으로 건국하였다. 즉, 하늘에 떠 있는 달이 그 정체성이었다. 고조선은 환웅으로부터 상속받은 강역과 그 정체성인 '머리족'을 이어받았으며 '투탈리아(머리의 달)'로 표현하였다. 그러면 '투탈리아는 바로 토카리스탄(머리 고리의 위대한 머리 사람들)'이 되는 것이어서 고조선의 권역인 '진한' 영역이 확실하게 증명되는 것이다. 토카리스탄에 사는 종족은 '토카리어'를 사용하였으며 인도 '아쇼카 왕'의 비문에 '토카리어'로 쓰여 있다고 한다. 이 언어는 서기 8~9세기경에 사멸되었다고 전해진다.

토카리어는 토카리(Tochari), 토카라(Tochara)로 표기되며 때로는 Tokari, Tokara로 표기된다. Chari, 카리(Kari)는 원형인 '가리(Gari)'에서 온 것으로 '고리(Gori)'의 변형이다. 토카리스탄은 "고리의 머리 사람들"을 말한다.

생각해 보면 고조선 멸망 후에 고조선의 정체성을 가진 대월지국(쿠샨제국-인도사카)은 아프간의 카불인 '남씨성(남이족)'을 중심으로 박트리아권과 파키스탄, 인도북부를 아우르는 강역을 가지게 되었다. 그 정체성을 이은 국가가 '키타리테'였고, 뒤이어 '에프탈리테'가 훈족을 아우르며 성장·발전하게 된 것이므로, 고조선은 현 중국이 주장하는 중국 변방에서 이루어진 국가가 아닌 것으로 그 정체성인 '하늘에 떠 있는 달'에서 증명된다고 할 것이다. 실로 박트리아는 영어로 Bactria이며 페르시아어로 Baktar(밝은 달)이었다. 영어의 Bactria는 "밝은 큰 달"이고, 페르시아어로 Baktar도 "밝은 달"이었기에 '박트리아권이 옥수스문명이며 초기 고조선의 영역이 확실해 진 것이다.

언어학상 Bak과 Bac은 같은 뜻으로 쓰이며, 때로는 Bek, Bhek로도 변형되는데 백(白)으로 밝음=흰 것(태양, 광명)으로 해석하였다. 결국 최두환 박사의 〈산해경 연구〉에서 본 고조선이 중국이며 중토(中土)임에 아무다리아(어머니 달), 시르다리아(태양과 달)유역이 필자가 언어학상으로 찾아낸 옥서스권과 같음을 나타내고 있다.

10. 고조선의 건국은 기원전 2,546년이다.

이 주장은 "잃어버린 역사, 보이는 흔적"의 역사카페 운영자이며 재야사학자인 심제 이진우 박사의 이론을 그대로 인용한다.

"고조선 건국 기년과 고조선 최초의 국명에서"

〈고조선의 개국 년도〉

고조선이 개국한지(기원전 2,333년) 1,500년 후인 주 무왕 원년에 기자를 조선에 봉했

다는 기록을 근거로 역년을 산출해 보면

1. 주 무왕 원년은 기원전 1,046년이 된다.

2. 고조선이 개국한지 1,500년 되었을 때가 기원전 1,046년이 된다.

3. 역산해 보면 고조선 개국은 적어도 기원전 2,546년이 되므로 우리가 알고 있는 기원전 2,333년과는 무려 213년 차이가 난다.

4. 적어도 고조선의 개국년도가 은나라의 개국년도 보다 오래 되었기 때문에 삼국유사엔-庚寅唐堯郎位元年戊辰則五十年丁巳非庚寅也疑其未實이라 했으니 즉, 당의 요임금 즉위 원년은 무진인즉 50년은 정사요 경인이 아니다. 사실이 아닐까 의심스럽다고 코멘트를 적어 놓았다.

기존의 개국년도인 기원전 2,333년을 기준으로 계산한다면 고조선이 개국한지 1,500년이 되어서 기자를 조선에 봉했다면

Gorno-Badakhshan Autonomous Province

〈초기 고조선의 강역 고르노바다흐샨주(타지기스탄, 아프칸북부)〉

1) 기원전 2,333년~1500년=즉, 기원전 833년에 기자를 조선에 보낸 것이 된다.

2) 이것은 주무왕이 은을 멸망시킨 기원전 1,046년보다 213년 후에 이미 죽은 무왕이 기자를 조선에 봉한 것이 되는 것이다.

3) 따라서 조선 개국은 기원전 2,333년보다 더 오랜 시기에 이루어졌다고 볼 수 있다.

4) 결론적으로 고조선의 개국은 은(당요)보다 50년 이후에 이루어진 것이 아닌 163년 먼저 건국한 것으로 볼 수 있다. 단군이 1,908세에 산신이 되었다 하므로 고조선의 멸망으로 볼 수 있는데 기원전 2,546년에서 1,908년을 빼면 기원전 638년에 고조선이 멸망한 것이 된다(이상 이진우 박사의 이론에서).

이것은 고조선사에서 가장 중요한 개국 년도인데 아직까지 어느 학자도 아무도 언급하지 못하였던 것을 정확하게 산출하여 고조선의 멸망시점까지 드러낸 것으로 필자는 이진우 박사의 가설을 전적으로 동의한다.

왜냐면 터키나 외국의 학자들은 히타이트의 마스터인 하티사람들(하티안-고조선)이 앗시리아 연대기에 의해 기원전 630년까지 존재하였다고 서술하고 있다. 이 기원전 630년은 고조선이 멸망한 시기이다. 이미 이 박사의 학설대로 기원전 638년이란 수치가 나왔는데 아시리아의 연대기와는 8년의 시차가 있을 뿐이다.

이 박사의 학설을 뒷받침하는 것은 히타이트가 고조선의 제후인 하나라였고, 루비

〈아무다리야강(옥서스) 상류, 중류, 하류의 영역지〉

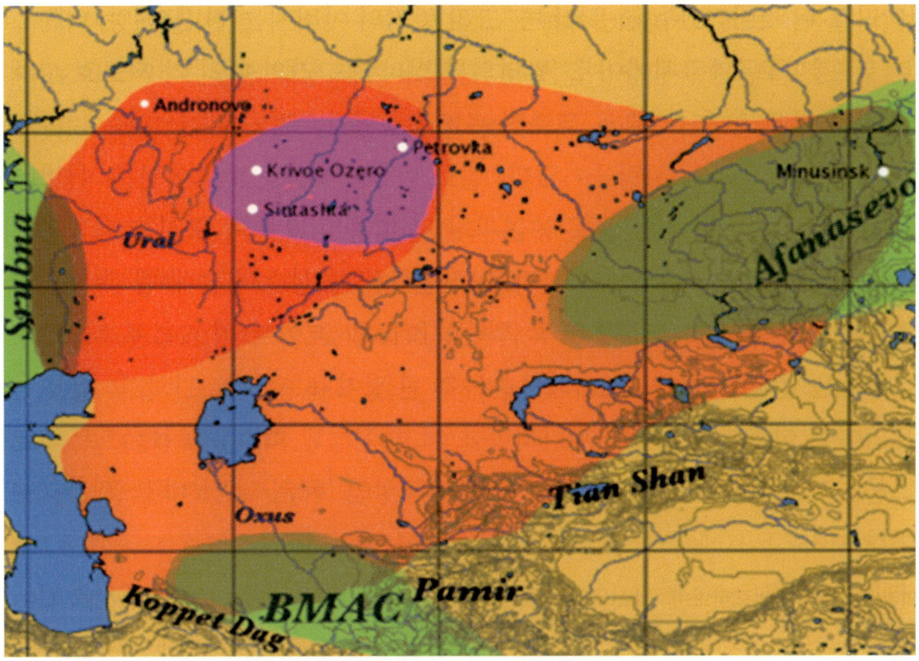

〈중앙아시아의 고대문명권〉

＊BMAC(박트리아 마르기아나), Afanasevo, Andronovo 문화 등

안과 팔라연합이 9환족의 일원으로 또는 마한으로 신정정사를 담당하였다. '프리지아'가 키메르와 스키다이에 의해 아나톨리아반도에서 축출되는 시기가 기원전 630년경이므로 이것은 삼한체제가 붕괴했다는 것으로 역사적, 고고학적 사실에 기인한 것이다.

11. 투란(Turan) 사람들(Turanian-달의 사람들-이란인)에서 고조선의 증명

'투란'은 고대 이란의 신화에서 Tur, Turaj로 되며 황제의 아들 Fereydun(광명의 머리 사람들)이 Kopet Dagh(페르시아어로 Koppeh Dagh), 박트리아Bactria(밝은 달), Margiane(Marguš-우두머리 고시), Hillmand(태양의 어머니 사람들 머리, 아프칸 남쪽), Alburz(아제르바이잔의 서쪽, 카스피해의 남해안 포함, 얼 있는 위대한 광명)의 5개 영역에서 형성되었다고 한다. 먼저 Kopet Dagh는 페르시아어로 Koppeh Dagh가 되는데, Koppeh은 'Pile'이 되며 Dagh는 터키어로 산(Mountain)을 의미한다고 한다. 결국 Koppeh Dagh는 "쌓이거나 쌓인 산"으로 어원이 정의되어 있으며 '언덕이 많은 산'으로도 의미를 부여하였다. 여기서 'Pile'는 〈광명〉을 뜻하였다.

그러나 어원 정리에 인도유럽어의 표기를 이해하지 못한데서 온 무지로 어원 정리가 엉터리로 된 것이다. Kopet Dagh는 "고리 머리의 아버지는 흰빛〈태양〉나는 고리의 머리"가 된 것이고, 페르시아어로 "광명의 흰빛나는 고리의 머리"가 되므로 고대 이란족은 필자가 앞에서 언급한대로 고조선의 제후국이었으며 구티안(Guttian－고리의 머리족, 고대 앨람족의 프로토 이란족) 사람들이었다. 실로 마운틴(Mountain)의 어원은 '어머니족 머리의 신'인 것으로 흰빛나는 〈태양〉 어머니 머리가 바로 산에 모시는 태백의 성소가 된 것이고, 백두신앙이 된 것이므로 바로 '삼신할매'가 성소의 숭배 대상이 된 것이다. 또한 박트리아(Bactria－밝은 달)에서 박, 밝은 'Bac, Bhak'이며 백(Bek, Bhek)으로도 표기되었다. "밝은 달"이 박트라Bactra, 박트리아가 된 것이다.

박트리아는 아무다리아와 시르다리아를 끼고 형성된 화래즘(코래즘)으로 고조선인 옥서스문명의 연결 선상이었다. 고조선의 정체성인 '밝은 달'이 바로 '박트리아'이기 때문이다.

Margiane(올드 페르시아어 : Marguš－우두머리 고시)에서도 그 정체성이 발현되었는데 현대 아프칸의 '무르고프' 지구이다. 역사적으로 기원전 545~539 사이에 박트리아의 태수 통치의 한 부분으로 기록되었으며 오늘의 아프칸, 투르크메니스탄, 우즈베키스탄을 경계로 한 영역이다.

Hillmand(태양의 어머니 사람들 머리, 아프칸 남쪽)는 아프칸의 '헬만드 문화'로 청동기시대 기원전 3,000년 문명으로 Sokhta(위대한 흰빛나는 머리의 고리) 사이트, Mundigak(어머니족의 고리 머리)사이트, Bampur(어머니 아버지의 광명)사이트가 있다. 이와같이 이란 동부문화인 지로프트(Jiroft－태양의 아버지 머리)와 동시에 번성한 것으로 연구되었으며 그 상위문명은 파키스탄의 메르가르Mehrgarh(어머니 태양의 흰빛나는 고리)문명이었다. 기원전 7,000년경의 최상위 메르가르의 하위문명은 파키스탄의 하라파, 모헨조다로 문명과 옥서스권의 박트리아 마르기아나 문명, 아프칸의 헬만드 문명, 이란의 지로프트 문명으로 연결되어 나타난 것으로 연구되고 있다.

엘보르즈(Elborz), 알브로즈(Alburz)는 "위대한 얼이 있는 광명"의 해석이 되고, 이란의 가장 높은 산의 이름이며 코카서스 산맥이기도 하다. 결국 이란의 신화인 '투란(Turan－달의 사람들)'의 영역은 고대 고조선의 영역인 옥서스권(박트리아 포함)과 아프칸, 이란 및 카스피 연안을 아우러는 영역이었다. 이 지역을 이란이 아케메네스(기원전 550~330)시대에 태수 통치한 것이며 파르티아와 사산제국에 이르기까지 고조선의 초기 영역인 옥서스권, 카스피 연안을 장악한 것이라 할 수 있다.

투란(Turan)의 'Tur'는 땅, 토지를 의미한다고 하였으나 엄연히 인도유럽어로 해석하면 투르(Tur)는 원형이 두르(Dur)이고 다리(Dari)의 변화인 것이며 타르(Tar)의 모음변이에 의한 것으로 타르, 투르, 티르, 테르, 토르로 표기된다 할 것이므로 모두 달(月)을 지칭하는 것이다. 지금까지 고조선의 정체성인 달을 이해하지 못하였기에 모두들 '타타르족'이 이란계에서 시작된 것으로 인식하고 연구를 해 온 것이며 세계의 학자들이 '타타르'의 어원이 무엇인지 아직 모르고 있다. 다만, 투르크에서 온 이름 정도로 알고 있는 것이다. 이러한 애매모호성은 인류문화사적으로 '달'을 숭배한 고조선의 정체성을 모르는 이유에서 비롯된 것인데 투란의 가장 오래된 언급이 약 2,300년이란 날짜가 Prods Oktor Skjerve "올드 페르시아어 아베스타어 견적을"에서 유대문헌 Ⅳ 예루살렘, 1999, pp. 1~64에 기록되었다고 한다. 필자는 이 책에서 고대 유태인의 종족이며 노아(홍수 사건)의 후손으로 결론 지었는지는 알 수 없다. 다만, 기원전 2,300년이란 고조선 건국의 근사치에 가까운 연대를 제시하였고, '투란(Turan)'이 최초 언급되었다니 확인해 볼 일이며 아직까지 기원전 23세기경의 옥서스권에 대한 종족, 국가 등의 연구는 거의 없는 실정이다.

1) 고대이란(8~10세기)의 코레즘(화레즘, Choresm)의 Saffarid 왕조

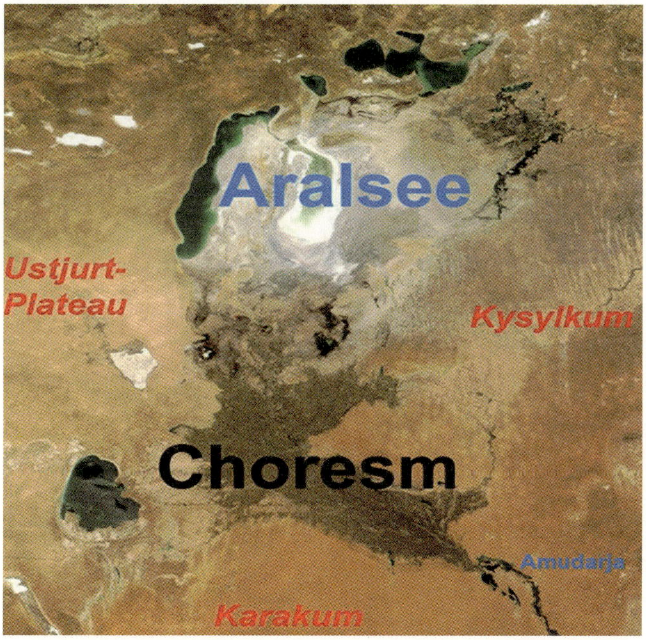

카라쿰(Karakum-고리의 곰) 사막과 키질쿰(Kysylkum-고리 태양의 곰) 사막을 끼고 중간 아무다리야강이 흐르며 아무다리야문명(화래즘, 코레즘-Choresm)의 터전(고조선의 건국지)에 고대 이란사람들(투란, Turan-달 사람들) 종족이 박트리아, 마르기아나, 헬만드, 알보르즈, Kopet Dagh를 중심으로 페르시아 Saffarid(위대한 광명의 머리) 왕조를 형성하였다. 출처 : 미국 위키

2) **고대 페르시아** Saffarid(〈위대한 광명의 머리〉 861~1003) **왕조의 강역**

출처 : 미국 위키

3) **투란**(Turan-달 사람들)**의 가계도를 분석하여 고조선의 정체성 증명**

시조 : Fereydun(광명의 머리 사람들)

시조인 Fereydun에서 Ferey는 원형이 Berey로 Ber, Bere, Beru, Bera, Bero 등으로 모음이 변화되며 '광명'으로 해석이 된다. 또한 Dun은 '머리 사람들'이 됨에 합치면 "광

명의 머리 사람들"로 귀결되므로 광명족은 한인, 한웅이래로 사용된 정체성이며 고조선이 상속받아 '달, 밝은 달' 또한 광명의 범주에 넣은 것이었다. 그러므로 이란 신화에 나오는 '투란'의 시조는 이란인으로 광명의 머리족이었기에 고조선의 제후, 또는 9환족의 일원이 된 것이다.

Iraj	Tur	Salm

Iraj는 '우리'를 나타내고, Tur는 '달을 의미하며 Salm은 '태양의 어머니'가 된다. 그외에 Pashang(아버지의 위대한 흰빛나는 고리의 신), Garsivaz(고리의 위대하고 거룩한 아버지), Aghrirat(흰빛나는 고리는 태양의 머리), Qara khān(고리의 칸), Zangulā(위대한 사람들 고리), Farangis(광명족의 고시), Kāhilā(태양의 고리), Gordgir(고리는 머리의 고리), Sorkhe(태양의 흰빛나는 고리), Shide(위대한 태양의 고리), Bizhan(아버지는 위대한 태양족), Kohram(고리는 태양의 흰빛), Zadashm(위대한 머리는 거룩한 흰빛나는 어머니), Korukhan(고리의 칸), Piran(광명족, 아버지는 태양족), Bārmān(광명의 어머니족), Pilāsm(광명의 위대한 어머니), Golbād(고리 아버지의 머리), Farud(광명의 머리) 등으로 분석되었다. 이 투란(이란 사람들, 달의 사람들)의 가계도에서 '광명, 고리, 달, 머리, 머리족'의 정체성은 고조선 9환이 가지고 있는 정체성이었던 것이다. 이러한 정체성의 단어는 숨길래야 숨길 수 없는 언어로서 이란의 아케메네스제국(기원전 550~330) 이후로 8~10세기까지 고조선의 권역인 옥서스권을 장악하여 광명족과 고리족, 머리족과 어머니족으로, 달 사람들로 살아왔던 것을 언어학적으로 증명하였다.

제6장
고조선 초기의 삼한관경제의 분류, 9환족의 비정

고조선은 한단고기에 의하면 '삼한관경제'로 즉 마한, 변한, 진한을 두었다고 기록되어 있다. 또한 9환족을 이루었으며 오색인종이라고 기술되어 있다. 이 9환족은 이미 '루비안의 비문'과 '하투샤의 정제'에서 언급한 바 있는데 8개의 언어로 용모와 문화가 달랐다는 것이 '루비안정제'에서 명시되어 있다.

1. 삼한관경제

단군께서 천하의 땅을 새로 갈라서 삼한으로 나누어 다스렸으니 삼한은 모두 오가(五加) 64족을 포함하였다(고 임승국의 한단고기, 1986, p. 61).

1) 진한(辰韓)

진한은 단군이 건국한 달지국(달, 달리-탈리아)을 중심으로 하는 소위 '진국'이다. 진국(辰國)이란 원의 가장자리에 놓인 나라로 중앙을 의미한다(中央土). 타지키스탄과 아프가니스탄(투르크메니스탄 포함), 네팔, 티베트, 파키스탄(편잡지방-낙랑국)이 진한이 된다.

2) 변한(弁韓)

변한은 키르기즈스탄과 카자흐스탄, 우즈베키스탄, 우크라이나, 아르메니아, 조지아권으로 고대의 우라르투(Urarto-우리와 우리의 머리)의 영역이었다(기원전 860~590년). 우라르투는 Uruatri-우리의 큰 달로도 표기되었다. 우라르투는 터키의 동부와 캅카스 산맥, 메소포타미아의 이란고원, 아르메니아고원에 위치한 왕조였으며 그들은 환웅의 반고班固 일파가 남하한 서융족西戎으로 세계의 고고학계에서 기원전 3,000~2,000년경에 발생된 '프로토 아르메니아'라고 연구되었다. 서양학계에서 연구된 우라르투의 신(神)을 살펴보면 ① Bagvarti(밝은 광명의 머리-하늘님의 배우자), ② Haldi(칼디, 태양의 머리, 전쟁의 신), ③ Theispas(폭풍, 천둥의 신-휜빛나는 처음의 머리는 위대한 아버지), ④ Teshup, Tesup(머리의 위대한 아버지-폭풍의 신)은 후르리안(미탄니제국)의 신으로 '폭풍 하나님'이었으며 루비안(Luwian), 히타이트 문화를 통하여 신성이 진화되었으며 ⑤ Arubani(우리의 아버지 사람들-임신과 예술의 여신), ⑥ Shivini(태양의 신으로 힌두교의 신이기도 하다), ⑦ Tushpuea(태양 하나님 아내), ⑧ Selardi(태양의 여동생, 달의 여신-우리 태양의 머리). 모두 '머리'란 정체성을 가지고 있으며 캅카스산맥을 기준으로 마한과 변한의 구별이 된 것으로 추정하고 있다. 변한은 부단군이 통치하였는데 키르기즈스탄이었다. 고죽국은 작, 쟉국(쟈크, Zak)으로 '아랄해' 근처에 있는 카자흐스탄의 공국인데 역시 '고리'의 국가이므로 '코작'이 된 것을 중국사가가 '고죽'으로 번역하여 하·상·주의 역사 가공에 도입하였다. 카자흐스탄의 국가 이름의 중심은 '카작Kazahk(코샤)'이다.

〈기원전 9~6세기의 우라르투(Urartu-우리와 우리의 머리)〉

(1) 조지아의 쿠라강(Kura, Kur-고리)

〈조지아의 '쿠라강(터키어 : Kura-고리, 아르메니아어 : 쿠르, 원류)〉

*쿠라, 쿠르는 인도유럽어의 '고리'의 변형이다.

(2) 그루지아(조지아)의 도시(고리-Gori, 고을)

〈그루지아(조지아)의 '고리(Gori) 시정촌(지구)'〉

* 고리(Gori)의 도시는 청동기에 설립했다고 연구되었다.
출처 : 고리Gori시의 웹사이트 : http://www.gori.gov.ge/)

(3) 아르메니아(Armenia-우리 어머니 사람들)

아르메니아의 지명 : Vanadzor(아버지족 머리의 태양), Vardenis(광명의 머리쪽은 처음), Yerevan(우리 아버지족), Hrazdan(흰빛나는 처음의 머리족), Alaverdi(우리 광명의 머리), Kapan(고리의 아버지족)을 의미한다.

(4) 아제르바이잔(Azerbaijan-태양 아버지의 신)

아제르바이잔의 지명 : Baku(아버지 고리), Kurdamir(고리의 머리중 우두머리), Karabakh(고리의 밝은 흰빛), Laki(태양의 고리), Astara(아스타라-처음의 달), Saki(위대한 고리), Laki(태양의 고리), Ganca(칸의 고리), Bayramli(우리 아버지 우두머리)을 의미 한다.

3) 마한(馬韓)

초기 마한은 아나톨리아 남부지방의 루카(루비안)와 팔라연합, 히타이트(하나라), 그리스 미케네, 크레타반도, 이탈리아 남부, 지중해의 도시국가, 튀니지(카르타고), 알제리, 리비아, 키프로스, 페니키아(지중해)의 도시국가(우가릿, 비블로스, 티레, 시돈 등), 레바논, 이란(구티왕국), 이라크, 시리아, 요르단 등이다. 이 마한권 중 지중해 영역을 이집트가 잠식함에 오랫동안 9환의 연합으로 이집트와 전쟁(약 275년)을 하게 되었으며 동맹군

(바다 사람들)은 이집트 본토까지 공격하였다. 이렇듯 이집트와 전쟁한 기록이 「한단고기」에 아주 삭제됨에 「환단고기」가 위작이 된 이유 중 하나이다.

(1) 지중해의 도시국가 비블로스(아버지의 위대한 광명)

〈지중해의 도시국가 비블로스(Byblos-아버지의 위대한 광명)의 '테라코타 용기'〉

* 루부르박물관 소장 : 기원전 1600~1200년

(2) 미탄니

〈'콰트나'(시리아)에서 절풍건을 쓴 미탄니의 왕 〉

* 콰트나(Qatanum-고리 머리족의 어머니)

(3) 이란의 지로프트 문명

① 지로프트 문명과 관련된 이란의 주와 지명들

케르만(Kerman)주(고리의 어머니족-주황), 시스탄오발루체스탄(Sistan and baluchestan)주(위대하고 위대한 머리족, 광명의 고시 머리쪽-노랑), 주황의 케르만주에서 테페(Tepe) 야야(Yahya), 시스탄 오발루체스탄에서 테페(Tepe) 밤푸르Bampur(부모의 광명) 유적이 발견되었다. 이 테페로 '환웅의 백두문화'가 증명된 것이다(기원전 3000년대 후반경).

〈이란의 지로프트 문명(Jiroft Civilization)〉

② 지로프트 문명의 시스탄오발루체스탄주

〈태양의 아버지 사람들(Saraban)〉

시스탄오발루체스탄(Sistan and baluchestan) 주(위대하고 거룩한 머리족, 광명의 고시 머리족)의 유적

(4) 크레타(Crete-고리의 머리)

〈남부 크레타의 'Kommos'(곰의 위대한 어머니) 사이트〉

(5) 시리아(Siria-큰 태양)의 마리

〈텔 Asmar(처음 우두머리)' 초기 왕조의 봉헌 동상〉

* 기원전 2900~기원전 2500 시리아의 '마리' 사이트-시카고대학 동양연구소 소장
출처 : http://humanities.uchicago.edu/orgs/xstar/eCHD

2. 9환족의 비정(도시국가, 소규모 공국을 포함한 16국)

타지키스탄, 아프가니스탄(남이, 남국), 우즈베키스탄, 카자흐스탄, 키르기즈스탄, 파키스탄의 편잡주(낙랑홀-풍이), 네팔, 티베트, 히타이트(하나라), 루카와 팔라릭연합, 시리아, 이란(구티왕국, 엄독홀), 지중해의 도시국가, 레바논, 튀니지, 리비아, 이탈리아의 남부, 요르단, 이라크, 그리스의 크레타, 미케네지역, 고죽국 등(도시국가를 합치면 16국 동

맹-이집트 기록에 실려 있다고 하는데 '빈소사원'의 기록인지는 확인해 보지 못했다)이다.

*기원전 2,500년 전엔 중앙아시아가 1개 국가인지, 여러 나라로 분리되었는지 알 수 없다. 다만, 고대엔 '토하리스탄'으로 1개 국가의 큰 권역이 된 것으로 보고 있다(투탈리아).

3. 마한의 영역 연구와 9환족의 비정에 따르는 고조선의 정체성

1) 마한의 영역 연구와 고조선의 정체성

마한은 삼한에서 가장 강역이 넓었으며 많은 종족이 있었다고 전해지고 있다. 필자는 이미 앞장에서 그리스 문화를 환웅시대부터 건설하였다고 설명하였으며 그리스 섬들의 문화는 바로 "곰의 문화"라고 지적하였다. 그러므로 환웅시대부터 건설한 그리스 문명의 터전이 고조선의 시대까지 영속성으로 연결되었으며 그리스의 방언에서 '고시족'과 '고리족'이 함께 나타났다. 뒤이어 지명에선 '고리' 9환의 이름이 많이 등장하므로 환웅문명의 자본과 터전위에 고조선이 자연스레 유산으로 받은 것으로 그리스 반도와 연결된 아나톨리아는 역시 환웅문명에서 고조선이 상속받은 터전이었다. 이미 서양 학자들은 연구하기를 기원전 약 2,300년 전부터 하티안(Hattians-마스터-머리 사람들)들의 영토였으며 아나톨리아의 땅에 대한 증명은 아시리아의 C정제에서(2,350~2,150) 아시리아-아카드어 상인이 왕 사르곤에게 간청한 정제에서 언급하였고, 앗시리아 연대기에서 증명하고 있다.

하티안(Hattians-마스터-머리 사람들-고조선)은 나중에 하나라인 히타이트(하투샤), 루비안(루카), 팔라릭 연합과 합병·동맹을 체결하였으며 여러 도시국가와 소규모의 왕국, 공국과 조직되었으며 신정정사를 하였다고 하였다. 합병되었다고 한 루비안(루카)과 팔라릭 연합은 바로 마한의 영역이었다. 하티안은 '어머니 여신'으로 의인화되어 땅의 예배를 참여하였다는 많은 연구가 있었으며 풍성한 작물의 수확과 복지를 보장받기 위하여 어머니 여신을 영광스런 신으로 숭배하였는데 '폭풍의 신'(풍사, 우사)도 포함되었다고 한다(타루, 달의 신).

어머니 여신은 황소 출산의 모습을 보여 작물의 풍부한 수확과 다산을 하티안에게 심어주었다. 그들은 지구와 결합된 태양을 통하여 선사시대부터 하티안의 의식에 뿌리를 두고 있었으며, 제임스 Mellaart박사는 "아나톨리아 종교는 지구 개념의 주위에 특히 '물'을 신성한 것으로 보았으며 원주민들은 땅과 물에 연결된 많은 신들을 숭배하였다."라고 터키학자들은 결론을 지었다.

9환족의 동맹에 대하여 증명되는 것은 '가데스의 전투'의 이집트 사원의 묘사에서 큰 코의 군인이 등장하는데 히타이트족과는 다른 종족의 유형을 보여주었다고 하였다. 이와 같이 고조선은 9환족을 통하여 피부색이 다르고 언어가 다르며 문화가 다른 사람들을 '고리'로 하여 소위 9환족으로 동맹내지는 합병을 통해 신정정사를 펼쳐 나갔던 것이다.

이것은 한단고기를 인용하여 "다양한 언어와 피부가 다른 종족들이 9환족에 포함되었다"고 설명한 바 있다. 다만, 9환족에 대하여 현재 서양 학자들은 "바다 사람들"이란 부제하에 연구를 해 오고 있는데 이 '바다 사람들'이 그리스, 지중해, 북아프리카, 이집트와 유대왕국에 이르는 항해를 하였던 해적집단으로 비하하여 이집트 기록에서 나타난 '9문의 동맹'이라고 밝히고 있는데 그 9문의 동맹에 그리스의 '크레타'를 인용하고 있다.

2) "바다 사람들"과 9환족의 비교 분석

이들은 에게해와 아나톨리아, 남부 유럽, 동부 지중해, 가나안, 키프로스, 이집트 영역을 향한 침공으로 역사적인 서술은 일곱 이집트 소스에서 그려진다고 하였다. 먼저 이집트 소스에서 표시된 종족을 살펴보면 다음과 같다.

(1) Denyen족(머리족의 신)

Danaoi와 같으며 어느 학자는 이스라엘단 지파라고 해석을 하고 있다. 단지파라면 고대 이스라엘의 영역 중간에 있어야 한다. 그러나 잘못된 해석으로 데넨(Denyen)은 모음이 ㅔ와 ㅔ로 이어지는 변형으로 모음 ㅏ, ㅏ로 바뀌어지면 바로 다난(Danan-머리족의 신)이 되고 '단'족이 되는 것이다. 이 다난(Danan, Danoii)족은 고조선 멸망 후에 켈트족에 들어갔던 부족이름으로, 고조선의 '단'을 의미하는 종족으로 단(Dan)과 안(An)의 합성어였다. 즉, "머리족의 신" 종족인 것으로 환웅의 정체성인 '머리'를 이어받은 고조선 종족인 것이다.

성경에서 인용된 "갑돌이(Caphtoriti, Caphtorites)는 서양 학자들이 창세기에서 언급한 '노아의 후손'인 미스라임(햄의 아들-이집트)의 후손이라고 하여 17세기부터 많은 학자들이 찾았지만 "갑돌이"의 지명을 찾지 못하였다고 한다. 수백년 동안 찾지 못했던 고대 지명인 "갑돌이"는 어디인가?

'갑돌이'는 누구인가? 우리 한국 사람들이 흔히 부르는 이름이다. 이 갑돌이(이탈리아:Caphtoriti, 러시아어:Kaftority, 영어:Caphtorites)를 애초 17세기의 학자 사무엘 Bochart가 카파토키아를 비정하였다. 또한 성경의 칠십인 역에서 카파토키아로 비정하였는데 마땅치 않아서 많은 학자들이 수백년 동안 이집트 고대 비문과 마리의 정제, 아카디아의 우가릿 텍스트에 나오는 "갑돌이"를 찾을 수 없었다고 한다. 서양의 학자들은 펠루시옴, 길리기아, 크레타에서 이 이름을 찾았지만 찾을 수 없었다고 한다.

수백 년 동안 '갑돌이'를 찾을 수 없었던 원인은 글자를 뭉퉁거려서 한꺼번에 해독하려고 하니 안될 수밖에 없는 것이었다. 이집트 비문엔 Keftiu(고리의 아버지 치우)라고 언급이 되었으며 우가릿 아카이브엔 Kptr(고리 아버지의 달)이 언급되었다. 필자가 해석한 바 "Keftiu"의 K는 고리의 수식어이며 에프(Ef)는 아브(Ab), 에브(Eb), 이브(Ib)로 '아버지'였고, 인도유럽어로 표기됨에 에브(Eb)가 에프(Ef)로 바뀐 것이며 티우(Tiu)는 '머리'인 '티'를 말하나 '치우'가 "티우"로 호환되어 표기가 되는 것이다.

이러한데도 서양학자들이 그 어원을 해독하지 못했는데, 학자들은 마침내 Kothar-wa-khasis으로 하여 '하나님 집으로' 명명하였는데 이것도 엉뚱한 해석으로 필자가 해석한 바 'Kothar'는 "고리의 다리(타르)"이며, Wa는 바(Ba)와 같이 아버지이고, Khasis는 "위대한 카시(고시)인 것이다. 종합하면 "고리의, 달의 아버지는 위대한 고시"란 해석이 된다. 더 쉽게 풀어서 설명하자면 '위대한 고시'가 '고리 다리(달)의 아버지'란 뜻으로 고리의 달(고조선)이 환웅의 고시 종족에서 왔다는 것을 말함이다. 학자들은 이집트 신의 '우가릿'과 동등한 프타를 부여했다는 것인데 엉뚱한 해석이 된 것이다.

어원에서는 진전이 있었지만 찾지 못하였다(이탈리아:Caphtoriti, 러시아어:Kaftority, 영어:Caphtorites)에서 '캅토리, 갑돌이에서 공통적으로 나타나는 것이 '토리'이고 철자 뒤의 티(Ty, Ti), 테스(Tes)인데 '머리'를 뜻하는 말이다.

그러면 "토리(타리, 다리)의 머리"가 '갑돌이'가 되는 셈이다. 갑돌이의 갑이 인도유럽어의 '캅'으로 변화되었다. '캅(Cap)'은 지금 해석으로는 모자이다. 모자는 어디에 쓰는 것인가? 머리에 쓰는 것이 모자이다. 그러나 캅은 '고리의 아버지'가 되는 것으로 캡틴의 캡,캅은 상위를 가리킨다. 고대어로 풀이하면 "고리의 아버지"가 캅(Cap)이 된다. '돌이'는 소리나는 대로 쓰면 '도리'(달)가 된다. 도리는 토리가 되며 다시 타리, 테리, 티리, 투리 등으로 바뀌어진다. 합하여 해석하면 "머리의 토리"가 되며 이것은 머리를 뜻하는 타, 투가 머리가 되니 연결시키면 투타리, 투탈리가 되고, 타타리, 타타르, 타탈리가 되니 투탈리아, 타탈리아를 부르는 지명이 어디인가? 고조선의 옥서스권역을 말하는 것이다.

다른 형태로 풀어보면 흑해 연안의 지역을 통틀어서 '캅카스(Capkas, caucasus)'라고 부른다. 지금은 '킵착'으로 발음하고 있다. 이 '캅카스'는 "고리의 아버지 고시"가 되는 것으로 역시 "캅돌이"는 여기 캅에서 인용되었다고 보고 '도리'는 '다리, 다라가 되며 타리,타라가 되는 것으로 "고리의 아버지 타리아(도리, 다리-달)"가 된 것으로 해석이 된다.

갑(甲)은 10간 중에서 가장 먼저 부르는 오행이며 웅장한 나무이다. 그러므로 으뜸으로 치면 된다. 그러므로 으뜸은 최상이며 머리와 맥을 같이 한다. 사실 '갑돌이'란 이름이 흔히 사람 이름을 부르는 것으로 알았지만 실은 서양 성경학자들이 논하는 노아의 후손이 살았던 지명이었던 것을 이 성경을 통해 알 수 있는 것이다. 실상 유태인들이 말하는 노아의 후손이 살았던 지명 이름이었다.

"내가 애굽땅과 이스라엘을 제기하지 않은 블레셋 "갑돌"에서, 그리고 시리아에서 키르…" 〈창세기 10장〉 (여기에서 '키르'는 '고리'이다)

"아바까지 가자. Caphthorim 같은 마을에 살고"에서 앞으로 온 '갑돌', 그들을 파괴하고 자신의 자리에 정착…… 〈신명기 2장 23〉

사실, 유태인(히브리인)들이 우리의 역사와 종교를 카피해 가지고 가서 거꾸로 우리 더러 노아의 자손이며 '갑돌이'라고 부른다니 기가 차는 노릇이다.

환웅족에 의해 쫓겨난 호족의 대명사요 '비리족'의 일파인 히브리인이 유태교를 창시하여 기독교의 역사는 성경학자들의 주장으로 약 4,000~5000년 정도밖에 되지 않는다. 그런데도 우리를 자기네들의 후손이라 운운하고 있으니 어쩌면 적반하장일지도 모른다. 다만, 이렇게 우기는 통에 고조선의 위치를 성경을 통하여 찾는 모양이 되었다. 다시 한 번 독자들에게 '투탈리아'가 세계의 성경학자들이 찾아 헤메던 '갑돌이'란 것을 다시 한번 상기시켜 본다. 또한 캅톨(Kaptol)은 크로아티아의 자그레브 지방의 지명에서 발견되었고, 슬로베니아의 지명에서도 '캅톨'의 지명이 발견되었다. 생각해보면 민속적으로 우리가 불렀던 노래! "갑돌이와 갑순이는 한 마을에 살았대요!" 이 노래에서 갑돌이와 갑순이는 사람을 지칭하는 것이 아님을 알게 된다. '갑순이'는 소리 나는 대로 부르면 '갑수니'(Gapsuni, Capsuni)가 되니 '갑'을 머리로 해석하면 '수'는 '사'에서 변형되므로 "위대한 머리쪽"에 귀결되며 '갑돌이'는 "투돌리아"가 되므로 고조선의 투탈리아(머리 달)와 환웅의 '위대한 머리족'이 같이 사는 형상이 되는 것이다.

뒷장의 캘트의 부족 연구에서 설명하지만 환웅족인 '고시'와 고조선족인 '고리'족이

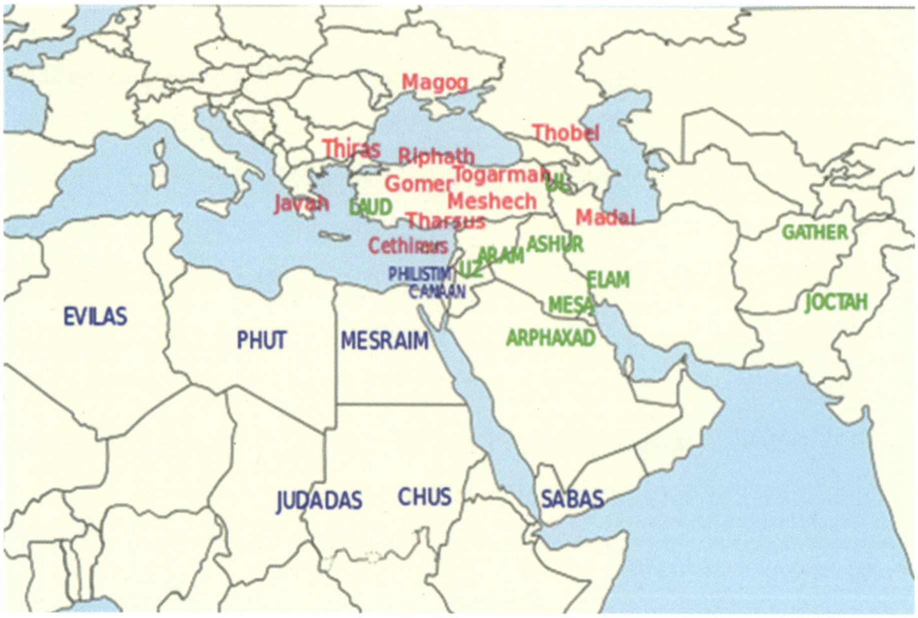

〈요세푸스의 지리적 식별-성경에 나오는 종족들〉

＊갑돌이(Caphtoritas)는 도대체 어디에 있는가?

함께 캘트에 들어갔던 것을 알 수 있는 것으로 "갑돌 이와 갑순이의 노래"는 오래전에 환웅족과 고조선족이 어울려 살았던 것을 회상하는 노래라 할 것이다. 세월이 강물처럼 흘러서 성경에서 이야기하는 애초의 '갑돌이'는 성소에서 하느님을 예배하는 집단, 우수한 문명을 가졌던 지명이었지만 이젠 한낱 머슴이나 하인들에게 붙여지는 천한 이름으로 전락하고 말았던 것이다. 깊이 생각해 보면 '사람의 다리나 건너가는 다리'의 어원은 고조선의 다리, 타리에서 온 것으로 갑돌이의 돌이(도리, Dori)의 원형은 '달'(月)이었다. 달지국, 월지국은 '달'을 의미하는 것이며 고대 사람들이 태양과 더불어 '달'을 숭배하였던 것으로 터키를 비롯한 주변 국가의 국기, 국장에서도 그 정체성을 찾을 수 있다 할 것이다.

(2) 루카(Lukka-태양의 고리)

루카종족은 이미 '빈카문화권'인 세르비아, 보스니아, 크로아티아, 슬로베니아 등지에서 많은 부족이 형성되어 있었으며 필자가 '빈카문화권'의 7개국의 지명을 통하여 증명하였다. 이 종족들이 나중에 그리스 반도로 하여 남하(반고 일족의 남하)하였고 아나톨리아 지방에 정착한 것으로 미루어 짐작하였다. 이것은 고고학자들이 '하티안(Hattian-태양의 머리족, 흰빛의 머리족)'이라고 주장하는 사람들의 주역이었으며 기원전 23

세기경에 아나톨리아 반도에 정착하였음을 말하고 있다(고조선족의 주역).

루카(루비안족)는 아나톨리아 남동부에 있었던 마한의 한 획을 맡은 종족이다. 앞에서 설명한 바와 같이 루카(Luka)는 살수를 통하여 많은 선박을 건조하였기에 항해기술이 뛰어났고 숙련된 선원을 확보할 수 있었다. 그러므로 지중해와 그리스 등지에 무역로를 개설하여 많은 무역으로 수익을 창출할 수 있었고, 우수한 문화를 전달할 수 있었는데 후대의 학자들이 해적집단 운운하는데, 필자는 그 당시 이집트 사가들이 기록할 시에 '대이집트'가 다른 나라의 침략을 받았다는 것에 크게 자존심이 상한 것으로 추정되어 '해적짓' 운운 한 것으로 추정하였으며, 이집트는 약 270년간에 걸쳐 시달림을 받은 것으로 나타난 것이다.

아마르나 '편지'와 '카데스 전투' 조약을 살펴본 바 고조선의 마한권역인 지중해권과 메소포타미아 북부권역을 침탈하였던 이집트의 팽창정책에 대한 '루카'를 비롯한 '마한엽합'의 동맹전과 국지전의 형태로 결론지었다. 세상 천지에 9국가가 힘을 모아 해적 분탕질을 한다는 것이 말이 되지 않는다. 아주 폄하되고 왜곡된 이집트의 역사기록이다 할 것인데 이집트 기록을 살펴보면 다음과 같다.

① 기원전 1,275년 가데스 비문에서

Karkisha(고리와 고시), Lukka, Sherden(위대한 태양의 머리족-이탈리아 남부) 이 등장한다. 특히 세르덴(Sherden-태양의 머리족)은 서부 지중해의 이탈리아의 '세르데나'라고 한다. 하나, 그 당시엔 이탈리아란 국가가 존재하지 않았고, 켈트의 이동시기인 기원전 6~5세기에 비로소 형성된 부족국가였고, 그 당시 이탈리아 남부에 '루카' 등이 상륙하여 부족(공국)을 세우게 된다. 그러기에 이탈리아의 세르데나(Sherden)는 고조선의 9환종족이 진출하여 그 지역에 종족 이름을 붙인 것으로 페니키아의 식민지로 세르데나(Sherden) 지명이 나오고 있다. 페니키아의 식민지는 환웅의 유산이므로 고조선이 상속받은 것이었다.

그러므로 Sherden은 "Sher(위대한, 태양) 머리족(Den)"이 되었으며 기원전 13세기 시기에 지중해 영역에 환웅의 유산인 기원전 40세기의 '기시문명'을 이어받은 것이 증명되며, 고조선이 통치했다는 역사적 의미를 부여하는 것이다. 루카(Lukka)는 앞장에서 설명한 대로 '마한'의 연합이었다. Karkisha의 부족국가는 카르(Kar)는 '고리'의 변형으로 원형은 '가르'인데 가르, 가리, 가라, 가레가 되며 인도유럽어의 발성으로 카르, 카리, 카라, 카레가 되는 형태이다. 키샤(Kisha)는 키쉬(Kish)와 같은 것으로 '고시'에서 변한 이름이다. 고시에서 코시, 쿠시, 키시, 키쉬, 키세, 키스 등으로 변한다. 즉, "고리의 고

〈기원전 1,600년 미케네 골드귀걸이(서로 다른 방향으로 돌아가는 '고리'가 이채롭다)〉

시"가 된 것으로 고조선의 9환 종족이 되는 것이다.

② 기원전 1,200년 위대한 '카르나크' 비문에서

Eqwesh, Lukka, Shekelesh, Sherden, Teresh (위대한 다리〈月〉)가 등장하였다.

③ 기원전 1,200년 Athribis(위대한 달의 아버지) 비석에서

Eqwesh(고리의 위대한 아버지), Shekelesh(위대한 고리), Asherden(처음 태양의 머리족), Teresh(위대한 달)이었다. 미케네의 부족인 Eqwesh(고리의 위대한 아버지) 등이었다. 다른 부족들은 학자들도 연구 중이다. 필자가 연구한 바 Eqwesh부족(고리의 위대한 아버지)은 '시리아'의 부족으로 보고 있다. 필자가 세르비아권의 7개국과 중앙아시아권의 7개국을 합한 20개국의 지명 연구를 한 결과 우즈백과 시리아가 종족, 지명이름에 K대신 'Q'를 사용하고 있음을 알게 되었다. asherden 부족국가에서 아스, 에스(As)는 '처음'을 말하며, 헤르(Her)는 그리스 여신 '헤라(Hera)'와 같은 것으로 '흰 광명'을 나타낸다. 덴(Den)은 단(Dan)에서 변형된 것으로 둔(Dun), 딘(Din) 등으로 변화되고 '머리'를 뜻하는 다, 두, 디, 데에서 복수가 되어 '머리족'이 된 것인데, 여기에 인도유럽어의 발성이 되면 타(Ta), 투(Tu), 테(Te) 등으로 표기된다. 그러므로 Asherden 부족국가는 "처음 광명(빛나는, 흰) 머리족"이 되는 것이다. 특히, Shekelesh 부족은 "위대하고 위대한 고리(Kele-케레)"가 된다. 이런 종족들의 이름으로 볼 때 고조선의 9환 종족이 서양 학자들이 이야기하고 엉터리 연구를 한 이유로 느닷없이 '해적집단'이 된 것이다.

현재 서양 학자들은 필자처럼 종족의 어원을 해석하지 못한다. 그 해석하지 못하는

이유는 두어 번 피력한 바 있다. 이미 이집트 기록에 나와 있는 종족으로 미루어 서양 학자들이 주장하는 9문, 9활은 바로 고조선의 9환과 같은 것이고, 이미 부족의 이름에서 '고리'가 발견되었으며 고시, 광명, 테레(타리-달)가 있는 것으로 보아 옥서스권과 지중해권역의 부족이름에서 고조선이 지중해를 포함한 마한권역을 통치하였다는 필자의 가설이 입증되는 것으로, 그 핵심은 아나톨리아의 '루카종족'이었다.

루카는 아나톨리아의 남부에 '마한'의 연합이었고 '살수'에 조선소를 건설하여 많은 선박을 건조했으며 우수한 항해술과 해군력을 보유하고 있었던 것이다. 또한 Peleset(펠레셋, 블레셋)은 훗날 필리스타인, 팔레스타인으로 불렸으며 쿠웨이트, 사우디아라비아, 레바논, 시리아, 이란, 이라크 등의 사람들은 오늘날의 '중동족'이었다. 그 중동의 사람들 중 레바논,시리아, 이란, 요르단, 이라크가 고조선의 9환을 담당했다는 것이 지명 해독에서 '환웅과 고조선의 정체성'의 용어가 밝혀진 필자의 주장인 것이다.

④ 기원전 1,150년 Medinet Habu(빈소사원)에서

Denyen(머리족의 신), Peleset(광명의 위대한 머리), Sherden(태양의 머리족), Tjekker(머리의 고리), Teresh(위대한 달), Shekelesh(위대한 고리), Weshesh(위대한 아버지) 등 일곱 군데의 사람들이었다.

Weshesh 부족국가는 필자가 연구한 바 북아프리카의 종족으로 보았으며 이집트의 빈소사원에 기록된 바와 같이 리비아의 왕이 동맹의 군사를 이끌고 와서 약 6천명이 전사한 기록으로 미루어 짐작하였다. 또한 아버지를 뜻하는 바(Ba), 베(Be)가 북아프리카에선 Wa, We로 표기되고 발성된다는 것으로 유럽과 중앙아시아권에서 아버지를 Wa, We로 발성하고 표기하는 국가는 '시리아'와 '펀잡', '고대터키' 외는 한 군데도 없다. Shekelesh 종족의 'Kele케레'는 '고리의 변형'으로 9환을 의미하는 것이고, 고조선은 머리족(단족-dan)으로 Denyen 종족의 Den은 단(Dan)의 변형인 것이며, Yen은 안An의 변형으로 본다. "머리족의 신" 종족이 되는 것이다. 또한 Tjekker족의 케르(Ker)는 '고리의 변형'으로 고조선의 연방종족(제후)을 의미한다 할 것이다.

다만, 현재 인도나 파키스탄에선 아프리카 언어와 아나톨리아 언어의 수입으로 인해 아버지를 Wa, We로 발성하고 있는 것으로 보고 있다. 다만, 이집트와 전면전이나 국지전이 된 부족국가는 인도권역이 아닌 고조선의 9환종족으로 튀니지, 리비아, 크레타, 이탈리아 남부, 시리아, 히타이트의 도시국가로 본다. 이렇게 언어학으로 들어가 조금 연구하면 금방 종족의 정체성에 대해 알 사안을 서양 학자들은 알고도 덮은 것인지 의구심이 든다. 어쩌면 미개인으로 점철되었던 아프리카인으로부터 침탈을

당했다는 모욕의 역사를 들추기 싫어서 외면하였는지 알 수 없는 것이다.

필자가 앞장에서 주장한 대로 '기시제국(고시, 코시)'은 기원전 40세기에 형성된 환웅의 유산으로 지중해와 메소포타미아의 문명인데 그 대다수가 9환에 속하였다고 한 삼한관경의 비정이 맞아 들어간 증명이 되는 것이다.

이집트의 기록을 빌려 고작 '해적집단'으로 연구된 '9문'이 고조선의 9환의 성격과 같은 것이며 '고리와 다리, 타리(테레-달)의 용어는 움직일 수 없는 고조선 증좌인 것이다.

⑤ 기원전 1,150년 파피루스 해리스 1

Denyen, 블레셋Pelese, Sherden, Tjekker, Weshesh 등의 종족

⑥ 기원전 1,150년 수사 스텔라 소장 3

Peleset(블레셋-팔레스타인), Teresh 등의 종족, Teresh부족의 테레Tere는 '타리'에서 변한 이름으로 옥서스권의 부족국가이다. "위대한 흰빛의(Sh) 타리(테레-달)"가 된다.

⑦ 기원전 1,000년

Denyen, Lukka, Peleset, Sherden, Tjekker 등이었다. Tjekker에서 케르(Ker)는 '고리'의 변형이고, 덴(Den)은 단(Dan)의 변형인 것이다. 펠레(Pele)는 광명의 '바르'의 변형이며 Peleset(필리셋, 블레셋)은 "광명의 위대한 머리족"이 된다. Sherden(이탈리아의 종족)은 "위대한 머리족"이 된다.

여기 적힌 부족들의 이름은 학자들 간에 이견이 분분하며 해석이 안된 부족이 있는 등으로 확립되어 있지 않다. 이런 것으로 보아 필자가 주장한 서양 학자들이 종족의 정체성과 그 어원을 풀지 못한다는 이야기가 맞는 것이며, 이집트 기록의 9문은 바로 고조선의 9환과 그 성격을 같이 한다는 이론을 발표하는 바이다.

사데(Sardinians-태양의 머리 신 사람들) 서부 지중해 이탈리아의 섬에 위치한 부족이라고 하지만 다만, 지명으로 그 종족을 연구하였고, 그 종족의 정체성과 어원을 해독하지 못하였기에 이탈리아의 종족이 침입한 것으로 잘못 연구가 된 것이다. 앞에서 설명한 대로 이탈리아는 아주 늦게야 건국하였다. 필자의 해독으로는 "위대한 머리의 신"의 종족이 된다. 뒷장에서 해독, 해석한 지명 연구에서 고조선의 9환족들은 공통적으로 '머리족'이었고, '다리족(달)'이었으며 '광명족'이었다. 또한 골, 고을로 표시되는 '고리'의 연방체제였던 것이다. 이러한 고조선 사회의 정체성을 알고 나면 이집트를 침공한 종족들은 모두 '고조선의 9환과 딱 맞아 떨어지는 것으로 그 당시 이집트의 역사가가 기록할 시에 고조선이란 제국이 9환을 중심으로 하여 통치하였다란 사실을 알고

있었기에 9문, 9활, 아홉 민족으로 호칭한 것으로 보고 있다. 실로, 페니키아가 일찍이 이탈리아 남부, 스페인의 일부를 식민지로 삼았던 역사적 사실을 감안하면 환웅의 유산이 고조선에 상속되기 때문이다.

필자가 연구한 바로는 기원전 1,200년에서 1,000년까지는 청동기 문명의 어둠의 시기였다고 보아야 하는 것으로 히타이트(하나라)가 기원전 1,178년, 1,180년에 멸망하고 아시리아가 패권을 차지하며 미탄니를 정복하는 등 어지러운 시대였다. 그러므로 히타이트 멸망 후 마한권에 있던 지중해의 시리아, 이탈리아 남부, 아나톨리아의 루카 등 마한의 잔존세력의 집단들이 모여서 해적짓을 한 것으로 보아야 할지도 모른다고 독자들은 생각할 것이다. 하나, 히타이트가 멸망하기 전인 기원전 1275년의 '카데스 비문'에 기록된 해적들은 누구인가? 그 당시의 국제적인 이해관계와 식민지, '아마르나의 편지' 등을 살펴보면 마한권역을 침탈당한 마한연합의 보복이 동반된 국지전, 전면전의 형태로 보아야 한다는 점이다.

다만 지중해, 북아프리카의 이집트 영역, 그리스 반도까지 확장하여 침공(서왜의 소탕)을 하였고, 9종족, 내지는 9종족의 부족국가의 행위로 본다면 그 지역이 너무 광대하고 함대가 동원되었다고 볼 때 국가의 침공 등으로 전면전, 국지전의 형태로 보았던 것으로 이해를 해야 하는 것이다.

이것은 기원전 1,275년의 '가데스 비문'과 기원전 1,200년의 '카르나크 비문' 아티리비스(Athribis-달의 위대한 아버지) 비석의 경우엔 하나라인 히타이트가 멸망하기 전의 시대이므로 9환족이 중심이 되어 해적짓을 한 것이 아니며 이집트가 티그리스와 유프라테스 북쪽으로, 또는 동쪽으로 진출을 시도하는 것에 대항하여 이집트 진출을 막은 전쟁이었으며 동맹형태의 전쟁으로 보는 것이다. 그러므로 이집트와 9문(9환), 9활의 전쟁 등에 대해 서양 학자들에게만 맡길 것이 아니라 우리가 연구를 하여 새로운 가설과 학설을 내 놓아야 할 것으로 본다. '카르나크 비문'의 카르(Kar)는 '고리'에서 온 이름이고, 아티리비스(Athribis) 비석의 이름은 "큰 달의 위대한 아버지"가 된다.

이집트는 기원전 1,457년 투드모세 3세 당시에 가나안 왕이 이끄는 연합(시리아의 가데스왕)과의 므깃도(Megiddo)전투에서 이집트는 이스라엘 왕국의 대부분(가나안 지역) 영토를 획득하고 지중해의 도시 국가인 비블로스, 시돈, 타이어 등을 식민지로 확보하였다. 후에 이집트는 미탄니를 식민지로 만들어 결혼 동맹을 체결하고 '아마루나 편지'를 통해 충성 서약을 강요하는 등 가나안과 지중해권을 통치하게 된 것이며 고조선 마한권역이 축소된 것임.

그리스 선형 B의 정제에서 '피로스(Piros–위대한 광명)'의 후기 청동기시대에 에게해 노예의 습격, 용병과 철새 사람들의 확산을 보여주었다고 한다. 그럼에도 불구하고 바다사람들의 실제 정체는 수수께기처럼 남아 있었다고 하는데 중앙아시아의 고조선이란 고리국가(동맹)를 이해하지 못한데서 오는 미로와 같은 당연한 수수께끼가 된 것이다. '루카(Lukka)'는 육지와 바다 사람들의 두 범주에 포함되었다고 한다.

(3) 블레셋(Bleset–광명의 위대한 머리) 가설

팔레스타인(블레셋) 고대 남부 해안평야에서 고고학적 증거로 블레셋, 미케네 Ⅲ의 도자기 생산으로 확인하였는데 다섯 가지 도시의 발굴에서 블레셋 도자기가 발굴되었다. 아스글론, 에그론, 가드, 가자, 아스돗이었다. 일부 학자는 이민 가설을 주장하기도 하였다.

"블레셋에, 미케네 Ⅲ의 도자기 생산은 블레셋으로 확인되어야 한다고 하며 논리적인 결론은 블레셋 사람들이 수십 년사이 동쪽으로 이주하여 미케네 그리스의 그룹이 … 새로웠다는 것이다, 블레셋으로 알려진 2색 도자기 스타일……." 여기에서 '블레셋'은 광명족을 말한다 할 것이다.

이미 광명족이 그리스 반도에 진출한 것을 기정사실화하고 있는 것으로 미케네 문명을 열어 나갔다는 주장을 필자가 발표하는 것이다.

(4) 미노아Minoan 가설

Tjeker족과 Peleset족이 크레타에 정착한 흔적이 남아 있다고 하며 성경과 고전 학문의 주류는 '갑돌이'를 크레타에서 참조하지만 다른 소수 민족 이론도 있다고 한다. 필자는 '갑돌이'는 옥서스권역의 투탈리아를 말하는 것으로 미노아문명과 미케케문명을 지배하고 발전시킨 것이 고조선의 '갑돌이'이었다는 것이 이 가설을 통해 다시 한 번 확인되고 있다 하겠다.

이것은 다음 장에서 설명할 그리스의 문화와 언어에서 밝혀질 것인데 미노아의 '도리안 방언'이 고조선의 언어였다. 미노아 가설을 주장하는 학자들은 기원전 1,660년경 ~1,613년까지 '산토리니 화산'의 분화와 그 여파가 화재, 지진, 해일, 기상 악화와 기근 등으로 이어져 지중해, 레반트, 특히 그리스에 걸쳐 광범위하게 그 영향을 미쳤을 것이며 이러한 재해에 다른 지역의 침략에 대한 자극과 촉매 역활을 하였다고 보았다.

(5) 그리스 마이그레쇼널(Migrational–이주) 가설

그리스와 Denyen(Danan–단족), Ekwesh(위대한 아버지), Achaeans(위대한 고리의 신)들이 그

리스에 정착하여 살고 청동기시대에 바다 사람들로 표시되는 경우 '블레셋' 사람들로 제안되었다. 여기에서 '블레셋'은 창세기에서 언급한 블레셋의 '갑돌이'(Caphtorites)가 블레셋에서 별도의 사람으로 나열하였다(에레미아서 47, 아모스 9:) 필자가 성경을 인용하는 것은 기존 연구한 학자들이 성경을 인용하여 종족 구분을 하였던 것에서 기인하였다.

'블레셋'의 '블레'는 광명을 뜻하는 '바르'에서 기인된 것이며, 블레셋의 또 다른 별칭인 필리스틴(Peleset)이나 현대의 사용하는 팔레스타인의 팔레, 필리, 펠레 등은 모두 '바르'에서 인도유럽어의 변형으로 나타난 것으로 같다. 성경의 에레미아서에는 '블레셋의 사람으로 구분하였지만 별도의 사람으로 구분하였다는 것은 '갑돌이'가 유태인처럼 하나님으로부터 선택받은 민족이 아닌 원래의 천손족(天孫族)을 나타낸 것으로 지도자격인 종족으로 보았던 것이다.

(6) 트로이 목마 가설(Teresh, Troii)

연결된 Tyrrhenians로 여겨지며 에트루리아-관련 문화일 것이며 <u>다른 곳에 Taruisa (타루시아-타루, 달), 헷이 있었던 가능성을 고려하여 바다 민족을 위해 확인된 루카Lukka, Tjeker으로 아나톨리아 가설을 함께 넣는 가설이다.</u> 이 가설도 시대에 맞지 않는 가설이나 맞는 말이다. 켈트의 이동 후에 에투리아, 아스트리아, 에스토리아 등의 이름이 유럽에 나타났는데 그것은 기원전 6세기의 일이었다. '에스투리아'는 "처음 만든 투리아(달)"로 고조선 멸망 후에 이탈리아 반도와 히스파니아(스페인) 반도에 건설한 반도와 국가체제의 명칭이었다. 뒷장의 켈트이동에서 상세히 상술할 것이다.

즉, 타루시아(Taruisa-위대한 달)란 '고조선의 타리'(달)를 말하는 것으로 헷족(히타이트)과는 다른 것이며 다만, 타루시아(Taruisa-타루)란 국가는 연방체제의 대제국(중앙정부)이었다는 사실을 서양 학자들이 몰랐던 것으로 이해를 한다. 서양학자들이 이 타루시아(타리, 타리아, 투탈리아)에 대한 연구가 풀리면 모든 의문이 풀리는 것이며 당연히 '바다 사람들'과 9문의 연구도 새로 연구해야 한다고 필자는 주장한다.

(7) 그 외에 가설(미케네의 전쟁가설, 샤르데냐어, 시칠리아와 티레니아 사람들 가설, 아나톨리아 기근 가설, 침입자 가설)

여기에서 미케네의 전쟁가설은 기원전 13~12세기에 도리안의 침략에 의해 파괴된 이론인데 비판적 분석은 동시에 모든 그리스국가가 멸망되지 않았음을 환기시키는데 그 초점을 맞추어 볼 때 가설의 이론이 합당하지 않았음을 밝혔다. 이미 고고학적으로 블레셋 도자기와 도리안 방언, 테페문화 등이 증명하고 있다. 도리안(달 사람들) 자신들이 문화를 일구고 만들었는데 다시 파괴할 아무런 이유가 없었던 것으로 맞지 않는 엉터리 가설임이 틀림없는 것이다.

아나톨리아 가설은 '헤로도토스'의 '리디안족'의 이주에서 기근에 의한 이주라고 하였는데 필자가 바라 본 '리디아'란 도시국가가 형성된 것은 기원전 10세기 이후이었다는 것을 생각해 보면 맞지 않는 이론으로 비판받고 있다. 침입자 가설은 역시 '도리안의 침공'인데 학계에서 인정하지 않는 가설로 받아들여지고 있다.

시칠리아, 티레니아 사람들 가설 또한 '타르 데 소스'의 서 지중해 문화가 불과 기원전 8~9세기에 형성된 것으로 기원전 13세기의 연대에 비추어 그 가설의 증명이 맞지 않는 가설이라고 일축하였다.

3) '바다 민족(사람들)'과 9환족의 연결고리에 대한 비판

이상 열거한 여러 가설 중에 필자는 블레셋 가설과 미노아 가설, 그리스 이주의 가설을 지지하는데 그 중에서 그리스 이주 가설이 맞는 학설이라고 주장한다.

우리 근세조선의 역사에서 살펴보면 수많은 '왜구의 침입'(섬사람)이 있었다. 그 왜구가 전체를 대표하지 않는 것처럼 서양 학자들 역시 용병이나 섬의 한 집단의 해적 행위를 국가별로 분류하여 초점을 흐리는 연구는 바람직하지 않는 것이다. 9문이 중심이 된 침략은 이집트 사가의 기록만을 들어 '해적짓'으로 할 것이 아니란 것으로 필자는 결론지었다. 기원전 13세기에서 10세기에 이르는 시기에 국제적인 이해관계를 고찰해야 하고, 광범위한 지역에 함대를 동원하여 이집트 본토까지 쳐 들어간 이집트 기록은 전면전의 형태로 보아야 한다는 점이다. 서양 학자들이 연구한 9문의 국가는 우리 9환족과 같은 9종족이고 9활이며 국가 동맹이었다.

서양 학자들이 주장하는 '블레셋(Peleset-광명의 위대한 머리)'은 고작 그리스와 가나안 땅, 지중해 일대, 일부 이집트를 침공한 종족으로 연구되었지만 실로 '블레셋Bleset'(광명의 위대한 머리)은 '빈카문화권'에서 광명문화를 도입한 오늘날의 팔레스타인(Philistines) 종족으로 이라크, 이란, 시리아, 쿠웨이트, 사우디아라비아, 레바논을 아우르는 지중해권과 티그리스와 메소포타미아 지방을 연결하는 문명권의 종족이었으며 기원전 40세기에 형성된 '기시제국'의 문화이었다. 그런데도 그 문명권의 사람들의 도자기만 보고, 도자기의 출토를 기점으로 한 고대 팔레스타인의 바다 사람들의 주축 연구는 연구로서 큰 가치가 없는 것이다.

사실 우수한 문명을 가진 '블레셋' 사람들의 문화와 인류문화사적인 깊은 연구를 해야 한다. 그러면 '블레셋'의 종족이 선진 문명을 가진 사람들이었다고 이해를 하게 되고 학문의 발전에 기여할 것인데도 오히려 성경에 의한 연구는 탈유태인의 문화와 이슬람문명을 비토하고자 한 유태민족의 잘못된 왜곡된 의식이 크게 작용되었던 것이다. 팔레스타인 지구에서 일어나는 작금의 기독교를 대표하는 미국과 유럽, 팔레스타인 민족의 전쟁은 올바른 역사와 세계사를 가로 막는 종교싸움인 것이다. 고고학과 인류문화사를 들추어 보면 유태인이 구약의 성경에서 주장하는 역사가 세계 역사의 시작이 아닌 것이며 나아가 기독교의 역사가 인류문화의 시발점이 아니란 것을 우리는 알고 있다. '바다 사람들'의 기록인 이집트의 기록 역시 자기네들은 수많은 도시국가를 침략하여 식민지로 만들어 놓고(북아프리카와 지중해권역의 마한권-가나안, 지중해 도시국가 등), 자국에 대한 줄기찬 침략(약 270년간)은 '해적짓'으로 묘사한 것은 그 당시 대제국의 체면을 고려한 이집트 사가의 이중적인 왜곡된 역사인식이라 지적하지 않을 수 없는 것으로 '카데스 전투'를 이집트가 승리하였다고 사원의 벽면에 기록하고 국민들에게 선전하였지만 동맹국이었던 '미탄니'의 고토인 시리아권역과 일부 지중해 도시국가는 점령하지 못하고, 휴전이 되었기에 사실상 패배한 것이나 다를바 없는 것인데도 자국민을 위한 선전술책으로 승리한 것으로 왜곡시켜 사원의 기록에 등재된 것이었다.

선민의식과 기독교 사상으로 점철되고 왜곡된 역사의식을 정당화하다 보니 엉터리 학문이 양산되는 것인데, 테러와의 전쟁에 참여하지 않으면 테러국에 동조하는 것이 되는 '예스와 노'를 강요당하는 이분법적인 논리는 역사를 밝히는 학문에는 도입될 수 없는 것이다. 우리가 우리의 시원을 찾지 못하고, 찾을 생각도 하지 않은채 중국의 25사를 금과옥조처럼 받들며 중국 땅에 빌 붙어 지명 이동된 갈석산을 찾고 태백산을 찾으며 열수와 패수를 찾는 소위 땅따먹기 놀음을 하는 것과 다를 바 없는 작태인 것이다.

그런가 하면 일부의 재야 학자들은 한단고기의 내용을 100% 맞는 역사적 사실로 받아들이는 것도 문제인 것이다. 빛과 그늘, 진실과 거짓을 찾아보려는 노력을 경주하지 않고 현실에 안주하여 다른 사람들의 건설적인 가설과 이론을 무조건 비토하고 비판하는 양상이 부끄러운 현실이 되었던 것이다.

필자의 가설과 주장을 보고 아니라 하면 왜 아니란 것을 분명하게 언어학이나 인류문화사도 좋고 고고학을 동원하여 상대적인 비판을 해야 할 것이라고 본다. 이런 학문적인 뒷받침도 없이 남의 주장과 가설을 무조건 아니라고 우겨댄다면 그런 사람들은 학문적인 기본소양이 없는 것이라고 생각한다.

그러기에 '블레셋'은 무조건 현재의 팔레스타인을 의미하므로 우수한 문명이었다

하더라도 아예 없었던 것처럼 치부하며 학문에서 배척하였다고 보는 것이다. 가사, 그런 이론이 나온다 하더라도 유태인과 유럽 각국의 사학자들은 귀를 틀어막고 못 들은체하는 것으로 생각하는 것이 필자의 우려일지도 모른다.

유럽을 비롯한 서양 학자들의 잘못된 역사 인식은 우리가 해방이 된지 71년이 되었는데도 강단사학자들이 앵무새처럼 반도사관을 그대로 가지고 있는 것과 다를 바 없다고 보는 것이다. 사실 팔레스타인은 오래전부터 깨우친 종족이었다. 그런데도 블레셋을 고작 고대 이스라엘 왕국을 침공한 해적으로, 이집트를 침입한 해적으로 무조건 매도하여 오늘날 팔레스타인 민족이 해적의 자손이었던 것처럼 포장하며 폄하하고 있는 것이다.

고조선의 마한 9환족은 이란, 이라크, 아프리카의 리비아, 지중해의 카르타고, 레바논, 요르단, 시리아를 포함하였다고 볼 때 '블레셋'이 마한의 권역을 이룬 9문은 바로 9환과 거의 일치한다 할 것이다. 다만, 서양의 학자들이 '바다 사람들(9민족)'의 연구를 성경에 나와 있는 종족으로 연구하여 그들이 수백 년간 찾지 못했던(기실, 알고도 모른체 덮었는지도 모른다) "블레셋(광명의 머리족)의 갑돌이"가 바로 고조선이며 중앙아시아에 정착하였다는 것을 세계 역사학계에 정확하게 밝혀두는 바이다.

필자가 연구한 바로는 이미 환웅시대부터 '빈카문화'를 필두로 하여 그리스에 들어가 문명을 일구었고, 고조선시대에 들어와서 마한의 루카 연합과 팔라릭 연합체(마한)를 통하여 그리스반도에 들어가고 미케네·미노아 문명에 징검다리 역할을 하였다는 것으로 보아진다. 레반트를 비롯한 동지중해와 서지중해, 북아프리카까지 무역을 활발하게 한 것으로 짐작되고, 많은 서양의 고고학자들은 아나톨리아반도가 최소한 기원전 23세기부터 '하티안 사람들(흰 머리 사람들)'의 영토였다는 것을 아시리아의 연대기에서 확인하였다고 전해지고 있다.

물론 '하티안(Hattian) 사람들'은 환웅시대로부터 그 자산과 자본을 이어받은 고조선 종족인 것이었다. 이런 이유로 기원전 18세기에 건국한 히타이트(하나라)는 하투샤(백두산)를 중심으로 한 중앙아나톨리아였는데 고조선이 그 땅을 임차해 준 것에 불과한 것이었다. 그러므로 제후국이 되었던 것이며 그들은 고조선을 "아버지, 투탈리아" (머리의 달, 토카리스탄)라고 지칭하였던 것이고, 고대의 아나톨리아는 느슨한 도시국가의 체제이며 그 중에 중앙의 '하튜샤' 가 '하나라'가 된 것이다.

이미 옥서스권역에서 출발한 고조선은 오래전부터 환웅의 훌륭한 자본인 광활한 영토를 이어받아 9환족으로서 다스려 나갔던 것인데 이런 정치적·인류문화사적인 바탕에는 그 무엇보다 신정통치가 밑바탕에 깔려 있었던 것으로 그리스와 아나톨리아반도, 중앙 아시아권에 많은 테베(태폐=태백, 백두사상의 성소)가 생겨났고, 숭배하였던 것을 미루어 짐작해 보면 환웅 고조선의 그리스 지배와 아나톨리아반도 지배에 이해가 가게 되는 것이다.

다만, 바다 사람들의 목록에 루비안(루카)이 나타나고 있는데 이것은 루카연합이 훌륭한 항해기술을 보유한 것으로 추론되며 일찍부터 선박을 건조한 것으로 보아야 한다는 점이다. 나중에 설명되는 이탈리아의 침공에도 나타나는 것인데 이것은 이미 필자가 설명한 바와 같이 고조선 초기에 아나톨리아 남부지역인 '살수'(태양의 물)를 통하여 선박을 건조하였다고 한 바 있다.

또한 학자들 가설의 여러 부분에 '블레셋(Bleset)'이란 용어가 나오는데 '블레셋'은 광명족으로 "위대한 광명의 머리족"으로 소위 깨우친, 까진, 계몽된 사람들이라고 이해해야 하는 것이다. 그렇다면 선진문명을 가지고 그리스반도에 들어온 사람들이 고작 도자기만 만들다가 나가버린 것은 아니었던 것이다.

우수한 문명을 가지고 들어온 도리아인(광의의 블레셋-광명족, 달의 종족)은 고대 그리스 문화를 열어나간 것에 도달하게 된다. 그리스 마케도니아에서 발견된 고조선의 비파형 동검(기원전 17~16세기로 추정)은 고조선의 도리안 진출을 증명한 우수한 유물이 되었다. 우수한 도자기문화는 바로 문명을 가리키는 것인데도 국수적인 일부 서양 학자들은 오히려 '해적운운'하고 도리어 그리스를 파괴한 종족으로 보고 있는 것은 왜곡된 역사인식에 있는 것이다.

필자는 블레셋인과 빈카문화권에서 남하한 '루카인'의 등장과 우수한 도자기 문화, 산재되어 있는 테베의 유적, 미노아 문명의 도리안 방언 등을 들어 그리스 문화는 환웅시대와 고조선시대에 만들어진 합작품이라고 규정하는 것이다. 미노아 문명권에 환웅, 고조선의 여러 방언이 형성되었다는 것은 정치적·문화적인 영향을 이야기해 주는 것이며 많은 사람들이 오랜 시간에 걸쳐 정착되었다는 것이고, 나아가 이러한 문화의 계속성과 영속성은 언어학상, 인류 문화사적으로 움직일 수 없는 증표라 할 것이다.

이런 저런 이유로 오늘날의 한국어는 터키의 언어에 그 영향을 많이 받았다고 하는 학설은 결코 허언이 아닌 것이며 이란을 정점으로 하는 투르크종족의 언어체계에서도 '프로토 터키어'가 중요시 되었다는 것이 오늘날 언어학자들의 중론이다. 이 터키어는 루비안 언어와 팔라릭 언어의 혼합인 '프로토 루비안 언어'가 네팔과 파키스탄, 인도로 들어가 현대의 '팔라어'를 구성하였다는 것이다.

이런 언어의 진출과 과정을 살펴보면 루카(루비안)가 마한의 한 축을 담당하였기에 고조선 멸망 후에 일파는 인도16국인 남쪽으로 이동하여 오늘날 파키스탄, 인도문화에 이바지하였고 일부는 이탈리아 남부를 시작으로 이탈리아 국가를 형성하였는데 이탈리아의 '래티언어'(태양의 머리)는 '루비안언어'와 혼합된 언어형태라고 학자들은 이야기하고 있는 것이다.

그런가 하면 고조선 멸망 후 기원전 6세기에 일리리아와 트라키아에 토속 종족으로 남아 있던 프리지아인(비리인, 브리지아)과 아나톨리아에서 진출한 프리지아인이 북부 독일과 프리슬란트 지방을 장악하여 프러시아를 형성하였는데 오늘날 북부독일과 네덜란드 전체와 덴마크 일부 지방, 노르웨이 일부 지방으로 비정하고 있는 것이다.

이들의 언어는 '프리지아 언어'라고 하였는데 오늘날 현대 영어의 기초가 된 것이고, 사실은 아나톨리아의 '프로토 루비안 언어'에서 온 것으로 이해를 하여야 하며 고대 발해시대를 열어간 종족으로 보아야 할 것이다. 단, 대조영으로 시작되는 발해와 다르다는 것을 밝혀두는 바이다. 필자가 아직 발해에 대하여 상세한 연구가 미진하나 동쪽으로 간 발해는 이미 신채호가 밝힌 동부 발해로 중국세력에 밀려서 동북방으로 가서 대조영의 발해(동부발해-동부 프리지아국)가 건국된 것으로 보고 있는 것이다. 이런 연결의 가설을 놓고 본다면 동부발해와 고대발해의 언어는 같은 프리지아 언어이며 현대의 터키어가 분명하다 할 것이다.

또한 루비안족은 켈트에도 합류하였다는 것이 증명되고 있다. 기원전 6세기에 고조선의 9환족 일파들이 인도의 16국을 건국하여 투쟁하였기에 파키스탄과 인도에서 벵골만에 이르는 '팔라어(팔리어-광명)'의 진출은 활발하게 이루어졌음을 알 수 있는 것이고, 마침내 인도의 드라비다어와 연관있게 되었으며 가야와 백제 등의 언어 형성에도 영향을 미쳤다 하는 것으로 보아야 한다는 것이다.

4) 프리지아(Frisian-리카오니아, 브리지아 종족), 가우족의 세계 진출

프리지아에 대한 기록은 기원전 12년 로마의 계정인 Drusus(Livii, Livius)-가이오 Livius Drusus(기원전 147)에서 형성된 것이며 카우키(Chauci)부족(게르만 부족)이 로마군대와 독일 리버스 사이의 '엠스와 엘베'의 양쪽 해안을 따라 언덕에 살았던 종족으로 기원전 1세기에 고전 로마소스에 의해 역사적 기록이 있다고 한다.

하나, 카우키(Chauci)족은 기원전 7~9세기경에 아나톨리아에 있었던 리카오니아의 종족으로 일명 가우(加優)족으로 고조선의 신지(神誌)를 '가우'로 불러서 '가우족'이 형성된 것이었다. 이 가우족은 루카족과 함께 이탈리아와 아일랜드에 진출하였으며 멕시코에 루카족과 함께 달의 피라미드를 건설한 종족이었다.

특히 일단의 가우족은 중간 기착지인 인도네시아의 '할마 헤라' 섬에 정착하였으며(Kao, 카오), 남태평양의 '피지(Fiji)군도의 5번째로 큰 섬인 로마이비티Lomaiviti(태양의 어머니, 아버지 머리)제도'에 정착한 것으로 필자에 의해 조사되었다.

또한 인도의 비하르주 쪽으로 흘러 들어간 가우족과 루카족은 인도네시아를 거쳐 맥시코에 진출한 것으로 스페인 학자들에 의하여 인도계의 사람들이 '달의 피라미드'를 건설하였으며 '톨루카(Toluka-달의 루카)'라고 하였다(필자가 인도 비하르주의 톨루카를 증명). 마침 인도네시아 슈마트라 지역에 5세기경 건국한 칸톨리(Kantoli-달의 칸)란 국가는 이를 증명하는 것이다. 또한 북동부 인도에 카우(Kau)강이 있으며 페루에서 사용 중인 Jaqara(Haqara-태양의 고리) 언어는 아이마라(Aymaran) 언어의 일종으로 '카우키(Kawki)' 방언은 아나톨리아에 있었던 리카오니아의 종족으로 '카우키Chauci'족과 같은 것이며 카우(Kaw)는 페루와 맥시코 지역에 루카와 카우(카오족)가 진출한 증명이 되는 것이다.

이 카우, 카오, 가우, 가오족이 기원전 630년경에 고조선의 멸망으로 브리지아인, 루카족, 가우족이 캘트에 진출한 것이고, 그 증명으로는 독일의 지방을 '가우(Gau)'라고 지칭하며 Gau지구, Gau고원, Gauboden(가우 아버지의 머리족, 독일 남부지역) 등으로 불리고 있다.

카우족은 인도네시아 진출과는 달리 베트남의 고대왕조인 참파Champa(서기 192년~1832년)왕조의 핵심종족인 카우타라(Kauthara-카우의 달, 현재의 나트랑)족이 베트남의 고대사를 기록하였다. 그리고 인도 16국의 하나인 쿠루Kuru(고리)의 종족이 '카우라바(Kaurava-카우 태양의 아버지)' 종족이며 이들은 전설적인 왕 '마하바라타'의 조상이었다. 결국 '카우라바(Kauravas)'는 산스크리트어의 후손을 지칭하는 용어가 되었다. 일찍이 반고의 남하시에 흑해연안, 카스피 지역을 카우카스(Caucasus-이제 시작하는 카우, 고시), 캅카스라고 불려졌는데 반고의 남하시에 '카우'족이 '고시'족과 함께 남하한 것이며 아나톨리아(고대 터키)에 '리카오니아(Lycaonia-태양의 카우사람)로 역사에 기록되었다. 또한 안녕! 안녕하세요!의 인사말에 체코어, 에스페란토어, 라트비아어, 크로아티아어, 슬로베니아어, 슬로바키아어 등에 '카우(Cau)'로 인사말이 통용되며 변형으로 차우(Chau), Ciao(이탈리아)로 표기되고 있다는 것은 우연의 일치가 아닌 것으로 오랜 세월에 걸쳐 카우종족이 있었던 것을 말해 주는 증좌이다. 이렇게 '가우(Gau)'를 폭 넓게 지역에서 표기, 발성되는 것은 고대로부터 '가우(加優)족'이 폭넓게 분포되었음을 말해 주는 것이고, 가우(Cau)족은 루카족과 함께 곧 고조선의 마한 사람인 프리지아(Frisian) 사람으로 설정·인식된 것이었다. 이 가우는 Kau, Kao 등으로도 표기된다.

이 카우(Kau, Cau)와 더불어 루카(고대 터키의 종족–Luka, Lukka, Luca)는 지금 이탈리아, 루마니아, 독일 남성에게 주어진 성씨로 변천해 갔다. 서양학자들이 연구한 루카의 어원은 라틴어의 루카스(Lukas, Lucas), 혹은 Lucus에서 왔다고 그 어원과 시원을 밝히고 있으나, 잘못 추정된 것으로 Lucus, Lucas는 '태양의 고시'가 되며 고대 터키(아나톨리아, 히

〈인도네시아 '말루쿠(Maluku)제도'〉

* 말루쿠(Maluku)는 루카(Lucca–Lukka, Luka)의 변형으로 루쿠(Luku)로 되었으며 멕시코로 진출한 톨루카(Toluka)의 루카, 카오족이 이곳에 기착하였던 흔적이 지명에 남아 지명에 말루쿠(Maluku)로 표기된 것으로 본다. 이러한 주장은 아래에 나열된 인도네시아등지의 언어에서 다시 증명된다 할 것이다. 스페인어 표기는 Malucas가 된다.

타이트)의 루카(Luka, Lukka)족은 태양의 고리로 일명 루비안(Luwian-태양의 아버지족)이었다.

그러므로 라틴어의 Lucus, Lucas에서 성씨인 '루카'로 그 어원이 정리되지 않았으며 캘트의 이동시에 아일랜드와 이탈리아 등에 진출한 종족의 자손이 '루카' 성씨가 되었고, 이미 빈카문명권의 그리스 북부 등지의 지명에서 '루카'의 지명이 자주 등장함에 반고의 남하시에 남하하였던 하티안(Hattian-태양의 머리족) 종족이 루카(루비안), 카우, 고시종족으로 진출하였던 것으로 연구되었다.

프리지아인은 고대에 앵글로 색슨족과 초기 프리지아인은 크게 동일한 종족으로 그들의 언어는 매우 유사하다고 연구되고 있다. 독일 북부의 북 프리슬란트와 서프리지아의 언어는 네덜란드지방에서 사용하는 언어이며 덴마크, 독일, 네덜란드에서 사용하는 언어가 '프리지아 언어'가 된 것이다. 앵글로 색슨족과 같이 사용한 앵글로 프리지아 언어는 스코틀랜드 저지대와 북해연안을 중심으로 형성되어 고대 영어와 스코틀랜드어가 프리지아어의 가계도에서 형성되었다는 연구가 있었다.

오스트로네시안 언어 중 인도네시아 언어를 일부 소개하여 필자가 주장하는 '톨루카, 카오족'이 이곳에 기착하였던 흔적을 언어를 통하여 증명하고자 한다.

① 말루쿠(Maluku)제도는 약 4,000개의 섬으로 이루어진 군도이다. 주요 섬은 Seram(태양의 어머니), Buru(광명), Wetar(아버지의 달), Tanimbar(머리족 어머니의 광명), 카이Kaioa(깨우친), 아루Aru(우리)제도가 있다. 서양학자들에 의하면 이곳은 1,512년 포르투갈 사람이 최초의 유럽인이라고 밝히고 있지만, 제도의 여러 지명에서 해석된 이름으로 비추어 늦어도 기원전 6~5세기경에 사람들이 진출한 것이고, 그것도 고조선의 정체성을 가진 종족이 '달'의 이름을 이곳에 이식한 것이었다. 이 군도의 할마헤라(Halmahera-태양의 할머니)섬은 다시 Ternate(달 사람들의 머리), Tidor(달의 머리)섬으로 이루어져 있다. 말루쿠(Maluku)제도의 이름과 카요 사람들로 미루어 멕시코에 '달의 피라미드'를 건설한 종족이 이곳에 기착한 사람들이었고, 학자들이 연구한 인도와의 향신료 교역은 인도 비하르주의 '톨루카족'이 카오족과 함께 이곳에 기착, 정착하였다는 것을 증명 해주는 것이다.

북말루쿠의 행정구역에 카요아Kayo, Kaioa 또는 'Pulau Urimatiti'(광명의 우리 어머니 머리)로도 표기된다. 카요는 '카오Kao, Gao, Cao'를 말하는 것이며 깨우친 사람이었다(Kaioa). 학자들은 기원전 1,500년경에 사람들이 진출한 것으로 연구하였으며 약 2천년 전부터 향신료를 인도와 거래하기도 하였다고 한다. 웨스트 파푸아 언어의 가족으로 Taba(아버지 머리), Makian(깨우친 어머니족) 언어가 있다. 특히 카요(Kayo, Kaioa)족의 방언은 Deret(달의 머리), Lut(태양의 머리), Luwes(위대한 아버지의 태양), Serbejadi-Lukup(태양의 아버지 머리-태양의 아버지 고리) 방언으로 나눈다.

② 현재 카요족의 인구는 약 34만 명으로 주로 산에 살고 있다. 인도네시아의 술라웨시섬에서 사용되는 언어로 Duri(달) 언어가 있으며 인도네시아의 Kei섬 근처의 언어로는 Teor(우리 머리) 언어와, 쿠르(Kur-고리) 언어가 있다. 특히 Bugis(아버지 고시) 언어 가족에 캄팔라(Campalagian) 언어(곰 광명의 깨우친 사람들)가 있으며 Sula(태양), Buru(광명), Taliabo(달의 아버지), 베가티Bekati(아버지 고리의 머리), 바로파시Baropasi, Barapasi(광명의 위대한 아버지) 언어의 정체성에서 '고시, 태양'이 언급된 점으로 미루어 기원전 15세기 전에 사람들이 진출한 것이 맞고, 달의 정체성인 언어가 다양하게 존재하는 것으로 미루어 기원전 5~6세기에 고대 아나톨리아의 루카와 카오종족이 이곳에 기착, 정착하여 '달의 언

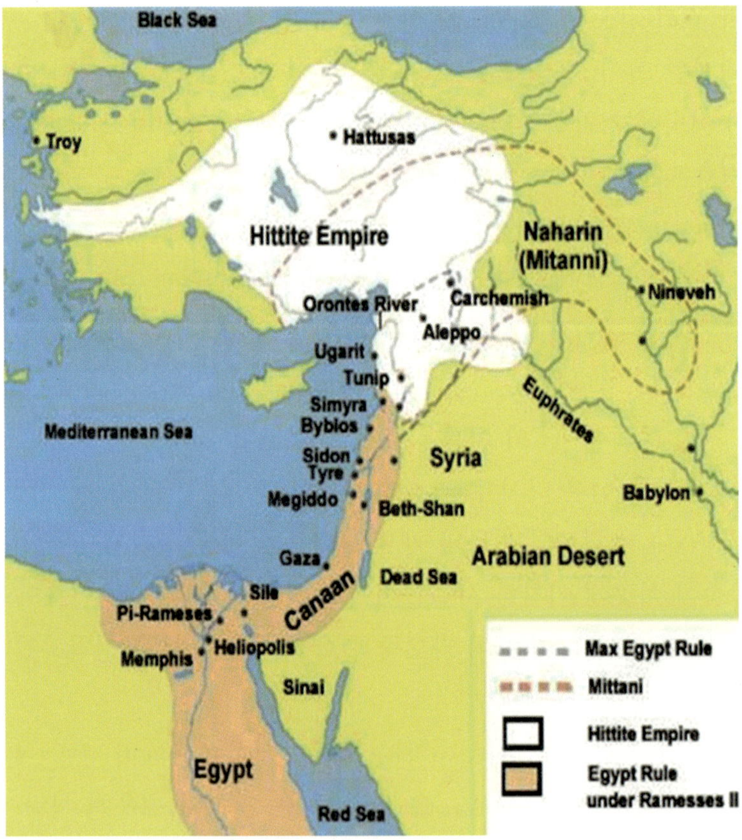

* 카데스 전투시대에 이집트가 지중해권(마한권역)의 여러 도시국가(Sidon, Byblos, Tyre)를 장악한 모습이며 히타이트의 우가릿(Ugarit), 시리아 등을 잠식당하기 전의 지도로 9문(9환)이 동맹이 되어 이집트의 북진을 막을 수 밖에 없는 실정을 보여준다.
출처 : http://www.touregypt.net/featurestories/kadesh.htm

Germanic

West Germanic

Anglo-Frisian

Old English — ***Middle English*** — ***Modern English***

Old Frisian — ***Frisian***

〈프리지아어의 가계도〉

* 독일어-서부 독일어-앵글로 프리지아에서 두 가닥으로 파생되며 고대와 현대의 영어는 '프리지아 언어'의 가계도에서 온 것임을 보여주고 있다. 출처 : 미국 위키

〈독일의 '프리지아어'〉

* 독일 이름아래 북한 프리슬란트어(프리지아) 'Naibel'

어'를 만들었으며 멕시코로 들어가 '달의 피라미드'를 건설한 것으로 필자는 확신하고 있다.

(1) '카데스 전투'(기원전 1,274년) 시대의 히타이트(하나라), 이집트 영역

(2) 바다사람들의 동맹(마한권의 동맹, 9환)으로 이집트 본토 공격

'바다사람들'과 '람세스3세'의 이집트 동부의 바다 전투장면은 이집트의 '빈소사원' 등에 기록된 바에 의하면 이집트는 남부 팔레스타인에서 Djahy에 군대를 배치하고, 델타의 나일강의 입을 강화한 경우(나일 삼각주), 이 공격에 대한 준비가 된 것 같습니다. 함대가 와서 충돌, 이집트인을 위한 완벽한 성공이었다. 바다 사람들은 패배로 땅에, 흩어졌으나 그들의 해군은 동부 나일 델타 쪽으로 계속되었다. 이들의 목표는 지금, 이집트 해군을 물리치고 강까지 항목을 강제하는 것이었다. 이집트는 가난한 선

〈'바다사람들(9환 동맹)'과 '람세스 3세'의 이집트동부의 바다 전투장면〉

출처 : http://www.touregypt.net/featurestories/seapeople.htm#ixzz3wjxizZll

원으로 명성을 가지고 있지만 그들은 그들의 가정을 방어하는 사람들의 끈기와 싸웠다. 소장은 착륙을 시도할 때 적의 함대에 화살표의 연속 발리를 유지 궁수의 대열에 함께 해안에 줄지어 있었다. 그리고 이집트 해군은 적의 함대에 운반하기 위해 갈고리 후크를 사용하여 공격했다. 바다 사람들은 계속되었다. 손 싸움에 잔인한 손에 완전히 패배하였다. 람세스 3세뿐만 아니라 이 캠페인의 계정을 포함하여 Medinet Habu인 그의 빈소 사원의 벽과 해리스 파피루스의 저자의 돌에 그의 승리를 기록했다. 그는 우리에게 그 이야기를 하였다.

9민족으로 기록된 이집트 소스에서 ① Denyen(머리족의 신)-그리스의 Danaoi, ② Ekwesh(위대한 흰빛의 아버지 고리)-그리스의 아케네, ③ 루카(고대 터키 남부), ④ Peleset(광명의 위대한머리, 블레셋)-펠라기스인, 크레타, ⑤ Shekelesh-시칠리아, ⑥ Sherden(태양의 머리족)-서쪽 지중해의 이탈리아 섬, ⑦ Teresh(위대한 흰빛의 달), ⑧ Tjeker(머리의 고리)-크레타, ⑨ Weshesh(흰빛은 아버지의 흰빛)-리비아

바다 사람들은 영원히 지중해 세계의 얼굴을 변경하는 동안 그들은 이집트 정복에 성공하자, 시리아-팔레스타인 그들의 존재는 처음의 북부지역을 통해 이집트의 영향

력에 영향을 미칠 것 같지 않습니다.

* 그러나, 바다 사람들의 동맹(9환)은 Hattusas의 수도를 습격, 히타이트 제국을 파괴(하나라의 멸망), 그리고 아마도 시리아 해안에 우가리트의 클라이언트 도시의 약탈에 대한 책임 이후에 대해 같은 도시뿐만 아니라, 강하게 남아 있을 것으로 보인다. 북부 시리아 Alalakh, 키프로스 또한 압도했으며 및 자본 Enkomi은 약탈. 그것은 그들의 궁극적 인 목표는 이집트 것이 분명했다.

* 바다 사람들의 첫 번째 공격은 5일 동안 발생한 Merenptah, 19왕조의 람세스 II의 통치자와 아들, 그리고 처음에는 왕을 놀라게 했던 것 같다. 물론, Merenptah 바다 사람들은 이집트의 가장 신성한 도시에 진출할 수 없습니다. 그리고 그가 그 이상 육천 명이 사망하고 나머지를 라우팅하여 여섯 시간의 전투에서 이것에 종지부를 찍을 것으로 보인다(Merenptah, 19왕조-기원전 1203~1213년).

* 바다사람들이 육지와 바다를 통하여 공격하였고, 특히 함대를 동원하여 이집트 본토를 공격한 기록으로 동부 나일 델타지역으로 침투, '바다사람들'은 전쟁에서 승리(빈소사원의 외벽에 기록)한 후에 훗날 지중해권을 수복하였다. 훗날 히타이트 수도(하튜샤)를 공격한 사실로 미루어 볼 때, 고조선 칸의 명령으로 아시리아(상나라)와 연합하여 히타이트를 멸망시킬 때에 바다의 공격(루카-Lukka) 등으로 일조를 한 것으로 보인다. 대규모의 함대를 동원하고 여러 종족이 동맹으로 참여한 것을 알 수 있고, 특히 기원전 1203~1213년의 이집트 19왕조 시에 공격하여 북아프리카 리비아의 군인 6,000명의 전사자를 발생케 한 사실은 마한권이 북아프리카의 리비아를 포함시켰다는 반증이 되는 것이다. '해적 활동'이 아닌 하티사람들(고조선의 9환, 9활)의 동맹으로 전면전, 또는 영토수복의 전쟁으로 보아야 하는 것으로 반드시 이해해야 하며 람세스 3세 '빈소사원'의 기록에 나와 있다.

여기에서 가장 중요한 것은 "한단고기"에 나오는 하나라와 상나라의 전쟁시에 9환을 동원하였다는 기록과 그 동맹이 된 9환의 종족으로 하나라를 멸망시켰다는 것인데, 이곳 이집트의 "빈소사원" 등에 기록된 바에 의하면 그 동맹들이 히타이트의 수도(하투샤)를 공격하여 파괴하였다는 기록은 한단고기의 설명과 부합되는 것이며 그 바다사람들은 서양의 해설판에서 9활, 9문으로 고조선 마한의 동맹(9환)이었다.

(3) 신히타이트(기원전 8세기)의 곰 어머니족(Kammanu), Carchemish

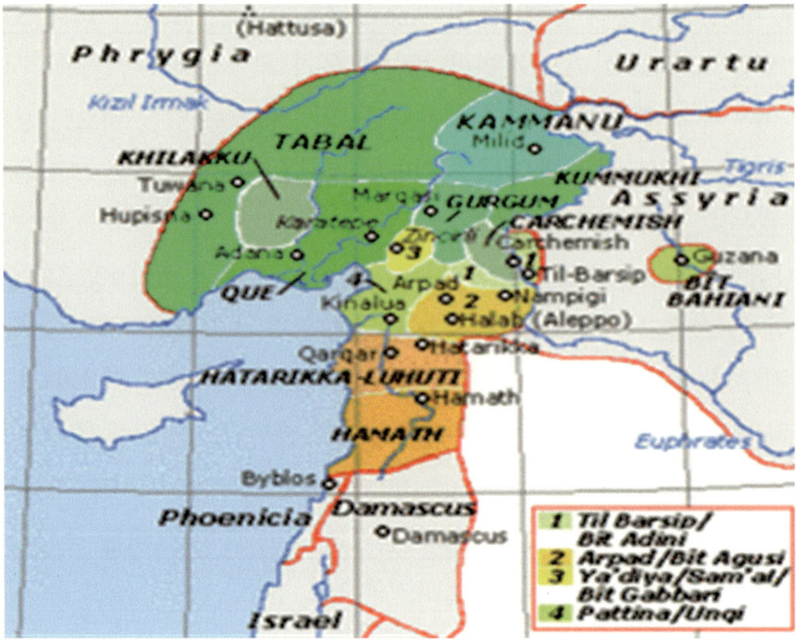

* 이 지도로 아시리아(상나라)가 아르메니아(우라르투)와 국경을 한 것으로 깊숙이 진출한 것을 알 수 있다. 중앙 우편의 갈그미스(Carchemish)는 이집트 기록에 나오는 '바다 사람들'의 일원이었다.

출처 : 미국 위키

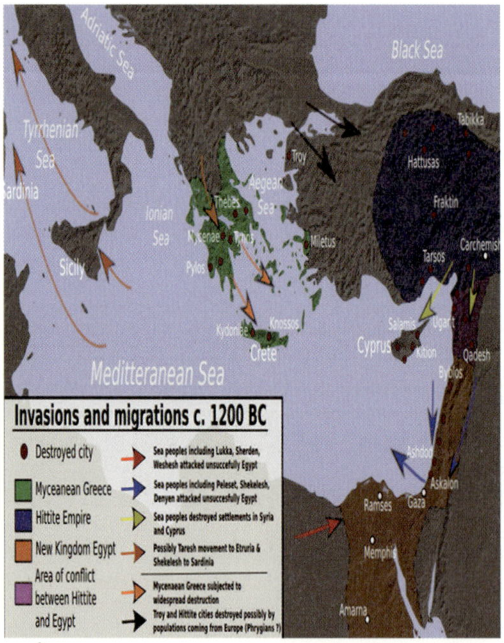

〈히타이트 동맹군(바다 사람들)과 이집트 델타 전투 가상도(기원전 1,175~1,178)〉

출처 : 옥스퍼드대학 출판부 2002. ISBN 019521921X 〈칼 페트릭 오브 라이언〉

(4) '바다 사람들'이 기록된 람세스 Ⅲ세의 'Medinet Habu'(빈소사원)

〈이집트의 '빈소사원'〉

(5) '바다사람들'의 참전 Kizzuwadna(이집트-KODE), Arzawa(우리 위대한 아버지)

(6) 우가릿(Ugarit-고리의 머리)의 성소(로열 페밀리의 문)

* 우가릿은 기원전 1450~1200년이고 지중해 항구도시 국가였으며 '바다 사람들'의 일원으로 이집트와 전쟁에 참여하였다.

(7) 샤르데냐(Sherden, Sirdannu) Torralba-달의 얼이 있는 아버지

* Torralba(달의 얼이 있는 아버지)의 성소로 보아 Nuragic문화(기원전 18세기)가 남부 이탈리아에 고조선의 제후국으로 있었던 것이 증명되며 또한 '바다 사람들'의 일원으로 고조선의 9환 동맹에 이집트에 원정하였다는 기록이 있다. 샤르데냐(Sherden, Sirdannu)는 이탈리아 남부의 '태양의 머리족'이었다.

(8) 19세기에 이집트 기록에 따라 그린 '샤르데냐(Sherden) 전사'

* 바다 사람들의 일원인 이집트 기록에 나타난 'Sherden(태양의 머리족)' 상투가 돋보인다.

(9) 그리스 시칠리아의 부족들

* 지도에서 Siculi(위대한 고리), Sicani(위대한 칸), Elimi(태양의 어머니)인데 이집트 기록에 나타난 '바다 사람들'의 일원인 Shekelesh(태양의 위대한 고리)를 이곳 siculi 종족으로 보고 있다. 리비아의 Meryey왕(기원전1213~1203)도 참전하였다.

(10) 기원전 4세기의 이탈리아

* Sardinians(샤르디니안-태양의 머리족), Umbarians(어머니의 위대한 광명)이 보인다.

5) 낙랑국의 비정(파키스탄 편잡지방)과 국가 이름의 재해석

'고기'에 의하면 고조선 옆에 '낙랑국'이 있었다고 전해진다.

파키스탄은 복희씨가 캐슈미르(Kashmir-고시의 우두머리)의 편잡지방에 세운 국가로 보아진다. 파키스탄의 '하라파' 유적이 환웅시대의 '낙랑문화'로 여겨지며 복희는 읽을 때 '보키'로 발음나며 인도유럽어로 표현하면 '포키'가 되는 것으로 파키, 포키, 푸키, 페키 등으로 표현된다. 복희는 후손들이 '풍'씨로 되었다는 중국의 기록이 있는데 '풍'은 편잡에서 온 것으로 중국말로 '평'이 되며 제풍(諸風)사람이었던 것이다. 처음부터 '편잡'에서 출생하고 국가를 건국하였으므로 뒤에 '풍(風)'씨가 되었다고한 중국의 주장은 사족(蛇足)에 불과하며 왜곡의 술수이다.

사실, 파키스탄(Pakistan)의 파(Pa)는 아버지인 바(Ba)에서 온 것이며, 키스(Kis)는 '고시'에서 변형된 것이다. 탄(Tan)은 '머리족'을 말한다. 종합하면 "아버지 고시의 머리족"이 되는 것이다. 파키스탄의 '발루치스탄(Baluchistan)의 발루(Balu)는 광명인 '바르'에서 온 것이며 치스(Chis)는 지역에 따라 '키스'로 발음이 된다. 키스면 바로 '고시'의 변형된 이름인 것이다. "광명의 고시의 머리 사람들"이란 해석이 되는 것이다. 또한 카슈미르(Kashmir)는 카슈(Kashh)는 "고시"이며 '미르'는 '마리'에서 변한 이름이다. "고시의 흰빛나는 우두머리"가 '카슈미르'인 것이다. 이런 지명의 해석을 두고 판단해 보면 파키스탄의 정체성이 드러나는 것이다. 그런가 하면 펀잡(Punjab)의 펀(Pun)은 판(Pan), 폰(Pon)에서 변하여 온 것으로 그 원형은 반Ban으로 아버지족이다. 인도유럽어로 프로토화되어 변형됨에 펀(Pun)으로 표기되었는 바 "아버지족"을 말한다. Jab의 'Ab아브'는 아버지로, '펀잡'은 "아버지족의 아버지"가 된다. 다만, 우리가 지금까지 중국의 사료에 얽매여 해독하다 보니 모순과 잘못된 번역이 일어나게 된 것으로 보고 있다.

> "순 임금은 제풍(諸風)에서 태어나고 부하(負荷)로 이사하시고 명조(鳴條)에서 죽으시니 제풍, 부하, 명조는 동이족의 땅이니 그는 동이사람이다."
>
> 1986년 고 임승국의 환단고기 번역본에서-단군세기편

맹자의 기록에서(離婁章句 下)

舜生諸風　移於負荷　卒於鳴條　諸風負荷鳴條 東夷之也　舜東夷之人也

여기에서 제풍은 파키스탄 '펀잡주'로 복희의 땅이었다. 부하는 '부하라(Bukhara)'로 우즈베기스탄의 도시로 부하라주의 주도이다. 부하라는 중앙아시아의 가장 오래된 주거지역 중 하나로 대략 5,000년의 역사가 된다고 하였다. 지금은 서투르키스탄에 속해 있으며 여기에서 다양한 고고학적 유물이 발견되었다. 순 임금은 중국 산둥성이나 산서성에 머문 것이 아니라 '펀잡'에서 탄생하고 우즈베키스탄의 '부하라'로 이사를 왔고 명조(메르브)에서 죽었던 것으로 동이사람이었던 것이다.

필자는 순임금이 죽은 명조(鳴條)의 지명을 '메르브'로 비정을 한다. 메르브는 기원전 3,000년경의 고대도시로 부하라와 함께 중앙아시아의 거대한 도시였다고 전해지고 있다. 전설에 의하면 알렉산더가 방문한 도시로 한동안 '알렉산드리아'로 개명되기도 하였다. 한나라 장군 '반초'는 7만 군사를 이끌고 '메르브'를 통과하여 비단길을 위협하는 야만인들에 대하여 군사원정을 하기도 했다고 전한다.

중앙아시아의 비단길이었으며 오늘날 투르크메니스탄의 '마리'이다.

한편 '메르브 산(마르구)'은 힌두신앙(흰빛나는 머리)의 근원이라고 주장하고 세상의 중심이라고 선언한 곳이었다. 명조(鳴條)에서 '명(鳴)'은 단순히 '울명'이 아닌 명성을 드높일 명으로 해석해야 하고, 조(條) 또한 '가지 조'가 아니라 '통할 조'로 해석을 하여야 할 것으로 결국 명조(鳴條)는 고대 도시로서 비단길의 통로로 "명성이 드날리게 통하는 도시"가 되었던 것이다. 이 한문의 해석으로 한때 제2의 알렉산드리아로 이름을 떨

쳤던 도시로, 명조는 고대 비단길의 무역도시인 '메르브'가 확실해 지는 것이다. 맹자의 기록에 나타난 제풍, 부하, 명조 3단어를 들이대어도 중앙아시아권이 '동이(東夷)국가'(중앙정부와 제후)가 되는 것으로 그 타당성을 주장할 수 있다 하겠다.

역사학자들은 이곳은 몽골이 침략하여 정복한 도시로 수십만 사람을 죽였다는 세계역사의 도시에서 가장 피묻은 캡처라고 하였다.

다만, 12세기에 몽골 침략 시에 주민을 모조리 도륙한 슬픔과 만행의 역사를 생각해 보니 어쩌면 이 명조(鳴條)는 나중에 '울명'으로 되었던 통곡의 도시가 되었기에 필자의 슬픈 감회를 전해 본다.

> "갑술 67년(기원전 2,267년) 단군께서 태자 부루를 파견하여 도산(塗山)에서 우사공과 만나게 하였다. 태자는 오행치수의 방법을 전하여 주었고…(이하 생략) 우순에게 그 일을 감독하게 하였다. (고 임승국의 한단고기 번역, 1986, pp. 59~60)

우리가 여기서 짚고 넘어가야 할 사항이 있다. 먼저 홍수가 나면 제일 먼저 그 현장에 도착하여 어떻게 치수를 해야 하는지 얼마의 시간이 걸리는 것에 대해 대책을 수립해야 할 것이고, 물론 홍수대책본부도 홍수가 일어난 곳에 설치해야 마땅한 것이다. 그렇다면 그 도산은 홍수가 난 도시의 지명과 근처 지명을 말하는 것이 되고, 오행치수를 할 만한 여러 강이나 큰 강이 존재해야 한다는 점이다. 중국에서 주장하는 도산은 중국 안휘성 회원현을 흐르는 회하(淮河)의 동쪽 강변으로 일명 당도산(當塗山)이라고 전하고 있다.

여기에서 중국의 회하(淮河)에 대하여 알아보자.

회하는 허난성 동백산에서 발원하여 안휘성, 강소성을 거쳐 황하로 빙 둘러 흐르는 강이다. 그러므로 아주 작은 지류의 강이다. 파키스탄의 '펀잡'의 5개 강에 비하면 너무나 작은 강의 줄기에 지나지 않는다. 이런 조그만 강 지류에 그것도 중국의 구석진 안휘성의 강줄기에 부루 태자를 모셔다가 오행치수에 대해 자문을 구했다?

9년 홍수로 많은 백성이 죽은 시점에 이건 아닌 것이다. 여러 강이 범람하여 백성들이 많이 죽고 이재민이 엄청나게 발생하여 제방을 쌓고 치수를 해야 하는 급박한 사안이 아닌 것이 드러났던 것이다. 아주 한적한 조그만 강줄기의 마을인 '도산'에 태자 부루를 초빙하여 오행치수에 대한 이야기를 들었다에 도달하게 되는 것이다. 즉, 오행치수를 전수받을 만큼 절박한 대홍수의 현장은 바로 파키스탄의 '펀잡'이며 제풍지역인 5개의 강이 흘러 마지막 큰 강인 인더스강으로 흐르는 이곳이었던 것이다. 5개의 강이 흐르므로 오행치수가 마땅히 필요하였던 것으로 대홍수 현장에 태자를 모셨던 것이다.

이곳에 여러 강이 범람하여 많은 백성이 죽고 이재민이 많이 발생하였음에 급히 단군에게 아뢰어 태자 부루로 하여금 오행치수를 전수받고 금간 옥첩을 받아간 것이다. 재미있는 것은 마지막 부분에 "우순이 감독하게 하였다"란 구절이 있는데 '순은 이곳 제풍에서 태어났다.'란 앞서 서술한 맹자의 기록을 보면 금방 이해가 되는 것으로 순임금이 편잡에서 태어났기 때문에 누구보다 강의 범람과 치수에 대해서 잘 알고 있어야 할 토착민이었기 때문에 단군이 감독을 명하였던 것으로 보인다.

순舜이 태어난 편잡지방이 여름만 되면 큰 홍수로 시달리는데 한적한 중국 외곽의 안휘성에 가서 공사 감독을 맡는다? 이제 "오행치수의 전수"에 대해 진실이 드러났을 것으로 믿어마지 않는다. 중국 측에서 지명을 인용한 '당도산'은 일고의 가치가 없으며 곧 서술되는 탕지에 대해서도 '탕지보'란 지명을 앞세워 역사를 왜곡하였다(중국의 역사왜곡에 대해선 나중에 상술하기로 한다).

복희가 처음 건국한 곳은 파키스탄의 편잡주였다. 편잡이란 말은 "서양 학자들의 말로 '다섯 강'의 의미이다"라고 하지만 '편잡'은 중국의 표기대로 제풍(諸風–여러 바람, 잡다한 바람)으로 인더스강 본류와 주요 네 개의 지류가 흐르는 인도 서북부를 가리킨다. 힌두쿠시 산맥을 넘어서 침입하는 이민족이 우선 정착하는 곳이 이곳이며 동서문화의 접촉점으로 중요하다. 그러기에 전략적 요충지에 단군께서 '낙랑(樂浪)'을 여기에 세우신 것으로 보고 있다. 여기에 다섯의 강이 흐르므로 단군세기에 나오는 오행치수의 방법(금간 옥첩)을 우사공에게 전수해 준 것도 여기라고 본다. 다섯 강은 젤름강, 첸나브강, 라비강, 수틀 레지강, 비스강이다.

다섯 가지 강과 '오행치수'는 서로 같은 면이 있다. 동서남북에 중앙을 포함하면 다섯 방위가 되며 5는 다섯 가지 오행을 나타내므로 아마도 여기에서 치수를 전수한 것이 맞는다고 여겨진다. 강이 1개도 아니고 5강이 범람하니 그 홍수는 대단하였을 것이다. 그러므로 강에 대한 치수가 정작 꼭 필요했을 터이다.

지명의 '편잡'을 살펴보면 펀은 풍이며 잡은 제(諸)이다. 제(諸)는 모든, 여러의 뜻으로 쓰이고, 잡은 여러 가지가 섞이는 것을 의미한다. 그 잡다하게 섞이는 것을 제(諸)로 표현한 것으로 보고 있다.

바람인 풍이 목적어이므로 뒤에 오니 제풍(諸風)이 되었다. 제풍은 '잡다한 여러 가지의 바람'인데 5군데의 바람이 몰아치니 잡다한 바람, 즉 제풍이 된 것이다. 복희의 후예가 '풍'씨라 한 것은 편잡주로부터 시작한 것을 의미한다.

우리말에 '번잡스럽다', '번잡하게 하지 마라!'란 이야기는 일상생활에서 더러 사용하는 용어이다. 사투리는 '분잡다'로 되며 이 '번잡'이 바로 파키스탄의 '제풍' 지역인 '편잡'이다.

'편잡' 지방은 강이 5개이므로 5군데의 다양한 바람과 여러 강이 범람하므로 '번잡스럽다'는 말은 정신없이 동서남북과 중앙을 들쑤시는 행위를 말하는 것으로 우리말의 어원이 고대 파키스탄의 편잡지방에 녹아져 있다는 것은 다시 한 번 고대로부터 전승되어 온 것을 확인하는 것으로 놀라지 않을 수 없는 것이다. '번잡'(경상도 사투리-분잡)에서 인도유럽어의 마찰음이 붙어 '편잡'이 되었을 뿐이다.

우리말의 '번잡'과 지리적인 파키스탄의 '편잡'이 어원과 그 뜻이 같고 '편잡'에 5개의 강이 있다는 것을 지리에서 정확히 증명했으므로 '편잡'은 우리가 모르는 멀리 동떨어진 국가가 아니고, 항상 곁에 붙어 있었던 나라이기에 지금까지 '편잡'이란 용어가 사용되는 것이다. 그러므로 '편잡'은 바로 고조선 곁에 있었던 낙랑인 것이다. 이 낙랑국은 고조선이 어려움이 청할 때마다 군사를 내어 전쟁한 기록이 한단고기에 자주 나온다.

"남부인은 풍족(風族)이라고도 하며 또 야자나무 색깔의 인종이라고 한다. 그 피부는 암갈색으로 모양은 황부인과 같다(태백일사-삼신오제본기-고 임승국의 환단고기 번역본(1986), p.158에서)." 이 풍족은 인도계열의 파키스탄이므로 피부는 암갈색이 맞는다고 할 것이다. 진국(辰國-고조선 중앙정부)에서 보면 남쪽인 파키스탄이 편잡지방이므로 피부색도 맞으니 남부인인 파키스탄인이다.

파리 다 바드(Fari da bud-광명의 머리 밭〈터전〉)는 북부 인도에서 가장 큰 도시이다. 그레이터 노이다와 구르가온 사이에 강 야무나는 우타르 프라데시주와 동북지구 경계를 형성한다. '파리'는 '바르'에서 변형된 것이며 '바드'는 수메르어로 '밭'이란 것이다. 즉, "광명의 머리 터전(시원지)"이란 해석이 되는 도시이다.

* 춘추좌전 : 노나라 희공 22년-기원전 638년

"임(壬), 숙(宿), 수구(須句), 전유 네 나라가 풍성(風姓)의 나라로서 그들의 조상은 태호(복희)와 제수(濟水)의 신을 제사지내면서 중국에 복종해 왔다. 그런데 주나라 사람(컴퓨터 한문옥편에 없는 글로 朱와 우부방을 합친 글자임)이 수구를 멸하므로 수구의 임금이 노나라로 도망오니 그것은 희공의 어머니 성풍(成風)으로 인연했기 때문이다."

그래서 성풍은 그를 위하여 희공에게 말하기를 "신에 대한 제사를 존중하고 작은 나라를 도와 편안하게 하는 것은 주나라의 예요, 야만족이라도 중국을 어지럽히는 것은 주나라에겐 화가 됩니다. 만약 '수구'를 부흥시키면 태호와 제수의 신을 높여 그 제사를 계승하게 하여 재앙을 떨어버리게 됩니다."라고 하였다.

여기 춘추좌전에 소개된 임(壬), 숙(宿), 수구, 전유는 응당 야만족으로 중국에 복종한 것으로 되어 있다. "선진시기(先秦時機) 산둥성 지역 동이(東夷)에 관한 연구"에서 중국의 기록을 그대로 인용하여 이화여대 박사학위 논문에 게재된 김연주의 "중국 산동성의 동이방국"의 도표-환단고기 205페이지 인용에서 숙(宿)은 동평현 무염성(無鹽城), 임壬은 제수유역(濟水), 하대(夏) 제녕성(濟寧城) 남쪽, 전유는 산동의 제수유역으로 정리해 놓았다.

살펴보면 '춘추좌전'의 내용과 정반대의 설명이 되고, 야만인이며 이민족인 숙, 수구, 전유 등이 어이하여 모두 중국의 산동지역으로 비정, 설명되어 있는가? 이것은 중국이 하·상·주의 역사를 가공하다 보니 이빨이 틀어지게 된 것으로 중국소수민족편집위원회에서 정리된 "풍이(風夷)"는 조이(鳥夷)에서 가장 먼저 발전한 한 갈래로 '복희의 후손'이며 하·상대에 임, 수구, 숙, 전유, 제(齊) 등 소국을 건국하였다고 소개되어 있다. 또한 태호족(복희)은 산동의 중남부, 강소성 북부, 황하연안지대에 분포하면서 산동 곡부일대를 활동중심지로 하며 하남 회양일대로 이동하였다고 기술하고 있다. 독자들은 이 주장이 사실이며 진실이라고 믿는가? 필자가 연구한 바 전부 엉터리 주장인 것이다.

춘추좌전에 소개된 숙, 임, 수구, 전유는 태호 복희씨의 종족으로 파키스탄 펀잡주를 중심으로 건국한 고대 부족국가였고, 중국 산동과는 아무런 인연이 없는 그들 말대로 야만인들이었으며 이민족이었다. 그런데도 현 중국 사가는 춘추좌전에 버젓이 나와 있는 야만인인 수구, 숙, 임, 전유를 모두 산동으로 처박아 자기네 종족으로 삼고 있는 것이다. 아울러 현 강단사학의 박사논문에 버젓이 중국의 주장을 그대로 인용하는 것을 보면 기가 차는 이야기이며 개탄해야 할 현실이 아닐 수 없다.

파키스탄은 복희의 이름을 따서 명명한 것으로 복희는 소리나는 대로 쓰면 보키가 되며 '보키스탄'이 된다. 이 '보키'가 인도유럽어의 영향으로 표기, 발성되면 '포키'가 되며 '포키'는 페키, 푸키, 피키, 파키로 변형이 됨에 파키스탄은 "복희의 위대한 머리 사람들"이 되는 것이며 언어학적으로는 "아버지 고시의 머리 사람들"이 된다. 이 주장은 언어학으로 얼마든지 충분히 증명되는 것으로 이론의 여지가 없는 것이다.

파키스탄의 펀잡주에 있는 종족이 중국 산둥성의 조그만 노나라와 무슨 인연이 있는지? 중대한 왜곡으로 보아야 하는 점이다. 재미있는 것은 제수(濟水)인데 산둥성을 거점으로 흐르는 강물이다. 그런데 춘추좌전에 나오는 제수(濟水)와 똑 같다. "그들의 조상인 복희와 제수의 신에게 제사"에서 복희와 제수는 같은 지역을 의미함에 제수는 산동 성을 가로 지르는 강물이 아닌 것이다.즉, 제수는 인더스강을 말한다 할 것이다. 그럼에 백제는 인도, 파키스탄의 인더스강인 제수(濟水)에 근거하였다고 보아야 문맥이 맞아지는 것이다. 그런데 놀라운 것은 중국 사가들이 현 중국의 산동성 주변에 '제수'로 만들었다는 점이다. 춘추좌전의 제수는 '복희의 땅에 있는 강물'로서 현 중국의 강물로 옮긴 것으로 지명이동이 된 것이라 할 수 있다. 특히 제수의 의미에서 '건널 제'를 사용하는데 편잡주엔 강이 5개 있다. 여러 강을 건너야 큰 강인 인더스에 도달하는 것으로 제수(濟水)가 지어진 것이라 본다.

6) 낙랑의 이름과 파키스탄 편잡지방의 방언에 관하여

(1) 낙랑(樂浪)의 이름

낙(樂), 랑(浪)에서 락은 즐거울 락이 낙이 되었고, 랑은 물결랑, 물결일 랑으로 해석이 되는데 합하여 종합으로 보면 낙랑은 즐겁게 물결이 치는 나라에 도달하게 되는데 락(樂)은 세 가지의 뜻이 있다. 악·락·요이다. 낙랑의 뒷글자에 물결 랑이 오는 것으로 보아 강 근처에 개국한 것이 되는 것이며, 그냥 즐겁게 5개의 강물이 물결이 치는 것이 아니라, '낳을 악'으로 표현함이 마땅하다. 그렇다면 해석이 완전히 달라진다. 해석해 보면 "물결 출렁거리듯이 자손을 많이 낳을 나라"가 되며 이것은 자손만대로 뻗어갈 나라가 되는 것이다. 생각 해 보면 사가들이 가장 쓰기 편하고 자주 통용되는 '락'을 사용하여 낙랑이라고 불러 오늘에 이른 것 같다.

사실 파키스탄을 포함한 인도는 세계에서 인구가 2번째로 많다. 중국인들은 예삿말로 '낙랑'이라고 불렀지만 그들은 '악랑'으로서 생각하였고, 아마도 다섯 강의 물결이 출렁이며 성난 파도 치듯이 자손들을 많이 낳았던 건지도 모른다. 그래서일까? 우리말에 사라지지 않고 면면히 이어져 온 '번잡(편잡)'이란 용어는 한글과 더불어 영원 할 것이다.

'낙랑'의 글자 분석으로도 '낙랑국'은 그 위치를 대충 가늠해 볼 수 있는 것으로 강을 끼고 건국하였다. 옥서스권 말고 큰 강의 줄기는 인더스강으로 통하는 5개 강 유역인 파키스탄 편잡주 밖에 없다.

(2) 편잡(Punjabi-아버지 사람들의 아비)의 방언에 관하여

파키스탄의 편잡지방은 많은 방언으로 이루어져 있다. 소개를 해 보면 고대에 고조선의 제후국이었으며 9환족의 하나인 '낙랑국'의 비정과 관련되는 방언으로 역사적·

언어학적 매우 중요한 방언이라 할 것이다.

① 코하티 방언(Kohati－고리의 흰(태양)머리)

〈파키스탄의 '하라파Harappa(흰빛나는 아버지)',
모헨조다로Mohenjodaro(어머니의 태양족, 달) 문화(기원전 3,300~1,600)〉

이 방언에서 '하티(Hatti)'란 용어는 히타이트(현재 터키)에서 그 마스터를 '하티안'이라고 불렀다. '하티'는 흰(태양) 머리족=백두(白頭)족을 말하는 것이다.

그러므로 흰 머리족=백두는 바로 환웅족의 정체성이며 방언에 '고리'가 들어 있음에 환웅, 고조선의 종족이 남하하여 이룬 방언임이 틀림 없는 것으로 보는 이유이다.

② 파하리 방언(Phari－아버지 태양(광명))

'파'는 '바'와 같이 아버지를 일컫는 용어이며 '하리'는 흰빛(태양)을 말함이다. 그럼

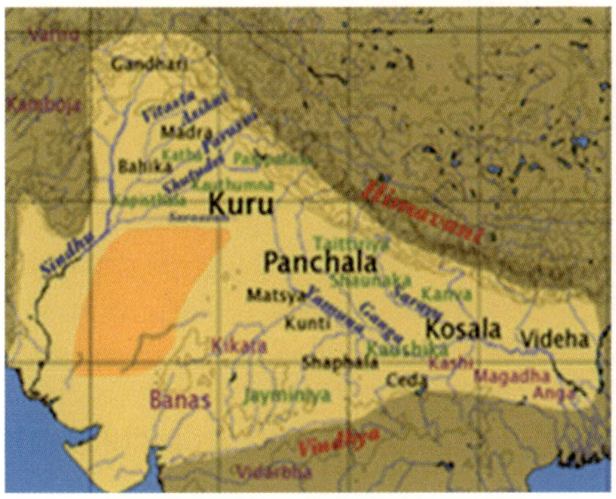

〈인도 16국시대〉

〈하라파 문화의 인형〉

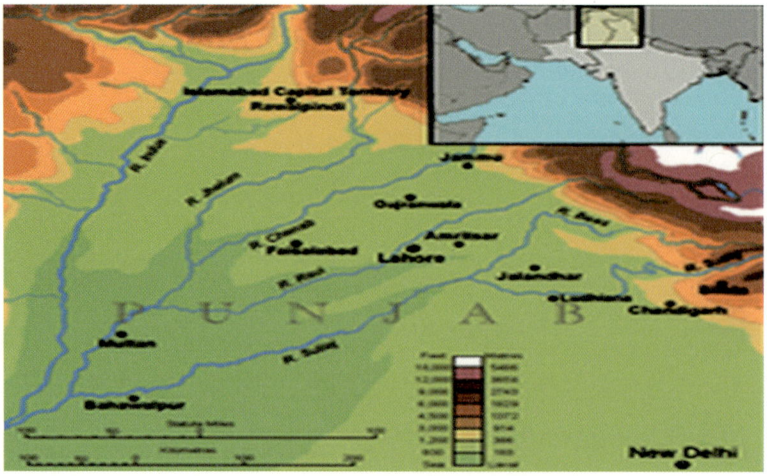

〈편잡지역(諸風)의 강과 그 영역도〉

에 '아버지 광명족의 언어'가 되는 것이다. 역시 환웅족으로 환웅 말기나 고조선 초기로 이해를 해야 한다.

③ 포토하리 방언(Pothohari-아버지 흰빛나는 머리의 태양)

이 방언의 '토하리(Thohari-토카리)'는 원형인 '토하리스탄'(토카리스탄)에서 왔던 것을 알 수 있는 것이다. '포' 는 바, 비, 보, 부에서 파, 피, 포로 연결되는 아버지란 뜻이다.

즉, '아버지 머리의 흰빛' 언어(토카리-토하리 언어)인 것이다.

④ 칸그리 방언(Kangri-칸의 고리)

칸은 '한'이며 크다, 왕, 위대한 등 다양한 뜻이 있다. '그리'는 고리의 변형이다. 그러기에 "칸의 고리족 언어"인 것이다.

⑤ 캄비아 방언(Kambia, Chambia-곰의 아버지)

'캄'은 바로 '곰'이다. 웅족의 씨족 언어로 "곰 아버지 언어"라고 하겠다.

⑥ 바그리 방언(Bagri-아버지 고리)

'바'는 아버지를 뜻하며 역시 '그리(Gri)'는 고리'에서 파생되어 나온 것이다.

"아버지 고리"를 말함이다.

⑦ 도그리방언(Dogri-머리의 고리)

'도'는 '머리'로 "머리족의 고리" 언어가 되는 셈이다.

⑧ 도아비 방언(Doabi-머리 아버지)

역시 '도'는 '머리'로 해석되며 '아비'는 우리말 아버지의 사투리이다. "머리 아버지"가 사용하는 방언이 된다.

⑨ 잔다리 방언(Jandari), 잔그리(Jangri)방언

아주 놀라운 방언의 하나이다. '다리(Dari)'는 아무다리야의 다리Dari이기 때문이다. 이 방언의 사용 위치는 아프가니스탄의 국경에 있는 지역이다. 그러기에 자연스럽게 '다리'(달)란 것을 차용하여 사용한 것이다. 이 방언으로 하여 '다리'가 바로 아무다리야에서 온 것이 확실하게 증명이 되는 것이다. '잔'은 또한 '얀(Yan)'으로도 표기되는데 '안(An)'의 표기가 국가와 언어형태에 따라 앙고라(Angora)의 앙, 얀이나 '잔' 등으로 변형되어 사용되는 것으로 보인다. 그래서 잔다리는 "다리아(달)의 신"이 되었다. 잔그리 방언도 고리에서 온 방언이다. '잔그리'는 "삼신의 고리"가 된다.

⑩ 토로치 방언(Tolochi－달의 고리)

또 놀라운 방언 중의 하나이다. 이 방언의 '토로Tolo'는 아무다리야의 다리가 인도유럽어의 영향으로 '타리'가 되었는데 '타리'의 변형으로 이루어진 것이 바로 '토로'이기 때문이다. 타리의 변형으로는 투르, 토라, 토리, 토로, 토르, 타르, 탈리, 톨리, 톨라, 티르, 테르, 테리, 테라, 투루 등으로 다양한 변형이 이루어지는데 이것은 인도유럽어의 언어학적으로 "프로토 조어 현상"(지역에 따라 모음이 바뀌어서 나타나는 발음)이라고 부른다. '치'는 '카라치'와 같이 한 갈래를 말하는 '지(支)'에서 온 것으로 '치'로 나타난다 하겠다. 카라도 역시 고리의 변형이다. 이 방언으로 다시 한 번 아무다리야의 '다리'가 타리로 되어 '타리'란 것이 펀잡지방의 언어의 모체가 되었던 것으로 언어학적으로 완전히 증명된다 할 것이다. 우리말 사투리에서 '아카멘치로'와 아까멘키로, 아까멘쿠로'는 모두 같은 뜻이다. 이 사투리에서도 '치와 키'가 같이 사용됨을 알 수 있다.

⑪ 빌라스푸리 방언(Bilas puri)

이 방언의 '빌라'는 원형인 '바르'에서 온 것이 변형되어 나타난 것이다. 바르의 변형을 살펴보면 바리, 바라, 바레, 비라, 부루, 보르, 보레, 발레, 빌리, 벨리, 빌라, 볼리, 불루 등으로 표현이 되는 것이다. 역시 '푸리'는 부리가 원형이며 부리 어원의 시원은 '뿌리'이다. 그러므로 Bilas puri는 "광명의 뿌리"를 뜻한다.

즉 광명족의 일파가 파키스탄 펀잡주에 이주한 것을 증명하는 것이라 할 것이다. 앞서 설명한 것처럼 '매구여국(월지국)은 환인시대의 12국 분기 시에 퍼져 나간 종족으로 그 역사는 약 기원전 7,000년경으로 오래 된 것이었다. 참으로 아주 반가운 방언이라 본다.

⑫ 물타니 방언(Multani－우두머리의 머리 사람들)

얼른 들어보면 순수한 우리말인 '왜 물타니?'와 같은 물을 섞는 것을 말함이다. 그러

나 이 방언은 그렇지 않다. '물타'는 '몰타공화국', 몰도바, 모르타니의 지명 등에 나타나는 이름으로 '몰'과 '물'의 그 원형은 '마리'이다. 마리(머리족)의 변형으로는 메리, 모리, 미르, 메르, 모라, 무르, 멜리, 몰리, 말레, 말리 등으로 나타나는데 통칭으로 '마리, 마르'의 준말 내지는 약칭으로 '말'이 되며 '모리, 모르'의 약칭이 '몰'로 나타나는 이유이다. '물'은 무리, 무르에서 약칭이 된 것이다. '타'는 역시 머리를 뜻하는데 타와 같이 티, 테, 투, 토 등으로 모두 머리를 나타내는 인도유럽어의 변형이다. 따라서 해석해 보면 "머리족의 우두머리 언어"가 되는 것이다.

몰타(Malta)공화국(모리타니)은 몰타, 말타로 불리워지며 남유럽에 위치한 국가로 수도는 발레타(광명의 머리)이다. 주민의 대다수는 셈어족에 속하는 몰타인이다. 이 국가는 아프리카아시아어족의 언어를 유일하게 사용하는 나라로 기원전 4,000년경 지중해에서 가장 오래된 석조신전 '타르시엔(위대한 타르<타리>, 달)' 신전을 지었다. 그 뒤에 몰타섬은 카르타고, 로마제국, 시칠리아왕국, 에스파냐왕국의 지배를 받았다. 이탈리아의 시칠리아 섬에서 남쪽으로 93km 떨어져 있으며 지중해의 한가운데에 위치하고 있다. 튀니지는 동쪽이고 리비아는 북쪽에 위치하고 있다. 이 섬은 북아프리카로 진출한 환웅시대의 마리족이 건설한 문화로 보여지며 이미 환인시대 말기나 환웅 초기에 지중해 일대로 진출한 페니키아(비나족)의 일파로 보여진다. 파키스탄 펀잡주에 물타(몰타)의 아프로아시아의 언어인 방언이 존재한다는 것은 고대에 지중해로부터 파키스탄의 펀잡주로 이주한 것을 언어학적으로 뒷받침하고 있는 것이 분명하다 할 것이다.

이 나라의 수도가 '발레타'이다. '발레'는 '바르'로부터 변형되어 발리, 발레, 빌리 등으로 표현된다. 여기서의 '타'는 '머리'를 말함이다. 틀림없는 환웅의 종족인 마리족인 것이다. 뒷장에서 세계에 흩어진 마리와 고리, 고시족의 분포에 대한 설명이 따로 있을 것이다. 타니(Tani)와 같은 언어표기는 북아프리카의 튀니지, 남부이탈리아어와 동일한 표기 방식이다.

7) 고고학으로 입증되는 파키스탄의 문화(낙랑 문화)와 마드라 왕국

(1) 하라파(Harapa 광명의 아버지-기원전 약 2,600) 문화

동부 파키스탄의 펀잡지구에서 24km 지점의 서쪽 Sahiwal 지역으로 기원전 2,600~1,900년까지의 유적이 발굴되었다.

이 문화를 Harapapan 문명이라고 칭한다. '하라(Ha)'는 '하'는 흰 것(태양)을 의미하며 '파(Pa)'는 아버지인 '바'에서 변형된 것이다. 물론 '라'는 태양을 말한다. "광명의 아버

지, 태양의 아버지족"의 해석이 되는 것이다.

(2) 모헨조다로(Mohenjo Daro-어머니 태양의 광명과 달) 문화

'모Mo'는 어머니이며 '헨(Hen)'은 흰 부족(태양족)을 말하는 것이고 '다로'는 고조선의 '다리(Dari)'에서 온 것이 변형되어 '다로(Daro)'가 되었다. 즉 "어머니의 광명과 달" 문화가 되는 셈이다. 이 문명도 하라파 문명과 마찬가지로 기원전 2,600년경으로 보고 있다. 이 도시의 유적은 기원전 3,700년 이상 추정되는 문서화되지 않은 자료가 많이 남아 있다고 한다. 환웅시대에 진출한 종족의 문화라고 여겨진다.

(3) 메르 가르(Mehrgar, Mehergarh-어머니의 흰빛(태양)나는 고리) 문화

역시 이 문화의 이름에 '메'는 모, 무, 마로 이어지는 어머니를 칭하며 '흐(Her)'는 하, 후, 헤, 히로 연결되는 '흰(광명)'을 뜻하는 것으로 '가르(Gar)'는 9환족의 '고리'로 본다. 즉 "광명의 어머니 고리족"이 된다. 「한단고기」의 환인 12국 분국시의 "메구여국"의 이름과 같다. 이 문화는 기원전 7,000~2,500년경으로 추정되는 고고학 사이트로 여섯의 고분에서 32,000개의 아티팩트가 출토되었다고 한다. 고고학자들은 연구에서 이 문명의 주요경로를 파악한 결과 아프가니스탄의 동부와 발루치스탄의 언덕을 따라서 이동한 것으로 추정하였다. 이런 연구 결과를 볼 때 환인시대부터 분기하였던 종족으로 볼 수 있으며 이동루트는 고조선의 옥서스영역에서 아프카니스탄의 동부와 발루치스탄의 언덕을 따라서 퍼져 나온 것으로 필자는 보고 있다. 사이트의 이름에서 알 수 있듯이 필자는 환웅의 광명과 고리족이 연결된 것으로 환인 12국 분기시에 분기해 나간 "메구여국"의 문명으로 환인에서 환웅에 이르는 문명지역이다. 그 하위 문화인 '모헨조다로 문화'와 '하라파 문화'를 형성하였으며 마침내 박트리아 마르기아나 문화와 연결되는 옥서스권의 '화래즘 문화'와 그 연결고리가 있었던 것으로 아프칸 북부의 콕차강 계곡의 '천람석' 광산에서 이를 증명하고 있다.

(4) 마드라(Madra-어머니의 달) 왕국-낙랑국으로 비정

파키스탄 펀잡지구에 있었던 고대왕조로 인도 16국의 쿠루왕조(기원전 1,200~800)에 연결되는 왕국인데 펀잡지역에서 그룹화한 큰 왕조였다고 한다. 사갈라왕조와 동부 마드라왕조(Purva Madra-광병의 아버지 어머니 달), 북부 마드라왕조, 아파라(Apara-광명)왕조 등이 있었다고 한다. 특히 아무다리아(Amudaria)와 마드라(Madra)는 그 어원이 똑 같은 이유이다. Bahlika(아버지 흰빛나는 고리) 왕국은 형제의 왕국이었다. 펀잡지역에서 아프칸 국경까지에 이르는 여러 왕조를 다스리는 중앙집권적인 왕조로 '고조선의 정체성이며 아무다리아와 같으므로 필자는 낙랑국'으로 본다.

마드라(Madra) 왕조의 'Madra'는 "어머니 달"이 되며 이 '드라'는 '다리'에서 변형된 것으로 드라, 드리, 드로, 드레 등으로 나타나는 것이다. 결국 '어머니 다리'가 어디인가? '아무다리아강'이 있는 달지국의 고조선인 것이다.

앞서 '편잡'의 방언에서 9환족의 맹주인 고조선의 용어가 빠짐없이 나왔기에 고고학 사이트와 함께 정부 형태의 고대왕조까지 나왔으므로 "낙랑국의 권역'이 분명해지는 그 이유인 것이다. 동부 마드라 왕조의 Purva(광명의 아버지)의 '푸라'는 '바르'에서 변한 것이고, Para 역시 '바르'에서 변한 용어인 것이며 형제국인 Bahlika 왕국의 '바'는 아버지를 말한다. '힐리'는 광명(빛)족을 말하는 것으로 "태양의 아버지 고리"가 되므로 틀림없는 환웅의 강역을 상속받은 고조선의 낙랑, 낙랑의 제후국으로 보는 것이다.

8) '주몽(Zumong)'이 갔다 온 소금산인 '구상국(고상국)'은 어디인가?

드라마에서 주몽이 '구상국'에 소금산이 있다 하여 소서노와 원행을 떠나 소금산에 도착하여 소금을 구해 오는 장면이 있다. 이 때의 구상국(고상국)은 어디인가?

필자가 서양서브를 통하여 세계 각국에 산재되어 있는 소금산(소금광산)을 조사하였다. 여기에서 '구상'은 영어로 Kusang, KIushan(쿠샨)이 되므로 쿠샨은 대월지국(大月支國)

〈파키스탄 편잡의 Khewra(흰빛나는 고리의 광명) 소금광산의 입구〉

출처 : 미국 위키 ＊좌표 : 32 ° 38'52.58 "N 73 ° 00'30.22"E

이 되고, 서양학자들이 연구한 바 서기 30~555년으로 되어 있으나 구한서의 흉노(기원전 176~160)편에 대월지의 5종족이 거론된 것으로 보아 기원전 2세기로 가늠케 한다(북부여기 2세 단군 〈기원전 194년에 '월지' 건국〉).

쿠샨제국(대월지국)의 수도는 처음 '카불(Kabul-광명의 고리)'이었으며 나중에 인도의 마드라(Madra-어머니의 달)에도 수도를 두어 2군데의 수도를 운영하였다고 한다.

이 '구상국, 고상국'은 파키스탄의 펀잡주(힌두스탄 평원)에 있었던 소금광산의 대월지국의 영토이었다. 월지국은 북부여에서 분기해 나간 국가로 쉽게 왕래를 할 수 있었던 것으로 보았다. 그렇다면 주몽이 한반도에서 이리 먼길을 왔을리는 만무하고 아프칸의 서쪽인 카자흐스탄이나 우크라이나 국경에서 왔을 것이라는 가정을 하게 된다.

참고로 아프칸의 북부인 Takhar(머리의 흰빛나는 고리)지방에 "Shortugai"(태양의 깨우친 머리)란 고고학 유적지가 콕차강 계곡에서 1975년에 프랑스 발굴팀에 의해 발굴되었는데 하라파 문명(파키스탄)의 벽돌이 발견되었기에 인더스 문명의 교역소라고 판단하였다. 대략 기원전 2,000년을 상회하는 유물이 수습되었으며 청금석 광산으로 판명되었다. 이 유적지 근처에 "Taloqan"(달의 칸)이란 고대의 마을이 있다 하며 '마르코 폴로'(1,275)는 이 마을을 들러보고 여행객들이 먹을 순수한 소금산이 있으며 이 소금은 전 세계 사람들이 모두 먹을 수 있는 분량이라고 설명하였다.

현재의 백과사전에 아프칸의 북부에 소금산이 있다는 정보는 없으나 고대 기록에 있는 것으로 주몽이 여기로 왔을 가능성을 배제할 수 없는 것으로 본다. 아프칸은 고대에 펀잡지방과 더불어 쿠샨(고상, 구상)국이었던 것이다.

두번 째로 한반도와 만주 벌판엔 소금산이 없다. 세계의 소금광산을 열거하면

* 오스트리아Austria(처음의 달)
  Hallstatt and Satzkammmergut(할슈타트와 찰츠카머 구트)
* 보스니아(Bosnia)-Tuzla(투즐라 -태양의 머리)
* 캐나다(Canada-칸의 머리)-온타리오Ontario(달의 신)주의 'Sifto'(위대한 아버지의 머리)
* 영국(England-고리 머리 사람들의 신)-Wich 타운의 Cheshire(우리 흰빛나는 위대한 고리), Worcestershire(우리의 위대한 흰빛나는 달은 위대한 고리의 광명)에 분포
* 이디오피아(Edhiopia-흰빛나는 머리의 아버지), 에리투레아(Eritrea-우리의 달)
  지부티(Djibouti-마리는 아버지 머리)나라의 다나킬(Danakil-머리족의 고리) 사막에 분포.
* 독일(Germany-고리의 어머니 사람들)-Rheinberg(태양 신의 광명의 고리), Berchtesgaden(위

대한 광명의 머리 고리는 머리족의 고리)에 분포.

* 이탈리아(Italiana-달의 사람들. 영어 : Italy-큰 달)

  Racalmuto(태양의 고리 어머니 머리), Realmonte(태양의 얼 있는 어머니 사람들 머리), Petralia(우리 달의 아버지), Soprana(위대한 광명의 사람들) 지역에 의해 관리되는 현장내에서 'Italkali(큰 달의 고리)'

* 모로코(Morocco-우두머리의 고리)-JMS의 케미세트(Khemisset-거룩한 머리는 흰빛나는 고리의 어머니) 광산.

* 파키스탄(Pakistan-아버지 고시의 머리 사람들)-Khewra 광산(세계에서 두 번째로 큰 소금광산(300km) ** Khewra-흰빛나는 고리의 광명이다.

* 폴란드(Poland-광명족의 머리)-Wieliczka(우리 아버지의 거룩한 고리), Bochnia(아버지 고리의 사람들)에 분포.

* 루마니아(Romania-태양의 어머니 사람들)-Slănic(태양족의 고리), 또는 Salina Veche(태양족은 아버지의 고리)는 유럽 최대의 소금광산임. 그 외에 Turda(달의 머리), Tărgu Ocna(달의 고리에 큰 고리족), Ocna(달의 고리에 큰 고리족) Sibiului(우리 위대한 아버지), Praid(광명의 머리)에 분포.

* 러시아(Russia-위대하고 거룩한 태양)-Solikamsk(태양의 곰에 위대한 고리)

* 미국-디트로이트 미시간주(디트로이트 소금회사), 뉴욕주 서부와 중앙뉴욕(메일 18,000톤 생산(미 최대의 소금회사), 휴스턴, 택사스 근처의 새로 발견된 염전.

* 몽골의 수도인 울란바토르에서 1,566km, 서북쪽 러시아의 국경에 '답스 암염 분지'가 있다. 유네스코가 지정한 세계 자연 유산인 몽골의 청정지역 슈덴산에 조용히 잠자고 있는 잠츠 암염은 3억 5천년 전의 풍요로운 바다의 결정체로 신성한 선물이라고 불린다. 태고의 자연 그대로의 미네랄 성분이 듬뿍 담긴 고품격 몽골 암염, 오염없는 청정지역에서 허가받은 사람만이 한 땀 한 땀 손으로 직접 채취한다.

몽골 암염의 맛의 특징은 다른 지역의 암염과는 달리 부드럽고 감칠맛이 나며, 합성 조미료나 향신료를 첨가하지 않고도 그 자체로 풍부한 맛을 재현해 준다고 한다.

그래서 이미 몽골 암염은 많은 선진국, 일본이나 유럽 여러 나라들의 까다로운 소비자들에게 사랑을 받고 있다. 다른 어느 암염보다도 부드러우며 감칠맛이 뛰어나 세계 유명 셰프들의 맛의 비결 중 하나로 손꼽히기도 한다. 특히, 이웃나라 일본에서는 15년 전부터 대중적인 인기 소금 브랜드로 자리 잡았다고 한다.

참고로 한단고기에 "우르 사람 수십 가구가 망명하여 염해(鹽海) 근처에 가서 살게 하였다"란 해석을 같이 대입시키면 틀림없는 파키스탄의 편잡주가 되는 것이라 확신하고 있다. 염해는 지구상에서 몇 군데 되지 아니한데 산해경에선 '아랄해'를 염해라 하였고 터키의 염해, 티벳의 염해, 이란의 염해 등이다. 고조선의 진국은 어디인가?

지금 고구려의 수도에 대하여 활발하게 새로 연구가 되고 있는데 '졸본(Zolbon)'은 필자가 해석한 바 "태양의 아버지 사람들"이 있던 곳이 '졸본'이고, 졸(Zol)은 중앙아시아권에서 지금도 지명에 사용되는 언어체계로 다른 국가나 지역에선 '솔(Sol)'로 발성, 표기한다. 그러나 슬라브, 중앙아시아권에선 조르(Zor), 자르(Zar), 질(Zil), 줄(Zul) 등으로 자음인 'Z'를 자음 'S' 대신에 사용함에 고구려의 초기 위치가 중앙아시아권이라고 할 수 있는 것이다. '구토', 즉 본토(本土), 본래의 땅(고조선의 영역)을 수복한다는 말이 추모경에 나와 있는 것으로 본다.

주몽의 아버지는 해모수(Hemosu-태양의 위대한 어머니)가 되어 어머니가 앞장서는 스키타이계(카자흐스탄)로 본 것이고, 주몽의 아들인 온조(Onzo-위대한 신)에서 영어의 So가 조Z로 변한 것으로 본다. 주몽의 아들인 '유리(Yuri)로서 우크라이나, 벨라루스, 체코, 폴란드, 러시아 등 슬라브 국가에 있는 이름 형태로 Youri, Yueii, Yuriy, Yurij, Iurij, Iouri로 표기되어 나타난다. 카자흐 지명에도 Yrgiz, Yesil 등이 있고 러시아 이름에 유리넨코, 유리알랙산더, 유리코바, 블라디미르 유리(1,189~1,228), 유리 이바노비치(1,480~1536), 유리 루코프(모스코바 시장, 2010), 유리 가가린(우주 비행사), 유리 프릴코프(수영선수), 유리 루 도프(펜싱 선수), 유리 우사노프(우주 비행사), 유리 프레이저 등 수많은 '유리'의 이름이 있다. 이런 이름을 볼 때 '유리'의 이름은 슬라브계의 이름으로 고구려 '유리왕'은 서카자흐스탄의 '졸본'에서 탄생한 것으로 보았다.

필자의 견해로는 '졸본'이 카자흐스탄 서부 Atyrau주의 'Zaburun'e-Zormata'로 보여진다. 중국인이 표기하는 방식이 '편잡'을 풍잡, 풍제라 하지 않고 제풍(諸風)이라 하듯, 뒤의 단어 Zormata의 단어인 중심 '졸'로 보고, 앞의 단어인 Zaburun'e에서 중심단어인 '본'으로 읽어서 '졸본'으로 지은 것으로 본다.

조르(Zor)는 졸에서 조르, 조리로 변형됨에 '조르'가 '졸'이 된 것이다. 카자흐스탄의 지명에 '조르(졸)'의 지명은 여기 밖에 없다. 강단사학자들 주장으로는 졸본성이 만주지역에 있는 것으로 연구되어 있고, 중국의 기록도 저 멀리 떨어져 있는 국가로 왜곡하여 놓았으니 그렇게 생각할 수도 있다. 허나, 북부여기에 "2세 단군 모수리(기원전 194년)시에 오가의 무리가 상장 탁卓을 받들고 대규모로 여정에 올라 곧 바로 '월지(月支)에 이르러 나라를 세웠다. 월지月支는 탁이 태어난 곳이다. 이를 일러 중마한(中馬韓-

쿠샨의 건국, 대월지국)이라 한다."

여기에서 우리가 눈여겨 보아야 하는 것은 '월지(月支)'인데 '월지국'은 아프카니스탄의 카불에 위치하였던 국가로 남국(藍國)이었고, 월성(月城)이었으며 일명 쿠샨제국이었다. '월지'는 대월지국과 소월지국으로 구분되었다. 즉, 쿠샨제국의 건국시점이 '북부여기'에 명확히 나온 것이다. 그러므로 북부여는 카자흐스탄과 내몽골, 현 중국국경의 천산지역(알타이산맥)을 끼고 건국한 것이 되는 것이며 고구려는 고조선의 구토(고조선의 영역)인 이곳에서 건국한 것이라 주장한다.

또한 '북부여기하'에서 5세 단군 고두막(高豆莫-일명 두막루(豆莫婁)) 칸이 북부여를 계승한 것으로 나오는데 '두막루'는 앞서 필자가 한인 12분국시에 주장한 시위국, '고막한국'의 종족의 국가이며 '고막해(庫莫奚-Kumoshi)'가 '두막루, 시위(실위)'의 혼합종족이며 인류학적으로 통고사국(선비국, 시위국)의 종족이 된 것이다.

북부여기에 나오는 지명인 서안평(西安平)은 내몽고 임황(臨潢)이며 지금은 임동(林東), 또는 파림좌기(巴林左旗라 한다. 요사(遼史)지리지(地理志)에 상경임황부는 본래 한나라의 요동군 서안평 땅이다(上京臨潢府 本漢遼東郡西安平之地). 즉 거란이 세운 요나라의 수도인 상경 임황부가 본래 한나라의 요동군 서안평현이 있었던 곳임을 분명히 밝힌 것이다(인용 : 증산도 환단고기, p. 809) 결국 '서안평(西安平)'으로 북부여가 북만주가 아닌 카자흐와 내몽골을 거점으로 형성된 것을 강력히 말해 준다 하겠다.

북부여의 4세 단군까지는 카자흐스탄, 키르기즈스탄, 아프칸의 유민들인 속칭 '서융(西戎)'족이 세웠던 국가가 되는 것이고, 북부여의 5세 단군인 고두막(두막루)은 선비와 고막한국의 자손(중국 사가가 말하는 동이족)에 의해 북부여가 승계된 것으로 이해를 해야 한다고 주장한다.

고구려의 연개소문 '대막리지'의 호칭은 '두막루'에서 인용된 것으로 본다. 이런 이유로 강단사학이나 재야 사학에서 연구되고 있는 북부여의 최초 본거지는 북만주 땅이 아니고 서융의 땅이고, 5세 단군이래로 동, 동북으로 진출했다고 보아야 한다. 필자의 주장이 맞다는 것은 북부여기에 "4세 단군 고우루(해우루) 단군시에 임금께서 친히 정예군사 5천 명을 거느리고 해성을 격파하고, 계속 추격하여 살수(薩水)에 이르셨다. 여기에서 살수는 필자가 앞에서 주장한 조선소를 건립한 '살수'가 아니다. 이로써 구려하(九麗河) 동쪽이 전부 항복하였다. "

살수(薩水)는 카자흐스탄의 카라간다와 키질로르다를 잇는 671km의 강으로 'Sarysu'라고 한다. 사리수(Sarysu)는 '살수'가 되며 '살'은 사리, 사르로 분기되므로 맞는 말이다. 또한 구려하(九麗河)는 카자흐스탄의 동카자흐스탄 지역으로 흐르는 강으로 'Kurchum(고리의 어머니)' 강인데 흔히들 일명 '가르강'으로 불리우고 있다. 고구려 '추모경'에 '엄니수'가 있다. 우리말로 '엄니'는 전라도 사투리로 '어머니'를 칭한다. 어머니강을 말하는데 '구려하'가 '엄니수'로 본다. 이 주장은 'Kurchum(고리의 어머니)' 강에서 '어머니'가 나오는 이유이다. 가르(Gar)는 인도유럽어로 카르, 쿠르, 키르가 되고, '구려(九麗)'는 9환을 의미한 것이며 바로 '고리(Gori)'를 뜻하는 것이다. 고리의 변형으로는 가리, 가르, 구리, 구르, 기르, 기리, 게리, 게르가 된다. 즉 '구려하'는 고리의 강을 지칭한 것이다. 참고로 필자가 앞서 주장한 '살수'는 고대 터키 루카족(Lukka-루비안)의 터전에서 함대를 건조하였으며 고조선 9환(마한의 동맹)의 중심이 되어 함대를 이끌고 이집트 본토를 공격하였다고 주장한 바 있다.

이 고리강(구려하)이 동카자흐에서 내몽골, 중국 국경으로 연결되는데 이 강의 동쪽이 전부 항복한 것이 되는 셈이다. 이러한데도 지금까지 연구한 학자들은 '살수'가 요녕성 개평현 주남하로 비정하고 있으며 북부여 단군 4세시의 구려하(九麗河)는 중국의 요하(遼河)로 비정하였는데 이러한 논리는 중국의 고금지명대사전에 고려하, 구려하로 근거한 것으로 오랜 세월에 걸쳐 중국의 사가들이 역사를 조작하기 위하여 지명을 이동시킨 것으로 알 수 있다 할 것이다.

* 〈삼한비기〉에서 말한다.

대저 백두의 큰 산은 대황(大荒-큰 사막)의 가운데에 자리 잡았으니 세로는 1,000리에 걸치고 높이 200리를 넘는다. 웅장하고 험준하니 울퉁불퉁 거창하여 배달천국의 진산(鎭山)이라 한다. "태백일사/삼한관경 본기/마한세가 상(고 임승국의 환단고기, 1986, p.204) "옛날엔 10리는 2,5km로 하였다면, 높이가 200리임에 실로 5,000m가 넘는 것이다. 그러기에 한반도의 백두산은 백두산이 아닌 것이다. '대황'은 사막을 일컫는다. 화래즘지역(옥서스권)엔 큰 사막이 좌우로 두 군데 있는데 '카라 쿰' 사막과 '키질 쿰' 사막이다. 그러므로 대황(큰 사막)의 가운데가 되는 것이다. 이 사막의 이름에서 곰을 뜻하는 '쿰'이란 용어가 나온다.

단군왕검은 천하를 평정하시더니 삼한으로 나누어 관경을 만드시고 곧 '웅백다'를 봉하여 마한이라고 하였다. '달지국'에 도읍하셨으니 역시 '백아강'이라고 불렀다. 마한 산에 올라 하늘에 제사하니(이하 중략) 이 때의 '마한산'은 아나톨리아의 '하튜샤'(흰빛나는 머리 성소-백두산)로 본다. 달지는 월지(月支)와 같으며 달지, 탈지가 되고, 타지기스탄의 '타지'와 같으며 '다리(달)'가 되었으며 'Tara ti(달지)'가 되었다.

앞에서 설명한 대로 '달지'의 이름은 '달'(月)인데 아무다리야강의 '다리(Dari)'도 달에서 온 것이다. '히타이트'의 이름을 풀어보면 헤, 하, 히, 후 등은 모두 흰 것(흰빛)을 말하며 '타'는 투, 테, 티, 트는 머리를 말함이다. 즉 '흰 머리(광명)'가 되는 것이고, 히타이트의 고대 이름인 '아나톨리아'(달의 신)는 '아무다리야'에서 파생된 다리야, 달리야, 탈리야가 되는 것이다. 이것이 모음이 변화되어 인도유럽어로 '톨리아'가 된 것인데 '아나톨리아'는 아무, 어무(어머니)인 탈리야에서 분가되어 온 것을 알 수 있다 할 것이다. 또한 '아나'는 Ana로 아누(Anu)와 같은 형태로 '신(神-Anu)으로 보아야 한다. 아나톨리아는 "신의 달, 달의 신"이 된 것이다.

9) 기원전 1,200년경 비블로스에서 제작된 아히람의 석관에 쓰인 페니키아 문자

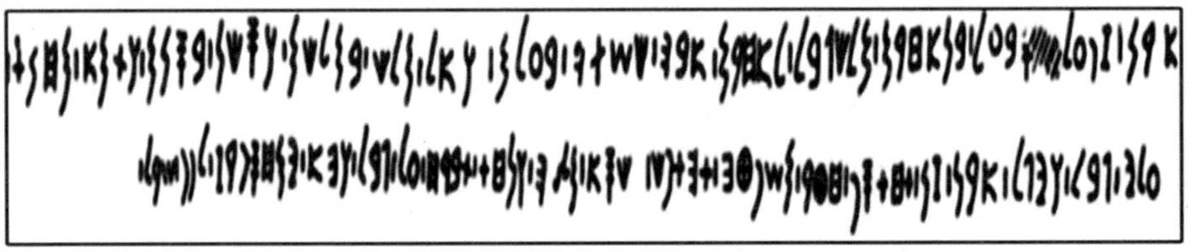

〈비블로스의 왕인 '이토바알'관의 비문〉

> "아히람의 아들이자 비블로스의 왕인 이토바알의 관, 그가 "영원의 집"에 거하도록 그의 아버지 아히람을 위해 만들다. 언젠가 왕들의 왕이요 통치자들의 통치자이며 군대의 사령관인 그가 관을 열고 비블로스에 돌아온다면, 그는 지배의 홀을 뺏기고 그의 왕좌는 전복되며 비블로스는 평화를 잃으리라! 그가 이 비문을 깬다면, 그것은."

여기서 레바논의 비를로스의 왕인 '이토바알'에서 '토'는 머리이며 '바알'은 Bal(발), 바알로 소리난다. 즉, 왕의 이름에서 "광명의 머리"란 해석이 되는 것이고, '비블로스'의 해석에서 비(Bi)는 아버지이며 블로Blo는 '바르'의 변형으로 광명이다. 즉, "위대한 광명의 아버지"가 비블로스가 된 것이다. 그런데 "언젠가 왕들의 왕이요 통치자들의 통치자이며 군대의 사령관인 그가 관을 열고 비블로스에 돌아온다면"의 문장은 무엇을 의미하는가? 필자는 기원전 1,180년경에 하나라인 '히타이트'가 멸망했는데 "왕들의 왕(King of King)이요 통치자들의 통치자이며 군대의 사령관인"은 이집트의 '파라오'를 말하는 것이라 보고 있다.

이 석관은 히타이트가 멸망하기 전 20년 시점에 만든 것으로 히타이트(하나라)를 고조선이 상나라(아시리아)와 같이 멸망시키기 전에 인근 레바논의 '비를로스'에서, 히타이트 세력권에서 또 다시 이집트의 침공을 받아 식민지를 염려한 것이라 보고 있다. 기원전 17세기 이래로 오랫동안 이집트의 식민지를 경험한 '비블로스'로 보면 이해가 가는 대목인 것이다. 사실, 고조선은 히타이트의 멸망으로 시리아, 레바논, 이라크, 요르단 등의 마한의 동요와 일부 붕괴를 가져온 것이며 히타이트란 제국이 멸망함에 따른 힘의 공백과 진공상태에서 이집트와 아시리아에 의해 그 지배권을 상실하기 시작하였다. 지중해권의 페니키아 도시국가들은 기원전 11세기에 '헷의 지배'(히타이트의 태수)로부터 벗어났다고 서양학자들은 연구하고 있다. 이때 헷의 지배는 멸망한 제후국인 '히타이트'가 아닌 기원전 14세기 이후에 지중해의 마한권역을 지배한 '하티안'(조선의 중앙정부-고조선의 칸)으로 보아야 한다는 점이다.

이런 주장은 히타이트의 독자적인 힘으로 지중해권을 수복한 것이 아니며 그 힘은 9환의 동맹으로 이루어진 결과라고 이집트의 기록에 소상하게 나타나 있다. 그러므로 헷의 지배가 아닌 '하티안'의 지배가 되어야 정당한 논리가 되는 것이다.

10) 시리아·아슈르의 고대도시

(1) 아슈르(Qal'at Sherqat : 고리의 머리, 태양의 고리 머리)

아슈르의 고대 도시는 빗물과 관개 농업의 경계선에서, 특정 지리적 생태 영역에서 북부 메소포타미아의 티그리스강에 있다. 이 도시는 다시 기원전 3천년으로 거슬러 올라간다. 기원전 14~9세기로는 아시리아 제국, 국제적으로 중요한 도시 국가와 거래 플랫폼의 첫 수도였다. 또한 신 아슈르와 관련된 아시리아의 종교적 수도로 봉사했다. 도시는 바벨론에 의해 파괴되지만, 1·2세기에서 파르티아 기간 동안 부활했다

〈아슈르(아시리아)의 '의미의 문'〉
출처 : 유네스코 세계문화유산

그것은 아수르 제국의 첫 수도였다. 때는 3천년 기원전에 설립된 것으로 아슈르의 가장 중요한

역할은 기원전 9~14세기에서였다. 아슈르는 아시리아의 종교 자본과 영예로운 과왕의 매장 장소였다. 기준의 Ⅳ : 아슈르의 공공 및 주거 건물의 출토 유물은 아시리아 제국을 통해 건물의 수메르에서 연습과 아카드어 기간의 진화가 뛰어난 기록을 제공할뿐만 아니라 파르티아 기간 동안 짧은 부흥을 포함한다.

(2) **보스라**(Bosra-아버지 태양, 시리아 고대도시)

〈시리아 '보스라Bosra(아버지 태양)'의 고대도시〉

Bosra의 이름은 파라오와 페니키아인과 아모리왕과 왕의 대응을 대표하는 기원전 14세기에서 날짜와 이집트의 '아마르 정제'에서 발생합니다. 그것은 '나바 테아' 왕국의 북부 수도가 되었다. 로마 제국에 편입되었을 때 기원후 106년의 해, 새로운 시대에 Bosra를 위해 시작했다.

알렉산더 세베루스는 그것을 위해 아랍 발행 통화, 특히 그 제목을 Colonian Bostra로 필립했다. 아랍 카라반가 주식에 와서 그 주교는 안디옥의 위원회에 참여했다. 비잔틴 시간 동안 Bosra입니다. 주요 국경 시장이었다. Bosra의 아랍인들은 이슬람 확장의 단계(634)에서 입력된 최초의 비잔틴 도시였다(출처 : 유네스코 세계문화유산).

11) 오구즈 비문소개 및 해석

오구즈(Oguz)는 구스(Gus)에서 변형된 것으로 중앙 아시아권은 'S'를 'Z'로 하여 많은 발음이 이루어지므로 '고시'가 된다. '구스(Gus)'는 성경에 나오는 이름으로 아프리카 '쿠시왕국'의 이름이다. 즉, '쿠시'가 '구스'가 되었는데, 이 '구스'가 다시 '구즈'로 된 것이다. 또한 기원전 40세기에 지중해와 메소포타미아 문명을 건설한 종족도 기쉬, '기시문명'이라고 한다. Guz 앞에 O, A, E가 붙는 것은 그 지역에 따라서 다른데 '옥저'는 오구즈(Oguz)인 것으로 고시 10지파, 7지파, 30지파의 화살지파로 유명하고, 루마니아, 폴란드, 헝가리, 오스트리아(합스부르크)의 왕족에 들어갔으며 그 일부는 오늘의 터키가 되었다.

* 투르크Turk(달의 고리), 카간Kagan(고리의 칸), 오투켄Otuken(머리의 칸), 보위라리Boylari(아버지는 우리 태양).

* Yazitlari는 "위대한 달, 태양"이 된다.

〈비오구즈 비문〉

* Kultigin(고리 머리의 칸), Yazitlarinda(위대한 달, 태양족 머리), Kelimesi는 위대한 어머니의 고리를 말한다.

〈"Bilge Kağan~Orhun Yazitlari"〉

* 광명의 고리! 고리의 칸! 우리 태양족은 위대한 우리 달이다.

1) Tann dek Tanridan Olmus : 머리족은 머리의 고리이며 거룩한 어머니의 얼이다.

2) Tŭrk Bilge Kağan : 달의 고리는 광명의 고리이며 고리의 칸이다.

3) Buōde〈ōde-zamana-위대한 어머니족〉 [Kağn] Oturdum : 아버지의 머리(위대한 어머니 족)는 고리의 칸이며, 달의 머리 어머니이다.

4) Svimi Tukenene[dek] Isidin : 위대한 아버지, 어머니는 머리 칸의 신이며 처음의 머리 사람들이었다.

5) Ulayu[őncelikle] in[kardes] yeğenim : 우리들은(신의 고리, 고리들) 신(고리 머리의 칸)이며 어머니의 칸이었다.

6) Oğlum, beriki Soyum, boylarim : 고리의 어머니는 광명의 고리, 거룩한 어머니이며 우리 어머니와 우리 아버지(영도자)였다.

7) Beriye Sadpit beğleri : 광명은 위대한 머리의 아버지며 아버지는 태양의 고리.

8) Yirida[yiti-kuzey-머리-거룩한 고리] Tarkt Buyiruk beğleri

9) Otuz-Tatar, Dokuz-Oğuz beğleri : 위대한 머리-머리의 달, 머리의 고시-고시는 아버지의 우리 고리이었다(고시가 '위대한 머리, 머리의 달이며 아버지족에서 온 것을 증명하고 있다).

10) Boylari bu Savimi iyice iśit : 우리 광명의 아버지는 위대한 어머니 아버지이었고, 우리의 고리, 처음의 머리이었다.

11) Katica dinle : 고리는 머리의 고리이며 태양의 머리족이다.

12) Ŭze(ŭstte) Tengri Basmasa : 위대한(처음의 머리) 머리족의 고리(텡그리)는 거룩한 아버지와 거룩한 어머니이었다.

13) Oltta yer delinmese : 얼 있는 우리 머리는 거룩한 달의 신(달 신을 숭배하는의 뜻).

여기에서 달을 뜻하는 '델(Del)'은 데리(Deri), 데르(Der)로 나누어 표기되며, 결국 달은 다리, 다르로 구분되니 다리에서 데리, 데르, 데루, 데라로 됨에 '달'이 된 것으로 '타타르(Tatar-머리의 달 사람)'가 된 것을 다시 한 번 '오구즈(고시) 비문'의 해독을 통하여 주장한다.

14) Truk Boylari, ilini : 달의 고리는 우리의 아버지이며 우리의 신. 여기에서 일Il은 이리, 이르가 되고 Iri, Ir가 됨에 '우리'가 된 것이다. 신(神ㅍ은 아니(Ani), 아누(Anu), 아네(Ane) 등으로 표기되며 인(In), 온(On), 엔(Enㅍ, 운(Un) 등으로도 표기된다. 여기에서 어미에 모음이 변하여 발성, 표기되는 것이다.

15) Tōreni kim bozup : 머리의 태양족은 어머니의 고리였고, 아버지인 거룩한 영도자(아버지-보스(Bos, boz))이었다. 여기에서 새로운 발견은 신라와 가야의 성씨인 김金은 영어로 'Gim' 혹은 킴Kim으로 호칭한다. 킴Kim은 필자가 해독한 바 "어머니의 고리"인 것으로 타타르의 오구즈 비문에서 발견된 킴(Kim)과 같음을 알 수 있다. 즉, 킴(Kim은 머리의 태양족에서 온 것이었으며 신라, 김수로의 '알(Al) 신화'는 단순한 새의 알이 아닌 것으로 '알(Al)'은 아리랑의 아리(Ari)에서 온 것이다. 아르(Ar), 우르(Ur-메소포타미아의 우르문명), 이리(Iriㅍ, 우리(Uri)와 같은 것이 되고, 우리는 태양족=천손족=황금족=아버지족, 어머니족, 머리족=고리족=곰족(웅족)=이 '알(Al)'로 된 것을 다시 한번 밝힌다. 그러므로 신라, 김수로의 김씨는 그 정체성이 모계를 앞세우는 스키타이이며 타타르에서 분파된 것을 알 수 있다 할 것이다.

언어학적으로 해독, 분석된 오구즈 비문이 "고시"족의 비문으로 판명되었으며 타타르와 오구즈는 같은 혈족인 것으로 판명되었다. 혹자는 '탱그리'를 단군으로 아사달'을 태양이 떠 오르는 땅이고, 심지어 파키스탄, 키르기즈스탄, 카자흐스탄의 '탄(Tan-머리 사람들)'을 그냥 사람들이 사는 '땅(Land)'으로 오역한 것을 바로 잡아 우리말의 겨레는 카자흐어로 '케레이'가 되며 그 어원은 '고리'에서 온 것이 밝혀져 타타르와 오구즈의 정체성은 고조선의 '달 종족'이었다.

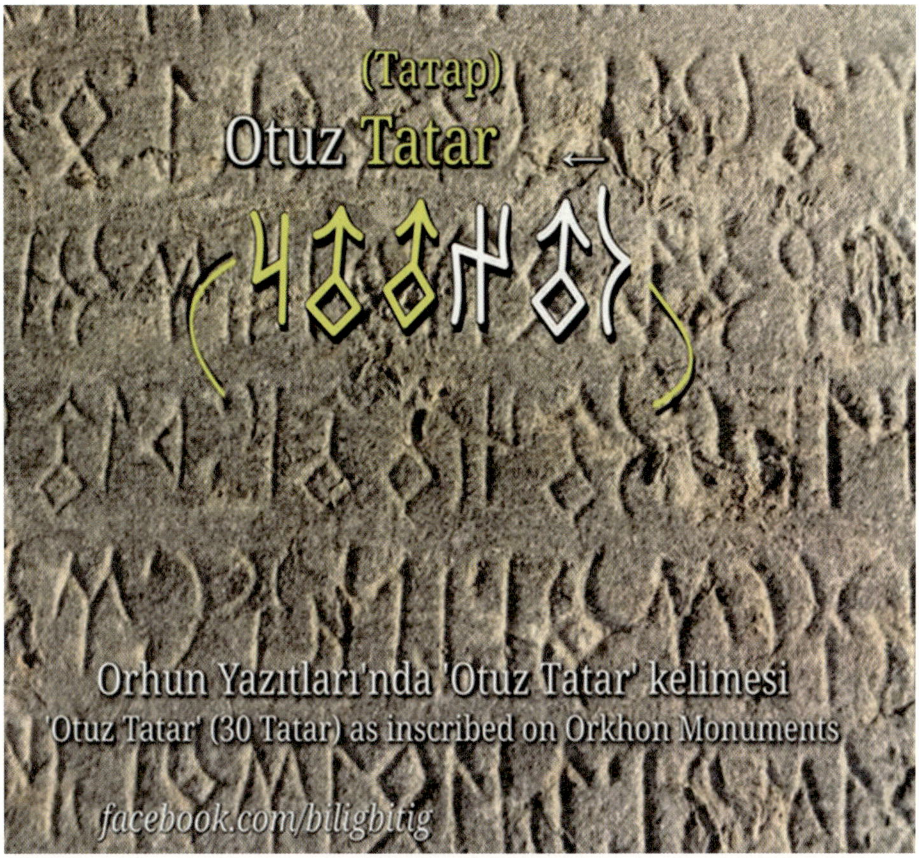

〈머리, 머리 아버지〉

'Otuz TaTar' : * 위대한 머리! 머리의 달(타타르)

* Yazitlari의 틀(Tl)은 멕시코의 나우아틀(Tl) 언어의 '틀Tl'과 같은 것이다.

Rhun Yazitlarinda Otuz Tatar Kelimesi : 우리 태양의 사람들! 위대한 달과 우리 신의 머리! 위대한 머리! 위대한 고리의 어머니이다. Otuz(30Tatar) asinscribed on Orkhon Monuments : 위대한 머리!(30 머리의 달) 처음의 위대한 신은 머리 아버지이며, 신은 우리의 칸이었다.

*여기서의 키르키즈(Kirkiz), 키르기즈(Kirgiz도 "고리의 고시"가 된다.

*키르기즈스탄[프Kyrgyzstan)- "고리 고시의 위대한 머리 사람들"이 된다.

〈Oguz 비문 발견 지역- 몽골, Orhun Yazitlari -우리는 태양족 거룩한 우리의 달〉

12) 투르크 민족(Turk, Turkic-달의 고리)으로 본 고조선 정체성의 증명

이 종족은 '달'(Dari, Tari)이란 정체성을 가지고 중앙아시아의 중앙, 동부, 북부, 서부 아시아, 동유럽의 일부에 살며 투르크 언어를 구사하는 동일 민족 언어그룹이다. 이 종족은 타타르(Tatar-머리의 달)족과 겹치며 그 정체성은 같다. 문화적 특성, 역사적 배경은 '달(月)'에서 형성된 동일한 문화, 풍습에서 구축된 민족의 그룹이다. 이 투르크 종족을 해석하기 위해선 기원전으로 거슬러 올라가야 하며 기원전엔 예와 맥종족이 있었다. 서양학계에선 예맥을 같이 다뤄 'Kimek, Kimak, Yamek으로 부르고, 타타르(Tatar), 킵착(카스피 연안의 스텝종족)그룹과 같은 종족이라고 연구되었으며 고대 한국어의 민족그룹이라고 발표하였다(주 : 미 하버드대 아시아 연구소, 2000, p. 543, "한국의 기원 구축").

투르크 종족은 알타이(Altai-얼 있는 머리), 아제르바이잔, Balkars(광명의 위대한 고리), 키르(고리), 츄바슈(Chuvashes-처음 흰빛나는 아버지의 고리), 카라임(고리의 어머니)족, Gagauz, 카라카이, 카라칼팍(고리의 밝음), 카자흐스탄인, Khakas(고리의 고시), 크림착(Krymchaks-어머니의 위대한 고리), 키르기스(고리의 고시)인, 노가이인, 카슈카이(Qashqal : 이란인으로 고시의 깨우친 사람), 타타르(Tatar-머리의 달)족, 투르크메니스탄인(달의 고리, 어머니족의 머리 사람들), 터키인, 토욕혼(Tuvans-머리의 위대한 아버지족), 위구르인(우리의 고리), 우즈벡인, 야쿠트인(고리의 머리), 불가리아인(광명의 고리), Chuban(고리의 아버지족), 돌궐인, 하자르인, 킵차크인, 쿠만(Kuman-고리의 어머니족), 오스만투르크, 셀주크 터키, Tiele(마리의 얼), Timurids(티무르-위대한 머리 태양의 어머니 머리), 예니세이 키르기스, 훈(Hun-태양족), 오손, 흉노(프로토 몽골)를 포함한 대종족 그룹이었다.

이들은 공통의 그 정체성인 '머리와 고리, 고시, 달, 광명'을 소유한 종족이었으며 오늘날 새 지명으로 등장한 '투르키스탄(Turkistan-달의 고시 머리 사람들)'과 투르크메니스탄(Turkmenistan-달의 위대한 어머니의 머리 사람들)으로 구분되기도 하였다. 투르키스탄(Turkistan-달의 고시 머리 사람들)의 영역은 투르크메니스탄, 타지기스탄, 카자흐스탄, 우즈베키스탄, 키르기스스탄, 신장(중국의 신강성, 동투르키스탄), 아프칸, 이란 남부, 오구즈터키, 북부 티벳, 파키스탄, 러시아 남부의 쿠만인, 쿠미크인, 카라칼팍인을 포함한다. 이 영역은 고대 고조선의 진한, 변한의 영역과 이란과 터키 등 마한의 일부 권역도 포함된 것이었다. 다만 요르단, 이라크, 시리아, 레바논 등 중동 지역이 빠져 있는 것이다. 이렇게 볼 때 새 지명인 '투르키스탄'은 필자가 비정하고 설명하였던 고조선 삼한관경의 광역이며 투르크종족의 분포가 바로 투르키스탄의 영역과 같음을 알 수 있다 할 것이다. 고조선의 9환이 투르크, 타타르, 오구즈(옥저-고시), 예맥으로 분리, 파생되다가 다시금 통합되어 현재에 '투르키스탄'의 이름으로 부활되어 고대 고조선의 광역을 상세히 설명해 주고 있는 것이다.

사실 고조선이 기원전 630년경에 멸망하여 캘트와 인도 16국으로 진출하였고, 많은 종족들은 이합집산되어 그 중 맥족(매대, 메디아)은 고대 페르시아를 건설하였다. 페르시아 제국의 멸망으로 마케도니아가 잠시 뒤를 이은 뒤에 다시 동유럽으로 타타르족(예족)의 진출과 훈족의 진출, 투르크의 확산으로 프로토 투르크가 되었으며, 이란의 페르시아 제국의 멸망에서 떨어져 나온 이란계, 터키계, 중앙아시아계의 소그디안(Sogdien-위대한 고리 머리의 신), 카를루크(Karluk-고리의 태양), 오구즈(사비사람들, 불가리아) 투르크족들이 프로토(Proto) 투르크화 된 것이다. 이런 투르크, 타타르의 이합집산은 고대 한국인의 조상이며 같은 민족그룹이란 미 하버드대 아시아 센터의 주장은 가히 놀라운 사실임에 틀림없는 것이다. 그들은 중앙아시아에서 건국한 고대의 고조선이란 큰 제국을 알았으나 덮어 놓은 것인지도 모른다. 그래서 필자가 상고(詳考)하건대 중국이 고집하는 기자, 위만조선으로는 투르크, 타타르의 확산을 온전히, 도저히 설명할 수 없는 것이라고 결론 지었다.

13) 카자흐스탄의 성씨분석에서 나온 '김씨(Kim)'로 정체성을 증명

한국에서도 김씨는 아주 많은 성씨로 우리나라 인구의 제1위를 차지할 듯하다. 필자가 분석한 김(金)은 황금씨족으로 본향(本鄕)인 김해(金海)는 '황금의 벌판'으로 해석하고 있다. 동·서·남·북이 아닌 김해를 황금 벌판이라 하였으며 알타이산을 중국인들은 금산(金山)이라 지칭한다. 중앙아시아엔 고대에 황금이 많이 산출되었으며 지극히 섬세한 금공예로 왕관을 만들었다는 것은 알만한 사항이다. 그러므로 김씨의 본향은 황금이 많이 산출되는 벌판, 혹은 강역이 되어야 김해의 설명이 가능해지는 것이다. 그런데 아프가니스탄의 위쪽인 카자흐스탄에서 김씨성이 3위가 된다는 것은 어떻게 설명해야 하는가? 김씨를 영어로 풀면 킴(Gim, Kim) '고리의 어머니'가 되는 이유이다. 고대의 카자흐스탄 종족은 우크라이나 남부지방과 함께 스키타이 종족으로 불려졌다고 보아야 한다. 고대 그리스의 신화에 등장하는 헤라클레스산이 있으며 '드네프르강'이 흐른다. 스키타이족, 즉 고대의 아마존 전사들은 어머니이었고 전쟁에서 앞장을 섰던 이유로 성씨에 '어머니'의 호칭이 많이 붙어 있는 것은 스키타이족을 확신시켜 주는 것인지도 모른다. 카자흐스탄의 성씨 분석에서 공교롭게도 어머니가 많이 등장한다. 그렇다면 한국의 김씨들은 고리를 지어 살았던 어머니 사람들의 후손이며 스키타이 종족이라는 등식이 성립될지도 모른다. 삐뚤어지고 엉클어졌던 고대사는 이제 제 자리를 잡을 때가 되었다고 본다. 신라의 수도는 금성(金城-황금의 성), 월성(月城-달의 성), 계림(鷄林)인데 계림을 영어로 풀면 Gelim, Kelim이 된다. Geli와 Keli는 같은 '고리'의 변형이 되고 남은 'm'은 어머니가 되니 김씨의 Kim(고리의 어머니)과 계림의

Gelim, Kelim(고리의 어머니)이 똑같이 맞아 떨어지므로 김씨는 고리의 어머니족으로부터 출발한 것이 정체성으로 자리 잡는다고 할 수 있으며 카자흐스탄의 성씨에서 나타난 그 정체성인 '어머니'는 바로 한국인의 김(Kim-고리의 어머니)씨와 동일시된다고 본다. 카자흐스타의 성씨에 Ev, Ov가 붙는 것은 러시아식의 변화인 것이다.

제1위 Akhmetov-흰빛나는 고리 어머니의 머리
제2위 Omarov-태양의 어머니
제3위 kim-금(金-황금) 또는 어머니의 고리
제4위 Ospanov-처음의 아버지 사람들
제5위 Ivanov-큰 아버지 사람들
제6위 Aliyev-우리의 아버지
제7위 Suleimenov-태양의 어머니 사람들
제8위 Iskakov-처음의 고리
제9위 Abdeakhmanov-아버지 달의 흰빛나는 고리의 어머니족
제10위 Ibragimov-큰 광명의 고리 어머니
제11위 Kaliyev-고리의 아버지
제12위 Kuznetsov-위대하고 거룩한 고리의 머리
제13위 Papov-아버지
제14위 Smagulov-위대한 고리의 어머니
제15위 Abdulayev-아버지는 달의 아버지
제16위 Isayev-처음의 아버지
제17위 Sultanov-태양의 머리 사람들
제18위 Yussupov-거룩한 아버지
제19위 Ismailov-처음의 우리 어머니
제20위 Nurgaliyev-우리 고리의 아버지
제21위 Karimov-고리의 어머니
제22위 Serik-태양의 고리
제23위 Li-태양
제24위 Tsoi-거룩한 머리
제25위 Bolat-광명의 머리
제26위 Bondarenko-아버지족 달의 신 고리

제27위 Marat－어머니 태양의 머리
제28위 Sorikbai－태양의 고리 아버지
제29위 Kussainor－우리는 거룩한 고리
제30위 Murat－어머니 태양의 머리

지금까지 카자흐스탄의 성씨 1위부터 30위까지의 정체성을 찾아보았는데 고리Gori가 14개로 제일 많았으며 그 다음은 어머니로 11개를 차지하여 카자흐스탄 종족이 고대에 스키타이, 아마존의 종족인 것을 확인시켜 주었다. 머리는 6개, 나머지는 태양으로 고대 한웅의 자본인 태양족으로 출발하여 머리의 정체성과 고리는 고조선의 연방임을 확인시켜 준다 하겠다. 특히 고조선의 정체성인 '달'인 3개 성씨가 있어 고조선의 후예임을 말한다 할 것이다. 필자는 언어학적으로 14개의 키워드(Key word)로 다양한 고조선의 정체성을 증명하였는데 독자들이 이 책을 덮을 때 쯤이면 한 민족의 저력을 새삼 실감할 것이며 크나큰 긍지와 더 없는 자부심으로 다가설 것이다.

14) 한국의 기원 구축(2000, p. 543)－미 하버드대학 아시아센터 발행에서 "킵차크인, 타타르는 현대의 조상 한국어 민족 그룹이다."

* Kimek 부족(미국 위키에서 번역)/〈무료 백과 사전, 위키피디아에서〉/보조 오스만 군대|Yamaks

Kimek 또는 Kimaek(예맥, Yamak, Djamuk는) 중 하나였다. Tungusic [1] [2]에서 알려진 부족 아랍 및 페르시아어 7개의 부족 중 하나로 중세 지리학자 Kimek 칸의 지위 기원후 850～1,050의 기간입니다. 다른 여섯 성분 부족에 따라 아부 사이드 Gardizi의(기원후 1061)에 있었다. 예맥, 킵 차크인, 타타르, Bayandur , Lanikaz 및 Ajlad을 현대의 조상 한국어 민족 그룹. [3] [4]

내용[숨기기]/·명/·역사/·Kimek 칸의 지위/·참조/·주/·참조/·외부 연결
이름[편집]

예맥은 예(濊·穢·薉) 및 Maek(貊·貉)이 이웃 문화의 사람들 조합이 될 것으로 생각된다. 주 문화는 Xitunshan의 문화(西团山文化). 그는 Qiutao(何秋涛)은 너희는 부여의 짧은 이름입니다 말했다. [5] 동예 처음 108 BCE에서 중국의 가을까지 고조선의 속국으로 역사에 나타납니다. [6] 그것은 이 Huiyetou(穢邪頭로 알려졌다. 설문 해자의) 상대는 [7] [8]은 나중에 점점 더 강력한 고구려의 속국이 되었다. 삼국의 중국 기록에 따르면, 너희는 호랑이를 숭배. [9] 반면이의 eryA에 따라 Maek 곰을 의미한다. Gomnaru, 백제의

수도, 또한 "곰 포트"를 의미한다. 역사가들은 호랑이를 제안하고 곰은 너희와 Maek 부족 숭배 토템일지도 모른다.

역사[편집]

이 사람들은 가장 일반적으로 거주 만주와 한반도, 그들은 여러 조상 관계를 가지고 한국어를 포함하여 나라 고조선, 부여, 고구려, 백제를 포함하고, 부족, 옥저, 동예(;梁貊)과 Sosumaek 및 Yangmaek(소수 맥, 小水을 貊) [10] [11]과 섞여서 Chuüe 부족의 일부 돌궐과 부족으로 형성, Shato는 남부에 살고, Dzungaria의 서쪽, 바이칼 호수. [12]에서 서돌궐은 츄이의 부족인 투표 회원의 특권적인 지위를 차지하야 동일 연맹, Nushibi(장. 弩失畢, 왼쪽 날개) 부족. Shato는 분리 Chuüe 7세기의 중간에, 그리고 현재 Tzarist 러시아에서 촬영 인구 조사에서 20세기에 나와 잘 알려진 민족 그룹이다.

서부 투르크 Kaganate의 743 기원후의 붕괴 후, 츄이 부족의 일부는 후계자만ㄴ 남아 위구르어 Kaganate(740~840), 또 다른 일부는 독립을 유지했다. [13] 동안 위구르 기간은 츄이 부족으로 알려진 부족의 핵으로 통합 Kimaks 아랍 및 페르시아어 소스에. [14] Kimek 연맹의 머리는 제목이 된 청어 Tutuk, 즉 "왕자 집행 또는 판결을."[15] 8 세기의 중앙으로의 Kimeks는 사이에 영토 점령 우랄강 및 엠바강을, 그리고에서 아랄해와 카스피해 대초원의 Zhetysu 영역으로 이동합니다(독립군이 부르던 애국가의 '우랄산' 내용이 맞다는 것을 증명한다).

Kimek 칸의 지위[편집]

주요 기사 : Kimek 칸의 지위

위구르 Kaganate의 기원후 840년 해체 후, Kimeks 새로운 Kimek 상태를 만들고, 새로운 정치 부족의 조합을 향했다. 아부 사이드는 Gardizi Kimak 연합 일곱 지파로 구성하여 썼다(기원후 1,061). : Kimeks(Imak, Yimaek, 예맥), IMI, 타타르, Bayandur, Kipchak, Lanikaz 및 Ajlad. 나중에 확장 Kimek Kaganate 부분적으로의 지역 제어 오구 즈, Kangly 및 Bagjanak의 부족, 그리고 서쪽의 경계 하자르와 Bulgar 지역을, 킵 차크인은 주로 유목민이었다. 동안 Kimaks은 반정착 생활을했다.

11세기의 시작 부분에서 Kipchak Khanlyk는 이전 오구 즈를 지배했던 땅을 차지하고, 서쪽으로 움직였다. 오구 즈의 땅을 압류한 후, 킵 차크인은 상당히 강하게 성장하고 Kimeks은 킵 차크인의 부양 가족이 되었다. 11세기의 중간에 Kimek Kaganate의 가을은 몽골어를 구사하여 실향민 중앙아시아 몽골어를 구사하는 유목민의 이동에 의해 발생된 거란의 상태 리아 북부 중국에 기원후 916년 형성. 거란 유목민은 서쪽에 이르티시의 Kimek 및 Kipchak 땅을 점령했다. 두 번째 세기에 열한 번째에서 몽골이 말하는 Naiman이 서쪽으로 이동, 부족은 몽골 알타이와 위 이르티시에서 Kimeks과 킵 차크인 변위.

사이 9~13세기 Kimek 유목 부족들은 현대의 대초원에서 코치했다. 아스트라한 주 러시아. 왼쪽 Kimeks의 일부 산부인과-이르 티시 interfluvial 지역은 몽골의 침략 때까지 살아 Kipchak 연맹에 가입, 나중에 연합 노가이어의 Kipchak 자손의 연합. 러시아어 소스의 노가 이어 마지막 정리 부족은 러시아 건축과 분산 Zaseka에 불 워크 돈 그들의 여름 목초지에서 인구를 사육 가축을 분리 17·18세기와 볼가 지역. 노가 이어 또 다른 부분에서 추방된 부자 크의 18세기와 19세기 초 서양 우크라이나와 몰도바 러시아 정복 후 초원.

참조[편집]/Kipchak 사람들/조지아에서 킵 차크 인/키르기스스탄의 역사/카자흐스탄의 역사/몽골의 역사/중국의 역사

참고[편집]

* Preucel, 로버트; Mrozowski, 스티븐(5월(10), 2010). 이론에서 현대 고고학: 새로운 실용주의(2판). 와일리-블랙웰. 피. 296 ISBN 1405158328.
* Divitçioğlu, Sencer(2010). Sekiz 터크 BOYU Üzerine Gözlemler은 (YAYLACIK MATBAACILIK는 에드.). 톱카피/이스탄불: TURKIYE입니다 Bankasi 다음-정신 문화 Yayinlari. 피. 87·88. ISBN 978-605-360-098-5.
* 파이, 문형 위원장(2000) 고고학, 역사 문헌의 비판적 검토, 한국 국가 형성 이론에서 인종 신화: "한국어" 기원을 구축을. 하버드대학 아시아센터. 피. 86 ISBN 9780674002449. 최초의 "한국"을 예맥은 Kochoson(고조선) 단군의 왕국 형성에 대한 책임으로 간주되기 때문에
* 쑤, 스텔라 잉지(2007) 한국어 다움의 형성에 "한국"의 경쟁 재 측정 조기 중국어·역사 기록과 그들의 유산: 우리 민족의 영광스러운 고대 역사를. 앤 아버: ProQuest에. 피.(220) ISBN 9780549440369. Kija 조선과 Wiman 조선 사람들의 대부분은 한국 사람들의 조상 '예맥' 했다
* 夫余与秽貊: 民族探幽
* [1]
* 후이 나라에 대한 조사는

* 說文解字第十一篇下
* 진수, 삼국지의 기록, 볼륨 30, Weizhi, 제30장, Dongyizhuan를, "常用十月節祭天, 晝夜飮酒歌舞, 名之爲舞天, 又祭虎以爲神"
* Gumilev, LN "고대 터키", 모스크바, 과학, 1967, Ch.20 http://gumilevica.kulichki.net/OT/ot20.htm
* "시베리아와 중앙 아시아에서 고대 터키" Faizrakhmanov, G.를
* SA Pletneva, "킵 차크 인" p. 26을
* "Sibiria 및 중앙 아시아에 대 터키" Faizrakhmanov, G.를

참고 문헌[편집]

Faizrakhmanov G., 카잔 "Sibiria 및 중앙 아시아 고대 터키인은" 2,000년, '마스터 영하' ISBN 5-93139-069-3

Gumilev LN, "고대 터키", 모스크바, '과학', 1967

Gumilev LN, "중국에서 Hunnu", 모스크바, '과학', 1974

킴볼 L., "사라진 Kimak 제국", 웨스턴 워싱턴 미국 1994

Pletneva SA, "킵 차크인", 모스크바, '과학', 1990, ISBN 5-02-009542-7

외부 링크[편집]

http://www.ozturkler.com/data_english/0001/0001_16.htm Kimek 사람들

[숨기기] V 티 이자형

〈투르크 민족〉

Altays Afshar 아제르바이잔, Balkars 키르, 불가리아 및 첼칸 인, Chulyms 추바슈어 카라 임족, 크림 타타르, 쿠만인, 돌간인, Dughlats, Gagauz, 이라크 투르크멘어, 카라 차이인, 카라 칼팍, 카를 루크, 카자흐, Khakas Khalajs, 하자르, Khorasani, 터키, Kimek, 킵차크인, Krymchaks Kumandins ,쿠미크인, 키르기즈, Lipka는 타타르, 메스케티 튀르크인 Mishar타타르, 핀란드 타타르 족, Nağaybäk, Naimans, 노가이 인, 오구즈 터키, Qarapapaqs, QASHQAI, Qizilbash, Salar는 시베리아 타타르 Shatuo, Shors 시리아 투르크멘어, 텔 렝기트족, Teleuts Tofalar 투발 라르족, Turgesh 터키(적절한), 유대인의 분산 투르크멘, Tuvans 위구르, 우즈벡, 볼가 타타르, 야쿠트족, 위구르족

기울임 꼴은 멸종 그룹을 나타냅니다.

카테고리 : 투르크 민족의 역사킵 차크인, 투르크 민족, 투르크 부족

〈미국 위키에서 원본 전송〉
〈원문의 한글 해독이 원만하지 못하여 원문을 소개한다.〉
* Kimek tribe(키맥부족) / From Wikipedia, the free encyclopedia
|auxiliary Ottoman troops|Yamaks

The Kimek or Kimaek (Yemaek, Yamak, Djamuk) were one of the Tungusic[1][2] tribes known from Arab and Persian medieval geographers as one of the seven tribes in the Kimek Khanate in the period of 850-1050 AD. The other six constituent tribes, according to Abu Said Gardizi (d. 1061), were the Yemaek, Kipchaks, Tatars, Bayandur, Lanikaz, and Ajlad. Ancestors of the modern Korean ethnic group.[3][4]

Contents [hide] / ·Name / ·History / ·Kimek Khanate / ·See also / ·Notes / ·References / ·External links
Name[edit]

Yemaek is believed to be a combination of Ye (濊·穢·薉) and Maek (貊·貉) people of two neighboring cultures. The main culture is the Xitunshan culture (西团山文化). He Qiutao (何秋涛) said Ye is the short name of Buyeo.[5] Dongye first appears in history as a vassal state of Gojoseon until its fall to China in 108 BCE.[6] It was known as the Huiyetou (穢邪頭) state in Shuowen Jiezi.[7][8] It later became a vassal of the increasingly powerful Goguryeo. According to the Chinese Records of Three Kingdoms, Ye worshiped tigers, [9] whereas according to Erya, Maek means bears. Gomnaru, the capital of Baekje, also means the "bear port". Historians suggest tigers and bears may have been totems worshiped by Ye and Maek tribes.

History[edit]

These people most commonly dwelt in Manchuria and the Korean Peninsula. They had ancestral ties to various Korean kingdoms including Gojoseon, Buyeo, Goguryeo, Baekje, and tribes including Okjeo, Dongye, and Yangmaek (양맥 ; 梁貊) and Sosumaek (소수맥 ; 小水貊).[10][11]

A part of the Chuüe tribe intermixed with the Göktürks and formed a tribe called Shato, which lived in southern Dzungaria, to the west of Lake Baikal. [12] In the

Western Turkic Khaganate the Chuy tribes occupied a privileged position of being voting members of the confederation, same as the Nushibi (Ch. 弩失畢, left wing) tribes. The Shato separated from the Chuüe in the middle of the 7th century, and presently are a well known ethnic group, listed in censuses taken in Tzarist Russia and in the 20th century.

After the disintegration in 743 AD of the Western Turkic Kaganate, a part of the Chuy tribes remained in its successor, the Uyghur Kaganate (740~840), and another part retained their independence.[13] During the Uyghur period, the Chuy tribes consolidated into the nucleus of the tribes known as Kimaks in the Arab and Persian sources.[14] The head of the Kimek confederation was titled Shad Tutuk, i.e. "Prince Governing, or Ruling". [15] By the middle of the eighth century, the Kimeks occupied territory between the Ural River and Emba River, and from the Aral sea and Caspian steppes, to the Zhetysu area.

Kimek Khanate[edit]

Main article : Kimek Khanate

After the 840 AD breakup of the Uyghur Kaganate, the Kimeks headed a new political tribal union, creating a new Kimek state. Abu Said Gardizi (d. 1061) wrote that the Kimak federation consisted of seven tribes: Kimeks (Imak, Yimaek, Yemaek), Imi, Tatars, Bayandur, Kipchak, Lanikaz and Ajlad. Later, an expanded Kimek Kaganate partially controlled the territories of the Oguz, Kangly, and Bagjanak tribes, and in the west bordered the Khazar and Bulgar territories. The Kimaks led a semi-settled life, while the Kipchaks were predominantly nomadic herders.

In the beginning of the eleventh century the Kipchak Khanlyk moved west, occupying lands that had earlier belonged to the Oguz. After seizing the Oguz lands, the Kipchaks grew considerably stronger, and the Kimeks became dependents of the Kipchaks. The fall of the Kimek Kaganate in the middle of the 11th century was caused by the migration of Central Asian Mongolian-speaking nomads, displaced by the Mongolian-speaking Khitan state of Liao, which formed in 916 AD in Northern China. The Khitan nomads occupied the Kimek and Kipchak lands west of the Irtysh. In the eleventh to twelfth centuries a Mongol-speaking Naiman tribe displaced the

Kimeks and Kipchaks from the Mongolian Altai and Upper Irtysh as it moved west.

Between the ninth and thirteenth centuries Kimek nomadic tribes were coaching in the steppes of the modern Astrakhan Oblast of Russia. A portion of the Kimeks that left the Ob–Irtysh interfluvial region joined the Kipchak confederation that survived until the Mongol invasion, and later united with the Nogai confederation of the Kipchak descendents. The last organized tribes of the Nogai in Russian sources were dispersed with the Russian construction of zaseka bulwarks in the Don and Volga regions in the 17th–18th centuries, which separated the cattle breeding populations from their summer pastures. Another part of the Nogai were deported from the Budjak steppes after Russian conquest of Western Ukraine and Moldova in the eighteenth and early nineteenth century.

See also[edit] / Kipchak people / Kipchaks in Georgia / History of Kyrgyzstan / History of Kazakhstan / History of Mongolia / History of China

Notes[edit]

* Preucel, Robert ; Mrozowski, Stephen (May 10, 2010). Contemporary Archaeology in Theory : The New Pragmatism (2nd ed.). Wiley–Blackwell. p. 296. ISBN 1405158328.
* Divitçioğlu, Sencer (2010). Sekiz Türk Boyu Üzerine Gözlemler (YAYLACIK MATBAACILIK ed.). Topkapı / İstanbul : Türkiye İş Bankası–Kultur Yayinlari. p. 87, 88. ISBN 978–605–360–098–5.
* Pai, Hyung Il (2000). Constructing "Korean" Origins : A Critical Review of Archaeology, Historiography, and Racial Myth in Korean State–formation Theories. Harvard University Asia Center.(하버드대 아시아센터) p. 86. ISBN 9780674002449. As the first "Koreans", the Yemaek(예맥) are considered responsible for the formation of Tan'gun'(단군)s kingdom of Kochoson(고조선)
* Xu, Stella Yingzi (2007). That Glorious Ancient History of Our Nation : The Contested Re–readings of "Korea" in Early Chinese Historical Records and Their Legacy on the Formation of Korean–ness. Ann Arbor : Proquest. p. 220. ISBN 9780549440369. The majority of the Kija Choson and Wiman Choson people were Yemaek(예맥), the ancestors of the Korean people

* 民族探幽：夫余与秽貊
* [1]
* the Investigation about the Hui Country
* 說文解字第十一篇下
* Chen Shou,Records of Three Kingdoms, Volume 30, Weizhi, Chapter 30, Dongyizhuan, "常用十月節祭天, 晝夜飮酒歌舞, 名之爲舞天, 又祭虎以爲神"
* Pai, Hyung Il (2000). Constructing "Korean" Origins : A Critical Review of Archaeology, Historiography, and Racial Myth in Korean State-formation Theories. Harvard University Asia Center. p. 86. ISBN 9780674002449. As the first "Koreans", the Yemaek are considered responsible for the formation of Tan'gun's kingdom of Kochoson
* Xu, Stella Yingzi (2007). That Glorious Ancient History of Our Nation : The Contested Re-readings of "Korea" in Early Chinese Historical Records and Their Legacy on the Formation of Korean-ness. Ann Arbor : Proquest. p. 220. ISBN 9780549440369. The majority of the Kija Choson and Wiman Choson people were Yemaek, the ancestors of the Korean people
* Gumilev, L.N. "Ancient Turks", Moscow, Science, 1967, Ch.20 http://gumilevica.kulichki.net/OT/ot20.htm
* Faizrakhmanov, G. "Ancient Turks in Siberia and Central Asia"
* S.A. Pletneva, "Kipchaks", p. 26
* Faizrakhmanov, G. "Ancient Turks in Sibiria and Central Asia"

References[edit]

Faizrakhmanov G., "Ancient Turks in Sibiria and Central Asia" Kazan, 'Master Lain', 2000, ISBN 5-93139-069-3

Gumilev L.N., "Ancient Turks", Moscow, 'Science', 1967

Gumilev L.N., "Hunnu in China", Moscow, 'Science', 1974

Kimball L., "The Vanished Kimak Empire", Western Washington U., 1994

Pletneva S.A., "Kipchaks", Moscow, 'Science', 1990, ISBN 5-02-009542-7

External links[edit]

http://www.ozturkler.com/data_english/0001/0001_16.htm The Kimek People

[hide] v t e / Turkic peoples(투르크 민족)

* Altays Afshar Azerbaijanis Balkars Bashkirs Bulgars Chelkans Chulyms Chuvash Crimean Karaites Crimean Tatars Cumans Dolgans Dughlats Gagauz Iraqi Turkmen Karachays Karakalpaks Karluks Kazakhs Khakas Khalajs Khazars Khorasani Turks Kimek Kipchaks Krymchaks Kumandins Kumyks Kyrgyz Lipka Tatars Meskhetian Turks Mishar Tatars Finnish Tatars Nağaybäk Naimans Nogais Oghuz Turks Qarapapaqs Qashqai Qizilbash Salar Siberian Tatars Shatuo Shors Syrian Turkmen Telengits Teleuts Tofalar Tubalar Turgesh Turks (proper) diaspora Turkmens Tuvans Uyghurs Uzbeks Volga Tatars Yakuts Yugur

Italics indicate extinct group

Categories : History of the Turkic peoples Kipchaks Turkic peoples Turkic tribes

4. 동예(Tatar, 달단)와 옥저(오구즈, Oguz, Oghuz)에 관하여

1) 개설

강단사학은 옥저와 동예를 크게 다루지 않을 뿐 아니라 기껏 한반도의 북부지방(함경도, 강원 이북)으로 추정하고 있으며 고조선 멸망 이후의 동예, 옥저에 대한 관련 이론은 크게 없는 실정이다. 필자가 앞에서 주장한 대로 고조선은 9환으로 이루어진 동맹의 정치체제로 그 증명은 '하티안(Hattian-흰빛나는 머리족, 흰 머리족, 백두족)'으로 증명되었으며 이 하티안의 증명은 고대 터키의 루비안(Luwian)문서에서 "그들은 8종의 언어와 대기업 사람들이 적용(9환의 동맹)되었고 태수통치를 하였으며 제후국가들은 '아버지'라고 불렀다."고 기록되어 있으며 언어학, 인류문화사적으로 '타탈리아, 투탈리아'(토카리스탄)가 고조선이었다.

사실 춘추필법으로 시작된 역사왜곡으로 중국의 사가는 일찍부터 서쪽의 아프리카, 지중해, 메소포타미아 지방, 그리스의 권역에서 찬란한 환인, 한웅, 고조선의 문명이 있었는데도 이를 아예 없는 것처럼 싹둑 잘라서 우리를 동이(東夷)와 서융(西戎), 북적(北

狄), 남만(南蠻)으로 구분하였으며 고조선을 일으킨 종족은 고작 동이9족으로 몰아 모두 산동, 산서지역에 몰아넣은 것이었다. 숫제 서융족은 서양오랑캐가 되어 고조선과는 아무런 인과관계가 없는 것처럼 역사왜곡을 자행하여 온 것이 필자에 의해 드러난 것이다.

일찍이 반고의 남하로 인해 형성된 '묘족'은 '남만족'이 되었으며 흑해 연안에 자리잡은 종족은 '서융족'이 되었고, 요녕성 지역과 홍산문화권인 내몽골을 아우러는 지역은 '북적'이 되어 고대 중국의 북부왕조가 한인12분국의 통고사국(선비국, 시위국), 구막한국(고막해(庫莫奚), Kumoxi)의 종족에 의하여 위(衛), 조(趙), 연(燕), 위(魏), 북위(北魏), 수(隋) 등의 왕조를 만든 사람들로 소위 북사(北史)의 주인공들이었다. 이 사람들이 '북적' 사람들이었으며 동이족의 한 갈래가 되었는데 하상주 공정과 동북공정의 시책으로 역사왜곡을 하고 있는 현 중국사가들은 동이9족이 모두 산동, 산서 등지에 퍼져 살았다고 선전하고 있다. 고조선 또한 만주권역으로 몰아 서토(西土)의 문명과 그 역사를 모조리 없앤 것으로 오늘날 고조선은 발해만 이북의 만주권이며 동호(東胡), 동이(東夷), 동예(東濊)로 동쪽으로 모두 몰아 넣은 것이다. 그들이 고집하는 동이, 동호, 동예는 춘추필법 이래로 중국의 25사에 그대로 인용되어 전해지고 있는 것이다.

엄밀히 들어가 보면 고조선의 연대기가 37대 단군(기원전 591)부터 42대 단군까지 연대기가 거의 없으며 44대 단군에 이르러 '대부여'로 개칭하게 된다(기원전 425). 삼한을 '삼조선'으로 개칭하였는데 병권이 단군에게만 있지 않았다고 기록되어 있다. 대저 국가가 새로 형성되고(대부여) 중간에 약 200년 이상 공백이 있는 것으로 대부여의 새로운 단군1세부터 기록되어야 마땅한데, 다시금 연대기를 계승하여 연결시킨 것으로 그 저의가 있는 것으로 파악되며 깊은 연구를 해야 할 것으로 본다.

2) 동예(東濊)의 형성과 고조선의 멸망 원인

중국 사가들이 '동예'로 지칭하였는데 미국의 학자들은 동예를 예맥으로 호칭하며 Yemek, Kimek으로 그 종족들의 자본은 킵착, 투르크, 타타르족이라고 연구하였다(하버드대 아시아연구소). 그렇다면 예맥의 구심점이며 그 자본인 '고조선'은 왜 연구가 되지 않았을까 하는 의문이 남는다. 미국학자들의 예멕(예족과 맥족) 연구에서 고대 한국인의 조상그룹이라고 발표한 것은 아주 놀라운 연구인데 필자는 예족은 타타르Tatar(머리의 달족, 달단족)이며, 맥족은 이란인들이 일으킨 매디아(Median-매데, 기원전 678~549)로 보고 있다. 중국사가들은 대월지大月支를 '따예지'라고 호칭한다. 이 때의 '예'는 달(月)

을 가리킨다. 이 예족은 중국식으로 음사(音寫)된 것으로 응당 달족이 된 것이며 그러기에 '타타르(Tatar-머리의 달족)'가 예족이 되는 것이다. 예족(타타르)의 분포는 시베리아타타르, 몽골타타르, 크림타타르, 볼가타타르, 킵착타타르로 세분되며 타타르족이 활동한 그 영역은 필자가 주장하는 고조선 삼한의 관경과 거의 같은 것이다.

타타르족과 맥족은 같은 투르크(Turk, Turcic-달의 고리족) 사람으로 고조선의 정체성인 달(月)에서 기인된 것이며 투르크 민족의 정체성은 앞에서 설명한 바 있다. 맥족인 이란인들은 '엄족, 엄체족'으로 불려졌으며 한단고기에 기록된 '엄독홀 사람'이었고 고대 메소포타미아의 문명에서 엘람(Elam)의 문명이기도 하였다. 결국 흑해 이남의 이란인들은 엘람사람들의 프로토 마이그레이션(이주, 정착)에 의해 형성된 사람이었고, 그들은 역사가에 의하여 구티안(Gutian-머리의 고리 사람들)으로 지칭되어 수메르권의 환웅문명, 고시문명권에서 형성된 태양족이었으며 고조선이 이를 상속받아 구티안은 고조선의 제후가 된 것이었다. 이러한 증명은 현대 역사가들에 의해 쿠르드(Kurd-머리의 고리족)족의 조상들 중 일부로서 간주되고 있다. 구티안은 안색이 좋고 금발이었다고 '구약성경'에서 언급된 사람들의 근거에서 주장되고 있다.

그러나 구티안(Gutian-머리의 고리 사람들)의 '구티'에 대하여 어원 분석이 아직 이루어지지 않았으며 이란(Iran)에 대한 어원 분석도 옳게 이루어지지 않았다는 것은 무엇을 의미하는가? 서양에서 연구된 고대사가 엉터리라는 것을 보여주는 단적인 예라고 볼 수 있다. 이란(Iran)은 두 가지로 어원 분석이 이루어 지는데 첫째는 이라(Ira)를 태양으로 보아 '태양 사람들'이 이란인 것이며, 다른 하나는 이르(Ir)는 우리(Uri)에서 파생된 모음조화의 표기로 이루(Iru), 이리(Iri), 이루(Iru), 이라(Ira), 이랴 등으로 표기가 형성되므로 '우리'라는 카테고리가 형성되고 남은 안(An)은 신(神)으로 "우리의 신"이 이란의 어원이 된다 할 것이다. 이러한 논리는 고대 사람들은 태양을 우선 숭배하였고, 다양한 신을 숭배하였기에 가장 근접한 어원 해석이 되는 것이며 언어학적으로 증명된다 할 것이다. 또한 구티(Guti)는 '머리의 고리(연방)'가 되는 것으로 고조선(하티안)의 제후로 설명되는 머리종족의 연방(동맹, 제후)이 된 것이다. 필자가 더러 언급한 바와 같이 서양의 학자들은 고리(Gori), 머리(Da, Ta), 태양(He, Suri, La), 달(Dari, Tari), 어머니(M, Ma, Mi, Mu, Im, Um, Am 등), 아버지(Va, Ba, Pa, Fa)에 대한 이해가 전혀 없는 실정에서 종족의 어원과 더불어 지명 해석이 불가능하다는 것을 주장하였다.

이러한 서양학자들의 엉터리 어원 해석은 '캘트 연구'가 옳게 이루어지지 않고 있으며 고대사를 연구하는데 큰 지장이 있는 것으로 보고 있다. 고조선(하티안)은 기원전

630년경에 멸망한 것으로 루비안정제와 아시리아 연대기, 이집트 기록에서 증명되는데 프리지아의 '고르디온'이 킴메르 등 스키타이에 의해 함락되어 결국 고대 터키의 '타발국가(도시국가, 신히타이트)'가 궤멸됨에 고조선의 9환 중 마한이 완전 무너져 내리고 9환의 결속이 와해되었기에 고조선의 멸망을 앞당기게 된 것으로 추정하고 있다.

이러한 고조선의 멸망엔 먼저 기원전 1,178년에 9환과 아시리아(상나라) 연합에 의해 히타이트(하나라)가 멸망하였으며 '바다 사람들'(9활, 9환)의 동맹으로 이집트, 지중해 등을 공격하여 마한의 고토를 회복하려 하였으나 회복하지 못하였다. 끝내 고대 터키와 시리아권이 진공상태가 되었으며 후에 아시리아의 남하와 킴메르 등 스키타이족의 진출 등으로 마한이 무너져 내리게 된 것이다. 이란 종족이 아시리아의 북방 진출정책에 시달리다가 '메디아(Medes, Medai, Media)'란 왕조를 형성(기원전 678~549)하게 되어 마한 분열을 가속화시킨 동기가 고조선의 멸망이 된 것으로 연구하였다.

이러한 이란의 독자적인 왕조는 메디아 왕조에 이어 고대 페르시아 왕조인 아케메데스 왕조(기원전 550~330), Argead(우리 고리의 머리, 기원전 330~309), 셀레우코스Seleucus(기원전 311~129) 왕조로 계승되어 나갔으며 파르티아(Parthian-광명의 흰빛나는 머리) 왕조, 사산제국(Sasanian, 224~651)의 왕조를 끝으로 Rashjdun 왕조가 이란의 무슬림왕조로 자리매김되어 갔던 것이다.

이란의 메디아 왕조 건국과 프리지아의 궤멸 등은 마한의 붕괴와 9환의 와해를 불러왔는데 때마침 기원전 6세기경에 시작된 켈트의 이동시에 대거 9환종족이 동, 서부 유럽으로 진출해 나갔으며 아프칸과 국경을 하고 있는 파키스탄의 펀잡지역 등의 인도 16국에도 진출하게 된 것이다. 공교롭게도 캘트의 이동과 인도 16국의 건설은 고조선의 멸망 시기인 기원전 6세기경에 이루어진 것으로 학자들은 보고 있다.

3) 옥저(沃沮-Oguz)

옥저는 서양 학자들이 표기하는 오구즈(Oguz, Oghuz)이다. 구즈의 어원은 '구스(Gus)'에서 찾을 수 있으며 '구스'란 이름은 성경에 등장하는 종족으로 고대 이디오피아의 종족으로 훗날 이집트 왕조를 건설한 종족으로 소개되고 있으며 구시, 쿠시문명으로 소개되고 있다. 쿠시, 쿠쉬, 쿠스, 코시, 코스(Cos), 카스(Kas·Cas), 카시, 키쉬, 키스 등으로 인도유럽어의 표기로 다양하게 변하며 나타난다. 특히 라틴의 비문에선 코스(Cos)로 소개되고 있다. 이 '구스'는 한웅족의 대표적인 종족으로 고시(Gosi) 종족을 말하는 것이고, 반고의 남하시에 고시족과 가우(加優-신지에서 가우로 불려짐)족, 루카족(Luka)이

대거 남하한 것으로 이 종족의 정체성은 고대 터키의 루카족과 리카오니아의 도시국가, 이탈리아와 캘트로 진출하였던 종족의 이름에서 증명된다 할 것이다.

이 '구스(Gus)'가 슬라브지역과 중앙아시아권에서 '구즈(Guz)'로 표기되며 Sir, Sar, Sor는 Zir, Zar, Zor로 표기되기도 한다. 오구즈족은 10개의 화살파, 7개의 화살파, 30씨족 등으로 학자들에 의해 연구되고 있으며 셀주크터키, 오스만터키에 오구즈족이 주축

1,526~1,804년 사이의 오스트리아 '합스부르크' 군주국의 무기 코트로 강력한 칠성신앙 7개의 화살, 5개의 화살, 12개의 화살로 표시되는 '오구즈족'의 문장이다.

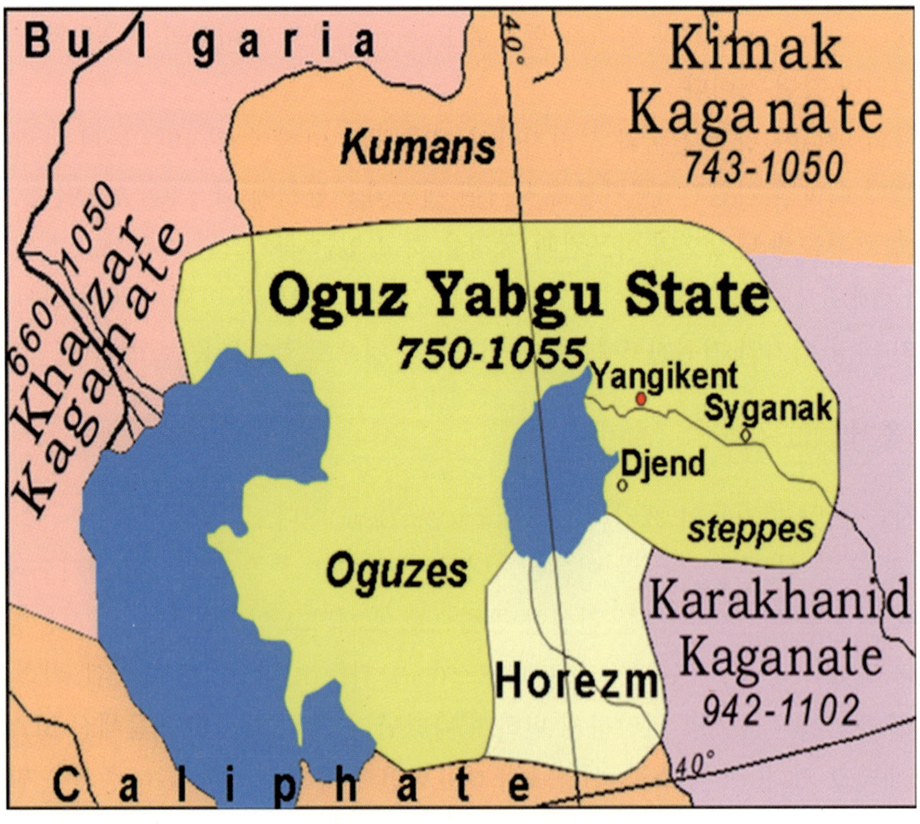

〈오구즈(Oguz-제국, 750~1,055)〉

이 되었고, 일부는 불가리아와 헝가리, 루마니아 등 유럽의 유명 왕가로 형성되었는데 그 중에 오스트리아 합스부르크 왕가의 7개 오구즈의 화살지파는 명문의 왕가로 자리 잡았다. '오주즈(옥저)'는 한웅의 고시 종족이므로 정통성이 있는 종족이었다. 실로 구시문명은 지중해를 포함한 메소포타미아의 수메르 문명이 '구시문명'이며, 나일강의 아프리카문명이 '쿠쉬문명'이었고, 아프리카 4대언어의 하나인 '쿠쉬언어'(Cushitic(고시머리의 언어)-탄자니아, 케냐, 수단, 지부티, 이디오피아, 소말리아 등이 사용)가 이를 증명한다 할 것이다.

제7장
고조선의 중앙아시아 기원과 고대지명의 새로운 해석과 비정

1. 비서갑(斐西岬)에 대하여

"비서갑에 사는 하백의 따님을 맞이하여 황후로 삼고 누에치기를 맡게 하시니(단군세기-이하 중략)"

여기에서 '비서갑'은 '갑서비'가 거꾸로 인용이 된 것이다. 이 '갑서비'가 인도유럽어로 발음이 되면 마찰음인 된소리 '캅서피'가 되며 자음 ㅂ이 탈락되면 영락없는 바로 '카스피'해(Caspi-고시의 아버지)를 가리킨다 할 것이다. 필자가 앞에서 한 설명과 뒷장의 기술에서 국가나 종족의 이름이 거꾸로 된 사례를 이야기한 적이 있다. 이것은 중국 사가들이 오래 전에 위작하였거나 중국식으로 한단고기에 그대로 옮기다 보니 '갑(甲)'이 뒤에 붙는 형으로 '비서갑'이 된 것인지 모른다.

왜냐하면 자기네 중국 왕조라고 우겨대는 '하나라, 은나라' 왕의 이름에서 같은 형식의 이름을 찾게 된다. 하나라의 왕인 '하단갑'(하단갑)이다. '갑'을 제일 뒤에 놓는 방식이다. 우리의 언어에서 '갑'은 이름의 제일 앞에 오는 '갑돌이, 갑순이'을 파소, 을보륵과 달리 중국 사가들은 이 '갑'을 목적어로 하여 뒤에 갖다 붙인다. 잡다한 여러 바람을 일러 '제풍'이라고 하여 목적어인 바람을 뒤에 붙이는 경우와 같다. 그러므로 이 문구가 '위작'이 된 셈인데, 중국식으로 '비서갑'이라고 '갑'을 뒤에 가져다 붙이니 도저히 해석을 할 수가 없어지게 되는 것이다. 또 한 예를 들면 '루비안(Luwian-루카, 태양의 아버지족)'은 환인의 12분국으로 아나톨리아 반도에 이주해 갔던 '비리국'의 종족이다.

비리국의 이 비리에서 비루, 비르로 불리는데 완전히 거꾸로 하여 '루비'로 하여 불리어진 것이다. 이것은 고고학자가 정제를 해독할 당시 역으로 해석을 하여 굳어진 사례로 된 것인지 불분명하다. 한 예로 이탈리아의 '루비콘(Lubicon)강'(루비의 칸)이 강의 '루비(Lubi)'는 아나톨리아의 루비(Luwi-태양의 아버지)에서 온 것으로 'Wi'는 'Bi'와 어원이 같다. 아나톨리아의 루비(Luwi) 종족이 이탈리아 남부로 진출한 흔적을 보여주는 것이라 하겠다. 그런데도 서양 학자들은 라틴어의 'Rubeus'인 빨강색에 의해 온 것으로 생각하며 퇴적물에 의해 강이 붉어져서 지명이 되었다고 한다. 대저 종족학이나 그 당시의 역사적 사실을 무시하고 라틴어의 빨강색을 의미한다고 하니 중국의 황톳물인 황하가 그곳까지 갔는지 서양학자들의 해석 또한 무지와 억지에 가깝다고 할 것이다.

또 하나의 고조선 강역이라고 간접적으로 보아야 하는 증표가 있다.

이것은 앞장에서 설명한 각 나라의 국기와 국장인데 "타지키스탄의 국장에서 '누에'로 대표되는 '목화 7송이'가 나온다. 목화를 국기나 국장으로 사용한 국가는 전 세계에서 한 군데도 없다. 기원전 23세기에 누에치기인 양잠을 하게 하였다."란 구절을 보면 세계 최초로 양잠을 한 국가는 고조선이었으며 그 나라는 바로 타지키스탄지역인 '고조선 제국'이었던 것이다. 그런데도 중국은 고대 국가의 황후인 '구링치'가 양잠을 하였다고 왜곡하며 서술하고 있는 것이다. 실로, 가소로운 작태인 것이다.

2. 탕지(湯池)에 대하여

탕지는 한문의 뜻 그대로 "끓는 연못"이란 의미이다. '끓일 탕에 못 지'로 큰 못은 호수가 되므로 즉, "끓는 호수"에 도달하게 되니 이것은 노천온천을 이야기 하는 것이다. 노천온천에다 호수에서 뜨거운 물이 나오는 곳이 중국에 어디 있는가? 바로 이곳은 키르기즈스탄의 "이식클 호수"이다. 섭씨 39도의 뜨거운 온천수가 계속하여 분출하므로 영하 20도 이상의 추위에도 얼지 않는다고 한다. 이 호수는 호수 북쪽에 있는 눈 덮인 티안샨(천산)으로부터 둘러 쌓여 있으며 세계에서 두 번째로 큰 염분 호수이다. 이 호수는 길이가 182km이며, 폭은 60km가 된다. 중세시대에 호수 수준은 8m 깊이였는데 다이버들이 호수 주변 얕은 지역에서 침수된 정착촌의 유적을 발견하였다고 한다.

2007년 12월에 보고서로 발표된 블라디미르 폴스키, 키르기즈 역사가들로 구성된 팀에 의해 기원전 2,500년이 된 첨단문명의 유적을 발견하였다고 한다. 앞에서 이진우 박사의 학설인 고조선의 연대가 기원전 25세기라고 하므로 정확하게 맞아 떨어지는 것이고, 얻어진 데이터는 고대도시의 대도시의 것을 제안하였으며 세계에서 가장 오래된 현존하는 동전으로 큰 육면체에 골드피스로 사용되었다. 가마솥도 발굴되었는데 지금의 장인 수준으로 만드는 불활성가스 환경에 의한 제작이었다고 한다. 필자는 이 유적을 고조선의 변한지역인 '키르기즈스탄' 유적으로 추정한다.

혹시 발견된 이 화폐가 기원전 2,133년에 발행된 4세 오사구단군의 화폐인지는 확인해 본 것은 없다. 탕지는 '안덕향'이며 키르기즈스탄인데 바로 부단군인 번한이다. 한단고기에 자주 나오는 '탕지산'은 바로 키르키즈스탄의 이식쿨 호수의 산이다.

"태백일사/번한세가 상(고 임승국의 한단고기, 1986, p. 220)

삼신의 단을 탕지산(湯地山)에 세우고 관리들의 집을 옮기게 하다. 탕지(湯地)이며 옛날의 '안덕향(安德鄕)'이다(* 地로 오역되었는데 池(못, 호수) 가 맞다).

"중국은 자기네의 하, 상, 주 공정을 위하여 춘추시대부터 '탕지보(湯池堡)'를 만들어 변한의 탕지(키르기즈스탄)를 중국 땅으로 불러내어 '번한'으로 조작하였다.

"탕지보는 개평부 동북 70리 되는 곳에 있는데 안시성의 자리이다."라고 중국인들은 주장한다. 중국 개평부에 과연 끓는 노천 호수가 있는지 확인해 볼 일이다.

3. 상춘(常春)에 대하여

한문으로 풀어보면 '항상 따뜻하다' 또는 '항상 따뜻한 지역'으로 구분된다. 이 상춘으로 초기 고조선의 강역을 엿볼 수 있는 아주 중요한 지역인 것이다. 상춘 즉, 1년 내내 따뜻한 이 지방은 현 유전지대인 이라크의 키르쿠크(Kerkuk)로 쿠르디스탄 자치구에 있는 도시이다. 키르는 코리의 변형이다. 대략 기원전 5,000년경으로 알려진 이 도시는 카사강을 끼고(코시, 고시강) 키르쿠크(고리) 요새가 있는데 도시의 전략적, 지리적 위치로 신아시리아, 바빌로니아 등에 의해 도시가 점령되기도 했다. 흐르리인들은 이곳을 '아라파(Arraphka-우리 아버지 흰빛의 고리)'라고 불렀으며 파르티아 시대엔 코쿠라(Korkura)로 불렀다. 이 '코쿠라'는 우리의 고구려 이름과 흡사하다.

페르시아어와 아람어로 "따뜻한 나라", 혹은 "뜨거운 나라"라 했고 파르티아, 사산

〈이라크의 누지, 키르쿠크-Kerkuk(요새)〉

왕조에서도 Garmakan(고리 어머니의 칸)이라고 하고, '핫 토지', '따뜻함의 땅'이라고 불렀다. 이 땅은 기원전 약 2,400년경 구티왕국의 수도였다(고조선의 제후국). 메소포타미아 저지대에 사는 사람들을 '구티안(Gutian-고리 머리족)'이라 불렀다. 성경에선 '구티족'이라고 부른다. 상춘은 일년 내내 따뜻한 지역으로 환단고기에 자주 나오는 지명이다. 유전지대이다 보니 일년내내 따뜻한 지역이 된 것으로 파악하고 있다.

〈'한단고기'의 상춘(常春)〉

항상 봄 같이 따뜻한 유전지역-이라크의 키르쿠크Kirkuk

"임자 35년(기원전 2,083년) 달문 단군 시에 모든 한들을 상춘(常春)에 모이게 하여 삼신을 구월산에 제사케 하고 신지인 발리로 하여금 서효사를 짓게 하였다(고 임승국의 한단고기, 1986, p. 74).

"9세 단군 아슬(기원전 1,984년) 청해의 욕살 우착이 군대를 일으켜서 궁성을 침범하니 단죄께선 상춘(常春)으로 몸을 피하신 후, 새 궁궐을 구월산의 남쪽 기슭에 창건하게 하셨다.……(이하 중략)" (고 임승국의 환단고기, 1986, p. 80)

이 상춘을 만주의 장춘으로 비정하는가 하면 한반도의 어느 지역을 비정함은 크게 잘못이다. 구월산(九月山)은 9환족의 달(다리)을 숭상하는 산으로 상징적인 산인데(그 당시 수메르와 바빌로니아, 아시리아 등 대부분의 국가들은 달을 숭배하였다) 9환족연합의 산이 이라크의 키르쿠크 지방에 있었던 것이다. 엄청 세월이 흘러 한반도에 정착한 사람들은 9환족이 맹약을 가지고 살았던 구월산을 생각하며 황해도 은율, 신천 사이의 산에 구월산이라 명명하였던 것이다. '구월(九月)'은 9환의 다리(달)를 말한다.

4. 우수주(牛首州)에 대하여

"단군왕검 정사 50년(기원전 2,284년) 홍수가 크게 나서 백성들이 쉴 수가 없었다. 제帝께서는 풍백(風伯)인 팽우에게 명하여 물을 다스리게 하고 높은 산과 큰 강을 평정하여 백성들을 편하게 하였으니 우수주(牛首州)에 그 비석이 있다.

일찍이 고 임승국 교수는 한단고기 번역본에서 우수주는 평안북도 삭주가 아니며, 김사렵의 〈삼국유사〉에서 이야기하는 춘천도 아니라고 하였다. 다만 그는 대륙의 어떤 역사적 지명일 것이라고 하였다. 또한 증산도의 한단고기 번역본엔 다른 사람의 학설을 인용하여 '우수리강' 유역이라고 하였다. 그 분의 저서가 나온지 30년의 세월이 흘렀다. 이제 상고사도 제 자리를 찾을 시간이 되었다고 본다. 필자는 우수주(쇠머리)는 우수리강 유역도 아니고, 대륙도 아닌 아나톨리아 남부에 있는 "황소자리"인 루카(루비안) 지역으로 비정한다.

중앙 황소자리는 터키의 토러스(3,000m)산맥에 자리 잡으며 지중해 서쪽과 남서쪽으로 뻗어 있다. 동부 황소자리는 티그리스, 유프라테스의 지류인 노간주 나무숲에 위치한다. 안탈리아만이라고 부르며 케메르란 도시의 경사면에 "황소산"(쇠머리산)이 있다. 고대 그리스의 별자리 중 오리온자리의 북서쪽에 놓인 별자리로 황도12궁에 속한다. 황소자리는 우측에서 오리온 자리를 향해 뿔을 내미는 황소 앞부분의 모습이 그려진다. 실로 아나톨리아 지도를 보면 황소의 머리처럼 '∨' 또는 A형으로 표시된다. 이 지역은 고조선 마한의 일부에 속하는 터키 남부의 루카(루비안)의 영토이다. 고조선의 마한 땅이기에 비석을 세운 것이다. 천문학을 인용하지 않으면 영원히 '우수주'를 찾을 수 없다(환웅의 옷에 'V'표시의 물결무늬는 황소를 의미하며 나중에 고대 그리스의 A 문자로 대체된 것으로 칸이며, 최고를 뜻하는 표시였다고 본다).

루비안(루카)의 영토가 "황소자리"이므로 히타이트인들은 마스터(칸)를 "황소하나님"으로 불렀고 황소로 표현된 "빗물 하나님"으로도 불렀다. 자기들이 살고 있는 영토가 '황소자리'이긴 해도 마스터의 영토는 옥서스(Oxus-처음의 황소)강을 황소강으로 알고 있었으며 소위 "황소연합"(9환 동맹)으로 알고 있었는지도 모른다. 그런 이유로 '황소하나님'으로 불렀을 법하다. 하여튼 전 세계에서 별자리로 치면 "황소자리"(牛首州)는 딱 한 군데인 터어키의 남부지방이며 마한의 일부인 루비안(Luwian-루카) 지역이다.

5. 남국(藍國)과 청의(靑衣)에 관하여

> "2세 단군 부루58년(기원전 2,240년) 제순 유우가 유주,영주의 두 주를 남국(藍國)의 이웃에 두었기 때문에 단제께서 병사를 보내어 이를 정벌하여 그 왕들을 모두 다 쫓아내시고…(이하중략)…(고 임승국의 한단고기, 1986, p.62) "23세 단군 아홀(기원전 1,237년) 고불가에게 명하여 낙랑홀을 다스리게 하시고, 웅갈손을 보내 남국왕과 함께 남쪽을 정벌한 군대가 은나라땅에 여섯 읍을 설치하는 것을 살펴보게 하였는데…(이하중략)

> "2세단군 부루(기원전 2,238년) 조서를 내려 백성들로 하여금 머리카락을 땋아서 목을 덮도록 하고 푸른 옷을 입게 하였다(이하 중략)."

이 남국(藍國)에 대해 중국학자 린 후이샹(林惠祥, 중국민족사(상), p. 74)은 동이 구족으로 남씨(藍氏)가 세운 나라로 산동성을 발원지로 하여 하북성에 걸쳐 분포하였다고 한다(증산도 환단고기, p. 631).

또한 증산도 한단고기 번역본(pp. 226~227)을 중국소수민족수정편집위원회에서 발행한 책에서

> "남이는 산동 반도에서 시작된 동이족의 한 갈래로, 남청색의 원료인 쪽을 심어 옷감을 남색으로 물들여 의복을 지었다. 상나라의 중정, 하단갑 때 전쟁을 벌이기도 했고, 산동에서 하남, 호북, 호남을 거쳐 남하하여 요족(瑤族)과 융합, 요족의 큰 성씨 중 하나가 되었다(이하 중략).

정말 일고의 가치가 없는 엉터리이다. 한문으로 남(藍)은 마디풀과에 달린 한해살이

풀, 쪽 또는 남색 남으로 해석이 나온다. 이것을 해석하여 아프가니스탄 사람들이 뜨거운 열사의 나라, 사막에서, 물이 귀한 오아시스 지방에서 쪽을 심고 주야로 물을 주며 키워서 그것으로 염색하여 푸른 의복을 만들었다는 것이다. 대황(大荒-큰 사막-카라쿰 사막, 킬리 쿰 사막)이 있는 '오아시스 문화권'에서 쪽을 심어 키운다는 것은 지나친 과장에 불과 한 것으로 지나가는 소가 웃고, 개가 웃을 이야기를 중국학자들은 태연하게 거짓말을 하고 있는 것이다. 청금석과 청남석 분말로 옷을 해 입고 외국에 수출하였으며 고고학적·역사적으로 증명되는 서양의 이야기가 거짓이다 하여 매도하는 것이다. 다시 한 번 기가 차는 이야기이다.

은나라는 분명 서남쪽에 있었다. 그런데도 중국 사가들은 중국에 있었다고 주장한다. 중국인들은 모두 동이족을 산동을 포함한 중국으로 밀어 넣고 싶어 한다. 산동으로 모두 밀어 넣은 허구는 무엇인가? 별도로 낱낱이 밝혀 나갈 것이다.

고 임승국 교수는 남들이 흔히 연나라라고 하나 구이 가운데 남이도 있다는 사실을 되새길 필요가 있다고 하였다. 다만, 남국이 어디인지는 비정을 못하였다. 특히 번역을 함에 사학자들은 단군이 왜 백성들에게 푸른 옷을 입으라고 하였는지 아무도 몰랐다. 남국(람국)을 한문으로 뜯어보면 "남색 남이다." 왜? 국가 이름에 청색, 적색도 아닌 남색이란 이름을 사용했을까? 그것은 다른 나라에서 생산되지 않는 독특한 지하자원이 있는 이유에서이다. 즉, 다름 아닌 '청금석'과 '청람석'의 생산이다.

'청금석'은 고고학자들의 연구에 의하면 기원전 7,000년 전부터 파낸 것으로 보고 있는데 고고학 기록에 나타난 문헌을 살펴보면 아프카니스탄에서 몰리타니, 이집트 파라오인 '투탕카문'의 장례식 눈썹에 사용(기원전 1,341~1,323년)하였으며 메소포타미아에서도 사용된 흔적이 있고, 중세기에 유럽으로 수출된 청금석은 분말로 분쇄하여 모든 파란색의 고급안료로 가장 비싼 가격에 팔렸다고 하는데 르네상스의 가장 중요한 예술가들에 의해 작품에 그려지기도 하였다고 한다.

또한 정밀하게 분쇄된 가루는 도자기의 안료로 쓰였고, 고급 청색 옷을 만드는데 사용되었으며 보석, 조각품, 모자이크, 장식품 등에 많이 사용되었다고 전해진다. 이 결정체를 라틴어로 '라피스'라고 불렀는데 '콕차강' 계곡 바다흐샨의 북동부인 아프가니스탄의 석회암에서 많은 광석을 채굴하였다. 앞에서 설명한 대로 '콕차강' 계곡에서 발견된 파키스탄 '하라파 문화'와 교역을 한 사이트가 발굴되어, 그 지역이 '하라파 문화와 융합되며 발전한 것으로 발표되어 옥서스유역의 '화래즘 문화'가 파기스탄의 '매르가르' 문화의 하위문화인 모헨조다로 문화, 하라파 문화와의 연결고리가 증명된 것이었다.

지금도 동북 아프가니스탄의 Kokcha강 계곡은 여전히 청금석의 주요 생산지이다. 세계적으로 생산되고 있는 곳은 바이칼호수 주변, 칠레의 안데스산이고 작게 생산되는 지역은 파키스탄, 이탈리아, 몽골이며 미국과 캐나다에서 소량 채취되고 있다. 남색의 광물 채취로 일찍부터 아프가니스탄은 남이(藍夷), 남국(藍國)으로 불리워 졌다.

천람석의 화학기호는 미네랄, 황산, 유황과 염화식(나트륨, 칼슘)이다. 천람석은 녹색에 파란색이 깊고, 푸른색을 띄며 반투명이다. 천람석은 접촉 변성작용의 석회암과 관

〈푸른 머리띠의 소녀〉

〈투탕카멘의 눈썹(청금석)〉

〈청금석의 분말〉

〈청금석 황철석을 가미〉

〈천람석〉

〈연마된 청금석〉

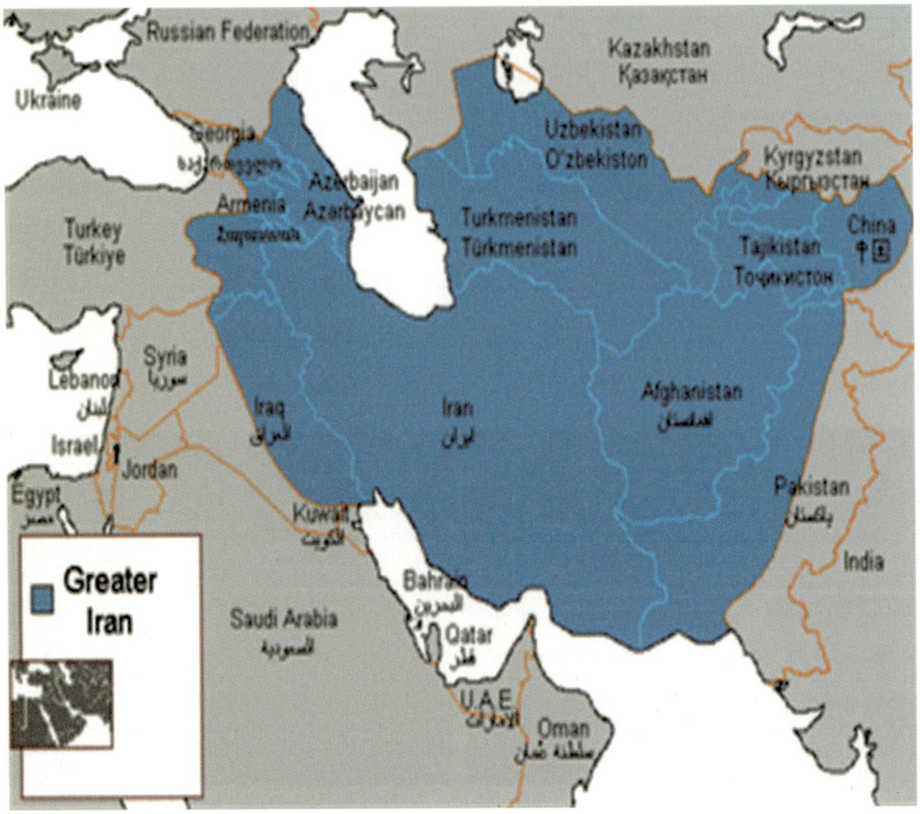

〈고조선 9환족의 강역지도〉

* 청색지역에서 더하여 좌측의 터키, 시리아와 요르단, 크레타, 아르메니아, 조지아, 이란, 파키스탄, 키르키즈스탄, 카자흐스탄, 크레타, 북아프리카의 리비아, 튀니지를 모두 포함한다.

련된 일반적인 방해석, 황철석, 포르스테라이트, 백운모 등과 같이 출토된다고 하였다. 이 광석은 청금석과 비슷하지만 쉽게 검사로 구별되며 1890년 이 광물에 대해 기술하였다고 한다. 외국에 수출을 할 만큼 많이 생산되므로 백성들에게 청금석 분말로 푸른 옷을 지어 입도록 한 것이다. 이 남국(아프간)과 함께 남쪽으로 은나라를 정벌하러 갔다면 분명코 은(상)나라는 아프카니스탄의 남쪽에 위치한 것으로 현재의 고고학적으로 '아시리아(Asiria-처음의 태양)'가 증명된다 할 것이다.

6. 약수(弱水)에 대하여

"3세 가륵 단군(기원전 2,177년) 열량(列陽)의 욕살 색정에게 명하여 약수(弱水)로 옮기게 하고 종신토록 갇혀 있도록 하였다. 뒤에 이를 용서하시고 곧 그 땅에 봉하니 그가 흉노의 조상이 되었다(고 임승국의 한단고기, 1986, pp. 68~69).

"약수弱水를 만주 헤이룽(黑龍)강으로 보거나 간쑤성 장액현에 있는 약수로 보는 두 가지 학설이 있는데 감숙성 지역은 흉노의 주 활동무대였기 때문에 삭정이 유배된 곳으로 볼 수 있다."라고 주석을 달았다(증산도 한단고기 p. 641).

이 두 가지 학설은 아무런 가치가 없는 학설로서 만주지역의 '약수'는 초기 고조선의 활동 무대가 만주가 아니므로 틀린 것이고, 간쑤성은 아프카니스탄 남부지역 근처에 속하며 그럴듯하다고 보지만 환단고기에서 인용하는 '흉노'는 북방 우랄산맥을 기점으로 하는 우랄계 스키다이(카스피해 중심)를 칭하는 것으로 고작 기원전 1~2세기에 중국 국경을 침범하였던 흉노와 그 성질이 다르기에 북방에서 약수를 찾아야 하는 것이다. 기원전 2,177년에서 말한 흉노는 고조선의 권역이었던 우크라이나 남부지방인 '드네프르'강 유역이며 스키다이의 발생지인 카자흐스탄이 '흉노'가 되는 것이라 주장한다. 서양학자들의 학설은 기원전 8~9세기로 보고 있다.

* 주 : 드네프르(Dnepr-머리의 광명)강-러시아 연방 스몰렌스크주의 발다이 구릉지대 남쪽 기슭에서 발원하여 러시아, 벨라투스, 우크라이나를 남쪽과 서쪽으로 2,200km 흐른 뒤 흑해로 들어가는 강이다.

잠시 활동무대가 그곳 간쑤성 일대라 하여도 처음 발원지인 내륙 깊숙한 곳에서 찾아야 하는 것이므로 맞지 않는 것이다. 하나, 중국의 서쪽 끝자락인 간쑤성의 약수를 비정하였다는 것은 고조선의 강역을 아주 넓게 보았다는 것으로 이 학설은 약수의 비정이 틀리더라도 그 만큼 가치가 있다고 본다.

중국의 사가들이 지명에 이름을 붙이는 경우엔 앞서 기술된 제풍諸風처럼 아주 치밀한 구석도 있지만 황당한 경우도 많다. 지금의 약수를 그대로 풀이하자면 "아주 약한 물"이 된다. 앞서 서술한 '살수'도 '살살' 흐르는 강이 살수라고 하였는데 실소를 금하지 못한다. 중국 대륙 북부나 옥서스강 이북의 우크라이나인 러시아 남부권역은 산세가 아주 높고 강물이 거칠게 흐른다. 살살 아주 약하게 내려가는 강이 한 군데도 없다.

고 임승국 교수는 흑룡강(아무르강)으로 봄이 옳다고 하였다. 가지마는 유프라테스강으로 비정하였다고 한다. 필자는 옥서스강(아무다리야강) 하류로 비정한다. 옥서스는 우리말로 옥수가 되며 한문으로 구슬의 물(玉水)이 된다. 옛날에는 옥을 갈아서 약으로 대체하여 마셨다는 기록이 더러 있다. 그러므로 옥수는 약수(藥水)인 약물이며 약수가 되는 것이고, 중국사가가 표현한 약수弱水와 한문이 다를 뿐 소리는 같다. 중국사가가 기술한 약수를 찾으려면 '살살 아주 약하게 흐르는 강'은 대저 시냇물이나 도

량물 외는 없다.

여기에서 우리가 주의 깊게 관찰해 볼 문구가 있다. "열량(列陽)이다." 이 열은 '벌릴 열'도 되지만 '다스릴 열'도 되는 것이다. 그러면 북쪽을 다스렸던 색정이 되는 것이며, 귀양처인 '약수'로 이송하게 되는데 곧 그 땅에 봉하여 흉노의 조상이 되었다. 색정은 애초 귀향처가 북쪽이었고, 북쪽을 다스린 욕살계급이었다.

신분이 지방장관이라 반역의 기미가 있을 우려를 감안하여 단군이 있는 관할로 이송하게 되는 것으로 남쪽으로 왔음을 알 수 있는 것이고, 마지막 귀향처인 약수를 정점으로 하여 북쪽이며 색정이 다스렸던 북방지역을 봉토로 받게 되는 것이다. 그렇다면 옥서스강의 하류에서 북동쪽지방에 해당된다 할 것이고, 이 지역은 우크라이나 남부지방으로 드네프르강이 흐르는 유역으로 '스키다이'의 발상지였다. 그리스 신화에 의하면 그곳에 뱀여인이 있었는데 헤라클레스가 그 여인을 취하여 그 여인에게서 난 자식 중 세째 아들이 스키다이의 후손이 되었다고 한다. 실로 카자흐스탄의 '씨메이시市'에 헤라클레스산(타르크 타이탄산)이 있다고 '헤로도토스 역사 제4권' Melpomene 10에 기록되어 있다(카자흐스탄 알마티대학의 김정민 교수 글).

환단고기에 나오는 뱀산(巳山)은 아마 이 지역으로 보아야 할 것 같다 .여기서 흉노란 잘못된 해석으로 우랄산맥을 거점으로 일어난 서방스키다이를 말한다고 보아야 할 것이다.

그러기에 한단고기에 '흉노'의 표현은 중국의 한나라 시대에 부른 이름으로 바로 위작이 되는 셈이다. 중국 사가는 '장건의 서역사행'(기원전 139년) 이후로 서양에 대해 알았는데 그 당시의 흉노만 알았지 기원전 9세기 이전부터 유럽으로 들어간 스키다이에 대해선 전혀 몰랐던 것이다.

이것은 중국의 사기나 한서, 후한서를 보면 서방스키다이에 관한 언급이 없음을 알게 된다. 참고로 흉노와 스키타이는 발상지가 다르며 연대도 다르다는 것을 밝혀둔다. 환단고기에서 '흉노'로 번역했지만 초기 고조선의 강역상 흉노가 아니고 서방스키다이임을 올바로 번역을 잡는다. 독자들이나 학자들은 먼저 문맥을 잘 살펴야 하는 것으로 먼저 '열량의 욕살'이 나온다. 즉, 북쪽지방을 다스렸던 지방장관을 말한다.

이때 열列을 '벌릴 열'로 해석하면 절대 안 되는 이유이다. '다스릴 열'로 보아야 하는 것으로 이미 북쪽의 지방장관으로서 다스렸다란 과거시제가 '열량의 욕살'로 나타나는 것이다. 다스렸지만 죄를 지어 귀향을 온 것이다. 뒤의 문맥을 잘 살펴보면 "곧 그 땅에 봉하니 "그 땅"이란 누구의 땅을 말함인가? 그것은 욕살 색정이가 과거에 다스렸던 북방의 지역을 말하는 것이지 이송되어 온 강 근처를 말하는 것이 아니란 것을 우리는 알게 되는 것이다.

욕살 색정의 과거가 없었다면 귀양처를 중심으로 봉토를 받는 것이 맞는데 비하여 이미 색정은 북방을 다스렸기 때문에 "그 땅"이란 용어가 나온 것이다. 다만, 남쪽으로 이송되어 왔으므로 역으로 북쪽으로 올라가서 자기가 다스렸던 북방의 일정 영토를 봉토받게 되는 것이다. 즉, 마지막 귀양처인 '옥서스강'으로부터 북쪽 또는 북서지역이 욕살 색정이가 봉토를 받게 되니 고고학상 우크라이나 남부의 드네프르강 유역이 맞아지게 되는 것이니 옥서스강 지류가 '약수'가 되는 이유이다.

7. 소시모리와 우수국(牛首國)

"3세 단군 가륵(기원전 2,173) 두 지주의 예읍이 반란을 일으키니 여수기에게 명하여 그 추장 소시모리를 베게 하였다. 이 때부터 그 땅을 일러 소시모리라고 하다가 지금은 음이 바뀌어 우수국(牛首國)이 되었다(고 임승국의 환단고기, 1986, p. 70).

"재위 50년 정사(단기 50, 기원전 2284)년에 홍수가 범람하여 백성이 편안히 살수 없게 되었다. 왕검께서 풍백 팽우에게 명하여 물을 다스리게 하시고, 높은 산과 큰 하천을 잘 정비하여 백성이 편안히 거처하게 하셨다. 우수주(牛首州)에 이 내용을 기록한 비가 남아 있다.

고 임교수는 종래의 학자들은 예읍을 춘천지방으로 비정하였으나 이는 절대 아니라고 잘라 말하며 한반도에서 찾을 것이 아니라고 하였다.

맞는 말씀이다. 반도사관에 가득한 어용 사학자들이 무슨 말인들 못하겠는가? 얼른 '소시모리(Sosimori)'를 들으면 일본말 같다는 느낌이 들 것이다. 그러나 아니다. 앞서 필자가 우수주에 대해 서술한 바와 같이 아나톨리아(현재의 터키) 남부지방의 황소자리가 바로 우수국이며 아나톨리어로 루카(루비안)이다. 우수국은 우리말로 쇠머리국인데 황소자리의 나라이니 소머리나라가 딱 들어맞는 이야기가 된다. 소시모리는 터어키 차낙칼레(Canakkale) 지방의 마르마라지역에 '아소스'라는 도시가 있다. '소스'는 소시, 사스, 사시, 수스 등으로 표현이 다양하게 바뀌며 모리는 '마리'의 변형인데 '마리'는 '머리'이다. 머리는 수(首)와 두(頭)로 나타나는데 크게는 같은 용어로 쓰인다. 풀어보자면 '우수주'는 '머리족의 소시'가 되는 것이고 이미 황소산이 있으며 소머리국은 황소 별자리를 차지하고 있는 루카(Lukka)가 '우수국'인 셈이다.

8. 살수(薩水)에 대하여

1) 지명의 비정

"4세 오사구 단군(기원전 2,131) 배 만드는 곳을 살수의 상류에 설치하였다. 증산도의 한단고기에서 인용하고 있는 것을 보면(p.643) '물이 살살 흐르는 강'이라는 뜻으로 네 곳이 있다.

1. 요동반도에 있는 개평현(蓋平縣) 주남하(州南河)
2. 요동반도의 대양하(大洋河) 북한의 <조선전사>에선 대양하라 주장하였다(조선일보, 1980. 12. 14).
3. 청천강(한반도)
4. 청주 무심천(無心川) 조선상고민족사를 펴낸 '최동'은 요동의 개평현이라 주장한다.

또한 임승국 교수는 살수가 종래 청천강이라고 믿어 왔던 강인데 살수대첩도 청천강이 아닌 것이니 중국의 난하가 살수가 아닌가? 추측한다고 하였다. 하지만 그것도 아닌 것으로 필자는 밝혀내었다. 살수는 아나톨리아 중앙에서 서쪽으로 떨어진 에게해 지역의 안쪽 부분에 위치하고 있는 "아피온 카라히 사르"로서 카라는 우리 말인 '고리'가 되고, '히'는 흰 것이 되며 사르는 '살(薩)'의 원음이 된다. 카라히는 흰빛나는 고리이다. 아피(Api)는 '아비(Avi)'이다. 비 발음이 인도유럽어의 마찰음인 ㅍ으로 변했을 뿐이다. 해석하면 "흰 고리 아비족의 태양(살수)"이 되는 것이다.

앞서 태양의 별칭을 '수리'라고 하였으며, '사르'는 '수리'의 변형이며 한문으로는 살(薩)이 되는 것으로 '살수'는 '태양의 물'이 되는 셈이다. 대저, '살'은 사리, 사르로 발음되므로 '사르'가 있는 곳이 '살수'가 되는 이치이다(고구려의 '살수' 참조).

터키 자료를 살펴보면 이곳에 칼리강(갈리아강-약 75km)이 흐르고(칼리는 카리가 되며 원형인 고리의 변형이다), 남쪽으로 '아카르케이(고리)강'이 흐르며 이 강은 에밸(광명)호수에 이어진다고 한다. 중부 아나톨리아 지역이 높은 산 환경에 둘러싸여 있어 물의 양에 따라 해역에 도달할 수 있는데 계절에 따라 다르다고 한다. 이곳은 앞서 기술한 황소자리의 루카(루비안-우수국)의 영토로 북쪽으로는 팔라연합(팔라릭)과 경계를 이룬다(팔라도 마한의 동맹이다).

하나라인 히타이트의 하투샤(하나라)가 멸망(기원전 1,180)할 당시 수필루마 2세는 이집트 왕에게 서신을 보낸다. 그 내용은 아버지(마스터)가 도움을 주지 않는다란 하소연과 루카의 해군력을 도움받지 못한다는 내용이 있다. 또한 루카는 강력한 해군력으로 지중해와 무역을 하였고, 기원전 12세기에 '바다사람들'(팔레스타인-블레셋)의 일원으로 동맹하여 이집트를 상대로 함대를 동원하여 국지전과 전면전을 펼친 것이다.

터키자료와 일부 히타이트를 연구하는 학자들은 루카는 구문국가의 일원(9환족)이며 9활이라고 이집트 정제에 나와 있으며 '바다사람들'의 주역이 루카(Lukka)라고 서

〈고조선 마한의 '살수(薩水-태양의 물)'〉

〈고조선의 살수(薩水)-아나톨리아 Afyon-karahisar 주(적색부분)〉

*아피온 카라히사르(Afyon-karahisar, 아버지의 신-고리의 우리 태양)

슴없이 말하기도 한다. 이런 것으로 보아 일찍이 마한의 국방을 위하여 해군력을 키우기 위해 조선소를 건설하였던 것이고, 마한의 한 축인 루카(루비안)는 내륙에 있는 조선소를 통하여 많은 선박을 건조하게 되는 것이다. 이러한 내용은 히타이트의 설형문자 정제(整製)에서 밝혀진 것이었다.

고대에 북 아일랜드로 진출한 켈트족의 일파인 게일어족인 루크타인(Luchtaine-태양의 고리 머리 사람들)은 '루카족'이며 그들은 우수한 항해 기술로 진출하였다고 캘트의 아일랜드 신화에 나오고 있다. 이처럼 '살수'에 대한 비정은 고고학적·역사학적 측면에서 아나톨리아의 루카(Lukka-Luwian) 말고는 단연코 없다. 북부여기에 나오는 '살수'는 강의 이름을 따 온 것으로 한단고기의 살수와는 그 지역이 다르다.

터키의 살수(薩水)인 아피온 카라히 사르(Afyon-karahisar-아버지 신, 태양의 흰빛 고리)주.

*중앙에 황색부분인 아카르케이(Akarcay)강은 100km이고, 북에서 '쿠루케이'가 흐르며 동쪽으로 흘러 Cobanlar를 통과하여 '에벨' 호수에 이른다.

살(薩)은 사르, 사리로 나타내며 시르, 세르, 스로, 수로 등으로 '태양'을 말한다.

2) 조선소는 함대사령부 내지는 해군 사령부로 보아야 한다.

전쟁에 사용되는 함선을 만들고 수리, 정비하는 곳이 요즘의 함대사령부이다. 강단사학자들의 주장대로 '이 조선소라면 어느 물길을 따라 배가 항해하는가?'

청천강 근처가 조선소라면 누구를 방비함이며 함대사령부로서 지리적 가치는? 청주의 무심천이라면 돛단배도 아니고 전쟁에 사용하는 함선인데 개천을 따라 함대가 움직일 수 없는 노릇이니 비약된 이야기이고, 고조선의 강역이 일본 식민사학의 주장처럼 청주 이남까지라면 누구를 위한 방비인지? 한단고기에 기록된 "재위 50년 무오(단기 1,611, 기원전 723)에 임금께서 장수 '언파불합'을 보내어 바다 위의 웅습을 평정하셨다."에서 증산도의 환단고기(687쪽 해설) 번역에서 일본의 쿠슈(구주)지방에 있는 지명으로 '구마소'라 한다.-김향수의 〈일본은 한국이더라, 361쪽〉와 증산도 한단고기 689쪽 환단고기의 번역 제위 38년 갑인(1,667, 기원전 667년) 협야후 배반명을 보내어 해상의 적을 토벌케 하셨다. 12월에 삼도(三島)를 모두 평정하셨다에서 그 삼도는 일본을 구성하는 세 섬으로, 큐슈, 혼슈, 시코쿠라고 번역하였으며, 기원전 667년은 〈일본서기〉에 나오는 진무왕(신무왕), 즉, 사노노미코토(陜野尊)이라고 밝히고 있다. 그러나 국내의 사가와 외국의 역사가들은 〈일본서기〉가 위작된 것으로 보고 있는 현실이므로 믿을 바 못된다고 본다.

그렇다면 청주의 무심천에 있는 조선소에서 배를 만들어 개천을 따라 함대가 동해로 빠져나가 일부는 큐슈지방으로 향하고, 일부는 남해안으로 향하여 혼슈, 시코쿠지방으로 가서 소위 '3도'를 정벌하였다. 심한 3류 소설도 이렇게 쓰지 않는다.

차라리 강단사학자들이 함대사령부라 할 수 있는 조선소를 강릉이나 진해인 항구로 비정하면 그래도 이해가 되는데 청주의 무심천, 혹은 청천강, 요동반도의 대양하라 하였는가? 요동반도에서, 청천강에서 왜구를 치기위해 조선소를 건립하고, 남해안으로 내려가 3도를 정벌하였다. 억지에 가까운 논리이며 일제의 식민 사관을 그대로 옮겨다 놓은 것에 불과한 것으로 일고의 가치가 없다. 이 주장대로라면 고조선은 한반도의 남해안까지 장악하였고, 자주 왜구를 물리쳤다는 이야기가 되는데 덩달아 일본의 역사가 고조선 역사와 더불어 아주 오래되는 것으로 미화되고 채색된 것이다.

이런 엉터리 논리는 한반도 안에 삼한체제를 만들었는데 한단고기에서 이야기하는 9환은 어디에 있는가? 9환은 언어가 다르고 얼굴색과 종족이 다르며 문화도 다르다고 기술되어 있다. 그러므로 일본 식민지 사관을 그대로 이어받고 답습한 어용강단사학자들의 주장은 현 역사계의 독버섯일 수밖에 없다. 이젠 일부 강단사학자들은 한반도 북부에 삼한을 그려 놓는가 하면 일부학자는 발해만 근처에 고조선을 그려 놓기도 한다. 다만, 고조선의 시원은 어디에서 시작되었는가에 대하여 지금까지 주류 사학계에서 만족할 만한 위치를 비정하지 못하고 있다. 어느 재야사학자가 말하길 '현재 남아 있는 국내의 사서와 중국의 사서 중 500년이 넘은 사서는 전부 '위작'일 가능성이 매우 높다'라고 밝히고 있다. 사서는 그 시대에 따라, 집정자의 시각에 따라 지명 이동과 더불어 손질이 가해졌으며 이런 행태는 왜곡된 사서로 남게 된 것이다.

필자가 바라본 비정과 시각으로는 '살수'에서 선박을 건조하였음에 그곳이 요즘 말하는 함대사령부가 되었고, 함대가 용이하게 이동, 전투할 수 있는 위치가 조선소인 것이다. 한단고기에서 말하는 삼도(三島)는 일본의 삼도가 아닌 그리스의 미케네, 크레타 등 에게해의 섬지방으로 보아야 한다. 왜라고 하면 오직 일본으로만 생각하는데, 살수가 아나톨리아에 있었으며 아나톨리아는 한반도와 유사한 삼면이 바다이다. 그리스 미노아, 미케네지방엔 기록에 남아 있는 숱한 곰의 지명과 방언이 있다고 이 책에서 밝히고 있다. 그러므로 '웅습'은 곰의 이름을 가진 왜구(서왜-서쪽의 해적집단)로 보아야 하고, '왜구'란 섬사람들을 비하하여 부른 이름(최두환 이론)으로 보고 있으며 그리스의 미캐네 등 섬 지방사람으로 보아야 한다. 또한 증명되는 것은 아나톨리아의 '루카'가 조선소를 운영하였기에 서양학자들이 말하는 유대와 이집트를 자주 공격하여 이집트 기록에 남아 있는 9성지파의 하나가 된 것이다.

고조선 멸망 후에 기원전 6세기경 이탈리아와 캘트로 들어간 역사적 사실이 있으며 우수한 항해술과 숙련된 선원이 있었다고 이집트의 기록에 전하기도 한다. 이런 면면을 살펴보면 중국의 만주벌판이나 요동의 고조선이 무슨 해군력이 필요하고 조선소 건립은 무슨 필요에 의해 설치해야 하는가? 고조선 하면 일제의 식민사학에 의해 심겨진 기억으로 삼도(三島)하면 무조건 일본의 삼도를 떠 올리며 일본을 생각하는데, 역사 발전에 심한 독소적인 발상이며 나쁜 기억으로 본다. 지금 기록된 바다의 해적 정벌은 고조선 멸망 이전에 일어났던 사건으로 고조선의 삼한 중 마한 지역에서 있었던 일이다.

필자가 비정한 마한 지역은 그리스의 크레타, 미케네와 아나톨리아, 시리아, 레바논, 요르단, 리비아 등으로 북아프리카 일부까지 아우르는 광대한 지역이었다. 나중에 상세하게 설명되지만 하나라인 히타이트가 아나톨리아 반도를 대표하게 되는데 나중에 멸망하게 되어 마한의 영역이 축소되고, 삼한체제가 심히 흔들렸음에 고조선 멸망을 가속화시킨 것으로 필자는 주장하는 것이다.

루카(Lukka) 지역이 조선소, 함대 사령부라는 것은 수필루마(Suppiluliuma) 2세, 혹은 암무라피(Ammurapi)가 우가릿(Ugarit-고리의 머리, 레반트에 위치)의 왕인 Alshiya의 도움에 대한 답변으로 보존된 편지로 'Amurra의 편지'에 기록되었다.

내 아버지가 보았다. 적의 배가 왔다. 나의 도시들은 불타고 그들은 나의 나라에서 사악한 일을 저질렀다. 나의 아버지는 모든 군대와 병거가 하티의 땅에 있음을 알지 못하며 모든 배들은 루카의 땅에 있다. 이곳에 온 적군 7척의 배는 우리에게 많은 피해를 입혔습니다.

* 루카 〈황소자리, 우수주〉에 함대가 결집된 것을 보여주며 나일강 삼각주의 전투, 델타전투로 알려진 전투는 기원전 1,178~1,175년에 이루어졌다.

9. 남상인(南裳人)이 벼슬을 얻어 조정에 들어왔다.

"19세 구모소 단군(기원전 1,412) 남상인이 벼슬을 얻어 조정에 들어왔다. 여기에서 남상인은 누구인가? 고 임승국교수는 그의 저서(한단고기, 번역본, 1986, p.95)에서 남상인의 오식인 듯하였고, 남상인은 지금의 운남성 변두리에 있었던 나라이며 섬라국을 말함이다."라고 하였다. 이것은 임교수가 잘못 비정한 경우이다. 먼저 한문의 뜻을 잘 살펴보자.

상裳은 '치마 상'으로 하의에 치마처럼 바지를 입는 사람을 상인裳人이라 칭한 것이다. 그런 사람이 인도계의 사람으로 신강의 타림분지에서 미이라로 옷을 입은 채 발견되었다. 조사 결과 기원전 약 13세기경으로 추정하였다. 이것으로 보아 인도계(파키스탄 등)의 사람이 치마, 바지차림으로 단군에게 와서 벼슬을 얻어 정사를 돌보았던 것이다. 이것은 복식사를 들여다보지 않으면 비정할 수 없는 것이다.

10. 하나라(히타이트) 멸망과 은나라(상나라-아시리아) 비사

"이때 걸이 약속을 어기고 군사를 보내어 길을 막고 맹약을 깨뜨리려 하였다. 그리하여 임금께서 마침내 은나라 사람과 함께 걸을 치는 한편, 은밀히 신지臣智 우량于亮을 보내어 견군(畎軍-융족)을 이끌고 낙랑군사와 합세하여 관중의 변, 기 땅을 점령하여 주둔시키고 관제를 설치하였다(13세 단군 흘달, 기원전 1782).

여기에서 "은나라 사람과 함께 걸을 치는 한편"으로 하나라 전투와 멸망에 대한 설명이 전혀 없다. 은나라 사람과 걸을 쳐서 항복을 받아내었다던지, 왕을 죽였다던지, 수도를 점령하였다던지에 대한 일체의 설명이 누락된 것이다. 소위 전쟁의 결과가 모호해진 것이다. 이렇게 모호하게 해 놓은 것은 "견군(畎軍-융족)을 이끌고 낙랑군사와 합세하여 관중의 변, 기 땅을 점령하여 주둔시키고 관제를 설치하였다."를 강조하여 하, 상이 중국본토에 있었다는 것을 빈, 기 땅으로 강조하였던 것으로 보고 있다. 실로 히타이트(하나라)는 기원전 1,178년에 아시리아(상나라, 은나라)와 9환(9문 동맹군)에 의해 멸망하였다. 13세 흘달 단군시대는 기원전 1,782년의 기록이므로 중국은 자기 땅에 없는 가공된 하나라의 존재를 590년 부풀려 놓은 것이 된다.

이렇게 전쟁의 결과에 대한 모호성은 위작의 비판을 면할 수가 없는 것이며 필자는 이집트와의 9환족 동맹군과의 전투 기록(바다 사람들)에서 9환(9문)이 히타이트 수도를 불태웠던 기록을 '람세스 3세의 빈소사원' 기록에서 찾아내어 증명하였다.

견군은 서융(西戎)으로 바로 코카서스의 개로 유명한 '달마시안'의 고장인 코카서스(카스피해 연안)인 것이며 카자흐스탄의 서쪽 지역인 아랄해 주변 지역인 것으로 중국에서 입이 닳도록 인용하는 코작족인 '고죽국' 지역이다. 즉 번한의 군대를 데려 온 것이다. '견이는 동이 9족 가운데 하나이다. 〈후한서〉 서강 전에 걸왕이 세상을 어지럽히자 견이가 빈과 기 사이에 들어왔다.'라고 하였다(증산도의 환단고기, p. 661). 견은 밭 전에다 개 견을 붙인 이름이다. 견군(畎軍)은 일종의 구가(狗加)이며 서융(西戎)족이다. 일찍이 '반고'가 무리를 이끌고 정착했던 지역으로 중국이 가필하여 위작한 것으로 보고 있는데 하나라와 은나라는 중국 역사가 아니며 그 허구와 왜곡을 상세히 뒷장에서 서술하고자 한다.

11. 고죽국(孤竹國)과 고죽군(孤竹郡)에 대한 역사왜곡의 비판

"21세 단군 소태(기원전 1,286), 이 해에 백이(伯夷)와 숙제(叔弟)도 역시 고죽군의 자손들로서 나라를 버리고 동해의 해변에 와서 밭갈기에 힘쓰며 혼자 살아갔다. "22세 단군 색불루(기원전 1,266) 남국이 자못 강성하여 고죽국 왕과 더불어 모든 도적을 쫓아버렸다. 남쪽으로 옮겨 엄독홀(이란)에 이르러 머무르니 그곳은 은나라(아시리아) 국경과 가까운 곳이었다." 아프가니스탄의 남쪽은 분명 '이란'인 것이다. 당연히 '이란' 옆은 '아시리아'인 것이 증명되는 것이다.

"36세 단군 매륵(기원전 653) 단제께서 병력을 보내 수유의 군대와 함께 연나라를 정벌케 하였다. 이에 연나라 사람이 제나라에 위급함을 알리자 제나라 사람들이 크게 일어나 고죽(孤竹)에 쳐들어 왔는데 우리의 복병에 걸려서 싸워 보았지만 이기지 못하고 화해를 구하고는 물러갔다.

〈타림분지 주변의 국가들〉

한단고기에 고죽국과 고죽이란 용어가 더러 나오며 '백이와 숙제' 이야기도 나온다. 중국 사가들은 고죽군을 은나라 제후국이며 중국의 '북평지방'을 옛 이름으로 '고죽군'이라 불렀으니 고죽국도 역시 그쪽이라고 상고사를 연구하는 대다수의 학자들은 입을 모은다. 물론 강단사학자들은 한반도의 '해주'라고 비정하였고……또한 왜곡시킨 중국사가들은 헷갈리게 낙랑국과 낙랑군으로 그 표기를 달리 하였다.

고죽국은 허베이성이 아니다. 은(상)나라는 중국 역사가 아니다. 물론 '하나라'도 마찬가지이며 '주나라'까지 중국역사가 아닌 것이다. 이 문구를 상세히 관찰해 주기 바란다. 일단 은(상)의 엉터리에 대하여 잠시 언급하고자 한다.

"22세 단군 색불루(기원전 1,266) 남국이 자못 강성하여 고죽 국왕과 더불어 모든 도적을 쫓아버렸다. 남쪽으로 옮겨 엄독홀에 이르러 머무르니 그곳은 은나라 국경과 가까운 곳이었다."

증산도의 한단고기 번역본(p. 673)의 고죽과 남국에 관한 지도를 보면 아주 기가 차는 내용이 실려 있다. 즉, 남국은 태원의 오른쪽으로 되어 있고, 고죽국은 북경의 우측에 발해만을 끼고 있다. 그런가 하면 낙랑을 북경 좌측의 조양 옆에 그려 놓고, 한단고기에 나오는 엄독홀과 서, 회 땅과 은나라는 좌측에 안양을 중심으로 하는 지도로 그려져 있다. 물론 모르는 독자들은 증산도의 환단고기에서 인용한 지도를 보면 틀림없는 은나라와 고죽, 남국의 지도가 맞다고 할 수 있다.

하나, 이것은 아주 심하게 조작된 것으로 중국 사가들이 지금으로부터 약 2,500년 전부터 우리의 역사를 왜곡하고 난도질하였다는 것이 여기 지도 1장에서도 명확하게

나타나고 있다. 왜냐하면 중국인들이 이야기하는 남국이 남씨 성을 가진 사람이 건국한 나라가 아니고 오히려 대월지국을 건설하여 쿠산왕조를 열어 나갔던 모체는 아프카니스탄의 카불(Kabul-고리의 광명)에 위치하였던 남씨성(藍氏城)이다.

후한서엔 남씨 성으로 나와 있고 한서엔 감씨 성으로 오역되어 있다. 중국측도 남이(藍夷)로도 부른다. 이 남이, 남국은 '쪽빛 남', 남색 남의 남국이며 조금 전에 필자가 기술한 대로 '청금석과 청람석의 자원으로 남국이라고 불리워졌다고 소개하였다. 그렇다면 아프카니스탄이 왜 그 지도에서 버젓이 산동방향에 있어야 하고 고죽국이 발해만에 있어야 하는가? 고죽국은 번한의 왕인 키르기즈스탄의 동맹국인 카자흐스탄의 가신인 '고죽국'이었으며 그 나라는 카자흐스탄과 접경지역인 코카서스 지방의 국가로 '아랄해' 근처에 있었던 것이다. 한문으로 고죽을 표기하였지만 원명은 '쟉국'이었다. 쟉국에서 '고리'의 '코'를 붙여 '코작'이 된 것으로 인도유럽어로 '코쟉'(코삭)이었는데 풀어보면 '고작'이 되고 이 고작은 다시 구작, 구작, 구족, 구죽, 고죽 등으로 발음이 변형되므로 한문으로는 '코작'을 도저히 나타내지 못하므로 반드시 고작을 사용해야 하는데, '백이와 숙제'가 충신으로서 굶어 죽은 것을 기리고자 '외로울 고(孤)'에 충절의 표시인 대나무 죽(竹)을 넣어 모든 사람들에게 충절의 표시로 선전해 온 것이었다. 인도유럽어의 표현인 '코작'은 우리 말로 하면 고작 내지는 고작이 되어야 마땅하다. 한문으로는 중모음을 나타낼 수 없으므로 高作, 古作, 固作, 故爵, 膏皭, 鼓作, 庫作, 古爵, 稿作 등 엄청나게 고작으로 붙일 수 있는 이름이 많다. 고작은 영어로 Kozak이며. 원명은 'Zak'족이다. 앞의 Ko는 단어의 앞이나 뒤에 붙은 '꼬리표'로 '고리'란 것은 수식을 의미하는 것으로 카, 쿠, 케, 키, 코로 수식하였다.

이런데도 불구하고 중국의 사가들이 외로울 고에, 대나무 죽을 붙인 것은 어떤 것을 의미하는가? 그것은 상당히 의도적인 것이었다. 중국사람이 자기들하고 피 한 방울 섞이지 않았던 '고죽국'의 사람인 '백이와 숙제'를 만고 충신의 표상으로 삼아 지금까지 확대 선전한 이유는 엄청난 역사 왜곡을 위한 고단수적인 술책이었던 것이다. 즉, 하·상·주역사의 정통성을 확립시키기 위한 부품으로 고죽국이 필요했고, 백이와 숙제가 필요하였으며 남국이 필요하였고, 관중의 빈과 기땅이 필요하였다.

그들은 또한 복희의 출생지는 파키스탄의 '펀잡'인데 감숙의 천수(天水)로 설명하고 복희의 땅인 제수(濟水-춘추좌전에 야만인의 땅이라고 규정하였다)를 산동에 지명을 이동시켰고, 치우 무덤 역시 산동에 놓았으며 역사왜곡을 위한 퍼즐에 마음대로 지명을 이동시켰다. 태백산, 갈석산 등 여러 개의 지명을 전국에 흐트려 놓아 못 찾게 만들고, 수시로 자기네의 25사를 뜯어 고쳐 동이족의 흔적을 왜소하게 만들어 온 것이 드러나고 있다(수양산은 6군데이다).

중국 사람이 카자흐스탄인의 '코작'에다 방언을 붙여 모음을 이리저리 고쳐 나가며 발음하는 그런 언어영역이 아니기 때문이다. 다만, 마찰음만 빼고 그대로 발음하면 '고작'이 되는 것이다. 그런데도 불구하고 중국 사가들은 '고죽(孤竹)'으로 불렀다. 그래서 이름하여 '외롭게 대나무처럼 충절하다 죽은 사람의 나라'인 '고죽'으로 지은 것이다. '고작'으로 지을 수 있는 이름이 다양하게 많다. 그런데도 굳이 '고죽'이란 이름을 사용한 것은 중국 사가들이 오래 전부터 우리의 한단고기를 위작했다는 귀결에 도달하게 되는데 그 중 하나가 '동해로 나아가'란 용어이다. 카자흐스탄의 카작(우랄해 근방)에서 중국의 산동까지는 엄청나게 먼 거리이다.

수양산은 밝은 광명의 산으로 태백산을 의미하는 것으로 고조선 권역에 많은 태백산이 있었다(앞장의 태백-테페, 테베 연구 참조). 고조선의 마한 영역인 히타이트에 많은 태백산인 수양산(태페-성소)이 있음에도 불구하고 수천리 먼 길을 돌아 중국의 산동성에다 발해만까지 갈 이유가 하나도 없는 것이다.

고죽국을 북경 근처의 발해만으로 끌어들인 것이다. 중국학자들은 북해를 발해라고 부른다. 발해만의 발해를 왜 북해라 부를까? 지도로 보면 발해만은 동쪽이며 동해로 불러야 마땅하다. 중국의 발해만을 북해로 생트집을 잡아야 발트해와 발칸의 환웅시대가 없어지고 초기 고조선 역시 중국의 발해만으로 들어오기 때문이다. 여기에 아프가니스탄인 남국과 고죽을 끼워 놓고, 빈과 기란 지명을 넣으며 엄, 포고, 회, 서로 하여 역사왜곡의 장난을 하고 있는 것이다.

"맹자가 말한 것은 백이가 주(상의 주왕-아시리아)를 피하여 북쪽 바닷가에 기거하였다." 여기에서 중국학자들은 북해(흑해, Black sea)가 중국의 발해(발해만)라고 고집한다. 중국 사람은 북해가 발해가 되고 발해는 다시 동해로 되는 것인가? 엉터리인 것이다. 필요에 따라 동해도 되고 북해도 되는 엉터리 학설이 중국학자들의 주장이다. 하나라인 히타이트는 아나톨리아반도에 있었기에 하투샤(하나라) 북쪽이면 바로 흑해이다. 흑해는 북해이다. 북쪽이 바닷가라면 흑해와 카스피해 말고 없다. 백이가 북쪽 바닷가에 은거하였고 상은 아시리아이므로 중국의 산동에 은거하였다는 주장은 거짓말이 된 것이다. 그렇다면 맹자가 말한 중국의 북쪽 바닷가는 어디인가?

"수서(隨書) 배구전(裵矩傳)에 '고죽국은 고구려 땅이다(高麗之地, 本孤竹國也)."라고 하여 고죽국의 영토가 고구려의 통치영역이 되었음을 나타내었다(증산도 한단고기, p. 736). 즉, 고죽국은 카자흐스탄의 번국으로 아랄해 근방에 위치하였다. 북부여로부터 이어받은 고구려의 발상지는 우크라이나 남부인 '북캅카스'(카자흐지역) 지역이나 우크라이나의 '키에프(고리의 아버지)' 지방으로부터 출발한 것으로 미루어 짐작한다. 왜냐하면 첫 수도가 '졸본'이고 고조선의 고토회복을 주장하였음에 한반도의 평양이 될 수 없는 것이며 중국 땅도 아니기 때문이다. 졸본(Zolbon)은 흘본, 글본, 클본으로도 사용됨에 그리, 크리가 됨에 '고리'가 있는 아버지의 땅! 본래의 땅이 고구려의 첫 수도인 것이다. 졸본(Zolbon)은 "태양의 아버지 사람들"의 해석이 된다.

북부여의 해모수는 웅심산에서 건국하였다. 웅심산은 웅심(雄心)국으로 북캅카스 지역으로 비정한다. 지금도 쿠미크어, 코미어, 쿠만어 등 소위 '곰 언어'로 살아가는 사람들의 집합체로 지금은 러시아 연방 자치구이다. 웅심산은 지금의 마리엘 공화국으로 곰이 방패와 칼을 들고 서 있는 국장의 나라로 본다. 대저 웅심(雄心)이란 뜻은 무엇인가? 심(心)은 심장을 뜻한다. 심장은 한가운데에 위치한다.

심장(心腸)의 심(心)은 오행상 '화'이며 신체 구성에서 한가운데에 위치한다. 그러므로 웅심은 곰의 마음이며, 곰의 중심부를 말한다. 곰의 중심부는 바로 북캅카스 지역이다. 체첸공화국, 인구시공화국, 다게스탄공화국, 카바르디노발카르공화국, 카라자예보케스카야공화국, 세베로오세티아공화국, 마리엘공화국 등이 '곰 언어'를 사용하고 있다. 강단사학자들은 웅심산을 송화강 하류인 '서란'으로 보고 있다.

아무런 곰 언어 영역도 없는 쑹화강 지류에서 '웅심'이 나올 리 없지 않은가? 언어학, 종족학, 인류 문화사적으로 보아도 웅족들과 웅족의 언어를 사용하고 있는 집합체가 사는 곳이 웅심국이 되는 것이고 '웅심산'이 되는 것이다.

내가 사는 동네 위쪽에는 오래전에 다른 곳에서 철거되어 온 사람들이 모여서 부락을 일군 곳이 있다. 이름하여 '제주도 동네'라고 한다. 왜 그런지 이웃에게 물어보니 지금은 몰라도 예전에는 '제주 사람들'이 많이 살아서 그렇게 이름이 붙여졌다고 한다. 조그만 소부락도 이런데 하물며 '웅심'이란 웅족의 집합체이다. 웅족이 모여 살았고, 곰 언어가 활발히 사용되었던 곳이 바로 '웅심산' 일대인 것이다.

강단사학자들은 백아강이 평양이고, 초기 고조선의 백악산이 장춘, 농안이며 장당경은 개원으로 비정하고 있다. 그리고 아사달은 하얼빈으로 비정하였다. 장단국은 고대 티벳의 왕국 이름으로 나중에 티베트로 수도를 옮긴 듯하다. 초기 고조선은 일제의 반도사관에 입각하여 비정한 강단사학자들의 주장인 만주 일대도 아니고, 재야 사학자들이 주장하는 중국 본토도 아니며 중앙아시아이다. 왜 중앙아시아가 초기 고조선의 강역인지 필자가 처음부터 설명하고 있는 것이다. "뿌리 없는 나무가 없고 부모 없는 자식이 없다." 고조선은 환인과 환웅의 뿌리에서 시작된 것으로 이미 설명한 유럽의 최대 오래된 문화인 '빈카문화'에서 한인, 환웅의 곰 숭배를 하는 신정통치가 입증되었고, 백색 그리스문화와 소아시아문화를 선도한 것으로, 파키스탄의 "메르가르" 문명과 그 하위 문화인 '하라파 문화, 모헨조다로 문화'에 연결된 박트리아 마르기아나 문명으로 고조선은 중앙아시아의 타지기스탄과 아프가니스탄의 국경지대인 '고르노바다흐샨주'에서 옥서스강을 끼고 시작된 것이다.

물론 중국의 '발해'란 지명도 '발트해'에서 지명 이동이 된 것이다. 발칸반도를 중심으로 하는 환웅시대의 문화를 중국이 억지로 지명을 이동시켜서 중국의 발해만을 만들어 그곳에다 하나라와 상(은)나라, 주나라 역사까지 만들어 발해문화로 옮겨 온 것이다. 고조선은 고작 해봐야 기자와 위만조선으로 중국의 손아귀에 놀아난 지방정권쪽으로 확대 포장하고, 색칠을 하여 우리의 환인시대와 환웅의 역사를 아예 없었던 것 처럼 송두리채 도적질하고 단군의 역사마저 1천년 이상 싹둑 잘라먹는 행위는 일본의 역사왜곡을 뛰어 넘는 파렴치한 용서받지 못할 짓을 하였던 것이다.

남국의 남은 '남색 남'이며 '쪽빛 람'이다. 절대 속이지 못한다. 남이, 남국은 아프가니스탄이다. 이 아프카니스탄이 남국이고 고죽국이 카자흐스탄 가신국이므로 필자의 주장대로 이해를 하고 문장을 살펴본다면 중국의 주장이 앞뒤가 맞지 않는 황당한 것에 도달하게 된다.

중국(지나)은 지금까지 잘도 속여 왔지만 필자의 해독으로 중국이 그토록 자랑하고자 하여 약 2,500년 동안 퍼즐을 맞추고 숨기며 하, 상, 주의 역사 왜곡을 해 온 것이 하루아침에 산산조각 나 버렸던 것이다. 진실은 언젠가는 밝혀지거 "사필귀정"인 것이다. 앞의 문장을 필자의 주장대로 한다면 상(은)나라는 아시리아이다. 물론 하나라는 히타이트이다(별도의 해석이 있을 것이다).

12. 천해(天海)의 물이 넘치고 사아란산(斯阿蘭山)이 무너졌다.

"27세 두말 단군(기원전 997) 천해(天海)의 물이 넘치고 사아란산(斯阿蘭山)이 무너졌다."

여기에서 사아란산은 바이칼호 옆에 있는 샤안산맥을 가리킨다. 천해는 북해라고도 하며 지금의 바이칼호다(증산도 한단고기 번역, p. 679).

인용된 이 두 번역은 아주 잘못된 비정의 번역이라고 본다.

천해는 북해이므로 북해는 바로 '흑해'(Black sea)이다. 북의 오행은 '흑'이다. 물론 남해는 '적'이다. 북쪽의 바다는 오행상 흑해가 되는 것이고, 초기 고조선은 이 흑해를 천해라 불렀으며 북해라고도 하였다. 대저 하늘의 방향은 북을 가리켰음에 응당 북해는 천해가 되어야 하는 것이다.

바이칼(아버지 고리)호는 이미 환인시대에 들어가서 종족을 이루어 살았으며 동쪽으로 간 6국문화의 중심지로 내몽골의 홍산문명인 선비국(통고사국)으로 보아야 한다. 유럽과 그리스반도로 진출하였으며 빈카문화와 맞물려 지중해와 메소포타미아 문명을 일군 환웅의 강역을 상속한 초기 고조선 시대엔 중앙아시아에서 9환족을 중심으로 건국하였던 것이다.

자, 그러면 사아란산은 어디인가? 증산도에서 인용한 바이칼 주변의 샤안산맥인가? 물론 발음이 비슷하지만 아니다. 사아란 산은 터어키의 산리우르파주에서 44km

떨어져 있고, 지금은 '카르하에'로 알려져 있다. 시리아 국경 근처의 고대도시이며 하란(Harran)으로도 불린다. 사斯는 접두사로 매우, 최고란 의미를 가지므로 최고의(위대한) 도시인 '하란'을 말함이다. 사하란은 약간 길게 발음하면 사하아란이 되므로 사가가 기록할 시에 '아란'으로 기록한 것 같다. 사실 자음인 ㅎ과 ㅇ은 발음상에 자주 섞여서 나타난다. 이 고대도시가 지진이 나고, 근처 흑해의 물이 쓰나미로 뒤집혀서 물이 넘친 것을 우리는 알 수 있는 것이다. 왜 이 도시를 환단고기에 인용했을까? 물론 초기 고조선의 강역이므로 언급한 것이다.

그것은 '사하란', 즉 '사아란'이 히타이트와 루카(루비안)와 팔라연합 등이 포진한 마한의 영역로 상업중심지이며 무역의 중심도시이고 터키와 시리아의 국경지대인데 무역으로 알려진 고대도시로 그 비중이 컸다고 보아야 한다. 기원전 2,250년으로 추정되는 설형문자 정제에서 '하란'이 발견되었다. 이곳은 '아브라함'이 가나안에 도달하기 전에 살았던 장소로 확인되었는데 '아브라함'의 형이 '하란'이라고 하므로 형과 같이 이곳 '하란'에서 머문 것이 맞는 것 같다. 바이칼 호수 지역은 동부 시베리아 족과 환인 12국 분기시에 분기해 나간 선비국(시위국, 통고사국)으로 보고 있다. 따라서 고조선의 시원인 초기의 영역에는 포함되지 않는 것으로 본다.

메소포타미아의 주요 상업, 문화, 종교 중심지의 고대 고고학적인 중심도시로서 기원전 1,100년경 아시리아의 티그라트-필레세르 1세의 비문에 언급되어 있다고 한다. 이 도시는 미탄니를 정복 중이던 히타이트의 군사에 의해 불탔으며, 기원전 763년에 약탈되기도 했다. 기원전 612년 아시리아의 사령부가 되었다가 몇 년 후에 바빌로니아에 격파되어 병합되었다고 전해진다.

13. 염수(鹽水)근처의 땅에 정착하다.

"15세 대음단군(기원전 1,652) 가을 7월에 우루(虞婁) 사람 20가구가 투항해 오므로 염수 근처의 땅에 정착하도록 하였다." *우루국(虞婁國)-비나국(卑那國)

고조선 광역 내에 염수가 있는 곳은 이란의 Gebirge염해(자그로스 산맥 밑)와 터키의 호수 반 염해와 청해호수(티벳 동북부)가 있다. 물론 '산해경'에 '아랄해'가 '염해'라고 소개하고 있다. 그러나 '아랄해'는 '산해경'의 마지막 주석이 기원전 46년이므로, 약 1,600년이 지난 시점임에 '염해'란 것은 믿을게 못 될지 모른다. 하여튼 '산해경'의 기록까지 합치면 네 군데가 되는데, 과연 이 네 곳 중 어느 곳에 살게 하였는지는 모른다. 한단고기의 기록 중 가장 초기 고조선의 영역을 잘 알 수 있는 지명이다. 염해(소금호수)는 지구상에서 그리 흔치 않다. 아프리카, 이란, 케냐, 터어키, 루마니아, 미국, 호주, 러시아 등이다. 이 문장으로 보아 초기 고조선의 영역이 한반도나 만주일대는 아니라고 독자들은 더 잘 알게 될 것이다. 이 문장은 초기고조선의 영역을 보여주는 귀중한 자료이라고 할 것이다.

물론 '우루국'은 비나국(필라국, 피나국)과 같다고 한단고기에 주석이 되어 있어 페니키아인 지중해권의 국가로 이해를 해야 한다. 우루국에서 망명한 것이면, 확인된 바 기원전 16세기에 지중해는 이집트의 지배를 받고 있어 지중해권의 도시국가 연맹이 '우루국'으로 표기된 듯하다. 그렇다면 가장 가까운 터어키의 염해로 가서 살게 하였던 것으로 짐작한다. 여기에 강단사학자의 턱도 없는 비정처럼 우수리강 유역의 사람으로 생각해선 안될 것이다. 만약에 어느 학자가 그렇게 주장한다면 '염해'는 어디인가를 되 묻고 싶다. 북만주 벌판에 염해가 있는가? 이치에 맞지 않는, 올바른 비정을 하지 못한다면 '찌라시'며 억지에 불과할 뿐이다.

14. 귀방(鬼方)에 대하여

"21세 소태단군(기원전 1,291) 은나라와는 무정이 귀방을 쳐 이기더니 또 대군을 이끌고 색도, 영지 등의 나라를 침공하였으나 우리에게 대패하여 화해를 청하며 조공을 바쳤다." 이것은 아시리아인 상(은)이 이란지방에 위치한 미탄니왕조의 국경지방을 침공한 것을 인용한 것으로 보인다(미탄니왕조는 고조선의 제후국이었다).

한문으로 귀방(鬼方)이라 하면 으레 '귀신의 방향'이라고 반문할 수 있다. 귀의 글자가 귀신귀이기 때문이다. 그러나 중국사가들은 이 귀방도 왜곡하여 엉뚱한 곳에 놓아 장난치고 있다. 지도에 보면 화북의 낙랑홀 옆에 붙어 있다. 쉽게 설명하자면 '태원'의 정북이다. 그러면 진짜 '귀방'은 어디인가? 초기 고조선인 중앙아시아로부터 서남방에 존재하였던 방위체계로서 이란, 이라크 북동부를 뜻한다 할 것이다. 이곳은 메소포타미아 지방과 가까운 지역으로 자주 전쟁에 휩쓸린 지역이기도 하다. 앗수르, 아시리아, 바빌로니아, 히타이트 등의 국가와의 전투를 말한다. 초기 고조선의 위치를 비정하지 못하면 '귀방' 역시 비정하지 못한다고 할 것이다.

'귀방(鬼方)'은 이십팔수(二十八宿)의 한 자리로 고대로부터 동아시아에서 사용되어 온 황도와 천구의 적도 주변에 있는 28개의 별자리이다. 동, 북, 서, 남의 방위에 따라 사신(청룡, 현무, 백호, 주작)이 각 7개씩의 별자리를 주관한다.

이십팔수를 풀어 보자면 동방청룡엔-각(角), 항(亢), 저(氐), 방(房), 심(心), 미(尾), 기(箕), 북방현무는-두(斗), 우(牛), 여(女), 허(虛,) 위(危), 실(室), 벽(壁), 서방백호는-규(奎), 루(婁), 위(胃), 묘(昴), 필(畢), 자(觜), 삼(參-여기에서 '황소자리'는 서방백호 중 묘, 필자리에 해당한다.)

남방주작은-정(井), 귀(鬼), 류(柳), 성(星), 장(張), 익(翼), 진(軫)으로 모두 28개의 별자리이다. 이 중 귀방(鬼方)은 남방주작의 귀(鬼)로 남서쪽의 방향이라 하겠다.

귀방(鬼方) : 은나라대의 작은 나라 이름인데 다음과 같은 설이 있다.

1) 서융설(西戎) 칭하이성 일대.
2) 주나라 형초(荊楚)의 땅이라는 설.
3) 지금의 구이저우성(貴州省)이라는 설.
5) 오랑캐를 가리키며 은나라 때 산시성의 서북일대라는 설. 이 중 마지막의 주장이 가장 신빙성 있게 여겨진다고 하였다. (고 임승국의 한단고기 번역, 1986, p. 97)

하나, 이 다섯 가지 비정이 모두 잘못 비정되었다. 중앙인 고조선에서 남서방향이 이라크와 이란지방이다. 중국에 없었던 왕조이며 가공된 은·상나라를 끼고 비정을 하려니 모두 엉터리가 된 것이다. 은나라(상나라)는 아시리아이므로 이라크, 이란이 아시리아의 주요 지역이 된 것이다.

실로 춘추시대에 중국 사가들이 하·상·주의 역사를 가공하여 만들 시기에 주변의 제후국이 필요하였기에 우리의 고서인 한단고기에서 언급된 '귀방'과 짜 맞출려니 남국, 고죽, 귀방, 포고(박고) 등의 소국가를 만들어 마치 하·상이 중국 산동이나 화북, 산서에 있었던 것처럼 포장한 것이다.

15. 엄독홀(奄瀆忽)과 포고(蒲姑-박고)에 대하여

"22세 색불루 단군(기원전 1,266) 남국(藍國)이 자못 강성하여 고죽국 왕과 더불어 모든 도적을 쫓아버렸다. 남쪽으로 옮겨 '엄독홀(奄瀆忽)'에 머무르니 그곳은 은나라 국경과 가까운 곳이었다.

"23세 아홀 단군(기원전 1,236) 몽고리의 군대와 합세하여 이르는 곳마다 은나라 성책을 부수고 오지로 깊숙이 들어갔다. 회대(淮岱)땅을 평정하고 포고씨(蒲姑氏)를 엄(淹)에, 영고씨(盈古氏)를 서(徐)에, 방고씨(邦古氏)를 '회(淮)'에 봉했다." 또는 표고를 박고(薄姑)라 하였다(증산도 한단고기, p. 226).

"30세 내휴 단군(기원전 909) 서쪽으로 엄독홀에 이르러 분조의 여러 왕을 모아 열병하신 후 하늘에 제사 지내고 주나라와 수교하였다."

여기에서 '엄독홀'은 어디인가? 고조선이 '험독'인데 같은 '독'자를 사용하였다. 그런데 두 번째 문장의 포고씨를 엄에 봉했다의 포고씨는 바로 '바크티아리인'이다, '바크티아리' 부족은 이란 남서부의 방언인 '루리어'를 쓰는 종족이었던 것이다. 한문으로 '바'의 표현을 못하므로 가까운 음인 포(蒲)를 활용하여 나타내어 '포고'가 되었는데 풀이해 보면 바크는 바코, 파코, 페코, 푸코, 부코, 파크, 푸크, 부크, 포코, 보고, 포고, 보그, 보크, 포크 등으로 표현이 된다. 그러므로 바크와 포고는 같은 어원에서 방언으로 갈리어 나간 것을 알 수 있는 것이다. 증산도의 환단고기 번역문에서 포고는 '박고'로도 쓰였다를 인용하면 더 확실해 지는 것이다.

그러므로 '바'에서 '포'로 변형시켜 이름을 갖다 붙여도 같은 어원의 용어가 형성되는 이유이다. 그것은 인도유럽어의 모음조화인 프로도 현상으로 바가 파가되며 포, 푸, 퍼, 프 등으로 바뀌어져 방언이 형성되는 것이다. "엄독홀이 은나라 국경과 가까운 곳이었다." 이 기록은 은나라(상)가 아시리아이므로 이란의 '엄독홀'이 가까운 것을 이야기한 것이다. 이 문구 하나만 해도 은나라(상)는 중국의 역사가 아닌 것으로 정확히 판명되는 것이다. 어찌 대한민국에 많은 사학자들이 있지만 이처럼 책만 좀 보고 연구하면 금방 알아버릴 진실을 왜? 지금까지 몰랐던 것일가? 아니면 알고도 자기들의 학설을 위하여 은폐를 했던 것일까?

증산도의 한단고기 번역본의 동이의 여러 종족들이란 소제에서 중국학자가 기술한 동이의 갈래로 표현한 엄족(奄夷)를 살펴보면(증산도 한단고기, p. 226)

> "엄(奄)은 원래 부족명이다. 엄족은 상나라 때 산동 서남에 국가를 세웠다. 엄족은 영嬴씨성이고 동이 백익부에서 비롯되었다. 엄국은 주나라 초기에 상의 마지막 왕 주의 아들인 무경(武庚)의 복국(複國)전쟁을 지원했지만, 결국 주공이 동쪽을 정벌할 때 포고(또는 박고)씨와 함께 주에게 멸망당했다. 전통적으로 '엄국(奄國)'이 지금의 곡부 또는 그 부근에 있었다고 본다(증산도 한단고기-중국학자 장부상, pp. 514~517)."

아주 엉터리 조작이 아닐 수 없다. 포고, 박고(바코)의 이름은 누가 뭐래도 '바크티아리인'이다. 이란의 남서부에 살았던 초기 고조선의 9환 종족이 무엇 때문에 산동에 갔겠는가? 이것은 이란의 바크티아리인을 박고, 포고 씨로 하여 등장시켜 상과 주나라의 존재를 부각시키기 위한 어설픈 장난임이 필자에 의해 밝혀지고 있는 것이다. 현재 중국은 고구려와 발해 역사를 자기네 역사로 편입시키려는 동북공정을 하기 전인 오래전부터 하·상·주공정을 해 왔다. 중국은 '얼리강'과 '얼리투어 문화' 등 유적지를 들어 외국학자들에게 하·상·주의 왕조표를 들이밀며 인정해 달라고 하지만 공식으로 인정이 안되고 있다. 그 이유로는 왕조를 인정할 만한 아무런 유물이 없다는 이유에서이다. 하와 상의 허구는 뒷장에서 밝혀나갈 것이다.

동이족 '백익부'는 하나라인 히타이트의 '하투사'를 말함이다. 중국 사가들이 '럼'을 인용하여 중국식 표기인 '엄'으로 호칭한 것으로 보인다. 실로, 상나라(은)인 '아시리아'와 국경을 접하였다고 볼 때 '엄독홀'은 이란이 된 것이다. 신 히타이트가 바로 주나라이다. 주나라는 백익부(흰 머리족, 하티안-히타이트)의 자손이기 때문이다. 여기에서 포고, 박고가 주(신히타이트)에게 멸망을 당했다는 것은 이란권역의 조그만 왕국인 '마나왕조'(만나)를 말함으로 보고 있으나, 신 히타이트가 이란 권역까지 진출하지 못했기에 거짓이 된 것이다.

* 알라니족(알란족)

흑해 연안 북동쪽의 스텝지역에서 일어난 이란계 유목민족이다. 기원전 후 로마의 문헌에 처음 등장하는 종족으로 카스피해 연안의 카프카스에서 기원하여 서쪽으로 진출하였다는 종족인데 게르만 민족의 한 부분으로 자리 잡았으며(알레마니족) 일명 '럼족'인데 중국에선 '엄체족'으로 분류하였다. 이란의 종족이므로 '엄'족으로 분류하고 있는 것이다. 실로 '엄'은 영어의 '럼'에서 따온 것으로 이란계의 '럼족'이었다. 필자가 연구한 바 이 종족은 기원전 6~5세기경에 켈트족에 합류하여 이동하였다. 그러므로 한단고기에 인용되었던 '엄독홀'은 이란 사람들의 국가인 것이 다시 한 번 여실히 드러나고 있는 것이며 실로, 서기 10~13세기의 '럼족'은 '셀주크 럼'으로 아나톨리아(터키)를 말하기도 하였다.

중국은 '바크티아리의 '엄족'을 산동성에다 가져다 놓고 역사왜곡을 하게 된다. 이란 남서부에 있어야 할 종족을 산동에 가져다 놓고 아프가니스탄인 남국도 같은 산동에 고죽국은 화북에 놓았던 것이다(증산도 한단고기, p.675 하단, 지도 참조). 엄족은 바크티아리인이며 '엄독홀'은 이란 남서부에 해당하는 '마할레 바흐티아리(바크티아리)주'인 것이다.

엄독홀 밑으로는 아시리아의 영토가 있으므로 아시리아가 상나라가 된다. 이 문장으로 볼 때 중국 사가에 의해 왜곡된 사실을 그대로 인용하다 보니 오래전에 환단고기가 위작이 된 것을 알 수 있는 것이다. 왜냐하면 중국 지방의 회대가 이 문장에 나와서는 안 될, 사실 필요없는 문장인데도 아전인수의 발상으로 자기네 영토에 있는 회대지방을 넣어서 은(상)이 그곳에 있었다고 강조하려 하였던 것이다. 결국 회대(淮岱)땅을 평정하고 포고씨(蒲古氏)를 엄(淹)에, 영고씨(盈古氏)를 서(徐)에, 방고씨(邦古氏)를 '회(淮)'에 봉했다."는 문장은 위작이 된 것이다. 그 중에 '박고씨'를 소개한 것은 아주 큰 잘못이라 하겠다. 기상학자들의 주장으로는 지금으로부터 약 5,000년 전에 산동지역은 물이 빠지지 않는 늪지대, 수몰지역 등으로 주장하고 있다. 그러므로 이 지역에 문명권이 형성될 수 없는 한계가 된 것으로 생각한다. 이러한데도 중국사가들은 자기네의 역사를 부풀리게 하기 위하여 가공된 하, 상, 주 역사를 만들다 보니 여러 소품의 소국가가 필요하였던 것이다.

또한 위작의 흔적으로는 은(상-아시리아)과의 전쟁에는 남국인 아프가니스탄과 낙랑국, 엄독국(이란), 아나톨리아의 마한연맹체(터키), 시리아만 있어도 되는데 반해 굳이 몽골을 끼워 넣은 것은 송화강변이나, 발해만의 고조선을 강조하기 위한 것으로 볼 수 있는 것이다. 실로, 고대 몽골은 동쪽으로 분기해 간 환인6국의 후손들이므로 중앙아시아권의 초기 고조선은 서쪽으로 분기 해 나간 종족의 후손으로 그 당시 아무런 관계가 없는 것으로 필자는 보고 있다. 다만, 몽골은 고조선 멸망 후(기원전 630년경) 기원전 2세기경(북부여 시기) 킵착, 볼가, 크림, 시베리아, '몽골타타르족'으로 분화되어 나갔다. 다만, 12세기에 징기스칸에 의해 중앙아시아를 통일한 제국으로 등장하는 것이다. 다음 뒷장에서 중국이 역사를 왜곡하여 환단고기를 위작한 흔적을 찾아내어 대조해 나갈 것이다.

'바크티아리(Bakhtiaris)' 종족의 이름 어원은 언어학자에 의해 해독된 '최고 기회의 동반자', 또는 행운의……로 번역하였다. Bakh는 기회, Iari는 동반자가 된다. 서양학자들의 시각에서 보자면, 군주로부터 봉토를 받아 귀족이 되었음에 당연히 기회를 얻은 것이며 그들 부족은 행운의 동반자가 된 것이다. 이란 남서부에 차 하르 마할레 바흐티아리(바크티아리)주가 있다. 그러나 '최고, 기회의 동반자'의 서양 학자들의 해석은 엉터리였다. 필자가 생각하는 '바크티아리'는 '바크(Bakh, Bak)'는 밝음의 '밝'을 말하는 것이고 '티'는 머리를 말한다 할 것이다. 또한 '아리(Ari)'는 '우리'와 같다. '바크티아리족'은 "우리 광명(밝음)의 머리족"이 되는 것이다.

〈'바크티아리인'의 'Sialk' III 도자기의 파편－메소포타미아 진입의 증표로 보고 있다.〉

＊ 'Sialk'은 "위대한 고리의 얼"이 된다(바크, 포고, 박고인).
출처 : 이란(http://www.farhangsara.com/bakhtiari.htm)
이란의 지도－작은 사각형 속에 '바크티아리Bakhtiari가 있다.

이 종족은 역사적으로 우수한 기병과 같은 전투적인 기질을 보유하고 있었으며, 실로 이란의 현대역사에서 '바크티아리'가 중요한 역할을 감당하였는데 이란의 혁명에서 중추적인 역할을 맡았다고 전해진다(특히 팔레비 기간).

현재 이란에서는 '바크티아리인'을 소수민족으로 구분하고 있으며 그들의 언어는

고대 페르시아 언어에 바탕이 있다고 하였으며 출토된 도자기로 메소포타미아로 진출한 것을 말해준다고 연구하였다. 지극히 맞는 말이고 상나라인 아시리아와 무역과 전쟁을 통해 바크티아리인(이란인)이 메소토타미아지방인 아시리아로 들어갔음을 나타내는 고고학적 증명이라 할 것이다. 고대엔 이란은 구티안(Guttian-고리의 머리)으로 불렀으며, 고조선의 '고리' 국가로 '엄독홀'이었다.

16. 갑인, 기원전 677년에 해도를 치다.

여기에서 지금까지 대다수의 한단고기 번역자는 원문에 '왜'가 나오므로 무조건 일본인으로 생각하였다(往討海島하야 定倭人之叛하시니라). 그러다 보니 일제의 반도사관을 벗어날 수 없는 것이다. 그러나 필자는 그리스반도의 남부에 있는 미케네 등 작은 섬으로 이루어진 곳에 사는 왜인(섬사람)으로 보고 있다. 왜냐하면 이 지역이 고조선의 마한권역이기 때문이다. 즉, 유럽의 사람들 중 섬지방의 사람들을 고대엔 서왜(西倭)라고 불렀다 한다. 이것은 역사학자이신 최두환 박사의 학설이다. 앞에서 거론된 기원전 2,173년에 두 지주의 예읍이 반란을 일으켜 여수기를 보내어 추장 '소시모리'의 목을 베게 하였는데 이 소리모리의 후손에 '협야노'라는 인물이 있다는 것을 연결시켜 보면 아나톨리아 남부지역의 '루카'의 황소별자리 지역에 '아소스'가 있다고 하였다. 아소스가 '소시'가 되었으며, 그러므로 살수에서 전함을 만들어 루카의 해군력으로 그리스의 섬 지역에(삼도의 평정) 500척의 군함을 이끌고 반란을 평정한 것이 되는 것이다. 그런데 이집트 기록 등을 참고해 보면 한단고기에 기록된 '해도를 치다'는 서양학자들의 그 동안 연구는 고작 그리스의 미캐네섬 등을 노략질한 9문(9환)의 해적짓으로 연구가 된 것일 수도 있다. 그러나 결국 마한의 동맹(9문)으로 미캐네 등 섬 지방을 복속, 정비한 것으로 보아야 한다.

17. 태백일사 제1 〈삼신오제본기〉

증산도의 한단고기 849쪽 번역을 보면 '가장 밝은 산'으로 백두산과 만주 하얼빈의 완달산 두 곳에서 완달산을 가리킨다고 하였다. 잘못된 번역과 잘못된 비정으로 불함산은 '밝은 산'이며 밝산, 박산(Bak, Bakh)이다. 흰머리 산이 한문으로 백두산(白頭山)이 되는 것인데 흰머리를 뜻하는 백두산은 파미르의 산에서 무지하게 많다. 1년동안 눈이 녹지 않고 눈을 덮어 쓴 산이 전부 백두산이다. 히말라야 산도 예외가 아니다. 그러나 백두산은 눈이 덮힌 높은 산이 아니다. 히타이트의 수도 '하투샤'도 마한산이며 백두산이다.

대저, '흰 머리'라 함은 '광명'(바르)을 말하는 것으로 성소로 보아야 한다는 것이다. 나지막한 구릉지대의 산도 제단을 차리면 '백두산'이 되는 것이다. 이 백두산에 비교되는 태백산(太白山)이 있다. 역시 백두산과 같은 개념의 산인데 이미 앞장에서 술한 태백(테페, 태베)에 대하여 상세한 설명이 있었다. '크게 흰 산'으로 성소를 가리키는 곳이다.

무조건 산이 높고 산봉우리에 눈이 하얗게 덮여야만 태백산이고 백두산이 되는 것이 아니며 오직, 광명의 빛이 내리는 성소를 가리킨다 하는 것을 다시 한 번 독자들에게 강조하는 바이다.

18. 삼국지(三國志) 위서(魏書) 30 한전(韓傳) 해석

기원전 8세기경의 아나톨리아(Tabal 국가 형태–광명의 머리)

필자는 이미 마루 닦는 걸레가 되어 버린 위작과 왜곡된 중국의 25사를 두고, 특정한 지역을 비정한다는 것은 모래 속에서 바늘 찾기보다 어려운 사안이라 생각함에 중국의 사서를 인용하지 않았으나, 이번에 발간된 심제 이진우 박사의 '고대사 노트'를

인용한 바에 의하면 이병도(李丙燾), 정중환(鄭仲煥)이 해석에 실패하였다는 글을 보고 이진우 박사와 필자가 같이 도전한 것이며, 이 용어는 강단사학자가 죽어도 풀지 못하는 문장이다. 왜냐하면 고조선을 한반도나 만주 언저리로 비정하고 풀기 때문에 하나라도 풀지 못한다는 것이다. 그 중에 가장 풀기 어려운 것을 인용하면

辰王治月支國, 臣智或 加優呼, 臣雲譴支, 報安邪踧支, 濆臣離兒, 不例拘邪

진왕은 월지국(月支國)을 다스렸으며 신지는 혹 '가우(카우-Cao, Kao, Kau)'인데 소아시아의 '리카오니아Lycaonia(태양의 카오)로 해석하며, '가우'가 인도유럽어의 변형으로 '카우'가 되는데 '카오'도 마찬가지이다. 훗날 이 카오족은 '루카'와 함께 이탈리아와 아일랜드에 상륙하게 된다. 여기서 중심 단어는 '가우'이다. 신운견지(臣雲譴支)에서 파플라고니아(Papulagonia)로 비정한다.

즉, Gonia에서 중심낱말인 '곤(Gon)'은 간(Gan)에서 변형된 것으로 곤, 겐(Gen), 긴(Gin)으로 변한다. 이런 형태는 지명 연구에서 숱하게 보아 온 것이다. 그러면 Gon에 이어 따라 오는 ia는 어떻게 된 것인가? Gonia는 북아프리카, 이탈리아의 남부지방에서 표기하는 언어형태로 소아시아가 이탈리아 남부지방과 가까운 탓에 같은 언어형태로 표기된 것으로 보아야 하며 원형인 곤Gon(칸)에서 늘어져 변한 것이다.

그래서 간(Gan)은 가니아(Gania)가 되고, 긴(Gin)은 기니아(Ginia)가 되는 것으로, 또한 소아시아의 도시국가 중 '견'이 '고니아'로 표기되는 것은 당연히 '파플라고니아'밖에 없으므로 비정이 된 것이다. 그런데 견(譴)은 '간'의 변형으로 보아야 한다. 간, 군, 긴, 겐, 건, 견으로 되는 형태이다.

필자는 앞서 '안파견'의 '견'을 '칸'으로 해석한 바 있다. 보안사축지(報安邪踧支)는 폰투스(Pontus)로 해석하는데, 보Bo는 인도유럽어에 의해 포(Po)로 변한다. 안(An)이 합치면 Poan이 되는데, 이중모음이 옴을 꺼려 나중의 An에서 A를 탈락시켜서 '포(Po)로 된 것으로 본다. 투스(Tus)는 '위대한 머리'가 되며 '머리족'을 말함이다. 축지족의 조상은 시베리아에서 배링해를 거쳐 북미로 간 인디언의 가계로 약 4만 년 전에 도착한 것으로 이미 연구되었고, 보안족(報安族)들은 현재 중국내에 소수민족으로 살고 있으며 북미 인디언의 '나바흐' 인디언과 그 하플로 그룹이 같다고 하였다. 물론 인디언(Indian)은 '머리 사람들 신'이었다.

그러므로 '축지' 족은 당연히 머리사람이 된 것이며 폰토스의 토스(Tos)가 '위대한 머리 사람'이 된 것이니 '보안사축지'가 '폰투스'가 되는 것이다. 또한 분신리아(濆臣離

兒)는 '팜피리아(Pamphylia)'로 해석한다. 분Bun)은 역시 인도유럽어로 표기되면 푼(Pun)이 되며 그 변형은 판(Pan), 펜(Pen), 푼(Pun) 등으로 변한다. 파플라고니아에서 '파'는 한문인 신(臣)이 파, 피로 구성되는 것은 앞의 예에서 따온 것이다.

그러므로 마지막 한문인 '리아'는 그대로 리아로 직결되는 것이라 본다. 즉, '팜피리아'가 된 것이다. 마지막으로 부례구사(不例拘邪)는 '브리지아, 혹은 프리지아'로 보는 것이다. 이때 邪(간사할 사)는 언어구성상 '어조사 야(耶)'가 되어야 하며 '브레구야'인데 오역(誤譯)으로 보인다. 이 해석으로 리카오니아, 파플라고니아, 폰투스, 팜피리아의 해석이 되어 소아시아(고대 터키)로 자리 매김되었다 하는 것을 밝히는 바이다.

19. 단군 16세(기원전 1,660년) "홍수가 크게 나서 민가에 많은 피해를 주었다. 임금께서 심히 불쌍하게 여기시고 곡식을 창해(蒼海), 사수(蛇水)땅으로 옮겨 백성들에게 균등하게 나누어 주게 하셨다."

여기서 사수(蛇水)는 어디인가? 「산해경」에 '북해' 즉, 북해(흑해-Black sea)안쪽에 뱀산이 있다. 그곳에서 사수(蛇水)가 나오는데 동쪽으로 흘러 바다로 들어간다.

北海之內, 有蛇山者, 蛇水出焉, 東入于海

여기서 '북해'란 '흑해'로, 흑해 안쪽은 동쪽이 되는데, 중국이 논하는 '발해만이 아닌 것이다. 그렇다면 사수(蛇水), 사산(蛇山)은 어디인가? 필자가 비정하기엔 여인국이 있었던 아마존의 위치로 우크라이나 남부의 '드네프르강'이 사수(蛇水)인 것으로 본다. 그곳은 발트해 연안이며 이미 그리스의 '헤로도토스'가 제시한 헤라클레스가 취한 뱀여인의 셋째 아들에게서 '스키타이'의 후손이 태어났고, 유태 기록에서 나타난 뱀그림과 '네피림(뱀눈의 주시자)' 역시 이곳 여인을 직시하는 것으로 이해를 하였다. 특히 우크라이나 남부는 초기 고조선의 광역에서 카자흐스탄에 속한 영토로서 '변한'의 관경이었음에 설득력이 있는 것이다. 코만인과 북킵차크인의 활동무대였기도 하였다.

보충 설명으로는 3세 단군(기원전 2,117년) "임금께서 열양(列陽)의 욕살 색정을 약수(弱水)지방에 유배시켜 종신토록 감옥에 가두셨다 후에 용서하여 그 땅에 봉하시니, 흉노(匈奴)의 시조가 되었다."에서 '흉노'의 시조는 기원전 3세기경 한(漢)나라 시대의 '흉노'가 아니고, 그 보다 훨씬 전인 '스키타이족'을 말한다 할 것이므로 우크라이나 지역인 '드네프르강' 유역이 서양 학자들이 분류한 기원전 9세기경의 바로 '스키타이'의 원류가 되는 것으로 욕살 '색정'은 '스키타이인(훗날 사마르티안-위대한 우두머리 족)'의 비조(鼻祖)가 된 것이었다.

보통 독자들은 중국 한 왕조시대의 '흉노'가 단군시대에서 한단고기에 인용, 번역되었던 '흉노'는 전혀 다른 것임을 다시 한 번 밝히는 바이다.

19.삼한관경본기(三韓管境本記)-번한세가 상

번한의 엄루(奄婁)가 즉위하였고 무인(기원전 643)년에 흉노가 번한에 사신을 보내어 천왕을 뵙고자 하고, 스스로 신하라 칭하며 공물을 바치고 돌아갔다.

> *주 : 흉노는 기원전 3세기 말부터 서기 1세기 말까지 몽골고원, 만리장성 일대를 중심으로 활약한 유목 기마민족으로 '험윤, 훈육'이라고도 불렀다. 한나라 시에 전성기를 맞이하였으며 남북으로 분열되어, 남흉노는 서진의 쇠약을 틈타 화북지역을 침략하여 5호16국을 세운 뒤 중국에 동화되고 그 일부는 서쪽으로 이동하여 헝가리 민족의 시원이 되었다.

이 기원전 643년의 시기엔 '흉노'가 없었는데 어이하여 '흉노'로 표기된 것인가? 또한 고조선의 '가륵 단군(기원전 2,177) 열양(列陽) 욕살 삭정(索靖)을 약수지방에 유배시켜 종신토록 감옥에 가두셨다. 후에 용서하여 그 땅에 봉하시니 흉노(匈奴)의 시조가 되었다. 한단고기에 2번 나오는 '흉노'는 중국에서 말하는 기원전 3세기의 흉노가 아니며 우리 스스로 깎아 내려 한단고기에 '흉노'로 표기할 리 없는 것으로 위작이 된 것이고, 한단고기의 기록에 나타난 기원전 21세기의 '흉노'와 기원전 643년의 '흉노'는 서융족으로 흑해 연안으로부터 우크라이나 지역의 종족으로 보아야 한다는 점이다. 기원전 643년의 '흉노'는 캘트시대의 사르마티아인으로 보여지며, 기원전 21세기의 흉노는 '우크라이나 남부, 볼가강 남부 등에 살았던 종족으로 '아마존'(여인국)으로 보여진다.

* 중국이 주장하는 조선, 기자조선에 대하여

중국인들은 한(漢)대 이래 기자조선을 역사적 사실로 믿어왔다. 이러한 중국의 주장을 뒷받침이라도 하듯 1973년 요녕성 객좌현에서 기후(箕候)라는 명문이 새겨진 청동솥이 발견되었다. 이 유물은 상말, 주초에 해당하는 기원전 12세기에 제작된 것으로 발표되었다. 1951년에는 산동성 황현에서 기자의 8점 기물이, 1969년에는 산동성 연대시에서 기후정(箕候鼎)이 발견되었다. 이런 유물은 기자가 죽고 수백 년이 지난 주나라 후기, 춘추시대에 만들어진 것으로 25세 솔나 단군(기원전 1,184) 시에 '기자가 서화에 살면서 인사하였다'라고 되어 있는 한단고기의 기록을 의식하여 기자의 청동솥을 기원전 12세기로 조작한 것으로 보이고, 중국의 모조기술은 세계에서 가장 뛰어나며 세계의 학자들이 모인 자리에서 탄소감정 등을 통하여 입증되지 않고 중국의 일방적 발표는 믿을 게 못된다.

사기색은(史記索隱)에서 '기자를 상나라의 왕족이며 기箕는 국명이고, 자子는 작위이고 기자의 이름은 서여(胥餘)이다'라고 하였다. 사기에서 말한 '봉기자어조선'의 설명에서 역사적 사실로 굳어져 3세기 진(晉)의 진수(서기 233~297)가 쓴 '삼국지'는 '위략'을 인용하여 "고조선 말기에 위만에게 빼앗긴 번조선의 기준(箕準)을 기자의 후예로 기술하였다." 실로 번조선(번한)의 기후(箕候)는 기원전 323년이며, 기욱(箕煜)은 기원전 315년, 기석(箕釋)은 기원전 290년, 기윤箕潤)은 기원전 251년, 기비(箕丕)는 기원전 232년, 기준(箕準)은 75세 왕으로 기원전 221년인데 기원전 194년에 위만에게 패하여 번조선이 무너져 멸망하게 된다. 그로부터 위만의 손자인 우거왕(기원전 108년)까지 약 86년을 '위만정권'이 행사한 사실을 두고 중국은 '위만조선'이라 횟칠을 하고 왜곡시켜 온 것이었으고, 필자의 생각으론 청동 주물을 부어 작금에 출토되었다 하며 '기후'라는 명문이 새겨진 기자의 솥을 공개하는 등 역사조작을 위한 4대공정의 작업을 충실히 수행한 것으로 추정된다. 이상으로 그동안 '한단고기'의 본질을 잘못 해석, 비정한 부분을 알아보았다.

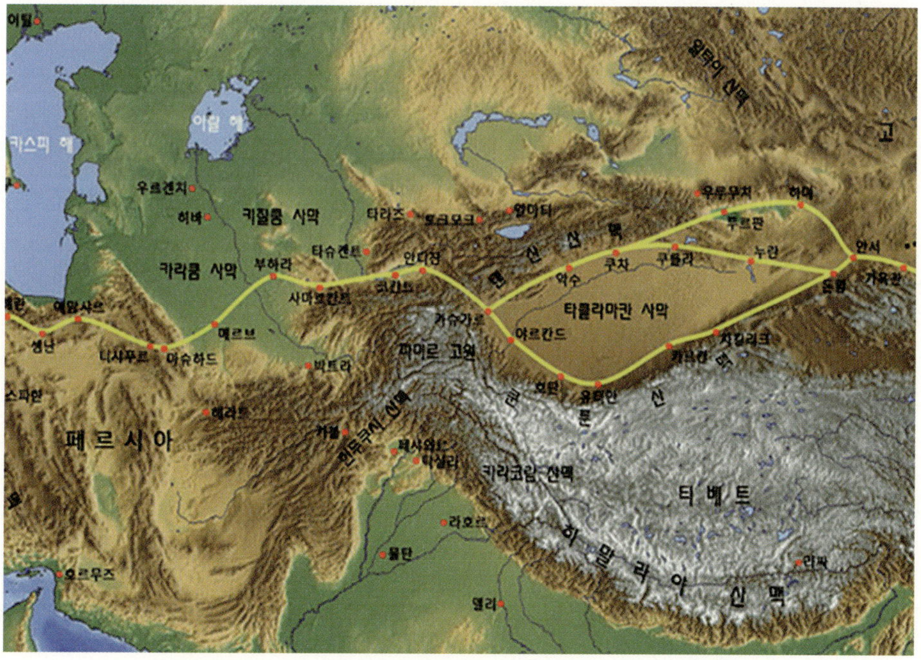

〈타클라마칸(Taklamakan-머리 고리 어머니의 칸) 주변 영역도〉

지도에서 쿠차(구자), 투르판, 누란 등은 소월지(소월지-쿠샨왕조의 제후)이었다.

앞장에서 설명한 맹자에서 논한 '부하'는 우즈백의 '부하라'이며 '명조(鳴條)'(제2의 알렉산드리아이며 비단길)는 '메르브'이다. 카라쿰(곰의 고리) 사막 북쪽에 단군의 아내(황후)를 데려 온 카스피해(비서갑, 갑서비, 캅서피, Caspi)가 보인다.

참고 : 코미공화국(Komi-곰)

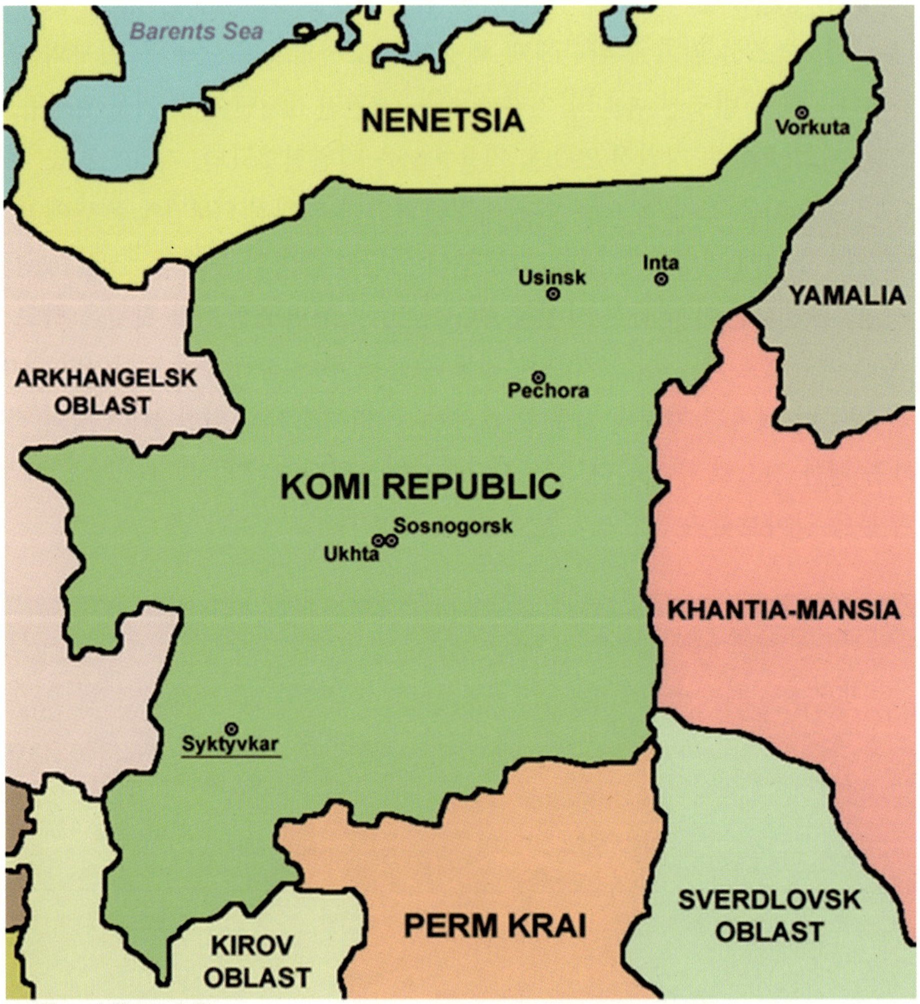

Komi Republic

이 국가는 쿠미어, 코미어, 코만어를 사용하는 곰 종족들이 있는 지역으로 한단고기에 나오는 "웅심산"으로 비정한다. 환웅문화의 중심지이며 중앙아시아의 고조선과 함께 유럽으로 들어가는 관문이기도 하였다. 빈카문화의 남진으로 형성된 곳이라고 본다.

참고 : 아무다리아(Amudaria)와 시르다리아권의 영역도

이 영역이 최두환 박사의 『산해경』에서 논하는 중토(中土)이며 중앙이고, 고조선의 중앙정부가 있는 초기 고조선의 영역인 것이다. 타지기스탄, 우즈백, 키르기즈, 카자흐, 투르크메니스탄, 아프간, 파키스탄, 이란과 시리아, 터키, 흑해, 카스피해를 아우르고 있다. 지도에 없는 지중해의 도시국가, 북아프리카의 리비아, 그리스의 크레타, 이탈리아의 남부지방이 누락되어 있다.

참고 : 수메르의 통일

이 지도에 나타난 수메르(Umma-어머니)의 통일은 기원전 2,359~2,335년 루갈자게시(Lugal zagesi-태양의 고리, 위대한 고시)에 의한 우르크(Uruk) 3왕조였다. 특히 아카드(Akkad)제국의 왕은 사르곤(Sargon)으로 기원전 2,333~2,279년으로 고조선의 건국과

때를 같이하여 혹자는 '루갈자게시'가 사르곤에게 밀려 고조선의 초대 단군이 되었다고 주장한다. 이런 이론은 필자가 주장한 기원전 40세기에 형성된 마한권역인 지중해와 북부 메소포타미아권의 환웅문명인 기시문명(고시)을 고조선이 상속, 승계받은 것과 그 맥락을 같이하고 있는 것이다.

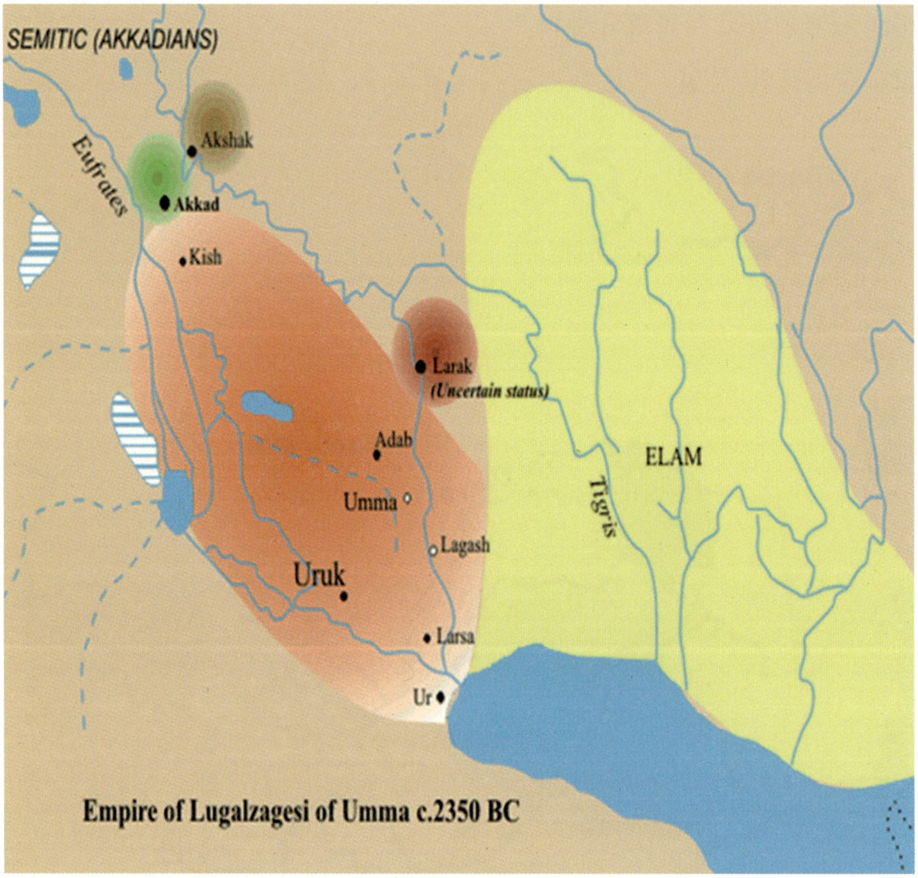

제8장
그리스에 꽃을 피운 환웅의 백색 문화인 '바르'(광명-Bar, Var)와 '고리'를 찾아서

1. 개 론

그리스는 유럽 남동부, 발칸반도 최남단부에 위치하는 국가이다. 반도 남부와 펠로폰네소스반도에 에게해를 중심으로 존재하는 약 3,000개의 섬으로 구성된다. 북쪽은 서쪽에서 알바니아, 마케도니아, 불가리아와 동쪽으로는 터키와 국경을 접하고 있다. 본토의 주위는 동으로 에게해, 서쪽으로 이오니아해, 남으로는 지중해에 둘러 싸여 있다. 고대 그리스는 아테네, 고린도 등과 같은 9개소의 고대 도시국가(폴리스)의 느슨한 집합체제로 형성되어 마케도니아에 정복될 때까지 통일국가를 형성할 수 없었다.

그리스의 문화는 기원전 2,700～2,300년경의 키클라데스문명(고리의 위대한 머리), Keros(위대한 고리)-시로문화로 시작하여 그리스 본토에서 널리 확산되고 일부는 소아시아 권에 전파되었다고 한다. 미노스 크레타문명(미노아)은 기원전 2,000년 무렵으로, 기원전 1,400년경이며 미케네문명은 기원전 1,600～1,200년경으로 추정한다. 그리고 '트로이문명(달 문명)'이 있으며 초기 단계인 키클라데스문명으로 나눈다. 이미 기원전 4,000년 이전에 아나톨리아와 도리인의 영향이 혼합된 신석기문화가 있었다고 전해진다.

학자들 간에 의견이 다르나 키클라데스(고리의 위대한 머리)문명은 기원전 3,300년경으로 추정하기도 한다. 최근 고고학적 연구가 활발히 전개됨에 따라 기원전 5,000년경 무렵 소아시아에서 건너 온 인도유럽어족의 농경, 해양문화를 거친 양상이 있다고 보고되었다. 백색의 신전과 동상, 백색으로 대표되는 고대 폴리스를 생각하면 그리스는 어김없는 '백색문명'이다. 고대 그리스의 에게해 문명 중 크레타(고리의 머리) 섬에 번성했던 미노스문명의 대표적인 토기는 카마레스 토기(Kamares ware)로 이 토기는 기원전 2,100～약 1,450년경에 제작되었다고 한다.

이 토기 중 작은 원에서 태양이 빛나는 형상인 '빛'으로 환하게 비추는 그림의 토기

〈그리스 키클라데스(Cycladic -높은 고리의 머리, 기원전 3,000) 문명〉

가 있는데 세라믹이 전문화된 도자기의 형태로 태양족인 환웅시대의 '바르'인 광명을 아주 잘 나타 낸 걸작이라고 보는 것이다. 이 토기의 이름도 '카마레스'이고 카마는 가마로 '곰'이다. 제일 먼저 그리스 신전을 생각하면 우리의 환웅문화가 여과없이 그대로 들어간 것을 알 수 있다. 일러 "파르테논(Parthenon－광명의 흰빛나는 머리의 신)" 신전이다. 이 파르는 '바르'의 인도유럽어의 표현인 파르로 변형되었고, '테'는 바로 '머리'를 뜻하며 종합하여 해석하면 "광명의 머리 신을 모신 곳"이 된다. 앞장에서 설명한 바와 같이 그리스는 테베(태백신앙-백두신앙)가 발달하였다. 그리스의 폴리스(고대국가)마다 큰 테베를 만들어서 9개소의 테베 신전이 있었다. "폴리스(Polis)"의 뜻도 원형인 '바르(광명, 흰빛)'에서 온 것이었다.

풀어보자면 폴리는 볼리가 되니, 바르의 변형으로 보르, 부루, 베르, 비리, 보리, 바리 등이 되며 나아가 볼리, 벨리, 발레, 빌리 등으로 자음인 ㄹ이 붙는 형식이다. 이 '볼리'에 인도유럽어의 표현법인 마찰음이 붙으면 '폴리'가 되는 것이다. 그리스의 사원은 흰색이다. 도시 전체가 흰색이라고 할 정도로 소위 "백색문화"이다. 광명족인 환웅족은 유독 흰빛과 광명(태양)을 숭상했다. 그러므로 그리스 사람들은 생활에서 사원

뿐만 아니라 일상생활에서 흰 것을 숭배하고 빛(태양)을 숭배하였다.

그리스 미케네, 미노아 문화의 유적지에 유난히 '곰의 흔적'이 많다. 앞장에서 설명한 대로 그리스의 문화는 곰 문화인 것이다. 유명한 역사가인 '호머'도 ㅎ이 ㄱ으로 바뀌게 되면 고머로 '곰'이 된다. 그리스 문화는 서양 학자들이 연구한 바에 의하면 도리인(다리인-토리아-타리아)이 건너와 문화를 일으켰다는 것이다. 이 도리아인들은 아나톨리아 지방과 흑해 연안의 지방에서 왔다고 지적하고 있다. 도리Dori는 '달'의 이름인 '다리'에서 변형된 이름으로 도리, 도르, 도레, 도루 등이 되는 것이고, 인도유럽어의 표기로는 토리, 토르, 토레 등으로 표기되는 것이다.

그리스의 태백신앙(태베)은 이집트와 밀접한 관계가 있다. 이집트는 제15왕조시기에 테페의 신전을 두 군데에 건설한다(힉소스족). 룩소르의 태페와 카르나크의 태페이다. 이 테페로 환웅문화가 이집트에 전파된 것을 알 수 있다. 한편, 그리스의 그리핀(봉황)은 기원전 2,000년경 중앙아시아에서 그리스로 흘러 들어간 문화인데 동방에선 '봉황'을 아주 상서로운 동물로 취급하며 천자나 왕으로 상징하는 동물이었다. 봉은 수컷이고 황은 암컷이라고 하였다. 동양의 상징적 동물 가운데 동방의 동이족의 상징을 '봉황'이라고 했으며 중국은 상징적 짐승으로 '용'으로 삼았다.

2. 그리스에 "케로시아(Kerosija)"라는 화백회의가 있었다.

미케네 문명을 발굴한 학자들은 기원전 1,120년경 미케네 문명의 필로스 지배에 왕은 코레이터(Koreter-고리의 머리)라는 주지사와 프로코레이터(Prokoreter-광명의 고리 머리)라는 집단을 통하여 지배하였는데 일종의 장로회의인 '케로시아(Kerosija-고리)'를 통하여 결정하였다고 발굴된 정제(택스트)를 통해 알았다고 한다. 이 '케로시아'란 장로회의는 바로 화백회의를 말해 주는 것이며 아나톨리아 정제에서 해독된 '하투샤의 장로회의'와 같다고 할 수 있는 것이다. '코레(Kore)'나 '케로(Kero)'는 모두 9환족의 '고리'를 말함으로 원형은 '게로'이며 인도유럽어에 의해 '케로(Kero)'가 된 것이다. 케로, 케르, 케리, 케라, 케루로 변화된다. 고리, 광명의 단어들은 환웅의 정체성으로 이 시기면 고조선이 환웅으로부터 승계받은 후 1천년이 지난 시기로 보며 서양 학자들이 연구한 '바다 사람들'에서 이집트를 침공한 9환의 동맹에서 크레타(Crete-고리의 머리)가 나오므로 고조선의 마한권역으로 이집트 '빈소사원'의 기록에 나타난 '바다사람들'은 9문으로 불려졌으며 필자는 고조선의 9환으로 보고 있다.

3. 고대 그리스 방언에 나타난 9환족의 "고리"와 "고시"

1) 고대 그리스어의 방언-도리아(Doria-달) 방언군

① 라코니아 방언(헤라 쿠레이아) : '헤라'의 '헤'는 흰 것을 의미하며 '라'는 태양을 말한다. '쿠레'는 '고리'에서 왔다. 즉 "흰빛 태양의 고리"가 된다.

② 메가라(Megara) 방언(어머니 고리)

③ 아르고리스(Argolis) 방언 : 위대한 우리 고리

④ 고린도(Korinthos) 방언 :'고리의 위대한 흰 머리'

⑤ 코스 방언: Cos, Kos '고시'(세르비아권, 라틴비문에선 'Cos'로 표기된다)

⑥ 테라(Tera) 방언(쿠레나이카 방언 : 테라는 달, 쿠레는 '고리'이다)

그 외에 크레타 방언은 '도리스 그리스어'라고 불려지며 그 변종은 펠로폰네스, 시칠리아, 에피루스, 마케도니아, 남부 이탈리아, 로도스, 에게해, 일부 아나톨리아의 도시를 포함하는 '노스웨스트 그리스어'로 고전 그리스어의 서양그룹을 형성하였다. 그리스의 방언에서 나타나는 '쿠레', 가라, 고리, 코스, 크레 등은 바로 '쿠레'는 쿠리에서 나왔고 원형은 '고리'이다. '가라' 역시 '고리'에서 변형된 것이며 '코스'는 고스인데 이것도 '고시'에서 나온 것이다. '크레타(Crete-고리의 머리)'도 코리의 변형이고 원형인 '고리'인 것이다.

이렇게 방언들이 환웅 종족인 '고시'와 단군9환 종족으로 일컬어지는 '고리', '코리'인 것으로 밝혀지므로 우리 언어를 사용하며 문화를 이끌어 나갔다는 것이 증명이 되는 것이다. 일부 학자들은 '아까이(Agaia)인'들이 도래인이었으며 기원전 3,000년경에 진출하였다고 주장하고 있다. 여기서 아까이인은 가이아(Gaia, Kaia) 즉, '까진 사람'으로 '깨우친 사람'을 말하는 것이고, 그것은 바로 환웅족이고 태양족이었던 것이며 고조선이 승계한 것으로 필자는 보고 있다. 일부는 고대 그리스인은 일리리아인들이며 마케도니아와 함께 하였다고 주장하고 있다.

4. 사람의 이름과 지명에 나타난 "바르(Bar-광명)"와 9환족의 "고리"

그리스 시대의 철학자 이름을 살펴보면 에피쿠로스, 헤라클레이토스, 고르기아스, 파르메니데스, 플라톤, 프로타고라스, 피타고라스, 소크라테스, 탈레스 등이 있으고, 의사 등으로는 히포크라테스, 페리클레스, 아르키메데스가 있었으며 건축물은 파르

〈고대 그리스의 강역도〉

출처 : 미국 위키

테논 신전, 아르테미스, 아크로폴리스, 아고라 등이 있었다. 미노아 문명의 유적지인 아크로티리 유적과 크레타 유적, 카마레스 토기도 있었다. 앞전에 설명한 바와 같이 '쿠로'는 '고리'에서 나왔고, 고라는 역시 '고리'인 것이고, 파르, 페리, 폴리, 플라는 '바르'의 광명이 인도유럽어로 변하여 된 것이고, 크라, 클레도 코리이며 '고리'에서 온 것이다. 특히 철학자인 '탈레스'의 이름에서 '탈레'는 '탈리아', '탈리'에서 변형된 것으로 앞에서 인용한 대로 바로 고조선 건국의 정체성 이름인 '달'인 것이다.

지명을 살펴보면 크레타는 '코리의 머리'를 나타내며 '미케네' 또한 켄(Ken)이 kene로 변화된 것인데 '케네'는 칸의 변형이다. 그러므로 '미케네'는 "어머니 칸"이 되는 것이며, 칸에서 켄, 쿤, 킨 등으로 변하며 표기된다. 이탈리아와 북아프리카의 튀니지에선 Keni, Kenia로 표기된다. 고린도는 코린도가 되며 '코린'은 코리의 사람들'에서 온 것이다. '아르고스'에서 아르는 아리, 우리에서 온 말이고 고스는 원형인 '고시'이다. '스파르타(Sparta)'는 원형인 '사'와 바르와 타에서 형성된 말인데 "위대한 광명의 머리"로 해석된다. 이미 앞장에서 설명된 문화에서 크레타 문명은 '곰의 문명'이라고 밝힌 바 있다. 또한 그리스 신화에서 아피스(Apis-위대한 아버지)가 있다.

아피스(Apis-위대한 아버지)는 '아르고스(Argos-우리 고시)의 왕'이었다고 전해지는데 아피스(Api)는 우리말로 바로 '아비'이다. 복수로 하면 '아버지들'이 된다(사실 그리스 신화에 다양한 아피스가 등장한다). 다만, 인도유럽어에 의해 마찰음인 'ㅍ'으로 변형된 것이었다. 루비안 언어의 조상 언어격에 속한다는 "리키언어"의 형태인 레미니안(Lemnian) 언어는 섬의 언어로 기원전 6세기경으로 추정되는 '레노스의 비석'이 '카미니아(Kaminia-카미-곰) 지역에서 발견되었다. 이 비문에서 Avis(거룩한 아비, 아버지)란 단어가 나왔는데 Apis는 Asis로부터 전래된 것임을 증명하는 것이라 하겠다. 비문의 상단라인과 하단에 적혀 있는 "Heloke, Aslas"의 해독을 필자가 한 번 시도해 본다.

헬로는 그리스의 헬라와 같은 것으로 광명(태양), 빛을 나타내는 것이고 '케'는 코'와 어원을 같이 한다. 케와 코는 고리의 꼬리표이다. 다음의 '아스라스'의 '아스'는 우리말 '아사', 아시에서 온 것으로 해가 돋아 오르는 어원이 된다. '라'는 태양이다, "즉, 태양이 돋아 오르는 고리의(Heloke) 거룩한(위대한) 이제 시작하는, 처음의 태양(Aslas)"가 된다.

비슷한 용어로 '이스라엘(Israel)'을 들 수 있다. 역시 '이스(Is)'는 아사와 같은 것이고 '라'는 태양이란 뜻이며 '엘(El)'은 우리말의 '얼'과 같은 것이다. 그러므로 '이스라엘'은 "돋아 오르는 태양의 얼(펼치는)"이란 해석이 된다. 앞으로 전개하여 써 내려갈 부족 이름에도 서양 학자들은 엉뚱하게, 혹은 엉터리로 그 어원을 찾고 있다. 그럴 수 밖에 없는 것이 우리의 광명인 '바르'와 고리, 고시, '마리(머리)'에 대한 개념을 전혀 모르는 데서 기인한 것이라 믿고 있다.

'아르고스(Argos)'에서 '아르'는 '아리, 우리'와 같은 것이며 '고스(Gos)'는 '고시'를 말하는 것으로 환웅시대의 '고시 종족'을 말함이다. 즉, "우리고시"란 해석이 된다. 중복으로 인용한 바와 같이 그리스의 도시나 사람 이름에 이르기까지 환웅시대의 종족인 '고시'나 단군시대의 9환족의 표상인 코리, 즉 '고리'가 많이 붙어 있다는 것은 바로 우리의 언어가 생활화되어 남아 있었다는 것을 증명해 주고 있는 것인데도 더 무엇을 증명해야 하는가?

이런 다양한 언어의 쓰임새와 방언으로 보아 환웅시대에 그리스 북부인 세르비아, 루마니아, 크로아티아 및 그리스 본토 및 여러 섬에서 곰의 문명을 일으킨 한인, 환웅족들은 유럽 전역에서 그 문화를 꽃피우고 일부는 되돌아서 아나톨리아 반도로 남하하고, 일부는 아프리카로 진출하였으며 흑해와 카스피해로 흘러 들어가(반고의 남하-서융족) 아르메니아, 조지아 등 이베리아 문화를 만든 것이었다고 본다. 이것은 앞에서 설명한 '빈카문명'인 남슬라브권에서 동과 서슬라브로 이주, 확장된 것을 말해 주는 것이며 필자가 이미 고고학계에서 널리 인용하고 있는 '쿠르간 가설'을 인용하여 환웅족의 문화 전파를 설명하는 것이다.

〈그리스 '크노소스' 미노아항아리〉

〈'바다흐샨'의 전경〉

〈미노스의 궁전 '프레스코'〉

〈'아이다'산 동굴〉

〈그리스의 '파리스 토스'〉

〈아프간의 '바다흐샨'주〉

한편 파키스탄의 메르가르 문명권에서 그 하위문명인 하라파 문명, 모헨조다로 문명은 박트리아 마르기아나 문명을 만들었으며 아무다리야의 화래즘 문명을 낳고, 일부는 메소포타미아, 지중해로 흘러 들어갔으며 편잡지방을 중심으로 하여 고대 낙랑국이 형성된 것이다.

5. 곰 신전과 쿠마에(Cumae－곰) 무녀

쿠마에(Cumae, Kume, Cuma)는 이탈리아 마그나 그라이키아 해안에 티레니아 정착민에 의해 설립된 고대도시로 첫 번째 그리스 식민지였다고 한다. 기원전 8세기경으로 추정하며 지금의 프라치오네 Comune의 바 콜리에서 나폴리의 지방(캄파니아)이라고 한다. 이곳은 쿠마에서 성소로 신탁이 이루어졌던 곳이다. 4세기의 끝에서 Cumae는 제우스의 사원에서 기독교 성당으로 변모하게 된다. 성소인 Cumae에서 신탁을 주재하는 사람은 '쿠마에 무녀'였다. 쿠마(Cuma)는 '곰'이었다. 쿠마에는 웅녀로 점지된 신탁자로 보아야 한다.

처음 Cumae의 무녀 이름이 고대 그리스의 단어인 시빌(Sibyls－위대한 광명인)로 불렸는데 그 이름은 신성한 '선지자'였다. 후에 기독교의 메시아의 예언은 히브리어 택스트에 영향을 받은 '수 타키루스'에 의해 '시빌'에서 온 것으로 이해를 하였다. 곰에서 온 쿠마에 신전 사상의 원류는 우리의 삼신, 칠성 사상으로 하늘과 인간을 중재하는 '하느님의 조언'인 "신탁"이었는데 로마시대와 중세기에 이르러 예언자인 '시빌'로 변모하게 되고 기독교 메시아의 예언으로 변질되어 갔던 것이다.

시빌은 그리스, 페르시아, 리비아, 델포이, 로마, 프리지아, 티볼리(이탈리아) 등으로 번져나갔다고 한다. 사람들은 성소인 Cumae가 그리스의 크레타 아이다산(이다－머리)과 아나톨리아의 마운트 아이다산의 두 신성한 산에서 비롯되었다고 하는데 마운트 아이다산은 어머니 여신인 '퀴벨레'(히타이트의 여신)의 출생지로 알려져 있었다. 사실 '시빌(Sibyls)'의 '시'는 '사'에서 온 것으로, '빌'은 '바르'에서 온 것이었다, 원음의 '사발'(사바르)인 모음 ㅏ, ㅏ가 모음인 ㅣ, ㅣ로 변화하는 것은 인도유럽어의 프로토 조어 현상이라고 하였다. 탈라가 틸리로 변한 경우와 같다. 그렇다면 '시빌'은 "위대한 바르"가 되는 것이며 나아가 "위대한 광명"이 신탁의 원류가 되었던 것이다.

〈미노아의 황소 토기〉

〈쿠마에 무녀〉

6. 써몬(Thermos), 아에토리아(Aetolia), 아에토리아(Aetolia) 리그

고대 그리스의 예술형태 최초의 사원이었다. 이 사이트는 미케네 시대인 기원전 1,500년경으로 보지만, 일부 학자들은 미케네 기간의 끝시점인 기원전 1,000~900년으로 보고 있다. 이것은 올림피아와 델포이 사원 등의 기하학적 건축기간에 비추어 추정한 것이었다.

이 신전 이름을 따서 아에토리아(Aetolia-큰 달) 리그가 있는데 부족사회와 도시의 연합체를 말함이다. 여기에서 아에토리아(Aetolia)의 '토리아'는 고조선의 타리아, 탈리아와 그 어원을 같이 하므로 고조선의 마한 권역의 제후 도시국가로 보고 있다. 초기 헬레니즘 시대에 설립된 것으로 마케도니아와 Achaean 리그도 연례회의를 개최하였다. 그들은 중앙그리스와 아키키와 보이오티아, Locris, Malis, Tegea, Figaleia, 크레타 등을 중심으로 하여 그리스 도시국가의 자발적 합병에 의해 확장된 국가종합체제이었다. 이 아에토리아(Aetolia), 아에토리아(Aetolia) 리그에서 우리는 '아나톨리아'를 생각하게 된다. 아에토리아의 '아에'는 아이슬란드의 '아이'와 같으며 아오니아의 '아오'와 같은 어원의 이동이다. '토리아'는 톨리아와 같은 것으로 결국 중심 언어인 "토리아"(탈리아)를 일컫는 것이다.

7. 도리아인(Dorian－태양의 머리족, 달의 사람들)에 대한 연구

도리아인의 계정 원산지는 다양한데 펠로폰네소스, 에게해, 마그나그라이키아, Lapithos(태양의 위대한 흰빛나는 아버지 머리), 크레타(고리의 머리) 지역으로 그들로부터 그리스어가 기원되었다고 보고 있으며 시조 창시자는 도루스(Dorus－위대한 태양의 머리, 처음의 달)의 아들 Hellen(태양의 신) 신화족장인 '헬라'를 이야기하고 있다. 현대에 이르러 도리아란 이 용어는 도리스 그리스어 방언 보급의 인구 위치를 의미하였으며 폰네소스와 크레타, 미케네를 지정하기도 하였다. 이것은 도리안의 침공을 설명하려고 시도하는 현대 역사적 개념으로 ① 전 고전시대에 남부 그리스에서 그리스 방언과 전통의 교체, ② 일반적으로 고전 그리스에서 도리아인, ③ 모든 그리스의 도리아인의 존재, 이 세 가지를 학자들이 연구한 바 미케네 문명의 붕괴의 원인이 '도리안 침공'에 의한 것이었다고 연구한 반면, 다른 학자들은 화산, 해일 등 자연재해에 의한 문명의 파괴라고 주장하였다. 필자도 후자의 학설을 지지한다. 이 지구상에서 자기들이 만든 문명을 스스로 완전히 파괴한 종족은 없다고 할 것이다.

지금까지 학자들이 발표한 것은 도리안이 북쪽의 산악 국가에서 왔다는 것이다. 그러므로 '빈카문화권'에서 남하한 환웅족이었다고 이해를 해야 한다.

1) 도리안(Dorian)의 정체성과 이름의 유래

청동기 시대에서 도리안은 사람의 이름에서 도리우스(Dorieus－처음의 달)가 발생하였으며 선형 B의 정제에서 도리안에 의해 정복된 지역인 '피로스(Pylos－아버지의 위대한 태양)'에서 Pylos 테블릿 FN867 기록의 여격 경우 DO－RI－JE－우리와 같은 "Doriewei" 줄기 승에 끝나는 세 번째, 또는 자음 타락명사 Unattested 주격복수, Doriewes는 W와 수축의 손실에 의하여 Dorieis이 될 것이다. 이것은 테블릿에서 나타난 종교 축제 축하, '종교인사'의 종 발행, 식량배급 기록 Potnia, 어머니 여신에서 찾을 수 있었다 한다.

또한 '칼 달링벅'은 －eus의 접미사는 매우 생산적이며 그 예로 'Megareus', 'Megarian'에 대한 메가라의 상태가 된다. 그러므로 Dorieus 도리스에서의 것, 유일한 고전 상태는 도리아인의 베이스가 된다고 하였다. 또한 '줄리어스 포 코니'는 도리스를 '숲을(또한 고지대를 의미)말하며 세그먼트 중(0등급에서 O 또는 '오'의) 프로토-인도-유럽으로 생각할 수 있으며' Deru-또한 호머의제공 "나무", Doureios 하마, "나무 말은" 이유도 그들의 숲이 우거진 후 사람들의 이름을 지정할 수 있었으며 산악국가라고 하였다. 프랑스 언어학자인 'Boisacq'에 의해 고대 라틴어로 '도루'(나무로 만들어진)는 창축으로 즉, '창의 사람들(창병국가)'로 사람의 이름을 따서 명명하였다고 주장하였다.

결국 고대 그리스에서 선택한 것은 '도론'은 "선물"이며 조나단 홀의 Herakeidai의 반환 신화에서 가져온 요소에 의존하게 되었는데 '홀'은 시인의 조각을 기반으로 전통 인용, '티르 타이오스'를 Herakeidai에 "스파르타는 제우스와 헤라에 의해 부여된 하나님의 선물이다"라고 하였고, 다른 버전에선 '틴타 레오스'는 왕위에 그를 복원하는 감사에서 헤라클레스에 그의 왕국을 제공하지만, 헤라클레스는 그의 후손이 소유권을 주장할 때 까지 선물을 보호하기 위해 스파르타 왕을 요청하였다고 한다. 따라서 '홀'은 도리아인이 "선물의 사람들"이 되었음을 제안하였다.

그러나 서양학자들이 연구한 "도리우스(Dorieus-처음 태양의 머리, 처음의 달)"의 어원 분석은 엉터리 수준이며 이 단어에서 핵심은 도리Dori이다. 도리는 '태양의 머리'로 해석되고 또한 '달'의 이름인 다리(Dari)의 변형으로도 해석된다. 우스(Us)는 아스(As), 이스(Is), 오스(Os)와 같이 '처음, 이제 시작하는, 돋아 오르는'의 해석이 되므로 "처음 시작하는 태양의 머리, 이제 돋아 오르는 달"의 해석이 되어야 마땅하다. 실로 도리안의 기원을 기원전 23세기경으로 삼는다면 고조선의 정체성인 '달'을 표시한 도리Dori가 그 어원이 될 수 있는 것이고, 키클라데스 문명(기원전 3,000년경)처럼 그 이전이라면 한웅문화의 시대인 태양족의 시대에 고대 일리리아(일군국), 트라키아인(독로국)이 마케도니아를 포함한 고대 그리스 문명을 개척하였다란 가설이 성립된다 할 것이다. 그리스 신화에서 시조 창시자는 도루스(Dorus-위대한 태양의 머리)의 아들 Hellen(태양의 신) 신화족장인 '헬라(태양)'를 이야기하고 있다. 그러므로 이들은 '빈카문화'의 연장선상에서 그리스에 하위 문화를 일군 것으로 파악되어야 하며, 그 당시에 남쪽으로 진출한 또 다른 일파는 지금의 조지아권(조지아, 아르메니아, 다게스탄)으로 내려온 '반고(班固)의 일파'로 서융(西戎)족이 되었던 것을 볼 때, 이미 서양 학자들의 연구에서 도리안은 북쪽에서 진출한 것으로 연구가 되었다란 사실을 염두에 두어야 한다고 본다.

필자가 여러 사람의 학설과 그 어원을 살펴본 바 터무니 없으며 오히려 자기네 신화를 미화하는데 '도리아'인이 선물로 제공되었다는 적반하장격이며 아전인수격의 발상이라고 본다. 하나님과의 언약에 의한 성지의 할당 운운과 선물이론은 도리안의 어원에 모두 합당치 않는 이론이다.

2) 기존 히스토리(History-역사) 어원에 대한 필자의 새로운 어원 해석

서양 학자들의 엉터리 어원에 대하여 필자가 해석하고 해독해 보기로 한다. 이미 빈카문화권인 세르비아를 포함한 7개국의 지명 조사에서 다리, 달리, 토루, 토로, 타라, 타리, 테라, 테리 등의 다양한 지명이 조사되었다.

'도리(Dori)'는 '돌'에서 온 것으로 도르, 도리, 도루, 도레 등으로 읽혀진다.

여기에서 인도유럽어의 발성으로는 '도리'가 토리, 토르, 토루, 토라가 되며 타리, 타르, 타로, 타라 등으로 표현되는 것으로 위대한의 뜻인 스(S), 사(Sa), 시(Si), 세(Se), 수(Su)가 앞에 붙으면 '스토리, 사타리, 세타리, 수타리' 등이 되는 것이다. '도리'의 원형은 '다리'이며 '달'이다. 오늘날 영어의 역사에 해당하는 단어인 히스토리(History)는 고대 그리스어의 히스토리아(Historia)에서 온 것으로 '알다, 보다'의 뜻을 가지고 있다고 한다.

이것은 서양 학자들의 연구를 보면 원시 인도유럽어의 *Wid-tor-에서 나온 말로 알다, 보다를 뜻하는 *Weid-에서 유래한 것이라고 한다. 그러나 잘못 해독한 것으로 Wid-Tor는 "아버지 머리의 달"이었다. 이 어근은 영어의 Wit, Wise, Wisdom, Vision, Idea, 산스크리트어의 베다veda, 슬라브어의 Videti, Vedati에 남아 있다고 한다. 다만, *Wid-tor-와 *Weid-의 *표시는 확정된 정설이 아닌 가설에 근거하고 있음을 가리킨다고 하였다. 특히 고대 그리스어의 히스토리아Historia는 "조사와 탐문을 통해 얻은 지식"이라는 뜻으로 아리스토텔레스가 그의 저서인 "Peri Ta Zoa Istoria"(라틴어 역어 : Historia Animalium)에서 사용하였다고 전한다.

지금까지 고대 그리스의 학자들이나 현재의 언어학자까지 엉터리로 그 어원을 해석, 해독하였는데 히스토리를 해석해 보면 명확하게 드러난다.

필자가 여러 번 언급하다시피 서양의 종족이나 지명은 두 개, 세 개의 단어가 형성된 합성어이므로 도저히 풀 수가 없으며, 토리아에 대한 정체성에 대해서도 모른다고 하였다. 다음 장에서 필자가 켈트족에 합류한 9환종족의 해석과 해독을 상세하게 설명할 것이다. 히스토리의 '히(Hi)'는 히타이트, 히브리인의 히(Hi)와 같은 것으로 '흰 것'을 나타내며 '태양'의 흰빛이며, 그 변형은 히, 하, 헤, 후, 호 등으로 나타낸다고 설명하였다. 고대 기원전 30세기의 아나톨리아의 주인은 하티족(Hatti-흰빛 태양의 머리족, 흰 머리족, 백두족)이었다.

하티족의 이름을 빌어 '히타이트'가 된 것이었다. 후르리인은 아시리아와 히타이트 사이에 '미탄니'란 왕조를 건설하였다. 그리스의 헤라, 헤라클레스의 '헤'는 '태양'으로 '클레'는 고리의 변형으로 "흰(태양) 고리의 사람들"에서 온 이름이었다. 스토리(Stori)란 "위대한 토리(타리, 토루, 달)"가 되는 것이다. 즉, 히스토리(History)는 "태양과 위대한 토리(타리-달)"가 영어에서 말하는 "역사"인 것이다. 더 쉽게 설명하면 라틴어의 Historia는 "토리아"가 된다. 원시 인도유럽어의 표기인 ＊Wid-tor-와 ＊Weid는 '아버지 머리-달'이 되며, 아버지 머리가 된다. 즉, '아버지 머리-달'이 히스토리의 어원이 되는 것으로 필자는 보고 있다.

이 "토리아"는 고조선의 "타리아"와 그 어원이 똑 같다. 다만, 인도유럽어의 프로토 현상에 따라 모음이 변하여 타리아에서 토리아, 테리아, 투리아, 티리아로 변형되었을 뿐이다. 필자의 이러한 논리는 언어학에 관심있는 사람이나 언어학자가 필자의 해석을 정확히 인정하고 직시하게 될 것이다. 나아가 아리스토텔레스 그의 저서인 "Peri Ta Zoa Istoria"를 해석해 본다. 여기에서 '페리Peri)'는 '바르'의 변형으로 "광명"(태양의 흰빛)을 말한다. '타(Ta)'는 투, 테, 티, 토로 이어지는 변형으로 '머리'를 뜻한다. 이런 형태는 켈트와 갈리아 종족의 연구에서 수없이 나왔으며 세르비아권의 7개국 지명에서도 많이 나온 것이었다.

또한 '조아(Zoa)'는 세르비아권의 지명에서 많이 발견된 것으로 주로 Za, Zo, Zi, Ze 등으로 동유럽권에서 단어의 앞에 붙는 접두사로 알고 있지만 우즈백이나 카자흐에서도 사용되는 형태이며, 그 해석은 사(Sa), 소(So)로 이어지는 '위대한'으로 본다. 마지막으로 '이스토리아(Istoria)'이다. 필자가 이 책에서 여러 번 언급한 바 있는 단어로 이스(Is, 에스(Es), 아스(As), 아사, 아시 등은 "동이 트는" 것으로 "처음" 혹은 시작이란 표현이 맞는 것으로 본다. 그러면 이스토리아(Istoria)는 "처음, 이제 시작하는 달(토리아)"에 해당되며 필자가 앞장에서 이탈리아의 이스트리아반도, 이베리아반도의 아스트리아 등 고조선 멸망 후 유럽에 새로 생겨났던 탈리아(트리아)에 대한 상술이 있었다.

역사인 '히스토리'는 "태양과 위대한 달"이라는 해석이 되는 것이다. 자! 이곳이 어디이며 어느 종족인가? 아리스토텔레스가 언급하였던 종족은? 바로 '빈카문화'가 시작되었던 '환인족'이었던 것이다. 한인, 환웅족의 태양과 고조선의 '달'로부터 "조사와 탐문을 통해 얻은 지식"이라는 뜻이 오늘날 "역사"로 대변되는 "히스토리"가 된 것이다.

이런 이유로 아리스토텔레스는 이스트리아(Istoria-이제 시작하는, 처음의 달)의 단어로 기원전 6세기 이후의 사람이라는 것이 분명하게 밝혀지는 것이며 '보다, 듣다, 혹은 아리스토텔레스의 저서에서 사용된 "조사와 탐문을 통해 얻은 지식"이 히스토리아, 히스토리의 어원이 되었다고 하는데, "조사와 탐문을 통해 얻은 지식"에서 그 조사 대상과 탐문의 대상은 환웅족(흰 머리 사람들)이란 것이 밝혀지고 있는 것이다. 밝혀진 바와 같이 영어에서 말하는 역사(히스토리)는 크게 '빈카문명'을 일군 세르비아권의 태양족인 한인, 환웅제국과 그 자본과 자산을 이어받은 달 종족인 고조선의 연방체제의 사람들에 대한 문명 사람들의 객관적 사실과 지난 시대에 남겼던 기록, 연구하는 학문 분야 등이 지구상에서 역사(History)란 이름으로 반추되고 영원히 기록되고 있는 것이다.

이런 이유로 그리스의 미케케, 미노아 문명과 고대 그리스 문명을 열어 나갔던 '도리안(Dorian)은 바로 토리아인(머리 태양의 사람, 달 사람)을 말하는 것으로 역사의 이름인 '토리아'와 같은 것이다. 다음 장에서 켈트족의 이동과 갈리아족의 해석을 잘 읽어 본다면 필자의 '토리아'와 '타리아, 탈리아에 대한 해석이 잘 이해가 될 것이라고 생각한다. 필자는 고대 그리스 시대를 연 주인공이 도리아(토리아인)이고, 그 사람들을 연구하고 남긴 기록, 정신세계를 살피는 것이 역사(히스토리)라는 것을 2,000년이 지난 지금에서 그 어원의 진실을 밝히는 것이다. 세계의 학계에 처음으로 그리스의 '도리안'의 어원과 '히스토리'(역사)의 어원에 대한 새로운 그 이론을 주장하는 바이다.

새롭게 도리안에 대한 증명의 상세한 서술을 하자면 이 '도리안(Dorian)'의 도리(Dori)는 크게 두 가지로 번역된다. 그 하나는 "머리의 태양"이며 또 하나 도리(Dori)는 원래의 원형인 다리(Dari)에서 온 것이었다. '다리, 도리(Dori)의 원형은 '달'(月)이었다. 대략 기원전 40세기 전후의 사람들은 수메르권과 빈카문화권, 중동과 유라시아, 페니키아의 지중해와 아프리카 등지에선 태양을 숭배하였으며 후에 '달'을 숭상하였다. 태양은 양(陽)이며 달은 음(陰)이다. 이런 이유로 태양력과 태음력이 생겨난 이유이다. 태양이 남자라면 달은 여자이다. 웅녀숭배와 다산과 풍요의 여신을 숭배한 환웅족과 고조선족은 태양과 여자의 표상인 '달'을 숭상하였다고 보아야 한다. 그러므로 지금 연구하는 학자들의 학설을 살펴보자면 초기 고대 그리스의 문화는 '머리의 태양족(고시 종족인 환웅시대)인 것이며 기원전 25~23세기에 이르러 고조선에 승계, 상속되었던 것으로 파악되고 있다. 그러므로 고조선의 마한권역은 미케네와 크레타 지역을 포함한다는 것이 맞는 말이며 '크레타'는 이집트 기록(빈소사원)을 빌린 서양 학자들이 연구한 '바다 사람들'의 일원이기도 하였다.

필자가 여러 번 언급하였지만 그들은 고작 라틴어와 고대 그리스어 등에 의존하여 그 어원을 해석하지만 거의 엉터리 수준이며 실제 라틴어와 그리스어를 만든 사람들은 도리아인들이었다. 그러기에 도리아인의 정체성을 정확히 살펴야 하며 그 당시 고대인의 종교나 신앙체계를 이해하지 않았던 것으로 서양의 고대사는 실로 어원의 엉터리 해석으로 비난을 받을 수밖에 없는 이유가 되었다고 본다.

도리안을 연구한 학자의 말대로 그들은 북쪽에서(빈카문화권) 온 것이 사실이며 그들은 웅녀숭배(곰 여신)로 대변되는 삼신, 칠성사상의 신정체계를 갖춘 문명인이었다. 그래서 그들은 빈카문화를 일군 세르비아권의 사람들이었으며 그들은 필자가 제시한 바와 같이 "광명과 고리문화, 고시와 머리로 대표되는 우수한 종족과 곰이란 이름을 가지고 나타났던 것이다. 참고로 고조선은 '아사달'에서 시작되었고 '달지국'에서 건국하였다. 초기 고대 그리스가 기원전 25세기 전이라면 당연히 환웅문화에서 시작된 것이고, 고조선이 승계받은 것이다. 그렇다면 '도리안'은 "머리의 태양족"이 되는 것이다.

'아사달'은 "처음 떠오르는 달"(다리, 다르-타리-타리아-토리-토리아-트리-트리아)이었으며 '달지국'에서 건국하였고, 쿠샨왕조의 월지국(月支國)도 같은 정체성인 '달지국'이었으며 그 후 승계한 키타리테, 에프탈리테도 모두 고조선의 '달'의 정체성을 승계한 제국이었다. 실로 고조선의 맥을 승계한 쿠샨제국 등 그들의 영역은 아프카니스탄, 파키스탄의 편잡, 박트리아권, 북인도이었음에 일제가 자행한 만주를 포함한 한반도 고조선론은 일고의 가치가 없는 왜곡의 극치이며 삼류소설에 해당하는 것으로 아직까지 금과옥조처럼 한반도 사관으로 상고사를 교육시키는 일단의 강단사학자들은 이 민족과 역사에 큰 죄를 짓고 있다는 사실을 알아야 할 것이다. 이런 이유로 독자들은 구월산(九月山)의 구월은 '9환족의 달'을 의미하는 것으로 이해해야 하는 것이다. 그런데 한반도 북한에 구월산'의 지명이 남아 있는 것은 고대 사람들이 유라시아에서 이주하여 그 지명을 한반도에 이동시킨 것으로 알아야 한다.

3) 그리스 도시(식민지 포함)의 지명을 통해 본 환웅, 고조선의 증명

(1) Same, Samos, Sparta, Stagirus, Sybaris, Sklavokampos

지명에서 나오는 헤라, 헬라, 헬리, 헤르 등은 모두 '태양의 흰빛'을 가리킴이다.

사메(Same)는 "위대한 어머니"이다. 사모스(Samos)는 "위대한 어머니"이다. 어머니는 메, 모, 무, 모 등으로 변하며 나타난다. 스파르타(Sparta)는 "위대한 광명의 머리"가 된다. 파르(Par)는 '바르'의 변형이다. 바르에서 파르, 파레, 파리, 파루, 파로 등으로 나타난다. 타(Ta)는 타, 투, 티, 테, 토로 이어지는 변형으로 '머리'를 말한다. 시바리스

(Sybaris)는 "위대한 광명"이다. '바르'에서 바리, 바레, 바로, 바루, 바라 등으로 변한다.

스클라보캄포스(Sklavokampos)의 스(S)는 "위대한"이고 크라, 클라(Kla)는 '고리'에서 변형된 이름이다. 캄(Kam)은 곰을 말한다. 포스(Pos)는 아버지(Po)의 복수이다. 아버지는 바(Ba)에서 보, 부, 비, 베 등으로 변하며 인도유럽어의 영향을 받으면 파, 피, 푸, 페, 포 등으로 나타난다. 이런 지명은 아주 복잡한 이름으로 여러 단어가 모인 합성어이다. 즉, "위대한 고리 곰의 아버지족"이란 해석이 된다. 스타기르우스(Stagirus) 역시 '스'는 "위대한"이며, 타vTa)는 "머리"를, 기르(Gir)는 '고리'에서 변형된 이름이다.

합하면 "위대한 머리의 고리"가 된다.

(2) Abila, Agrinion(Agrinium, Agrino), Akragas, Akrai, Akrillai, Akroinon, Agrigentum, Kerkent, Girgenti, Akrotiri(Thera / Santorini), Kara-Hissar

Abila의 빌라, 비라(Bila)는 '바르'의 변형이었다. Agrinion의 그리(Gri)는 '고리'의 변형이다. Akragas의 크라(Kra)는 '고리'의 변형이고, 가스(Gas)는 '고시'의 변형이다. 그래서 Akragas는 "고리의 고시"가 되었다. Akrai의 크라, 클라(Kra)는 '고리'에서 변형된 이름이다. Akrillai의 크리(Kri)도 '고리'에서 변형된 것이다. Akroinon의 크로(Kro)도 '고리'애서 변한 것이다. Kerkent의 케르(Ker)도 '고리'에서 변한 것이며, Kara-Hissar의 카라(Kara)도 '고리'의 변형이다. Akrotiri(Thera / Santorini)에서 크로(Kro)와 티리(Tiri)로 합친 이름이다. 즉, "고리의 티리(테라, 토리, 〈도리〉)"가 되었다.

원형인 다리에서 타리가 되었고 타리에서 타르, 타레, 타루, 타라가 되며 테라, 테리, 테르, 테루로 변형되고 티리, 티르, 티레, 티라 등으로 변화된다. 또한 토리, 토르, 토라, 토레 등으로 되고 투리, 투레, 투르, 투라 등으로 나타난다. 여기 글자 뒤에 '아'나 '야'가 붙으면 타리아, 타리야가 되며 토리아, 티리아, 테리아 등으로 되고, 접두사인 '투'나 '타'가 붙으면 투타리아, 타타리아, 투티리아가 되며 자음이 붙으면 투탈리아, 타탈리아, 티틸리아, 테탈리아, 투톨리아 등으로 변화되는 것이다. 이것이 고조선 권역을 부르는 지역의 이름으로 "투탈리아, 타탈리아의 변형"인 것이다. Girgenti의 기르 Gir도 '고리'의 변형된 이름이었다.

(3) Ambracia, Apollonia, Pirgos, Epirus, Aetolia, Peloponnese, Argos, Argolis, Cyprus, Iskilip(Iskila, Iskelib), Nopolis, Isparta

Amvracia에서 암(Am-아무)은 어머니이다. 브라(Bra)는 '바르'의 변형된 이름이다. "어머니의 광명"이 되었다. Apollonia에서 폴로(Pollo)는 '바르'(광명)의 2차 변화이다. Pirgos

는 피르(Pir)와 고스(Gos)를 합친 이름인데 피르(Pir)는 '바르'의 변형이며, 고스(Gos)는 '고시'의 변형이었다. 즉, "광명의 고시"가 되었다. Epirus의 '피르'도 같은 이치이다.

Aetolia는 그리스 도시국가 연맹체의 이름인데 아마도 고조선의 9환을 본 따 온 것으로 보인다. 여기에서 토리아Tolia)는 역사(히스토리아)와 같은 것이며 원형은 '도리'이기에 '도리안'(도리 사람들)이 되는 것이며 타리아의 변형이었다. Peloponnese의 페로, 펠로Pelo는 '바르(광명)'의 2차 변형이다. 아르고스(Argos)에서 아르(Ar)는 아라, 우리, 우르와 같은 뜻으로 보며 고스(Gos)는 고시의 이름이다. "우리의 고시"가 된다. 마찬가지로 Argolis는 "우리의 골리(고리)"가 되었다. 키프루스(Cyprus-키프르스)의 프루(Pru)는 '바르'의 변형이 되었다. Iskilip(Iskila, Iskelib)에서 킬리(Kili)나 켈리(Keli)는 '고리'의 2차 변화에서 온 이름들이다. 이스(Is)는 아스, 아시, 아사와 같은 것으로 "처음〈시작〉"을 지칭한다. 즉, "처음의 고리"가 된다.

Nopolis의 폴리(Poli)는 광명인 '바르'의 변형으로, 폴리스(Polis)는 "광명이 모인 곳들"로 소위 '그리스의 도시국가'를 '폴리스'라고 불렀다. 이스파르타(Isparta)는 이스(Is)는 "처음"이 되고, 파르(Par)는 '바르'의 변형이고, 타(Ta)는 '머리'였다. 합하면 "처음 시작된 광명의 머리"가 된다.

(4) Baris, Borysthenes, Berge, Berezan, Brauron, Byblos(레바논), Byllis, Gubla, Vravrona, Istanbul, Cebrene, Calydon, Chamaizi

Baris의 바리(Bari)는 '바르'의 변형이다. Borysthenes의 보리(Bory)는 '바르'의 변형이다. Berge의 베르(Ber)는 '바르'의 변형 이름이다. Berezan의 베레(Bere)도 '바르'에서 온 이름이다. Brauron의 브라(Bra)도 '바르'에서 변한 이름이다. 레바논(Byblos)의 블로(Blo)는 '바르'에서 변한 이름이다. Byllis의 빌리(Bylli)도 '바르'에서 온 이름이다. Gubla의 블라(Bla)도 '바르'에서 왔으며 Vravrona의 브라(Vra), 브로(Vro)는 같은 '바르'에서 변한 이름이다.

이스탄불(Istanbul)의 이스(Is는 "위대한"이고, 탄(Tan)은 "머리족"을 말하며 불Bul은 부르, 부리로 나타내는 바 '바르'의 변형이다. 합하면 "처음 머리의 광명족"이 된 것이다.

Cebrene의 브레(Bre)도 '바르'에서 변한 것이고, Calydon의 카리(Caly)는 '고리'에서 변한 이름이다. Chamaizi의 카마vChama)는 "곰"을 말한다.

(5) Korsun, Kilizman, Colosse, Corcyra, Corinth(Korinthos), Kirkuk, Korkura, Croton(Cortona, Cotrone), Cumae(Cuma)

Korsun의 코르(Kor)는 '고리'의 변형이며, 순(Sun)은 "위대한 사람들"이다.

즉, Korsun은 "고리의 위대한 사람들"이 되었다. Kilizman의 킬리(Kili)는 '고리'에서 변한 이름이고, Colosse의 코로(Colo-콜로)도 '고리'의 변형이다. Corcyra의 코르(Cor)도 '고리'에서 온 것이며, Corinth(Korinthos)의 코린Corin)은 "고리의 사람들"이다. Kirkuk의 키르Kir, Korkura의 코르(Kor)도 '고리'에서 변한 이름들이다.

Croton(Cortona, Cotrone)의 크로(Cro)도 '고리'에서 온 이름이다. Cumae(Cuma)는 쿠마로 '곰'이다.

(6) Emporion, Palaiapolis, Pella, Eretria, Gangra, Gela, Golgi, Gorgippia, Crete, Gortyn(Gortyna), Helike, Heliopolis, Heraclea, Anglona, Marmara, Caria, Himera, Histria, Istros, Hybla Gereatis, Imbros, Velia, Ragusa

Emporion의 엠(Em)은 어머니의 암(Am)과 같은 뜻으로 본다. 엠에서 '에미'가 나오는 것이다. 포리(Pori)는 '바르'의 변형이다. 합하면 "어머니의 광명"이 된다. Palaiapolis는 광명이 중복되는 단어이다. 파라(Pala)도 광명이며, 폴리(Poli)도 광명이다. "빛나고 빛나는 곳"이 된다. 펠라(Pella)는 '바르'의 2차 변형이다. 에르트리아(Eretria)는 "우리 트리아(타리아, 토리아)"와 같다. Gangra의 간(Gan)은 칸, 한으로 지도자를 말하며 그라(Gra)는 '고리'에서 변한 이름이다. 게라(Gela-겔라)는 '고리'에서 변한 이름이다. Golgi의 골(Gol)은 고르, 고리를 표현한다.

크레타(Crete)의 크레(Cre)는 '고리'의 변형이고, 타(Te)는 '머리'를 말한다. 크레타 섬의 이름은 "고리의 머리"가 되었다. Helike의 헤리(Heli)는 히리, 흐리, 하리와 같은 변형이다. "흰 리족"이 된다. 여기에서 광명의 글자가 들어가면 Heliopolis "흰리족의 광명"이 되는 것이다. 헤라클레아(Heraclea)는 헤라와 클레가 합친 이름이다. 헤라(Hera-흰리족), 클레(Cle)는 '고리'이다. 그러면 "흰리족의 고리"로 된다.

안글로나(Anglona)도 안(An)과 글로vGlo)로 합친 이름이다. "하느님 고리"가 되었다. Marmara의 마르vMar), 마라vMara)는 '마리(우두머리)'에서 변형된 이름이다. "우두머리 중의 머리"가 된다. 카리아vCaria)의 카리(Cari)는 '고리'에서 변한 이름이다. 히메라(Himera)는 "흰 우두머리"가 된다. 히스트리아(Histria)는 역사를 뜻하는 라틴어의 히스토리아(Historia)에서 히스토리(Histori)가 되었는데 조금전 설명하였던 필자의 주장이 맞는다는 것이 증명되고 있다. 타리에서 토리가 되고 트리, 트라, 트레가 되며 타리아에서 토리아, 트리아, 테리아로 되는 것이다.

따라서 히스(His)는 "위대한 태양의 흰 것"이란 필자의 해석이 맞는 말이고 트리아는 타리아, 토리아에서 온 것으로 그 어원은 같은 것이다. 결국, "흰 것의 타리아(토리아, 트리아)”가 된 것으로 “흰것”은 “광명”으로 농축되는 것이다. “광명의 트리아”로 해석해도 무리가 없는 것이다. 영어로 표기되는 역사는 바로 “광명의 토리아”인 것을 다시 한 번 증명하고자 한다.

Istros의 이스(Is)는 아스, 아시, 에스와 같은 뜻으로 쓰이며 “처음”이 되고, 트로(Tro)는 타리에서 트로, 트라, 트리, 트루로 이어지는 변형에서 온 것으로 “처음 트로”가 된 것으로 같은 타리(다리)에서 변형된 이름이다. 히브라(Hybla)는 “흰 광명〈블라-바르〉”이 된다.

Gereatis의 게레(Gere), 티스(Tis-테스, 투스)로 이루어진 단어이다.

게레, 겨레는 ‘고리’의 변형이고, 티스는 ‘머리’를 말한다. “고리의 머리족”이 된다. Imbros의 브로(Bro)도 ‘바르’에서 변한 이름이다. Velia의 벨리(Veli)도 ‘바르’에서 변한 이름이며, Ragusa의 구사(Gusa)는 ‘고시(Gusa)’에서 변한 이름이었다.

(7) Erimopolis, Dali(Idalion, Idalium-키프로스), Kallipolis, Apulia, Kamares, Kameiros, Kamarina(Camarina, Kamerina), Kerkinitida, Crimea, Kimmerikon, Prusias, Kos, Kyrenia, Calabria, Mallia, Marathon, Marseilles, Megalopolis

Erimopolis의 에리(Eri)는 ‘우리’와 같다. 모(Mo)는 ‘어머니’이다. 폴리스(Polis)는 ‘광명의 곳’으로 “우리 어머니의 광명의 터”가 된다. Dali(Idalion, Idalium-키프로스)의 다리(Dali-달리)는 ‘달’이 원형이었다. 이 ‘다리’에서 많은 변형이 된다. 칼리폴리스(Kallipolis)는 칼리와 폴리스로 이루어진 단어이다. 칼리(Kalli)는 ‘고리’의 변형이며, 폴리스(Polis)는 ‘광명의 터전’이므로 “고리의 광명의 터전”이 되었다.

Apulia의 푸리(Puli)는 ‘바르’의 변형이다. 카마레스(Kamares)의 카마(Kama)는 ‘곰’이다. 이 카마레스는 크레타의 지명으로 이곳에서 유명한 ‘광명의 토기’인 “카마레스토기”가 발견되었다.

Kameiros, Kamarina(Camarina, Kamerina)에서 카마(Kama), 카메(Kame)는 같은 ‘곰’을 말한다. Kerkinitida에서 케르Ker는 ‘고리’에서 변한 이름이다. Crimea의 크리(Cri)도 ‘고리’에서 온 이름이다.

Kimmerikon의 킴메르(Kimmer)는 킴(Kim)은 키미(Kimi)에서 온 것으로 ‘곰’이며 메르(Mer)는 우두머리를 칭한다. “곰의 우두머리”가 된다.

Prusias의 프루(Pru)는 ‘바르’의 변한 이름이다. 코스(Kos)는 ‘고시’에서 변한 이름이다. 고시에서 코시, 코스, 코세, 코수 등으로 변한다.

Kyrenia에서 키렌(Kyren)은 “고리의 사람들”이 된다. Calabria는 카라와 브리란 두 단어가 모여 한 글자를 이룬다. 카라(Cala)는 '고리'에서, 브리(Bri)는 '바르'에서 변한 것이다. "고리의 광명"이 된다.

Mallia의 말리(Malli)는 '마리'에서 변한 것으로 "우두머리"이다.

마라톤(Marathon)의 마라(Mara)는 '마리'에서 변한 이름이다.

Marseilles의 마르(Mar)도 '마리'에서 변한 것이다. Megalopolis는 세 가지 뜻이 포함된 글자이다. 메(Me)는 '오메'의 어머니이다. 갈로(Galo)는 '고리'에서, 폴리스(Polis)는 '광명의 터전'이 된다. 합하면 "어머니의 고리, 광명의 터전"이 폴리스 도시국가 이름이 된 것이다.

(8) Megara, Augusta, Mesembria(Mesimvria), Molivos, Mlietus, Mochlos, Morgantina(Murgantia, Morgentia), Milas, Kale, Myra, Myrmekion, Niggrratis(Naukratis), Neapoli, Kavala, Polichrono, Napule, Napoli, Campania, Ancore(Helicore), Palaia Preveza

Megara의 메(Me)는 어머니이다. 가라(Gara)는 '고리'의 변형으로 "어머니의 고리"가 되었다. Augusta의 구스(Gus)는 '고시'에서, 타(Ta)는 머리이므로 "고시의 머리"가 된 것이다. Mesembria(Mesimvria)에서 메(Me)는 어머니이고, 셈(Sem), 심(Sim)은 "위대한 사람들"이다. 브리Bri는 광명의 '바르'에서 온 것으로 "어머니의 위대한 광명"이 된 것이다.

Molivos의 몰리(Moli)와 Milas의 밀라(Mila)는 모두 '마리'에서 변형된 이름이다. Mlietus는 밀레(Mlie)와 투스(Tus–머리족)로 이루어졌는데 "우두머리 중의 머리족"을 지칭한다. 미라Myra)와 Myrmekion의 미르(Myr)는 '마리'에서 변한 이름이다. Mochlos도 모(Mo)와 코로스(Chlos–콜로스)로 이루어진 단어이다. "어머니의 고리족"이 되었다. Morgantina(Murgantia, Morgentia)의 모르(Mor), 무르(Mur)도 '마리'에서 변한 이름이다.

카레, 칼레(Kale)는 '고리에서, Niggrratis(Naukratis)의 글라(Ggrra), 크라(Kra)도 '고리'에서 변한 이름이다. 폴리(Neapoli), Kavala의 발라(Vala), Napule의 푸레(Pule)도 '바르'에서 변한 이름이었다.

Polichrono는 폴리(Poli)와 크로(Chro)의 합성어이다. "광명의 고리"이다. Campania의 캄(Cam, Kam)은 '곰'이다. Ancore(Helicore)도 합성어인데 안(An)과 코레(Core–고리)로 이루어진 글자다. "하느님의 고리"가 되었다. Palaia Preveza는 광명을 중복시킨 단어이다. 파라(Pala), 프레(Pre)는 같은 '바르'에서 변형된 글이다. "밝고 밝은"의 뜻이다.

(9) 크리미아(Crimea), 우크라이나(Ukraine), Pagasae, Palaikastro, Kerch, Paros, Pavlopetri, Pelion, Chaonia, Piraeus, Pella, Pergamum, Bergama, Palaio Faliro, Phanagoria, Giresun, Hvar, Philippi, Philippopolis, Platanos, Argolid, Pergamon

크리미아vCrimea)의 크리vCri)는 '고리'에서, 우크라이너vUkraine)의 크라(Kra)도 '고리'에서 변한 이름이다. 고리에서 크리, 크레, 크라, 크루, 크로 등으로 변한다. Pagasae도 합성어이다. 파-바vPa)는 아버지이고, 가사vGasa)도 '고시에서 변한 것이다. "아버지의 고시"가 되었다. Palaikastro는 세 가지 뜻이 있는 단어가 모여 합성어가 된 것이다.

팔라(Pala)는 광명인 '바르'에서, 카스(Kas)는 '고시'에서, 트로(Tro)는 타리(다리)에서 온 이름으로 "광명의 고시, 타리"가 되었다. Kerch의 케르(Ker)는 '고리'에서 변한 것이다. Paros의 파로(Paro)는 '바르'에서 변한 것이다. Pavlopetri도 세 가지 뜻으로 이루어진 합성어이다.

파-바(Pa)는 아버지이고, 블로Vlo)는 광명인 '바르'에서, 페-베(Pe)는 아버지이며 트리(Tri)는 '타리'에서 변한 이름이다.

그러므로 "아버지의 광명과 아버지의 트리(타리)"가 된 것이다. 이런 복잡한 합성어는 서양 학자들이 도저히 해석할 수 없는 것이다. 오늘날의 영어는 고대 영어인 '크로아티아'에서 온 것이며 크로아티아는 '빈카문화권'이었다. 그리고 고대 그리스어와 라틴어를 기반으로 현대의 영어가 만들어졌다면 고대 그리스어와 라틴어의 사용자들이 환웅 종족이며 빈카문화권의 사람들이었다. 그러기에 두 가지나 세 가지의 뜻으로 뭉친 글자가 많이 나오는 것인데, 이런 고고학적, 역사학, 언어학적 이치도 모르면서 왜! 당신은 영어를 뜯어서 해독하느냐? 하고 반문할지도 모른다.

서양 학자들이 합성어로 많이 구성된 지명이나 종족이름 때문에 고대 켈트족의 정체성에 대한 옳은 연구가 없었다고 필자는 결론지었다.

유럽의 고대 지명이나 고대 종족 이름에서 바르와 고리, 고시와 마리, 곰과 타리(달)에서 자유로울 수 없는 것은 이런 단어들이 문명과 문화 속에 녹아 있었던 것이기에 약 1만년의 세월동안 변하지 않고 지금까지 그 단어들을 볼 수가 있는 것이며 환웅과 고조선이라는 대제국을 이해하지 못하면 '역사(History)란 어원의 엉터리 해석' 처럼 지명이나 종족에 어원의 옳은 해석을 할 수 없다고 단정짓는 것이다.

Piraeus의 피라(Pira)와 펠라(Pella)는 '바르'에서 변형되었다. 베르가마(Bergama)도 합성어이다. 베르(Ber)는 '광명'이었으며, 가마(Gama)는 '곰'이었다. "광명의 곰"이 된 것이다. Palaio Faliro는 '광명'을 강조하는 글자이다. 파라(Pala), 팔리vFali)는 '바르'에서 변

형된 이름이다. Phanagoria의 고리(Gori)는 원형이다. Giresun도 합성어이다

기레(Gire)는 '고리'에서 변한 것이며, 순(Sun)은 "위대한"인 수(Su)에서 "위대한 사람들"이 된 것이다. 즉, "고리의 위대한 사람들"이 된다.

흐바르(Hvar)는 "흰(태양) 광명"이며, Philippopolis도 합성어이다. 필리(Phili)는 '바르'에서, 포-보(Po)는 아버지이다. 폴리스(Polis)도 '바르'에서 온 것으로 "밝은 아버지의 위대한 광명"이 '필리포폴리스'가 된 것이다.

Platanos의 플라(Pla)와 Pergamon의 페르(Perv)는 '바르'에서 변한 이름이다. Argolid의 아르(Ar)는 우리, 아라, 우르와 같다. 고리-골리Goli)는 '고리'의 변형이다. '드(D)'는 '머리'이다. 그래서 "우리의 고리 머리"가 되었다.

(10) Plataea, Priene, Prousa, Bursa(Brusa), Pyrgos, Burgas, Prinias, Calabria, Tanagra, Taranto, Taras, Thebes(Thebai, Thiva), Thoricus, Thurii(Thurio, Turios), Thyria, Kostence, Tragurion(Tragurium), Tripolis(레바논, 리비아, 폰투스, 테살리, 프리지아), 트로이, Zakros, Kastoria, Kavala, Patras, Komotini

* Plataea의 플라(Pla)와 Priene의 프리(Pri)는 '바르'에서 변한 것이다.

* 부르사(Bursa)는 합성어로 부르(Bur)는 '바르'에서, 사vSa)는 '위대한'으로 "위대한 광명"이 된다. Pyrgos도 합성어이다. 피르(Pyr)는 '바르'에서, 고스(Gos)는 '고시'에서 온 것으로 "광명의 고시"가 되었다.

* 부르가스(Burgas)도 "광명의 고시"이다. Calabria의 카라(Cala)는 '고리'에서, 브리Bri)는 '바르'에서 변한 것으로 "고리의 광명"이 된다.

* Tanagra의 그라(Gra)는 '고리'에서 온 이름이다. 타란토(Taranto)의 타란(Taran)은 타리아의 사람들이며 토(To)는 투, 타, 티와 같이 '머리'를 말한다. 즉, "타리아 머리의 사람들"이 되었다. 타라스(Taras), Thurii(Thurio, Turios-투리), 티리아(Thyria)에서 타라는 타리, 타르, 타레, 타루가 되고, 투리, 투르, 투레, 투루가 되고, 티리, 티르, 티레, 티라, 티루 등으로 변하며 토르, 토리, 토라, 토루, 토레 등으로 변화되는 것이다.

* 토리쿠스(Thoricus)는 토리(Thori)와 쿠스(Cus)로 이루어진 합성어이다. "타리(토리, 티리)의 고시"가 되었다. Kostence에서 코스(Kos)도 '고시'이다. Tragurion(Tragurium)에서 트라(Tra)와 구리(Guri)로 이루어진 단어로 합성어이다. "트라(타리, 티리)의 고리"가 되었다.

* Tripolis(레바논, 리비아, 폰투스, 테살리, 프리지아)는 같은 이름으로 그리스 식민지에 여러 군데 분포되어 있다. 이것도 합성어로 트리(Tri)와 폴리스(Polis)로 이루어져 있다. "트리(타리, 티리, 토리)의 광명"이 된다.

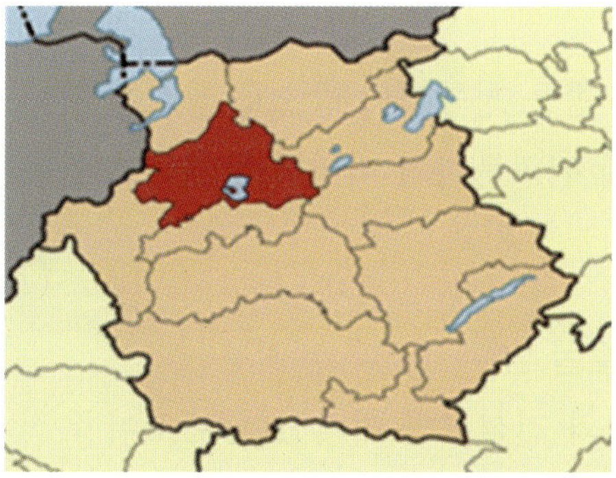

〈카스토리아(Kastoria-고시의 달)〉

〈파트라스(Patras-아버지의 위대한 달)〉

＊아나톨리아반도의 트로이(Troy)도 '타리에서 변화된 '트로' 이름이다.

＊Zakros의 크로스(Kros)는 "위대한 고리의 사람"이 된다.

＊카스토리아(Kastoria)도 합성어이다. 카스(Kas)는 '고시'에서, 토리아(Toriav는 타리아에서 온 이름이다. 합하면 "고시의 토리아(달)"가 되었다.

＊카발라(Kavala)의 발라(Vala)는 '바르'에서 온 것이다. 파트라스(Patras)의 파(Pa)는 아버지이고, 트라스(Tras)는 타타스에서 온 이름으로 "아버지 타리아(트라)의 사람들"이 되었다.

＊코모티니(Komotiniv의 코모(Komo)는 '곰'이다.

이상 그리스(식민지 포함)의 지명을 살펴보았는데 그리스는 광명과 고리의 국가란 것이 밝혀진 것이었다. 국가 그리스(Greece)의 그리(Gree)는 '고리'에서 나온 변형인 것이다. 국가 이름에 그 정체성이 살아 숨쉬는 것이다.

4) 독일 박물관에 전시된 고조선의 비파형 동검으로 도리아(Dorian)인이 고조선의 종족으로 증명

〈독일 베를린 '노이에스 박물관'〉

"새로운 박물관"이라는 뜻의 노이에스 박물관은 비파형 청동검의 전파 이주사에 대한 유물들이 진열되어 있는 의미있는 박물관이었습니다.

1. 문 열자 마자 왼쪽편에 있는 첫번째 방 "발굴 고고학 아버지 슐레이만 방"

슐레이만의 방에는 수많은 청동검과 그에 대한 연구 논문으로 가득 차 있었습니다. 그 중에 신주 단지 처럼 모셔 놓은 청동검. BCE 17~16세기 마케도니아 그리스에서 발견된 것인데 놀라운 것은 BCE 24세기 고조선 영역에서 발견된 "비파형 청동검"과 모양이 너무 비슷해서 놀랐습니다.

수많은 발굴 유물이 있음에도 슐레이만의 방을 청동검의 방으로 장식한 것으로 볼 때 아마도 슐레이만은 청동검의 전파 경로에 원형문화의 비밀이 존재하고 있음을 감지하고 있었던 듯합니다.

2. 두번째 방은 "슐레이만의 트로이 지역 발굴 방"

슐레이만의 업적 하면 떠오르는 것이 신화와 전설로만 여겨졌던 '트로이 유적 발견과 발굴'일 것입니다. 사실 슐레이만이 고고학에 뛰어든 이유도 트로이 전쟁의 이야기

〈고조선의 비파형 동검과 같은 청동검(BCE 17~16세기 마케도니아, 그리스)〉

가 담긴 '호메로스' 서사시를 읽고 난 뒤였다고 하네요. 놀랍게도 훈족 박물관에서 발견된 BCE 1600년대 유물과 너무도 비슷하다는 점입니다. 사진 왼쪽이 트로이 지역 유물, 오른쪽이 헝가리 지역의 유물입니다.

흥미로운 것은 트로이 지역 유물들이 3수 철학에 집착하고 있다는 점입니다.

위와 오른쪽의 유물은 동이족 이주민이 세운 나라 은나라, 그리고 주나라 유물이고, 트로이 유물이 아래 왼쪽에 있는 사진입니다. 아래의 경우에는 거의 도플갱어식

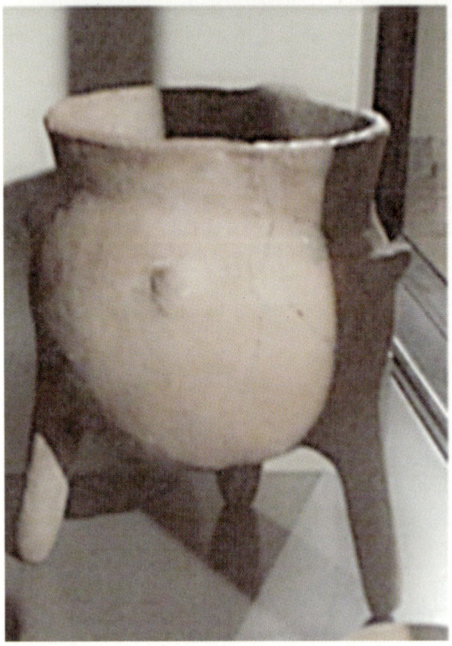

으로 닮아 있지요. 사실 중국 학자들은 왜 정(鼎)의 발이 3개로만 있어야 하는지 모른다고 하죠. 중국 것이라면 음양을 상징해서 다리가 4개가 있어야 하는데 말이요. 어쩔 수 없이 천지인 삼재를 상징한다는 식으로만 돌려서 이야기하고 있습니다.

정(鼎)은 삼신상제님께 제사 올릴 때 쓰는 솥입니다. 집일함삼, 회삼귀일의 정신의 주재자이신 한민족이 받들어온 삼신일체 상제님을 상징하여 한 몸통에 3개의 다리가 연결되게 만든 것입니다. 투박하지만 비슷한 형태의 토기가 보입니다. 삼신상제님의 3수 법칙을 고집스럽게 따르는 것부터 비슷한 형태의 토기, 다시 한 번 생각하게 만듭니다.

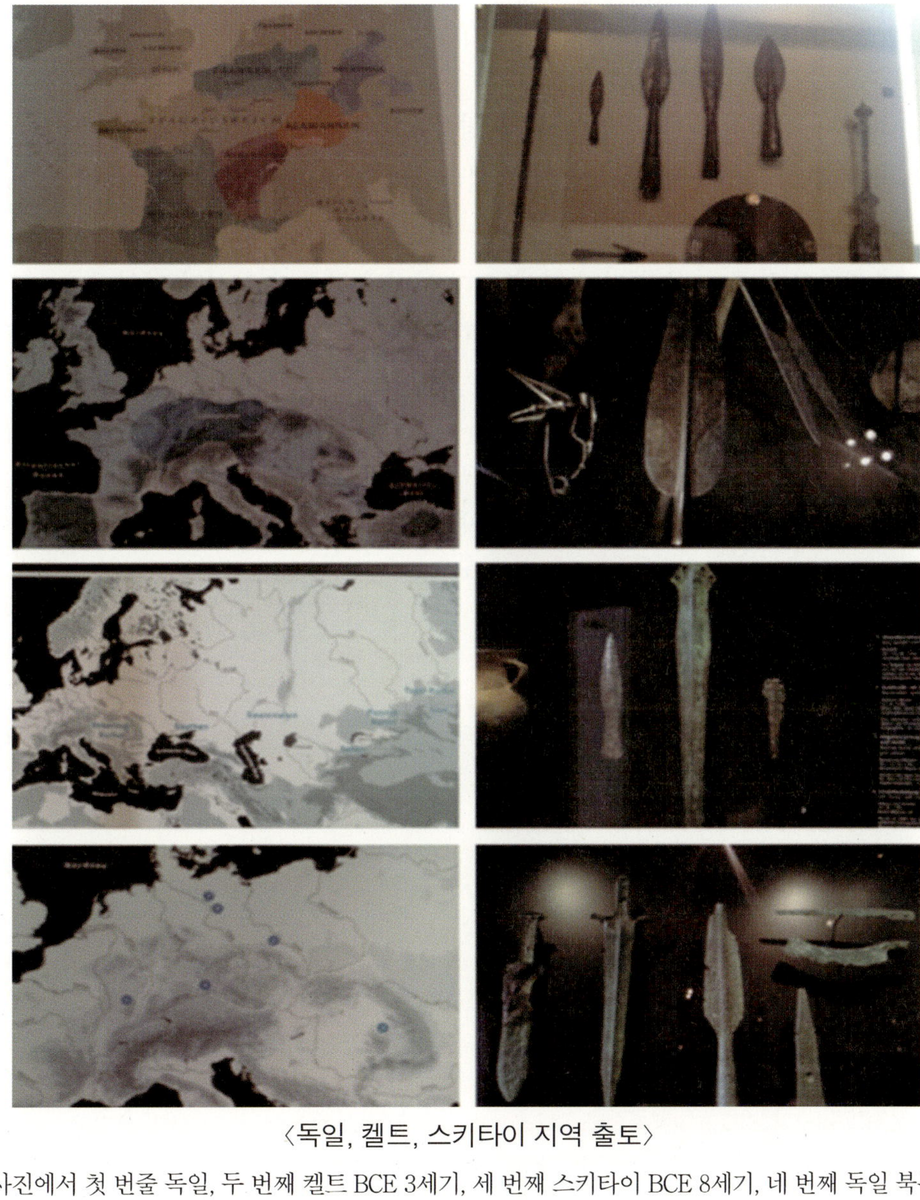

〈독일, 켈트, 스키타이 지역 출토〉

사진에서 첫 번줄 독일, 두 번째 켈트 BCE 3세기, 세 번째 스키타이 BCE 8세기, 네 번째 독일 북부. 아래로 두 번째는 캘트의 기원전 3세기의 비파형 칼이며 세 번째는 기원전 8세기로 추정되는 스키타이계의 칼이며 마지막의 칼은 독일 북부(프리지아, 프리슬란트)에서 발견된 것으로 필자는 소아시아(아나톨리아)에서 건너 온 캘트족인 '프리지아'인의 칼로 보고 있다.

3. 2층과 3층에 전시된 BCE 500년 이전 청동검들

유물을 통해 보는 비파형 청동검 전파 역사가 자세히 진열되어 있었습니다. 유럽에 나와서 고고학 박물관의 유물들을 사진이 아니라 직접 눈으로 현장에서 확인해 보니 청동검의 이주사(실제로는 정복사)가 유럽의 고대사였다는 것을 한눈에 알 수 있었습니다. 그러면서 환단고기에 나오는 고조선, 삼한의 영토가 생각보다 더 컸을 거 갔다는 생각도 듭니다.

청동검을 가진 이주민이 이주를 하면서 삼신의 문화가 전파되었고 그 문화 코드를 토착화하면서 지금의 유럽 조상 문화가 형성된 것이라 보이네요(고조선족의 켈트 이동). 환국, 환웅 배달국, 고조선이 실제로 대 제국이었고, 유라시아 대륙을 통해서 전파된 북방 유목 문화가 세계사에 미친 영향력은 가히 엄청났었다는 것을 확인할 수 있었습니다. 21세기의 한류가 있기 전에 이미 고대 시대에 한류가 있었던 것입니다.

(2016. 3. 13. 4 : 51 * 근원의 빛(가이아)카페에서 발췌한 내용임)

-Dr. 윤석현-환단고기 해제로 본 유럽여행 中-

* 글을 쓴 '윤석현'씨가 〈독일 베를린 '노이에스 박물관'〉에서 고조선의 비파형 동검 발견으로 환국, 환웅 배달국, 고조선이 실제로 대제국이었으며 유라시아 대륙을 통해서 전파된 북방 유목 문화가 세계사에 미친 영향력은 가히 엄청 났었다는 것을 확인하였다는 것은 필자가 언어학적으로 발굴, 연구된 정체성(지명, 방언) 등으로 그 주장이 맞다는 것을 새삼 증명한 것이다.

* 이 유물로 필자가 주장한 그리스의 고대문명은 고조선의 "도리아(Dorian-달 사람들)인"이 된 이유가 확실해진 것이다.

제9장
켈트족의 이동에 나타난 광명인 "바르"(Bar, Var)와 투탈리아, 고조선 9환족의 이동 연구

켈트 게일족의 아일랜드 신화에 나타난 투탈리아의 '투타(Tuatha-머리는 흰 빛나는 머리)'와 9환족의 표상인 '고리'에 대하여

1. 아일랜드신화(북아일랜드 '에린 침략의 서')

출처 : 미국 위키

〈아일랜드의 'Hill of Tara(달의 언덕)' 에 "운명의 돌"〉

아래에서 바라 본 성배(聖杯)에 일곱 구멍(칠성문양)이 뚜렷하다.

출처: 아일랜드 국립박물관

* 아일랜드의 보물로 'Ardagh Hoard 성배' 이다. 8~9세기경 제작된 것으로 보고 있다.

1) 북아일랜드 '에린 침략의 서'

아일랜드 국가 이름의 책으로 '에린 침략의 서'는 성경 이야기, 고대의 저자, 지역의 전통과 많은 발명의 파편의 조합으로 이루어져 알려진 책으로 '브리튼'의 역사라고 하였다.

(1) 어거스틴, 드 Civitate 데이-413년-426년

(2) Orosius, Historiae adversum paganos-417년
(3) 이시두르, 어원-7세기

로컬 역사적 전통을 그린 것으로 소설, 타협, 섬의 정복의 순서를 설명하며 대부분 여섯 가지 단계가 있었다고 한다.

2) 책의 해석에 대해

아일랜드신화(북아일랜드 '에린 침략의 서')에서 아일랜드의 고대 단어인 Tuath(복수) '투다(Tuatha)'는 '하나님' 또는 예배의 객체를 의미한다고 하였다. 여기엔 많은 부족들이 소개되는데 후세 사람들은 '조상의 그림' 이라고 이야기 하고 있다.

그들은 게일어로 "Tuath De Danann"(다나의 사람들-머리족)으로 여신 다나의 부족으로 표시하였다. '장인의 세 신들'은 Goibniu, Credne, Luchta로 불렀다(트라이 디 데이). 여기에서 Goibniu는 가이아, 고이비누로 깨우친 사람을 뜻하며 Credne은 '크레딘' 즉 '고리, 머리' 종족을 말하는 것이며 Luchta(태양의 고리 머리)는 '루크타'로 아나톨리아의 루카(Lukka)와 맥을 같이하는 것이다. 이 루카(Lukka)는 또는 루비안(Luwian)으로 불려 고조선의 마한 지역에 속하였다.

고대 골 지방(넓은 의미에서 중앙 유럽, 셀틱을 포함하는 일부 발칸반도와 소아시아〈갈라디아〉, 이베리아지방)에서 전해오는 팬-셀틱 하나님으로 경배하는 "루구스(Lugus-태양의구시) Tuirenn(Tarnis-타르, 타리) 그리고 Ogmios,Badb, Catubodua로 나타내었다고 한다. 여기에서 Lugus는 '루구스'로 바로 '고시'를 뜻하는 말이며 Tuirenn(Tarnis) '투렌'은 '투레의 사람들' 인데 '투레'는 '타리'에서 그 변형으로 '투레'가 된 것이다. 풀어서 살펴보면 타리는 인도유럽어의 프로토 현상에 따라 다양한 모음으로 변형되는데 타리가 타르, 타레, 투르, 투레, 티르, 티레, 토르, 토레, 테리, 테라, 테르, 탈리, 톨리, 텔리, 틸리등으로 나타난다. 또한 Tarnis는 영어로 '타르니스'가 되는데 역시 '타리'에서 변형된 '타르'의 표현인 것이다.

Catubodua의 '카투'는 '카족의 머리'가 되는 것임에 고대 아일랜드로 이주한 9환족의 종족들은 자기가 살았던 그 모체를 잊지 못하였다.

그래서 아일랜드 신화에 내려오는 것처럼 그들의 조상을 숭배하였고 그 숭배객체는 바로 조상이며 살았던 지역이 신격화되고 하나님으로 불려 굳은 것으로 그 신화는 그네들이 말하였던 '조상의 그림'이었던 것이다. 다음은 신화인 "투아하(Tuath) 대(De)

다난(Dannan-머리는 흰빛나는 머리, 머리족의 신)"에 나타난 연대기에 의한 통치를 살펴보면 (정확한 년대는 불투명하다).

3) 아일랜드의 통치자들

1) 누 아(첫 번째 통치자) 알 수 없는-1,477기원전
2) 브레스 맥 엘라 한 기원전 1,477~1,470년
3) 루 라브 다 기원전 1,447~1,407년
4) Eochaid Ollathair 기원전 1,407~1,337년
5) 델 베흐 기원전 1,337~1,327년
6) Fiacha 기원전 1,337~1,317년
7) 에 후르 막 쿠일 기원전 1,317~1,287년
다른 학자는 기원전 1,897~1,477년으로 간주하여 계산하기도 한다.

"투 아하 대 다난"의 다른 구성원은 아바타치(Abartach아파치,광명의 머리), Beag, 수 Chuille , 브리, Fand(아버지족의 머리) 이다.

"투 아하 대 다난"의 신화에서 '다누' 는 어머니 여신을 말하며 베다 물의 여신 '다누' 이름에서 파생했다고 하며 최근엔 유명한 언어학자인 '에릭햄프'는 옛 라틴어의 프로토 인도 유럽에서 Duenos, Dueno 를 통하여 "좋은"으로 해석하고 Duonu(귀족)으로 엉뚱하게 해석하였다.

그러나 필자의 생각으로는 '다누Danu'는 단군의 '단'에서 나온 것으로 "머리 사람들" 이었다. 즉, 단(Dan)에서 Dani, Dano, Dane, Danu로 변형되는 원리이다.

'단'의 글자가 방언이나 그 민족의 언어습관에 의해 늘어지는 표현으로 나타나는 것으로 짧은 언어를 늘어뜨려 표현하는 방식의 일환으로 보고 있다. 이런 유형은 북아프리카, 이탈리아, 파키스탄, 사모아 섬의 언어에서 나타나고 있으며 다양한 언어체계에서 나오고 있다. 예를 들면 수메르의 '아누'는 '안(An-신)'에서 비롯된 것인데 늘려서 발음하는 경우이다. '안'으로 발음이 될 것을 자음인 ㄴ이 생략되어 다음 소리에 연결하여 '아누'로 소리 나는 방식이다. 아나톨리아의 '아나Ana'도 마찬가지 이다.

4) 전쟁의 여신(까마귀 여신)

이 '아누'가 아일랜드 신화에서 여신으로 아누, 아난(Anann), 아난드(머리의 신)로 나타

나고 있다. 여기에서 재미있는 여신이 있다. 불러 "까마귀여신", "전쟁의 여신"이 여신은 까마귀의 형태를 취한다고 하였다. 우리의 '삼족오'가 카피 된 것이다.

전투 까마귀(Badb Catha)로 불렸는데 전투의 흐름을 이동하는 군인들 사이에 공포와 혼란을 야기하는 것으로 알려져 있다. '전투 까마귀의 여신'은 대학살의 전조와 유명한 사람의 죽음을 울음으로 하여 예견하여 수행한다는 것이다. 아일랜드 전쟁의 여신의 트리오에서 Badb, 마하와 모리, Morrigna 삼위일체를 구성하고 농업의 여신의 딸로서 이름을 지정하는 에른 마스의 버전에 따르면 에리우, Banba, Fodla 세 기혼여성을 여신 땅에 이름을 부여하였다. 조기 아일랜드어로 Badb는 까마귀, 악마였고 변종으로 Badhbh 까마귀, 요정, 꾸짖다 로 통용되기도 하였다.

5) 아일랜드 "투 아하 대 다난"(다누의 사람들)의 신화

이 신화에서 아버지는 Tuireann(옛 아일랜드어-Tuirenn 또는 Tuirill Biccreo) Credhne, Luchtaine, Giobhniu로 표기하였다고 한다. 여기서 '투렌'은 '투레'에서 온 것이고 '투레'는 '타리'의 변형이다. 결국 '타리'가 달인 것이고, '투릴 빅크레'도 "큰 머리 크리족(고리)"이란 뜻이며, 나아가 Luchtaine은 '루크타인'이며 필자가 생각하기론 Luci, Lucai, Luchai등으로 부족이 표현되는데 '루크'는 루카(Lukka)와 같은 어원으로 '루카'는 고조선의 마한 영역에 있었던 아나톨리아 남부지방의 국가 이름이다. 이 지방은 '황소 머리산'이 있으며 한단고기에서 말하는 '우수주'인데 Luchtaine은 '루카의 머리족'이란 개념에 맞는 것이다. 루크, 루카(Luch)+Taine(머리족)으로 "루카의 머리족"이 된 것으로 고조선의 "루카족(마한권인 아나톨리아)이 되는 것이라고 본다.

이렇게 볼 때 아일랜드 신화에 나타난 어머니는 '단군'의 '단'을 따 온 것이 되고 달은 '탈리'에서 따 온 것이 되는 것이고, 보충하여 Luchtaine을 나타 낸 것은 아일랜드 신화에 나타난 북아일랜드의 침공의 '에린 침략의 서'에서 그들은 3일 밤낮을 통하여 그곳에 도착하였다고 적고 있다. 이것은 선박으로 항해를 한 것으로 고조선 초기에 루카인 들은 '살수'에 선박을 건조하였던 역사를 가지고 있음에 주목할 필요가 있는 것이다.

그러므로 이 북아일랜드로 이주한 사람들은 캅카스나 북방지역의 유목민이 아닌 해양민족으로 우수한 항해기술을 가지고 이주한 종족이란 것에는 아무런 반론이 없는 것이다.

그러기에 북아일랜드를 침공하여 이주한 사람들은 바로 Luchtaine이란 결론에 도달하는 것이라 할 수 있다. 그들은 고조선의 '탈리아'를 북아일랜드에 가서도 잊지 않고 달로 신앙하였고 어머니의 이름에 '단'을 표시하였다는 것이다. 이러한 논리는 이미 히타이트를 연구한 학자들에 의해 Lukka, 즉 루비안(Luwian-태양의 아버지족)이 이미 기원전 12세기 전후를 하여 지중해와 그리스에 침략한 속칭 '바다 사람들'의 일원으로, 북아프리카를 침공한 블레셋(필리스타인)의 구성원으로 생각하였다.

이런 이유로 항해 기술이 뛰어난 루카인 들이 대규모로 북아일랜드에 상륙한 것으로 정의를 내릴 수 있는 것으로 본다. 결국 '투타'는 투타리아의 준말이며 같은 어원에 속한다는 것을 알 수 있는 것으로 북아일랜드에 상륙한 사람들은 중심축은 고조선의 마한종족인 '루카족'으로 이해를 해야 할 것이다.

마지막으로 아일랜드 신화에 가뭄과 역병의 신으로 '바로'가 있다. 불러 가뭄하나님인 바로(Balor)인데 태양신(시안)의 도움으로 황소를 구출하는데 물의 여신인 Ethniu과 아들을 생산하는 폭풍하나님과 합세하여 가뭄하나님을 이겨낸다는 줄거리이다. 이 가뭄하나님 바로(Balor)는 그의 이마의 중간에 큰 눈을 가진 외눈 거인으로 표현되었는데 그 가뭄의 신은 7일 만에 온 땅에 불이 붙도록 한다는 것이다.

이 신화에서 3일을 배를 몰아 상륙하였고, 가뭄하나님이 7일 만에 땅에 불을 붙인다는 것은 '삼신과 칠성사상'을 보여주는 요소라 할 것이다.

여기서 눈 여겨 볼 것은 "황소"를 구출한다는 내용이다. "황소"는 루카가 있던 지역에 "황소산"이 있고, 고조선의 중심지인 진한의 탈리아지역에 황소강(옥서스, Oxus)이 있었던 이유이기도 하다. 바로(Balor)의 용어는 이집트 왕을 '바로'로 불렀으며 Balor는 '우리의 광명'으로 "바르"(광명-빛)에서 왔던 것이다.

그런가 하면 라틴어의 여신인 마투타(Matuatha)는 '마'는 어머니의 뜻으로 쓰인다. 물론 아버지는 '바', 파로 불려졌다. '투타' 투탈리아의 준말로 이해를 해야 한다. 마투타 여신은 로마의 새벽의 여신 '오로라'와 그리스의 '에오스' 여신과 같은 것으로 그녀를 숭배하는 곳은 로마의 북부인 '라티움(태양의 머리 어머니)'이며 그녀를 위한 축제일은 6월 11에 개최되었다. 마테라리아 축제(Materalia)라고 불렀다.

마테라리아는 테리아에 연결되며 타리아가 되는 것인데 결국 '어머니 타리아'로 귀결 되는 것이다. 그렇다! 어머니 타리아는 고조선의 아무다리야(어머니 다리아)가 된 것이다.

6) 아일랜드의 고대 유적인 "타라 힐"(Tara Hill－타라〈달〉의 언덕)

기원전 3,400년경으로 추정되는 이 유적은 아일랜드 카운트 미스에 위치하고 있는데 전설에 따르면 "왕이 되고 싶은 사람은 반드시 '운명의 돌'에 의해 선정되었다고 한다." 발굴은 로마시대인 1～3세기부터 시작되었으며 여러 유물이 출토되었다고 한다. 이 '타라의 힐'은 11세기 텍스트에 설명되어 있고 침략의 책 신화에서 아일랜드의 높은 임금의 자리로 전나무 Bolg과 "투 아하 데 다난" 텍스트의 조성에서 엿볼 수 있다.

이 유적에 있는 "시간의 돌"은 유적지를 들어가고 나오는 입구의 통로의 돌의 길이를 다르게 진열해 놓아 농사짓는 춘분과 수확을 하는 가을에 맞추어 진열되어 있다고 학자들은 보고 있다. 나중에 이곳은 미데(메디아족)의 왕이 지배를 하였다고 한다. 여기에서 "타라"의 의미는 무엇인가? '달'이다. 원형은 '다라(Dara)이며 다리Drri에서 변형되고 인도유럽어로 표기됨에 '타라(Tara)'가 된 것이며 "타라"는 "타라"의 발생지에서 온 것이다. 그러면 그 발생지는 어디인가? 그곳은 아무다리야인 유역이며 타리아, 타탈리아, 투탈리아, 테탈리아로 불리고 있는 옥수스권역인 것이다. 타리아가 준말로 "타라"이다. 때로는 테라, 테리, 테라, 투리, 투르.투레등으로 나타난다.

이 "타라 힐"이 유럽을 대표하는 빈카문화와 그 하류문화에 의한 곰 숭배사상과 칠성, 삼신을 경배하는 광명사상이 있었기에 "타라'가 도입되었는데 타라는 경배하는 성소였다. 타라와 타리아, 타탈리아에 대한 상세한 천문학적인 관계에 대한 설명은 뒷장에서 다루고자 한다.

7) 아일랜드 부족에 나타난 고조선의 9환족

(1) 위대한 포투타 종족(Fortuatha－머리는 광명의 머리)

이 종족은 아일랜드의 왕이며 높은 임금으로 추앙되었다. 그들은 아일랜드의 웩스포드 카운티, 칼로 주, 페르, 동쪽의 제방을 따라 리피, 갈 카운티, Corpri(고리의 광명) Arma(우리 어머니)등의 많은 지역을 통치한 위대한 왕이었다. 또한 그들의 지방영주는 Calraighe(북부의 부족) 코노트와 웨스트 미스 주, 카운티 올 포드, Ciarraige(속칭 Ciar)은 카운트 캐리, 코크,워터포드 카운티, 카운티 커먼, 카운티 골 웨이등의 여러 지역에 지점을 두고 통치를 하였다.

Corca Fhir부족은 갈랜 마요 카운티, Delbhna부족은 큰 종족으로 코노트, 미스, 뮌스터 지방, Deisi 부족은 오래된 종족으로 중세 초기동안 일부 Deisi그룹과 하위 그룹은 아일랜드의 여러 부문에서 정치적 영향력을 행사하였다고 한다. Gailenga부족은 아일랜드의 동쪽과 서쪽을 경영하였다. Luighne 부족은 코노트지역,카운티 미스지역, Ui briuin부족은 7~8세기에 코노트를 지배한 통치자였다. Setantii 부족은 영국의 서부와 남부에서 통치를 하였다. 그 외에 뮈네, 루인(Luigne), 라인(Laigne)부족도 영주로서 통치를 하였다고 한다.

이렇게 아일랜드의 대다수 지방을 지방영주로 두고 통치하였던 포투타(Fortuatha)족은 어디서 왔는가? 포투타족의 "포, 포르"는 광명의 '바르'에서 '포르'로 변하여 다시 '포'로 표현한 것이며 '투타'는 투타리아에서 온 것이다.

그러므로 포투타는 '광명의 투타(머리)'이며 이것은 고조선의 진한 직할종족(타지기스탄, 우크라이나, 카자흐스탄등)이 여기로 진출한 것을 의미한다 할 것이다.

〈아일랜드 지명의 분석 해독(위로부터 아래로)〉

* Donegal－돈(Don)은 단(Dan－머리 사람들)의 변형이며 갈(Gal)은 가리(Gari), 가르(Gar)로 나타나며 '고리(Gori)'의 변형이므로 "머리 사람들의 고리"가 된다.

* Londonderry－론(Lon)은 '태양 사람들, 돈(Don)은' 머리 사람들이며 Derry는 다리(Dari－달)의 변형이 되므로 "태양 사람들은 달의 머리 사람들"이 된다. 이 지명은 한웅의 태양족이 고조선의 달족으로 전환된 것을 알려주며 그 정체성인 '머리 사람들'을 강조하고 있다.

* Antrim－안(An)은 신이며, 트르Tr)는 원형이 '드르, 드리이며 원형인 '다리'에서 변형된 이름이다. 임(Im)은 암(Am), 움(Um), 엠(Em)으로 이어지는 '어머니'를 말하며 "어머니 달의 신"이 된다. Londonderry, Antrim의 지명은 '달의 종족'이 이곳에 진출함을 의미하는 것이다.

* Tyrone－＊튀로(Tyro)는 티로(Tirov) 어원이 같다. 복수인 자음 'N'이 붙어 "달의 사람들"이 된다.

* 얼스터(Ulster)－울(Ul)은 우리, 우르로 표기되며, Ter는 '달'을 의미함에 "우리의 위대한 달"이 얼스터가 된다. 역시 고조선의 종족이 캘트로 상륙한 것이다.

* Fermanagh－페르Fer)는 그 원형이 베르(Ber, Ver)이며 광명이 되고, Man은 '어머니 사람들'이 되며, Agh는 '흰 빛 나는 고리'가 되는데 합하면 광명의 흰 빛나는 고리의 어머니 사람들"이 되므로 모계(어머니)가 앞서는 것으로 우크라이나 남부의 스키타이(아마존,사마르티안)종족이 진출한 것으로 본다.

* Armagh－"우리의 흰 빛나는 고리의 어머니"로 같은 부족으로 본다.
* Down－"머리의 아버지 사람들"로 해석한다.
* Sligo－슬리(Sli)는 슬라, 슬레, 슬로로 이어지는 '태양'의 변형이다. 고(Go)는 '고리의 수식어'이다. "태양의 고리"가 된다.
* Leitrim－Lei는 '태양'이며, 트르Tr는 '달'이고, 임(Im)은 '어머니'를 말함에 "태양과 달의 어머니"가 된다.
* Monaghan－Mona는 '어머니 사람들'이며, Ghan은 칸을 말한다.
* Cavan－"고리의 아버지 사람들"이 된다.

출처 : 미국 위키

〈아일랜드의 지명〉

* Mayo – "어머니"가 된다.
* Louth – "태양의 흰 빛나는 머리"가 된다.
* Connacht – 머리 고리의 칸
* Roscommon – 태양의 위대한 어머니족은 고리의 어머니
* Longford – 포르(For)는 '바르(Bar, Var)의 인도유럽어의 변형이며 론(Lon)은 태양족이며 "태양족의 고리는 광명의 머리"가 된다.
* Meath – 어머니의 흰 빛나는 머리
* Galway – 갈(Gal)은 가리(Gari), 가르(Gar)가되며 고리(Gori)의 변형이다. 바이, 바위(Way)는 북아프리카, 펀잡 언어의 표기이며, 영어의 bai, bay와 같이 사용된다. 그러면 "고리의 아버지"가 된다.
* Westmeath – 아버지의 위대한 머리는 흰 빛나는 어머니의 머리가 되는데 요즈음의 웨스트(West)는 '서쪽'으로 해석되며, 이 어원은 '아버지의 위대한 머리족'이 서쪽에서 형성된 것을 알 수 있는 것으로, 서북의 '빈카문명'을 말한다 할 것이며 나아가 고대그리스, 라틴 사람들을 지칭한 것으로 추정한다.
* Clare – 클(Cl)은 크리(Cri), 크르(Cr)로 나타내며, 아레(Are)는 '우리(Uri)'의 변형으로 "우리의 고리"가 된다. 또는 클라(Cla)로 해독하면 "태양의 고리"이다.
* Laois – 라오(Lao)는 태양으로 리오(Lio–브라질의 수도)와 같은 형태이며 이스(Is)는 그 변형이 우스(Us), 아스(As), 에스(Es), 오스(Os), 아시(Asi), 에시(Esi), 우시(Usi), 이시(Isi) 등으로 변화되며 "처음, 이제 시작하는, 돋아 오르는"의 해석이 됨에 "돋아 오르는 태양"이 된다.
* Wicklow – Wi는 bi, vi와 같은 것으로 '아버지'이고, 크로, 클로(Klo)는 원형이 그로, 글로(Glo)이며 원래 고리(Gori)에서 변형된 것이다(그루, 그리, 그레, 그루 등).
  "아버지는 고리의 아버지"가 된다.
* Limerick – 리(Li)는 태양의 별칭인 '라(La)'의 변형이며, 메리Meri)는 우두머리를 뜻한다. 그러므로 "태양의 우두머리 고리"가 된다.
* Tipperary – 아리(Ary)는 우리, 이리, 아르, 우르와 같으며, 페르(Per)는 그 원형이 '베르(ber, ver)이고 '바르(Bar, Var)'의 변형이다. 즉, "우리 광명의 아버지"
* Kilkenny – 킬(Kil)은 키리(Kiri), 키르(Kir)로 나누어 지며, 원형은 기리(Giri), 기르(Gir)이다. 역시 '고리(Gori)'의 변형이 된다. 켄(Ken)은 칸(Kan, Khan)의 변형이며 케니아(Kenia), 케니(Kenni)인데 케니(Knny)로 자음인 'N'이 중첩되어 표기되었다. "고리

의 칸"이 된다.

* Wexford -We는 Be, Ve와 같이 '아버지'이고, 포르(For)는 원형이 보르(Bor)이며 '바르(Bar)'의 변형이 된다. "아버지는 광명의 머리"로 되었다.

* Kerry - 에리(Erry)는 엘리(Elly, Elli), 일리(Illi)와 같으며 우리, 아리, 요리(Yioli), 욜리와 같은 뜻이며, 어간의 자음 'K'는 고리의 수식어이다. "우리 고리"가 된다.

* Munster - 문(Mun)은 '어머니 사람들'이 되며, 모계가 앞장서는 형태로 우크라이나, 카자흐등지에서 진출한 종족으로 추정한다. 테르(Ter)의 원형은 데르(Der)이며 '달'의 명칭인 다리(Dari)의 변형이 된다. "어머니 사람들의 위대한 달"로 해석된다.

* Waterford - Wa는 Ba,Va와 같이 '아버지'가 되며, 테르(Ter)는 '달'이고 포르For)는 '광명'으로 "아버지의 달은 광명의 머리"가 된다.

* Cork - "고리"가 된다.

* 아일랜드(아일랜드어 : Éire 에이레, 영어 : Ireland)

에이레(Éire)도 '우리(Uri)'의 변형이며, 이레Ire 역시 '우리'의 변형이다. 그러므로 아일랜드는 "우리 태양 사람들의 머리"가 올바른 해석이 된다.

아일랜드의 지명 해석에서 "머리 사람들, 달 사람들, 태양족, 고리, 광명"등의 한웅, 고조선의 정체성이 극명하게 드러난 것으로 고조선 9환의 종족이 이주한 것이 증명된다 할 것이다.

(2) 전나무 Domnann(머리 어머니가 놓인, 머리 어머니 신) 부족

Dumno는 "깊이"와 "세계"를 의미하며 고대 골지방의 신성한 이름에서 나타난 종족인데 부족의 이름인 Domnoni 부족은 "하나님의 사람들"을 의미한다고 하였다. 지금 inber Domnann, 말라하이드 북쪽에 베이 입구 카운티, 더불린 아일랜드의 동쪽 해안은 부족의 이름을 유지하고 있다. 여기에서 부족의 이름인 "Domnoni는 무엇인가?" Dom의 어원은 원래 "머리 어머니"인데 훗날 성소, 사원의 단(壇)의 의미로 변질 되었다. Noni는 우리말 '놓으니'와 같다(놓다). 즉 성소에 놓는 부족의 뜻이며 제사장 직급의 사람이므로 '하나님의 사람들' 이란 칭호를 얻었다고 본다. 또한 전나무는 신단수처럼 돔(성소)에 배치한 성수(聖樹)로 여겼으며 아나톨리아의 루카(루비안)족은 성수를 떡갈나무로 표현한다고 하였다. 그 지방의 특정 나무가 성소의 신단수가 되는 것이다. 여기서 Domnann은 돔을 놓은, 경상도 사투리로 '난(Nann)'이 된다고 본다. 혹은 언어학적으로 Dum, Dam, Dom은 D+Um, D+Am, D+Om으로 머리를 상징하는 디(D)

와 어머니를 말하는 움(Um), 암(Am), 옴(Om)으로 "어머니 머리"를 말하며 "어머니 머리(웅녀)가 놓인"성소가 영어로 돔Dom으로 설명된 것으로 보아야 한다.

또한 4~8세기에 Dumnonia의 종족이 남서부에 살았으며 Domnonia, Dammnonia로 변형되며 후에 Gildas(위대한 고리의 머리)로 알려지게 된다. 영토의 서쪽부분에 하위부족인 Cornovii(고리 사람들의 아버지)의 이름이 "콘월"으로 굳어져 "콘월어"로 남아있게 된 것으로 보고 있다(코르는 고리의 변형이다). Domnonia는 콘월, 데본, 서머셋과 동부 국경에 현대의 도시의 일부를 포함하였으며 Durotriges(머리의 태양과 달의 고시)왕국을 건설하였다. 그들의 도자기에 표현된 문화는 아르모리카(Armorica-우리 우두머리 고리)반도와 연결된 것으로 파악하고 있다. '아르'는 우리와 같고 '모리'는 마리'의 변형이다. 라틴어나 그리스어엔 많은 합성어가 있다. 서양의 학자들이 합성어인줄 모르고 그냥 해석하니 올바른 해석이 되지 않는 것이다.

825년 앵글로-색슨족과 싸운 기록이 있으며 12세기에 콘스탄틴에 의하면 Gildas(위대한 고리 머리) 가문에 의해 "아서"는 왕의 후계자였다. 아서가 앵글로-색슨족을 격퇴한 것은 '콘월의 캄란전투'였으며 "카멜롯"이었다고 하였다.

(3) 투타(Tuatha-머리는 흰빛 나는 머리)부족

고대 아일랜드의 종족 ,국가로 번역하는데 웨일즈와 브르타뉴의 종족으로 파악하고 있다. Tuatha부족은 연합군의 숫자로 구성되었고 약 6,000~9,000명 정도로 구성되었다고 한다. 고대 아일랜드어 문화,사회 구조의 개념을 기반으로 한 가족,친척그룹, 공통 조상의 후손 사회 그룹으로 인식하고 있다. 하위 부족으로는 Osraige(처음 태양의 고리), 달리아타Dalriata(타달리아-타탈리아)는 투타의 연합이 되었고 스코틀랜드에 진출하기도 하였다. 아주 흥분된다. 9환족의 중심 종족이 영국과 스코틀랜드에 진출한 역사를 우리는 지금 읽고 있는 것이다. 아 그 이름! 달리아타Dalriata(탈리아타-타탈리아-머리의 달) 고조선 9환의 종족인 것이다.

미루어 짐작하건대 고조선이 멸망하기 전엔 함부로 9환족(연방)에서 탈퇴하지 못했다는 봉건사회의 특성을 생각 해 보면 아마도 고조선의 멸망 시에 살길을 찾아 캘틱에 합류하여 진출한 것으로 이해를 해야 한다. 아주 상세한 자료는 웨일즈 어와 콘월어,원시아일랜드어,게일어등에 녹아 있으며 이런 언어를 수사한 종족은 바로 고조선족 이었던 것이다. 많은 연구가 뒷받침되면 확실한 진출 연도가 나오며 그 규모도 알 수 있으리라 생각된다. 앞으로 언어학자나 사학자들이 고조선의 멸망과 관련된 캘틱의 이주에 대하여 논문을 작성하게 되면 세계적으로 각광받는 훌륭한 업적과 연구가 될 것이라 믿어 의심하지 않는 바이다.

(4) 아일랜드 연대기에 나타난 왕 : 투탈(Tuathal) Mae cormaic(540년 사망)

(5) 브리간테스(Brigantes–광명 칸의 머리족) 부족

그리스의 지리학자 프톨레마이오스의 부족으로 '캘트부족'이었다. 이 부족은 사전 로마시대 부족이며 북부 영국의 웩스포드, 킬케니, 워터를 중심으로 한 부족이었고 하위부족은 알프스의 Vindelici(아버지족 달의 고리) 지역에 살았다고 한다. Brigantes의 이름은 "높은 상승", "높은 사람"으로 호칭되었는데 ,필자의 해석으로는 "광명의 위대한 칸의 머리족"이 된다. 현대 웨일즈 단어의 Brait로 특권, 명성과 같은 뿌리에서 나온 것이며 웨일즈어, 콘월어, 브르타뉴어로 "Bri"는 명성, 평판, 존엄성등으로 언어연구가 이루어 졌다고 한다. '광명'에 대한 이해가 없는 마당에 이 정도 해석이라도 훌륭한 해석이라고 본다. 한편, 독일이나 러시아 번역에선 "산적"으로 비하하는 번역을 사용하고 있다. 하기야 원래의 원주민을 내쫓고 그곳에 영지를 만들었으니 미국 인디언처럼 '산적'이란 소리를 들었는지도 모른다.

하나, 앞에서도 지적한 대로 서양 학자들이 "바르"의 의미를 모르고 있음에 올바른 어원이 나오지 않는 것이다. 뒤의 테스는 테로 하여 앞에다 붙이면 '테브리스' 족이 된다. Gan은 칸으로 지도자, 왕으로 불러 '광명의 머리족 왕의 그룹'이란 해석이 되는데 고조선의 왕족들이 많은 사람들을 이끌고 유럽에 진출한 예로 볼 수 있다. 실제로 이들은 스페인, 헝가리, 포르투갈, 슬로바키아, 알프스지역에서 종족의 이름이 많이 발견되었다. 유럽주위에 Brigantium, Berganza 지명에서, 스페인의 Betanzos, Bergondo(갈리시아), 슬로바키아와 헝가리 국경에 Brigetio, Breg강, Brigobanne지역, Brigach 의 남쪽에 독일, 브레겐츠에서 알프스로 진출한 것을 알 수 있는 것이다.

(6) 코리온디(Coriondi–고리 신의 머리사람) 부족

"코리Cori(고리)에서 온 부족"이란 것을 강력하게 나타내는 뜻이다.

'코리(고리)'의 명칭은 누가 머래도 9환족의 표상이었다. 중·고등학교 다닐 때 교복 상의의 목에 '흰 카라'를 모두 두르고 다녔다. '카라'는 '후크'를 잠그면 원의 형태가 된다. 즉, 고리인 것이 일제 의 언어표기에 따라 '카라'로 바뀌었는데 '카라'도 역시 변형된 고리(코리)이다. 디(Di)는 '머리'를 말한다. "고리 신의 머리"부족이 진출한 것이다.

(7) 크루틴(Cruthin, Cruithni+고리의 머리족) 부족

이 부족은 아일랜드 초기의 사람들로 카운티의 앤트림, 런던과 그 아래지방에 살았는데 Cruthin은 다수 부족을 구성하였는데 투타(Tuatha)부족, 달리아타(Dalriata)의 부족 등으로 연합하였다. 특히 Dalriata는 5세기부터서기 500년 퍼거스 1세로부터 시작된 왕의 신분을 확보하였으며 알핀 하우스왕조와 알바왕조(열 있는 아버지)까지 약 12세기까지 현재 영국의 북쪽인 스코틀랜드왕조를 만들어 나가게 된다. 나중에 Cruthin부족의 이름을 교체하였다고 전해진다. 조기 아일랜드어 족보에 등재되었다. 이 부족의 이름은 합성어이다. '크루'와 '티'의 합성어인데 N 이 붙어서 "머리 코리족" 이 되었다.

달리아타(Dalriata)에서 '타'가 앞에 오면 타달리아가 되니, 타탈리아와 같고 투탈리아와 같다. 바로 옥서스권역에서 온 부족을 지칭한다 할 것이다.

(8) Cauki(카우키-소아시아의 리카오니아(가우, 카우)의 후손으로 본다) 부족

19세기 독일의 비교 언어학자인 '로랜스 Diefenbach'는 게르만과 카우키(Cauki)를 확인하였다. 서쪽 독일에 있었던 것으로 보았으며 아일랜드 초기의 부족이라고 단정 지었다. 그는 Menapii 북동부 갈리아에서 인구 이동에서 나타났다고 주장하였고, 특히 그들의 리더인 Lusitani Kaukainos 라는 이름과 그리고 Kauka라는 도시 이름을 예로 들었다. 필자가 살펴보아도 맞는 이론인 것 같다. 왜냐면 카우(Cau)는 종족이 따로 아일랜드에 없을 뿐 더러 지도자인 Lusitani Kaukainos가 맞는 이야기란 것은 아나톨리아의 남동부에 '리카오니아'란 고대 도시국가가 있었는데 이 '카오'란 이름은 고조선의 직책인 '신지'의 이름을 따로 '가우(加優)'라고 호칭하였는데 이것이 인도유럽어의 영향을 받아 마찰음인 '카'로 변형되어 '카오'로 불러지게 되었다.

또한 아나톨리아의 '리키 언어'는 루비안 언어로 발전하고 나아가 이탈리아의 레티.에트루리아 언어와 결합되는 형태와 프로토 언어양상을 보이는 것은 오랜 세월에 걸쳐 이탈리아 남부에 리카, 리키(리카오니아),루카 족이 진출하였고 아일랜드에도 종족이 진출하였다는 것을 고대역사학과 인류종족학을 통하여 입증이 되고 있다 할 것이다. 특히 뒷장에서 빈카문화권인 세르비아, 슬로베니아등지의 많은 지명에서 '루카'란 이름이 나오게 된다. 이 '루카'족이 세르비아 권에서 기원전 약 30세기를 전후로 하여 그리스와 아나톨리아로 남하하여 '하티안' 종족(한웅족)의 구심점을 이루는 것으로 필자는 보고 있다. 특히 아나톨리아 남동부에 '카우노스'란 도시가 있었다. 이것으로 이미 아나톨리아의 루카(루비안)와 함께 '리카오니아' 종족이 아일랜드에 진출한 것을 보여주는 것이다.

(9) 다리니(Darini) 부족-다리(달) 사람들

아일랜드의 남쪽에 살았던 부족으로 그들은 '조상으로부터 하강을 의미'한 종족으로 신성한 가문에서 하강을 주장하였다. 그래서 달리아타(Dalriata-탈리아타 -타탈리아), 돔드룬(Domdrum-머리 어머니, 달의 어머니), Dalfiatach 동부의 얼스터와 뮌스터(Erainn-이베르니) 의 초기 이름과 Dairine(달 사람들)는 뮌스터(Erainn-이베르니)왕조에 적용되었다. 다리니(Darini) 부족(달 사람들)은 고대 골지방의 '다리어(달)'를 가지고 있었고 웨일즈언어의 한 가지가 되었다고 한다.

이 다리니(Darini) 부족은 옥서스유역의 다리야(타리야, 탈리아)에서 온 것이 증명 된다하겠다. 사람들은 '격동의 하나님' 또는 '하나님의 자손'이라고 하였다. 성경학자들은 일찍이 화래즘 지역의 사람들을 '노아의 직계 후손'이라고 하였다. 프로토 역사적 통치자로 Dairfhine,(우리 머리 아버지족) Darfine(달의 아버지족)이 있었고 데이르그틴(Deirgtine-우리 머리 고리족)또는 크라나 데이르그틴(Clanna Dergthened)은 코날 코륵(Conall Corc-칸의 얼)의 신뢰성 있는 조상이었다.

결국 다리니(Darini) 부족은 뮌스터의 특정의 자손으로 신선한 혈통과 전통형태로 성장해 왔다고 중세의 계보 학자는 알고 있었다. 다리(Dari)는 '달'에서 그 이름이 온 것이다. 달에서 다리, 다르가 된다. '다리니'는 인도유럽어로 '타리니'가 되니 '타리아'에서 온 것으로 고조선의 정체성인 '달'(다리,타리)을 상징한 부족이었다.

종족이나 부족 이름을 통하여 본 고대 아일랜드는 고조선의 멸망 후에 진출한 영국 남부지방의 뮌스터지방은 아일랜드의 뮌스터 왕조로 성장하였고, 북부는 얼스터왕조인 탈리아타왕조를 열어 '게일어'를 창시하게 되고 오늘날 스코틀랜드 역사를 만들었던 것이다.

2. Cumbric 언어는 고조선 종족의 곰 언어이므로 9환족의 고대영국(아일랜드) 이주의 증명

1) Cumbric(곰 광명) 언어

Cumbric는 오래된 웨일즈 어와 다른 '브리소닉어'로서 영국 북부와 남부 저지대 스코틀랜드 어를 말하며 12세기에 멸종되었다고 전해진다. 서양 학자들은 용어의 해석에 곰(Gom) 브로기(Brogi-곰 광명의 고리)를 '동포'라고 그 어원을 의미 한다고 하였다. 아일랜드 고대 언어는 "영국인"이었으며 그들을 Bretnach, Bretain(광명의 머리족)라고 불렀으며 노르웨이는 Brettar(광명의 달)이라고 불렀다. 영어의 용어인 웨일즈는 Cumbri가 라틴어에서 비롯되었으며 웨일즈, Cumbrenses는 '컴(콤) 브리아의' 일반적인 영어 사용으로 '웨일즈'로 되었으며 컴브릭 언어에서 '월러스'를 발견하였고 결국 월리스는 Wellis로 굳어진 것이었다.

현대의 컴브리아는 잉글랜드와 스코틀랜드 사이에 위치한 지역으로 되었다. 이 언어는 현대적인 서면 기록이 없기 때문에 보조 소스를 통하여 Cumbric의 증거를 찾았으며 앵글로 색슨 소스에서 스트래스클라이드 왕조의 개인 이름과 중세기의 법률 용어, 주요 마을과 도시 이름등에 어휘의 흔적이 있었으며 콘월어및 브르타뉴어와 서로 밀접한 관계라고 하였다. 원시 웨일즈 어는 6세기 중간 기간에 속한다고 하였다.

필자가 연구한 "Cumbri"이 언어는 바로 고조선의 9환족의 곰 언어로 "바르(광명)"언어였다. 컴, 콤, 캄은 곰을 말한다. '브리(Bri)'는 광명을 뜻한다. 따라서 컴브릭 언어는 " 곰족의 광명"으로 귀결되는 것이다.

고조선의 멸망 후에 타탈리아 지역(키르기즈, 아프칸, 타지기스탄 등 박트리아 지역의 국가)의 종족인 단족(단놓으니, 다난족등), 달리아타족, Fortuatha족 등이 영국의 남부와 북부에 진출한 역사의 흔적이 고대 원시 웨일즈와 Cornovii의 부족의 이름에서 파생된 콘월어를 통해 고조선 종족의 이주를 여실히 증명하는 것이다. 영국의 브리타니, 브리타뉴 지방은 광명의 표상인 "바르(브리)"와 "머리(브리타-티, 타, 투, 테, 토)를 증명하는 것이다.

2) 앵글로 색슨족

앵글로 색슨은 라틴어로 "Angul-Seaxan"이라고 하였으며 후에 Angli-Saxones으로 불렸다. 여기서 Angul, Angli는 무엇인가?

"고리의 신"으로, 이 단어 또한 합성어이다. 'An'은 신(神-또는 하느님을 말한다)이며 An은 수메르에서 나온 것으로 아나톨리아의 '앙고라'도 역시 '고리의 신'이란 해석이 되며 안이 앙, 앵으로 변형되었을 뿐이다. Gul은 '구리, 구르'로 나타내며, Gli는 '그리'를 말하는데 '그리'는 지금까지 설명해 왔던 종족이름인 "고리"이다. 고리는 고조선의 9환족을 말함이다. Seaxan은 단어 Saeson으로 연결되는바 고조선의 다른 이름인 '숙신'과 같다. 이것은 현대의 웨일즈의 표현이며 '영국 사람들'이다. 필자가 해석해 보면 새(Sae)는 세(Se)와 같은 "위대한"의 뜻이 되고 손(Son)은 산(아들)과 같이 본다. 즉, "위대한 아들"이 되었다.

프로코피우스의 갈리아에 따르면 3세기경에 영국 해안을 공격한 대륙의 해적(게르만 해적)이라고 하였으며 역사학자들은 대체로 5세기에서 게르만부족에서 섬으로 이주한 종족으로 대략 450년경에서 12세기 중반으로 요약하고 있다. 10세기엔 '하나님의 기름 부음을 받은 왕과 기독교 사람' 으로 그 호칭이 변질되어 왔다. 초기 앵글로색슨의 역사(410년~800)는 유럽 역사에 공지된 독일의 민족 대이동의 시기였다.

그 당시의 부족으로는 고트족, 반달족, 앵글, 색슨족, 롬바르드, 수에비(Suebi), 프리지아(Frisii), 프랑크종족이었고 훈족, 아바르, 슬래브, 불가리아, 알라니족들 이었다. 그들은 나중에 서쪽으로 이동하였다. 일부 학자는 앵글로 색슨족은 9세기에 덴마크인을 포함한다.라고 하였다. 이들은 6세기에 남동부 스코틀랜드와 북서 잉글랜드(현재의 베르니카 앙글리안)에 베르니키아(Bernicia-광명의 고리 사람들)왕국을 건설하였다. 여기서 Ber는 '바르'의 변형이다.

"앵글로색슨족"은…바로 여기서부터 서역(유럽)으로 이동했다.

앵글로색슨. 잉글랜드 열도 브리튼섬에서 출발한 앵글로색슨

시작은 미천했으나 임진왜란 전후부터 준동하여 현대에는 세계의 반을 문화점령한 해적들의 국가. 앵글로색슨의 룬문자류의 영어를 쓰지 않고는 세계 어디를 가나 극심한 불편을 겪게 만들 정도로. 이미 세계를 자신들의 문화대로 변화시킨 현인류들의 진골, 선골격 민족들.

잉글랜드열도 브리튼섬의 원 왕조는 로마령이었으나 후대 이동한 게르만, 바이킹, 노르만만족들에 의해 전혀 다른 북방 시베리아식 종족이 주류를 이룬건 이미 정사인데. 그들의 이동이 아직도 미지의 영역이다. 현재의 세계 대제국 진골, 선골들격인 앵글로색슨족들이 그 방대한 정보력을 가지고도 지들 조상들의 원 발상지를 못 찾고 있어 측은지심에 내가 도움을 주고자 한다. 앵글로 색슨의 구성은 크게 앵글족, 색슨족, 주트족인데 이도 더 크게는 게르만으로 통칭된다.

게르만의 이동은 한에게 밀린 흉노에게 다시 밀려서라는데 이것도 분명치 않다. 그 시기를 보건데, 고구려 광개토대제의 대정복시대와 일치하니 게르만은 고구려에 밀린 흉노로 본다. 여기서 흉노라 함은 노르만과 연관이 있고 게르만이라 함은 거란 (키당=키타이=스키타이)와 관계가 많다.

노르만도 역시 거란(키타이)를 뜻하는 료(遼)나라와 관계가 깊다. 거란을 뜻하는 료(遼)는 요동 요서지역을 차지한 왕조라 그리한 연유도 있으나 그건 한자문명의 명칭이고 그 음가상으로는 룡(龍)을 뜻하는 몽골어 "로"에 있다 보인다.

서양의 티아마트(현무)이다. 앵글로색슨의 중간 주류족인 바이킹들의 배가 모두 용(공룡, 티아마트. 현무=검은뱀=거북)을 상징하는 모양임도 관계가 있다 보인다. 막연

히 게르만이 거란(키당, 키타이, 힛타이트, 스키타이)과 관계있고 앵글로색슨은 그 중 일파이다 라고 하면 너무 광범위한 시대와 지역을 이르기에 앵글로색슨의 정확한 시원을 밝히기엔 부족하다.

그래 더 구체적으로 들어가 본다. 앵글로 색슨

앵글족=현 몽골과 러시아는 잉글랜드를 "앙글리"라 한다. 앵(잉)은 알파벳 발음상의 변음이요. 원 발음은 "앙"이 맞을 것이란 근거다. 그럼, 앙글리.

바이칼 서북 "안가라강" 유역의 종족으로 원래는 바이칼 남부의 몽골 북부 셀렝게강 하류지역… 라선정벌때의 왈가부족으로 보인다.

고대 중국기록으로 말갈의 7부족 중 안거골부(安車骨部)이다. 안거골부는 원문엔 안골(安骨)부라고도 쓰여 있다니 앙글리(잉글리, 앵글로)가 바로 안골(安骨)이요.

안거골(安車骨)이란건 너무도 일치한다. 색슨족=현 외몽골 전체와 바이칼 주변을 이른다. 광의적 개념의 구이(九夷), 동이(東夷)족의 일파이자 북이(北夷) 동북이(東北夷)숙신의 유사음인 "식신"과 연관되며… 그 풍속상 말갈 숙신과 앙글리(잉글랜드)의 풍속은 판박이다. 숙신과 식신의 중간발음이 색슨이니 음가상으로도 정확히 일치한다.

주트족= 숙신족 중 여진을 이르는 주르친. 즉, 주진과 일치한다. 발해를 이르는 대진의 국명과도 연관이 있다. 료(龍)족과 다르게 티아마트를 잡는 새(독수리)를 주신으로 하는 족속으로 기원후의 흉노를 대표한다.

노르만과 관계깊다. 주르친은 숫놈 독수리. 나르친은 암놈 독수리인데.

여진(女眞)은 암독수리인 나르친에 연유한다 보인다. 원래 상당수 독수리는 암놈이 더 크고 강하다.

조선 꿩사냥하는 노래의 수진이, 날진이가 바로 숫놈수리 암놈수리인 것이다.

해동청은 현 극동 오츠크해의 까치같은 흑백무늬의 참수리를 이르며 보라매는 검독수리의 몽골어 "브르깃"을 뜻한다 참고로 송골매는 몽골어 "숑호르"이다. "홀"은 음가상으로 "골"임은 고기록들이 다 증명한다.

그래 고구려(高句麗)가 하구려(下句麗)구로도 폄하되어 쓰일수도 있던 것이다.

후빌라이가 쿠빌라이. "한(汗)"이 칸(가한=可汗)이듯. 앵글로색슨(안골 숙신)은 그 음가상으로도 정확히 안골(안거골)부의 숙신족으로 여진(주르진=주트족) 정확히 일치하며 그 풍속도 거의 일치한다.

여진과 말갈의 지도자를 이르는 대인(大人)이 바로 바이킹과 노르만의 "데인족"이르며 이는 단군(檀君)을 이르는 천군(天君) 즉, 시베리아 종족들의 하늘(天)을 이르는 "텡그리"와 일치하며 천신의 족속이자 그 중 천신에 제사를 주관하는 제사장(부족장)을 뜻하는 말인듯 하다. 돌궐(투르키, 서고구려), 거란(료) 모두 마찬가지이다.

현 몽골에 뭔 백인종족이 있었냐 하겠으나 환단고기에는 파내류(파미르)의 연안 북해(아랄해)의 동쪽에 분명 5개 인종 12개국이 남북 5만리의 환국(桓國)에 있었다 명기되어 있다. 중국의 고기에도 부여는 백민(白民)이고 백민(白民)은 부여의 북쪽에 있

고 백민의 북쪽에 숙신이 있다고도 했으니

광의적 개념의 숙신(색슨)은 조선의 북방족을 뜻하는 일반 통칭이긴 하나 정확히 분류하면 시대에 따라서 시베리아란 것이며, 오히려 그 남쪽에 털도 희고 몸도 하얀 백민(백인)들이 부여의 북쪽에 부여의 일원으로 있었다는 얘기이니 그 위치는 정확히 현재의 외몽골 북부일대이다.

고구려 광개토대제의 대 정복시기에 거란(스키타이,료)계 안골(앙글로) 백민들 중 상당수는 바이칼 서북 예니세이 상류인 앙가라강으로 이동했고, 더 안전하게 서쪽 북유럽으로 이동했단 얘기며 육로로 이주한 게르만 (거란)과 좀 다르게 상당수는 예니세이강을 타고 용선(龍船)인 바이킹식의 배를 타고 북유럽 해안, 그린란드와 잉글랜드 열도등으로 이주했단 얘기다.

겨울철에 예니세이강과 북해가 얼어 붙어도 관계없다. 용선(龍船, 바이킹배)에 칼날(스키날)을 눕혀달아 썰매를 만들어 순록이 끌고 이동하면 오히려 더 편하니, 그게 바로 북유럽 산타클로스 할아범의 전형적인 이동방식이다.

유라시아 대륙 중남부는 총령(히말라야+파미르)이란 거대 자연장막에 막혀있고 인구밀도가 높고 여러종족들의 국가가 난립했기에 문명과 인류의 단기이동이 부자유스러웠으나 알타이 이북 시베리아 벌판은 좀 추워서 그렇치 혹한에만 적응하면 탄탄대로란 것이다.

지구기온 역사상으로 광개토대제 시기의 시베리아는 러시아에 난대식물이 자랄 정도로 기후가 따듯했단 점도 감안해야 한다.

환국(桓國)은 말 그대로 중국기록상 오환(烏桓)족의 조상이고 오환족은 문무님등의 고증상으로도 현 신장성 천산일대이니 환제국은 현 신장성을 중심으로 사방을 통치했던 상고시대의 현인류의 최초 고등문명이라 봐야한다.

그 중 중심부인 천산 유역인 중국(中國)을 두고 역대 여러 강대국이 쟁패했으며 그 동북방의 숙신족 중 일부는 패권다툼에서 고구려등에 흡수되거나 싫으면 떠나서 사방으로 흩어졌는데, 그중 여름엔 한자 남짓의 초미니 스커트로 연장만 가리고 생활했던 읍루족 중 해적계열의 앙글로색슨은 북유럽해안을 거처 현 영국열도까지 가서, 현 세계문명의 진골, 선골도 환골탈퇴했던 것이다.

왜 자꾸 몽골 몽골 하냐고여? 제 실력으로는 아무리 객관적으로 찾아봐도 오로지 거기인 걸 전들 어쩌겠습니까?

오늘 앵글로색슨이 곧, 안골(安骨)부 숙신(식신)으로 외몽골과 바이칼 안가라강의 안거골부가 원 고향임을 밝혔으니 앵글로색슨의 시원을 찾던 영국학자들은 나에게 크게 한턱 쏴야 할 것이다.

원문 : '문무의 조선사'

〈정진우님의 글에서 인용〉

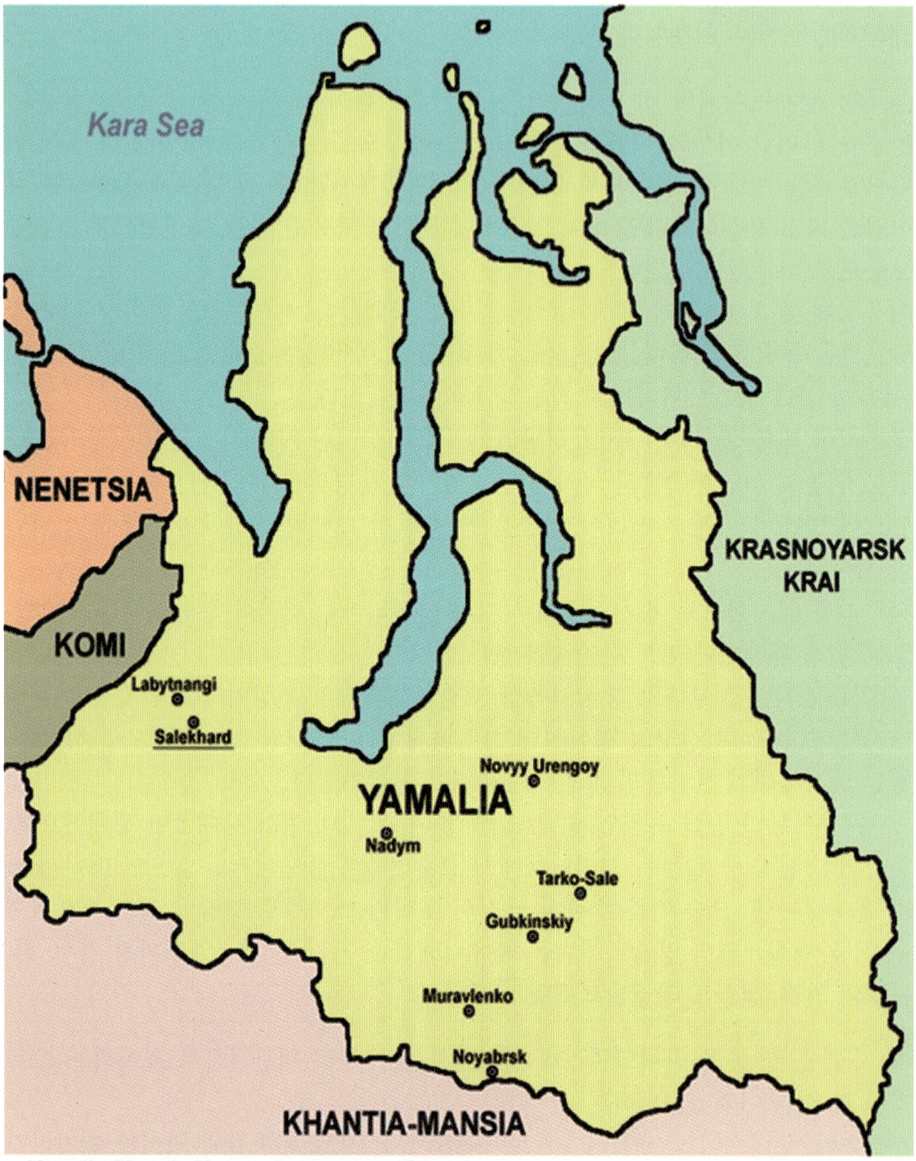

출처 : 미국 위키

〈카라해 주변의 YAMALIA-NENETS(야말로 네네츠 -KHANTY, MANSI족)〉

〈카라 해(Kara Sea)〉

출처 : 미국 위키

* 1942년 독일 전함과 잠수함이 러시아 함대를 파괴하기 위해 '카라 해'에 진입 하였으며 "Operation Wunderland"라고 명명되었다. 시베리아 타타르로 불려지는 백인의 앵글로 색슨족은 이곳 '카라 해'를 떠나 잉글랜드로 진출한 것으로 추측한다. 예니세이강과 오비강(Ob)을 아우러는 지역에 살았던 그들은 쿠미족(Kumi-곰)과 쿠만인(Kumandian-곰 머리족)이었으며 후에 하자르(Khazars-위대한 태양의 고리 사람들), 한티(Khanty-칸의 머리족), 만시(Mansi-위대한 어머니족), Kutrigurs(위대한 달의 고리족)로 분화되었으며, 사미(Sami-위대한 어머니)로도 불리우며 그들은 어머니를 앞세운 스키타이(Scythian -위대한 고리의 흰 빛나는 사람들)족이었다. 이 스키타이족은 독일의 게르만(German-고리의 어머니족)과 정체성이 같다. 이들의 고고학적 근거는 카라슈크(Karasuk-고리는 위대한 고리-기원전 15~8세기)문화, 타가르(Tagar-머리의 고리, 기원전 9~4세기), Tashtyk(머리는 위대한 흰 빛나는 머리의 고리, 기원전 4세기)문화로 증명된다 하겠다.

3) 고대 이탈리아 문화와 켈틱 부족의 연구

(1) 테라마레(Teramare-다리의 머리) 문화

중앙 이탈리아 포 계곡에 에밀리아, 북부 이탈리아의 이탄습지 사이트로 기원전 약 1,700~1,150년경으로 추정한다. 야금이 된 청동유물과 금형 도자기 등을 발굴하였다. 이 문화는 빌라노반 문화와 연결된다고 하였다. 여기에서 '테라'는 '타리'(탈리아,타탈리아)에서 온 것이며 '마레'는 마리의 변형이며 곧 '머리'이다. 그러므로 '타레마레'는 '타리의 머리'로 해석이 되며 고조선의 종족이 이주한 것으로 추정된다. 사실 그리스와 로마, 유럽의 역사를 이야기 할 때 헤라, 트라, 타르, 코리, 구스(고시), 바르, 마리 등의 단어를 빼면 아무런 이야기가 성립될 수 없으며 역사의 해석도 불가능 해 진다. 이것은 모든 세계사의 중심핵인 용어이기 때문이다. 앞으로 더 나아가 독자들이 이 책을 다 보고 덮을 때 쯤이면 충분히 이해를 하리라고 믿어마지 않는다.

(2) 빌라노반(Villanovan-광명의 사람들은 아버지족) 문화

철기시대 이탈리아 중부와 북부의 문화와 테라마레 문화(Teramare)의 청동기시대 접점 문화로 '에트루리아' 문명이라고 말하고 있다. 이 문명은 이탈리아 중부와 유럽문화를 연결하는 '언필드문화'와 그 맥을 같이 한다고 하였는데 '빌라노바'(남동 볼로냐)에서 1853년에서 1855년까지 지속적인 발굴을 하였고 1893년 묘지를 다수 발굴하였는데 매장문화의 특성은 언필드문화(1,300-750 기원전)및 할슈타트문화(언 필드 문화를 계승)와 비슷한 형태의 납골항아리였다. 그들은 우수한 철가공을 하였으며 원뿔 모양의 도자기 항아리에 유골을 묻었다고 한다. 프로토-빌라노반문화는 기원전 1,100~900년경이며 에트루리아의 도시가 형성된 시점은 기원전 700년으로 추정하고 있다.

여기에서 빌라(Villa)는 우리가 사는 아파트의 빌라가 아니다. 즉 빌라는 '바르'의 변형이기 때문이다. 바르는 광명이므로 이 문화의 이름에 '바르'가 들어갔다는 것은 이미 이 문화에 9환족이 이주를 하였다는 것을 말 해 주는 것이다. 또한 '에트루리아' 문명의 트루리아는 트라리아, 트리리아, 타라리아가 되니 나아가 타리아, 트리아'가 되는 것으로 이 문명은 아무다리아의 고조선에서 흘러 들어간 문화가 확실해 진 것이다.

반(Van)은 '아버지족'을 말한다.'빌라노반'은 "광명의 아버지족"이 되는 것이다.

(3) 에스테(Aste-처음 머리) 문화와 폴라다(Polada-광명의 머리)문화

프로토 역사문화로 에스테 문화(기원전 1,000~900년)와 가장 오래된 문화인 폴라다(Polada) 문화(1,380~1,270년)가 있다.에스테의 '에스'는 우리말의 '아시' 아사와 같은 것이며 '테'는 머리이다. 설명하면 문명을 연 "처음의 머리"가 된다. 역시 폴라다의 '폴라'는 '바르'에서 인도유럽어로 변형되어 나타난 표현으로 "광명의 머리"가 된다. '바르'는 팔레. 팔리, 팔라, 필레, 필르, 폴리, 폴라, 풀리, 펠리, 펠라 등으로 표현이 달라지지만 그 어원은 변하지 않는다.

4) 고대이탈리아(Italiana)의 형성과 9환족의 부족 연구

(1) 형성의 기원

이탈리아(Italiana)는 영어로 이태리(Italy)로 표현되는데 이탈리아 민족의 시원은 아직까지 여러 토론을 거치고 있다. 이름하여 '래티(Raeti-태양의 머리)'족이 그들의 시원이라고 말하지만 그 정체성에 대하여 많은 토론이 있다.'래티'족은 기원전 600년경에 스위스, 오스트리아, 이탈리아 북동부의 고산지역에서 중앙 이탈리아로 이주해 온 것으로 파악하고 있으나 그 어원은 불분명하다. 레티족은 로마제국의 보조군단으로 활동하였는데 셀틱의 갈리아부족으로 다양한 종족지파를 이룬다.

또한 고대 이탈리아 문명에 해당하는 투스카니, 서부 움브리아, 북부의 라치오 등으로 고대 로마인들은 투스키(Tusci), 에투르스키(Etrusci)라고 불렀다. 로마와 그리스어 이름을 제공하여 테레크(Teresh-바다 사람들)과 헷(아나톨리아)과 관련되는 타루시아(Taruisa)로 불리기도 하였다.

에투리아인의 기원과 전설에 그리스와 로마의 역사적 계정에 의존하여 헤로도토스와 플리니우스의 설명을 들어 보면 "리디아의 해안-아나톨리아에서 가뭄이 극심하여 황폐화 된 시기에 더 나은 땅(움 브리아)을 찾기위하여 자신의 왕에 의해 보내졌다고 한다." 그래서 토스카나인(갈리아), 그들의 지도자는 레투스(Raetus-위대한 태양의 머리)가 되었다. 전설에 따르면 기원전 600~500년 사이 아나톨리아의 두 귀족에 의해 이탈리아에 열두 도시가 건설되었다고 한다. 그 어원은 가지각색으로 정립이 안 되어 있는데 '투르스(Trus)'는 라틴어의 Turris로 "타워"로 해석하였고, 투스키(Tusci)는 따라서 타워를 구축한 사람들 이었다. 학자인 줄리아, 라리사 Bonfante는 트로이가 타워의 도시임에 관련설을 주장하기도 하였다. 이처럼 서양 학자들은 우리의 광명사상과 "바르"를 접하지 않았으며 이해하지 못하였다. 또한 그 학자들은 마리가 '사람의 머리'가 되는 것을 몰랐던 이유가 되었다. 우리도 최근에 '바르'가 광명이며 '빛'이란 것을 늦게야 알 수 있었다.

사실, 레티(Raeti-태양의 머리)는 "티레"이다. 지금까지 서양의 어느 학자들도 뚜렷한 학설을 내지 못하였는데 필자는 해석하기를 앞에서 '티'를 사용하나 뒤에서 '티'를 사용하나 그 어원은 변함이 없다. 왜냐 하면 '티'와 '래'는 서로 성질이 다른 명사이며 합성어인 이유이다. 다만 이탈리아로 진출한 종족의 이름을 먼저 앞세운 이유로 '래티'가 된 것인지, 태양의 상징인 '라'의 변형인 '래'를 앞세운 것으로 보고 있는데 '래(Rae)'는 '라' 또는 '루(Lu)'에서 변형이 된 듯하다. 인도유럽어의 프로토 조어현상으로 모음이 변하여 방언 형태로 굳어져 불리워 진 것으로 보인다. 다만, 전자의 이탈리아에 진출한 종족인 리카오니아, 루카족의 이름을 빌려 '래티'라고 하였을 것이고, 후자로는 태양의 명칭으로 '래티'가 된 것으로 본다. 그러나 '래티'의 '티(Ti)'는 누가 머래도 "머리족"을 말함이다.

또 다른 가정의 어원을 살펴보면 사실 '래'는 루, 라, 리, 로 등으로 파생되고 변화되어 붙여진다. 아일랜드로 진출한 Luchta 부족과 Liathain 부족을 보면 이해가 빠르다. 래티안 그들의 지도자가 레투스(Raetus)인 것을 보아 다른 한편으로 루카 족과 카우족이 함께 진출하였음에 루카족과 카우족을 혼합하여 나타 내었는지도 모른다. 사실 루카와 리카오니아는 이탈리아 남부를 점령하였다(393~389년).

특히 그 당시 이탈리아인들이 영어의 L을 쓰지 않고 다만 'R'을 사용했다면 가능한 가설이 될 법하다. 합하여 'Ra'가 되었고 그 지방 사람들이 모음의 '아' 발음을 기피하고 '에' 발음을 잘 사용하였으면 '래(Rae)'로 되었을지 모른다. 사실, "티레"는 '타리'의 변형이다. 타리에서 타르, 타레, 투레, 투루, 투리, 투르, 타라, 테라, 테리, 테르, 티르, 티레 등이 표현되어 나타난다. "타리"는 앞장에서 설명한 대로 아무다리야의 다리야가 달리아로 1차 변형이 되고, 다시 타리아, 탈리아로 변형이 되었다.

에투리아인의 '투리아'가 바로 타리아에서 변형이 되어 나타난 표현이므로 오늘날의 이탈리아인의 모체는 바로 고대의 토하리스탄 지역(카자흐, 타지기스탄, 박트리아권)에서 건너 간 '투리아', "타리아"인이 건설한 것이 확연히 드러나고 있는 것이다. 다만, 루카 족과 카우족이 주축이 되어 건국하였다고 하더라도 그 모체는 "타리아"였던 이유가 크게 작용한 것으로 보인다. 고조선이 망하고 대부여 건국이 기원전 425년이므로 고조선이 멸망한 6세기에 토하리스탄 지역에 있는 종족과 마한의 중심 부족인 루비안(루카, 루키)족이 이탈리아 반도로 진출한 역사라고 보는 것이다.

'레티'나 '에투리아'도 같은 타리에서 나온 것이 확실해 진 것이다.

세계 역사의 시원을 열어 나간 환인, 환웅시대가 있었기에 "타르", "투타", "탈리", "타라"가 있었던 것이다. '트로이'를 '트로아스'(처음의 달)라고 하는데 준말로 "타로스(위대한 달)"이다 역시 트로이는 '타르', '타리'에서 온 것이다. 라틴어의 '타워'란 뜻이 그렇게 틀린 것은 아니다. 높은 꼭대기에서 빛이 발생하는 것처럼 태양의 빛, 달빛, 밝게 비추는 빛은 높은데서 기인되었던 것이다.

그래서 라틴어 글자 그대로 해석을 하면 도통 해석이 안 되는 이유 중 하나이다. <u>현재의 이탈리아는 고조선의 아무다리야의 '탈리아'를 그대로 사용하는 국가가 되었다.</u>

곰곰이 생각 해 보면 우리 대한민국의 명칭은 정체성으로 보아 코리아가 아닌 탈리아, 타탈리아, 투탈리아가 되어야 먼저 맞는 것인데 결국 고구려. 고려를 따르다 보니 '고리'족인 9환족의 한 제후국이 사용하는 '고리'로, '코리아'로 만족할 수밖에 없게 되었다. 이렇게 새롭게 고대사를 해부해 보니 주객이 전도된 셈이 되고 말았다. 진정 씁쓸한 마음이 앞선다.

(2) 이탈리아를 구성하였던 고대 부족과 9환족

리구리아족, 배내티족, 사비네스족, 카르니족, 카문니족, 카타리족, 페피게스족, 레폰티족, 메사피족, 옥시비족, 오로비족, 레티족, 루투리족, 사라시족, 갈리아키살피나, 베르타모코리족 등이 있었다. '리구리아족'은 '구리'로 '고리족'이고, 카르니족은 '카르'는 '고리'의 변형에서 얻어진 이름으로 카리', 카라, 쿠리, 케리, 카라, 카르, 키르, 키리, 키레, 코리 등으로 나타난다.

'오로비족'의 '오로'는 '루, 오라, 오르, 아르, 에르, 우르, 우리, 아리 등으로 표현되므로 "우리 비족"이다. 또한 레티족. 루투리족도 테,투,티,타,토는 같은 머리를 나타내는 글자로 '머리족'이다. '카타리족'의 '타리'는 카족의 타리인 것으로 토하리스탄 지역의 종족인 것이다. 마지막인 '베르타모코리족'은 4가지가 합성되어 있는 부족 명으로 '베르'는 바르의 변형이고, '타'는 머리를 뜻하며, '코리'는 즉, '고리'이다. '모'는 어머니이다. "광명의 머리족이며 어머니 코리족"으로 바로 고조선의 종족을 말한다.

그 중에 옥시비(Oxbii) 종족은 아무다리아강을 고대엔 '옥서스'라고 불렀던 것을 환기시켜보면 "옥스의 아버지족"이란 것에 도달하게 된다. 이 부족은 리구리아(태양의 고리)의 지중해 연안에 살았던 부족으로 프랑스 근처 마살리아, 리구리아의 서쪽에 있는 앙티폴리스의 동쪽이 그 영역이었다.

이탈리아의 고대 종족들은 대략 기원전 5~6세기에 진출한 부족 명으로 아마도 고조선이 기원전 630년경에 멸망하였다고 보면(아시리아의 연대기 인용) 이처럼 9환족을 표방하는 종족 이름이 많이 등장하는 것은 고조선의 멸망전후로 9환족의 많은 종족들이 흘러들어 갔다는 것을 입증하고 있는 종족으로 보아진다. 필자는 이집트와 전쟁을 하기 위하여 9환(9문)으로 동맹을 한 '세르데냐'로 보아 일찍부터 이탈리아는 크레타와 함께 초기 고조선의 마한권역에 있었다는 증명이 되는 것으로, 이 토리아, 타리아, 탈리아 등의 명칭은 앞으로 설명하게 될 스코틀랜드, 아일랜드, 프랑스에 연결되는 신화와 왕조, 지명으로 굳어져 온 중요한 핵심역활을 하고 있다.

(3) 이탈리아의 지명인 이스트리아, 벨빝, 칸타브리

이스트리아(Istria)-이탈리아의 가장 큰 반도인 아드리아 해의 머리에 위치한 트리에스테의 걸프와 Kvarner 베이 사이에 있다. '이스'는 '아사'의 변형으로 에스, 우스도 사용된다. '트리아'는 타리아에서 온 것이다. 종합으로 해석하면 "처음 타리아"란 해석이 되는데 자기들이 살았던 "타리아"가 멸망하고 새롭게 건설하는, 다시 시작하는 "타리아"로 보아야 할 것이다. 사람들이 거주하여 지명을 지었기 때문에 지금까지 전해오는 것인데 이런 지명 때문에 고조선의 멸망전후로 하여 많은 종족들이 이곳으로 정착한 것을 여실히 증명하는 대표적인 지명이라고 할 수 있다.

* 밸빝(Velbit-광명의 아버지 머리)산

디나르 알프스 산맥과 함께 아드리아에서 분리된 지형으로 가장 높은 봉우리는 1,757m이다. 크로아티아 영역이다. '벨'은 베리, 베르이며 '바르'의 준말이며 변형된 것이며 '빝(Bit)은 아버지 머리'이다. 즉, "광명의 아버지 머리"가 높은 산에 둘러 있는 것으로 켈틱종족의 성산(聖山)으로 보아야 한다.

* 칸타브리Cantabri-이베리아 북부 해안지역의 지명으로 기원전 19세기에 '칸타브리아 전쟁'이 있었다고 한다. '칸'은 우리말 '크다' 지도자의 뜻이며, '타ta'는 머리를 말하고, '브리(Bri)'는 광명인 '바르'를 말함이다. 즉, "칸 머리의 광명"이 된다.

* 코모(Como) 호수(라틴어 : Larius Lacus)-빙하기원 호수로 이탈리아에서 세 번째로 큰 호수로(146km) 로마시대부터 귀족과 많은 사람들의 휴양지로 인기가 있었다고 전한다. 이 호수의 이름인 '코모'는 바로 고모인 '곰'의 이름이다.

* 루카(Lucca)현-토스카 내에 중앙 이탈리아강에 위치하고 이탈리아의 북서부 해안의 Serchio에 가까운 비옥한 평야를 끼고 있다. 아나톨리아의 루카(Lukka)가 Lucca로 표기되었을 뿐이다.

루카(Lucca)의 이름은 아나톨리아의 남부지방에 존재하였던 고조선 마한의 국가이었다(Lukka). 발음이 같고 다만 철자가 다를 뿐이다. 이탈리아에 루카(Lucca)의 이름이 있는 도시가 있다는 것은 고대에 아나톨리아의 루카(Lukka)가 진출했다는 것을 보여주는 움직일 수 없는 증표이다.

* 루비콘 강(Lubicon River)-기원전 49년 로마의 율리우스 카이사르가 발언한 이야기로 "주사위는 던져졌다." 이미 통과된 강을 다시 건너 올 수 없다는 배수진의 의미이다. 아펜니노 산맥에 아드리아 해 남쪽을 지나 에밀리아-로마냐의 도시 사이에 위치한 강이다. 사람들은 루비콘 강(Lubicon River)이 라틴어인 Rubeus(빨강)에 의미이며 진

흙 퇴적물에 의해 붉은 색이 되었기에 그렇게 불렀다고 한다. 하나, 잘못 와전된 낭설에 불과 한 이야기이다. 아나톨리아의 루카는 루비안(Luwian)으로도 불렸다. 이 "루비(Luwi)"는 루비(Lubi) 변형되었을 뿐 루비안족이 진출하여 그 강 이름을 지은 것이다. 실로 Wi는 Bi와 같이 사용되며, 북아프리카와 이탈리아, 파키스탄 등에서 많이 사용되고 있다. 뜻은 '아버지'로 We, Be, Wu, Bu, Wa, Ba와 같은 것이다. 콘(Con)은 카족이 코족으로 모음이 변한 것이다. 아나톨리아의 '루카'가 루비콘 강을 통해 확실하게 이탈리아에 진출한 것을 우리는 알 수 있는 것이다. 루비콘(Lubicon)은 Lubikon과 같으므로 "루비 고리의 사람들"로 보아야 한다. '고리'를 나타내는 꼬리표인 코, 쿠, 카, 케, 키, 고, 구, 가, 게, 기 등은 어간이나 어미에 붙어 '고리'를 수식하거나, '고리'의 표기에 강조의 의미로도 지명 등에 붙는 것으로 확인을 하였다.

(4) 이탈리아 남부 지방의 연구

① 마그나 그라이 키아(라틴어–위대한 그리스)

이탈리아의 해안 지역의 이름으로 기원전 7~8세기에 자신의 고향에서 기근 등의 이유로 동부 리비아와 마르세유, 시칠리등에 정착하였다. 이탈리아 남부와 이탈리아 반도 전체에 퍼진 그리스 문화는 고대 그리스어와 종교의식, 전통 폴리스문명을 이곳에 이식하였다.

특히 그리스 알파벳에서 발전한 에트루리아 문자는 진화하여 라틴 알파벳으로 세계에서 널리 사용되는 문자가 되었다. 또한 그리코(Griko)언어는 마그나 그라이 키아의 식민지 시대에 만들어진 문자로 이해한다. Gri는 바로 "고리"이다. 여기에서 Ko는 '고리'의 꼬리표에 해당되는 것이다.

② 시바리스(Sybaris–위대한 광명)

타란토 만의 두 강 사이에(Crati, Crathis) 강과 코스키레(Coscile) 강이 있는 도시로 기원전 720년에 세워졌다. 아케안(Achaean)은 그리스 신화의 헬라의 아들인 루투스의 아들이었으며 이오니아 국가를 건설하게 된다.

1960년대에 시바리스와 투리(Thurii)의 유적은 발굴되었다. 시바리스는 프라지오네의 콤우네(Comune), 코센의 성, 칼라브리아 지역이었다고 한다. 시바리스의 '시'는 '사'와 같은 것으로 위대한, 훌륭한 의 뜻이며 '바리스'는 "바르"의 변형인 것이다. S는 복수의 용어이다. 즉, "위대한 광명"이었다.

그러므로 시바리스는 "위대한 바리족(광명족)"으로 해석이 되는 것이다. 그리스 신

〈이탈리아의 이스트리아(Istria-처음 달) 반도〉

화에서 이야기 하는 도루스(Dorus)는 도리아인의 조상이었다. 여기서 '도루스(Dorus)'는 '위대한 달'을 지칭하는 것이다. 또 칼라브리아의 칼라는 '고리'에서 변형된 인도유럽어의 표현인데 고리에서 코리로 되며 변형은 코르, 코레, 코루, 카라, 카르, 카로, 카레, 카리, 쿠루, 쿠리, 쿠레로 나타나고 다시 키르, 키리, 키레, 키루 등으로 변형되어 나타난다 하겠다. 여기에서 자음인 L이나 R이 붙으면 칼라, 칼리, 칼레, 킬리, 킬레 등으로 나타난다. 브리아의 브리도 역시 "바르"에서 변형된 것이다. 합하면 '고리의 광명족'이 되는 것이니 환웅과 고조선의 9환족에서 도리안(Dorian)이 형성되는 것이고 그리스의 고대문화를 우리 고조선 종족이 이끌어 나갔다는 것을 증명하는 것이라 할 것이다.

③ 타란토(Taranto-다리〈달〉사람들의 머리) 만(灣)

이탈리아의 이오니아 해에 있는 망토처럼 길이가 넓은 곳으로 길이는 140km가 된다고 한다. 이 지역의 고대도시는 타란, 헤라크레아, 투리(Thurii), 시바리스가 있었다고 한다. 타란토(Taranto)는 '타라'에서 N이 붙은 것으로 합하면 '타란토'가 되는데 이 타라의 변형은 타리, 타레, 타르, 티리, 티레, 티르로 나타나고 다시 토레, 토르, 토리, 테르, 테리, 투르, 투레, 테르 ,테리 등으로 나타나므로 '타라토'는 '타리토'와 같은 것이며 이 '토'는 독립된 명사이므로 투, 타, 티로 변형되고 단어의 앞 문장에 나오는 접두사도 되고 접미사도 되는 경우이다. '타리토'를 접두사로 하여 앞에 붙이면 '토타리'가 되며 '토타리'의 변형은 '타타리' 테테리, 투타리가 되며 자음이 붙으면 타탈리, 투탈리, 토탈리가 되는 것이다.

앞서 타란토는 투탈리, 투탈리와 어원이 같은 것으로 투탈리아의 지역인 옥서스권역에서 종족이 왔던지, 그 지역 이름을 붙인 경우인데 아무런 인연이 없는 것이 아니고 종족의 이름이나 지명의 이름을 해석해도 역시 고조선의 권역에서 이주한 것이 증명되기 때문이다. 뒷장에서 투탈리아,타탈리아에 대한 총괄적인 설명이 있겠지만 투탈리, 타탈리는 성소(聖所)였던 것이며 고대사회에서 성소는 바로 그들의 생활이었고 유일한 하느님 신앙이었던 이유였다. 결국 토란토는 '하느님을 숭배하는 종족'으로 귀결되는 것이다. 도시 이름 중에서 콤우네(Comune)가 있는데 모음인 ㅜ로 변한 경우로 보는데 '콤이네'이다. '곰이네' 곰 부족을 가리킨다.

3. 일리리아에 퍼진 9환족의 부족 연구

1) 일리리아 종족의 기원과 9환족의 진출에 관하여

그리스 신화의 계정에 의해 고대그리스의 설립인 Epidamnus와 Corcyrans및 아피아의 작품에 보존되어 있는 것을 참조하여 제 종족을 분석한다. 일리리아는 신석기 시대의 고대 고린도를 살펴보면 기원전 6,500년경부터 점유하고 지속적으로 청동기 시대를 열어 나갔는데 고린도(Corinthos-코리아테스-고리 사람들의 위대한 머리)는 하나님의 자손에 의해 설립되었다고 전해지고 있다.

이것은 '천손'이란 개념으로 고대에 '천손'은 바로 환인, 환웅, 단군을 아우르는 천손민족이었던 것이다. 물론 유대인들은 우리의 신교문화와 더불어 역사를 카피하여 거꾸로 옥서스권역의 사람들을 노아의 자손이라고 단정 짓는다. 일리리아는 '카드모스와 하르모니'가 시조이며 6아들과 특정부족과 관련되는 3딸을 낳았다고 한다.

아들은 Encheleus(Enchelaeae), Autarieus(Autariates), 다르다누스(Dardani), 메두스Maedus),타우라스(Taulas-Taulanti), 페르헤비(Perrhaebi-Perrhaebus)이며, 딸은 파티니(Partheni-Partho), 다오르토(Daortho), 다사로(Dassaro)이다(공교롭게도 9환족이 된다).

먼저 고대 고린도의 도시 이름을 살펴보면 Corinthos로 그리스 기준으로 해석하니 '코리아테스'가 되었는데 인도유럽어의 영향을 받지 아니하면 '고리아테스'가 된다. 환웅 족은 태백과 백두신앙을 중시했고, 광명을 중시했기에 '고리아테스'가 되어야 마땅한 것인데 해석해보면 "위대한 고리 머리족"이 된다.

Autarieus(Autariates)의 아들은 판노니안(Pannonians-Pannonius)으로 불렀으며 판노니안(Pannonians-Pannonius)의 아들은 트리발리(Triballi), Scordisci이었다. 여기에서 Autarieus

(Autariates)의 경우를 살펴보면 Autarieus(Autariates)의 '아우'는 '아에', '아이'로 변환하며 핵심인 철자 인 '타리우스'(타리아테스)를 주목해 볼 필요가 있는 것이다. 이 '타리우스'(타리아테스)는 토하리스탄의 "타리아"와 똑 같은 것이다.

여기에서 '머리'를 강조하는 투, 타, 티, 테를 붙이면 투탈리아, 타타리아가 되는 것이다. 또 다른 아들인 타우라스(Taulas-Taulanti)를 풀어보자.

Taulas-Taulanti의 타우라스, 타우란티는 결국 "타라"에 귀결되며 뒤에 남아 있는 '티Ti'는 머리를 뜻하므로 '티'가 타라의 앞에 붙으면 '티타라'가 되니 '투타리'와 같아지는 것이다. 이것은 '티'가 머리를 뜻하는 독립된 명사이므로 앞에 붙이건 뒤에 나와도 어원에는 아무런 변동이 없어지게 되는 것이다. 이 "타라"는 "탈리"와 같이 일리리아 부족 뿐만 아니라 앞으로 전개될 아일랜드 부족, 스코틀랜드 부족, 고트족, 프랑스로 진출한 부족의 이름에서 중추적인 부족 내지는 신화와 다양한 이름으로 나타나고 있는 것이다. 다시금 다른 부족 이름을 살펴보면 트리발리(Triballi) 부족이 있다. 트리발리(Triballi)는 '트리'와 '발리'의 합성어이다. '트리'는 '달'이란 것이고, '발리'는 '바르'의 변형된 이름이다. 종합으로 해석해 보면 "광명과 달족"이 되는 것으로 태양과 달이 종족이름에 붙은 것이다.

앞에서 설명한 바와 같이 이미 고대의 히타이트는 토하리스탄에 자리 잡았던 그들의 마스터를 '투탈리아'라고 불렀던 것이다. 이처럼 종족학상, 언어학상으로 극명하게 밝혀지므로 일리리아는 환인의 12분국 시절에 분기해 나갔던 것이 증명되고도 남음이 있는 것이다. 이렇게 증명되고 보니 '천손의 자손'이 설립했다는 것과 이미 빈카문명에서 그 문명을 일으킨 사람들은 일리리아인과 트라키아인 들이며 곰숭배와 어머니 여신을 숭배하였다는 등으로 서양의 학자들은 밝히고 있다.

2) 일리리아의 여러 부족에 나타난 9환족

(1) 알바니(Albani얼 있는 아버지족) 부족

첫 번째 역사 계정에 나타나는 리리아 부족으로 알바노폴리스(Albanopolis) 중심에 있는 '이오니아' 바다의 동쪽에 위치한 도시 크루여를 중심으로 설립하였다, 오늘날의 알바니아 국가이다. 이 알바니는 원래 '알바리'에서 온 것이나 혀의 잘못된 발음으로 누운 발음인 '니'로 발음되어 변형된 것이라 할 수 있는데 '알'은 우리말의 '얼'에서 온 것이며, '바리'는 역시 '바르'의 변형이다. 즉, "광명의 얼족"이 알바니아인이 되는 것이다.

그리스에서 "바바리안"으로 불렀던 그 종족이 바로 '바바리족'인 것이다. '바바리'는 '광명의 아버지족'이란 뜻이다.

(2) 아르디아에(Ardiaei-우리 머리) 부족

Ardiaei, 또는 Ouardiaei로 불렸고 라틴어로 Vardiaei로 표기되기도 하였다고 한다. 아드리아 해안을 중심으로 내륙에 거주하였다고 한다.

여기서 아르(Ar)는 '아리', '우리'를 뜻하며 라틴어로 표기된 Vardiaei를 보면 '바르(Var)'가 되니 같은 '광명족'을 말한다. 아드리아 해는 이 종족의 이름에서 따 온 것이다.

(3) 루카 족과 아우타리아테(Autariatae-테타리아,다리의 머리) 종족의 연합

일리리아의 직계 부족이라 하는데, 타리아테스족인데 '테타리아족'으로 불러도 무방하다 할 것이다. 뒤의 '테'를 앞에다 두어 발음한 것이다. 앞에 서술한 바와 같이 '아무다리아'지역에서 온 것을 확실히 증명하고 있는 부족이다.

사실 기원전 5~6세기에 생성된 아우타리아테(Autariatae-테타리아)종족은 일리아의 종족으로 분류되었는데 로마의 역사가 아피스와(85-165)그리스의 지리학자인 스트라는 강력한 세 종족중 그 하나였다고 주장하였다. 또한 뿌리 깊은 사람들 이었으며(역사가 긴)트리발의 동쪽인 발칸반도의 팽창으로 세르비아, 코소보, 몬테네그로, 다뉴브 방면으로 난민이 확장되었다고 하였다. 이 난민의 확장이란 연구는 바로 고조선의 멸망에서 기인된 것이라 보고 있다. 그들은 국경근처(아랄 해)에 소금소스의 소유를 통해 Ardiaei 종족과 장기적인 불화를 가져 왔다고 하였다. 그들은 특히 해군 함대를 일부 가지고 있었기 때문에 육군이 약하여 다소 약화된 점이 있었다고 하였다. 이것은 루카(루비안)국경에 소금이 생산되는 것이며, 이란의 소금산지는 아닐 것이라고 보아진다. 고조선 권역엔 이란과 아나톨리아 두 군데의 소금산지(염해)가 있었다. 또는 아랄해를 염해로 보고 있다.

이렇게 보면 아우타리아테(테타리아)족은 루카의 해군력과 타지기스탄,아프칸, 카자흐, 키르기즈스탄등 9환족의 난민들이 기원전 630년을 전후로 하는 고조선 멸망 후에 동방이나 인도 16국으로 진출하지 못하고 남아 있는 종족들이 발칸반도를 진출하였음을 알 수 있는 것이다. 왜냐하면 테타리아, 투타리아의 지명은 박트리아권역인 아프간 북부와 타지키스탄과 키르기즈스탄을 포함하기 때문이다. 종족 이름에 테타리아, 투타리아,다리등 이름이 있으면 틀림없는 고조선계열의 켈틱 부족의 진출로 보

아야 하는 것이다.

(4) Oxuaioi 부족

Ozuaei 부족, Oxuaioi 부족, Deramestae(달의 어머니 위대한 머리), 부족을 포함한 지파중 한 지파이다. 그런데 옥서스강의 이름인 황소(Ox)가 붙어 있음에 살펴 볼 필요가 있는 부족이라 하겠다.

(5) 타우란티(Taulantii–황소머리 사람들) 부족

이 부족은 그리스 신화에 나오는 일리리아 부족으로 클러스터(플레이아데스성단–칠성)의 이름으로 여섯 아들중 하나였다. 그 이름 타우라스(Taulas) 즉 "황소"(Taurus)를 뜻하는 말이다. 그들은 아드리아 해안(현재 알바니아 주변)의 종족으로 기원전 4~3세기에 리리아 역사에서 중요한 역할을 하였다. Bri종족과 파티니(Parthini–아버지 머리) 부족은 나중에 추가로 영토에 들어온 곳으로 보인다. 뒷장에서 설명할 "천문학으로 보는 황소 이야기"와 플레이아데스성단(칠성)의 명칭인 "타타리아, 타이티리아, 투라야"에 대한 것은 생략한다. 여기서 '브리족'은 역시 '바르족'으로 광명 족이며 파티니족의 '파'는 아버지인 '바'에서 온 것이며 '티니'는 '티리'에서 온 것으로 "아버지 티리족(타리족)"이 된 것이다. 타우라스 부족에다 파티니부족, 브리족을 합하여 중심부족인 '타우란티 부족'이 되었다고 한다.

베네틱(Venetic) 부족은 이탈리아의 베네치아(베내토)에 정착한 종족인데 일리리아계열로 보아진다. 하위부족으로 히스트리, 카리니, 카타리(Catari), 카타리Catali), 세쿠세, 로피시부족이 있었다고 전해진다. 기원전 6세기경에 Liburnian부족은 하위부족으로 Mentores, Hythmitae, Caulici부족으로 연합하여 큰 부족으로 구성되었다고 한다. 여기에서 Caulici부족은 나중에 아일랜드에 진출할 부족인 카우키(Cauki)부족과 그 이름이 거의 같다고 하겠다. 그 외에 많은 부족이 있으나 생략한다. 카타리 부족은 '타리아'의 고조선에서 온 부족이다.

(6) 다르다 누스(Dardani–달 머리족)부족

이 부족은 일리리아 시조의 여섯 아들중 한명의 부족이다.

그들은 Dardanians라고 하였으며 트라코(Thraco)–일리리아 접촉의 영역으로 알바니아 역사학자들은 현재의 남부 세르비아와 북서부 마케도니아에 포함되었다는 결론을 내렸다. 이 Dardani 부족은 그 일부가 아일랜드 침공의 한 부족으로 자리 매김하게 되

는데 "다르다"는 탈리타가 되는 것이어서 신성한 종족이었다. 일리리아에 탈리타 부족이 가계보상 존재하는 것으로 보아 일리리아는 환인시대에 분기해 나간 "일군국"이 틀림없는 사실에 직면하게 되는 것이다. 여섯 아들중 세 아들인 아스타리에스, 다르다누스, 타우라스(황소)를 포함한 것은 고조선의 "탈리아, 타탈리아, 투탈리아를 강조하는 것이고 그 맥을 같이 하며 '황소강(옥서스)'과도 같은 것이다.

"다리니(Darini) 부족(달 사람들)-처음 아일랜드의 남쪽에 살았던 부족으로 그들은 '조

〈1세기의 로마 산간지역(캘트)〉

〈켈트족의 동자장식(*기원전 400)〉

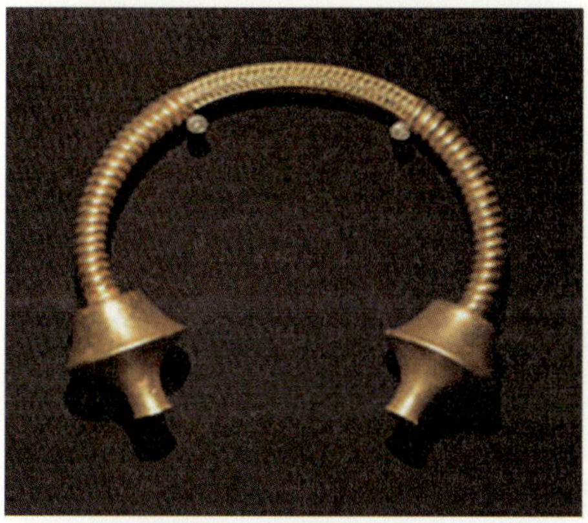
〈켈트족의 목반지(Torc)〉

〈켈트족의 목반지(Torc)〉

〈9세기의 아일랜드 왕국〉

〈6세기의 이탈리아〉

상으로부터 하강을 의미' 한 종족으로 신성한 가문에서 하강을 주장하였고 하나님의 자손이라 하였다. 그래서 달리아타(Dalriata-탈리아타-타탈리아)는 아일랜드 뮌스터 왕조를 열어 나갔다." 후에 5세기경 지금의 스코틀랜드 북동부에서 얼스터 가문과 같이 Dalriata왕조를 열어 나간다. 이 부족은 기원전 600~400년 사이에 로마의 식민지였던 크레타의 키레나이카와 리비아 수도권에 있었다고 전해지는 종족으로 리비아엔 Darna(달 사람들) 가 있었다고 한다. 이 종족으로 이집트에 대항한 마한의 9환 동맹이

〈트라케(트라키아)의 Odryssian(위대하고 거룩한 큰 달) 왕국〉

* Danube-머리족의 아버지, * Istros-위대한 처음의 달, * Tomoi-어머니 머리
* Seuthpolis-거룩하고 위대한 흰 빛나는 머리의 광명 * Mae di-어머니 머리
* Amphipolis-위대한 광명의 어머니 아버지, * Serdica-태양의 머리 고리
* Abdera-아버지의 달, * Pella-광명, * Pontike-아버지족의 머리 고리

〈Pletena(광명의 머리족)에서 발견된 청동 Thracian 헬멧〉

* 헬멧의 꼭대기에 '상투'를 보호하는 목적으로 만든 것으로 추정됨
* 출처 : 미국 위키 〈Alexander Fol 사진〉

증명된다 하겠다. 그리스의 크레타 문명은 9환족의 문명이라고 앞장에서 설명한 바 있다.

3) 트레이스(트라키아)부족과 다키아(Dacian) 부족(머리 고리사람) 연구

고대 작가에 의하여 특정한 부족과 부족의 구획이 서로 다른 것이 많지만 현대에 있어서 연구는 같은 부족이며 혹은 같은 종족이더라도 여러 나라에 걸쳐 들어간 부족이 있음으로 잘라서 구획을 짓는 것은 옳지 못하다고 하였다.

(1) 아스테(Astae-처음 머리족) 부족

'처음 머리부족'이란 용어로 가장 오래된, 원주민 같은 종족을 말함이다.

(2) Dentheletae(머리족의 달의 머리) 부족

서기 1세기경 파우탈리아(Pautalia-아버지 달)라고 불렸던 지금 불가리아의 '큐스텐빌'(세르비아와 마케도니앙의 경계)이었고 14세기엔 드라가스(Dragas-달의 고시)라고 불렀다. Dentheletae 부족은 1세기에 Planina 요세를 건설하였다. 고대의 역사연구가 '리비'는 마케도니아의 필립4세가(기원전 214년) 그들이 동맹국이었음에도 불구하고 약탈하였다고 전한다. 이 파우탈리아(Pautalia)는 인도 캄보자왕국의 수도 이름(파탈리푸트라)과 거의 같다.

파탈리아와 파우탈리아는 같기 때문이다. 덴탈리테(Dentheletae-머리족의 달 머리)는 파탈리아, 투탈리아로 대변되는 중앙아시아에서 온 것이다.

(3) 프리지아(Phrygians-광명의 고리 사람) 부족

이미 기원전 23세기에 인도-유럽 사람들이 발칸반도를 따라 아나톨리아 남부에 거주하였다고 전해지는 고대의 종족으로(필자는 기원전 약 70세기로 보고 있으며 "비리국" 사람이며, 이 종족이 그리스문화의 전달에 중추적인 역할을 하였다고 본다) 기원전 8세기에 다시 아나톨리아 반도에 등장하여 활약한 종족이다. 그런데 트라코-프리지아인 것으로 보아지는 부족이 트라키아 부족이름에 올라 와 있는 것이다.

이것은 필자가 앞에서 언급한 것처럼 유럽의 빈카문화와 그 하위문화에 벌써부터 세르비아 권에 프리지아의 종족이 일부 들어와 있었던 것으로 보았다. 그러기에 트라키아의 부족에도 프리지아 부족의 이름이 등재되어 있는 것이다. 이것은 앞장의 환인 12분국 시에 설명한 사항으로 일부 "비리국"의 사람들이 이곳으로 진출한 것을 증명하는 것으로(트라코-프리지아인) 브리게스(Bryges-광명의 고시) 라고도 불렀다.

이 부족은 후에 고조선이 멸망하고 난 뒤에 일부는 인도로 들어가 '브리지아어'를 만들었으며 일부는 트라키아와 일리리아에 들어가고(사실 일부는 토착종족 이었을 가능성이 농후함) 일부는 켈트에 합류하며 게르만 민족에 등재하였고 프러시아와 프로이센으로 발전하여 강력한 나라를 건국하게 되는 것이다.

(4) 브리다바(Bridava-광명의 머리 아버지) 부족(일명 Burs)

이 부족은 루마니아 올트지방에 있었던 종족으로 브리다바(Bridava)는 다키아종족의 수도였다. 왕은 브레비스타(Burebista-광명의 위대한 아버지 머리)라고 불렀다. 서양 학자들은 브레비스타(Burebista)를 '풍부한'것으로 해석하였다. 사실 엉뚱하고 잘못된 해석인 것으로 필자가 해석하기엔 '광명의 아버지 머리'이란 뜻이다. '비'는 바, 비, 보로 연결되는 아버지 호칭이다. 유럽에서 브리, 부리로 연결된 도시나, 강, 산, 부족이름이 엄청 많다는 사실이다. 필자가 언급하다시피 브리, 브레, 부루, 바리, 베르 등은 광명의 표상인 "바르"의 변형이었다. 뒷장에 별도로 세부적으로 소개하겠지만 잠시 살펴보면 ,

부리(Buri)는 노르웨이 신이었다.
부리(Buri)는 고대 게르만사람(부족)의 일원이었다.
부리(Buri)는 고대 다키안 부족을 말하기도 하였다.
부리(Buri)는 바레인에 있었던 마을 이름이다.
부리(Buri)는 이란의 라산 주에 있는 마을 이름이다.
부리(Buri)는 브라질 상파울로의 도시 이름이다.

부리반도는 에리트레아의 일부이다. 이렇게 광명으로 불리는 "바르"의 변형인 부리가 많다. 부족에도 부리로 연결되어 있는 호칭이 많이 보인다. 결코 "바르"를 간과해선 세계사가 이루어 질 수 없는 것이다.

한편, 우리말의 '뿌리'를 영어의 '부리'로 해석하는 사람도 있을 것이다. 뿌리는 전통이 있는 오래된 역사를 말해 준다. 그러기에 뿌리가 부리이다고 주장하는 것도 무리는 아닌 것이다. 환웅의 광명의 역사는 뿌리 깊은 역사이므로 어쩌면 "뿌리가 광명으로 연결되는 것은 동일한 선상에 있다 할 것이다. 다만, 광명이 "바르"에서 나온 것이 확실 해진 마당에 뭉퉁거려서 그냥 뿌리로 해석함은 인류문화사 측면에서 바람직하지 않다 할 것이다.

(5) 트라코-트라키아 종족

① 아르타키오이(Artakioi)부족, 파티니부족(Parthini)

〈4세기의 로마 식민지 시대〉

지도에 '달마티아(Dalmatia-달의 어머니 머리), 모에시아(Moesia-처음의 어머니), 다키아(Dacia-머리의 고리), 달다니아(Dardania-달의 머리 사람들), Praevalitana(광명의 아버지 태양의 머리 사람들)가 보인다.

'아르'는 '우리'와 같은 어원이다. '타'는 투와 같이 '머리를 말한다.

'파'는 아버지인바'에서 온 것이며 '티니'의 원형은 '티리'로 본다.

'티리'는 "머리의 리" 족이 되는 셈이다. 그러면 "아버지 머리족"이 된다.

② Moesi 부족

이 부족은 모이시아부족으로 세르비아와 북부 마케도니아에 걸쳐 있었던 일리리아를 대표하는 강력한 대부족 이었다.

(6) 트라코-일리리아 종족

① 다르다니(Dardani, Dardan-다리의 머리 사람들) 부족

현재의 코소보와 스코페지방이다. Dardani의 Dani는 Dari에서 변형된 것으로 보인

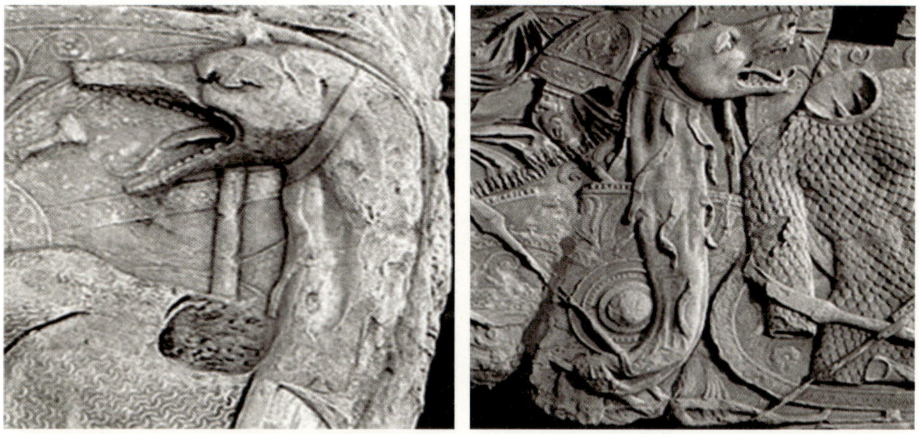

〈트라키아 종족인 다키아의 용 장식〉

〈캘트의 방패〉

〈아일랜드 방패〉

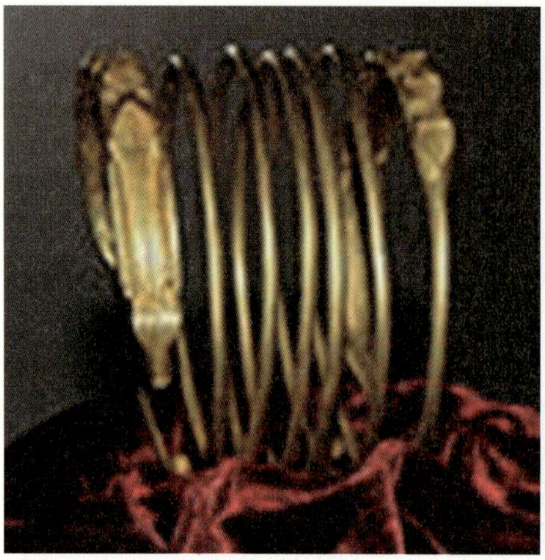

〈다키안의 팔찌〉

〈황금투구(다키아)〉

〈다키아〉

〈다키아 3의 숫자〉

FIG. 2 Lycian Epitaph
ebēñnē prñnawu mēn. e prñnawatē hanadaza
hrppi ladi ehbi setideime
'Hanadaza built this building for his wife and sons'

〈다키아 비문〉

〈옥서스 보물의 집합〉

다. Dardari는 다다리가 되며 타타리도 되고 타탈리가 되는 것이다. Dardan의 Dan는 아예 '단군'의 '단'을 그대로 인용하고 있다. 덴탈레티(Dentheletae)부족과 같은 씨족의 집단으로 보인다. Den은 Dan에서 변한 것이다. 탈레티(Theletae)나 타탈리아, 투탈리아와 같다. 접두사에 티, 타가 오던 접미사에 오던지 간에 그 어원은 변함이 없다. 그러므로 '덴탈레티족'은 고조선에서 온 것이 증명되는 것이다.

② 갈라브리(Galabri –고리의 광명) 부족

'갈라'와 '브리'의 합성어로 된 부족명이다. '갈라'는 고리'의 변형이다. 즉 '광명의 고리족' 이란 뜻이다.

③ 파이오니아(Paionian–아버지 사람) 부족

강력한 부족으로 다키아, 모이시아, 달마티아와 함께 일리리아의 큰 축을 맡은 부족이다.

④ 카우키(Cauci–가우(加優), 카우) 부족

조기 아일랜드에 진출한 부족으로 알려졌는데도 트라키아 부족에 등재된 부족이다. 아나톨리아의 '리카오니아'에서 진출한 것으로 보이는데 일부는 일리리아로 진출하였고 일부는 트라키아로 진출한 것으로 보인다. 한편 트라키아에선 Caucoense라고도 불렀다. 아나톨리아의 '리카오니아'(태양의 가오)에서 진출한 부족으로 본다.

⑤ 타우란티안(Taulantians) 부족

황소를 뜻하는 '타우루스(Taurus('에서 변형된 부족의 이름으로 보인다.

이 부족은 기원전 5세기에 등장한 종족으로 알렉산더의 발칸반도 침공시에 있었다고 전해지고 있으며 동부 아드리아 해안에 정착하였다.

⑥ 셀틱–게르만부족

보이부족, 갈리아의 틸리스부족, 특히 Bastarnae 부족은 지구상에서 제일 용감한 부족으로 지목받았다(켈트족의 리비족(비리)과 동일).

틸리스부족은 탈라스, 타라, 탈리와 그 어원을 같이 하는 것으로 고조선의 "탈리아'에서 온 것으로 추정하고 있다. 그 외에 트라키아 –스키다이부족등이 있었다.

4) 스코틀랜드 달리아타(Dalriata－탈리아타－달의 머리) 왕조의 연구

달리아타 부족은 대략 3세기에 아일랜드로 진출한 것으로 보고 있으며 독립적인 작은 왕조는 5세기로부터 시작되었다고 한다. Dunadd 계곡에서 Cenel Gabrain 부족, Loaime 부족, Oenqusa 부족, Comgall부족 등이 연합하여 만든 부족으로 소위 "네 주인의 연보(4부족의 계보)"와 Tigernach 실록에 의거 '퍼거스 Mor 맥 Eirc'이 초대 대왕(500~501년)인 것으로 나타나고 있다. 500년부터 서기841년 까지 33명의 왕이 통치하였고 알파인(알바)왕조를 843년부터 1,058년까지 계승 발전 시켜 나갔으며 '게일어'를 독창적으로 사용하게 된다.

여기서 '알파인(Alpain)'의 '알'은 우리말 '얼'과 같고 '파인'은 '바인'으로 아버지족(사람들)을 뜻하므로 즉, "아버지 사람들의 얼족"에 도달하는데 그러면 여기서 아버지는 누굴 지칭하는 것인가? 그것은 하나님(하느님)이었는데

기독교의 하나님의 표현은 요즘처럼 '가드(God)'라고 할 것을 굳이 '알(얼)'을 찾은 것은 하느님으로 칭송하고 아버지라고 숭배하였던 전통의 역사를 말해주는 것으로 환웅과 고조선의 '삼신 하느님'이라고 본다.

삼신, 칠성 사상으로 오랫동안 통치하였던 신정사회의 전통, 어머니 여신으로 대변되는 웅녀숭배는 켈틱으로 진출한 종족으로서도 단절되지 않는 종교 관습과 문화의 고리라 할 것이다. 그들은 왕의 부족들 조합인 일명 Tuath(머리는 흰 빛나는 머리)에 의해 상왕(제일 높은 왕－마스터, 칸)과 지방 왕(영주)으로 구분하였다. 이 'Tuath'는 웨일즈어로 Tud라고 하였고, Touta, Teuta로 불렀고 아일랜드어로 Ri, 갈로는 Rix 라고도 불렀으며 북부 게일어로는 Uibhist Tuath라고 하였다. 이 왕의 조합은 역사적인 다섯 지방인 얼스터(얼이 있는 머리,) 코노트, 랜스터, 뮌스터, 미스를 통치하게 되었다.

코노트는 '코로'가 '코노'로 변형된 듯하다. '코로'는 '고리이며 '트'는 머리를 말한다. 그러면 "코리의 머리"가 된다. 랜스터는 '래(Rae)'가 N이 붙어 '랜'이 되었기에 '리족(태양족)'이 된 것이며 마찬가지로 "리족(태양족)의 머리"가 되었다. 이것은 과거 고조선이 '고리(연방)'로 9환족을 통치한 예와 같은 수단이었다고 이해를 해야 할 것이다.

특히 던컨 1세(1,034~1,040년)는 16세에 왕위를 물려받아 던컨의 세습군주제인 Tanistry(후계자의 선택, 지정 상속인 제도)를 폐지하였고 스코틀랜드 군주제로 변환하였다 그의 통치 기간 중 사촌과의 충돌이 일어나는데 근처의 전투에서 '엘진'이 '멕베드'에 의해 살해된 것으로 이것은 세익스피어 문학의 한 부분인 '멕베스(맥배드)'가 생겨 난 것이었다. 여기서 던컨1세, 던컨2세 왕이 있었는데 '던컨'은 던칸, 단칸으로 발음되며

우리의 군주인 "단군"을 그대로 이어받아 왕의 이름에 차용한 것으로 여겨지고 있다. 단군은 '단군, 또는 '단칸'이 됨에 단의 통치자(왕)을 말함이다.

알바(알피스-아버지 얼) 왕조가 끝나는 1,058년부터 1,290년까지 켈트의 집(House Dunkeld)왕조로 이어지며 여기서 Dunkeld의 Dun은 바로 '단(머리 사람들)'을 가리키며 켈 Kel은 케르의 준말이다. 케르는 코리의 변형이고 바로 "고리"이다. 그러면 "고리의 단 왕조"가 되는 것이다. Dunkeld왕조는 스코틀랜드 전쟁전 까지 왕조를 영위하였다고 한다. 생각 해 보면 중세의 아일랜드와 스코틀랜드는 달리아타(Dalriata) 종족에 의해 거의 전체 영국을 지배하였다고 보아야 할 것인데 달리아타(Dalriata)의 모체는 탈리아, 투탈리아, 타탈리아인 것으로 좀 더쉽게 설명하자면 달리아타(Dalriata)의 '타'를 접두사에 '타'가 오면 '타달리아'가 되므로 타탈리아로 연결되니 틀림없는 중앙아시아의 고조선지역의 이름인 "타탈리아"이었던 것이다.

〈9세기경의 픽트인의 부족연맹체(Dalriada, Portriu부족을 포함한다)〉

＊달리아다Dalriada(고조선을 '타탈리아'로 부르는 것과 같은 명칭이다.– 좌측)

* Portriu는 "흰 밝음(광명)의 달"이 된다. 이 명칭으로 고조선의 종족이 이곳으로 이주 해 온 것을 알 수 있는 것이다.

* 알바왕국의 '알바Alba'는 "얼 있는 아버지"를 말한다. Fortriu 종족(광명의 달)이 픽트(Picts-위대한 머리의 밝음)족 이다. '알바족'은 훗날 스코틀랜드가 된다.

5) 프랑스의 성소인 아스타라(Astara-처음의 달)

(1) 아스타라(Astara)

프랑스의 켈틱은 다른 나라와는 달리 캘트의 용어를 사용하지 않고 갈리아 족으로

〈쿰브릭(곰, 광명 언어)언어의 영역(영국)〉

호칭한다. 갈리아 연대기에 의하면 36개 부족이 프랑스의 지방 곳곳에 정착한 것으로 알려지고 있다. 프랑스에도 이탈리아의 아스트리아와 마찬가지로 아스타라Astara가 존재하였다. 즉 새로 건국하는 '타라'(달)이었다. 왜 이주한 사람들이 낯 선 땅에 '타라' 란 도시를 건설하였을까?

앞으로 설명하게 될 '타라'는 터키, 그리스, 이탈리아, 세르비아, 인도, 네팔, 인도네시아, 러시아에 이르기 까지 광범위하게 퍼져 있는데 '타라'는 "신성한 예배(숭배)의 성

〈프랑스의 갈리아족〉

〈돔뇌아 부족의 석판〉

〈투르크메니스탄의 '메르브(명조)'〉

소"였다. 프랑스의 타라는 프랑스 남쪽에 봉건 영지중 하나로 약 920~1593년 사이의 가스코뉴 공작의 영지였다고 하는데 현재 프랑스의 '몽디부(Astara)'이다. 이 도시는 Lass 백작에 의해 처음 만들어졌다고 전해진다.

Astara공작령(가스코뉴 공국)의 공작의 이름을 살펴보면

1) 아르노 1 가르시아(920~960)

2) 가르시아 아르노(960~975)

3) 마르(1,176~1,189)등으로 '가르시아'의 '가르'는 고리의 변형이다.

〈그르노블의 청동갑옷(갈리아)〉

〈셀틱(갈리아)의 칼〉

〈황금투구(기원전 350년-프랑스)〉

〈황금팔찌〉

또한 '마르'는 '마리(머리)'의 변형인 된다. 이 공작 령은 9세기에 '아바르족(광명족)'에 의존하게 되었다고 전한다. 아바르족은 흑해, 카스피 지역을 중심으로 이루어진 종족이다. 9세기에 '프랑크'에 의해 멸망하게 된다.

〈황금장식 투구(갈리아)〉

〈까마귀 국장〉

〈황금장식 기원전 1세기 파리시족 금화〉

〈마르세이유 은화(기원전 5~1세기)〉

〈테티의 동상(이집트박물관)–상투모습〉

〈기원전 2291~2323 아무르(나나이종족)의 솟대〉

6) 프랑스의 갈리아족(골 지방 중심)의 9환족 연구

프랑스의 갈리아는 크게 세 종류로 나눠진다. 갈리아 셀티카와 벨가이,아퀴타니로 구분하는데 갈리아(라틴어 : Gallia) 또는 골(Gaul)은 로마제국의 멸망이전까지 프랑스, 벨기에, 스위스 서부,라인강 북쪽을 포함하는 지방을 일컫는 용어였다고 한다. 갈리아는 기원전 5세기경 '라텐문화' 북쪽의 알프스 사이의 땅을 가로 질러 확산되었으며 센강과 엘베강을 거쳐 기원전 4세기엔 프랑스, 스위스, 남부 독일, 오스트리아, 체코의 강을 따라 무역 경로를 형성하였다. 그들은 북부 이탈리아와 발칸반도, 아나톨리아까지 확장되었는데 크게 구분하여 로마이전의 갈리아와 이후의 갈리아로 구분하기도 하였다. 고대 골지방의 갈리아 부족을 살펴보면

(1) 알로브로게스(Allobroges-우리 광명의 고시)부족

프랑스 남동부의 코뮌에서 떨어진 비엔(비엔나)은 기원전 47년 로마의 식민지였다. 후에 로마는 이 지방을 수도로 하였다.

'알로'는 '얼이 있는 태양족'이며 '브로게스'는 '광명의 고시족'이 된다.

고시에서 고스, 고쉬, 고스, 고세, 구시, 구스, 구시, 가스, 가시, 게스, 게시, 기스, 기시 등으로 변화되고 다시 카스, 코스, 쿠시, 케스, 키시 등으로 된소리가 나며 변화되는 것이다.

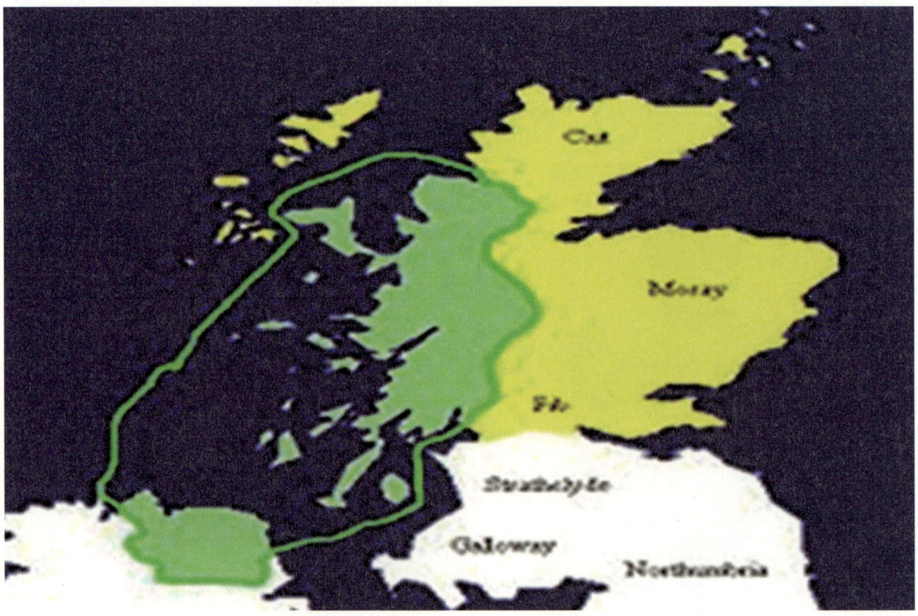

〈달리아타(타탈리아)왕조의 스코틀랜드(노랑) 590년〉

(2) 암바리(Ambarri-어머니 광명) 부족

'암'은 '아무' 또는 '어무'에서 나온 것으로 어머니를 말한다 할 것이며 '바리'는 광명을 뜻하는 "바르"에서 변형된 것이다. 그러면 '광명의 어머니부족'이 된다. 론 및 센 강 주변에 정착했다고 전해진다.

(3) 아르 베르니(우리 광명) 부족

'아르'는 우리말의 '우리', '아리'와 같은 것이며 베르는 '바르'를 말한다. 이 부족은 지고비아(라 로슈 블랑쉬)에 정착했다고 한다.

(4) 벨가이(Belgae-광명의 깨우친 사람) 부족

이 부족은 갈리아의 한축을 나타내는 큰 부족인데 프랑스 북부와 독일 경계지방에 정착하였다고 한다. '밸(Bel)'은 '베르'에서 나온 것으로 역시 '바르'의 변형인 것이다. '가이(Gae)('는 까이이며 까진(깨우친)으로 해석이 된다. 그러면 '깨우친 광명의 부족' 이

〈앵글로-색슨족의 자치구들(붉은 점)〉

되는 것이다.

(5) 벨로 바키(광명의 아버지 고리)부족

'벨로'는 '바르'에서 2차 변형된 이름으로 베로가 다시 벨로로 변한 경우이다. '바키'의 '바'는 아버지를 말한다. 즉 , 아버지 벨로족'이 된다.

프랑스의 '보베' 지방에 정착하였다.

(6) 비투리게스(Bituriges-아버지 다리의 고시)족

이 부족도 합성어로 이루어졌는데 '비'는 '바'에서 변형되었고 '투리'는 머리를 말하며 '게스'는 고시에서 변형된 것이다. 프랑스의 '부르주'에 정착하였다고 전한다. 3가지로 합성된 부족의 이름이다.

(7) 카르 누 테스 부족(고리의 위대한 머리)

'카르'는 '고리'에서 변형되었으며 케르, 케리, 쿠르, 쿠리, 카라, 카리, 카르, 키르, 키리, 카라, 카리, 카레 등으로 나타난다. '테스'는 역시 머리족을 말함이다. 합하여 번역하면 9환족인 '고리의 머리족'이 된다. 이 부족은 프랑스의 '샤르트르'에 정착하였다.

(8) 카타라우니(Catalauni-고리의 달 사람들) 부족

이 부족의 이름에서 가장 핵심인 것은 바로 "타라(Tala)"이다. 타라는 성소이기 때문이다. 고조선의 '타리아'가 타라, 테르, 투리, 티리, 틸리, 탈라 등으로 변형되어 유럽 전역에 나타나고 있는 것이다. 이 부족은 '살롱 엉 샴페인'의 지방에 정착하였다.

(9) 카투리게스(Catueiges-고리의 달 사람 고시) 부족

앞서 설명한 바와 같이 여기서도 '투리'가 나온다. 역시 '타라'에서 변형된 이름인 것으로 '게스'까지 합하여 '투리(달)'의 게스(고시)'가 되는 것이다.

(10) 쿠리오솔리테(Curiosolitae-고리의 위대한 머리) 부족

이 부족은 프랑스의 Corseul 에 정착하였는데 '쿠리Curi'는 '고리'에서 변형된 것이다. '솔리'는 살리에서 변형된 것으로 '살(사르)'은 위대한을 뜻하며 '테'는 머리를 말하는 투, 타 ,테의 형태이다. 이 부족은 프랑스 북 서부 브리트니의 사원이었던 Corseul 지방으로 알려 졌으며 기원전 10세기에 "화성의 사원"으로 불렀다고 한다. "고리의 위대한 머리족"으로 신전을 관리한 부족으로 이해를 하고 있다.

이 부족으로 보면 이미 기원전 10세기경에 고조선의 9환족의 일파가 프랑스에 진

출하여 사원을 건설하고 정착한 흔적이 있는 것으로 보아야 할 지 모른다.

(11) 인수브레스(Insubres-신의 위대한 광명) 부족

'인(In)'은 신, 하나님을 뜻하는 '안(An)에서 변형되어 앵, 앙, 잉, 인 등으로 변화되어 나타난 것이다. 앙고라, 잉글랜드, 앵글로 색슨에서 나타나는 부류이다. '수(Su)'는 위대한,거룩한이며 '브레스(Bres)'는 '바르'에서 변형된 광명족을 말한다. 즉 "하나님의 거룩한 광명족"의 해석이 되는 것이다. 필자가 생각하기에 갈리아의 부족이름 해석은 서양의 학자들이 죽었다가 깨어나도 풀지 못하는 이름이다. 대체적으로 해석한 바에 의하면 모기, 풀의 종류 , 강의 이름등 으로 해석을 하고 있다.

(12) 모리니(Morini-우두머리 사람들) 부족

'모리'는 '마리(머리)'에서 변형된 것이다. 다시 말하면 '머리' 족이다.

대저 환웅과 고조선 시대엔 마리 족과 투와 타,테,티로 대변하는 머리쪽, 수(首)와 '세'로 이어지는 머리족등 세 분류의 머리 족이 있었고, 광명을 말하는 '바르'족과 9환족으로 통하는 '고리족'과 환웅시대부터 있었던 큰 종족인 '고시' 종족이 있었던 것으로 파악되고 있다. 이런 부족 내지는 종족들이 전 세계에 퍼져서 살았고, 그 종족의 흔적이 세계의 도시와 강, 산, 왕조의 이름에 투영되어 지금까지 나타나고 있는 것이다.

'모리니(Morini)'는 '우두머리 사람들(Morin)'에서 어미가 '니'로 변형된 것으로 보고 있으며 그 어미의 변형은 니, 네, 누, 노로 변한다. '우두머리의 사람들'이 "모리니(Morini)" 부족이다.

(13) 네르비 부족(우리 아버지)

'비족'이란 것은 우리의 환인 12국 분기 시에 알려진 이름으로 '비리국', '비나국'이었다. 이 '비'(아버지) 는 인도유럽어의 변형으로 다시금 피, 페, 프, 푸, 파로 변형되었고 프리지아, 페르시아, 파푸아 뉴기니 등으로 변화하기도 하였다. 프랑스는 '바르'에서 1차 변형된 '파르'에서 프라, 파라, 프리, 피르, 페르, 페리등에서 자음이 다시 붙어 '프랑'이 된 것이다. 체코의 '프라하'도 역시 바르에서 변형된 '파르'에서 '프라'가 나온 것이다.

그러면 '하'는 무엇인가? '하'는 헤, 히, 하, 후로 변하는데 히브리인, 히타이트, 후르리인, 헬라신등에서 많이 보이는 것으로 이것은 '흰' 것을 말함으로 '흰 것'(白)은 바로 '태양의 별칭'이었고, 백두신앙, 태백신앙과 직결되는 것이며 '바르'의 광명과도 그 의미를 같이 하는 것으로 알 수 있는 것이다. 이 부족은 프랑스의 Bavay 지방에 정착하였다.

(14) 파리시(Parisi-위대한 광명족) 부족

'바르'에서 변형된 이름으로 '파리'이다. 오늘날 프랑스의 '파리'는 이 종족의 이름에서 따 온 것으로 학자들은 주장하고 있다. "위대한 광명"이다.

(15) 페트로코리(Petrocorii-아버지 달의 고리) 부족

프랑스의 페리 지방에 정착한 부족으로 '페(Pe)'는 '베'에서 왔으며 '베'는 '바Ba'에서 온 것이다. 아버지를 말함이다. '트로'는 '타리'의 변형이다.

'코리'는 바로 '고리'를 일컫는 것이다. 즉, "아버지 타리(타리아)의 고리족"이 되는 것이다.

(16) 티구리니(Tigurini-머리의 고리족) 부족

이 부족의 '티(Ti)'는 머리를 말함이며 투, 타, 테, 토 등으로 변화된다. '구리니'는 역시 '고리'의 부족을 말함이다. 이 부족은 프랑스의 '이베르동'에 정착하였다.

(17) 토로사테스(Tolosates-달의 위대한 머리족) 부족

이 부족의 '토로'는 고조선의 '타리아'에서 변형된 이름으로 모음인 ㅗ, ㅗ로 변한 것인데 타리에서 타르, 테르, 테리, 타라, 타레, 타르, 테라, 투르, 투리, 토로, 토르, 토레, 토리, 티르, 티리로 변하며 다시 탈리, 탈레, 탈라, 텔레, 틸리, 툴루 톨로 등으로 변화되어 발음이 되는 것이다. 사(Sa)는 뒤의 문장에 '테스'가 있음에 사(Sa)는 위대한, 뛰어난 으로 해석이 되어야 할 것으로 본다.

그러면 종합적으로 해석하면 "타리아(타라, 토로)의 위대한 머리족"이 되는 것이다. 이 부족은 프랑스의 '툴루즈'에 정착하였다고 한다.

이 부족이 정착한 지방 '툴루즈'의 '툴루'는 '타리'에서 2차 변형된 이름인데 탈리에서 모음 ㅜ, ㅜ로 변하여 '툴루'가 되었다. 그러므로 '툴루의 사람들' 의 표현인 것이다.

(18) 트레베리(다리의 광명) 부족

앞전의 '토로', 툴루와 같은 형식의 부족인데 같은 방계 혈족으로 보인다.

'트레'도 '타리아'(타리)에서 파생된 이름이다. '베리'는 "바르"에서 변화된 이름으로 "탈리아의 광명족"이 되는 것이다.

(19) 트리카스티니(Tricastini-달의 고시의 머리족) 부족

역시 '트리'는 '타리'에서 온 이름의 부족으로 카스(Cas)는 '고시'의 이름에서 변형되

었는데 고시는 코시, 코스, 카스, 카시, 키시, 키쉬, 키스, 케시, 케스, 쿠스, 쿠시, 코시 등으로 나타난다. '티니'는 머리족을 말한다. 이 부족은 특별하게 '고시' 종족이 되는데 "타리아의 고시 머리족"이 된다.

트리카스티니 부족(Tricastini)은 "탈리아의 고시 머리족"에 도달하게 된다. '고시' 종족과 '트리부족'과 함께 온 것으로 짐작되는 부족이다.

(20) 퉁그리(Tungri-머리족의 고리) 부족

이 부족은 '통 에런'의 지방에 정착하였다고 전해진다. 이 부족의 이름인 '퉁'은 어디에서 왔는가? '퉁'의 일차적인 변화는 '툰'에서 왔고, 툰은 다시 탄, 틴, 텐으로 나타나며 하나님, 신을 뜻하는 안(An)이 앙, 앵, 잉, 인으로 뒤바뀌어 나타나는 것과 같은 방식의 변화이다. 그러므로 '퉁'은 바로 '단'에서 온 것을 미루어 알 수 있는 것이다. 단에서 탄, 틴, 툰으로 변화되는 이유이며 '퉁구리'는 '단그리'로 집약되는데 '단그리'(머리족 고리), 탱그리는 고조선의 9환족을 지칭하는 것이다. 인류고고학적인 분류에서 우리는 우랄알타이계의 '퉁구스'족이라고 하였다. '퉁구스'는 바로 '단구스'를 말하며 구스는 '고시'의 어원에서 나온 것으로 단군의 핏줄과 '고시'의 핏줄에서 비롯된 종족이 바로 퉁구스(Tungus)족이며 그 구심점의 자손은 코리아, 대한민국 국민인 것이다. 정확하게 우리의 시원을 오래전부터 외국의 학자들은 '우랄'과 '알타이산맥'을 거점으로 하는 광대한 지역에서 출발한 것을 입증하였던 것이다.

그런데도 우리는 귀를 틀어막고 못 들은 제 하며 앵무새처럼 한반도와 중국 만주일대에 미련을 버리지 못하는 못난 강단사학자들 때문에 우리의 활동 강역을 외국의 석학들이 일러주고 찾아주어도 믿지 못하는 바보 같은 민족이 되었던 것이다.

이미 인류 문화사적으로 고고학적으로 우리의 시원이 '퉁구스족'으로 분명하게 밝혀진 것인데도 새삼 필자가 상세하게 확인시키는 작업에 지나지 않는 것이다. 필자가 각고의 노력으로 우리의 선조들이 이루었던 문화와 발자취를 찾아내어 설명하는데 앞으로 사학계에서 새로운 관점에서 고대 부여와 가야, 삼국의 재정립을 촉구하는 바이다.

(21) 투로네스(Turones-처음의 달 사람들) 부족

이 부족도 '타리(타리아)'에서 변형된 이름의 부족인데 프랑스의 '투어'지방에 정착하였다고 한다. 이 부족은 투론(Turon-달 사람들)과 에스(Es-처음)의 합성어이다. 즉, "처음 온 달의 사람들"이 된 것으로 고조선족을 말하는 것이다.

(22) 벨라비(Vellavi-광명의 아버지족) 부족

이 부족의 '벨라(Vella)'는 '바르'에서 온 것으로 '광명의 아버지족'이 되는 것으로 프랑스의 'Ruessium'의 지방에 정착하였다.

(23) 베네티(Veneti-아버지족의 머리) 부족

이 부족은 강력한 큰 부족으로 배네티(Veneti-아버지족의 머리) 부족은 오늘날의 이탈리아의 '배네치아'가 그 이름에서 온 것이라고 한다. 이 배네티 부족은 프랑스의 '브리티니'(광명의 머리) 지방뿐만 아니라 북동부 이탈리아에도 정착하였으며 특히 중앙 유럽의 고대 역사에 자주 등장하는 부족이었다. 배네티 부족은 대륙캘트인 게르만 종족의 하나였다고 한다. 아나톨리아의 베네토 지역으로부터 브르타뉴의 배네티와 독일 동부의 배네티부족등 발트 해안까지 다양한 지역에 퍼져 활동하고 정착했음을 알 수 있는 강력한 부족이었다. 98년 타키루스에 의하면 수에비족의 언어와 비슷하며 게르마니로 분류되었다고 한다.

그러나 그들의 민족 정체성에 대해선 학자들 간에 의견이 분분하다고 한다. 또한 그리스-로마의 지리학자인 프톨레마이오스는 2세기에 발트의 남쪽 기슭과 동부의 전체에서 '배네티'를 찾을 수 있다고 하였다. 연구한 학자들은 이 종족이 초기 남부 슬라브족이었던 것으로 파악하고 있으나 불분명하며 일부 학자는 고트족의 일원이라고 한다. 다만 배네티족은 인도유럽어의 사람들이었으며 혹자는 일리리아인의 종족이라고 하였다. 배네티의 민족 정체성을 찾지 못한 학자들은 그 종족의 어원에 대해서도 격론을 벌이고 있다고 하는데 그 해석은 여러 가지이다. Veneti(단수 : Venetos)에서 파생된 Venuto Veneticі로 '도착'으로 보았으며 산스크리트어로 Vanas는 욕망, 열정으로, Vani는 소원, 욕망으로, 아일랜드의 고대 언어로 Venja로 해석하여 친족, 부족, 가족으로 해석하였다.

하나, 배네티(Veneti) 어원의 뜻은 벤(Ven)은 아버지족의 반(Ban)에서 변형된 것으로 벤(Ven), 빈(Bin), 본(Bon)으로 변화 된 것이고 그 어미가 자음인 E로 변한 것이다. '티'는 머리를 말하는 투, 타에서 온 것으로 "아버지의 머리족"으로 해석되는데 서양 학자들이 '아버지'를 이해 못하였던 이유로 그 종족의 정체성을 찾지 못했던 것이다. 배네티(Veneti는 지역에 따라 베니티(Veniti), 베노티(Venoti)로 표기되고 있다. 한편 배네티 부족을 '비스 툴라 배네티'로 구별한 것은 그리스와 로마의 지리학자에 의해서이다. 툴라는 탈라이며 탈리아이다. 탈리아의 베레티족을 말하는 것이다. 반(Van), 벤(Ven), 빈

(Vin), 본(Von)으로 변화되는 형태는 세르비아의 '빈카문화권'의 지명에서 많이 발견되고 있다. 더 쉽게 설명하면 '배네'는 다른 명사와 연결시키기 위하여 늘인 것에 불과한 것으로 북아프리카, 이탈리아 언어의 영향이다.

또한 아일랜드의 고대 언어로 Venja로 해석하여 친족, 부족, 가족으로 해석하였다. 비슷한 해석이나 잘못 번역한 것으로 "아버지족"이다. 문장의 야, 쟈(Ja)는 접미사로 어조사 형태일 뿐이다. 세르비아권의 지명에서 많이 발견되는데 종족이나 광명이름에 Ja, Je, Ji로 많이 사용되고 있다. 특히 '수에비족'의 언어와 비슷하다고 하였는데 같은 아버지 족이니 당연한 이야기가 되는 것이다. 수에비는 "위대한 에비(아버지)"이다.

4. 대륙 '게르만 켈틱'으로 들어간 고조선 9환족의 부족들

1) 알프스, 프랑스, 스위스 북부, 이탈리아, 중북부 스페인의 갈리아

(1) 알로브로게스(Allobroges, Allobriges) 부족(얼 이 있는 광명의 고시)

비엔나에 정착한 부족이다. '알'은 우리말의 '얼'과 같다.

'브로'는 '바르'에서 온 것이고 '게스'는 '고시'에서 왔다. 다시 말하면 "얼이 있는 광명의 고시족"이 된다.

(2) 암바리(Ambarri—어머니의 광명) 부족

아로모니카에 정착하였다. '바르'의 변형인 '바리Barri'를 채용하였다.

(3) 앙게시네테스(Angesinates—고시 종족의 위대한 머리 신) 부족

앙고우모이스에 정착하였다. 안(An)은 하나님, 신으로 불렸다. 게시는 '고시'에서 나왔고 '테스'는 머리족을 지칭한다. "하나님의 고시, 머리족"이 되었다.

(4) 암비리아테스(Ambiliates—어머니 광명의 위대한 머리) 부족

낮은 라이거 강(루 아르 강)에 정착하였다. 역시 '비리아'는 '바르'에서 변형된 이름이다. '암(Am)'은 '아무'에서 온 것으로 어머니를 지칭한다. '어무'는 '엄'이 된다. '비리'는 '바르'에서 변형된 것이다.'테스'는 머리족을 말하므로 "어머니 광명의 머리족"이 된 것이다.

(5) 아르베르니(Arvernii, Arvii-우리 아버지 사람들,우리의 광명) 부족

지고비아 부족 연합이었다. '아르'는 우리, 아리와 같은 뜻이며 '베르'는 바르의 변형이다. "우리 광명족"이 된다.

(6) 아트레바테스(Atrebates-큰 달 위대한 아버지 머리) 부족

'트레'는 '타리'의 변형이며 '바'는 아버지이고, '테스'는 머리 족이다. 즉, "아버지 타리의 머리족"이 된다. 아라스에 정착하였다.

(7) 암비아니(Ambiani), 암비바레티(Ambivareti-부모에 광명의 머리〈신〉) 부족

프랑스의 '아미앵'에 정착하였다. '비'는 아버지인 '바'에서 변형되었고 '바레'는 '바르'에서 변형된 이름의 부족이다. '티'는 머리를 말한다.

암비(Ambi)는 어머니와 아버지를 지칭하는 것으로 "부모의 광명족"이 된 것이다.

(8) 벨가이족

이 부족은 큰 국가 연합의 형태의 종족으로 인도유럽어에서 왔다고 한다. 브리타니아와 히스파니아(현 스페인)에 광역의 지역에서 정착하였다.

벨(Bal)은 베르와 베리로 표현된다. 광명인 셈이다. 가이(Gai)는 까진 사람을 말한다. 즉, "광명의 까진〈계몽된〉 종족"이 되었다.

(9) 벨로바키(Bellobaki-광명의 아버지 고리) 부족

이 부족의 '벨로'는 '바르'에서 변형된 이름의 부족이다. '보배'에 정착하였다고 한다. Eutrones, Eburones 부족은 벨가이족과 게르마니족의 혼합종족(Tencteri)이라고 하였다. 바(Ba)는 아버지를 말하니 "광명의 아버지 고리"족이 되었다.

(10) 모리니(Morini-우두머리 사람들) 부족

이 부족은 '마리' 부족으로 마리가 '모리'로 이름이 변형되었다.

블로뉴 쉬르 메르에 정착하였다.

(11) 베리오카세스(Veliocasses, Velicasses,Velocasses) 부족

벨리, 벨로, 베리 모두 '바르'의 변형된 이름의 부족이다.

'루앙'에 정착하였다고 전해진다. 카세(Casse)는 '고시'에서 변한 이름이다. "광명의 고시족"이 되었다.

(12) 비투리게스 쿠비 부족(Bituriges cubi)

'비'는 아버지의 '바'에서 변형되었고 '투리'는 타리의 변형이며 '게스'는 고시의 변형된 이름이다. 즉, "아버지 투리(달)의 고시족 에 도달하는 이름이다. '보르쥬'에 정착하였다.

(13) 비투리게스(Bituriges) 비비스키(Vivisci)

역시 앞의 부족과 비슷한 종족으로 '보르도(Burdigala)'에 정착하였다.

(14) 브리가니(Briganii) 부족

이 부족은 '리앙송'과 높은 '듀란의 강' 계곡에 정착하였다.

같은 '브리인데 '바르'에서 변형된 이름이다. '가니'는 '칸'이다. "광명의 칸"이 된다.

(15) 카르누테스(Carnutes) 부족

'카르'는 코리가 되며 다시 '고리'가 된다. '테스'는 머리 족이다. 다시 합하면 "고리족의 위대한 머리"란 뜻으로 해석이 되는 부족이다.

하위부족으로 Autricum 부족은 '샤르트르'에 정착하였고, Cenabum 부족은 '올리언즈'에 정착하였다고 한다.

(16) 카타라우니(Catalauni-고리의 달 사람들) 부족

'타라'는 고조선의 '타리아'에서 온 것으로 이 부족은 살롱 엉 샴페인에 정착하였다. 비슷한 부족으로 카투리게스족이 있다.

(17) 카바리(Cavares, Cavari, Chablais-고리의 위대한 광명) 부족

이 부족은 낮은 북한의 '듀란'에 정착한 부족으로 '바리Vari'는 전형적인 '바르'의 변형이다.

(18) 에수비Eesubpp, Esuvii, 세수비(Sesuvii-처음의 아버지) 부족

이 부족은 수에비(Suevi-위대한 아버지) 부족의 친척의 부족으로 보인다.

수에비는 우리말로 "높은(위대한) 아버지"이다. '에비(Evi)'는 우리말의 경상도 사투리인 아버지인 것이다. 이 부족은 '벨리'에 정착하였다.

(19) 가리테스(Garites-고리의 위대한 머리) 부족

'가리'는 '고리'에서 왔으며 '테스'는 머리 족이다. 즉, 머리의 고리족인 것이다. 이들

은 Garumna의 강(가론)의 남서쪽에 정착하였다. 이 강은 이 부족의 일을 빌려 지은 것이다. 고리에서 가루(Garu)가 되고 가리, 가레, 가르, 기르, 기리, 게르, 게리, 고루, 고레, 그리 등으로 변화하여 나타나는 것이다. 이 부족은 아퀴타니 부족의 그룹 중 하나인 것으로 파악되고 있다.

(20) 헬베티(Helvetii-흰 빛나는〈태양〉 아버지 머리) 종족

이 종족은 여러 부족이 연합한 국가연합의 형태인 종족이다.

스위스와 남부 독일에 살던 갈리아 종족으로 기원전 1세기에 로마공화정의 속주로 침입하였으나 율리우스 카이사르에 의한 갈리아전쟁이 일어났고 그들은 다시 스위스로 되돌아갔다고 한다. 1798년 스위스에서 건국한 헬베티아공화국은 이 종족의 이름에서 따 온 것이라고 한다. 하위부족으로 이베르동(Tigurini), Tougeni, Verbigeni, Helvii 등이 있었다. 헬(Hel)은 헤리, 헤르, 헤라로 표현되는바 '흰 것'을 의미함에 광명으로 본다. 그리스의 헬레니즘, 헬레나에서 그 이름을 따온 것으로 본다.

(21) 페트로코리(Petrocorii-아버지 달의 고리) 부족

'페'는 아버지의 '바'에서 변형된 것으로 '파'가 되며, 다시 파는 페, 프, 피 등으로 변환 되는 것이다. '트로(Tro)'는 '타리'에서 온 것이며 '코리(Corii)'는 바로 '고리'이다. "아버지 타리의 고리족"인 것이다.

(22) 트리코리(Tricorii-달의 고리) 부족

같은 부족인 트리카세스(Tricasses)족, 트리비아티(Triviatii), 트리카시니(Tricassini) 등이 있었는데 지금의 '센' 지방과 '샴페인'지방에 정착하였다고 한다.

(23) 투로네스(Turones, Turoni-처음 달 사람들)

'투로(Turo)'는 '타리'에서 온 것으로 보고 있으며 이 부족은 프랑스의 투어지방(현재의 오를레앙)에 정착했다고 한다.

(24) 베네티(Veneit-아버지족의 머리) 부족

앞에서 설명한 국가연합의 종족으로 일찍이 이탈리아로 진출하였으며 아나톨리아의 베네토 지역으로부터 브르타뉴의 배네티와 독일 동부의 배네티부족등 발트 해안까지 다양한 지역에 퍼져 활동하고 정착했음을 알 수 있는 강력한 부족이었다. 98년 타키루스에 의하면 수에비족의 언어와 비슷하며 게르마니로 분류되었다고 한다. 독

일 배네티종족은 '반느' 지방에 정착했다고 한다. 벤(Ven)은 반(Ban)에서 왔으며 "아버지족"이다.

(25) 베라그리(Veragri, Verguni-광명의 고리) 부족

이 부족은 '베라'와 '그리'로 합성으로 된 부족이다. 즉 "광명의 고리족"이 된 것으로 '쉬르'에 정착했는데 서양에선 이 광명이 아주 인기가 있었던 것으로 보인다. 광명사상은 사실 환웅시대의 사상이며 철학이고 통치이념이었다. 고조선이 기원전 6세기에 멸망하고 난 뒤에 9환족의 고리족은 자기 부족의 이름에 "광명인 바르"를 앞세워 유럽에 진출하였다는 것은 바로 깨우친 선진문명의 부족이란 것을 대외에 알리고자 한 목적이었다고 본다. 필자가 조사하고 옮겨 보니 많은 캘트와 갈리아의 부족들이 이 광명(바르)을 앞세운 것으로 나타났다. '바르'를 인용한 부족으로 베로두니, 베르타모코리, 벨라비, 벨리우니, 베로코스 등의 부족이 있었다.

2) 이베리아 반도에 진출한 캘트족의 9환족

이베리아 반도는 전통적으로 셀틱의 가장자리에 살고 있는 것으로 생각되었는데 전 캘트문화와 수많은 부족이 존재한 이베리아는 북부,중부,서부지역에 거주한 이베리아와 남부지역, 로마지방의 이스파니아, 켈트 말하기와 셀틱 말하기 부족을 망라한 것이 포함되었다고 한다.

(1) 알로트리게스Allotriges (얼 있는 태양, 달의 고시) 부족

이 부족의 이름은 '트리'와 '게스'의 합성어이다. '트리'는 '타리'에서 변형된 것이며 '게스'는 '고시'에서 온 것이다. 즉, "타리의 고시족"이란 뜻이다. 스페인의 북서쪽과 '리오하'에 정착하였다고 한다.

(2) 오스투레스, 아스투리아스(Asturias-처음 온 위대한 달 사람들) 부족

이 두 부족은 스페인의 북부 '레온지방'에 정착하였다.

'오스','아스'는 우리말의 '아사','아시'와 같은 처음이라는 뜻이며 '투레'는 고조선의 '타리아'에서 옮겨 온 것으로 변형이 된 이름이다. 이미 고조선이 멸망한 뒤에 새로운 신천지에 새로운 고조선을 열겠다는 의지 표시의 부족으로 보고 있다. 이베리아와 스위스, 북부 유럽에 진출한 켈트는 대략 기원전 6세기에 집중적으로 진출하였다고 하는데 고조선의 멸망시점이 기원전 630년(아시리아 연대기 참조)으로 시점이 정확히 맞아 떨

어지는 것으로 보고 있다. 이 종족은 많은 부족을 이끌고 진출하였는바 포르투칼의 '몬테'에도 정착했다고 전해진다. 특히 '오스투레스'부족은 오늘날 '오스트리아'를 건국한 중심 종족이 아닌가 보고 있다.

이 종족은 학자들의 분류로는 국가연합으로 알 고 있다. 하위부족으로는 키스몬타니,(고시족) 아마키,카부르게니기, 기구리족, 란키엔센스, 로우게이, 수페라티(위대한 광명의 머리), 수사리(위대한 태양)족, 티부리(머리의 광명)족, 졸레, 트렌스몬타니족, 배두니엔센스족, 브리간티니족, 카바키족, 루고네스족, 파엔니족, 파시키족, 사리니족, 빈키안니족, 비로메니키족등으로 강력한 종족 집단이었다.

(3) 아우트리고네스(Autrigones−이제 시작하는 칸의 달) 부족

스페인의 동부 '부르고스'에 정착한 부족으로 역시 '트리'와 '곤(Gon)'으로 이루어진 합성어의 부족인데 "처음 온 타리아(달)의 칸족"이 된다. '부르고스'는 "광명의 고시"가 된다.

(4) 베로네스(Berones−처음의 광명족) 부족

'베로'는 '바르'의 변형이다. '네스(Nes)'는 '레스(Res)'가 변형된 것으로 보고 있다. 자음인 R이나 L이 N으로 바뀌어 발음이 된 것은 이탈리아에서도 확인하였다. 혀의 놀림으로 누운 발음이 된 것으로 본다. 우리말의 '가나?'와 '가라!'는 같은 가다(동사)를 내포하는 것으로 그 어원은 같은 것이라고 할 수 있다.

(5) 블레토네시(Bletonesii−위대한 광명의 머리 사람들)

역시 '블레'는 '바르'의 변형이다. 토네(Tone)는 '토레(Tore)'에서 변형된 것으로 본다. 그러면 '토레'는 바로 '타리(타리아)'에서 변형된 것으로 "광명의 타리아족"이 되는 것이다. 이 부족은 스페인의 '살라망카'에 정착하였다고 한다.

(6) 칸타브리(Cantabri−칸 머리의 광명) 부족

이 부족은 '칸타브리아'의 일부 부족으로 아스투리아스의 하위 부족으로 보고 있는데 스페인의 '카스티야 레온'에 정착하였다고 한다.

이 부족은 부족국가의 연합이라고 해석하였다. 하위부족으로 아바리기네족, 브렌디족, 프렌투시족, 카마리키족, 타마리키족, 코이나키, 코니스키, 모로카니족, 오르겐오메스키족살라에니족, 셀라니족, 바디니엔세스족, 벨리키족, 벨리쿠스족 등이 있었다고 한다.

〈남부갈리아(안달루스, 베르베르의 반란)〉

〈이베리아의 안달루시아(Betica-아버지 머리 고리)〉

〈프랑스 갈리아의 형성 지도〉

〈세부 이미지(골드망토)〉

〈에베르스발데의 금 모자〉

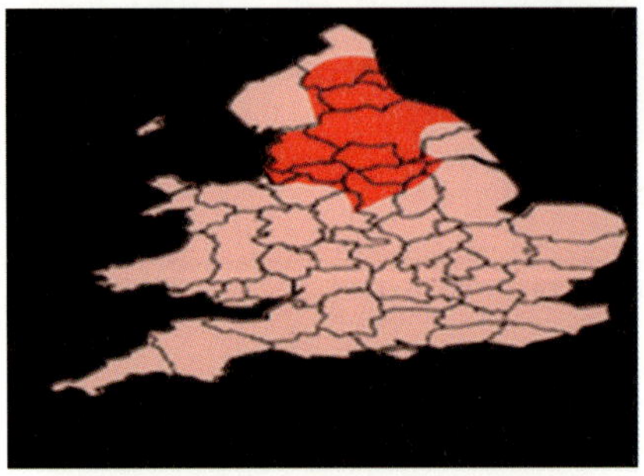

〈캘트 브리간테스(영국 북부)〉

〈황금 망토〉

〈켈틱의 여신 브리트니〉

〈언 필드문화-황금모자〉

〈아일랜드 코너트족국기〉

〈테르파즈의 황금모자〉

〈기원전 17세기의 청동 칼(고조선의 비파형 세형 동검으로 본다)〉

출처 : 독일 베를린 박물관

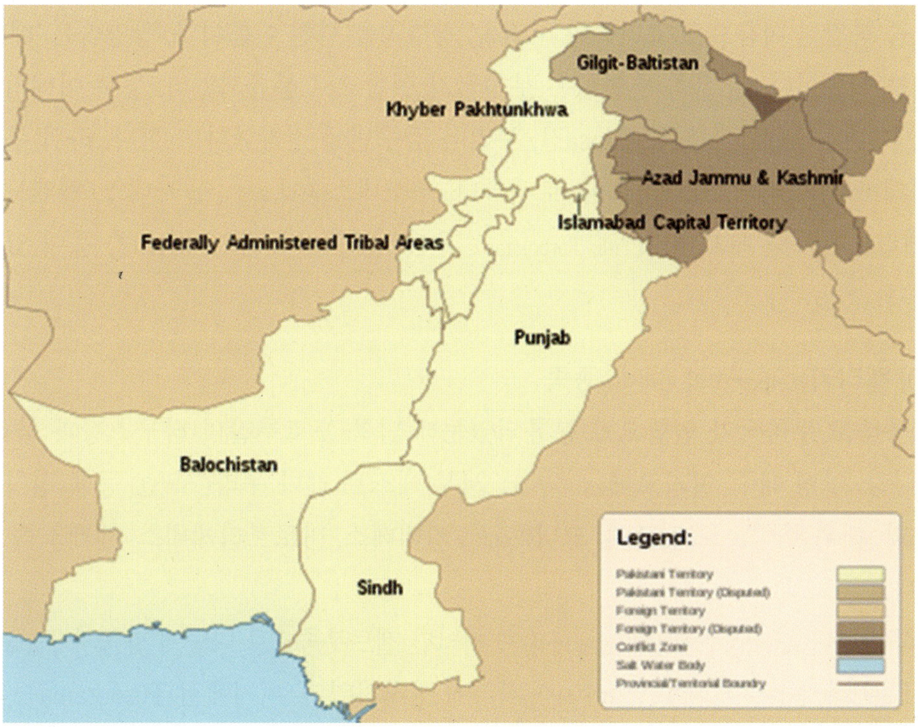

〈파키스탄의 4연방 지역〉

(7) 카리스티(Karisti, Carietes-고리의 위대한 머리) 부족

사전 켈틱으로도 보며, 6세기와 7세기에 진출한 종족으로도 본다고 하였다. 인도유럽어족의 Lusitani부족과 같은 종족으로 보고 있다.

'카리'는 '고리'이고 '티'는 바로 '머리를 뜻한다. 9환족의 "고리의 머리족"이 되는 것이다.

(8) 카르페타니(Carpetani-고리 아버지 머리족) 부족

역시 '카르'는 '고리'에서 온 것이며 '타니'는 '타리'에서 변형된 것으로 "타리의 고리족"의 해석이 된다. 중앙 이베리아 반도(스페인의 Meseta)에 정착하였다고 한다.

(9) 켈티베리안스(Celtiberians-고리 머리 광명의 위대한 사람들) 종족

여기서 '켈'은 '케르'와 '케리'에서 나온 것이며 트, 테, 티는 머리이다.

그래서 캘트라 하면 고리 족과 머리 족을 합친 말이 되는 것이다.

한편 셀틱은 갈리아 족으로 분류하는데 사실은 어느 한 지역에 한정되어 진출한 분류이며 발음상 셀(Cel)로 구분되었고 실은 켈트와 같은 부류의 종족이었다. 갈리아족도 "머리 족과 고리족"이 혼합되어 진출한 것을 우리는 알 수 있는 것이다. 이 부족 이름은 좀 복잡한 이름으로 고리족과 머리족, 광명족을 합친 이름이다. 광명족은 '베리안'이 되는 이유이다. 이 부족의 연합은 부족국가 연합으로 분류되었다. 동부 이베리아와 구스, 과디아, Jucar, Jalon강, Jiloca강, 투리아 강주변에 정착했다고 한다. 하위 부족으로 아레바키, 벨라이, 크라티스티, 로베타니, 루소네스(사라고사), 올카데스, 펠렌도네스족, 케린도네스족, 투보레타(Titii, Turboletae), 우라키(Uraci), 두라키(Duraci)족 등이 있었다고 한다.

(10) 켈티키(Celtici-고리 머리족) 종족

이 종족도 부족국가 연합으로 분류되었는데 남쪽 포르투갈의 타구스강과 북쪽 과디아나강, 알렝 떼주, 알가르베(포르투갈), 서부 에스트 레마 두라(스페인) 등에 정착했다고 한다. 하위 부족으로 캠프시, 코니(Conii), 키네테스, 미로브리게네스, 세페스족 등이 있었다.

특히 아룬다(Arunda) 부족(우리 신의 머리)은 최남단 켈트부족으로 나중에 남쪽의 Turdetania에서 Baetica(안달루시아 지역-말라가 지방)지역에 정착하였다. 여기에서 Turdetania는 고조선의 '투탈리아'에서 진출한 것을 알 수 있다. 특히 타니아(Tania)는 고조선의 '타리아'에서 변형된 것을 정확히 알 수 있는 부족의 자료라고 할 것이다.

사실 '안달루시아'의 '달루'도 '달리'에서 변형된 것으로 '안'은 하나님을 뜻하며 "하나님 달리아"에서 온 것을 알 수 있는 것이다. 뒷 단어인 '시아', '지아'는 파생된 가지(지파)를 말한다 할 것인데 아나톨리아 프리지아'의 '지아'가 '시아', '치', '기아'로 변형 되는 것은 그리 이상하지 않는 것이다(카라치-고리의 일파〈치〉). 우리말에서 '히미하다'를 경상도 사투리로는 '티미하다'로 더러 사용하고 있는 것이 그 한 예로 '태양족이' 머리족

인 것을 나타내는 것으로 언어의 방언(향언) 이동이 지역에 따라 현격하게 변형이 되어 나간 것을 알 수 있는 것이다(남제 김민기 역사연구가의 주장). 필자가 생각해 보면 히미하다의 '히'는 원래 광명을 뜻하는 히, 하, 후, 흐, 헤로 빛과 밝음의 상징인 흰색을 말함이었고(예: 히타이트, 헤브라인, 히브리, 후르리인등) 대표적으로 흰것을 숭상한 국가는 고대 폴리스로 일컬어지는 '그리스의 백색도시'였다. 고대의 라틴어는 '타워'라고 하였다. '티'는 필자가 여러번 설명한바와 같이 사람의 머리를 뜻함이었다. 이 머리는 인도유럽어의 프로토 조어 현상으로 모음이 변하여 티, 타, 투, 테, 토 등으로 나타내었으며 복수가 되면 티스, 테스, 투스, 타스가 되었다, 즉 머리족인 된 것이며 탄(Tan), 툰(Tun), 틴(Tin)도 머리족이 되었다. 그러므로 '머리족이 태양족'이며, 밝게, 희게 빛나는 광명 족이었기에 티(Ti)와 히(Hi)를 동시에 혹은, 따로 사용해도 무리가 없는 것으로 드러난 것이다.

광명은 맨 꼭대기, 혹은 높은 곳에서 빛이 나며 태양도 머리위에서 빛난다. 그러므로 고대로부터 사람들은 '티와 히'를 같은 의미로 사용한 것으로 보고 있는 것이다. 그동안 살펴보니 유럽에서 ㅋ의 발음이 때로는 ㅎ의 발음으로 전이되어 나타나는 것이고, '와Wa '의 발음이 '바(Va)'로 읽혀지며 같은 의미로 사용되는 것은 아프리카아시안 언어의 형태이며 특히 인도와 북아프리카에서 공통적으로 사용하고 있다고 하였다. 스페인 언어에서도 단어의 끝부분에 C가 있으면 묵음처리 되어 발음을 하지 않는 것이며 이탈리아를 비롯한 고대의 스페인(이베리아)과 인근 국가에서도 켈틱부족의 이름에 자음인 L과 R이 철자의 뒤에 나타나면 누운 발음인 N으로 변형되었다는 것을 발견하였다. 필자는 전문적인 언어학자는 아니지만 그동안 공부한 연구 결과를 토대로 설명하였다.

(11) 키네테스(Cynetes) 키네티쿰(Cyneticum) 부족

앞에서 설명한 바와 같이 키네(Cyne)는 '키레'로부터 온 것이었다. '키레'는 '고리'의 변형에서 온 것으로 테스(Tes)는 머리 족이다.

즉, 9환족인 "고리의 머리족"을 말함이다. 또한 '티쿰(Ticum)'은 머리의 곰 부족이다.

(12) 갈라키안스(Gallaecians, Callaici , Gallaecia) 부족

이 종족은 스페인과 포르투갈의 부족연합 국가체제이다.

하위 부족으로 아도비 부족(Addovi), 아에보코시(고시), 알비오네스(알비오니-서부아스투리아스〈스페인〉), 암필로키족, 아로니족, 아로트레바(아르타바리-북부 갈리시아〈스페인〉)족, 아우노네세스족, 바디족, 바니네스(포르투갈 동부 포르토 지구에 정착)족, 비바리족, 브라카리

(Bracari-포르투칼의 남동 브라지구, 서 포르토 지구에 정착), 브리간테스(Brigantes-포르투칼의 북부 간사현, 브라간카), 카라두니족, 카포리Capori, 켈티키프레스타마리키족, 키바르키족, 키레니(시레니) Coelerni족(포르투갈의 차베스, 스페인의 오랜세 지역에 정착), 에고바리족, 에쿠아시족(트라스-Os몬테〈포르투칼〉), 그로비족, 인트라미키, 라파티안키, 레마비족,리미키, 루안퀴족(트라스-Os몬테〈포르투칼〉), 아에비소키, 나마리족, 라마리니족, 나바시-민호족(포르투칼과 스페인), 레메타티(포르투칼), 네리족, 세르비족(포르투갈의 민호), 세우리족(Seurbi-동부 중앙 스페인), 타마가니(Tamagani-포르투칼의 차베스에 정착), 바리족(Varri)족, 투로디족(타리)등이었다.

3) 고대 골 지방 피레네 산맥의 북부, 중앙, 남쪽지역의 부족에 대해
(이 부족들은 히스파노-셀틱/이베리아 켈트와는 다른 부족임)

(1) 갈리쿠스(Gallicus-고리의 고시족) 부족

Gallur, Gallorum의 부족들은 관련 부족으로 보고 있다. 여기서 Galli는 바로 '고리'이며 쿠스(Cus)는 '고시'에서 나 온 것이다. 즉, 9환족의 "고리의 고시족"이 된다.

(2) 루시타니안스(Lusitanians, Lusitani-태양의 위대한 머리족, Bellitani) 부족

인도 유럽의 밀접한 종족으로 확인 되었는데 이베리아 문화를 구축한 강력한 부족국가의 연합이었다. 일명 '루달리아'라고도 불렀다. 타니안(Tanian)은 '머리 사람들'로 '루'는 라, 리, 루, 레 등으로 변화되어 나타난다.

루시타니안스(Lusitanians) 부족의 시(Si)는 우리말의 '사(위대한 훌륭한)'와 같으며 사, 시, 세등으로 변화된다. 그러므로 "위대한 탈리아 사람들"로 나타나는 것이다. 앞에서도 설명한 바와 같이 이 "탈리아"는 그리스, 아나톨리아, 유럽전역에 걸쳐서 타리, 테르, 티르, 티리, 텔레, 토르, 투르, 투리, 타라, 타레 등으로 나타나는데 "탈리아"의 시원은 바로 중앙아시아의 옥서스권역인 아무다리아에서 파생된 고조선에서 나온 것이다. 고조선의 멸망 후에 유럽전역으로 이주, 진출한 9환의 종족들이 그곳에 가서 "탈리아" 이름을 사용하며 성소로서 숭배하고 지정한 지명이다.

하위 붓고으론 아라브리겐세스족, 아라비(Aravi), 코라니(Colarni), 란키엔세스, 오피다니족, 트랜스쿠다니족, 오클랜세스족, 란키엔세스족 등이 있었다.

(3) Paesuri(아버지 태양) 부족

Caluri 부족, Calontienses부족과 포르투갈의 '도우루', Vouga에 정착하였다고 한다. 카론은 '카로'에서 온 것으로 원형은 '고리'이다.

(4) 탄기(Tangi-머리족의 고리) 부족

엘보코리족,이게디타니족 타포리(Tapori)족과 함께 포르투갈의 '강 구스'지역과 스페인의 국경 주변에 정착하였다.

(5) 타루레스(Talures-위대한 다리(달)) 족

이 부족의 이름은 '타루'혹은 '탈레'이다. 고조선의 "타리아"에서 온 부족으로 제사장 을 맡았던 부족으로 생각 해 본다.

비슷한 부족으로 프랜타우리 부족(Plentauri)이 있다. 같이 스페인에 정착하였다. '프렌(Plen)'은 프레(Ple)에서 복수인 "광명의 사람들"이며 "광명의 우리 머리 사람들"이 된다.

(6) 투데타니 부족(Turdetani-달 머리의 머리족) 부족

이 부족은 북동부 안달루시아, 북서의 무르시아의 남쪽(라만차)에 정착하였다. 안달루시아 지역의 '안(An)은 신, 하나님을 뜻하며 달루는 '달리'와 같고 탈리, 탈루로 변형되는 것으로 역시 "탈리아가 있는 신의 종족"이었다. 앞의 루시타니아와 같은 "타리아,탈리아"를 사용하는 것으로 이베리아반도(스페인)의 베티카(Betica, Baetica)는 안달루시아에서 변형된 이름이었으며 과달 키비르 강 계곡과 분지 Marianus 몽지(시에라 모레) 지역으로 보았으며 서양의 고고학자들은 이들의 초기 형태는 영국이나 프로토-문명을 참조하라고 하였으며 지중해 지역의 "타르 테 소스"를 지적하였다. 독립적인 '타르테시안 언어'를 구사하였다고 한다.

이베리아(큰 광명) 반도는 고대에 지중해의 페니키아 문명과 카르타고 문화를 흡수하였고 북아프리카의 '베르베르'인에 의한 침략과 식민역사를 겪었기에 당연히 지중해의 역사에서 "탈리아"가 온 것으로 생각 할 수밖에 없었다. 그러나 서양 학자들은 지중해 문화는 어디서 왔는가에 대한 증명과 해답이 없었기에 지중해가 그 한계였을 것으로 짐작한다.

물론 "타르 테 소스"는 필자가 지중해 지역의 "탈리아"에 대하여 아직 설명하지 않았지만 지중해에서 "탈리아"가 온 것이 아니고 고조선의 아무다리야영역에서 "타리아"가 시작 된 것을 모르고 가까운 영국이나 지중해에서 루시타니아와 안달루시아를 개척한 사람들의 정체성으로 보았지만 정작 지중해에서 출발한 프로토 문명이라 하더라도 고조선이 그 시원인 것이었다. 하위 부족으로는 킬비케니족(카디 지방),엘비시니(얼 있는 위대한 아버지족), 올비시니족(우 엘바 주), 에트마니지족(코르도바, 과달 키비르), 겔테스(Geltes, Galetes-우 엘바, 세비야, 코르도바에 정착-고리의 머리족), 투데타니(타르테시-Tartessii

는 과달 키비르 강 유역과 세비야 성)

(7) 투두리(Turduli, 투투리-투타리-투탈리아로 연결) 부족

이 부족은 '투두리족'인데 투다리, 투탈리아로 연결되는 고조선의 오리지날 종족으로 '타타르(머리의 달)'족이기도 하다. 이 부족은 루시타니안 족과 갈레키족,투데타니족과 함께 스페인, 포르투칼의 여러 영역에 정착했다고 한다. 고조선 멸망후에 9환족의 대이동이 캘트종족으로 진출한 증좌가 다시 들어났는데 인도유럽어의 언어학적으로 해부해 보니 모든 것이 풀리고 제일 큰 핵심이며 고조선의 시원인 "투탈리아,타탈리아가 풀리는 것으로 시베리아, 몽골, 볼가유역, 크림반도, 캅카스지역에 산재되어 활동한 "타타르족"의 명칭과 이 부족과 같은 이름이다. 필자에게 더 없는 기쁨이며 단절되고 유린, 왜곡된 상고사가 하나하나 밝혀짐에 앞으로 대한민국 역사학 발전에 디딤돌을 놓는다는 생각으로 글을 집필하는 것이다.

(8) 투두리(Turduli) 바르디리(Bardili) 부족, 투두리(Turduli) 오피다니(Oppidani) 족

이 부족들은 역시 루시타니안 부족과 칼레시족, 투데타니족과 함께 포르투갈의 세투발 반도에 정착하였다고 전한다. 바르(Bar)가 붙은 친척종족이다. 투두리는 '투다리',

〈이탈리아의 언어 영역도(6세기)〉

투달리, 투타리, 투탈리, 투탈리아와 같은 것이다.

두리(Duli)의 원형은 다리(Dari)이며 다리는 '달'(月)에서 왔다.

(9) 투두리(Turduli) 베트레스(Veteres–우리 달의 머리 ,아버지의 위대한 달) 부족

포르투갈 남부 '도우루' 보가 강, 아베 지구에 투르데타니족, 칼라시족, 루시타니안족과 함께 정착하였다. 베(Ve)는 아버지이고 Teres는 '위대한 달'이다.

"투두리(투타리)의 아버지 위대한 달족"이 된 것이다.

(10) 바르두리(Varduli–광명의 달) 족

포르투갈의 동쪽 바스크에 정착하였다. 바르(Var–광명)족 이다.

역시 '두리'는 '다리'와 같은 어원이다. "광명의 두리(다리–달)족"이 되었다.

(11) 베토네스(Vettones–처음 아버지 머리족) 종족

이 종족은 부족국가 연합으로 구분하고 있는 종족으로 스페인의 아빌라와 살라망카 지역에 정착했으며 루시타니(Lusitani–태양의 위대한 머리족)와 함께 전체의 셀틱에 걸쳐 형성되었다고 한다. '베'는 바, 비, 부, 베로 변형되어 아버지의 '바'에서 변형된 것으로 보았으며 '토네스'는 역시 '톤(Tton)으로 '머리족'이며, 에스(Es)는 우스, 이스, 아스로 변화되며 "처음"이다. 즉, "아버지 처음의 머리족"이란 해석이 된다.

이 부족은 "아버지 머리족"이 이곳에 처음 진출한 것을 말해 주고 있다.

하위 부족으로 카론티에네스, 카루리족, 코렌세스족등이 있다고 하지만 분명하게 아직 밝혀진 것은 없다고 한다. 이렇게 베토네스부족국가 연합, 투두리족, 안달루시아, 루시타니안 종족, 타루레스족, 투데타니족으로 집약되는 크나큰 집단의 종족들이 스페인과 포르투칼에 대거 이주해 온 것을 우리는 지금 보고 있는 것이다.

4) 아나톨리아(터키)의 갈리아족

(1) 아이고사게스(Aigosages–고리의 위대한 고시) 부족

이 부족은 트로이와 키지 코스에 정착하였다. 게스(Ges)는 '고시'이다.

(2) 다구테니(Daguteni–머리 고리의 머리족) 부족

현대의 마르마라 지역에서 Orhaneli.

(3) 인오반테니(Inovanteni–신의 아버지 머리족) 부족

Trocnades의 동쪽에 정착하였다.

(4) 오콘디아니(Okondiani—칸의 머리 사람들) 부족

동북브리지아와 갈라디아 사이의 Aksehir Golu 지방이었다.

(5) 테토사게스(Tectosages—머리의 위대한 고시)

갈라디아 지방에 정착하였다.

(6) 톨리스토보기(Tolistobogii—달의 위대한 아버지 고리) 부족

갈라디아 지방에 정착하였다.

(7) 트로크미(Trocmii—달의 고리 어머니) 부족

갈라디아 동쪽에 정착하였다.

(8) 트록나데스ㅍ 부족(달의 위대한 머리) 부족

프리지아의 주변 Sivrihisar이다.

5) 포르투갈의 셀틱 지명에 얽힌 9환족과 현대지명

(1) 알란오브리카(Alanobricae—얼 있는 신의 광명의 고리)

에이 라스에서 산토 아마로 이며 이란의 '알라니'족이 지명을 붙인 것으로 본다. 브리(Bri)는 '브라'의 변형이름이다.

(2) 안오브레가(Anobrega—신의 광명, 고리)

테 다 바르셀로나이며 '안(An)은 하나님이고

브레가(Brega)는 '바르가문'을 뜻한다고 본다.

(3) 아라브리가(Arabriga—우리 광명의 고리)

세심 브라와 Outao이며 '아라'는 우리와 같고 브리가(Briga)는 "바르의 가문"임을 말한다.

(4) 아르코브리가(Arcobriga—우리 고리의 광명)

브라의 근처이며 역시 '아르'는 우리와 같고 코브리가(Cobriga)는 "고리와 바르의 가문"을 말한다.

(5) 아라니(Aranni—우리의 신) 족

Ourique이며 이란의 '알라니'족의 이름에서 온 것 같다.

(6) 아란디스(Arandis－우리 신의 위대한 머리)

Ourque근처이며 역시 이란의 '알라니' 족의 이름으로 보인다.

(7) 아오브리가(Aobriga－광명의 고리)

아베 벨리 지역이며 "바르의 가문"을 뜻한다.

(8) 악사브리카(Axabrica－우리의 광명 고리)

Xabregas이며 같은 "바르의 가문"을 말한다.

(9) 브라카라(Bracara－광명의 고리)

브라 가이며 '브라'는 "바르"에서 온 것이고 '카라'는 '고리'에서 온 것으로 "광명의 고리족"이 된다.

(10) 브리간티아(Brigantia－광명 칸의 머리)

브라간카 이며 '브리(바르)'와 '티(머리)'가 혼합된 이름이다. "광명의 머리"이다.

(11) 칼라브리아(Caliabriga－고리의 광명)

카스텔 Calabre에서 빌라 노바드 포즈 Coa인데 '칼라'는 카라에서 변형되었고 '카라'는 가라가 되고 '고리'에서 변형된 것이다. '브리'는 '바르'에서 온 것으로 역시 "광명의 고리족"이 된다.

(12) 칼레(Callea－큰 고리)

빌라 노바 데 가이아 Portucale 이며 '칼레'도 '고리'에서 변형된 이름이다.

(13) 코룸브리가(Corumbriga－고리의 어머니 광명)

아마 코임브라 이며 이란의 '알라니'족은 때로는 '럼족'으로 분류하였다. '럼'이 룸(Rum)으로 변한 것으로 보아지며 '브리가'는 "바르의 가문"을 말한다.

(14) 라코브리가(Lacobriga－태양 고리의 광명)

라고스 이며 같은 "바르가문"이다.

(15) 랑고브리가(Langobringa－태양족의 고리)

Fiaes이며 같은 "바르가"이다.

(16) 에보라(Ebora－광명)

에보라 이며 '보라'도 같은 "바르"에서 파생된 이름이다. '에'는 아, 이, 오 등으로 변한다.

(17) 롱고브리가(Longobriga-태양족의 고리 광명)

Longroiva 메다에서. 이 롱고(Longo)는 이스터 섬의 '롱고문자'를 연상케 한다. 아직 해독하지 못한 고대문자인 것으로 연구중이다. Longobriga는 "태양의 밝은 고리"가 된다.

(18) 마라테카(Malateca-우두머리의 머리 고리)

'마라'는 '우두머리'이고, '테'는 머리를 뜻한다. 그러므로 "우두머리족의 머리족"의 해석이 된다.

(19) 메로브리가(Merobriga, Merebriga-우두머리 광명의 고리)

알렝 떼 주이며 메로, 메레는 '마리'(우두머리)의 변형이다. 브리는 바르이므로 "광명의 머리족"이 된다.

(20) 타라브리가(Talabriga-달의 광명의 고리)

폰테드리마, Estouraos이며 '타라'는 고조선의 '타리아'에서 온 것이다. 역시 Estouraos의 에스(Es)는 우리말 '아시', 아사와 같은 뜻으로 처음이란 것인데 토라스(Touraos)와 타라, 타리, 타리아, 토리아, 트리아가 같은 것이니 먼 이국땅인 유럽의 포르투갈에 망해버린 고조선의 '탈리아'를 새로 세운 것으로 이해를 한다. 이것은 이탈리아 반도의 아스트리아와 이베리아(스페인)의 아스투리아스왕국, 포르투칼의 에스토라스와 같은 명칭인 것이다. 탈리아의 총체적인 연구는 별도로 뒷장에서 다루고자 한다.

(21) 포르투칼의 셀틱의 강 이름

아르딜라(Ardila) '딜라'는 '달리'에서 변형된 것인데 달리에서 딜리,딜레,딜라로 연결되며 변화되는 프로토 조어 현상이다. 달리는 다시 탈리가 되며 탈리야가 되는데 투탈리아, 타탈리아로 되기도 하였다.'아르'는 우리와 같으니 "우리 달리의 강"은 어디인가? 바로 아무다리야강 유역의 고조선인 것이다. 이렇게 강과 도시의 명칭에서 "탈리, 탈리아"가 나오는 것은 망해버린 고조선을 등지고 뿔뿔히 흩어져 유럽으로 진출한 역사를 보고 있는 것이다. 낯선 이국땅에 자기들이 살았던 "탈리아"를 잊지 못하였다. 가는 나라마다 그들은 "탈리"란 성소를 만들었던 것이다.

고고학자들은 대략 기원전 6세기경에 이베리아(스페인)와 포르투갈에 캘틱이 정착하였다고 한다. 그 근거로는 상위문화인 할슈타트문화의 기간(기원전 12~6세기)에 의하

〈셀틱 기원전 450 투구〉

〈스페인에서의 안달루시아 영역〉

여 입증되고 '라텐문화'(기원전 6~1세기)와 Golasecca문화(기원전 900~380)에 기인하는 것이다. Golasecca는 "위대한 고리"의 영역을 말한다.

이런 고고학적의 뒷받침 속에 켈트에 들어간 종족의 어원해석으로 기원전 630년경에 멸망되는 고조선의 9환족의 종족들이 유럽으로 진출한 것으로 필자가 연구하였다.

6) 켈틱연구(포르투갈, 이베리아 반도-Iberian Peninsula)

라틴어로 '포르투칼레Portucale)'라고 하였으며, '포르투칼'이란 이름은 서기 930~950년경에 사용되었다고 한다. 어원을 살펴보면 라틴어의 포르(Por)는 원형인 보르(Bor)에서 온 것이며, 최초 원형은 '바르(Bar)'이었다. 결국 바르에서 변형된 것이 '보르'로 나타났고, 인도유럽어의 표기로 '포르(Por)'가 된 것이다. '투(Tu)'는 머리를 말한다. 다음은 '칼레(Cale)'인데 Kale로도 사용된다. 이 칼레는 원형이 카레(Cale)인데, 지역에 따라 자음이 붙어 '칼레'로 표기, 발성된다.

종합하면 "광명의 머리 고리" 사람들이 포르투갈이 된 것이다. 물론 포르투갈의 '갈Gal'도 인도유럽어로는 '칼Cal, Kal)'이 되며 갈은 가리, 가르로 나타난다. 역시 가리, 가르는 '고리(Gori)'의 변형인 것이다.

이베리아 반도(Iberian Peninsula)를 해석하면 먼저 '베리beri'는 원형인 '바르(Bar)'에서 온 것이며, 펜(Pen)은 그 원형이 벤(Ben)이고 '아버지족'을 말한다. 인(In)은 신을 뜻하는 안An)의 변형이다. 수라, 술라(Sula)는 태양의 별칭인 '수리(Suli)'에서 변형된 것이니 합하면, "광명의 사람, 아버지족의 태양의 신"으로 해석된다.

이렇듯 포르투갈과 이베리아 반도의 어원 해석으로 광명과 고리, 아버지족, 머리, 태양리란 단어가 나 온 것으로 환웅과 고조선의 정체성을 나타내는 단어임에 틀림없이 기원전 6~5세기경에 고조선의 멸망 후에 이곳으로 진출한 것이 언어학적으로 증명되는 것이다.

(1) 이베리아 켈트족(포르투칼)의 상패와 목걸이

*사람 얼굴과 목걸이 위에 동그란 '상투'가 돋보인다.

출처 : 테레사 Judice Gamito, 알 가르 베의 대학교. “포르투갈의 켈트족”
http://www4.uwm.edu/celtic/ekeltoi/volumes/vo16/6-11/gamito-6-11.html

(2) 켈트족이 생각한 ‘우주의 순환운동’

이베리아 반도의 서쪽 부분에서 발견된 것으로 켈트족의 우주의 순환운동을 짐작하게 하며 생활과 종교에서 우주의 개념을 반영하여 미로와 나치의 십자 등은 비대

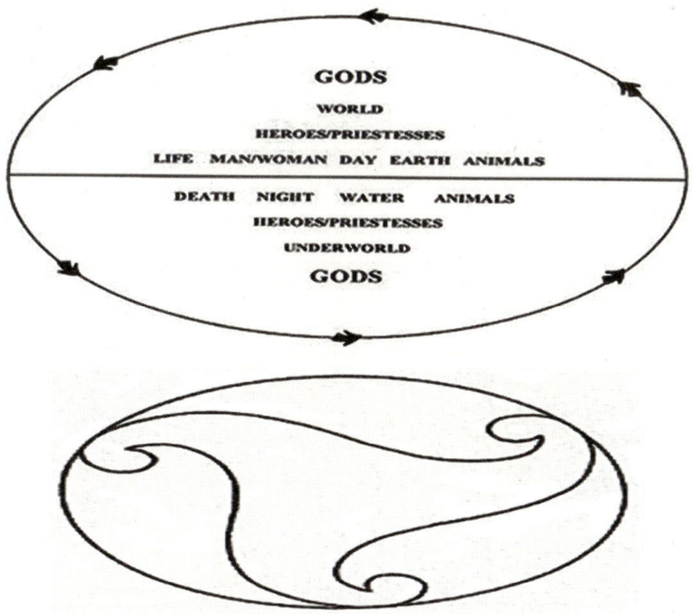

출처 : 테레사 Judice Gamito, 알 가르 베의 대학교 “포르투갈의 켈트족”
(http://www4.uwm.edu/celtic/ekeltoi/volumes/vo16/6-11/gamito-6-11.html)

칭, 대칭의 캘트족의 종교와 생활을 반영한다고 하였다.

*필자가 바라 본 켈트족의 사상은 고조선으로부터 유입된 '삼신사상으로 '천지인 사상'으로 바라보았다. 하늘과 땅의 신에 중간에 사람(동물)이 있는 형태는 바로 삼신 사상을 말 해주는 것이며 큰 원에 세 갈래의 표시는 '천지인', 또는 '3 머리 신'을 말한다 할 것이다.

(3) 기원전 6세기로 정의된 '원시셀틱'의 Celtiberian(고리 머리의 광명족)

서양 학자가 구분한 Celtiberian은 "고리 머리의 광명족"이다. 셀틱과 캘트를 서양에서는 지역에 따라 구분하고 발음도 달리 하지만 셀(Cel)은 지역에 따라 '켈'로 발음된다. 그러므로 독일등지로 들어간 게르만의 캘트나 영국, 이베리아,프랑스로 들어간 셀틱(Celtic)도 같은 켈트족으로 켈트는 Kelt, Kelte, Keltic으로 표기되나 모두 "고리의 머리 사람들"이었다. 그러므로 켈트의 정체성은 "고리와 머리족, 광명족(바르, Bar, Beri)"으로 대표되었다.

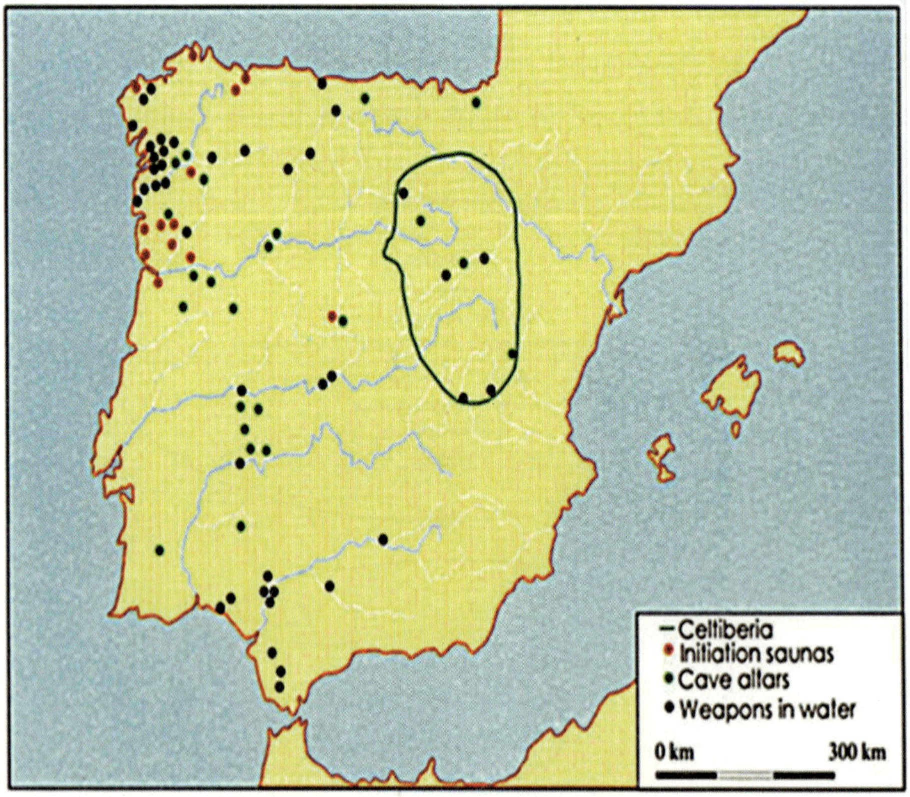

출처 : 〈마르틴 알마-Gorbea-콤 플루 텐세 대학교, 알베르토 제이 Lorrio -드 알리 칸데 http://www4.uwm.edu/celtic/ekeltoi/volumes/vol6/6_2/gorbea_lorrio_6_2.html

(4) 이베리아(포르투갈 포함) 켈트의 문양

이런 문양은 바람과 태양을 형상화 한 것이며, 때로는 빈카문자와 그리스 토기에서 나타난 미로의 형태와 비대칭의 형태가 되었으며, 고리의 표시와 삼족오인 十, × 자 문양의 변화에서 비롯되었다.

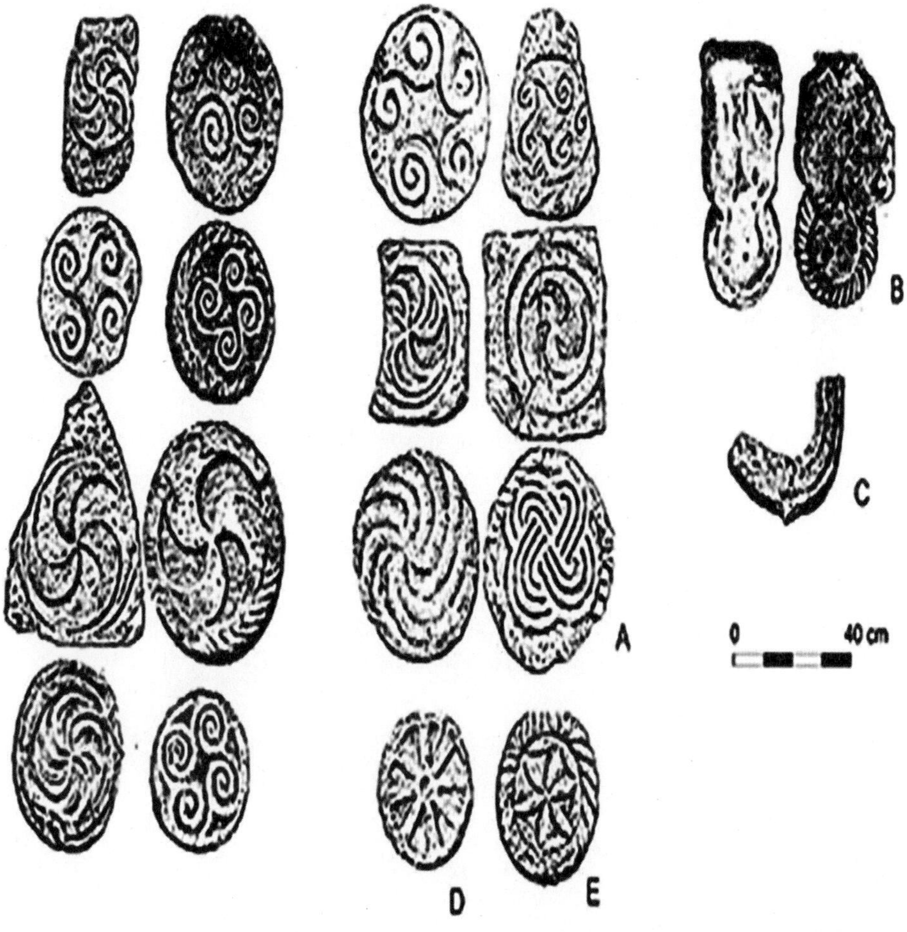

＊출처 : 알프레드 곤잘레스-Ruibal-"이베리아의 켈트의 예술적 표현과 소재 연구"
(http://www4.uwm.edu/celtic/ekeltoi/volumes/vo16/6-3/gonzalez-ruibal-6-3.html)

5) 기원전 6~5세기경의 북서부 이베리아반도(로마지역-Conventus-칸의 위대한 아버지족 머리) 지도의 지명에서-Barga(광명의 고리), Porto(광명의 머리), Viana do(아버지 신의 머리), Pontevedra(아버지족의 달의 머리), Bracarenses(광명의 고리는 위대한 신), Lusitanians(태양의 위대한 머리족의 신), Castelo(고시의 달), Astures(처음의 위대한 달)은 고조선의 9환족인 '머리족'과 '고리', 달(다리, 타리), 광명(바르)의 유입을 보여준다.

*출처 : 곤잘로 루이스 사파테로-콤 플루 텐세 마드리드 대학
*출처 : 알프레드 곤잘레스-Ruibal-“이베리아의 켈트의 예술적 표현과 소재 연구”
(http://www4.uwm.edu/celtic/ekeltoi/volumes/vo16/6-3/gonzalez-ruibal-6-3.html)

(6) 고전 소스에 의해 식별된 이베리아의 주요 지형

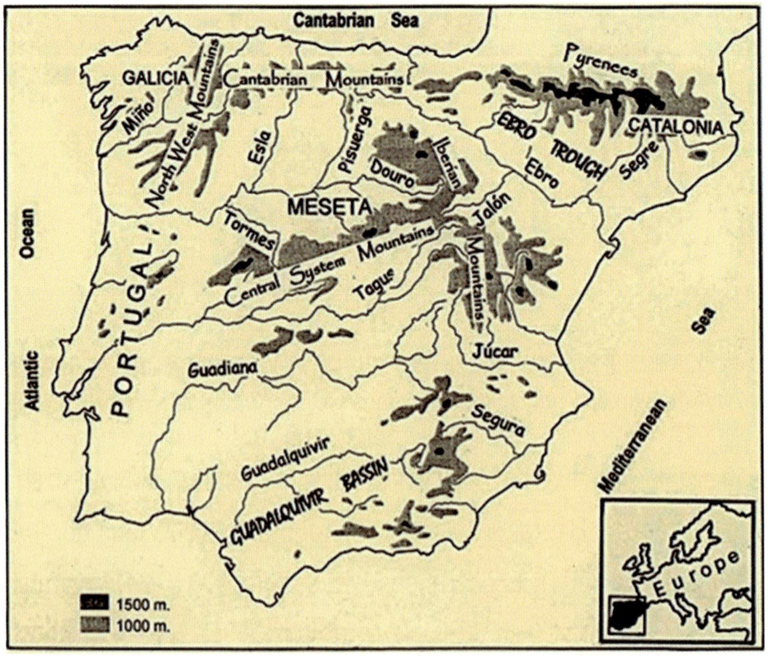

출처 : 알베르토 제이 Lorrio-드 알리칸테 대학교 “이베리아의 캘트족”
(http://www4.uwm.edu/celtic/ekeltoi/volumes/vol6/6_4/lorrio_zapatero_6_4.html)

지형의 지명에서 해석한— Portugal(광명의 머리 고리), Segura(위대한 고리), Tormes(달의 위대한 어머니), Ebro(광명), Iberian(광명의 사람들), Galicia(고리), Tagus(머리의 고시), Meseta(어머니의 위대한 머리), Pisuerga(아버지의 위대한 우리 고리), Cantabrian(칸의 광명 머리족). Pyrences(피렌체-아버지 태양의 위대한 사람들), Douro(우리 머리), Guodiana(고리의 머리신), Esla(처음의 태양), Catalonia(고리 머리의 태양족).

종족의 분석—Turdetani(달의 머리와 머리족), Oretani(우리 머리족), Vasoones(아버지의 처음 위대한 사람들), Cantabri(칸의 광명의 머리), Astures(처음 위대한 달),Celtici(고리의 머리), Bastetani(아버지의 위대한 머리족), Arevaci(우리 아버지의 고리), Ilergetes(우리 태양, 고리의 위대한 머리), Vettones(아버지의 처음 머리족).

(7) 후반 기원전 3세기경의 이베리아의 종족도

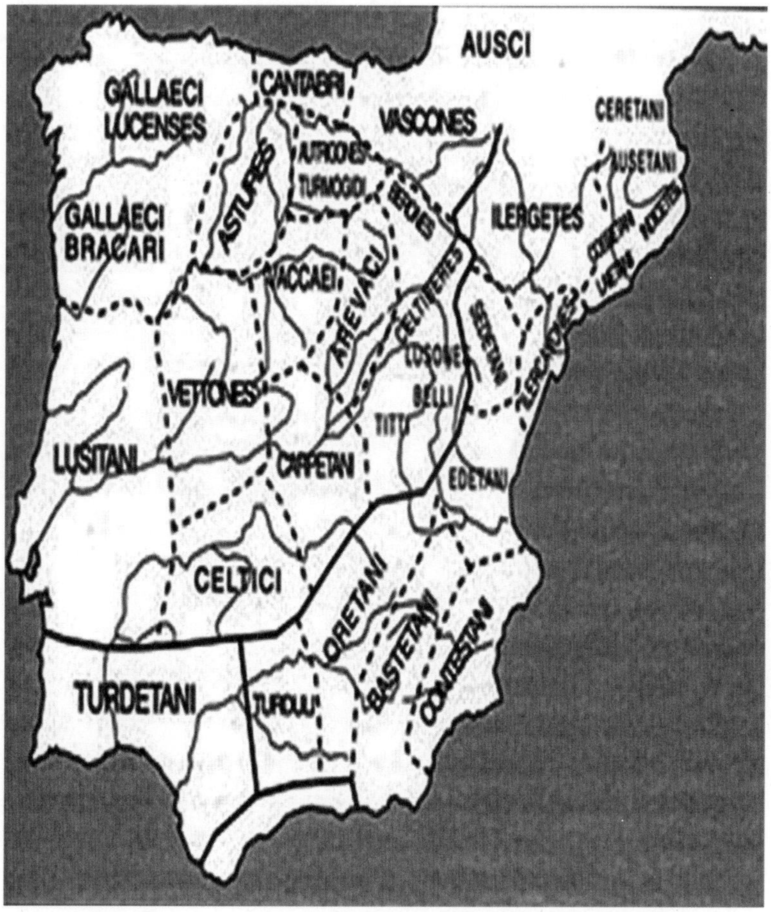

출처: 곤 잘로 루이스 사파테로-콤 플루 텐세 마드리드 대학
알베르토 제이 Lorrio -드 알리칸테 대학교 "이베리아의 켈트족"
(http://www4.uwm.edu/celtic/ekeltoi/volumes/vol6/6_4/lorrio_zapatero_6_4.html)

(8) 이베리아 켈트족의 주요 7신神들의 지역도

켈트의 7신은 – Lugus(태양의 고시), Matres(어머니의 위대한 달), Epona(아버지족), Deva(머리 아버지), Tok(Tog–머리의 고리), Neto(머리), Otros(위대한 달)로 되었다.

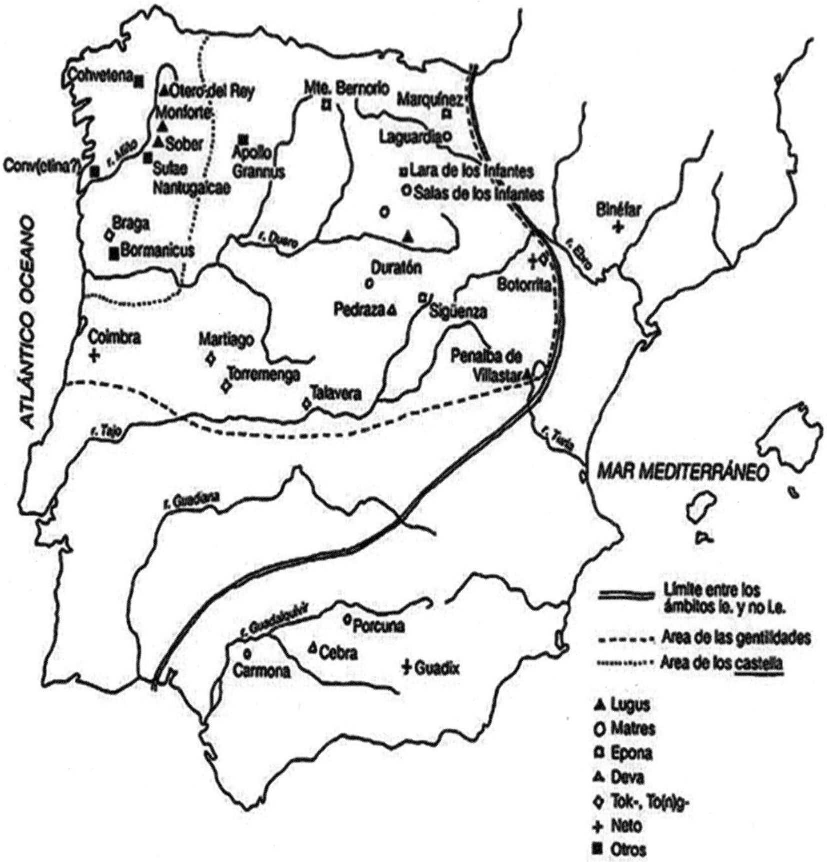

출처 : 곤 잘로 루이스 사파테로 – 콤 플루 텐세 마드리드 대학 교
알베르토 제이 Lorrio – 드 알리칸테 대학교, "이베리아의 켈트족"
(http://www4.uwm.edu/celtic/ekeltoi/volumes/vol6/6_4/lorrio_zapatero_6_4.html)

(9) Solos Ancho(위대한 태양, 고리의 신) '아빌라(Abila–광명)'의 성소

Solos Ancho는 "위대한 태양, 고리의 신"이 된다. 이베리아 서쪽의 현재 포르투갈의 Vettonian 보호구역 안에 '시에라드 Paramera' 산 봉우리에 위치하고 있다. Vettonian 은 "아버지 머리족의 사람들"이며, Paramera산은 "광명의 우두머리"이다. 이 지명으로 포르투갈에 고조선의 9환족이 켈트, 셀틱으로 들어 온 증명이 된다.

"성소聖所" mes/vol6/6_6/marco_simon_6_6.html
* 출처 : 시스코 마르코 시몬(사라고사 대학),이베리아 반도의 고대 캘트족의 종교, 종교의식 http://www4.uwm.edu/celtic/ekeltoi/vol

(10) Briga(광명의 고리) 이베리아 반도에서 Toponyms

출처: 후안 루이스 가르시아 알론소, 살라망가 대학,
"Briga 이베리아 반도에서 Toponyms"
http://www4.uwm.edu/celtic/ekeltoi/volumes/vol6/6_15/garcia_alonso_6_15.html

이 지도에서 고조선 9환 '광명의 고리(Briga)족' 들이 이베리아 반도에 진출하여 포진한 것을 알 수 있다. 머리와 광명, 고리와 달로 구분되었다. Celta+Briga-고리의 머리 광명, Latin+Briga-태양의 머리족의 광명의 고리, Otros+Briga-위대한 달의 광명의 고리로 구분하여 이 학자가 연구한 것이다. 모두 '광명족'이며 '고리족'인 것이다.

(11) 헤로도토스가 바라본 세계지도(기원전 5세기)

북아프리카의 '리비아'가 전체 아프리카를 대표하고 있는 지도이며 기원전 5세기에 '스키타이'(사르마티안)가 발칸반도에 상륙한 것을 보여 주고 있다.

출처 : 독일 위키 백과

(12) 켈트인의 숭배대상(3개의 머리)

여기에서 '머리'는 하나이면서 3을 중시한 것으로 '삼신사상'을 보여준다.

* 캘트를 독일어로 'Kelten'이라 표기한다. 즉, "고리의 머리족"이 되는 것이다. Furst Glauberg는 '위대한 광명의 머리, 광명의 고리'가 된다.

〈3개의 머리〉

〈독일 Kelten furst Glauberg〉

〈독일우표(스탬프)〉

(13) 셀틱Celltic의 숭배 장소 '솟대'(소도-신성불가침 지역)

Glauberg(광명의 고리)의 피라미드(높이 8미터)와 '솟대(소도)'
출처 : 독일 위키 백과

(14) AD 2세기의 '에게 해'지역의 도시국가

* 출처 : http://www.euratlas.net/history/europe/800/index.html)

(15) AD 2세기의 '아펜니노 반도'

＊출처 : 유럽의 역사 http://www.euratlas.net/history/europe/800/index.html)

(16) 헝가리(Magyar－머저리)인의 이동경로

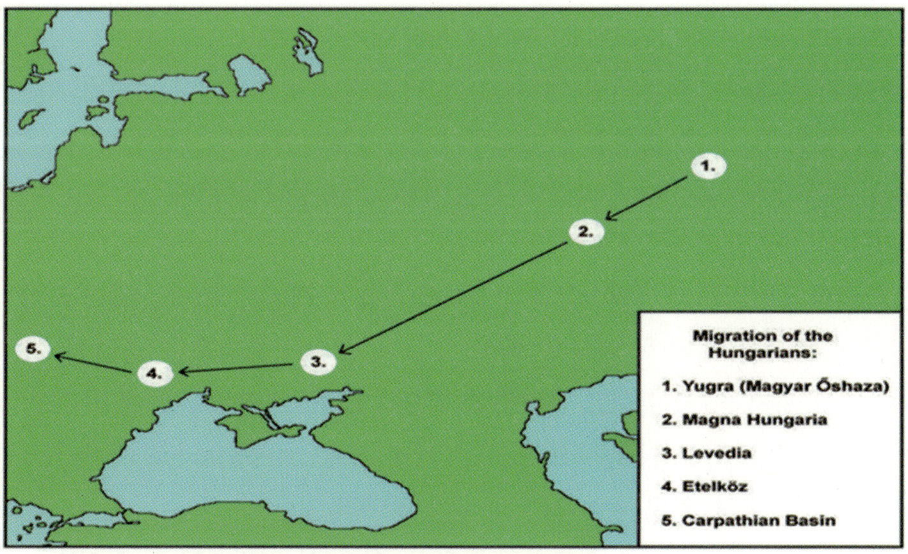

＊서양 학자들이 구분한 헝가리인의 이동도를 필자가 분석하였다. 고리, 머리, 태양, 고시란 단어가 나옴에 '타타르족과 오구즈족(고시－투르크족)의 연합형태로 본다. 헝가리를 뜻하는 머저리(Magyar)의 표기는 '말갈'에서 자음 ㄹ이 탈락되면 '마갈(Magal)'이

되며 '갈'은 가리, 가르로 나타남에 "마가르(Magar)"가 되어 말갈이 되는데, 변하여 '머저르'로 표기, 발성된 것으로 보며 알제리(Algeri)도 '게리'가 아닌 '제리'로 표기되는 것과 같은 이치인 것이다.

1. Yugra－고리
2. Magna Hungaria－어머니 고리, 태양의 고리
3. Levedia－태양의 아버지 머리
4. Etelkoz－달의 고시(오구즈〈Oguz〉일파로 보여짐)
5. Carpathian Basin－고리 아버지의 머리족, 아버지의 위대한 사람들

앞의 지도 지명이나 국가 이름을 해석하여 지도의 상부에서 차례로 보면, Trans Padana의 '타라(Tra)'는 원형인 드라(Dra)이며 '다리'(달)에서 변형된 것이며, N이 붙어 '달의 사람들'이 되고, S는 거룩한,위대한이 되고, 파(Pa)는 원형인 Ba, Va에서 변형된 것으로 '아버지(Pa)이다. 'Dana'는 "머리 사람들(머리족)"을 말한다. 종합하면 "위대한 달 사람과 아버지 머리 사람들"로 해석된다.

* Venetia의 '벤(Ven)'은 반(Van)에서 변형된 것으로 Vin, Von, Vun으로 변형되어 지며 '아버지 사람들(아버지족)'이다. 에티아(Etia)는 에티오피아(Ethiopia)의 에티(Ethi)와 같은 것으로 '머리'를 뜻한다. 그러면 "아버지족의 머리"가 된다.

* Raetia의 '라(Ra)'는 태양이며, 에티(Eti)는 '머리'를 뜻한다. "태양의 머리" 이다.

* Pannonia의 'PanEti은 원형인 반(Van)에서 온 것이며 '아버지 사람들'이다.

'Nonia'에서 '노니(Noni)'는 우리말의 '놓으니'(노니)와 같다고 본다. 즉 '아버지 사람들이 놓인(위치한) 곳'으로 해석한다.

* Ligvria의 '리(Li)'는 태양인 '라'의 변형으로 루(Lu), 레(Le), 로(Lo), 르(L)로 이어지는 변형으로 루마니아, 리비아, 레티아, 레바논, 로마 등으로 불리운다. 중간의 G는 '고리의 수식어'로 필자는 '꼬리표'로 인식하여 발표하였다. '브리아(Vria)'에서 '브리(Vri)'는 광명을 말하는 '바르(Bar)'의 변형으로 브리, 브레, 브루, 브루, 브라로 이어지는 변형이다. 합해보면 "태양의 흰빛(광명)나는 고리"가 된다.

* Aemilia의 'Ae'는 보통 큰, 훌륭한의 뜻으로, 대(大)를 의미한다 할 것이며,

Milia에서 'Mi'는 '어머니'의 호칭이며 마(Ma), 모(Mo), 무(Mu프, 메(Me)로 이어진다. 리(Li는 태양인 '라'의 변형으로 "큰 어머니의 태양"이 된다.

* Vmbria의 'V'는 '아버지'이다. 'M'은 '어머니'이다. 브리(Bri)는 바르(Bar)의 변형이

다. 그래서 “부모님의 광명”이 된다.

* Amaritimae에서 ‘마리(Mari)’는 ‘우두머리’를 뜻하며 “훌륭한 우두머리의 머리 어머니”가 된다.

* Narvo–Nesis의 ‘Nar’에서 아르(Ar)는 아리(Ari), 아르(Ar), 우리(Uri), 우르(Ur), 우루(Ur), 에리(Eri), 아라(Ara)와 같이 변형되며 사용된다. 즉 “우리”가 된다. ‘Von’은 ‘아버지족’이고, 에시(Esi)는 우시, 우스 아스 아사, 에스와 같이 사용되며 ‘처음’이 된다. 그러면 “위대한 우리 아버지들은 처음 왔다.”가 되며 축약하면 “처음 온 위대한 아버지족”이다.

* Etrvria에서 ‘트르(Etr)’는 원형인 드르(Dr)이며, ‘다리(Dari–달)’의 변형이 된다. 브리아(Vria)의 ‘브리(Bri, Vri)’는 바르(Bar, Var)의 변형이다. 즉, “달의 광명”이 된다. 다시 말하면 ’달빛의 종족‘인 셈이다. 앞에서 여러 번 강조한 대로 ’고조선‘의 정체성은 달 이었음에 9환의 종족이 진출한 것을 알 수 있는 것이다.

* Dalmatia는 ‘달마티아’인데 ‘달(Dal)’은 ‘머리와 얼’의 합성어였다. 하늘에 떠 있는 ‘달’이 ‘머리의 얼’이라고 세계 사학계에 새삼 천명하는 바이다. 태양, 태양족이 환웅의 정체성이며, 그 정체성을 상속받은 고조선도 ‘달’을 ‘머리의 얼’로 승화시켰으며, 고조선의 연방에 포함된 제후들은 모두 연방의 표시인 ‘고리(Gori)’와 달(Dal), 머리와 광명(Bar)을 통치 이념과 종교와 생활 속의 사상으로 받아들인 것이었다.

이러한 종족의 정체성을 알고 켈트종족의 연구를 해야만 이 앞에서 필자가 해석한 비문이나 캘트족의 7신(神)에 대한 정확한 연구가 되는 것이며, 왜! 3의 머리를 숭배하는지에 대한 정확한 답을 얻을 수 있는 것이다. 해석하면 “달의 어머니 머리”가 된다. 즉, 달을 숭배하는 머리 족이 이 지역에 진출한 것을 우리는 알 수 있는 것이다.

* Corsica는 ‘코르시카’인데 ‘코르(Cor)’는 코르(Kor)로도 사용된다. 원형은 ‘고르(Gorr)’이며, ‘고리’의 변형이 된다. 시(Si)는 위대한 이니 “위대한 고리”가 된다.

* Sardinia의 ‘사르(Sar)’는 세르, 시르, 소르, 수르와 같이 태양의 별칭이다.

‘딘(Din)’은 ‘머리 사람들’이다. “태양의 머리족”이 된다. 태양족이면서 머리 족이 고대의 세계사에서 누구인가? 바로 환웅족이다. 이 종족은 이탈리아 남부의 종족으로‘바다 사람들’에 나오는 종족으로 기원전 14~10세기까지 아나톨리아의 ‘루카’와 같이 9문(9환)이 연합을 하여 이집트와 국지전에 참가한 종족이었다.

5. 라틴 비문 연구

1) 1세기경의 대리석 받침대에 새겨진 'Endovollicosa' 비문

* 출처 : 나시오날드 Arqueoloia, 포르투갈 리스본 박물관), 시스코 마르코 시몬(사라고사대학교). "이베리아 반도의 고대 켈트족의 종교, 종교의식" (http://www4.uwm.edu/celtic/ekeltoi/volumes/vol6/6_6/marco_simon_6_6.html)

서양 학자들은 Endovellicus로 해석하였다. 원문의 볼리(Volli)나 Velli는 같은 어원이며 변형된 것이다. 필자가 해석하면 "고시의 광명의 머리 신"이 된다. 이 비문을 해독한 학자는 '엔도(Endo)'를 인도-유럽어의 최상급 접두사로 번역하였다. 이건 아주 잘못된 해독인 것으로 '엔, 인, 잉(En)'은 안(An)에서 변형된 것으로, 아나(Ana), 아누(Anu)로도 쓰였다. 지역에 따라 Ani, Ane로도 사용된다 할 것이며 즉, '신'인 것이다. 'Do'는 '머리'를 말한다. 이 머리는 두(Du), 다(Da), 디(Di), 도(Do), 데(De)로 나타난다. 그러므로 '머리의 신'으로 해독, 해석되어야 마땅하다. 종합하여 해석하면 'Endovollicosa'는 코사(Cosa)는 쿠스(Cus)로도 사용된다. 광명(Volli-볼리, Velli-베리, 벨리), 머리(Do)의 신(En)"이 된다. 따라서 "고시 광명의 머리 신"이 된다 할 것이다.

서양 학자들이 켈트의 정체성을 이해하지 못하고 연구하므로 절름발이 학설이 되는 것이다. 이 비문의 엉터리 해독은 왜곡된 켈트연구의 일면을 보여 주는 것이다. 또 비문 하단에 나오는 에트(Et)도 '머리'가 된다. 그것은 에티오피아의 에티(Ethi)와 같은 형식이다. 하단의 원문을 인용하여 해석하면 ∧(이 표시는 훗날 A로 변함에 Sa가 된다) "Savitvsf"가 되는데 V는 때로는 U로도 사용되었다고 보고 있다. 그러므로 "위대한 아버지의 머리"에 연결 ,해석되는 것으로 Savituf가 되는 것으로 보았다. 필자의 이 비문 해석으로 광명과 고리, '머리'의 정체성이 드러난 것이다.

앞서 여러 번 지적한 바와 같이 서양의 학자들은 켈트의 정체성을 알지 못하고 있을 뿐 만 아니라 켈트 종족을 이룬 종족들의 어원과 어디에서 온 것도 모른 채 연구를 하니, 절름발이 학문이 양산되는 것이라 진단하였으며, '머리족'과 '고리와 광명'을 모른 채 어찌 켈트의 옳은 연구가 되겠는가에 대하여 우려를 떨 칠 수 없다.

이 비문을 연구한 학자의 대학 이름이 '사라고사(Saragosa)'이다. 해석하면 "태양의 고시"가 되는 것으로 고대 이베리아반도에 기원전 6세기경을 정점으로 하여 '고시족'과 '머리족'이 대거 진입한 것을 알 수 있는 대목이다.

특히 이 학자는 연구에서 '머리' 의 이름을 하나님 이름의 다른 변형의 존재로 15 변종이라고 발표하였으며 Attaaecina에서 Attaegina, Attegina, Attacina, Ataecina, Addaecina, Adaegina, Adegina, Adecina, 등으로 하나님의 변형된 예배라고 보았다. 연구한 그 종족의 정체성을 모르고 연구하다 보니 어처구니없는 연구가 된 것이었다. 실로, 기원전 6세기엔 이 지역에 기독교가 성행하지 않았다. 누가 뭐래도 켈트, 셀틱의 정체성은 4가지 이다.광명(바르) 고리(Gori), 머리(Du,Tu), 혹은 고시, 달(다리, 타리) 이다. 앞에서 열거한 예배의 집단, 종족의 이름은 모두 공통적으로 '머리'이었다. '머리의 고리, 머리의 칸'으로 집약되는 것이다. 필자가 소개한 포르투칼 지역의 비문 두가지 사례에서 보듯 '머리'가 중심 언어였으며, '켈트족의 7신' 에서도 해석된바와 같이 '머리와 고리' 가 핵심이었던 것이다.

2) 이베리아의 비문(라틴어)

〈'라마드 Moledo'에 의한 'Lustanian' 비문〉

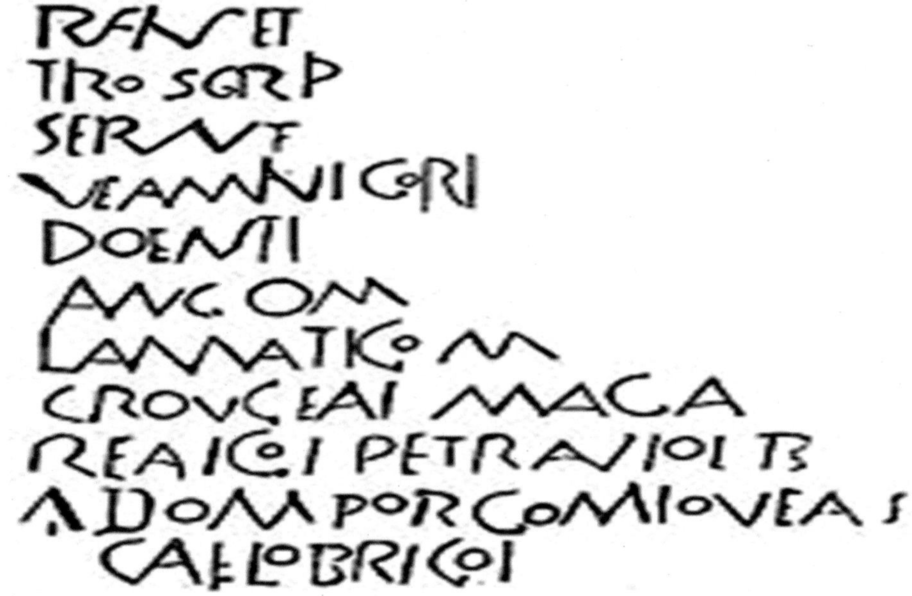

출처 : 이베리아 반도의 고대 켈트족의 종교, 종교의식,시스코 마르코 시몬(사라고사 대학)
http://www4.uwm.edu/celtic/ekeltoi/volumes/vol6/6_6/marco_simon_6_6.html

이 비문은 옳게 해독이 되어 있지 않은 채로 서양 학자가 자기의 글에 인용한 것을 필자가 인용한 것으로 포르투칼에서 발견된 캘트비문이다. ‘태양의 위대한 머리족’(Lustanian)이 만든 비문으로 필자가 해독에 도전하여 해석해 보면

“Ranet”는 “태양사람들의 머리”, “Trosqrp”는 “달과 태양의 아버지”가 되고 “Seraut”로 해독하여 “태양의 머리”가 되고, “Doenti”는 “머리 신의 머리”가 되며 앞서 비문에서 서양 학자가 잘못 해독하였던 “엔도(Endo)”가 이 비문에 “Doen”으로 바뀌어 나옴을 알 수 있다. 이것은 ‘머리’와 ‘신’이 각기 다른 명사이므로 앞에 오던 뒤에 붙던 간에 어원 해석엔 아무런 변함이 없는 것으로 다시금 필자의 해석을 증명하게 된다.

또한 “Ancom”는 “곰의 신”이 되며, “Veamnicori”는 “아버지, 어머니의 고리”로 보며, “암니(Amni)”는 우리말 “엄니(어머니)”와 같은 것이다. “Lamatkom”는 “태양의 어머니 머리는 곰”이고, “Crovcealmaca”는 “고리의 얼은 어머니의 고리”이며, “Reaicori Petrnioir”는 “태양의 고리는 우리 아버지의 달 사람들”이며, “Domporcomioib”는 “머리 어머니의 광명은 어머니, 아버지의 고리”이다. 마지막으로 해석하면 “Caolobricoi”는 “고리의 태양의 밝은 흰빛은 깨우친 사람” 이었다. 마지막 글자의 Coi는 코이(Koi)와 같으며 Kai, Kei, Kui로 변형되며 Gai, Gui, Gei로도 변형된다. C는 K와 같이 사용됨에 “코이(Coi)”는 “깨우친 사람”이 된 것이다.

이 비문에서 태양과 광명, 달, 그리고 머리와 고리, 어머니와 아버지가 나온 것이다. 결국 이 비문에서 그 종족들의 정체성이 드러났다고 할 것인데, 고조선의 9환족이 기원전 6~5세기경에 이동해서 온 것이며 특히, '캘트의 7신(神) 연구'에서 그 정체성이 한 번 더 증명된 것으로 고조선 9환의 종족이 진출한 것이 확실시 된 것이다.

3) '3'의 머리(삼신)를 숭배하는 셀틱 사람들(고조선의 9환족)

출처 : 독일 Weyer 지방(우리 아버지), Kreis(이제 시작하는 고리) 지역 독일학자들은 위 문장을 Matronae Vacallin hae"로 분석 해독하였다.

필자는 "Matronis Vacalnehis Lvc(Lu, Vac) Caldin Vsfr Mn(Man)"로 해독하여(삼신-삿갓 쓴 세 사람의 큰 머리가 이채롭다) "어머니의 돋아 오르는(처음 이곳에 온, 이제 시작하는) 달 사람들은 아버지의 위대한 태양의 고리 사람들이며, 태양의 밝음은 고리 머리 사람들이고 아버지의 위대한 광명의 어머니 사람들" 이었다(한웅의 태양과 고조선의 달을 동시에 표기).

〈해석의 언어학적 기준〉

마(Ma)는 어머니이며, 트로(Tro)는 원형인 드로(Dro)에서 온 것이며, 드로(Dro)는 다리Dari)에서 변한 것으로 드로, 드리, 드라, 드루, 드로의 변형된 것으로 표기되며 인도유럽어의 표기 발성으로 트로(Tro)가 된 것이다. 물론 다리(Dari)는 '달(月)'에서 온 이름이다. 여기에서 'Tron'은 달 사람들이 되며, 마지막의 'Is'는 우스(Us), 에스(Es), 오스

(Os), 아스(As), 아시(Asi), 아사(Asa), 아수(Asu), 아소(Aso) 등으로 변하며 나타나는데 해석은 '이제 돋아 오르는, 막 시작하는'의 뜻으로 폭넓게 '처음'으로 필자는 해석하였다. 기원전 6~5세기경에 고조선의 멸망 후에 '켈트와 셀틱 종족'에 이주 해온 사람들은 '달 사람(달지족, 월지족)'들 이었으며, 환웅시대로부터 이어온 '태양족(광명족)'이었으며 그들의 큰 정체성인 '머리족'이었고 '고리'를 이루어 살았던 종족이었기에 '고리'는 '머리'이며, 곧, 고리와 머리가 하나가 되었다.

그들은 고조선 9환에서 이주한 종족으로 고조선의 3수 사상인 '삼신 사상'과 천지인 사상을 이곳 켈트와 셀틱 지역에서 숭배를 한 것이었다. 이러한 그 종족의 숨겨진 정체성, 종교숭배의 의미를 알지 못하고 연구하므로 서양의 캘트 연구는 아주 잘못된 것이다.

특히 이 문장에서 이스Is)는 가장 중요한 포인트이다. 이 용어를 무심코 그냥 넘기면 옳은 해석이 되지 않는다. 돋아 오르는, 막 시작하는 의 의미는 그들이 이곳에 처음 들어왔다는 것을, 도착하였다는 것을 직시하는 용어인 것이다. 이러 한데도 독일과 서양학자들은 그냥 'Matronae'로 해독 하였다. 그러므로 '어머니의 달'이 된 것인데, 이것 마저도 '달'의 해석을 하지 못하여 아주 왜곡된 해독이 된 것이다.

두 번째 문장의 'Vacalnehis'에서 4개의 합성어로 되어 있다는 점이다.

즉, 바(Va)는 Ba, Pa, Fa로 '아버지'가 되며, 칼(Cal)은 카르(Car), 카리(Cari)로 되며 그 원형은 '가르(Gar)와 가리(Gari)'이다. 다시 '고리(Gori)에서 변형된 가리, 가르, 가레, 가루, 가라, 가로의 변형이 이루어진다. 여기에서 복수인 N이 붙으면 '고리 사람들'이 된다. 남은 철자는 'Ehis'이다. 여기서 '에히(Ehi)는 태양인 '해'와 하, 후, 호, 흐로 이어지는 변형이며, 마지막의 스(S)는 수(Su), 세(Se), 시(Si), 소(So)로 이어지며 변화되는데 해석은 '위대한, 거룩한'이 된다.

세 번째 문장에서 'Lvc'의 'L'은 루(Lu), 라(La), 레(Le,) 르(L)로 보아 태양을 말하는 변형으로 보았으며, 태양이 된 것이고, 'Vc'는 밝음이 되는 Vac, Voc, Vec에서 중간 철자가 빠진 것이며, 생략한 것으로 해석하였다. 그러므로 '밝음' 이 된 것이고 앞의 철자인 태양을 보조 해주는 '밝음'으로 "태양의 밝음"이 되었다.

네 번째 문장인 'Caldin'도 두 가지 뜻이 모인 합성어로 '고리와 머리족'이 합친 글이다. "고리의 머리 사람들"이 된다. 이 비문에서 아주 중요한 정체성을 가진 용어 인 것이다.

마지막으로 'Vsff Mn'의 해석은 'V'는 바(Ba, Va), 비(Bi, Vi), 부(Bu, Vu), 베(Be, Ve), 보(Bo,

Vo), 브(V, B)로 되므로 당연히 'V'는 '아버지'가 된다. 'S'는 '위대한'의 뜻이며, 프르(Fr)는 원형인 브르(Br, Vr)가 되며, 인도유럽어로 Pr, Fr가 된 것으로 '바르(Bar, Var－광명)'에서 변형되어 온 것이며 브르, 브리, 브루, 브라, 브루 등으로 변화되므로 "아버지의 위대한 광명"이 된다.

MN에서 'M'은 마(Ma), 미(Mi), 무(Mu), 모(Mo), 메(Me), 므(M)로 이어지는 변형으로 '어머니'이다. 그러므로 이 문장에선 'M'을 어머니라고 해석해야 하며, 'N'은 복수가 된 것으로 "어머니 사람들"이 된 것으로 해독, 해석하였다.

4) 'Corneli Thalia'의 비문(AD 50~100)

〈Ashmolean박물관의 라틴 비문〉

출처 : http://www.ashmolean.org/ashwpress/latininscriptions/

〈라틴어 비문 해독〉 " Diis, Manib, Corneliaf, Thaliae"

서양 학자는 'Corneli Thalia'라고 불렀으며 그냥 사람의 이름으로 해독하였으며 앞의 문장은 해독하지 않았다. 필자는 'Diis는 처음의 머리가 되고, Manib'는 어머니족의 아버지'가 된다. Corneliae는 '고리족의 큰 태양'이 되며, 탈리아(Thaliae)는 원형인 다리아(Daria)가 되고 나아가 다리(Dari)가 됨에 '달(月)'인 것이다. 종합하여 해석하면, "처음의 머리, 어머니족(웅녀족)의 아버지는(칸, 영도자) 고리족의 얼 있는 아버지이었고 탈리아(달)"이었다. 라틴(Lattin)은 환웅의 '태양의 머리족'으로 그 정체성을 모르고 마음대로 해독하면 아무것도 해석할 수 없는 것이다.

5) '리비아 카스타'의 비문(AD 50~100)

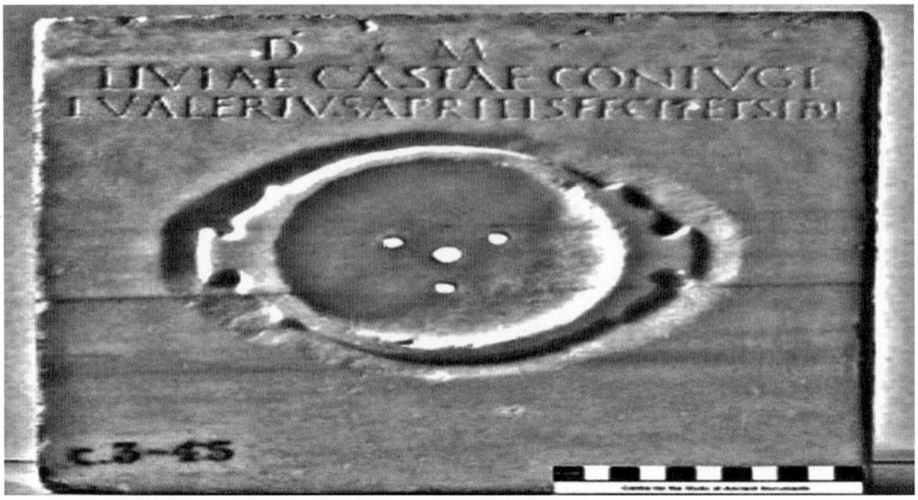

출처 : ashmolean박물관의 라틴 비문
http://www.ashmolean.org/ashwpress/latininscriptions/

서양 학자들은 '리비아 카스타'라고 하며 역시 무덤위에 발견된 비문으로 여성이름로 해석하였다. 물론 다른 문장은 해독 하지 못하였다. 필자가 해독해 보면

D. M Liviae Castae Conivgi Ivaleri Vsapri Lisfe Citetsiri

머리의 어머니(D. M) 태양의 큰 아버지(Liviae)는 고시의 머리!(Castae)이며, 칸의 아버지 고리(Conivgi)는 태양의 광명(Ivaleri)이고, 아버지의 위대한 광명!(Vsapri)은 태양의 위대한 아버지(Lisfe)이며, 고리 머리의 태양이었다(Citetsiri)로 해독되었다. 페(Fe)는 아버지로 '베(Be)'에서 변한 것이다.

6) 라틴(태양의 머리족) 제단(祭壇) 의 비문

특히 화강석에 세긴 삼각형 구도의 구멍 3개와 중앙의 구멍은 캘틱시대 '3머리의 신(神)'을 의미하는 것으로 한 몸(구멍)에 3머리인 '삼신신앙'을 엿보게 하는 것이다. 필자는 라틴어 해독 전문가도 아니며, 언어학자도 아니지만 그 정체성을 정확히 알기에 해독이 가능한 것으로 본다. 서양 학자들은 이 비문에서 먼저 그리스와 로마 시대에 있었던 장군이나 사람의 이름을 영사(影査)하는 방법으로 해독하였으며
그 해독 수법을 보면
C(Aio) 미니, Cio Fundano 등, C(Aio) Vettennio SE-,

출처 : 지역별 비문 (http://www.csad.ox.ac.uk/CSAD/Catalogue.html)
http://www.ashmolean.org/ashwpress/latininscriptions/2015/01/08/what-year-are-we-in-how-did-the-roman-talk-about-years-before-bcad-was-invented/

C(Aio) Vettennio Se……, 베로 공동(N)의(Ulibus)

"이오 Minicius Fundatus와 가이오 Vettennius 세베루스가 있었다. 영사", (2) (세번째) 루시우스 줄리어스 우수 스 Silvianus의 집정관과 디도 Vibius 내반 AD 134에 있었다. 로 해독이 끝났으며 더 이상 아무런 해독을 하지 못하였다.

그리스, 로마시대에 같은 지명과 같은 사람의 이름이 무수히 많았음에 먼저 사람 이름을 입력시키는 것은 바람직하지 않으며, 라틴족의 정체성을 잘 알 알고 해독에 들어가야 한다. 특히 영어의(i와 l은) 다른데 같은 것으로 뭉퉁거려 해독하면 안 된다(예를 들면 Silvianus의 집정관-원 비문엔 I, I로 되어 있는데 Sil로 해독하였음에 억지 해독이 된 것이다).

필자가 다시 비문 해독에 도전해 보며, 먼저 원문을 옮겨 본다.

Siivanosa, Crvm, Sodai, Eivset, Larvm, Donvm, Posvitti, Ctavdi, Vsavc, Ltb, Sortv, Natvsa, Cvra, Amcor, Vmide Movede Dicavietedv, Damdedi, Tdecvris ?000?, Kavgvstts Cmincio, Ivndano, Etovettennio, Severo, Cos

〈해독의 근거〉

* Siivanosa에서 '시(Si)'는 '위대한'이며, '이반(Ivan)'은 '아버지족'이며 'Osa'도 '거룩한'이다. 해석하면 "위대하고 거룩한 아버지 사람들"이다.

* Crvm에서 '크르(Cr)'는 그 원형이 그르(Gr)이며 고리(Gori)의 변형이다.
(Vm은 앞서 해독한 것과 마찬가지로 '아버지', '어머니'가 된다. 즉, "부모님의 고리"이다)

* Sodai는 "위대한 머리"가 된다.

* Eivset는 "머리의 위대한 아버지"가 된다

* Larvm에서 'Lar'는 '태양'이며 "태양의 아버지,어머니"가 된다.

* Donvm에서 '돈(Don)은 '머리족'이다. "머리족의 아버지, 어머니"이다.

* Posvitti에서 '포(Po)도 '아버지'로 본다. "아버지! 위대한 아버지 머리"이다.

* Vsavc에서 'Vc'는 '밝음의 표시인 Vac, Voc, Vec에서 중간 철자가 생략된 것으로 해독하여 '밝음'으로 해독하였다. "아버지의 위대한 밝음"이 된다.

* Ctavdi에서 'C'는 어간이나 어미에 붙는 '고리'의 꼬리표'로 해독하였다. 즉, "고리 머리의 아버지 머리"가 된다.

* Ltb는 'L'는 La, Lu, Le, Lo, L로 보아 '태양'이며, Ta, Ti, Tu, Te, To, T로 '머리'가 되고, Ba, Bi, Bu, Be, B로 '아버지'로 된다.
합하면 "태양의 머리 아버지"이다.

* Sortv는 "태양의 머리 아버지"가 된다. 여기에서 태양의 별칭인 '수리'의 변형으로 소르, 소레, 소루, 소리, 소라가 되는데 뜻은 같으면서 강조하는 형식으로 다른 별칭으로 '태양'을 강조한 것으로 본다. 후자는 "머리 아버지의 태양!으로 한다.

* Natvsa는 "위대한 아버지 머리"가 된다.

* Cvra에서 'C' 혹은 'K'가 오더라도 '고리'의 수식어로 본다. '브라(Vra)'는 바르(Var), (Bar-광명)의 변형으로 브라, 브르(Vr), 브루(Vru), 브레(Vre), 브리(Vri)로 나타난다. 즉, "광명의 고리"가 된다.

* Amcor에서 '암(Am'은 세계적인 통용어로 '어머니'를 말한다. '코르(Cor)'는 코르(Kor)와 같이 사용되며, '고리'의 변형이며 원형은 고르(Gor)이다.

"어머니의 고리"가 된다.

* Vmide Movede에서 'Vmide'는 "아버지 어머니의 머리"가 되며, Movede도 같은 뜻의 "어머니, 아버지의 머리"가 된다. 순서만 바뀌었을 뿐 같은 뜻인데, 필자는 후자를 '부모님의 머리'로 번역한다.

* Dicavi에서 '카(Ca)'도 '고리'의 꼬리표로 다양하게 표기된다. Ca, Ci, Ci, Co 등이다. "머리 고리의 아버지"이다.

* Etedv는 "머리 아버지"이다.

* Damdedi에서 Dam은 D와 Am의 합성어이다. "머리 어머니의 머리"이다.

* Tdecvris에서 '브리(Vri)'는 브리, 브르, 브루, 브라로 이어지는 '바르'의 변형이다. "위대한 광명의 고리의 머리"가 된다.

* Kavgvstts에서 '카(Ka)'도 '고리'의 꼬리표로 본다. 해석하면 "고리의 아버지는 위대한 머리의 거룩한 아버지의 머리"가 된다.

* Cmincio는 "어머니족의 고리"가 된다.

* Ivndano의 '이븐(Ivn)'은 '아버지 사람들'이고, '다노(Dano)'는 '머리 사람들'이다 즉, "아버지 사람들은 머리 사람들"이 되며, Dani, Danu 등으로 표기된다.

* Etovettennio에서 "머리 아버지의 머리 사람들"이 된다.

* Severo에서 세(Se)는 시(Si), 수(Su), 소(So)와 같이 '위대한, 거룩한'의 뜻으로 사용된다. "위대한 광명"이 된다.

* 코스(Cos)는 코스(Kos)와 같이 쓰이며, 코시(Cosi), 코세(Cose), 코사(Cosa), 등으로 변하며 코쉬(Kosh), 코시(Kosi), 코슈(Koshu), 코세(Kose) 등으로 나타나며 표기되는데 환웅의 '핵심종족'이며 직계종족인 '고시(Gosi)'를 말함이다.

이 비문의 맨 마지막에 코스(Cos-고시)가 있는 것은 그 비문의 가장 핵심이며 고시종족이 바로 비문에서 언급하는 '머리족'이며 아버지 사람들이고, 고리족이며 어머니, 아버지 사람들을 대변하는 함축성 있는 아주 중요한 이름인 것이다.

그러면 지금까지 나온 용어를 모아서 종합으로 해독, 해석해 보면

"위대하고 거룩한 아버지 사람들이여! 우리 부모님의 고리는 위대한 머리였으며 머리의 거룩한 아버지는 태양의 어머니, 아버지였으며, 머리 사람들의 어머니, 아버지였다. 아버지!, 아버지의 위대한 머리는 아버지의 거룩한 밝은 빛이었으며, 고리 머리의 아버지 머리가 되었도다.

오! 태양의 머리 아버지! 아버지 머리의 태양! 오! 위대한 아버지 머리는 흰빛 나는

광명의 고리였으며 어머니의 고리였다. 아버지, 어머니의 머리! 부모님의 머리는 머리 고리의 아버지로 부터 온 것이며 머리 아버지였다.

어머니의 머리는 위대한 흰 빛나는 고리의 머리였으며, 고리의 아버지는 위대한 머리의 거룩한 아버지의 머리가 되었도다. 어머니 사람들의 고리는 아버지 사람들의 머리 사람들이었으며, 머리 아버지의 머리 사람들은 거룩한 흰 빛나는 고시(Cos)로부터 온 것이다."라고 할 수 있다.

7) 라틴 : 벽돌 스탬프의 'Serviano Etvaro Cos'

출처 : http://www.ashmolean.org/ashwpress/latininscriptions/2015/01/08/what-year-are-we-in-how-did-the-roman-talk-about-years-before-bcad-was-invented/

녹색의 원안에 Serviano Etvaro와 '코스(Cos)'가 있다. Serviano는 Servian으로 되며 "태양의 아버지 사람들"(세르비아노)이다. 에트바로(Etvaro)는 "머리의 광명"이 된다. 즉, "태양의 아버지 사람들, 머리의 광명은 '고시Cos'로 부터 온 것이다"가 된다. 녹색 원의 중앙 가장자리에 "코스(Cos-고시)"가 있는데 서양 학자들은 무슨 뜻인지 해독을 못하고 있다.

8) 소아시아 Megabyxos(처음 온 아버지의 어머니 고리)의 비문

*기원전 3세기경으로 추정되며 페르가몬 박물관에 소장됨.

원문의 M E T A B Y는 메(Me-어머니), 타(Ta-머리), 비(By-아버지)로 해석되므로 "어머니 아버지의 머리"가 된다.

하단의 A P T I M I A는 아프(Ap-아버지), 티(Ti-머리), 미아(Mia-훌륭한(거대한) 어머니)로 "아버지 머리는 훌륭한 어머니로부터 온 것"을 말함이다. 즉, 머리의 정체성을 말하는 것으로 훌륭한 어머니는 '웅녀'로 해석하며 거룩한 어머니인 웅녀로부터 '머리족'이 나온 것이며, '머리 아버지'어머니가 있게 된 내력을 말하고 있다.

9) 소아시아(터키)의 Lysimacbos/ Priene 14 비문

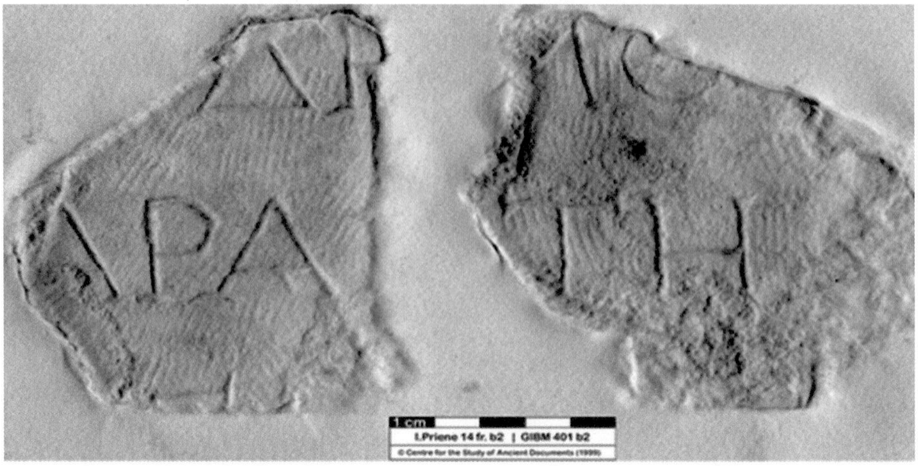

출처 : http://www.csad.ox.ac.uk/Ionia/Priene/Lysimachos/GIBM401b2m.jpg

원문의 Apa, Th는 "아버지 흰 머리"를 의미한다(아파치와 같은 뜻이다).

10) 소아시아의 Priene(광명의 신), Helikon(흰빛 태양의 칸) 비문

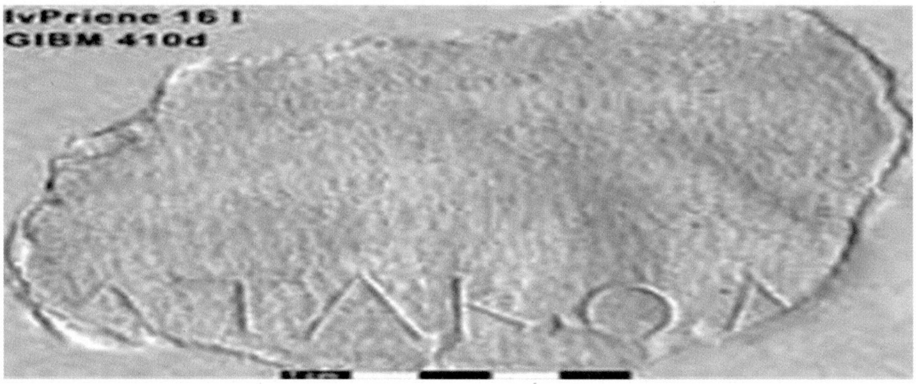

출처 : http://www.csad.ox.ac.uk/CSAD/Catalogue.html

원문의 아타크(Atak)는 "큰 머리의 고리"를 의미한다.

11) 소아시아의 ‘디오니소스 제단’의 헌신 비문

출처 : http://www.csad.ox.ac.uk/Ionia/Priene/IPr175m.jpg

원문의 우측상단 ‘Timo’는“머리 어머니”이다.

12) 소아시아 ‘Erythrai’, Philistos의 동상을 복원 Klazomenai 법령의 비문

* 기원전 3세기경으로 비엔나 미술사 박물관 소장

Philistos는 “광명의 위대한 머리“, Erythrai는 “우리의 달“이 된다. Klazomenai는 ”고리의 위대한 어머니족“를 의미한다.

13) Teos의 Asylia인식 크레타 섬의 '시행령 비문'

출처 : 지역별 비문 (http://www.csad.ox.ac.uk/CSAD/Catalogue.html)

비문명 "Teos" 는 "처음의 머리"가 된다(기원전 3세기).

14) 불가리아 Kubrat(고리 광명의 머리)왕조의 보물

〈불가리아 kubrat(광명의 머리, 고리)왕의 인장〉

출처 : http://www.goldensands.bg/cultural/treasure-pres.asp

* 인장에서 아버지를 뜻하는 P, B와 十, V 등이 표기되고 있다.

불가리아의 '바르나(Varna-광명의 사람들) 묘지의 금 장식류

* '바르나 묘지'는 기원전 4600~4200년으로 추정하며 수습된 금 장식류는 세계에서 가장 오래된 금 장식류 이다.

〈마케도니아의 라틴비문〉

출처 : 마케도니아의 '스코페 역사박물관'(정 길선 교수가 페이스북에 제시)

〈원문 해독〉

Csempro(고리의 위대한 어머니 광명은)

Niocfovr(고리 아버지의 광명이며)

Ivpodiq II (아버지 포디크 2세는)

Virocol(광명의 고리 였다.)

Scvpinor(위대한 고리의 아버지는 우리의 아버지 사람들이었고)

At−Terentiae(머리−달의 신의 머리이며)

Ofqvintae(아버지 고리의 아버지 사람들 머리였다)

Farentirvs(광명〈밝음〉은 거룩한 아버지 달의 신이었고)

Oftimi(아버지와 어머니의 머리이었다)

Csemproni(고리의 위대한 어머니 광명은)

Vstavrvs(위대한 아버지에 거룩한 아버지의 광명이었으며),

Dec II Vircoi(머리 고리 2세〈데크〉는 광명의 깨우친 사람이었으며)

Scv(거룩한 고리의 아버지였다.)

〈해독의 근거〉

* 푸로(Pro) : 원형은 바르(Bar, Va-광명)이며 인도유럽어로 표기(마찰음)되어 파르 , 파레, 파라, 푸르, 루레, 푸로등으로 변형되어 표기된 것이다.

비로(Viro), Vir도 '바르'의 변형이 된다.

* 이브(Iv) : Ivi, Ive, Abi, Abe, Uv, Uvi, Ebi, Ev, Obi, Ov, V 등으로 표기, 변천되는 아버지의 이름이다. 엠(Em)은 어머니이다.

* 콜Col) : 원형은 골(Gol)이며 우리말의 '고을'을 말하며, 고리, 고르로 나타낸다. 콜은 코리, 코르로 일단 변형되는바 다양한 모음변화에 의해 세계의 산재된 지명에 나타나는 것이다.

* 핀(Pin) : 아버지의 호칭인 '비(Vi, Bi)'에서 인도유럽어로 피(Pi, Fi)가 된 것이고 복수로 핀Pin으로 표기되며 판P(an), 푼(Pun) 등으로 연결된다.

* 테르(Ter) : 원형인 '달(다리, 다르)'에서 인도유럽어로 변한 형태로 타리, 타르, 테리, 테르(Ter), 테라(Tera)로 표기된다.

* C, K 등은 고리(Gori)를 나타내는 '꼬리표(수식)'로 해석, 연구하였다.

* Coi 는 Koi, Goi와 같이 '깨우친 사람'을 의미한다.

* 이탈리아 오트리콜리(Otricoli-달의 고리)의 라틴비문

출처 : 중앙이탈리아의 옴브리아(Umbria-어머니 광명) Otricoli(큰 달의 고리)의 Terni(달 사람들)의 계단 비문.

〈위에서 아래로 해독〉

* Trimae-티리(Tri)는 그 원형이 드리(Dri)이며 인도유럽어로 트리가 되었다. Ma는 어머니이며 "달의 어머니" 가 된다.

* Carissimae-라틴어의 해석은 "고리의 거룩하고 위대한 어머니"이나 영어의 카리

스마)Charisma-휜 빛나는 고리의 위대한 어머니)로 변한 것으로 보인다. 원래 카리스마는 종교적 의미로 예언이나 병을 낳게 하는 기적의 힘을 의미하였으나 나중엔 정치적으로 그 의미가 변질되어 지도력, 자질, 능력으로 변질되었는데 이 용어는 학술 용어로 독일의 막스웨버(1,864~1820)가 처음 사용한 것으로 전해지고 있다.

* Bene-아버지 사람들이다.

* Merenti-우두머리 신神의 머리가 된다.

* Etli-태양의 머리이다.

* Bertis-광명(Ber)의 위대한 머리이다.

* Libertabvs-Li는 태양, "위대한 아버지는 태양 광명의 위대한 아버지 머리"로 해독하였는데 서양학자들은 영어로 Bvs는 Bus로 해독하고 있다.

그러면 해석이 약간 달라진다. 태양 광명의 위대한 아버지 머리" 가 된다.

* Posteriso-테리Teri는 달(月)이며 원형은 데리(Deri)이다. Po는 원형이 보(Bo, Vo)이며 아버지이다. "거룩한 달의 위대한 아버지"가 된다.

* Eorvm-"우리의 아버지, 어머니"가 된다.

** 라틴사람들은 아버지를 V, 어머니를 M이라 표기한 것으로 연구하였다.

이 V 표시는 가림토 문자로서 칸, 왕을 먼저 내 세웠던 문자이었다.

특히 시리아에서 발견된 동상인 한웅의 의상에 나타난 부호이며 훗날 아버지로 교체된 것으로 조사되었다. 진시황의 병마갱에서 나타난 대신의 흉배에 그려진 'V'표시는 이를 증명하는 것이다.

상부와 하부 일부가 비문이 훼손되어 있어 정확한 해독이 어렵는데 고조선의 정체성인 달(月)이 더러 나오고 광명, 머리의 단어가 나오는 것으로 고조선의 9환 종족이 진출한 것으로 보고 있다.

6. 로마의 씨족 목록(List of Roman Gentes)으로 살펴 본 정체성

로마의 씨족은 대부분 어미에 -ius 로 끝나는 형태이나 -aius, -eius, -aeus, -eus로 붙는 형태는 라틴어 가족이며, -arna, -erna, -enna, -ina, -inna로 끝나는 성씨는 '에트루리아' 가족의 특징이다. 씨족의 이름은 여성이었다고 한다. 문자 K는 라틴어의 드문 케이스이며, 'Y, Z'는 그리스어에서 차용하였으며, 문자 W는 고전 라틴어로 존재하지 않았다고 한다. 특히 어미에 우스Us(이제 시작하는 처음의)가 붙는 형태인 Aius, −eius, −aeus, −eus는 로마로 진출된 제반 종족으로 연구하였다.

* Abronia(광명) * Abueia(광명) * Acilia(고리)
* Actoria(고리의 달) * Acutia(고리의 머리) * Aebutia(아버지 머리)
* Aemilia(우두머리) * Afrania(광명족) * Albia(얼 있는 아버지)
* Alfena(얼 있는 아버지족) * Aliena(얼 있는 신) * Amafinia(어머니의 아버지족)
* Ancharia(고리의 신) * Anicia(고리의 신) * Antia(머리의 신)
* Antistia(위대한 머리는 신의 머리) * Antonia(머리족의 신) * Apia(아버지)
* Appuleia(아버지의 광명) * Apronia(광명족) * Apustia(아버지의 위대한 머리)
* Aquinia(깨우친 사람들) * Arellia(우리의 태양) * Arpineia(우리는 아버지족)
* Articuleia(우리 머리의 고리) * Asconia(처음의 칸) * Aternia(달 사람들)
* Atilia(큰 달) * Atinia(머리족) * Autronia(달 사람들)
* Aviana(아버지의 신) * Aviena(아버지의 신) * Avidia(아버지 머리)
* Balventia(광명의 아버지족 머리) * Barbatia(광명의 아버지 머리)
* Betiliena(아버지 달의 신) * Betucia(아버지 머리의 고리) * Bantia(아버지족의 머리)
* Blossia(위대한 광명) * Bruttia(광명의 머리) * Bucculeia(밝은 고리)
* Burriena(태양 광명의 신) * Caelia(우리의 고리) * Caeparia(고리의 광명)
* Caepasia(위대한 아버지의 고리) * Caerellia(우리 태양의 고리) * Caesia(위대한 고리)
* Caetronia(고리의 달 사람들) * Caesulena(태양족의 고리) * Calavia(아버지 고리)
* Calidia(고리의 머리) * Calpurnia(고리의 광명족) * Calvisia(위대한 아버지의 고리)
* Cania(칸) * Canidia(칸의 머리) * Cantilia(칸의 달)
* Carfulena(고리의 광명족) * Carteia(고리의 머리) * Carvilia(고리의 광명)
* Castricia(달 고리의 고시) * Castrinia(고시의 달) * Cestia(고시의 머리)
* Catilia(달의 고리) * Cispia(고시의 아버지) * Cincia(칸의 고리)
* Cluvia(아버지 고리) * Cominia(곰의 신) * Consentia(칸의 위대한 사람 머리)
* Considia(칸의 위대한 머리) * Coponia(아버지족 고리) * Corfidia(고리 아버지의 머리)
* Cosconia(고시의 칸) * Cossinia(위대한 사람들 고시) * Cossutia(고시의 위대한 머리)
* Crassitia(처음의 고리 위대한 머리) * Crepereia(광명의 고리) * Critonia(머리족의 고리)
* Cupiennia(고리 아버지의 신) * Curiatia(고리의 머리) * Curtia(고리의 머리)
* Curtilia(달의 고리) * Cuspia(아버지 고시) * Digitia(머리는 고리의 머리)
* Domitia(머리는 어머니의 머리) * Dulia(달) * Durmia(어머니의 달)
* Egilia(큰 고리) * Epidia(아버지 머리) * Equitia(깨우친 사람들의 머리)
* Erucia(우리 고리) * Fabricia(아버지 광명의 고리) * Falcodia(광명의 고리 머리)
* Fidiculania(아버지 머리의 고리족) * Fonteia(아버지족의 머리) * Foslia(태양의 아버지)
* Fulvia(광명의 아버지) * Fundania(아버지족은 머리족) * Furia(광명)
* Furnia(광명족) * Gabinia(아버지족의 고리) * Gargonia(고리의 칸)

* Gegania(고리의 칸)
* Gellia(고리)
* Geminia(고리의 어머니 사람들)
* Gessia(위대한 고시)
* Grania(고리 사람들)
* Gratidia(머리는 고리의 머리)
* Hateria(태양, 달)
* Helvia(태양의 아버지)
* Helvidia(태양의 아버지 머리)
* Herminia(태양의 어머니족)
* Hirtia(태양의 머리)
* Hirtuleia(태양, 달)
* Horatia(태양의 머리)
* Hortensia(태양의 위대한 머리족)
* Hosidia(태양의 위대한 머리)
* Hostilia(위대한 태양, 달)
* Insteia(위대한 머리의 신)
* Laberia(태양의 광명)
* Labiena(태양 아버지의 신)
* Laceria(태양의 고리)
* Laetoria(태양과 달)
* Laetilia(태양과 달)
* Lafrenia(태양의 광명족)
* Lucilia(태양의 고리)
* Ligaria(태양의 고리)
* Lentidia(머리는 태양족의 머리)
* Lartia(태양의 머리)
* Latinia(태양의 머리족,라틴)
* Lecania(태양의 칸)
* Luscia(태양의 위대한 고리)
* Lutatia(머리는 태양의 머리)
* Maelia(우리 어머니)
* Mamilia(어머니는 우두머리)
* Manilia(우리 어머니족)
* Magia(어머니 고리)
* Minucia(어머니족의 고리)
* Norbana(우리 아버지족)
* Numicia(어머니 고리)
* Otacilia(머리의 고리)
* Papiria(아버지의 광명)
* Pinaria(우리 아버지족)
* Petronia(아버지 달사람들)
* Pompilia(부모님의 광명)
* Porcia(광명의 고리)
* Potitia(머리는 아버지 머리)
* Procilia(광명의 고리)
* Publicia(아버지 광명의 고리)
* Rabiria(태양의 광명)
* Quinctia(깨우친 사람들 고리의 머리)
* Quinctilia(깨우친 사람들 고리의 달)
* Romilia(태양의 우두머리)
* Roscia(태양의 위대한 고리)
* Rutilia(태양과 달)
* Sempronia(위대한 어머니는 광명족)
* Septimia(위대한 아버지 머리의 어머니)
* Sergia(태양의 고리)
* Sertoria(태양과 달)
* Servilia(태양의 광명)
* Sestia(위대하고 거룩한 머리)
* Sulpicia(태양의 아버지 고리)
* Tarpeia(달의 아버지)
* Tarquitia(달의 깨우친 사람들의 머리)
* Terentia(달 사람들의 머리)
* Tullia(달)
* Ulpia(우리 아버지
* Ummidia(어머니 머리)
* Verginia(광명의 칸)
* Sextilia(거룩한 달)
* Sicinia(위대한 칸)
* Balle(광명, 발레)
* Veturia(아버지의 달)
* Vilia(광명)
* Vipsania(아버지는 위대한 사람들의 아버지)
* Visellia(태양의 아버지)

참고 문헌, 링크 등

* 프랑스정부 싸이트(http://www.culture.gouv.fr/culture/arcnat/harsova/frbaik6.htm)
* 에릭 베켓 위버 : "항가리와 세르비아 인류학적 논의"(http://users.ox.ac.uk/-oaces/weaver.html/)
* 고대 유럽문명의 유적의 발견
(http://www.nature.com/nature/journal/v426/n6965/gull/nature02029.ml)
* Gimbutas 마리아(1974) 여신과 옛 유럽의 신 : 6500 BCE 3500 : (2판) 신화와 숭배 이미지-버클리 켈리포니아 대학교 출판부. 페이지 (17)
* Gimbutas 마리아 (1963) 발트족을
(http://web.archive.org/web/20130318061550/http://www.vaidilute.com/)
* 카레, 엔드류(2008년 11월) "Gobekli 테페를"
(http://www.smithsonianmag.com/history-archaeology/gobekli-tepe.html)
* "세계 최초의 사원" (http://www.archaeology.org/0811/abstracts/turkey.html) 고고학 잡지. 11월, 12월 2008페이지(23)
* 찰스 C, 맨 "종교의 탄생 : 세계 최초의 사원" 내쇼날 지오그래픽집.(219) 제6호(헤세이23월), pp. 34~59 :
* Polz, 다니앨 C, 2001년 "테베"에서 고대 이집트의 옥스퍼드 백과사전, 도널드브루스 레드포드에 의해 편집, 3권 3, 옥스포드, 뉴욕, 카이로 : 옥스포드대학, 384~388
* Sarianidi, VI "골든 힐의 보물", JSTOR(http://www.jstor.org/stable/504260)
* KR Veenhof, Kanesh : 고대 근동 애드의 문명의 아나톨리아 올드 아시리아 식민지.
* 조셉피셔, 보이오티아의 초기 역사 S.(27)
(http://www.perseus.tufts.edu/hopper/tex?doc=paus+9.7.6&fromdoc=perseus%3Atext%3A1999.01.0160)
* 그리스와 로마 전기및 신화사전(윌리암 스미스)
(http://www.perseus.tufts.edu/cgi-bin/ptext?doc=perseus%3Atext%3A1999.04.0104;query=entry%3D%234662;layout-;loc=)
* 소티 Liolitsas, 아르고스 (http://www.panargeiakos.gr/Argolida.hyml)
* 문헌-플루타르코스 영웅전, 해로도토스, 필폰네소스 전쟁의 역사
* 에게 해의 선사시대 고고학(http://www.projectsx.dartmouth.edu/classics/history/bronze-age/index.html)
* 페루 2007 Censos Nacionales (http://iinei.inei.gob.pe/iinei/RedatamCpv2007.asp?id=ResultadosCensales?ori=C)
* C.Michael 호건,파이스 토스 Fiendnotes(2007), 현대골동품을
(http://themodemantiquarian.com/site/10857/phaistos.html#fieldnotes)
* 북 키프로스 국가 계획 기관 2013.6 (http://www.devplan.org/Nufus-2011/nufus%20ikinci-.pdf)

* 2001년 Belgaum 지구의 인구 조사를
(http://www.onefivenine.com/india/village-Directory/List-of-Villages/List-of-Villages-Alphabetical.aspx?cki=&Combostate-code=29)
* 국제노동기구(ILO)의 인구조사 자료(http://www.ilo.comell.edu/il0/data.html)
* 이란의 역사(http://iranchamber.com/history/elamite/elamite.php)
* 볼리비아의 사법 수도 수크레(http://hamsucre.gov.bo/)
* 선형 밴드 도자기에 대해-로마 Grabolle 〈1〉(http://de.wikipedia.org/benutzer/Krtek76)
* United Nations Population Division(http://esa.un.org/unup/)
* 카르낙 브리티니에서 발 굴: Bossenno 고고학 연구
(http://archive.org/stream/excavationaatcar01milnuoft#page/n7/mode/2up)
* 고르노바다흐샨 자치구
(http://tools.wmflabs.org.org/geohack/geohack.php?language=ru&pagename=%Do%BB%DO%B0%B8)
* 뱅골의 아시아학회 논문집(http://books.google.com/books?id=WUOAAAAIAAJ)
* (33)네팔문화 : NeHCA의 연간저널
* 세계 Kirat 라이 조직(http//www.Kiratrai.org)
* 키라테 역사도서관 온라인(http://www.limbulibrary.com.np/books.tem)
* 수레시 칸트 샤르마, 우샤 샤르마-2005, "동북 인도의 발견 : 지리, 역사, 문화를-제3권 248페이지, 별도의 복종 친화적인 왕국으로 Davaka와 Kamarupa.
* "Kamakya 사원"(http://indianngos.com/issue/culture&heritage/monuments/Kamakhyatemple.htm)
* 인도 비하르주 고고학 공식 웹 사이트(http://yac.bih.nic.in/Da-01.htm#AgamKuan)
* 아시아와 오세아니아의 민족의 백과사전(인도 백과사전 '인디카' "토지의 식별 Kambojas"
(http://www.ekantipur.com/the-kathmandu-post/2011/05/17/metro/dancing-to-ubhauli-tunes/221801.ht ml)
* 케메르의 공식 웹사이트(http://www.kemer.gov.tr/)
* 황소자리(http://www.ianripath.com/startales/taurus.htm)
* 고전 지명사전(http://www.ancientlibrary.com/gazetteer/0039.html)
* 이란 자그로스 산맥(http://www.peakbagger.com/range.aspx?rid=42)
* 중국(티벳)의 소금호수 http://www.mindat.org/loc-157134.html)
* 타마라 M. 그린, 달신의 도시 : 하란의 종교적 전통(ISBN9004095136,ISBN978-90-04-09513-7)
* 투르키스탄 (http://web.archive.org/20080513095483/geocities.com/ai320/turkistan.htm)
* 차낙칼레(아소스)(http://www.canakkleayvacik.bel.tr)
* 네이버 캐스트 여행-부하라(부하)
http://navercast.naver.com/contents.nhn?contents-id=2653&path=%7c&leafld=241
* 편잡(http://ko.wikipedia.org/w/index.php?title=펀자브&oldid=10871092)
* 아모리인(http://britannica.com/eb/article-9007224/Amorite)
* 이스라엘 핀켈 스타인, 닐 애셔 실버만 : 다윗과 솔로몬 : 고고학자들은 신화를 해독.벡, 뮌헨 2006, ISBN 3-406-64676-5권,174=175

* 블레셋(http://www.nytimes.com/2007/03/13/scince/13phil.html?)
* 신학과 교회의 백과사전, 권8, 프라이 부르크, 1936쪽. 240~241
* 피에르 OBERLING : QASHQAI의 역사(http://www.iranicaonline.org/articles/qasqai-tribal-confederacy-i)
* 중앙아시아 스텝부족 연구(http://kungrad.com/history/st/masson/)
* 요르간 테페(http://www.fas.harvard.edu/semitic/hsm/NFNuziRest.htm)
* 케난 테페(kenan tepe) (http://arcserver.usc.edu/index.html)
* BBC 뉴스(http://bbc.co.uk/2/hi/science/nature/334517.stm)
* 프로 코로프,알렉산드르 Mikhailovich(1982). 위대한 러시아의 백과사전 (http://books.goole.com/books?id=mFONAQAAMAJ)맥밀란, 페이지(248).
* 카라탁 강유역(Karata)(http://www.orexca.com/img/tours/scientific/8.html)
* 고대 인도의 무역및 무역경로. 1977, p.7(94), 모티 찬드라 박사
* 팔리어 적절한 이름의 불교사전, 집1,1960. GP Malalasekera, p.526
* 무역로, 백과사전 인디카 : 인도, 파키스탄, 방글라데시, 1999, p.537, 시암싱샤시-역사)
* 초기 인도의 무역및 수출입(http://education.vsnl.com/atreyi/early-trade.html)
* 찰스에벨(1976) 알프스 저 편의 갈리아 : 로마지방의 출현
(http://books.google.com/books?id=lbwUAAAAIAAJ&pg=pa49)
* 이베리아 반도. 피셔, T(1920) : 스페인 "밀휴 로버트에서 국제지리" (http://books.google.com/books?id=wyUbAAAAYAAJ&pg=PA368)
* 타지키스탄 "파미르족 정체성의 형성과 통합"(http://etd.lib.metu.edu.tr/upload/12607111/index.pdf)
* 줄리어스 포코니를, "Spuren 폰 Grrmanen 메신저 알텐 아일랜드 보르 데르 Wikingerzeit 는" Zeitschrift celtische philologie 모피(11), 1917, 169-188(171)에서
* 헤로도토스에 의해 역사(펭귄 클레식), 존 M.Marincola 및 Aubery 드 Selincourt, ISBN 0-14-044908-6, 2003, 271 P, "트라키아 아폴로니아와 메셈 브리아 넘어 사는 사람들"
* 크리스토퍼 웨버 ; 엥거스 맥브라이드(2001). 트라키아, 700BC-AD 46 물수리 출판. 4P-ISBN 978-1-84176-329-3
* 프시케 ; 영혼의 숭배와 사이에서 불멸에 대한 믿음의 어원 : 그리스-Page 281 ISBN 0-415-22563-9, 2000 " 탈레스의 트라키아 부족의 분기"
* 존보드맨에 의해 켐브리지 고대역사 3권, 599페이지-1991 "플리니는 Moesic부족을 말한다"
* 아폴로 및 하드 1990 페이지. 103(도서3, 5.4) ; Grimal&맥스웰-Hyslop 1996, pp. 83, 230.
* 2003년 알바니아 온라인의 집(http://albanian.com/main/histoey/illyrian.html)
* 호머, 일리아드 21. 140-160
* JJ 윌크스, 1992에 의해 일리리아인들 ISBN 0-631-19807-5 쪽. 121, 156, 170-174, 190
* JJ 윌크스, 일리리아인들, 1992, ISBN 0-631-19807-5, 페이지.(92)
* 로마의 아피아가도의 역사 : 리리아 전쟁 : 02
(HTTP://WWW.LIVIUS.ORG/AP-A다/APPIAN/APPIAN-ILLYRIAN-1.HTML)
* JJ 윌크스, 1969 로마제국의 지방의 역사-달마티아(32페이지)
* JJ 윌크스, 일리리아인들, 1992, ISBN 0-631-19807-5, 페이지(203-210).

* Jt 코흐, 역사백과사전: 캘트문화(20060, 페이지 750−770.
* TF 0, Rahilly, 조기 아일랜드 역사와 문화(1946 더블린 연구소)
* "제프리키팅의 아일랜드 역사"(http://www.ucc.ie/celt/published/T100005A/index.htm)
* 맥 킬롭, 제임스(1998) "캘트신화의 사전"
* 마이어, 쿠노(에디션) "찬미 족보및 부족의 역사"(http://www.ucc.ie/celt/published/G105005/index.html)
* O, rahilly, 토마스F, 조기 아일랜드 역사와 신화 더블린연구소 1942
* 울프, 알렉스. 고대의 혈연? DAL Riata과 Cruthin(크루틴−고리의 머리족)
(http://www.academia.edu/1502702/Ancient−Kindred−Dal−Riata−and−the−Cruthin)2012)
* 타타르스탄 그리고 바시키르공화국 (http://tatar−congress.org/eng/?)
* 타타르스탄에 대한 일반정보
(http://www.ling.helsinki.fi/uhlcs/LENCA/LENCA−2/information/tatarstan.html)
* 아쇼카 기둥(http://flickr.com/photos/88916555@N00/3516336468)
* 중앙아시아의 고고학및 인도−유럽과 우랄을 구사하는 인구 식별의 문제
(HTTP://WWW.ling.ed.ac.uk/linguist/issues/14/14−934.html)
* 말로리, JP(1997) "Afanasevo 문화", 인도−유럽문화의 백과사전, 피츠로이 디어
* 비블로스 글자 표기와 프로토−알파벳 Colless,브라이언E 묶−Nahrain/고대 근동연구 30(1992) 15−62.
* 밀라(1986) AR "알파벳의 유년기" 세계 고고학. 390−398쪽
* 레이(1986), "이집트 쓰기의 출현" 존 D. 초기 쓰기 시스템 ; 3분의 17쪽. 307−316.
* 조기 동부 이란과 Atharvaveda, Persica−9, 1980, 87쪽, 마이클 WITZEL 박사
* 산스크리트어 Mudrarakshasa에서 원본 텍스트 Kamboja Bahlikah Shudrastathabhira의 narottama. (36)(MBH 187분의 3/28−30)
* 에드 마사 T. 로스 : 시카고. 대학의 동양 연구소의 아시리아 사전 21권. 시카고대학의 동양 연구소(26), (http://uchicago. edu/research/pubs/catalog/cad/)
* 2011. 6. 26. 인도뉴스(http://news.in.msn.com/international/article.aspx?체−documentid=5235189)
* 브리테니카 백과사전−수메르어(http://www.britannica.com/EBchecked/topic/573229/Sumerian−language)
* "수메르" 라이프 치히 : 진화인류학 막스 플랑크 연구소(독일)
(http://glottolog.org/resource/languoid/sume1241)
* 작은 타타르 (http://www.raremaps.com/gallery/detail/1761RB/Tartaria−D−ouro−piccola−Tartaria−divisa−da−Giacomo−Cantelli−da/Cantelli%20da%20Vignola−Rossi.html)
* ^B Alasdair WR 깎는, 신석기시대 유럽 : 새로운 세계의 창조, 페이지(101) 캠브리지 대학 출판부, 1996
* 타타리아 테블릿의 활용−Merlini, 마르코 ; Lazarovici, 게오르게(2008)
(http://arheologie.ulbsibiu.ro/publicatii/ats8/acta%207.pdf)
* 일로나 Vaskeviciute. Semigallian 문화영역
(http://www.istorija.lt/la/arch20−05engVaskeviciute.htm)

* 요한슨, 라스. 1998년 "투르크의 역사"에서. 1998. 투르크 언어. 런던 : 루트리지ISBN 0-415-08200-5
* Akhatov G.Kh, 1963 "방언 서 시베리아 타타르"(논문). 우파(러시아어)
* MENGES, KH 1968 투르크 언어와 민족:투르크 연구에 대한 소개.비스바덴 : Harrassowitz.
* ∧ 선형 동부에서 Rhodopes에서 스크립트(2005년 5월) (http://kroraina.com/thracia/ovcharov/)
* 미노아의언어 (http://www.cretegazette.com/2006-02/minoan-language.php)
* 채드윅,존(1967),선형B의 해독. 케임브리지 대학출판, ISBN 0-521-39830-4.
* 성경 고고학협회(성경 고고학 리뷰)
(http://www.bib-arch.org/bar/article.asp?PublD=BSBA&ssue=6&ArticlelD=9)
* 중국의 문화 역사-3 박사 애드워드 트립, A-1120 비엔나의 '하나라'
(http://www.shiatsu-austria.at/einfuehrung/kultur-40.htm)
* ∧BC E. J. Peltenburg;알렉산더 Wasse;레반트(2004)에서 비블로스(Byblos):
(http://books.google.com/books?id=6mKBAAAAMAAJ)
* ∧ 트레버 브라이스, 히타이트왕국의 새로운 버전, 옥스퍼드 대학 출판부, 2005페이지 : (12)
∧녹색 알베르토. RW(2003). 고대 근동의 폭풍-하나님. Wioana 호수 : Eisenbrauns. pp. 89~103. ISBN1-57506-069-8
* Akurgal, Ekrem, Hattian과 히타이트 문명 ; 터키공화국의 간행물 ; 2001 ; 300페이지, ISBN 975-17-2756-1
* ∧이집트 "람세스Ⅱ와 히타이트 하투실리3세 사이의 평화조약"
(http://www.reshafim.org.il/ad/egypt/ramses-hattusili-treaty.htm)
* The Cruithni are discussed by Byrne, Irish Kings and High-Kings,pp.106-109, Early Medieval Ireiand, pp. 48-50.
* ASI 하리아나의 Bhirrana 오래된 Harappan 사이트
(http://timesofindia.indiatimes.com/city/chandigarh/Haryanas-Bhirrana-oldest-Harappan-site-Rakhigarhi-Asias-largest-ASI/articleshow/46926693.cms)
* 유네스코 세계문화 유산, 2004. "메르가르의 고고학 사이트"
(http://whc.unesco.org/en/tentaivelists/1876/)
* 허스트. K.크리스를. 2005. "메르가르"(http://archaeology.about.com/od/mterms/g/mehrgarh.htm)
* 사이언스 데일리∧http://www.sciencedaily.com/releases/2009/04/090423142541.htm)
* 터어키 언어∧http://turkic-languages.scienceontheweb.net/Proto-Turkic-Urheimat.htm)
* "역사 언어학의 새로운 관점"-'폴 키파 스키' (http://web.stanford.edu/kiparsky/Papers/handbook.pdf)
* 러셀 D, 쿠엔틴 D, 엣킨슨 : 언어-인도유럽어족 : 아나톨리아
(http://language.psy.auckland.ac.nz/files/gray-and-atkinson2003/grayatkinson2003.pdf)
* 비 Invasionist 모델(http://www.voiceofdharma.com/books/ait/ch63.htm)
* 크로우 사회-까마귀(http://crow.bz/main/people.htm)
* 엘사 스피어 바이런 컬랙션
(http://www.montana.edu/wwwmor/photoarc/byron/byron-index.htm)
* Gimbutas에 마리아(1963), 발트족·런던 : 템즈와 허드슨, 고대민족과 장소(33).

* Gimbutas에 마리아(1965) 중부 및 동부 유럽의 청동기 시대 문화, 헤이그/런던
* Gimbutas에 마리아(1980) "청동기 시대 유럽에 유라시아 대초원 목축의 첫 번째 물결" '인도-유럽연구' 저널 8 : 277-338
* Gimbutas에 마리아(1980), "유럽에 르간 파#2(c.3400-3200BC) 및 문화의 다음 변환 '인도-유럽 연구' 저널 8 : 273-315
* Gimbutas에 마리아, 산 윈 다니엘 Shimabuku(1989) 그리스에서 신석기시대의 정착, 6400-5600BC "로스엔젤레스 : 고고학연구소", 켈리포니아 대학
* Martiros Kavoukjian, 아르메니아, Subartu, 수메르 : 인도-유럽 고향과 고대 메소토타미아 트랜스, N,ouzounian, 몬트리올(1987), ISBN 0-921885-00-8
* B 알베르토 Ravinell 휘트니 그린(2003). 고대 근동의 폭풍 신 (http://books.google.nl/books?id=ZGjcLBYTUUgC&pg=PA62#∨=onepage&q&f=false)
* 트레버 브라이스(2014) 3천년 역사 : 고대 시리아 (http://books.google.nl/books?id=41-MAgAAQBAJ&pg=PA20#∨=onepage&q&f=false)
* 페니키아의 신학 : Sanchoniatho에서(http://www.sacred-texts.com/cla/af/af01.htm)
* B 무어, AMT(1978), 레반트지역의 신석기시대, 옥스퍼드대학 : 미공개 박사학위 논문 (http://ancientneareast.tripod.com/143.htm) pp. 329~339
* 리나G박사의 "ICOMOS유산(국제기념물 유적협의회) (http://www.international.icomos.org/risk/world-report/2006-2007/pdf/H@R-2006-2007-28-National-Report-Lebanon.pdf)
* 라틴어 사전(http://www.archives.nd.edu/cgi-bin/lookup.pl?stem=dardani&ending=)
* 페르세우스에, Dardanioi, 게오르그 Autenrieth, "호머사전을"(http://www.perseus.tufts.edu/cgi-bin/ptext?
* 알바니아의 어원 사전, V.Orel, Koninklijke 브릴, 라이덴 보스턴 쾰른 1998, p. 56.
* 알바니아어-영어의 온라인 사전(http://www.argjiro.net/fjalor/index.php)
* 전 로마시대에 중앙 발칸부족 : Fanula papazoglu에 의해-Triballi, Autariatae, Dardanians, Scordisci 및 Moesians, ISBN 90-256-0793-4, 256페이지
* 이스라엘 포스트 (http://www.jpost.com/Israel/Blaze-destroys-Arava-landmark)
* Magrill, 파멜라, 대영박물관에서 '라기스'컬랙션 연구원의 가이드 (http://www.britishmuseum.org/research/publications/research-publications-series/2006/the-lachish-collction.aspx)
* "canaanisms에 특별한 주의, 아마르 문자의 언어" 라이프 치히 1909 (http://archive.org/details/diesprachederama00bh)
* Kenoyer, 조나단 마크(1998). 인더스문명의 고대도시. 옥스퍼드 대학 출판부 p. 96. ISBN 0-19-577940-1 "인더스 도시의 무역 식민지"
* Bowersox, 게리 W : 챔벌린, 보니타 E 박사. D(1995). "아프가니스탄의 보석"·기원전 2,000년에 대한 인더스 계곡 문명이 'Shortughai'에 있는 'Harappan' 식민지의 '라피스 광산'
* 바알, 초승달(http://www.touregypt.net/featurestories/baal.htm)
* 맥과이어 깁슨, '도시와 기스(Gis-고시)의 지역'

(http://www.archive.org/download/sumerianpalaceac12mack/sumerianpalaceac12mack.pdf)
* 전자 펜실베니아 수메르 사전(EPSD) (http://psd.museum.upenn.edu/epsd/epsd/e3066.html)
* 고고학의 UCL연구소(2010년)－세르비아의(기원전 5,000년) 구리 생산의 증거 발견 (HTTP://WWW.UCL.ac.uk/archaeology/calendar/articles/20100924)
* Parpola, 하기 Asko(2005) "인더스 스크립트의 연구"(http://www.helsinki.fi/~aparpola/tices－50.pdf)
* 요아 킴 Willeitner : 누비아, 아스완과 하르툼. 사이의 고대유적 Hirmer, 뮌헨 1997, ISBN 978－3－7774－7500－4
* 누비아(http://commons.wikimedia.org/wiki/Category:Nubia?uselang=de)
* 베를린의 훔볼트대학의 고고학 탐험 (http://nubianexpedition.com/)
* "이전 그리스어 신석기 시대의 개발 및 관계"(http://www.jstor.org/stable/2799647)
* '아일린 머피' 남부 시베리아, 러시아에서 선사시대 인구의 연대기 검토 (http://qub.academia.edu/EileenMurphy/Papers/607411/New－radiocarbon－dates－and－areview－of－the－chronology－of－prehistoric－populations－from－the－Minusinsk－Basin－Southem－Siberia－Russia)
* Balkdia, '막시밀리안' 유선웨어/싱글무덤문화(http://www.comp－archaeology.org/CordedWare.htm)
* 프라하에서 발견된 고대의 매장지/press TV(2011년 4월 6일)(http://www.presstv.ir/detail/173456.html)
* 하키넨, 자코(2012) "우랄과 Yukaghir(유카기르)사이의 초기 접촉 (http://www.sgr.fi/sust/sust264/sust264－hakkinenj.pdf)
* 덴마크 초기 늦은 신석기 시대의 검토(http://www.jungsteinsire.uni－kiel.de/pdf/2005－vandkilde－low.pdf)
* JP말로리, "TRB 문화", 인도－유럽문화의 백과사전, 피츠로이 디어, 1997
* 덴마크 국립박물관－선사시대의 Skarpsalling 도자기 (http://translate.googie.co.uk/translate?hl=en&sl=da&uhttp://natmus.dk/historisk－viden/danmark/oldtid－indtil－aar－1050/bondestenalderen－4000－fkr－1700－fkr/skarpsallingkarret/&prev=/search%3Fq%3DSkarpsallingkarret,%3Doff26espv%3D210%26es－sm%3D93)
* 불가리아의 영토에 문화인 Hamangia와 Savia의 마지막 단계의 기념비 (http://revistapontica.files.wordpress.com/2009/10/pontica－37－38－pag－9－20.pdf)
* Lusatian(태양의 위대한 머리족) 문화 정착의 가설－청동기 시대에 도구 사용. 폴란드(http://www.dziejba.org)
* 허버트 E,사전 식민지 서 아프리카 구리의 사용 1973 측면, 아프리카 역사저널, 14:179－194
* 슬로토록 : 메로에문화 : 캐서린 A. 바드(에드). "고대 이집트의 고고학의 백과사전" 루트리지, 런던 1999, ISBN 0－7141－0986－X.
* 커스티 로완, 메로에－아시아 아프리카 언어에서 (http://www.soas.ac.uk/linguistics/research/workingpapers/volume－14file37822.pdf)
* 구석기 시베리아 게놈은 아메리카 원주민의 이중조상을 제시(2013년 11월23일)

(http://www.nature.com/nature/jounal/vaop/ncurrent/pdf/nature12736.pdf)
* 인도의 브리지아 언어의 하위분류-오스트로아시아틱, 북한문다어, 문다어, Kher warian , Asuric 언어 (http://www.ethnologue.com/17/language/bix)
* 인도의 Mundari 언어 (http://www.ethnologue.com/language/unx)
(http://www.oneindia.com/2006/05/15/bms-to-intensify-agitation-on-mundari-langure-1147760918.html)
* "카라슈크(Karasuk)문화"-인도 유럽문화의 백과사전,(JP 말로리) 피츠로이 디어, 1997.
* 홍산 문화의 돌 석상(http://blog.sina.com.cn/s/blog-517848220100c9v5.html)
* 남서부 독일 Hohle 펠스 동굴에서 '오리냐크'문화의 여성 입상
(http://www.nature.com/nature/journal/459/n7244/pdf/nature07995.pdf)
* 고르디온(Gordion-고리의 머리 사람들)발굴 1950-1973 ; 최종보고서 4권, 로드니 스튜어트 엘렌 L,퀼러길버트 케네스 53쪽
* 역사로서의 「山海經」의 지리적 개념 고찰(최두환박사-경상사학회 2008. 12)
* 부산 사투리 사전(부산 사투리를 사랑하는 사람들의 모임/감수 : 이삼성, 발행 : 안태봉 2003년 06월 26일 ISBN 89-90586-04-6
* 조선어 방언 연구(황대화 저) 영인 : 한국문화사/발행 : 료녕민족출판사 2000년 9월 1일
ISBN 89-7171-965-6, 261-263쪽, 300-317쪽
* 전라도 방언 사전(주갑동 저) 수필과 비평사 2005년 4월 15일 ISBN 89-7135-772-1, 1-100쪽
* 이형구, 「단군을 찾아서」(살림터 출판사), 1994년 판
* 증산도의 『환단고기』-안경전 역주 ISBN 978-89-94295-23-7
* 환단고기(임승국, 정신세계사) 1986년6월 11일
* 한민족사 중앙연구회 2/4분기 학술발표회(정진만) "고대국가의 도읍지를 밝히며" "금관 가야의 위치 비정"
* 잃어버린 역사 보이는 흔적(인터넷 역사 카페)-이진우 박사-"고조선의 기원은 2546년이다."
* 이진우 박사의 "고대사 노트" 중 '한전(韓傳)'의 해석
* 과학동아 2016. 7월호(91페이지) : "DNA로 살펴본 인류의 이동"
* 사라예보 학교(http://dmc.ssst.edu.ba/ButmirNeolithicCulture/)
* 시리아(http://www.dgam.gov.sy/index.php?d=245&id=701)
* 고리(Gori)시의 웹사이트 : http://www.gori.gov.ge/
* 시리아의 '마리' 고고학사이트(http://www.dgam.gov.sy/index.php?d=245&id=701)
* 아라멘 아셀 아라라트의 사람들을. 2009쪽. 290-291. ISBN 978-4392-2567-7
* 우라르투(태양의 머리) / 아르메니아의 역사(http://www.livius.org/arl-armenia/urartu.html)
* 그루지(우리 고리),이란관계의 역사) (http://iranica.com/articles/georgia-ii-history-)
* 에프탈리테(Hephtalites-아버지의 흰 빛나는 달의 머리)
(http://www.azargoshnasp.net/history/Hephtalites/Hephtalites.htm)
* 컬럼비아 백과사전- 에프탈리테 (http://www.iranica.com/newsite/articles/v12f6/v12f6008.html)
* 에프탈리테-HW 베일리, "하라-hūṇa", Asiatica.Festschrift 프리드리히 웰러, 라이프 치히, 1954,

pp. 12~21.
* MK Dhavalikar, "아프가니스탄에서 두 Gaṇeśa 동상에 참고" 동서 21, 1971, pp. 331~36.
* 키다리테와 에프탈리테 기간 프란츠 Grenet, "Kidarite과 Hephthalite 기간에 중앙 아시아와 노스 웨스트 인도 지역의 상호 작용", 영국 아카데미 논문집 (116) 2002, pp. 203~24
* 중앙아시아의 역사-에프탈리테 BA Litvinsky, 학사 Litvinsky 등의 "에프 탈", EDS, 중앙 아시아, 3세의 문명의 역사 : 문명의 교차로 : AD 250-750 , 파리, 1996, pp. 135~62.
* IDEM, "화이트 훈족과 인도 북서부 국경의 역사에서 혈연 부족" 인도 골동품 상 (34), 1905, pp. 74~85.
* 유연의 지도(http://www.shuku.net:8080/novels/zatan/cydglngls/03.html)
* 포르투칼의 켈트족-테레샤 Judicr Gamito, 알 가르 베의 대학
(http://www.uwm.edu/celtic/ekeltoi/volumes/vo1616-11/gamito-6-11.html)
* 후안 루이스 가르시아 알론소, 살라망가 대학, "Briga 이베리아 반도에서 Toponyms"
http://www4.uwm.edu/celtic/ekeltoi/volumes/vol6/6_15/garcia_alonso_6_15.html
* 시스코 마르코 시몬(사라고사 대학), "이베리아 반도의 고대 캘트족의 종교, 종교의식"
(http://www4.uwm.edu/celtic/ekeltoi/volumes/vol6/6_6/marco_simon_6_6.html)
* 곤잘로 루이스 사파테로-콤 플루 텐세 마드리드 대학교 알베르토 제이 Lorrio-드 알리 칸테 대학교, "이베리아의 켈트족"(http://www4.uwm.edu/celtic/ekeltoi/volumes/vol6/6_4/lorrio_zapatero_6_4.html)
* 알프레도 곤잘레스-Ruibal-"이베리아의 켈트의 예술적 표현과 소재 연구"
(http://www4.uwm.edu/celtic/ekeltoi/volumes/vo16/6-3/gonzalez-ruibal-6-3.html)
*〈마르틴 알마-Gorbea-콤 플루 텐세 대학, 알베르토 제이 Lorrio-드 알리 칸테 대학, " Celtiberian 세계의 전쟁과 사회" http://www4.uwm.edu/celtic/ekeltoi/volumes/vol6/6_2/gorbea_lorrio_6_2.html
* 초신성의 인도문명 붕괴에 관한 : 제임스 A, Marusek
(http://www.breadandbutterscience.com/IndiaCataclysm.pdf)
* 하인리히 슐리만, "트로이의 유적"(NY, 아르노 압박, 1976) pp. 113~114
* 힌두쿠시의 숨겨진 땅--누리스탄(우리의 위대한 머리족)
(http://users.sedona.net/~strand/Nuristani/Kamkata/Kom/kom.html)
* 2001년 미국 의회 도서관-누리스탄, 아프가니스탄(http://countrystudies.us/afghanistan/47.htm)
* 아프가니스탄(아버지 칸의 위대한 머리족)의 주요 도시와 인구
(http://www.geohive.com/cntry/afghanistan.aspx)
* 인도, 이란, 아프가니스탄의 카메라 게오르그 MORGENSTIERNE, 노르웨이 오슬로 국립도서관
(http://www.chart.ac.uk/chart2001/papers/noframes/witek.html)
* 셈족 Afrasian에서 루트확장, 형성- "비교 셈족에 바르셀로나 심포지엄 논문"
(http://starling.rinet.ru/Texts/semroot.pdf)
* 오모틱(Omotic-어머니 머리)언어-비교언어학의 측면에서(알렉산더 Militarev, 모스코바)
(http://starling.rinet.ru/Texts/fleming.pdf)
* 비잔틴제국시대의 '카스토리아(kastoria-고시의 달)'
(http://odysseus.culture.gr/h/1/eh151.jsp?ob-id=3401)

* 핀란드(http://www.dmoz.org/Regional/Europe/Finland)－핀우그릭
* 부코바르 스리엠(Vukovar－Srijem－아버지 고리의 광명의 태양의 어머니) 〈크로아티아〉(http://www.otok.hr/)
* 중앙아시아와 캅카스 연구(http://www.oc.unito.it/en/index.html)
* 아디게야 공화국(http://www.adygheya.ru)
* 이란의 그룹(지도, 인구, 언어등) (http://www.everytongue.com/iran/)
* 킴메르(브리테니카 사전) (http://www.britannica.com/EBchecked/topic/117922/Cimmerian)
* 고대역사－킴메르(고리 어머니의 우두머리)
(http://www.livius.org/cg－cm/cimmerians/cimmerians.html)
* 소말리아(위대한 우두머리) 보고서(언어 등) (http://www.ethnologue.com/country/SO/languages)
* 쿠미크(곰) 언어(http://peoples.org.ru/kumyk.html)
* 동경 외국어 대학 학술 아카데미－家島彦一, "동아프리카 스와힐리어 문화권의 형성"
(http://repository.tufs.ac.jp/handle/10108/21773)
* 브라질의 탈리안언어(Talian－달의 사람들) http://www.coromarmolada.it/talian.htm
* 타르테 소스(지중해) (http://antiquity.ac.uk/ProjGall/kuhne/)
* 아모스 9장 : 7 '갑톨'에 대한(http://www.godrules.net/library/gill/28gillamo9.htm)
* 아나톨리아 문명(http://www.cliolamuse.com/spip.php?rubrique5)

(외부 링크)

* 빈카의 문화(http://pagesperso－orange.fr/atil/atil/y15.htm)
* 라 protohistoire, 마르셀 OTTE 2008년(ISBN978－2804－159238)
(http://www.statemaster,com/encyclopedia/Rohonc－codex)

humanjourney.us. 인도－유럽 (http://www.humanjoumey.us/IndoEurope.html)
* 샬린 spreynak(2001), 백래쉬의 해부학 ; 마리아Gimbutasdpdml 작업에 관한
(http://www.charlenespretnak.com/file/JoA－article－by－CS－on－MG.pdf)
* 터어키어 역사학회(www.ttk.org.tr/index.php?page=sayfa&No=166)
* 아나톨리아문명－시카고대학 동양연구소(http://humanities.uchicago.edu/orgs/xstar/eCHD)
* 2011년 발굴 퀼 테페 보고서
(www.ttk.org.tr/templates/resimler/file/Kazilar/2012/3－kultepe－2011.pdf)
* 고대 테베에 관한 더 많은 정보, 세계문화유산(http://whc.unesco.org/en/list/87/)
* 아프카니스탄은 국가가 박트리아 보물을 보호
http://www.rferl.org/featuresarticle/2006/6/d33e29b5－5b79－48cc－9624－545c4a7f9b57.html).
* 설형문자 태블릿 케이스－메트로폴리탄 미술관
(http://www.metmuseum.org/tosh/works－of－art/66.245.5b)
* 아나톨리아 오리엔탈 Arslantepe 싸이트의 Missione Archeologica의 italiana
(http://w3.uniromal.it/arslantepe/the%20site.htm)
* 테르매즈 박물관(http://tam.uz/?lang=en)
* Wetterprofi 독일어(http://www.wetterprofi.com/current/AF/10934)

* 아르고스 지방자치단체의 공식 웹 사이트(http://www.argos.gr)
* 그리스 세계의 재단, 아테네의 아고라(http://www.tholos254.gr/projects/agora/)
* 그리스의 역사(http://www.sikyon.com/Athens/athens-gr.html)
* 공식 올림포스 사이트(http://www.arxaiaolympia.gov.gr)
* 쿠마강(곰)(http://en.wikipedia.org/w/index.php?title=Kuma-river-(Russia)&ol양=640042585
* 쿠마라 굽타의 사진및 정보(http://coinindia.com/galleries-kumaragupta.html)
* 아타카마 사막에 대해(http://www.sanpedrodeatacama.org)
* 칠레의 고메즈 섬(http://prostir.museum/museums/en/detail?id=1413)
* 이란의 백과사전-알틴테페에서(http://www.iranica.com/newsite/)
* 유라시아 청동기 시대 1991(http://www.drummingnet.com/alekseev/ChapterVPIIpart2.html)
* 고누르테페의 고고학 사이트(http://blacksandsfilm.wordpress.com/)
* 아프가니스탄 국립박물관(http://www.metmuseum.org/special/afghanistan-treasures/more.asp)
* 캄보디아 캄포트주에 프로필(http://www.investincambodia.com/Kampot%20province%20profile.htm)
* 영국 도서관(http://www.collectbritain.co.uk/personalisation/object.cfm?uid=019PHO000001003U0210C000)
* 후르리인 왕조-미탄니(http://ancientneareast.tripod.com/Hurrian-Kingdom-of-Mitanni.html)
* 타지키스탄의 고르노-바다흐샨 지역의 지도(http://www.parmirs.org/images/maps/pamir-gr.jpg)
* 다키안을 Toponyms, hydronims 및 부족 이름(http://www.minir.개/publicat/damian/topo.html)
* 에린침략의 서, 책 1-8(http://www.maryjones.us/ctexts/leborgabala.htm)
* 알파벳은 상형문자에서(성경고고학 검토, 2010년)
(http://members.bib-arch.org/publication.asp?publD=BSBA&Volume=36&ssue=02&ArticlelD=06)
* 프로토-Sinaitic의 사진 및 이후 셈족 비문(http://www.ancient-hebrew.org/6-early.html)
* 페니키아문자(http://ko.wikioedia.org/index.php?title=페니키아-문자&oldid=12877551)
* 아람어 페이지(http://arabic.gooside.com/aramaic/)
* 제국아람어문자(http://arabic.gooside.com/aramaic/moji-imp/imp-hyou.html)
* 라틴어 저서 도서관(http://thelatinlibrary.com/)
* 아람어프로토-히브리어알파벳(http://www.omniglot.com/writing/aramaic.htm)
* 고대 히브리어 알파벳(http://www.jerusalem-insiders-guide.com/ancient-hebrew-alphabet.html)
* 아카디아-영어-프랑스어 온라인 사전(http://www.assyrianlanguages.org/akkadian)
* 아카드어셈플(http://www.language-museum.com/encyclopedia/a/몸야무-cuneiform.php)
* 시카고대학의 동양연구소의 아시리아 사전(CAD)(http://oi.uchicago.edu/pdf/mad2.pdf)
* 티무르 제국(http://www.ucalgary.ca/applied-history/tutor/islam/mongols/timurid.html)
* 크리,이오아나는 Tartaria(타타리아)정제 표시판-루마니아 민속 예술에서 발견
(http://www.prehistory.it/ftp/arta-populara01.htm)
* 고대 그리스어 알파벳
(http://www.webtopos.gr/archives/languages/greek/alphabet/chart-gre-anc-alphabets-

cities-1369* 1301-tr-gif)
* Merlini, 마르코, 밀라 Tartaria 및 Tartaria 정제의 발견
(http://www.prehistory.it/ftp/tartaria-tablets/merlinitartaria.htm)
* 영어, 스페인어, 아니마라어의 언어에 대한 광범위한 웹사이트(http://www.aymara.org)
* DAIDALIKA-스크립트및 미노아와 미케네 그리스의 언어
(HTTP://WWW.TEICRETE.GR/DAIDALIKA/)
* 크레타 시린 로그인(HTTP://aum-in-crete-and-america.blogspot.com/2007/08/aum-sign-in-crete.html)
* 코미어(곰)-러시아어 사전(http://foto.com.komi/vocabular/)
* 오르콘 벨리, 몽골 투르크 비문(http://gokturkanitlari.appspot.com)
* 투르크언어 : 자원-미시간대학교(http://www.umich,edu/~turkish/langres-turkic.htm)
* DAIDALIKA-스크립트및 미노아와 미케네 그리스의 언어(http://www.teicrete.gr/daidalika/)
* 레바논, 삼목의 땅 : 비블로스(http://tyros.leb.net/byblos)
* 비블로스 정보(http://www.middleeast.com/byblos.htm)
* 무르실리실록(Mursilis)(http://membres.lycos.fr/hatti/texts/mursili-8.html)
* Hattians-아나톨리아 먼저 문명
(http://ancient-anatolia.blogspot.com/2006/09/hattians-first-civilization-in-anatolia.htm)
* 역사파일 : (하투샤)(http://www.historyfiles.co.uk/KingListsMiddEast/AnatoliaHattiHattusa.htm)
* 고대사 추론 (http://atil.pag esperso-or ange.fr/atil/y15.htm)
*"석기시대 사람이 사용하는 치과 의사의 드릴 "BBC 뉴스-'메르가르'"
(http://news.bbc.co.uk/2/hi/scirnce/nature/4882968.stm)
*"메르가르, 파키스탄 : 9000년-오래된 문명 정착의 발견" SEMP
(http://www.semp.us/publications/biot-reader.php?BiotID=579)
* 인더스 메르가르 고고학 임무:고고학 연구 인더스 발루치스탄의 센터
(http://www.guimet.fr/Indus-and-Mehrgarh-archaeological)
*"Pontic의 대초원"(http://Worldwildlife.org/ecoregions/pa0814)
* 구글지도 : Pontic의 카스피해 대초원
(http://maps.gogle.com/?t=h7om=0711=49.382373,41.440437spn=11.07443,29,311523)
* 아르메니아 고원에서 인도유럽어족의 마이그레이션의 이미지
(http://www.history.upenn.edu/coursepages/hist086/material/indoeuropeanlanguagemigation.jpg)
* 언어와 하위 분기 인도-유럽을 보여주는 인도유럽어족의 가계도
http://www.public.iastate.edu/cfford/Indoeuropean%20language%20family%20tree.jpg)
* 크리어 발음안내(http://www.native-languages.org/cree-guide.htm)
* 까마귀 부족회의 웹사이트(http://tlc.wtp.net/crow.htm)
* 리틀 빅 혼 대학 도서관(http://lib.lbhc.cc.mt.us/)
* 역사적 크로우 사진집(http://www.picture-history.com/crow-index-001.htm)
* 크로우 인디언-그들의 땅, 연합군과 적
(http://www.flickr.com/photos/lakota-sioux-and-comanche-indians/13474554943/sizes/o/in/

photostream/)
* 마리(아랍어)문화 웹사이트–시리아 (http://www.dgam.gov.sy/index.php?d=245&id=701)
* 유네스코 세계의 문화유산('마리의 하리리') (http://whc.unesco.org/en/tentativelists/1294/)
* 유태인의 백과사전 : '라기스'
(http://jewishencyclopedia.com/view.jsp?artid=10&letter=L&search=Lachish)
* 늦은 청동기 시대 포터의 '라기스'에서 워크숍, 이스라엘 인터넷 고고학
(http://dx.doi.org/10.11141/ia.9.8)
* 'fkrltm'의 아시리아 부각의 이미지(http://www.lmlk.com/research/lmlk–relifs.htm)
* 아마르정제의 전자버전(http://www.tau.ac.il/humanities/semitic/amarna.html)
* 텔아비브의 대학 웹페이지(http://cdli.ucla.edu/dl/photo/p135963.jpg)
* Chalcolithic 시대 (http://www.iranicaonline.org/articles/chalcolithic–era–in–persia)
* 바르나 (광명의 사람들)고고학 박물관
(http://www.amvarna.com/eindex.php?lang=2&lid=2&slid=&slid=1)
* 고고학사이트 –Vucedol, 영어의 유물에 대한 사진,정보(크로아티아)
(http://www.hr/darko/etf/vukovar.html)
* 스트라 세보 문화(STARCEVO)–위대한 달의 고리 아버지(다뉴브)
(http://www.donau–archaeologie.de/doku.php/kulturen/starcevo–english–version)
* 데이비드 에드워즈: "메로에와 Sudanic왕국"(http://wysinger.homestead.com/sudanic.pdf)
* 대영박물관 (http://www.britishmuseum.org/explore/cultures/europe/ancient–greece.aspx)
* '콜리스 존' 철기시대의 성벽
(http://www.hillfortsstudygroup.org.uk/2010%20Celticus%20Bibracte19.pdf)
* Hillforts 연구그룹(http://www.hillfortsstudygroup.org.uk/index.html)
(http://www.tataroved.ru/obrazovanie/textbooks/2/3/)
* 코로스 문화(Koros–위대한 고리))
(http://www.donau–archaeologie.de/doku.php/kulturen/koeroes–english–version)
* Bosnien(보스니안)–헤르체고비나, Okoliste Butmir(독일어 고고학 연구소)
(http://www.dainst.org/index–930–de.html)
* 과학 기술 탬퍼 프로잭트 JEP–41058=2006의 사라예보 학교
(http://dmc.ssst.edu.ba/ButmirNeolithicCulture/)
* 고대 시베리아의 골격은 유럽과 아메리카 원주민(존 Timmer)
(http://arstechnica.com/science/2013/11/ancient–siberians–skeleton–yields–links–to–europe–and–native–americans/)
* 라이프 치히 : 진화인류학 막스 플랑크 연구소–Birjia(브리지아) 언어의 분류
(http://glottolog.org/resource/languoid/id/bijo1238)
* 언어학의학과–Mundari–오스나브 뤼크, 독일의 대학
(http://www.southasiabibligraphy.de/Bibliography/Austroasiatic/Munda/Mundari/mundari.html)
* 카시언어(북동부 인도, 방글라데시–Khasic언어–고시어)–동남아시아 언어학 학회지
(http://pacling.anu.edu.au/series/SEALS–PDFs/JSEALS–4–2.pdf)

* 퉁구스언어- 다트머스 대학(http://www.dartmouth.edu/~trg/languages/preface.html)
* 언어학자의 목록--구스언어 페밀리(http://multitree.org/codes/tung)
* 자그레브 대학(고고학)-Dolukhanov, 파벨, Shukurov, Gronenborn, "중앙에서 신석기 시대 분산의 연대기와 동부 유럽" (http://www.ffzg.hr/arheo/ska/tekstovi/neolithic-dispersal.pdf)
* "북부 유라시아에서 신석기 분산 모델링"-류블랴나 대학(고고학)
(http://arheologija.ff.uni-lj.si/documenta/pdf31/31dolukhanov.pdf)
* 에스토니아 '나르바 강'에서 신석기시대의 개요
(http://ethesis.helsinki.fi/julkaisut/hum/kultt/vk/Kriiska/tekstid/02.html)
* 슬로베니아의 국립박물관(부세돌문화(Vucedol orion-아버지의 위대한 달)
(http://www.narmuz-lj.si/orion/eng/the-oldest-calendar.htm)
* 바틴문화(Vatin--아버지 머리족)-세르비아
(http://www.politika.rs/rubrike/Kultura/Vatin-cheka-arheologe.lt.html)
* trypillia, tripolskaja(트리폴스카 문화- 우크라이나 (http://www.trypillia.com/)
* Chasok Tangnam(네팔의 자숙(공경)머리족 어머니 (http://www.hknepal.com/hknews/?p=406
* 초기 키클라데스(keros-시로문화-BC 2700-2300)선사시대의 고고학(다트머스 대학 고고학)
(http://www.dartmouth.edu/~prehistory/aegean/?page-id=554)
* 크레타(Kommos 발굴-곰의 위대한 어머니)-캐나다 포론토 대학
(http://www.fineart.utoronto.ca/kommos/kommoslntroduction.html)
* 미노아크레타 웹사이트 Kommos페이지 (http://www.minoancrete.com/kommos.htm)
* 아테네 국립고고학 박물관(http://www.namuseum.gr/wellcome-en.html)
* 키클라데스 예술박물관 (http://www.cycladic.gr/frontoffice/portal.asp?cpage=NODE&cnode=1)
* 크노소스의 궁전(http://odysseus.culture.gr/h/3/eh30.jsp)
* 크레타(고리의 머리)역사박물관(http://www.historical-museum.gr/en/)
* Barabar(광명의 밝은) 동굴(http://www.mapability.com/travel/p2i/barabar-1.php)
* 시베리아 얼음 처녀(얼음 미이라)
(http://www.pbs.org/wgbh/nova/transcripts/2517siberian.html)
* 유네스코(세계문화유산센터) "알타이의 황금산맥"
(http://whc.unesco.org/en/list768)
* 쿠르간 문화(Kurgans-위대한 고리의 칸)
(http://www.iras.ucalgary.ca/~volk/sylvia/Kurgans.htm)
* 폴란드 고분의 광범위한 목록
(http://forum.gazeta.pl/forum/72,2.html?f=12217&w=22873085&v=2&s=0)
* 구멜리타-카라노보 문화(Gumelnita-Karanovo-고리 사람들의 아버지)
(http://www.cimec.ro/Arheologie/gumelnita/cd/default.htm)
(http://www.cimec.ro/Arheologie/gumelnita/cd/default.htm)
* Cucuteni(쿠쿠테니-고리의 머리 사람들)문화
(http://www.culture.gouv.fr/culture/arcnat/harsova/en/balk4.htm)
* 오리나크 문화 예술의 유럽-오리나크문화의 돌 도구 산업

(http://www.lithiccastinglab.com/gallery-pages/2002marchaurignacianpage1.htm)
* 금성인형은 석기시대에서(http://www.hominids.com/donsmaps/venus.html)
* CNN, 페루에서 잉카사원 발견
(http://edition.cnn.com/2008/TECH/03/15/PERU.TEMPLE.AP/INDEX.HTML)
* 흐 바르(Hvar-흰 빛의 광명) 문화--크로아티아어
(http://www.enciklopedija.hr/Natuknica.aspx?ID=26776) (HTTP://WWW.hvar.hr/portal?id=4)
* 마이코프 문화(Maikopsko)--러시아어
http://www.dissercat.com/content/drevneishie-zemledeltsy-i-skotody-predkavkazya-maikopsko-novosvobodnenskaya-obshchnost-proC.H.)
* 옥스포드 조상 웹사이트 (http://www.oxfordancestors.com/)
* '이브의 일곱 딸'의 검토 요약-사익스 브라이언
(http://www.allreaders.com/Topics/info-11088.asp?BSID=17212981)
* 36미토콘드리아 씨족중 '하나'(http://www.olypen.com/amelia/aiyana/)
* Y염색체 아담의 염기서열의 증거(http://www.pnas.org/content/97/13/7360.full)
* 세포생물학에서 미토콘드리아(독일어)(http://www.zytologie-online.net/mitochondrium.php)
* 로건의 이안 미토콘드리아 DNA사이트(http://www.ianlogan.co.uk/mtDNA.HTM)
* 몰타정부 웹사이트(http://www.gov.mt/)
* 알바니아 정부 공식사이트(http://www.parlament.al/)
* Nivkhs(Gilyak)-동부시베리아, 사할린의 종족등)
(http://www.eki.ee/books/redbook/nivkhs.shtml)
* ULCH(울치-우리의 고리)-러시아어 인구조사 2010-민족인구중에서
(HTTP://WWW.PEREPIS-2010.RU/RESULTS-OF-the-census/tab5.xls)
* 이란 '바크티아리'에 대한 평가 : 위험에 처한 소수민족
(http://www.farhangsara.com/bakhtiari.htm)
* 그리스어 종교 옥스퍼드 독서, (프리츠 그라프의)-로크리안(Locrian-태양의 고리족) 처녀
http://www.uark.edu/campus-resources/dlevine/Oxford11.html)
* 킬렌, 존 T.(2000) "Pylos에서 종교 : FN 정제의 증거"
(http://www.ulg.ac.be/archgrec/IMG/aegeum/aegaeum22(pdf)/50%20KILLEN.pdf)
* 하티-Hatti(태양의 머리) (아나톨리아고고학박물관)
(http://ancient-anatolia.blogspot.com/2006/09/hattians-first-civilization-in-anatolia.html)
* 카탈룩(Catalhoyuk)-신석기 시대 아나톨리아의 Hoyuk 발굴 (http://www.catalhoyuk.com)
* Catalhoyuk 사진(http://www.flickr.com/photos/catalhoyuk/)
* 헤로도토스. 역사-7,73(프리지아인)-고고학자 A.D.Godiey에 의해 영어로 번역
(http://www.perseus.tufts.edu/hopper/text.jsp?doc=Hdt.+7.73)
* 헤로도토스. 역사, 6.45 (http://www.parstimes.com/history/herodotus/persian-wars-erato.html)
* Brigantes(브리간테스-광명의 위대한 칸의 머리)국가 (http://www.brigantesnation.com/)
* 바바리안(아버지 광명의 사람들0의 지도 (http://www.antiquemaps.com/africa/nafrica.htm)
* (로크리스-Locris-태양의 위대한 고리)-'플라톤과 그의 대화'

(http://plato-dialogues.org/tools/loc/locris.htm)
* 야만인-Barbarian-바바리안(http://www.worldwidewords.org/qa/qa-bar3.htm)
* 터어키의 앙카라(Ankara-고리의 신)(http://www.ankara.bel.tr/)
* 나이지리아의 '테라'(Tera-머리의 태양) 언어(http://www.ethnologue.com/language/ttr)
* 라이프 치히 진화인류학 막스 플랑크 연구소-Glottolog
(http://glottolog.org/resource/languoid/id/tera1251)
* 2006년 아프리카-아시아 언어 분류 및 목록
(http://rogerblench.info/Language/Afroasiatic/General/AALIST.pdf)
* 아프리카의 쿠시틱 언어(환웅의 고시 언어)-브리테니커 백과사전
(http://www.britannica.com/EBchecked/topic/147348/cushitic-languages)
* 아프리카반투족의 '캄바-곰 아버지'언어-Kamba, 케냐
(http://www.panafril10n.org/wikidoc/pmwiki/PanAfrLoc/Kamba)
* 나이지리아의 "itsekiri"(머리의 위대한 고리)언어 (http://www.ethnologue.com/language/its)
* 숫자의 역사 (http://www.laputanlogic.com/articles/2003/06/01-95210802.html)
* 기리라(girira-태양의 고리) 언어-이디오피아의 소말리아어족
(http://www.sil.org/silesr/2002/SILESR2002-061.PDF)
* 상형 루비안(Luwian-태양의 아버지)언어를 영어로 표기한 케이스
(http://www.ancientscripts.com/luwian.html)
* 페니키아 알파벳(http://www.omniglot.com/writing/phoenician.htm)
* 남부 레바논의 페니키아인에 대한 탐구
(http://www.nowlebanon.com/NewsArticleDetails.aspx?ID=69741&MID=123&PID=2)
* 유카기르(Yukaghir-고리 언어)언어-고대 시베리아 어족, 스텐포드 대학교
(http://www.stanford.edu/~emaslova/Yukaghir.htm)
* 러시아 극동의 '유카기르' 어족(고리) (http://multitree.org/codes/yuka)
* 툰드라Yukaghir-고리 언어 프로잭트(네델란드 암스테르담 대학)
(http://home.medewerker.uva.nl/c.ode/)
* 역사 파괴자-바바리안(Barbari-아프리카의 반달족-밝고 밝은 사람들)
(http://www.roman-empire.net/articles/article-016.html)
* 짐바브웨 -은데벨레족(ndebele, Matebele -광명의 어머니 머리족)
(http://www.bulawayo1872.com/history/ndebele.htm)
* 키라타 왕국(Kirata-고리의 머리)-푸린다(Purinda-광명의 고리 사람들), 네팔
(http://en.wikipedia.org/w/index.php?title=Kirata-Kingdom&oldid=656623592)
* 알파벳-그것의 생성과 발전(http://www.bbc.co.uk/dna/h2g2/A2451890)
* 코펜하겐 대학의 응용언어학-"일반언어학 및 인도-유럽의 재건"
(http://www.kortlandt.nl/publications/art130e.pdf)
* 아프로 아시아어족 (http://www.ethnologue.com/show-family.sdp?subid=89997)
* 수단의 고고학-커마문화(곰)-에드워즈, 데이비드 N
(http://www.spicey.demon.co.uk/Nubianpage/SUDANARC.htm)

* 스위스 고고학 임무-“커마문화”(Kerma-고리의 어머니)
  (http://www.kerma.ch/index.php?lang=en)
* 코카서스의 언어지도 (http://www.hunmagyar.org/turan/caucasus/index.html)
* CIA 민족 언어지도 (http://www.lib.utexas.edu/maps/commonwealth/ethnocaucasus.jpg)
* 북부 백인 및 인도-유럽의 비교
  (http://linguarium.iling-ran.ru/publications/caucas/alw-cau-content.shtml)
* 바르(Bar-광명)언어-러시아, 아제르바이잔, 카카흐스탄, 그루지야, 터키-Abars종족
  (http://korpus.baltoslav.eu/index.php?mova=en)
* 하카스(Khakas-태양의 고시) 언어 알파벳-하카스 공화국
(http://www.tarbagan.net/fotj/KhakasLang.htm),
  * 하카스 공화국 (http://www.gov.khakasnet.ru/)
* 세계의 언어(파푸아 뉴기니의 언어-칼람어, Aforo(광명), 코로미라,Baluan(광명의 신), 구리아소
  (Guriaso-위대한 고리),
* 바라무(Baramu-광명의 어머니), 안간어(Angan-칸의 신)
  (http://www.ethnologue.com/17/language/kmh)
* 리비아의 ‘베르베르 언어’ (http://www.oocities.com/linguaeimperii/Libyan/libyan-es.html)
* 잔지바르(Zanzivar) (http://www.zanzinet.org/)
* 고대 수단(누비아), 쿠쉬-고시왕국 (http://www.ancientsudan.org/)
* 타지기스탄(Sarazm)의 프로토 도시 사이트-유네스코
  (http://commons.wikimedia.org/wiki/Category:Sarazm?uselang=de)
  (http://whc.unesco.org/en/list/1141)
* 아무다리야(Amudarja) (http://www.britannica.com/eb/article-9007285/Amu-Darya)
* 파슈토어(Paahtha, pushto-아버지의 위대한 머리) (http://www.ethnologue.com/language/pus)
* 폴리비우스, 역사, 2.39, 시바리스(Sybaris-위대한 광명의 사람들)
  (http://www.perseus.tufts.edu/hopper/text?doc=Plb.%202.39)
* 역사적‘브리트니’의 지도, 역사적 켈트족인 Armorica-우리 우두머리 고리)
  (http://www.historyfiles.co.uk./KingListsBritain/ArmoricaDomnonia.htm)
* 루비콘 강(Rubicon-태양의 아버지 칸)(http://www.livius.org/ro-rz/rubico/rubico.html)
* 플레이아데스의 ‘루비코’(http://pleiades.stoa.org/places/393484)
* 유럽의 역사 지도모음(http://www.euratlas.net/history/europe/800/index.html)
* 투르크 언어(http://www.dmoz.org/Science/Social-Scial-Sciences/Linguistics/Languages/Natural/Altaic/Turkic/)
* 오르콘 비문(몽골) (http://gokturkanitlari.appspot.com)
* 안데스 산맥의 ‘아이마라어(Aymara)' (http://www.aymara.org)
  (http://www.dw.de/bolivians-equip-ancient-language-for-digital-times/a-16102788-1),
  (http://www.illa-a.org/cd/diccionarios/LudovicoBertonioMuchosCambios.pdf)
* 볼리비아 정부의 ‘아이마라어’ 교육어휘 (http://www.illa-a.org/cd/diccionarios/arusiminee.pdf)
* 고대 히브리어 알파벳

(http://www.jerusalem-insiders-guide.com/anxient-hebrew-alphabet.html)
* 유테인 백과사전-히브리어 알파벳
(http://jewishencyclopedia.com/view.jsp?artid=1308&letter=A&search=Alphabet)
*팔라우 언어-오스트로네시아 어족 (http://www.pacificworlds.com/palau/onwards/lang8.cfm)
* 라틴어 저서 도서관(http://thelatinlibrary.com/)
* 모스코바-1732년,1736년 '타타르 지도'(http://www.davidrumsey.com/maps4540.html)
* 축지신화(Chukchee)-발데 마르, Bogoras(http://www.holyebooks.org/?=258)
* 발데 마르, Bogoras(1910)축지신화-미국 자연사 박물관 의 회고록
(http://digitallibrary.amnh.org/dspace/bitstream/2246/28/1/M12Pt01.pdf)
* '리처드 버튼' "카마수트라(영문 번역)"(http://www.indohistory.com/kamasutra.html)
* 산스크리트어 '카마수트라'
(http://titus.uni-frankfurt.de/texte/etcs/ind/aind/klskt/kamasutr/kamas.htm)
* Magadha(마가다)-비하르(Bihar)(http://www.peopleofbihar.com/page/ancient-history)
* 고대 인도 16국 (http://www.iloveindia.com/history/ancient-india/16-mahajanapadas.html)
* 고대 캄보자(Kamboja)제국
(http://www.kambojsociety.com/kamboja-ancient-kamboj-country.html)
* 성경의 목차-시편 20 : 7(성경의 전차-병거) (http://www.quranse.org/QueryEngine/index.php?)
* 카자흐스탄은 고조선의 12연방이었다.-카자흐스탄 국립대학교(카즈구 대학) 국제 관계학 김정민 박사의 4부작 동영상
(https://www.youtube.com/playlist?list=PLH0cknw1Gi3Ykq1G6vXQlBsBmfnsH4V_6)
* 페르시아 연구의 영국 연구소(http://www.bips.ac.uk/)
* 다키안(Dacian)의 용자리(http://casanoastra-romania-dacia.blogspot.com/2009/08/draconul.html)
* 항공우주국(NASA)천문학 서비스(http://adsabs.harvard.edu/abs/2001ApJ...546..455d)
* Cornell 대학의 천체 물리학(HTTP://arxiv.org/abs/astro-ph/0004258)
* 네브라(Nebra)스카이 디스크-독일(http://www.lda-lsa.de/en/nebra-sky-disc/)
* 청동 디스크 천문시계-독일(http://www.physorg.com/news11357.html)
* 산테리아 교-오리사(orisa)(http://cubanoluwo.com/index.html) (http://www.aboutsanteria.com/)
* 아시아 아프리카어 어원
(http://starling.rinet.ru/cgi/bin/response.cgi?root=config&morpho=0&basename=)
* 힌두쿠시의 어휘집(http://nuristan.info/lngFrameL.html)
* 리처드 F, 누리스탄의 언어(http://nuristan.info/Nuristani/Nuristanis1.html)
* 아프리카-아시아 언어의 가계도-Roger Blench, Mallam Dendo 케임브리지대학
(http://rogerblench.info/Language/Afroasiatic/General/AALIST.pdf)
* 지역별 비문 (http://www.csad.ox.ac.uk/CSAD/Catalogue.html)
* 중앙아프리카의 Bagirmi(아버지 고리의 어머니) 언어가족- 사라(sara-태양)
(http://morkegbooks.com/Services/World/Languages/SaraBagirmi/SaraLanguages.htm)
* 쿠리아 언어(kuria)-반투어의 케냐(http://www.ethnologue.com/language/kuj)
* 스와힐리어 UCLA 보고서(http://www.lmp.ucla.edu/Profile.aspx?LangID=17&menu=004/)

* 코모로 언어(니제르 콩고어족) http://www.chez.com/shingazidja/)
* 라이프 치히: 진화인류학 막스플랑크 연구소(콩고민주공화국의 'tetela'-머리 달 언어),
니제르, 콩고어족(토테라-Totela-머리의 달 언어)
(http://goto.glottolog.org/resource/languoid/id/tete1253)
* 중앙아프리카 공화국-- 타르(달), 구라언어, 카라(Kara-고리 언어)
(http://www.ethnologue.com/language/kcm)
* 스코틀랜드-'얼스터의 실록'(ulster-우리의 위대한 달), 알바왕국-Alba-얼있는 아버지
(http://www.ucc.ie/celt/published/G100001A/index.html)
* Tigernach 실록(머리의 고리) (http://www.ucc.ie/celt/published/G100002/index.html)
* 픽트 왕의 목록(러시아 판), Pictish(픽트-아버지의 위대한 머리)
(http://www.webcitation.org/68BUDSq87)
* 사르마티아의 역사와 언어연구, 제이 하르마타(Harmatta)
(http://www.kroraina.com/sarm/jh/index.html)
* 메트로폴리탄 박물관- '사르마티아'
(http://libmma.contentdm.oclc.org/cdm/compoundobject/collection/p15324coll10/id/96120/rec/302)
(http://www.metmuseum.org/information/terms-and-conditio)
* '우크라이나의 '아마존'-아스가르다 학교'(sgarda-처음 고리의 머리)
(http://jezebel.com/5366963/photographer-captures-ukrainian-amazons)
(http://www.planet-mag.com/2009/art/jenna-martin/asgarda/#http://www.planet-mag.com/blog/2009/art/jenna-martin/asgarda/)
* 헤로도토스의 '아마존'(http://www.amazons-info.com/)
* 미이라의 사진등-러시아판 (http://maximus101.livejournal.com/26356.html?thread=1015028)
* 잃어버린 부족을 찾아서-karatay(카라타이-고리의 머리족)
(http://books.google.de/books?=h-Qu1ywXo-wC&q=Kutrigur#v=snippet&q=kutrigur&f=false)
* 야만인-훈족(불가리아등) (http://www.historyfiles.co.uk/KingListsEurope/BarbarianHuns.htm
* 불가리아 kubrat(고리 광명의 머리)왕조의 보물
(http://www.goldensands.bg/cultural/treasure-pres.asp)
* 시사평론-정론직필을 찾아서
(http://newslibrary.naver.com/viewer/index.nhn?articleId=1920040100209205004&edtNo=1&printCount=1&publishDate=1920-04-01&officeId=00020&pageNo=5&printNo=1&publishType=00020)
* 멕시코의 톨 루카(Toluka)란 이름이 인도의 ' 비하르 주' 에 있다는 증명
(http://en.Wikipedia.org/W/index?title=Kishanganj-(Vidhan-Sabha-constiturncy)&oldid=689501094
* 카유카어 발음(http:www.native-languages.org/cayuga-guide.htm)
* 페루에서 고대 도자기(http://www.goodprovenance.com/incapots.htm)
* 스튜워드 줄리안 H (1948) 남미 인디언의 수첩 -환,카리브 해 부족 4권. 미국 민족학 게시판

– 스미스 소니언 연구소
* 아메리카 인디언의 국립 박불관
(http://www.nmai.si.edu/searchcollections/help/referencea/cultural.aspx)
* 바리 M, Fresia(2005), 칠레의 원주민. 산티아고 데 칠레 : 기본판, ISBN 978-956-310-985-6
* 라틴아메리카, 카리브 해(아르헨티나의 리오핀투라스 암각화-기원전 7,300년-Pinturas)
(http://whc.unesco.org/en/list/936)
* 페루의 고고학(Caral -고리의 얼)(http://www.arqueologiadelperu.com.ar/caral.htm)
* 나우아틀어 발음(http://www.native-languages.org/nahuatl-guide.htm)
* 나우아틀어 방언(http://www.ethnologue.org/show-family.asp?subid=1101-16)
* 코만치어와 문화보존 위원회 (http://www.comanchelanguage.org)
* 북미의 오논다가어(Onodowaga-신이 온다, 아버지 고리의 신, 세네카어) 발음
(http://www.languagegeek.com/rotinonhsonni/seneca.html)
* 북미의 몬타리오, 케나다, 퀘백지방의 모호크(어머니 태양, 아버지 고리) 어
(http://www.languagegeek.com/rotinonhsonni/mohawk.html)
* 크리어 사전(크리어-영어)(http://www.websters-online-dictionary.org/translation/Cree/)
* 투스카로라어(Tuscarora 머리의 위대한 고리, 미국 인디언 6부족중 하나의 언어)
(http://www.tuscaroranation.com/)
* 페루 쿠스코(Cusco-고시의 고리)지역 정부 사이트(http://www.regionCusco.gob.pe)
* 페루의 앙카시(Anqash-고시의 신)
(http://www.unfpa.org.pe/publicaciones/publicacionesperu/INEI-peru-bol22-Estimaciones-proyecciones-1955-2025-pdf)
* 페루의 중앙은행(RBA) "앙카시(Ancash-고시의 신) 부서의 특성"
(http://www.bcrp.gob.pe/docs/Sucursales/Trujillo/Ancash-Caracterizacion.pdf)
* 아메리카의 새로운 빛-카랄문명(Cara-고리의 얼), 미국 위니 프레드 크리머, 교수, 인류학과, 노던 일리노이 대학, 데칼 브 일리노이
(HTTP://WWW.NIU.EDU/PubAffairs/RELEASES/2004/dec/peru.shtml)
* 카랄의 문명(기원전 3,000년경). 공식웹사이트(http://www.caralperu.gob.pe)
* 식민지의 출생 언어는 '아마존'에서 다시 번성
(http://www.nytimes.com/2005/08/28/international/americas/28amazon.html)
* 아르헨티나의 무세오 데 라 플라타(Museo de la plata-위대한 어머니 머리, 태양의 광명에 머리) 박물관(http://www.museo.fcnym.unlp.edu.ar/momias)
* 테우엘체(Tehuelches/aonikenk)의 역사
(http://web.archive.org/web/20080806000532/http://www.geocities.com/historiaaborigen/tehuelche-aonikenk.html)
* 카리티나어(Karitiana-고리의 머리족)(http://globalrecordings.net/language/6368)
* 파라과이(Paraquai) 과라니어(Guarani-고리의 우리 사람들) 〈ISO 639 -2 대가리 언어〉
(http://www-01.sil.org/iso639-3/documentation.asp?id=gug)
* 브라질 아마존 언어인 문두루쿠(Mundurukŭ-어머니 족의 달의 고리) 언어

(http://www.ethnologue.com/show-language.asp?code=kyr)
* 투피(Tupi-머리 아버지) 언어의 예술(Figueira , Luis(피게 루이스 1573 ~1643)
(http://archive.org/details/artedegrammatica01figu)-인도 언어족(DA LINGUA)
* 고시의 어머니 강(Casma)-페루의 강
(HTTP://WWW.ANA.GOB.PE/MEDIA/293393/Fuentes-agua-superficial-casma.pdf)
* 케츄아어 사전(http://yazg.wordpress.com/diccionario-quechua/)
* 언어연구가 "고구려 언어의 연구"〈임병준의 논문에서-달지(達支-Tara ti)〉
* 종교와 카스트(http://punjabrevenue.nic.in/gaz-asr9.htm)
* 스와트(swat-위대한 아버지 머리)의 지배 가족에 대한 세부사항
(http://www.uq.net.au/-zzhsoszy/ips/s/swat.htm)
* 스와트에 지리적 기사(http://www.khyber.org/pashtoplaces/swat/yusufzaistate.shtml)
* 1896년 '랄프 TH 그리피스'에 의한 배다, 번역
(http://www.sacred-texts.hin/rigveda/rv05052.htm)
* 쿠루(고리) 국가의 기원 및 개발. 마이클 WITZEL, 하버드 대학
(Http://www.ejvs.laurasianacademy.com/ejvs0104/ejvs0104a.txt)
* 고대 인도의 부족(1973), Bhandarkar 동양시리즈4호, 푸나 : Bhandarkar동양연구소 245-56
* 베다 및 우파니샤드 전집(Vedas andUpanisshads Complete set)
(http://www.gayathrimanthra.com/Library.html)
* 라지푸트(Rajputs)의 스키타이 뿌리의 유전과 역사적 증거
(http://rajputana.htmlplanet.com/scy-raj-scy-raj1.html)
* 중서부 인도 왕조의 코너(http://www.med.unc.edu/~nupam/kshatr1.html)
* 브리테니커 백과사전 : 간다라(Gandhara)
(http://concise.britannica.com/ebc/article-9035986/Gandhara)
* 간다라 문명 : 문화유산을 위한 기금 〈파키스탄〉
(http://heritage,gov.pk/html-psges/gandhara.html)
* 인도의 제국-마갈타(摩竭陀): 네이버 국어사전(2011.4.5.)
(http://krdic.naver.com/detail.nhn?.docid=1238100)
* Ancient History of Great Magadha(마가다 제국)
(http://www.peopleofbihar.com/page/ancient-history)
* Gandhari(간다리) 사람들
(http://en.wikipedia.org/w/index.php?title=Gandhari-people&oldid=699880184)
* 카스(고시)의 언어-카시미르(http://www.ethnologue.com/language/kas)
* 다르드어(Dardic-달의 머리) : 브리테니커 백과 사전
(http://www.britannica.com/topic/Dardic-languages)
* 다르디스탄(Dardestan- 달의 머리의 위대한 머리 사람들)
(http://www.iranicaonline.org/articles/dardestan-)
* 유니세프, 세계의 차별들(인도의 카스트 제도)
(http://www.unicef.org/protection/index-discrimination.html-)

* 포르투갈 인구의 100개의 가장 흔한 이름
(http://anossavida.pt/sites/anossavida.pt/files/100-apelidos-pdf)
* 포르투갈 법에 의한 인정된 이름 목록
(http://www.irn.mj.pt/sections/im/a-registral/registos-centrais/docs-da-nacionalidade/vocabulos-admitidos-e/downloadFkie/flie/NomesA)
* 우라르,투/아르메니아의 Livius(태양의 처음 아버지) 역사
(http://www.livius.org/arl-arz/armenia/urartu.html)
* 우라르투 문명(http://www.allaboutturkey.com/urartu.htm)
* 우라르투(그리스의 아라라트-Ararat-우리와 우리의 머리)
(http://ancientneareast.tripod.com/Urartu-Ararat.html))
* 서쪽 리아 강 계곡, 중국 동북의 선사시대 인간집단의 Y염색체 분석
(http://www.biomedcentral.com/1471-2148/13/216)
* 선사시대 인구의 Y염색체 하플로 그룹의 분포)
(http://www.biomedcentral.com/1471-2148/13/216/table/T1)
* 홍산문화(몽골문화,한인12분국의 동쪽문화-선비국)
(http://www.china.org.cn/english/china/217743.htm)china.org.cn)
* 홍산문화-baidu 〈아버지 머리〉 백과사전에서(http://bk.baidu.com/view/56987.htm)
* 5,000년된 피라미드(내몽고)
(http://www.igeawagu.com/news/bauwerke-tepel-pyramiden/1173456583.html)
* 유네스코에서 '부인 성명'을 발표한 '홍산문화'(몽골의 문화-선비국 문명)
http://whc.unesco.org/en/tentativelists/5804/)unesco.org
* Encyclopedia Iranica 백과 사전에서 "Qashqai 부족"
http://www.iranicaonline.org/articles/qasqai-tribal-confederacy-i)
* 터키(fars-위대한 광명, 페르시아),남부 이란의 카슈카이(Qashqai -고시의 깨우친 사람)
http:www.qashqai.net
* 'Amorite'(http://www.britannica.com/eb/article-9007224/Amorite) Britannica
* 파울 프리 샤우어(1991년 1월15일) [1968] 〈세계풍속사(상)〉. 이윤기번역. 서울 : 도서출판 까치. 35쪽, ISBN 89-7291-01`1-2
* 신러(新樂)유적(신러문명)박물관(http://city.chinaassistor.com/Shenyang/2008/0720/Xinle-Relics-Museum-(Xinle-Yizhi-Bowuguan)-10689.htmlm)
* 킹, 레오니드 w.(2015) "수메르와 아카드의 역사"(ISBN 1522847308)
* '바이드(Ubaid)문화' 대영박물관
(http://www.britishmuseum.org/explore/highlights/articles/u/ubaid-culture.aspx)
* 고대 수메르 역사-고대 근동 전자 제요의 역사(http://ancientneareast.tripod.com/Sumer.html)
* SN 크레이머(1963). 수메르, 그들의 역사, 문화, 그리고 문자. 시카고 대학, 페이지 28, 298
* 우르 Ⅲ Umma의 지배 가족남부 이라크에서 엘리트 가족의 prosopographical 분석
(http://cdli.ucla.edu/staff/dahl/dissertation.pdf)
* 펜실베니아 박물관 대학의 '우르' 발굴

(http://www.sas.upenn.edu/aamw/resources/fieldwork/#Ur%20%28Iraq%29)
* 우르(Ur)보존 프로젝트
(http://globalheritagefund.org/index.php/what-we-do/overview/current-projects/ur-iraq/)
* 이란의 QASQAI, KASHKAI(고시의 깨우친 사람)의 연합 부족벡, 로이스(1986). 이란의 QASQAI(1에디션), 뉴헤이븐, CT : 예일대학 출판부 ISBN 0300032129
* 역사 파일-고대 메소포타미아(http://www.historyfiles.co.uk/MainFeaturesMesopotamia.htm)
* 미 하버드대 아시아 센터 〈2000, p. 543〉 "한국의 기원 구축"(http:www.hup.harvard.edu/about)
* 카자흐스탄의 성씨 분석에서 김씨(Kim)가 3위(출처 : 한인일보 2015. 7.25)
* Gumilev, LN "고대 터키", 모스크바, 과학 , 1967, Ch.20(
(http://gumilevica.kulichki.net/OT/ot20.htm)
* 고대 근동의 역사 -고대 수메리아(http//ancientneareast.tripod.com/Sumer.htmi)
* 아프리카의 목소리-코사어(Xhosa) -고시(http://www.africanvoices.co.za/xhosa/xhosatop.htm)
* 아프리카 Qwathi어(고리 아버지의 흰 빛나는 머리)
(http://eprints.ru.as.za/1751/5/Ndima-MA-ch8.pdf)
* 프리지아인 -interfriesischer 위원회(http://www.interfrisiancouncil.eu/)
* 호세 Bazelmans, "고전 고대의 민족 이름의 초기 중세 사용 Frisians 의 경우" 고대의 민족 구축, 전통의 역활(암스테르담 대학 출판사, 2009) (암스테르담 고고학 연구, 13) 321-329
* 라틴어, 네덜란드어와 영어 렉스(http://www.keesn.ni/iex/)
* 프리지아 민속의 역사(http://www.boudicca.de/frisian1.htm)
* Kortiandt, 프레드릭(1999) "재방문 올드 영어 방언의 기원"(pdf). 라이덴 대학
* 다양한 프리지아 자원 옴니(어머니)글롯 링크(http://www,omniglot.com/writing/frisian.htm)
* 프리지아 역사와 문학센터-Tresoar(우리의 위대한 달)(http://www.tresoar.ni/)
* 경전에서 말하는 고타마 붓다에 관한-가야(gaya)
(http://www.accesstoinsight.org/index-names.html#gandhabhaka)
* 라틴어 비문등-영어로 해석
(HTTP://Penelope.uchicago.edu/Thayer/E/Roman/Texts/inscritions/home.html)
* 쿠샨역사의 가이드(http://www.kushan.org/)
* 동호와 퉁구스의 연관성(참한역사신문 -2016, 9,10)
* 정길선-일본 도쿄대학 역사문화학(터키, 이슬람문화사 전공), 불가리아 소피아 대학, 유라시아 고고인류학 연구소)
* 클레식 제국 중국(미네소타 역사학회 도서관 웹사이트)
(http://www.mnsu.edu/emuseum/prehistory/china/classical-imperial-china/sui.html)
* 고대 투르크 국가 체제 KIYashtorny SG 형성: 부족 연합의 첫 번 째 투르크 칸의 지위까지
(http://www.turklib.uz/?category=general-history-articles-science&altname=formirovanie-drevnetyurkskoi-gosudarstvenosti-ot-plemennogo-soyuza-do-pervogo-쇼ㅕ가나ㅐ해-kaganata-1997)
* 고대의 부리야트(http://www.istmira.com/istdr/buryatiya-v-drevnosti/page/60)
* 추찬(zhuzhankogo)칸의 제국 WEI, 칸의 지위 전쟁(러시아어)

(http://gumilevica.kulichki.net/OT/ot02.htm)
* 로버츠, JAG(2011) [1999]. 중국의 역사, 필수 역사 palgrave(3에드). 뉴욕 : palgrave 맥밀란, ISBN 978-0-87220-915-2
* 유연(rouran)제국에 대하여(http://www.chinaknowledge.de/History/Altera/rouran.html)
* 휘트니, 윌리엄 드와이트 : Rhyn,GAF Van(1879) "우랄 알타이어족의 인종과 언어"
* Shirokogoroff, SM(1931), 우랄-알타이 가설의 인종학적 및 Linguistical 측면
* 그린버그, 조셉 H. 2002년 인도-유럽과 그것의 가장 가까운 친척 다음 Eurasiatic 언어가족 1권, 문법. 스텐포드 : 스텐포드 대학 출판부
* Ruhlen, Merritt(1994)언어의 기원 : 어머니 혀의 진화를 추적, New york : John Wiley&Sons, Inc
* 우랄릭 사람들에 관하여(http://finnougricworld.blogspot.com/)
* 핀란드와 관련 언어의 유래(핀란드 진흥위원회-2009. 10. 30)
(http://finland.fi/Public/default.aspx?contentid=160054&nodeid=41807&culture=en-US)
* 언어 그림자 북상(우랄어족 가족: 사실, 신화와 통계)
(http://homepage.univie.ac.at/Johanna.Laakso/am-rev.html)
* 독일 알타이 언어학과 문화 연구: Stefan Georg(스테판 게오르그), 논문 초록(링귀 스트리스트)
(http://www.ioa.uni-bonn.de/abteilungen/zentralasien/mitarbeiter/dr-stefan-georg)
(http://linguistlist.org/pubs/diss/browse-diss-action.cfm?DissID=482)
* Raimo Anttila, 역사 언어학(굴러, 1989) ISBN 90-272-3557-0
* 언어진화의 모양과 템포(The shape and tempo of language cvolution) : S. J. Greenhill, Q. D. Atkinson, A. Meade, R. D. Gray (http://dx.doi.org/10.1098%2Frspb.2010.0051)
* 마하바라타 전쟁의 날짜(http://www.sulekha.com/column.asp?=305835)
굽타왕조(320-600)
* 마하바라타의 줄거리(http://www.mekong-publishing.com/books/arasuji.htm)
* 올드 투르크 비문(http://irq.kaznpu.kz/?lang=e&mod=1)
* Oguz khan 전용페이지(http://www.taointernational.com/hapkido/dedication.htm)
* 골든, 피터 벤자민(1992) 투르크족의 역사에 대한 소개 : 중세와 초기 근대 유라시아와 중동의 민족 형성과 국가 형성, 비스바덴 : 오토하러 소위츠 , ISBN 9783447032742
* 골든 피터 B,(2001) 유라시아 대초원의 민족과 문화에 대한 연구. Editura Academiei Romane : ISBN 9789732721520
* Beckwith, Christopher 1(2009.3. 16) 청동기 시대부터 현재까지 중앙 유라시아의 역사 : 실크로드의 제국, 프린스턴 대학 출판부, ISBN 0691135894(2015, 5,30)
* Karatay, Osman(2003) 잃어버린 부족을 찾아서: 크로아티아 국가의 기원과 제작, 'Aysedemiral'. ISBN 9789756467077
* 우디족(Udis) (http://udilang.narod.ru/papers/Schulze-History-of-Udi.pdf)
* 시베리아 남부의 타이반(Tuwa , Tuva(아버지 머리)족 연구
(http://plural-world-interpretations.org/index.html)
* 올드 투르크 비문(http://irq.kaznpu.kz/?iang=e&mod=1)
* Beekrts, 로버트, Gabriner, 폴(1995) 비교-인도유럽 언어학 : 암스테르담 : j, 굴러출판사, 147,

212, 217, 233, 243 쪽 ISBN 978-1556195044
* 프로토-인도-유럽, 세계 문화학의 인도-유럽 연구(http://pielexicon.hum.helsinki.fi/)
* Qadesh-역사적인 전투와 현대 군사리더십 과정
(http://www.bibelwissenschaft.de/stichwort/Schlacht-von-Kadesch)
* 파라오 시대의 이집트 해군(http://www.hottopos.com.br/rih2/egipto.htm)
* 바다 사람들의 인종-논문 .로테르담 2006. FC Woudhuizen
(http://www.academia.edu/7034719/FREDERK-CHRISTIAN-WOUDHUIZEN-The-ethnicty-of the-ses-peoples)
* 바다 민족의 침략-지도의 역사(스페인)
(http://www.lahistoriaconmapas.com/2011/12/las-invasiones-de-los-pueblos-del-mar.html)
* 바다의 사람-블레셋(스페인, 세르반테스)
(http://www.cervantesvirtual.com/portal/Antigua/franja-textos.shtml)
* 바다 민족-Eberhard Zangger(1995 5.6, pp20-31)
(http://archive.aramcoworld.com/issue/199503/who.were.the.sea.people.htm)
* 힉소스와 그 후손(러시아)(http://www.hapiru.ru/Text3-4.html)
* 중미 올맥(Olmek)문명과 관련 고고학자들의 증거 제시
출처 : 연합뉴스 ash@yna.co.kr
* [과학으로 푸는 우리 유산] 고조선인은 한국인인가?-이종호(과학 저술가)

21세기에 새로 조명하는 고대사(1)

초판 1쇄 인쇄　　2017년 8월 10일
초판 1쇄 발행　　2017년 8월 20일

저　자　鄭鎭晩

발행인　孫光春

인쇄처　圖書出版 修書院

발행처　서울특별시 성북구 삼선교로 2길7-3
TEL.765-0924~5, FAX.765-0927

E-mail　suseowon@hanmail.net

등　록　1971.12.9. No.2-282

ISBN / 978-89-6798-043-6
978-89-6798-042-9(set)

〈정가 30,000원〉